판례 중심
의료광고법

박행남

박영사

머리말

정보화 시대에 의료기관이나 의료인의 실력 못지않게 의료기관 홍보 비중은 증가한다. 특히 유튜브, 블로그, 인스타그램 등 SNS 발달로 체험 후기나 광고를 통해 의료소비자는 다양한 정보를 쉽게 접할 수 있다. 하지만 의료법에서 치료경험담 등 치료 후기를 금지하고 있고, 의료기관이 일방적으로 내보내는 의료광고의 특성상 불법적인 의료광고로 인하여 의료소비자의 선택권이 왜곡될 여지가 있다. 2020. 2. 개정 의료법 시행령에서 1일 최대 과징금이 537,500원에서 23,836,000원으로 대폭 상향 조절된 상황에서 홈페이지나 SNS 의료광고 시 사소한 실수라도 업무정지 또는 그에 갈음한 과징금을 수억 원 부과받을 수 있게 되었고, 실제로 수억 원의 과징금이 부과되고 있다.

저자가 불법 의료광고로 인한 의료법위반으로 수사나 재판을 진행 중인 사건을 의뢰받으면서 의료광고 실태 및 의료기관 측의 억울한 사정을 이해하게 되었고, 비슷한 피해 사례가 발생하는 것을 예방하기 위해 의료광고법에 관한 판례를 정리하게 되었다. 2020년 유튜브에 치료경험담을 올려 의료법위반으로 입건된 사건에서 일부 벌금형이 확정되면 과징금만 3억 원 이상을 부담해야 하는 사건을 맡은 것을 계기로 기존에 수집한 판례 자료 등을 바탕으로 책을 집필하게 되었다. 다행히 위 사건은 무혐의로 종결되었다.

의료광고에 관한 상담, 수사나 재판 과정에서 느낀 점은 의료기관 등이나 의료광고 대행업체들이 의료법이 금지하는 의료광고 등에 대한 지식이 부족하고 의료광고 위반으로 인한 형사처벌과 과징금 부과 등의 심각성을 잘 모르고 있다는 사실이었다. 대부분 지속적으로 의료광고를 하고 있지만, 의료법 준수 등에 관한 구체적인 감독이나 교육이 없는 실정이다. 의료법위반으로 인한 형사처벌과 그로 인한 업무정지나 과징금은 전적으로 의료기관이 부담할 수밖에 없으므로, 불법의료광고에 대한 의료기관과 광고업체의 인식 전환이 필요한 시점이다. "다른 의료기관에서는 광고해도 문제가 안 되는데 우리 병원만 문제 삼는 것은 부당하다."는 변명은 이제 통하지 않는다. 의료광고 시 및 의료광고 후 모니터링 과정에서 이 책이 미력하나마 도움이 되었으면 한다.

　판례 의료광고법은 의료광고 및 환자유인에 관한 의료법, 광고에 관한 표시·광고의 공정화에 관한 법률, 의료기기법과 약사법 등, 대법원 종합법률정보과 판결문 열람 제도, 보건복지부 유권해석, 의료광고심의위원회의 의료광고심의 규정 등을 참조했다. 실무적인 관점에서 불법 의료광고의 경우 공소사실을 가급적 언급해 광고내용, 처벌 근거와 양형을 파악할 수 있도록 했다. 의료광고 위반 시 수사절차와 재판절차, 행정소송 진행 절차 시 주의사항이나 대응방안에 대해서도 실무 내용을 반영했다. 최근 유튜브 뒷광고의 경우 경제적 이해관계 표시, 초상권 침해, 의료광고나 홈페이지 대행계약서 작성 시 주의사항, 성형 쿠폰 판매, 대학 로고 사용, 전문병원 표시, 비급여진료비 감면과 금품 수수, 편법 환자유치의 유형 등 영리목적 환자유인에 관한 최근 판례도 소개했다. 의료광고에 관한 최근 10년 간의 형사와 행정소송 판례를 대부분 반영했다.

　인터넷에 노출도 되지 않고 매출에도 도움이 되지 않고 심지어 키워드 검색으로 노출되지도 않은 거의 방치된 상태에 있는 블로그에 의료법이 금지하는 문구가 기재되어 있다는 이유로 수사를 당한 원장님의 하소연이 귀에 선하다. 광고업체의 잘못이나 직원의 잘못으로 의료기관에서 형사처벌과 수억 원의 과징금을 부과받는다고 생각하면 얼마나 억울한가? 의료광고에 관한 의료법 위반 시 발생할 수 있는 문제점을 인식하는 것이 문제해결의 출발점이다. 의료광고로 인한 의료소비자뿐만 아니라, 의료기관, 의료광고업체 모두에게 피해가 없길 바랄 뿐이다.

　고시 공부 때 늘 친구였던 법률 서적 전문 출판사인 박영사에서 이 책을 발간하게 되어 너무 기쁘다. 이 책의 발간을 흔쾌히 수락해 주신 박영사 임재무 상무님, 법과 판례의 구체적인 내용까지 꼼꼼하게 교정해 준 김선민 이사님, 심성보 편집위원에게 감사드린다.

2021년 6월

박 행 남

차   례

의료광고 일반

의료광고 일반

제1절 의료광고의 개념

　'의료광고'란 의료법인·의료기관 또는 의료인이 업무 및 기능, 경력, 시설, 진료방법 등 의료기술과 의료행위 등에 관한 정보를 신문·인터넷신문, 정기간행물, 방송, 전기통신 등의 매체나 수단을 이용하여 널리 알리는 행위를 의미한다(의료법 제56조 제1항).

　의료법에서는 원칙적으로 의료광고를 허용하면서도 의료광고의 주체, 의료광고의 매체, 의료광고의 내용 및 일정한 매체에 의한 의료광고에 대한 심의절차 등 일정한 제한을 가하고 있다. 이는 헌법상 표현의 자유나 직업의 자유 등을 고려하면서도 공익 보호를 위해 일정한 제한을 하고 있다.

제2절 의료광고 규제 필요성과 한계

1. 의료광고와 표현의 자유 및 사전검열 금지의 원칙

헌법 제21조 제1항은 "모든 국민은 언론·출판의 자유를 가진다."라고 규정하여 표현의 자유를 보장하고 있는바, 의사 표현의 자유는 바로 언론·출판의 자유에 속한다. 그러므로 의사 표현의 매개체가 의사 표현을 위한 수단이라고 전제할 때, 이러한 의사 표현의 매개체는 헌법 제21조 제1항이 보장하고 있는 언론·출판의 자유의 보호 대상이 된다.

의사 표현·전파의 자유에 있어서 의사 표현 또는 전파의 매개체는 어떠한 형태이건 가능하며, 그 제한이 없다.[1] 광고물도 사상·지식·정보 등을 불특정 다수에게 전파하는 것으로서 언론·출판의 자유에 의한 보호를 받는 대상이 됨은 물론이고,[2] 상업적 광고 표현 또한 보호 대상이 된다.[3]

2. 의료광고의 제한 필요성

의료광고는 일반적인 상품이나 용역 광고와 달리 국민의 생명·건강에 직결되는 의료서비스를 그 내용으로 하는 것이므로, 소비자를 기만하거나 정당화되지 않은 의학적 기대를 초래 또는 오인하게 할 우려가 있거나 공정한 경쟁을 저해하는 의료광고에 대해서는 국민의 보건과 건전한 의료경쟁 질서를 위하여 더욱 강력한 규제가 필요하다.[4]

의료광고가 객관적인 사실에 기인한 것으로서 의료소비자에게 해당 의료인의 의료기술이나 진료방법을 과장 없이 알려주는 것이라면, 이는 소비자의 합리적 선택에 도움을 주고, 의료인들 사이에 공정한 경쟁을 촉진해 공익을 증진시킬 수 있으므로 허용되어야 할 것이지만, 의료행위가 사람의 생명·신체에

---

1) 헌재 1993. 5. 13. 91헌바17; 헌재 2001. 8. 30. 2000헌가9
2) 헌재 1998. 2. 27. 96헌바2
3) 헌재 2015. 12. 23. 2015헌바75; 헌재 2000. 3. 30. 99헌마143; 헌재 2018. 6. 28. 2916헌가8 등
4) 헌재 2005. 10. 27. 2003헌가3

직접적이고 중대한 영향을 미치는 것임에 비추어 객관적 사실이 아니거나 근거
가 없는, 또는 현대의학상 안전성 및 유효성이 과학적으로 검증되지 않은 내용
을 기재하여 의료서비스 소비자에게 막연하거나 헛된 의학적 기대를 갖게 하는
광고는 허위 또는 과대광고로서 금지되어야 한다.[5]

  의료법에서 규정하는 '치료 효과를 보장하는 등 소비자를 현혹할 우려가
있는 내용의 광고'를 금지하고 있는 취지는, 공익상의 요구 등에 의한 의료광고
규제의 필요성과 더불어 의료광고의 경우에는 그 표현내용의 진실성 여부와 상
관없이 일정한 표현방식이나 표현방법만으로도 의료서비스 소비자의 절박하고
간절한 심리상태에 편승하여 의료기관이나 치료 방법의 선택에 관한 판단을 흐
리게 하고 그것이 실제 국민들의 건강 보호나 의료제도에 영향을 미칠 가능성
이 매우 큰 점을 고려하여 일정한 표현방식이나 표현방법에 의한 광고를 규제
하겠다는 것으로 해석된다.[6]

3. 사전검열 금지 원칙의 의미 및 요건

  1) 현행 헌법이 사전검열을 금지하는 규정을 두면서 1962년 헌법과 같이
특정한 표현에 대해 예외적으로 검열을 허용하는 규정을 두고 있지 아니하며,
표현의 특성이나 이에 대한 규제의 필요성에 따라 언론·출판의 자유의 보호를
받는 표현 중에서 사전검열금지원칙의 적용이 배제되는 영역을 따로 설정할 경
우 그 기준에 대한 객관성을 담보할 수 없어 종국적으로는 집권자에게 불리한
내용의 표현을 사전에 억제할 가능성을 배제할 수 없게 되기 때문에 현행 헌법
상 사전검열은 표현의 자유 보호 대상이면 예외 없이 금지된다.[7]

  2) 헌법 제21조 제2항은 "언론·출판에 대한 허가나 검열은 인정되지 아니
한다."라고 규정하고 있다. 여기서 말하는 검열은 그 명칭이나 형식과 관계없이
실질적으로 행정권이 주체가 되어 사상이나 의견 등이 발표되기 이전에 예방적
조치로서 그 내용을 심사, 선별하여 발표를 사전에 억제하는, 즉 허가받지 아니
한 것의 발표를 금지하는 제도를 뜻하고, 이러한 사전검열은 법률에 의하더라

---

  5) 대법원 2010. 5. 27. 선고 2006도9083 판결
  6) 대법원 2010. 3. 25. 선고 2009두21345 판결
  7) 헌재 2015. 12. 23. 2015헌바75

도 불가능하다.8)

    3) 사전검열금지원칙이 모든 형태의 사전적인 규제를 금지하는 것은 아니고, 의사 표현의 발표 여부가 오로지 행정권의 허가에 달린 사전심사만을 금지한다. 헌법재판소는 헌법이 금지하는 사전검열의 요건으로 첫째, 일반적으로 허가를 받기 위한 표현물의 제출의무가 존재할 것, 둘째, 행정권이 주체가 된 사전심사절차가 존재할 것, 셋째, 허가를 받지 아니한 의사 표현을 금지할 것, 넷째, 심사절차를 관철할 수 있는 강제수단이 존재할 것을 들고 있다.9)

    4) 위와 같은 점을 고려해 헌법재판소는 의료법 및 의료기기법에 규정하고 있는 사전심의를 받지 아니한 광고에 대한 처벌이 헌법상 사전검열 금지 원칙에 위배된다고 결정했다.

    ① 즉, 헌법재판소는 2015. 12. 23. 사전심의를 받지 않고 의료광고를 금지하고 이를 위반한 경우 처벌하는 의료법 제56조 제2항 제9호 중 '57조에 따른 심의를 받지 아니한 광고' 부분 및 의료법 제89조 가운데 제56조 제2항 제9호 중 '57조에 따른 심의를 받지 아니한 광구'에 관한 부분이 사전검열금지 원칙에 위배된다고 결정했다.10)

    ② 또한, 헌법재판소는 2020. 8. 28. 의료기기와 관련하여 심의를 받지 아니하거나 심의받은 내용과 다른 내용의 광고를 하는 것을 금지하고 이를 위반한 경우 행정제재와 형벌을 부과하도록 한 의료기기법 제24조 제2항 제6호 및 구 의료기기법 제36조 제1항 제14호 중 '제24조 제2항 제6호를 위반하여 의료기기를 광고한 경우' 부분, 구 의료기기법 제52조 제1항 제1호 중 '제24조 제2항 제6호를 위반한 자' 부분이 사전검열금지원칙에 위반된다고 결정했다.11)

4. 의료법 등 해석 원칙

가. 확장 및 유추해석 금지 및 체계논리적 해석

    의료법의 해석에도 형벌법규의 해석 원칙이 그대로 적용된다. 죄형법정주

---

    8) 헌재 2020. 8. 28. 2017헌가35
    9) 헌재 2015. 12. 23. 2015헌바75; 헌재 2018. 6. 28. 2016헌가8
    10) 헌재 2015. 12. 23. 2015헌바75
    11) 헌재 2020. 8. 28. 2017헌가35

의의 취지에 비추어 형벌법규의 해석은 엄격하여야 하고, 명문의 형벌법규 의미를 피고인에게 불리한 방향으로 지나치게 확장해석하거나 유추해석하는 것은 죄형법정주의 원칙에 어긋나는 것으로서 허용되지 아니함이 원칙이고,[12] 형벌법규의 해석에 있어서 가능한 문언의 의미 내에서 당해 규정의 입법 취지와 목적 등을 고려한 법률체계적 연관성에 따라 그 문언의 논리적 의미를 분명히 밝히는 체계적·논리적 해석방법은 그 규정의 본질적 내용에 가장 접근한 해석을 위한 것으로서 죄형법정주의 원칙에 부합한다.[13]

① 의료광고에서 '의료'의 개념을 엄격히 해석하고 있다.

2014. 5. 17.경 G 성형외과 인터넷 홈페이지에 환자 AH가 작성한 "눈 성형되고 왕눈이 대써영"이라는 치료경험담을 수술 후 사진과 함께 게시한 것을 비롯하여 2012. 11. 5.경부터 2015. 11. 30.경까지 환자들에게 수술비 감면을 약속하고 수술 후기와 사진을 제공받아 별지 범죄일람표 2와 같이 G 성형외과 인터넷 홈페이지에 환자의 치료경험담 총 117건을 게시하여 의료광고를 한 혐의로 기소된 사건에서, 법원은 의료의 개념을 엄격하고 해석하고 있다.

법원은 "형법의 근간인 죄형법정주의 원칙에 따라 형벌법규는 엄격하게 해석하여야 한다. 현실적인 처벌의 필요성 때문에 형벌법규를 무리하게 확장 해석하는 것은 죄형법정주의 원칙에 위배되고 입법권을 침해할 여지가 있다. 의료법 시행령 제23조 제1항 제2호에 정한 치료경험담에서의 '치료'는 질병이나 상처 등으로 인한 비정상적인 건강상태를 본래의 정상적인 건강상태로 되돌리거나 그로 인한 통증을 완화하는 행위를 의미한다. 검사가 공소를 제기한 117건의 의료광고는 모두 눈, 코, 입, 얼굴, 가슴, 피부, 몸매를 시각적으로 아름답게 보이도록 하기 위한 미용 성형수술이나 그 시술에 관한 것이다. 피고인 A로부터 수술이나 시술을 받은 사람들은 질병이나 상처로 인한 비정상적인 건강상태에 있지 않았으며, 피고인이 그들에게 한 수술이나 시술은 건강상태와는 무관하다. 달리 피고인이 G 성형외과 인터넷 홈페이지에 게시한 위 의료광고가 '치료경험담'에 해당한다고 인정할 만한 증거가 없다."라고 무죄를 선고했다.[14]

② 의료법 제27조 제3항에서 금지하는 본인부담금 개념 해석에서 유추해

---

12) 대법원 2011. 8. 25. 선고 2011도7725 판결
13) 대법원 2007. 6. 14. 선고 2007도2162 판결; 대법원 2012. 9. 13. 선고 2010도1763 판결
14) 광주지법 2016. 8. 26. 선고 2015고단1669 판결

석을 금지하고 있다.

법원은 "구 의료법(2006. 9. 27. 법률 제8007호로 개정되기 전의 것, 이하 같다) 제25조 제3항(현행 제27조 제3항)은 "누구든지 국민건강보험법 또는 의료급여법의 규정에 의한 본인부담금을 면제 또는 할인하는 행위, 금품 등을 제공하거나 불특정 다수인에게 교통편의를 제공하는 행위 등 영리를 목적으로 환자를 의료기관 또는 의료인에게 소개·알선·유인하는 행위 및 이를 사주하는 행위를 하여서는 아니 된다."라고 규정하고 있는바, 위 규정상 '본인부담금'이란 그 문언에 비추어 볼 때 국민건강보험법에 의한 가입자 및 피부양자와 의료급여법에 의한 수급자가 급여비용 일부를 부담하는 경우 그 일부 부담 부분을 의미하는 것으로 해석하여야 하고, 국민건강보험법 및 의료급여법에 의한 급여대상이 아닌 진료에 대한 진료비로서 의료인이 스스로 그 금액을 자유롭게 정하고 환자 본인이 이를 전액 부담하게 되어 있는 진료비까지 위 규정상 '본인부담금'에 해당한다고 해석하는 것은 형벌법규를 지나치게 확장해석하는 것으로서 죄형법정주의의 원칙에 어긋나 허용될 수 없다고 봄이 상당하다."라고 판시하고 있다.[15]

나. 명확성의 원칙

1) 명확성 원칙의 의의 및 근거

헌법 제12조 및 제13조를 통하여 보장되고 있는 죄형법정주의의 원칙은 범죄와 형벌이 법률로 정하여져야 함을 의미하며, 이러한 죄형법정주의에서 파생되는 명확성의 원칙은 법률이 처벌하고자 하는 행위가 무엇이며 그에 대한 형벌이 어떠한 것인지를 누구나 예견할 수 있고, 그에 따라 자신의 행위를 결정할 수 있도록 구성요건을 명확하게 규정하는 것을 의미한다.

2) 명확성 원칙의 판단기준

여기서 구성요건이 명확하여야 한다는 것은 그 법률을 적용하는 단계에서 가치판단을 전혀 배제한 무색투명한 서술적 개념으로 규정되어져야 한다는 것을 의미하는 것은 아니고, 입법자의 입법 의도가 건전한 일반상식을 가진 자에 의하여 일의적(一義的)으로 파악될 수 있는 정도의 것을 의미하는 것이라고 할

---

15) 대법원 2008. 2. 28. 선고 2007도10542 판결

것이다. 따라서 다소 광범위하고 어느 정도의 범위에서는 법관의 보충적인 해석을 필요로 하는 개념을 사용하여 규정하였다고 하더라도 그 적용단계에서 다의적(多義的)으로 해석될 우려가 없는 이상 그 점만으로 헌법이 요구하는 명확성의 요구에 배치된다고는 보기 어렵다.[16]

처벌법규의 구성요건이 명확하여야 한다고 하여 모든 구성요건을 단순한 서술적 개념으로 규정하여야 하는 것은 아니고, 다소 광범위하여 법관의 보충적인 해석을 필요로 하는 개념을 사용하였다고 하더라도 통상의 해석방법에 의하여 건전한 상식과 통상적인 법 감정을 가진 사람이면 당해 처벌법규의 보호법익과 금지된 행위 및 처벌의 종류와 정도를 알 수 있도록 규정하였다면 헌법이 요구하는 처벌법규의 명확성에 배치되는 것이 아니다.

또한, 어떠한 법규범이 명확한지 아닌지는 그 법규범이 수범자에게 법규의 의미 내용을 알 수 있도록 공정한 고지를 하여 예측 가능성을 주고 있는지 및 그 법규범이 법을 해석·집행하는 기관에게 충분한 의미 내용을 규율하여 자의적인 법 해석이나 법 집행이 배제되는지 여부, 다시 말하면 예측 가능성 및 자의적 법 집행 배제가 확보되는지에 따라 이를 판단할 수 있는데, 법규범의 의미 내용은 그 문언뿐만 아니라 입법 목적이나 입법 취지, 입법 연혁, 그리고 법규범의 체계적 구조 등을 종합적으로 고려하는 해석방법에 의하여 구체화하게 되므로, 결국 법규범이 명확성 원칙에 위반되는지는 위와 같은 해석방법에 의하여 그 의미 내용을 합리적으로 파악할 수 있는 해석기준을 얻을 수 있는지에 달려 있다.[17]

위와 같이 죄형법정주의에서 파생되는 명확성 원칙이라 함은 법률이 처벌하고자 하는 행위가 무엇이며, 그에 대한 형벌이 어떤 것인지를 누구나 예견할 수 있고, 그에 따라 자신의 행위를 결정할 수 있도록 구성요건을 명확하게 규정하는 것을 의미한다. 그러나 처벌법규의 구성요건이 명확하여야 한다고 하여 모든 구성요건을 그 법률을 적용하는 단계에서 가치판단을 배제한 무색투명한 서술적 개념으로 규정하여야 한다는 것을 의미하는 것은 아니고, 다소 광범위하고 어느 정도의 범위에서는 법관의 보충적인 해석을 필요로 하는 개념을 사용하였다고 하더라도 건전한 상식과 통상적인 법 감정을 가진 사람으로 하여금

---

16) 헌재 2010. 7. 29. 2008헌가19; 헌재 2005. 5. 26. 2003헌바86
17) 대법원 2006. 5. 11. 선고 2006도920 판결

적용대상자와 금지되는 행위를 충분히 알 수 있도록 규정하고 있거나, 어느 정도의 보편적이거나 일반적인 뜻을 지닌 용어를 사용하더라도 당해 법률의 입법 경과와 입법목적, 같은 법률의 다른 규정들과의 체계 조화적 해석 등을 통해 법률적용 단계에서 다의적인 해석의 우려 없이 그 의미가 구체화될 수 있다면 명확성의 요구에 배치된다고 보기 어렵다.[18]

3) 구체적인 사안

① 의료법 제56조 제2항 제2호가 명확성의 원칙에 반하는지

구 의료법 제56조 제2항 제2호는 명확성의 원칙에 반하지 않는다. 헌법재판소는 "구 의료법 제56조 제2항 제2호 부분 '소비자를 현혹할 우려가 있는 내용의 광고'가 현혹(眩惑)', '우려(憂慮)'의 의미, 관련 조항 등을 종합하면, '소비자를 현혹할 우려가 있는 내용의 광고'란, '광고 내용의 진실성·객관성을 불문하고, 오로지 의료서비스의 긍정적인 측면만을 강조하는 취지의 표현을 사용함으로써 의료소비자를 혼란스럽게 하고 합리적인 선택을 방해할 것으로 걱정되는 광고'를 의미하는 것으로 충분히 해석할 수 있으므로, 심판대상 조항은 죄형법정주의의 명확성 원칙에 위배되지 아니한다."라고 결정했다.[19]

② 처벌 대상이 되는 환자유인행위의 개념과 명확성 원칙

법규범의 의미 내용은 그 문언뿐만 아니라 입법 목적이나 입법 취지, 입법 연혁, 그리고 법규범의 체계적 구조 등을 종합적으로 고려하는 해석방법에 의하여 구체화한다. 그러므로 결국 법규범이 명확성 원칙에 위반되는지는 위와 같은 해석방법에 의하여 그 의미 내용을 합리적으로 파악할 수 있는 해석기준을 얻을 수 있는지에 달려 있다.[20]

'의료광고'는 그 성질상 기본적으로 환자를 유인하는 성격을 지닌다. 환자유인행위에 관한 의료법 제27조 제3항 본문의 입법 취지와 관련 법익, 의료광고 조항의 내용 및 연혁·취지 등을 고려하면, '의료광고행위'는 의료법 제27조 제3항 본문에서 명문으로 금지되는 개별적 행위유형에 준하는 것으로 평가될 수 있거나 또는 의료시장의 질서를 현저하게 해치는 것인 등의 특별한 사정이 없는 한 의료법 제27조 제3항에서 정하는 환자의 '유인' 등에는 해당하지 않는

---

18) 헌재 1989. 12. 22. 88헌가13; 헌재 1994. 7. 29. 93헌가4
19) 헌재 2014. 9. 25. 2013헌바28[의료법 제56조 제2항 제2호 등 위헌소원(소비자 현혹 우려 의료광고 금지 사건)]
20) 헌재 2017. 12. 28. 2016헌바311 전원재판부

다. 결국, 처벌 대상이 되는 '환자유인행위'란 '기망 또는 유혹을 수단으로 환자를 꾀어내어 그로 하여금 특정 의료기관 또는 의료인과 치료위임계약을 체결하도록 유도하는 행위로서 보험재정 등의 건전성을 악화시키는 등 특별한 사정이 인정되는 행위로 해석된다.[21]

인천지방법원은 위와 같은 이유로 "의료법 제27조 제3항이 명확성 원칙에 반한다고 보기는 어렵다."라고 판시했다.[22]

③ 의료법 제56조 제2항 제1호 신의료기술의 범위

울산지방법원 2011. 6. 24. 선고 2011노261 판결에서는 "법 제56조 제2항 제1호가 금지하는 신의료기술에 관한 광고를 보건복지가족부 장관이 신의료기술평가의 필요성을 인정하였으나 이에 관한 평가를 받지 아니한 신의료기술에 관한 광고행위로 한정하여 해석하고 그 필요성을 인정하였다는 증거가 부족하다."라는 이유로 무죄를 선고했다.

그러나 대법원은 "의료법 제56조 제2항 제1호에서 규정한 '제53조에 따른 평가'는 문언 그대로 제53조에서 정한 평가, 즉 '새로 개발된 의료기술에 대하여 보건복지가족부 장관이 신의료기술평가 필요성이 있다고 인정하여 평가위원회의 심의를 거친 신의료기술평가'를 말하며, 그 신의료기술평가를 받지 아니한 새로 개발된 의료기술, 즉 보건복지가족부 장관은 신의료기술평가 필요성이 있다고 인정하였으나 평가위원회로부터 안전성·유효성을 인정받지 못하여 신의료기술로 평가를 받지 못한 새로 개발된 의료기술과 보건복지가족부 장관이 신의료기술평가 필요성을 부정하거나 그 여부에 관하여 판단하지 아니하여 평가위원회의 신의료기술평가 대상이 되지 못한 새로 개발된 의료기술은 모두 '제53조에 따른 평가를 받지 아니한 신의료기술'로서 광고가 금지된다고 해석된다."라고 하여 원심이 의료법 제56조 제2항 제1호가 금지하는 신의료기술 광고에 관한 법리를 오해한 위법이 있다고 판시했다.[23]

④ 의료법 제27조 제3항에서 금지하는 환자유인의 범위

'의료광고'는 그 성질상 기본적으로 환자를 유인하는 성격을 지닌다. 환자유인행위에 관한 의료법 제27조 제3항 본문의 입법 취지와 관련 법익, 의료광

---

21) 헌재 2016. 7. 28. 2016헌마176
22) 인천지법 2019. 5. 31. 선고 2018노3826 판결
23) 대법원 2012. 9. 13. 선고 2011도8694 판결

고조항의 내용 및 연혁·취지 등을 고려하면, '의료광고행위'는 의료법 제27조 제3항 본문에서 명문으로 금지되는 개별적 행위유형에 준하는 것으로 평가될 수 있거나 또는 의료시장의 질서를 현저하게 해치는 것인 등의 특별한 사정이 없는 한 의료법 제27조 제3항에서 정하는 환자의 '유인' 등에는 해당하지 않는다. 결국, 처벌 대상이 되는 '환자유인행위'란 "기망 또는 유혹을 수단으로 환자를 꾀어내어 그로 하여금 특정 의료기관 또는 의료인과 치료위임계약을 체결하도록 유도하는 행위로서 보험재정 등의 건전성을 악화시키는 등 특별한 사정이 인정되는 행위로 해석된다."라고 하여 그 범위를 한정하고 있다.[24]

4) 소결

위와 같이 의료법 등 형벌법규의 해석은 엄격하여야 하고, 명문의 형벌법규 의미를 피고인에게 불리한 방향으로 지나치게 확장해석하거나 유추해석하는 것은 죄형법정주의의 원칙에 어긋나는 것으로서 허용되지 아니 한다.

5. 의료법 위반과 행정소송에서 증명책임과 그 정도

가. 의료법 등 형사책임에서 증명책임

1) 형사재판에서 공소 제기된 범죄사실에 대한 입증책임은 검사에게 있는 것이고, 유죄의 인정은 법관으로 하여금 합리적인 의심을 할 여지가 없을 정도로 공소사실이 진실한 것이라는 확신을 가지게 하는 증명력을 가진 증거에 의하여야 하므로, 그와 같은 증거가 없다면 설령 피고인에게 유죄의 의심이 간다 하더라도 피고인의 이익으로 판단할 수밖에 없다.[25]

형사재판에서 범죄사실의 인정은 법관으로 하여금 합리적인 의심을 할 여지가 없을 정도의 확신을 가지게 하는 증명력을 가진 엄격한 증거에 의하여야 하므로, 검사의 입증이 위와 같은 확신을 가지게 하는 정도에 충분히 이르지 못한 경우에는 비록 피고인의 주장이나 변명이 모순되거나 석연치 아니한 면이 있는 등 유죄의 의심이 간다고 하더라도 피고인의 이익으로 판단하여야 한다.[26]

---

24) 헌재 2016. 7. 28. 2016헌마176
25) 대법원 2006. 2. 24. 선고 2005도4737 판결
26) 대법원 2011. 4. 28. 선고 2010도14487 판결

2) 의료법위반으로 기소되었으나 검사가 공소사실을 입증하지 못한 경우 무죄가 선고된다. 본인부담금 할인으로 인한 영리 목적의 환자유인과 관련하여 항소심은 "원심이 검사가 본인부담금을 할인하였음을 뒷받침하는 핵심증거인 손익조사보고서의 기재 등을 제출했으나 법원은 위 손익조사보고서의 기재 등을 믿기 어렵고, 달리 공소사실을 인정할 증거가 없다는 이유로 이 사건 공소사실을 무죄로 판단하였고, 원심이 적법하게 채택하여 조사한 증거들을 기록에 비추어 살펴보면, 피고인이 환자들에게 산정된 총비용 중 일부를 면제 또는 할인해준 사실은 인정되나, 검사가 제출한 증거들만으로는 피고인이 환자 본인부담금에서 면제 또는 할인을 하였다는 점까지 증명되었다고 볼 수 없다."라고 보아 1심과 같이 무죄를 선고했다.[27]

3) 위와 같이 형사재판에서 입증책임의 법리는 의료법에서 금지하는 의료광고와 관련된 의료법위반 사건에서도 마찬가지로 적용된다.

나. 행정소송에서 처분청의 입증책임

1) 행정처분의 취소를 구하는 항고소송에 있어서 그 처분의 적법성에 대한 입증책임은 행정청인 피고에게 있다.[28]

또한, 의료광고 행위는 원칙적으로 의료법 제27조 제3항의 환자유인행위에 해당하지 않고, 다만 예외적으로 해당 광고가 위 법 조항에서 금지하는 개별적 행위유형에 준하거나 의료시장의 질서를 현저히 해치는 특별한 사정이 있는 경우에만 유인행위에 해당한다고 할 것인데, 그러한 특별한 사정의 존재는 처분청에게 입증책임이 있다.[29]

로컬 의원에서 네이버 카페 D에 '하지정맥류 무료검진 안내'라는 제목으로 「하지정맥류 무료검진 안내, 2015년 새해를 맞아 C 의원에서 D 회원 및 가족 분들을 대상으로 하지정맥류에 대해 무료검진을 실시합니다. 울산에서 10년 가까이 재직하는 동안 1만 회 이상의 풍부한 경험을 바탕으로 하지정맥류에 대한 올바른 진단 및 치료를 제공해 드릴 것을 약속드립니다. 전화로 무료검진 예약을 접수하여 내원 시 혈관 초음파 검사 및 결과(20분 정도 소요)에 대해 자세하

---

27) 인천지법 2017. 11. 3. 선고 2017노2445 판결
28) 대법원 1983. 12. 13. 선고 83누492 판결
29) 서울행정법원 2019. 1. 24. 선고 2018구합70653 판결

게 설명드리겠습니다. 상담 예약전화) E」라는 내용의 글을 올려 창원지방법원 밀양지원 2015고약1186로 환자유인에 관한 의료법위반 혐의로 벌금 100만 원의 약식명령을 받고 보건복지부 장관으로부터 2개월의 의사면허 자격정지 처분을 받자 그 취소를 구하는 행정소송을 제기한 사건에서, 서울행정법원은 "의료광고행위는 원칙적으로 의료법 제27조 제3항의 환자유인행위에 해당하지 않고, 다만 예외적으로 해당 광고가 위 법 조항에서 금지하는 개별적 행위유형애 준하거나 의료시장의 질서를 현저히 해치는 특별한 사정이 있는 경우에만 유인행위에 해당되고, 특별한 사정의 존재는 처분청인 피고 보건복지부 장관에게 있으며, 원고가 작성한 확인서는 'D 게시판에 이 사건 무료검진 안내 글을 게시한 사실이 있다.'는 객관적 사실 자체를 인정하는 내용일 뿐 이 사건 처분사유인 '환자유인행위'가 있었음을 인정하는 내용이 아닐뿐더러 위 광고가 통상적인 의료광고를 넘어 의료법 제27조 제3항 본문에서 명문으로 금지하는 개별적 행위유형에 준하는 것이라거나 의료시장의 질서를 현저하게 해치는 경우에 해당하는 유인행위라고 하기 어렵다."라는 이유로 위 처분을 취소하는 판결을 선고했다.[30]

무면허의료행위를 한 것을 이유로 업무정지 3개월을 부과하자 행정소송을 제기한 사건에서, 법원은 행정청인 피고가 처분사유로 삼은 의료법 제64조 제1항 제2호의 '의료인이 무자격자에게 의료행위를 하게 하거나 의료인에게 면허사항 외의 의료행위를 하게 한 때'에 해당한다는 부분은 그 적법성에 관한 증명이 없다고 보아 위 처분을 취소했다.[31]

2) 다만 재량권의 일탈·남용 사유에 관하여는 이를 주장하는 사람이 입증책임을 부담한다.[32]

제재적 행정처분이 사회통념상 재량권의 범위를 일탈하였거나 남용하였는지 여부는 처분사유로 된 위반행위의 내용과 당해 처분행위에 의하여 달성하려는 공익목적 및 이에 따르는 제반 사정 등을 객관적으로 심리하여 공익 침해의 정도와 그 처분으로 인하여 개인이 입게 될 불이익을 비교·형량하여 판단하여

---

30) 대전지법 2016. 12. 15. 선고 2016구합100972 판결[의사면허자격정지처분취소]
31) 창원지법 2021. 1. 13. 선고 2020구단11429 판결
32) 대법원 2018. 6. 15. 선고 2016두57564 판결

야 하고,33) 이 경우 제재적 행정처분의 기준이 부령의 형식으로 규정되어 있더라도 그것은 행정청 내부의 사무처리준칙을 규정한 것에 지나지 아니하여 대외적으로 국민이나 법원을 기속하는 효력이 없고, 당해 처분의 적법 여부는 위 처분기준만이 아니라 관계 법령의 규정 내용과 취지에 따라 판단되어야 하므로, 위 처분기준에 적합하다 하여 곧바로 당해 처분이 적법한 것이라고 할 수는 없지만,34) 위 처분기준이 그 자체로 헌법 또는 법률에 합치되지 아니하거나 위 처분기준에 따른 제재적 행정처분이 그 처분사유가 된 위반행위의 내용 및 관계 법령의 규정 내용과 취지에 비추어 현저히 부당하다고 인정할 만한 합리적인 이유가 없는 한 섣불리 그 처분이 재량권의 범위를 일탈하였거나 재량권을 남용한 것이라고 판단해서는 안 될 것이다.35)

3) 행정소송에 있어서 형사판결이 그대로 확정된 이상 위 형사판결의 사실판단을 채용하기 어렵다고 볼 특별한 사정이 없는 한 이와 배치되는 사실을 인정할 수 없는바(대법원 1999. 11. 26. 선고 98두10424 판결), 즉 행정재판에 있어서 형사재판의 사실인정에 구속을 받는 것은 아니라고 하더라도 동일한 사실관계에 관하여 이미 확정된 형사판결이 유죄로 인정한 사실은 유력한 증거자료가 되므로 행정재판에서 제출된 다른 증거들에 비추어 형사재판의 사실판단을 채용하기 어렵다고 인정되는 특별한 사정이 없는 한 이와 반대되는 사실은 인정할 수 없다.36)

따라서 관련 사건의 형사판결이 확정되면 형사판결을 근거로 내려진 행정처분에 대하여 행정소송을 제기하더라도 번복될 가능성이 크지 않다.

4) 위와 같은 행정소송에서 입증책임의 법리는 의료법에서 금지하는 의료광고와 관련하여 부과된 업무정지처분이나 과징금부과처분의 취소를 구하는 소송에도 마찬가지로 적용된다.

---

33) 대법원 2007. 6. 28. 선고 2005두9910 판결; 대법원 2007. 7. 19. 선고 2006두19297 전원합의체 판결
34) 대법원 1995. 10. 17. 선고 94누14148 전원합의체 판결; 대법원 1997. 5. 30. 선고 96누5773 판결; 대법원 2006. 6. 22. 선고 2003두1684 전원합의체 판결 등
35) 대법원 2007. 9. 20. 선고 2007두6946 판결[과징금부과처분취소]
36) 대법원 2012. 5. 24. 선고 2011두28240 판결; 대법원 1983. 9. 13. 선고 81누324 판결 등

제3절 의료법의 연혁 및 의료법 내용

1. 의료광고 규제의 연혁

1951. 9. 25. 법률 제221호로 제정된 국민의료법은 전문과목의 표방 이외의 의료광고를 전면 금지하였고, 전문과목의 표방도 주무부 장관의 허가를 받도록 하였다(제41조, 제42조).[37] 1965. 3. 23. 법률 제1690호로 개정된 의료법 역시 전문과목과 진료과목의 표시 외에는 의료광고를 전면 금지하였다(제36조, 제37조).

국민의료법

제36조(전문과목의 표방) ① 의사 또는 치과의사는 보건사회부 장관이 인정하는 전문의자격을 받은 자가 아니면 전문과목을 표방하지 못한다. <개정 1965. 3. 23>

② 전항의 규정에 의한 전문과목표방 및 비전문의의 진료과목표시에 관하여 필요한 사항은 보건사회부령으로 정한다.<개정 1965. 3. 23>

제37조(의료광고의 금지) ① 의사, 치과의사, 한의사 및 조산원은 그 의료업 또는 조산업에 관하여 전조의 규정에 의한 전문과목의 표방 및 진료과목의 표시 이외에 학위, 기능, 약효, 진료 또는 조산방법, 경력 기타의 광고를 하지 못한다. <개정 1965. 3. 23>

② 누구든지 특정의 의사, 치과의사, 한의사 또는 조산원의 기능, 약효, 진료 또는 조산방법, 경력이나 특정의료에 관하여 인쇄물, 방송 또는 대중에 대하여 광고를 하지 못한다.

③ 의료기관의 표식에 관하여 필요한 사항은 보건사회부령으로 정한다.

(醫療法 일부개정 1965. 3. 23. [법률 제1690호, 시행 1965. 5. 24])

이후 1973. 2. 16. 법률 제2533호로 전부 개정된 의료법은 의료업무 또는 의료인(의사·치과의사·한의사·조산사 및 간호사)의 경력에 관하여 허위 또는 과대광고를 금지하는 규정을 두는 한편, 종전의 금지규정을 그대로 유지하면서도

---

37) 제정 국민의료법 제41조 "의료업자는 명령으로 정한 바에 의하여 주무부 장관의 허가 없이 그 전문과목을 표방할 수 없다."
　제42조 의료업자는 누구든지 전조의 규정에 의한 전문과목의 표방 이외의 학위·기능·약효·진료방법 또는 경력 기타에 관하여는 광고를 할 수 없다(國民醫療法 제정 1951. 9. 25. [법률 제221호, 시행 1951. 12. 25]).

보건사회부령으로 일부 범위의 의료광고를 허용하도록 하였다(제46조, 제47조). 그 위임에 따라 1973. 10. 17. 보건사회부령 제426호로 전부 개정된 의료법 시행규칙은 의료인의 성명·성별 및 면허 종류, 의료기관의 명칭 및 소재지와 전화번호, 진료일·진료시간 등 기본적 사항에 대한 광고를 일간신문 등 인쇄매체를 통하여 할 수 있도록 허용하였다(제33조).

의료법
제46조(과대광고 등의 금지) ① 의료법인·의료기관 또는 의료인은 의료업무에 관하여 허위 또는 과대한 광고를 하지 못한다.
② 의료법인·의료기관 또는 의료인이 아닌 자는 의료에 관한 광고를 하지 못한다.
③ 누구든지 특정 의료기관이나 특정 의료인의 기능·진료방법·조산방법이나 경력 또는 약효 등에 관하여 대중광고·암시적 기재·사진·유인물·방송·도안 등에 의하여 광고를 하지 못한다.
④ 의료업무에 관한 광고의 범위 기타 의료광고에 필요한 사항은 보건사회부령으로 정한다.
제47조(학술 목적 이외의 의료광고의 금지) 의료법인·의료기관 또는 의료인이라 하더라도 학술 목적 이외의 목적으로 예방의학적·임상의학적 연구결과, 기능, 약효, 진료 또는 조산방법 등에 관한 광고를 하지 못한다.
(醫療法 전부개정 1973. 2. 16. [법률 제2533호, 시행 1973. 8. 17])

2002. 3. 30. 법률 제6686호로 개정된 의료법은 의료인의 경력 광고를 허용하였고(제46조 제1항, 제3항), 2003. 10. 1. 보건복지부령 제261호로 개정된 의료법 시행규칙은 인터넷 홈페이지 주소, 의료인의 환자 수에 대한 배치비율 및 인원수, 의료기관의 평가결과를 추가로 광고할 수 있도록 허용하였다(제33조).

＊ 의료법
제46조(과대광고 등의 금지) ① 의료법인·의료기관 또는 의료인은 의료업무 또는 의료인의 경력에 관하여 허위 또는 과대한 광고를 하지 못한다. <개정 2002. 3. 30>
② 의료법인·의료기관 또는 의료인이 아닌 자는 의료에 관한 광고를 하지 못한다.
③ 누구든지 특정 의료기관이나 특정 의료인의 기능·진료방법·조산방법이나 약효 등에 관하여 대중광고·암시적 기재·사진·유인물·방송·도안 등에 의하여 광고를 하지 못한다. <개정 2002. 3. 30>

④ 의료업무에 관한 광고의 범위 기타 의료광고에 필요한 사항은 보건복지부령으로 정한다.<개정 1997. 12. 13>

제47조(학술 목적 이외의 의료광고의 금지) 의료법인·의료기관 또는 의료인이라 하더라도 학술 목적 이외의 목적으로 예방의학적·임상의학적 연구결과, 기능, 약효, 진료 또는 조산방법 등에 관한 광고를 하지 못한다.

(醫療法 일부개정 2002. 3. 30. [법률 제6686호, 시행 2003. 3. 31])

** 의료법 시행규칙

제33조(의료광고의 범위 등) ① 법 제46조 제4항의 규정에 의하여 의료법인·의료기관 및 의료인이 행할 수 있는 의료광고의 범위는 다음 각호와 같다. <개정 1974. 4. 10, 1993. 8. 20, 1997. 8. 4, 2003. 10. 1>

1. 진료담당 의료인의 성명·성별 및 그 면허의 종류
2. 전문과목 및 진료과목
3. 의료기관의 명칭 및 그 소재지와 전화번호 및 인터넷 홈페이지 주소
4. 진료일·진료시간
5. 응급의료 전문인력·시설·장비 등 응급의료시설 운영에 관한 사항
6. 예약 진료의 진료시간·접수시간·진료 인력·진료과목 등에 관한 사항
7. 야간 및 휴일진료의 진료일자·진료시간·진료인력 등에 관한 사항
8. 주차장에 관한 사항
9. 의료인 및 보건의료인의 환자수에 대한 배치비율 및 각 인원수
10. 의료인의 해당 분야에서의 1년 이상 임상경력
11. 법 제32조의3의 규정에 의한 시설 등의 공동이용에 관한 사항
12. 법 제47조의2의 규정에 의한 최근 3년 이내의 의료기관 평가결과

② 제1항의 광고는 텔레비전과 라디오를 제외한 모든 매체(인터넷 홈페이지를 포함한다)에 의하여 할 수 있다. 다만, 일간신문에 의한 광고는 월2회를 초과할 수 없다. <개정 1997. 8. 4, 2003. 10. 1>

③ 의료기관이 새로 개설되거나 휴업·폐업 또는 이전한 때에는 제2항 단서의 규정에 불구하고 일간신문에 그 사실을 3회에 한하여 광고할 수 있다. <개정 1997. 8. 4, 2003. 10. 1>

(의료법시행규칙 일부개정 2003. 10. 1. [보건복지부령 제261호, 시행 2003. 10. 1])

헌법재판소는 2005. 10. 27. 의료인의 기능 및 진료방법을 광고할 수 없도록 금지하는 구 의료법(2002. 3. 30. 법률 제6686호로 개정되기 전의 것) 제46조 제3항 및 그 위반 시 300만 원 이하의 벌금에 처하도록 하는 동법 제69조는 표현

의 자유와 직업수행의 자유를 침해한다는 이유로 위헌 결정을 하였다.[38]

　　이후 2007. 1. 3. 법률 제8203호로 개정된 의료법은 의료광고와 관련하여 원칙적 금지, 예외적 허용방식에서 원칙적 허용, 예외적 금지방식으로 전환되었다.

> * 2007. 1. 3. 개정 의료법
>
> **제46조(의료광고의 금지 등)** ① 의료법인 · 의료기관 또는 의료인이 아닌 자는 의료에 관한 광고를 하지 못한다.
>
> ② 의료법인 · 의료기관 또는 의료인은 다음 각 호의 어느 하나에 해당하는 의료광고를 하지 못한다.
>
> 1. 제45조의3의 규정에 따른 평가를 받지 아니한 신의료기술에 관한 광고
> 2. 치료효과를 보장하는 등 소비자를 현혹할 우려가 있는 내용의 광고
> 3. 다른 의료기관 · 의료인의 기능 또는 진료방법과 비교하는 내용의 광고
> 4. 다른 의료법인 · 의료기관 또는 의료인을 비방하는 내용의 광고
> 5. 수술장면 등 직접적인 시술행위를 노출하는 내용의 광고
> 6. 의료인의 기능, 진료방법과 관련하여 심각한 부작용 등 중요정보를 누락하는 광고
> 7. 객관적으로 인정되지 아니하거나 근거가 없는 내용을 포함하는 광고
> 8. 신문, 방송, 잡지 등을 이용하여 기사(기사) 또는 전문가의 의견 형태로 표현되는 광고
> 9. 제46조의2의 규정에 따른 심의를 받지 아니하거나 심의받은 내용과 다른 내용의 광고
> 10. 그 밖에 의료광고의 내용이 국민건강에 중대한 위해를 발생하게 하거나 발생하게 할 우려가 있는 것으로서 대통령령이 정하는 내용의 광고
>
> ③ 의료법인 · 의료기관 또는 의료인은 허위 또는 과대한 내용의 의료광고를 하지 못한다.
>
> ④ 의료광고는 「방송법」 제2조 제1호의 방송 그 밖에 국민의 보건과 건전한 의료경쟁의 질서를 유지하기 위하여 제한할 필요가 있는 경우로서 대통령령이 정하는 방법으로 하지 못한다.
>
> ⑤ 제1항 또는 제2항 규정에 따라 금지되는 의료광고의 구체적인 기준 등 의료광고에 관하여 필요한 사항은 대통령령으로 정한다.
>
> [전문개정 2007. 1. 3]
>
> **제46조의2(광고의 심의)** ① 의료법인 · 의료기관 · 의료인이 의료광고를 하고자 하는 때에는 미리 광고내용 및 방법 등에 관하여 보건복지부장관의 심의를 받아야

---

38) 헌재 2005. 10. 27. 2003헌가3

한다.

② 제1항의 규정에 따른 심의를 받고자 하는 자는 보건복지부령이 정하는 수수료를 납부하여야 한다.

③ 보건복지부장관은 제1항의 규정에 따른 심의에 관한 업무를 제26조의 규정에 따라 설립된 단체에 위탁할 수 있다.

④ 제1항의 규정에 따른 심의대항 및 기준 그 밖에 심의에 관하여 필요한 사항은 대통령령으로 정한다.

(의료법 일부개정 2007. 1. 3. [법률 제8203호, 시행 2007. 4. 4])

2007. 4. 11. 법률 제8366호로 전부 개정된 의료법에서 법적 간결성·함축성과 조화를 이루는 범위에서 법 문장의 표기를 한글화하고 어려운 용어를 쉬운 우리말로 풀어쓰며 복잡한 문장은 체계를 정리하여 쉽고 간결하게 다듬어 조문의 위치만 바뀌었을 뿐 위와 같은 기본적인 규정 방식은 현재까지 유지되고 있다.

2. 의료광고 규제 내용

의료법 제56조 제1항은 의료인이 아닌 자의 의료광고를 금지하고 있고, 제2항은 신의료기술평가를 받지 않은 내용의 광고, 치료경험담 등 소비자로 하여금 치료효과를 오인하게 할 우려가 있는 내용의 광고, 거짓된 내용의 광고 등 내용의 광고, 직접적인 시술행위를 노출하는 내용의 광고 등 일정한 표현방식 내지 표현방법에 따라 금지되는 광고의 종류를 열거하고 있다. 제3항에서는 방송 등의 방법을 통한 의료광고를 금지하고 있다.

한편 동법 제57조는 신문·인터넷신문 또는 정기간행물, 옥외광고물, 전광판, 인터넷 매체에 해당하는 매체를 이용하여 의료광고를 하려는 경우 미리 광고의 내용과 방법 등에 관하여 보건복지부장관의 심의를 받도록 하고 있다.

위반 시 형사적 제재와 행정적 제재에 관한 규정을 별도로 두고 있다.

| 의료법
제56조 | 제56조(의료광고의 금지 등) ① 의료기관 개설자, 의료기관의 장 또는 의료인(이하 "의료인들"이라 한다)이 아닌 자는 의료에 관한 광고(의료인들이 신문·잡지·음성·음향·영상·인터넷·인쇄물·간판, 그 |

밖의 방법에 의하여 의료행위, 의료기관 및 의료인들에 대한 정보를 소비자에게 나타내거나 알리는 행위를 말한다. 이하 "의료광고"라 한다)를 하지 못한다. <개정 2018. 3. 27>

② 의료인들은 다음 각호의 어느 하나에 해당하는 의료광고를 하지 못한다. <개정 2009. 1. 30, 2016. 5. 29, 2018. 3. 27>

1. 제53조에 따른 평가를 받지 아니한 신의료기술에 관한 광고
2. 환자에 관한 치료경험담 등 소비자로 하여금 치료 효과를 오인하게 할 우려가 있는 내용의 광고
3. 거짓된 내용을 표시하는 광고
4. 다른 의료인들의 기능 또는 진료방법과 비교하는 내용의 광고
5. 다른 의료인들을 비방하는 내용의 광고
6. 수술 장면 등 직접적인 시술행위를 노출하는 내용의 광고
7. 의료인들의 기능, 진료방법과 관련하여 심각한 부작용 등 중요한 정보를 누락하는 광고
8. 객관적인 사실을 과장하는 내용의 광고
9. 법적 근거가 없는 자격이나 명칭을 표방하는 내용의 광고
10. 신문, 방송, 잡지 등을 이용하여 기사(기사) 또는 전문가의 의견형태로 표현되는 광고
11. 제57조에 따른 심의를 받지 아니하거나 심의받은 내용과 다른 내용의 광고
12. 제27조 제3항에 따라 외국인환자를 유치하기 위한 국내광고
13. 소비자를 속이거나 소비자로 하여금 잘못 알게 할 우려가 있는 방법으로 제45조에 따른 비급여 진료비용을 할인하거나 면제하는 내용의 광고
14. 각종 상장·감사장 등을 이용하는 광고 또는 인증·보증·추천을 받았다는 내용을 사용하거나 이와 유사한 내용을 표현하는 광고. 다만, 다음 각 목의 어느 하나에 해당하는 경우는 제외한다.
    가. 제58조에 따른 의료기관 인증을 표시한 광고
    나. 「정부조직법」 제2조부터 제4조까지의 규정에 따른 중앙행정기관·특별지방행정기관 및 그 부속기관, 「지방자치법」 제2조에 따른 지방자치단체 또는 「공공기관의 운영에 관한 법률」 제4조에 따른 공공기관으로부터 받은 인증·보증을 표시한 광고
    다. 다른 법령에 따라 받은 인증·보증을 표시한 광고
    라. 세계보건기구와 협력을 맺은 국제평가기구로부터 받은 인증을

표시한 광고 등 대통령령으로 정하는 광고

15. 그 밖에 의료광고의 방법 또는 내용이 국민의 보건과 건전한 의료경쟁의 질서를 해치거나 소비자에게 피해를 줄 우려가 있는 것으로서 대통령령으로 정하는 내용의 광고

③ 의료광고는 다음 각 호의 방법으로는 하지 못한다. <개정 2018. 3. 27>

1. 「방송법」 제2조 제1호의 방송

2. 그 밖에 국민의 보건과 건전한 의료경쟁의 질서를 유지하기 위하여 제한할 필요가 있는 경우로서 대통령령으로 정하는 방법

④ 제2항에 따라 금지되는 의료광고의 구체적인 내용 등 의료광고에 관하여 필요한 사항은 대통령령으로 정한다. <개정 2018. 3. 27>

⑤ 보건복지부장관, 시장·군수·구청장은 제2항 제2호부터 제5호까지 및 제7호부터 제9호까지를 위반한 의료인등에 대하여 제63조, 제64조 및 제67조에 따른 처분을 하려는 경우에는 지체 없이 그 내용을 공정거래위원회에 통보하여야 한다. <신설 2016. 5. 29, 2018. 3. 27>

[2018. 3. 27. 법률 제15540호에 의하여 2015. 12. 23. 헌법재판소에서 위헌 결정된 이 조를 개정함]

의료법 시행규칙 제23조	제23조(의료광고의 금지 기준) ① 법 제56조 제2항에 따라 금지되는 의료광고의 구체적인 기준은 다음 각 호와 같다. <개정 2008. 12. 3, 2010. 1. 27, 2012. 4. 27, 2017. 2. 28, 2018. 9. 28> 1. 법 제53조에 따른 신의료기술평가를 받지 아니한 신의료기술에 관하여 광고하는 것 2. 특정 의료기관·의료인의 기능 또는 진료 방법이 질병 치료에 반드시 효과가 있다고 표현하거나 환자의 치료경험담이나 6개월 이하의 임상경력을 광고하는 것 3. 의료인, 의료기관, 의료서비스 및 의료 관련 각종 사항에 대하여 객관적인 사실과 다른 내용 등 거짓된 내용을 광고하는 것 4. 특정 의료기관 개설자, 의료기관의 장 또는 의료인(이하 "의료인등"이라 한다)이 수행하거나 광고하는 기능 또는 진료방법이 다른 의료인등의 것과 비교하여 우수하거나 효과가 있다는 내용으로 광고하는 것 5. 다른 의료인등을 비방할 목적으로 해당 의료인등이 수행하거나 광

고하는 기능 또는 진료방법에 관하여 불리한 사실을 광고하는 것

6. 의료인이 환자를 수술하는 장면이나 환자의 환부(患部) 등을 촬영한 동영상·사진으로서 일반인에게 혐오감을 일으키는 것을 게재하여 광고하는 것

7. 의료인등의 의료행위나 진료방법 등을 광고하면서 예견할 수 있는 환자의 안전에 심각한 위해(危害)를 끼칠 우려가 있는 부작용 등 중요정보를 빠뜨리거나 글씨 크기를 작게 하는 등의 방법으로 눈에 잘 띄지 않게 광고하는 것

8. 의료인, 의료기관, 의료서비스 및 의료 관련 각종 사항에 대하여 객관적인 사실을 과장하는 내용으로 광고하는 것

9. 법적 근거가 없는 자격이나 명칭을 표방하는 내용을 광고하는 것

10. 특정 의료기관·의료인의 기능 또는 진료방법에 관한 기사나 전문가의 의견을 「신문 등의 진흥에 관한 법률」 제2조에 따른 신문·인터넷신문 또는 「잡지 등 정기간행물의 진흥에 관한 법률」에 따른 정기간행물이나 「방송법」 제2조 제1호에 따른 방송에 싣거나 방송하면서 특정 의료기관·의료인의 연락처나 약도 등의 정보도 함께 싣거나 방송하여 광고하는 것

11. 법 제57조 제1항에 따라 심의대상이 되는 의료광고를 심의를 받지 아니하고 광고하거나 심의받은 내용과 다르게 광고하는 것

12. 외국인환자를 유치할 목적으로 법 제27조 제3항에 따른 행위를 하기 위하여 국내광고하는 것

13. 법 제45조에 따른 비급여 진료비용의 할인·면제 금액, 대상, 기간이나 범위 또는 할인·면제 이전의 비급여 진료비용에 대하여 허위 또는 불명확한 내용이나 정보 등을 게재하여 광고하는 것

14. 각종 상장·감사장 등을 이용하여 광고하는 것 또는 인증·보증·추천을 받았다는 내용을 사용하거나 이와 유사한 내용을 표현하여 광고하는 것. 다만, 법 제56조 제2항 제14호 각 목의 어느 하나에 해당하는 경우는 제외한다.

② 법 제56조 제2항 제14호 라목에서 "세계보건기구와 협력을 맺은 국제평가기구로부터 받은 인증을 표시한 광고 등 대통령령으로 정하는 광고"란 다음 각호의 어느 하나에 해당하는 광고를 말한다. <신설 2018. 9. 28>

1. 세계보건기구와 협력을 맺은 국제평가기구로부터 받은 인증을 표시한 광고

2. 국제의료질관리학회(The International Society for Quality in Health Care)로부터 인증을 받은 각국의 인증기구의 인증을 표시한 광고
③ 보건복지부장관은 의료인등 자신이 운영하는 인터넷 홈페이지에 의료광고를 하는 경우에 제1항에 따라 금지되는 의료광고의 세부적인 기준을 정하여 고시할 수 있다. <개정 2008. 2. 29, 2010. 3. 15, 2018. 9. 28>

제4절 의료광고 관련 법규

국민의 보건과 건전한 의료경쟁의 질서를 유지하기 위하여 의료법 제56조와 제57조에서 의료광고에 관한 주체, 내용과 방법상 제한을 가하고 일정한 매체의 경우 의료광고 심의를 받도록 규정하고 있다.

그 밖에 허위나 과장 광고 등을 제한하여 소비자의 권리나 신뢰를 보호하고 합리적인 근거 없는 불공정한 광고로부터 경쟁업체를 보호하고 건전한 제도를 확립하고자 의료광고 및 일반 광고에 관하여 일정한 제한을 두고 있다

의료와 관련하여 표시 · 광고의 공정화에 관한 법률, 의료기기법, 약사법 등에서 일정한 제한을 가하고 있다. 표시 · 광고의 공정화에 관한 법률은 거짓 · 과장의 표시 · 광고, 기만적인 표시 · 광고, 부당하게 비교하는 표시 · 광고, 비방적인 표시 · 광고를 금지하며, 표시 · 광고 내용에 관한 실증(實證)이 필요할 경우 공정거래위원회가 당해 사업자에게 관련 자료의 제출을 요청할 수 있게 하고 있다(제3조, 제5조). 의료나 의약품에 관한 광고라도 사업자가 소비자를 속이거나 소비자로 하여금 잘못 알게 할 우려가 있는 표시 · 광고 행위로서 공정한 거래질서를 해칠 우려가 있는 거짓 · 과장의 표시 · 광고를 할 수 없고, 이를 위반한 경우 2년 이하의 징역 또는 1억 5천만 원 이하의 벌금에 처할 수 있다('표시 · 광고의 공정화에 관한 법률' 제3조 제1항 제1호, 제17조 제1호).

의료기기법은 "누구든지 의료기기의 광고와 관련하여 의료기기의 명칭 · 제조방법 · 성능이나 효능 및 효과 또는 그 원리에 관한 거짓 또는 과대광고 등을 하는 것을 금지하며(의료기기법 제24조 제2항),[39] 의료기기법 제24조 제1항 내지

2항 위반 시 3년 이하의 징역 또는 3천만원 이하의 벌금에 처하고 있다(제52조 제1항). 다만 헌법재판소는 2020. 8. 28. 의료기기의 의료광고 심의와 관련하여 구 의료기기법(2016. 12. 2. 법률 제14330호로 개정되고, 2018. 3. 13. 법률 제15486호로 개정되어 2018. 9. 14. 시행되기 전의 것) 제52조 제1항 제1호 중 '제24조 제2항 제6호를 위반한 자' 부분은 헌법에 위반된다."라고 결정했다.[40]

약사법은 "의약품 등의 명칭·제조방법·효능이나 성능에 관하여" 거짓·과장광고를 금지하고(제68조 제1항), 의약품 등은 그 효능이나 성능에 관하여 의사·치과의사·한의사·수의사 또는 그 밖의 자가 보증한 것으로 오해할 염

---

39) 의료기기법 제24조(기재 및 광고의 금지 등) ① 의료기기의 용기, 외장, 포장 또는 첨부문서에 해당 의료기기에 관하여 다음 각호의 사항을 표시하거나 적어서는 아니 된다. <개정 2015. 1. 28>
   1. 거짓이나 오해할 염려가 있는 사항
   2. 제6조 제2항 또는 제15조 제2항에 따른 허가 또는 인증을 받지 아니하거나 신고한 사항과 다른 성능이나 효능 및 효과
   3. 보건위생상 위해가 발생할 우려가 있는 사용방법이나 사용기간
   ② 누구든지 의료기기의 광고와 관련하여 다음 각호의 어느 하나에 해당하는 광고를 하여서는 아니 된다. <개정 2013. 3. 23, 2015. 1. 28>
   1. 의료기기의 명칭·제조방법·성능이나 효능 및 효과 또는 그 원리에 관한 거짓 또는 과대광고
   2. 의사·치과의사·한의사·수의사 또는 그 밖의 자가 의료기기의 성능이나 효능 및 효과에 관하여 보증·추천·공인·지도 또는 인정하고 있거나 그러한 의료기기를 사용하고 있는 것으로 오해할 염려가 있는 기사를 사용한 광고
   3. 의료기기의 성능이나 효능 및 효과를 암시하는 기사·사진·도안을 사용하거나 그 밖에 암시적인 방법을 사용한 광고
   4. 의료기기에 관하여 낙태를 암시하거나 외설적인 문서 또는 도안을 사용한 광고
   5. 제6조 제2항 또는 제15조 제2항에 따라 허가 또는 인증을 받지 아니하거나 신고한 사항과 다른 의료기기의 명칭·제조방법·성능이나 효능 및 효과에 관한 광고. 다만, 제26조 제1항 단서에 해당하는 의료기기의 경우에는 식품의약품안전처장이 정하여 고시하는 절차 및 방법, 허용범위 등에 따라 광고할 수 있다.
   6. 제25조 제1항에 따른 심의를 받지 아니하거나 심의받은 내용과 다른 내용의 광고
   ③ 제1항 및 제2항에 따른 의료기기의 표시·기재 및 광고의 범위 등에 관하여 필요한 사항은 총리령으로 정한다. <개정 2013. 3. 23>[단순위헌, 2017헌가35, 2020. 8. 28. 의료기기법(2011. 4. 7. 법률 제10564호로 전부개정된 것) 제24조 제2항 제6호는 헌법에 위반된다]
   제25조(광고의 심의) ① 의료기기를 광고하려는 자는 식품의약품안전처장이 정한 심의기준·방법 및 절차에 따라 미리 식품의약품안전처장의 심의를 받아야 한다. <개정 2013. 3. 23>
   ② 식품의약품안전처장은 제1항에 따른 심의에 관한 업무를 총리령으로 정하는 단체에 위탁할 수 있다. <개정 2013. 3. 23>
40) 헌재 2020. 8. 28. 2017헌가35

려가 있는 기사 사용을 금지하며(제2항), 그 효능이나 성능을 암시하는 기사·사진·도안, 그 밖의 암시적 방법을 사용하는 광고를 금지하며(제3항), 의약품에 관하여 낙태를 암시하는 문서나 도안 사용을 금지하고(제4항), 동법 제68조 제1항을 위반하여 거짓·과장광고를 하는 자는 1년 이하의 징역 또는 300만 원 이하의 벌금에 처하도록 하고 있다(제95조 제10호). 약사법은 전문의약품, 전문의약품과 제형, 투여 경로 및 단위제형당 주성분의 함량이 같은 일반의약품, 원료의약품의 광고도 「감염병의 예방 및 관리에 관한 법률」 제2조 제2호부터 제12호까지의 감염병의 예방용 의약품을 광고하는 경우와 의학·약학에 관한 전문가 등을 대상으로 하는 의약 전문매체에 광고하는 경우 등 총리령으로 정하는 경우 이외에는 금지하고 있다(제6항).

한편 소비자기본법은 소비자가 오인할 우려가 있는 특정 용어 및 특정 표현의 사용을 제한할 필요가 있는 경우나 광고의 매체 및 시간대에 대하여 제한이 필요한 경우 국가가 광고의 내용 및 방법에 관한 기준을 정할 수 있도록 규정하고 있다(제11조).[41]

독점규제 및 공정거래에 관한 법률은 부당하게 경쟁자의 고객을 자기와 거래하도록 유인하거나 강제하는 행위를 금지하고 있으며(제23조 제1항 제3호), 옥외광고물 등의 관리와 옥외광고산업 진흥에 관한 법률은 옥외광고물의 표시장소·표시방법과 게시시설의 설치·유지 등에 관한 사항을 규제하고 있다(제3조 허가 또는 등록, 제4조 금지 또는 제한 등).

변호사법[42]에서도 '변호사의 업무에 관하여' 거짓된 내용을 표시하는 광

---

41) 소비자기본법 제11조(광고의 기준) 국가는 물품 등의 잘못된 소비 또는 과다한 소비로 인하여 발생할 수 있는 소비자의 생명·신체 또는 재산에 대한 위해를 방지하기 위하여 다음 각호의 어느 하나에 해당하는 경우에는 광고의 내용 및 방법에 관한 기준을 정하여야 한다.
   1. 용도·성분·성능·규격 또는 원산지 등을 광고하는 때에 허가 또는 공인된 내용만으로 광고를 제한할 필요가 있거나 특정 내용을 소비자에게 반드시 알릴 필요가 있는 경우
   2. 소비자가 오해할 우려가 있는 특정용어 또는 특정표현의 사용을 제한할 필요가 있는 경우
   3. 광고의 매체 또는 시간대에 대하여 제한이 필요한 경우
42) 변호사법 제23조(광고) ① 변호사·법무법인·법무법인(유한) 또는 법무조합(이하 이 조에서 "변호사등"이라 한다)은 자기 또는 그 구성원의 학력, 경력, 주요 취급 업무, 업무실적, 그 밖에 그 업무의 홍보에 필요한 사항을 신문·잡지·방송·컴퓨터통신 등의 매체를 이용하여 광고할 수 있다.

고(제23조 제2항 제1호), 객관적 사실을 과장하거나 사실의 일부를 누락하는 등 소비자를 오도하거나 소비자에게 오해를 불러일으킬 우려가 있는 내용의 광고 (제23조 제2항 제3호)를 금지하는 한편, 동법 제23조 제2항 제1호를 위반하여 거짓된 내용을 표시하는 광고를 한 자는 1년 이하의 징역 또는 1천만 원 이하의 벌금에 처하도록 하고 있다(제113조 제3호).

위와 같이 의료광고나, 의약품에 관한 광고라도 사업자가 소비자를 속이거나 소비자로 하여금 잘못 알게 할 우려가 있는 표시·광고 행위로서 공정한 거래질서를 해칠 우려가 있는 거짓·과장의 표시·광고를 할 수 없고, 이를 위반한 경우 2년 이하의 징역 또는 1억 5천만 원 이하의 벌금에 처할 수 있다('표시·광고의 공정화에 관한 법률' 제3조 제1항 제1호, 제17조 제1호).

---

② 변호사등은 다음 각호의 어느 하나에 해당하는 광고를 하여서는 아니 된다.
1. 변호사의 업무에 관하여 거짓된 내용을 표시하는 광고
2. 국제변호사를 표방하거나 그 밖에 법적 근거가 없는 자격이나 명칭을 표방하는 내용의 광고
3. 객관적 사실을 과장하거나 사실의 일부를 누락하는 등 소비자를 오도(오도)하거나 소비자에게 오해를 불러일으킬 우려가 있는 내용의 광고
4. 소비자에게 업무수행 결과에 대하여 부당한 기대를 가지도록 하는 내용의 광고
5. 다른 변호사등을 비방하거나 자신의 입장에서 비교하는 내용의 광고
6. 부정한 방법을 제시하는 등 변호사의 품위를 훼손할 우려가 있는 광고
7. 그 밖에 광고의 방법 또는 내용이 변호사의 공공성이나 공정한 수임(수임) 질서를 해치거나 소비자에게 피해를 줄 우려가 있는 것으로서 대한변호사협회가 정하는 광고

의료법상 의료광고 규제

제
2
장

의료법상 의료광고 규제

제1절 의료광고의 개념

1. 의료법 규정

의료법에서 규정하는 '의료광고'란 의료법인·의료기관 또는 의료인이 업무 및 기능, 경력, 시설, 진료방법 등 의료기술과 의료행위 등에 관한 정보를 신문·인터넷신문, 정기간행물, 방송, 전기통신 등의 매체나 수단을 이용하여 널리 알리는 행위를 의미한다.[1]

위 규정에 의하여 금지되는 의료광고에는 의료행위는 물론 의료인의 경력 등 의료와 관련된 모든 내용의 광고가 포함된다.[2] 따라서 의료에 관한 광고가 의료광고이므로 '의료기술과 의료행위'에 관한 광고가 아니면 의료광고가 아니다.

위 의료법 개정 전에도 대법원은 "의료법이 '광고'의 개념에 관하여 따로 정의하고 있지는 아니하나 일반적으로 의료행위나 의료서비스의 성질과 효용

---

1) 대법원 2016. 6. 23. 선고 2014도16577 판결[의료법위반]
2) 대법원 2016. 6. 23. 선고 2016도556 판결[의료법위반] (블로그에 거짓 내용이 기재된 명패를 사진 촬영하여 게시하여 그 이력에 관하여 거짓 광고를 하였다는 공소사실을 유죄로 인정한 원심판결이 정당하다고 판시함)

이나 우수성 등에 관한 정보를 널리 사람들에게 알림으로써 환자의 방문과 진료 등 의료소비를 촉진하려는 행위를 뜻한다고 할 것이므로, 의료법에 의하여 금지되는 의료광고란, 반드시 그 매체나 수단이 특별히 제한되는 것은 아니라고 하더라도, 널리 사람들에게 의료행위에 관하여 진실이 아니거나 과장된 내용의 정보를 알림으로써 의료지식이 부족한 일반인으로 하여금 그 치료효과 등을 오인혼동하게 할 우려가 있는 광고를 말한다고 할 것이다."라고 판시한 바 있다.3)

2018. 3. 27. 일부 개정된 의료법(법률 제15540호) 제56조 제1항에서는 의료행위의 개념을 정의하고 있다. 즉, 의료광고는 의료인 등이 신문·잡지·음성·음향·영상·인터넷·인쇄물·간판, 그 밖의 방법에 의하여 의료행위, 의료기관 및 의료인 등에 대한 정보를 소비자에게 나타내거나 알리는 행위를 말한다.4)

결국, 의료광고는 의료인 등이 다양한 방법으로 의료행위, 의료기관 등에 대한 정보를 소비자에게 널리 알리는 행위를 말한다.

2. 의료광고의 개념 요소

가. 의료광고 주체

의료법 제56조 제1항에서는 "의료기관 개설자, 의료기관의 장 또는 의료인(이하 "의료인등"이라 한다)이 아닌 자는 의료광고를 하지 못한다."라고 규정하여 의료광고 주체를 '의료기관 개설자, 의료기관의 장 또는 의료인(이하 "의료인등"이라 한다)'으로 제한하고 있다.

따라서 의료인 등이 아닌 무자격자가 의료광고를 하면 의료법위반으로 처벌된다.

---

3) 대법원 2010. 2. 25. 선고 2009도4176 판결
4) 제56조(의료광고의 금지 등) ① 의료기관 개설자, 의료기관의 장 또는 의료인(이하 "의료인등"이라 한다)이 아닌 자는 의료에 관한 광고(의료인등이 신문·잡지·음성·음향·영상·인터넷·인쇄물·간판, 그 밖의 방법에 의하여 의료행위, 의료기관 및 의료인등에 대한 정보를 소비자에게 나타내거나 알리는 행위를 말한다. 이하 "의료광고"라 한다)를 하지 못한다. <개정 2018. 3. 27>

나. 의료광고의 매체

의료광고의 매체는 원칙적으로 제한이 없다. 다만 의료법 제56조 제3항에서는 방송법 제2조 제1호의 방송이나 그 밖에 그 밖에 국민의 보건과 건전한 의료경쟁의 질서를 유지하기 위하여 제한할 필요가 있는 경우로서 대통령령으로 정하는 방법으로 하는 의료광고를 금지하고 있다.

의료법 제57조에 규정하는 일정한 의료매체의 경우 의료광고심의 대상이 되므로 의료광고 심의를 받아야 한다.

다. 의료광고의 대상 – 의료행위와 의료기관 등에 대한 정보

1) 의료행위의 개념

의료행위의 개념과 그 범위에 관하여 논란이 있다. 의료행위란 의학의 전문적 지식을 기초로 하는 경험과 기능으로써 진찰·검안·처방·투약 또는 외과수술 등을 하는 행위[5]라고 판시한 이래, 구체적 사안별로 문제 된 행위가 의료법 제27조 제1항이 정한 '무면허의료행위' 또는 '면허된 것 이외의 의료행위'에 해당하는지를 판단하여왔다.

여기서 '의료행위'란 의학적 전문지식을 기초로 하는 경험과 기능으로 진찰, 검안, 처방, 투약 또는 외과적 시술을 시행하여 하는 질병의 예방 또는 치료행위 및 그 밖에 의료인이 행하지 아니하면 보건위생상 위해가 생길 우려가 있는 행위를 의미한다.[6] '의료인이 행하지 아니하면 보건위생상 위해가 생길 우려'는 추상적 위험으로도 충분하므로, 구체적으로 환자에게 위험이 발생하지 아니하였다고 해서 보건위생상의 위해가 없다고 할 수는 없다.[7]

치과의사인 피고인이 보톡스 시술법을 이용하여 환자의 눈가와 미간의 주름 치료를 함으로써 면허된 것 이외의 의료행위를 하였다고 하여 의료법 위반으로 기소된 사안에서, 대법원은 "의사나 치과의사의 의료행위가 '면허된 것 이외의 의료행위'에 해당하는지에 관하여 구체적 사안에 따라 의사와 치과의사의 면허를 구분한 의료법의 입법 목적, 해당 의료행위에 관련된 법령의 규정 및 취

---

5) 대법원 1974. 11. 26. 선고 74도1114 전원합의체 판결
6) 대법원 2018. 6. 19. 선고 2017도19422 판결 등
7) 대법원 2012. 5. 10. 선고 2010도5964 판결

지, 해당 의료행위의 기초가 되는 학문적 원리, 해당 의료행위의 경위·목적·태양, 의과대학 등의 교육과정이나 국가시험 등을 통하여 해당 의료행위의 전문성을 확보할 수 있는지 등을 종합적으로 고려하여 사회통념에 비추어 합리적으로 판단한다."라고 판시하고 있다.[8]

2) 의료행위의 개념 요소인 '질병'과 '치료'

의료행위의 개념 요소인 '질병'이나 '치료'의 개념과 관련하여 제왕절개 수술 후 자연분만(VBAC)(Vaginal Birth After Cesarean, 이하 '브이백'이라 한다) 광고가 의료광고에 해당되는지가 문제된다.

대법원은, 의사인 피고인이 운영하는 병원에서 브이백 시술을 받은 환자들이 병원 홈페이지에 그 성공 소감을 게시하면 분만비를 할인해주는 방법으로 의료광고를 하였다고 하여 의료법 위반으로 기소된 사안에서, "의료법령상 '질병'이나 '치료'에 관하여 정의를 내리고 있는 법조문이 없어 구체적 사안에 따라 사회통념에 의하여 정할 수밖에 없는데, '치료'라는 표현이 좁은 의미의 질병에 대한 의료행위만을 의미하는 용어로 사용되고 있다고 보기 어려운 점, 일반적으로 출산을 앞둔 산모의 상태를 질병으로 분류하기 어렵다고 하더라도 미용성형이나 모발이식 수술 등을 받는 사람과 달리 산모는 일반적인 상태에서 벗어난 비정상적인 건강상태에 있다고 할 수 있고, 특히 제왕절개 경험이 있는 산모가 자연분만을 시도하는 경우에는 그렇지 않은 경우에 비하여 산모나 태아의 생명, 신체에 위험을 초래할 가능성이 높아 전문 의료인에 의한 특별한 관리와 검사, 시술이 요구되는 점 등을 고려하면 그러한 상태에 있는 산모의 출산을 돕는 브이백 시술은 치료에 해당하고, 그 경험담은 의료법 시행령 제23조 제1항 제2호에서 금지하는 '환자의 치료경험담'으로서 시술이 갖는 위험성과 경험담의 구체적 내용에 비추어 볼 때, 소비자를 현혹하거나 국민건강에 중대한 위해를 발생하게 할 우려가 있는 의료광고에 해당한다."라고 판시한 바 있다.[9]

대법원이 브이백 시술이 치료에 해당함을 인정할 증거가 없다는 이유로 그

---

8) 대법원 2016. 7. 21. 선고 2013도850 전원합의체 판결(치과의사인 피고인이 보톡스 시술법을 이용하여 환자의 눈가와 미간의 주름 치료를 함으로써 면허된 것 이외의 의료행위를 하였다고 하여 의료법 위반으로 기소된 사안에서, 환자의 안면부인 눈가와 미간에 보톡스를 시술한 피고인의 행위가 치과의사에게 면허된 것 이외의 의료행위라고 볼 수 없고, 시술이 미용 목적이라 하여 달리 볼 것은 아니라고 한 사안)
9) 대법원 2013. 12. 12. 선고 2013도8032 판결[의료법위반]

에 관한 치료경험담을 병원 홈페이지를 통해 게시하는 행위 역시 의료법상 금지되는 의료광고가 아니라고 판단한 원심판결이 의료법 제56조 제2항 제11호, 의료법 시행령 제23조 제1항 제2호에 관한 법리를 오해하거나 필요한 심리를 다하지 아니하여 판단을 그르친 것으로 보아 원심판결을 파기하고, 원심법원에 환송했다.

참고로 원심은, "의료법 제56조 제2항 제2호, 의료법 시행령 제23조 제1항 제2호의 '치료'란 환자의 비정상적인 건강상태를 전제로 투약, 시술, 처치 등 의학적 방법을 통하여 정상적인 상태로 회복시키는 것으로 이해하여야 하는데, VBAC 시술의 경우 이전에 제왕절개를 한 경험이 있는 산모가 자연분만할 경우 실패할 위험성이 높으므로 일반적인 자연분만에 비해 상세한 검사를 하여 자연분만의 가능성 유무를 의사가 판단하고, 분만하는 과정에서도 높은 주의를 기울여 산모를 관찰하며, 산모와 태아에 위험이 발생할 경우 제왕절개 등의 시술을 하게 될 가능성이 있으므로 반드시 의료인에 의해 이루어져야 하는 의료행위에는 해당하나, 출산이 임박한 상태나 제왕절개의 경험이 있는 산모의 상태를 질병이라고 할 수 없고, 산모로 하여금 출산을 하도록 유도하고 관찰하는 행위를 들어 비정상적인 건강상태를 정상적으로 회복시키는 행위라고도 할 수 없으며, 브이백 시술은 자연적인 출산상황을 회복하려는 데 그 목적이 있으므로 국민건강에 어떤 위해를 발생케 할 우려가 있는 경우에 해당한다고 볼 수 없다."는 이유로, 제1심의 유죄판결을 파기하고 피고인에 대하여 무죄를 선고하였다.[10)]

3) 의료인 등의 정보도 포함

의료기관이나 의료인 등에 대한 정보도 포함된다. 의료광고 내용이 교육을 표방하고 있더라도 그 내용이 진단과 처치 등 의료행위 자체인 경우에도 의료에 관한 광고이다.[11)]

---

10) 대구지법 2013. 6. 14. 선고 2012노4121 판결
11) 서울북부지법 2020. 5. 28. 선고 2020고정315 판결, 벌금 500만 원 선고; 서울북부지법 2020. 11. 6. 선고 2020노930 피고인 항소 기각(의료인이 아님에도 2016. 12.경부터 2019. 12.경까지 인터넷 사이트 C 홈페이지(D)에 "내시경에 나타나지 않은 증상까지 손으로 찾아내는 방법, 현재 몸 상태에 따라 맞춤형으로 모든 질환 치료하는 방법 등 기술을 전수해 드립니다. 치료순서 및 질병 원인 뿌리째 제거하여 치료하는 방법, 오래된 질환(중풍 고혈압 당뇨 기관지천식 등) 치유하는 방법, 각종 암 치료 및 재발 방지하는 법(수술 전, 수술 후 사후관리 등), 자세한 교육을 받은 후 약간의 실습을 하면 누구나 가

라. 소비자에게 나타내거나 알리는 행위('광고')

1) 의의

원래 광고 자체가 다양한 방법으로 소비자에게 알리는 행위를 말한다. 표시·공정화에 관한 법률 제2조 제22호에서도 동법에서 규정하는 '광고'란 사업자 등이 상품이나 용역에 관한 법에 정한 사항을 일정한 법에 정한 방법으로 소비자에게 널리 알리거나 제시하는 행위라고 정의하고 있다. 따라서 소비자에게 널리 알리거나 제시하는 행위가 아니면 의료광고에 해당되지 않는다.

2) 액자 약력서를 의원 내 게시한 경우와 블로그에 올린 경우

의료기관 내 실내에 비치한 액자나 복도에 설치한 배너 광고가 의료법 적용 대상인 의료광고의 대상이 되는지 문제된다.

아래에서 살펴보는 바와 같이 대법원은 유리 액자 형태의 약력서를 의원 내에만 게시한 경우 의료광고에 해당되지 않아 무죄이지만, 거짓 경력이 적힌 명패를 촬영해 블로그에 올린 경우 거짓 광고로서 처벌된다고 판시했다.

즉, 피고인이 거짓 경력이 포함된 약력서를 의원 내에 게시한 행위가 표시·광고의 공정화에 관한 법률 제3조 제1항의 거짓 표시행위에 해당함은 별론으로 하고, 의료법상 거짓 광고로 볼 수 없다.[12]

치과 의사가 자신이 운영하는 치과의원의 진료대기실에 사실은 피고인이 '미국치주과학회 정회원'이 아님에도 피고인의 약력을 소개하면서 46cm×64cm 크기의 유리 액자에 '미국ㅇㅇㅇㅇ 치과대학의 임플란트 과정 수료·치주과 과정 수료·구강외과 과정 수료·미국치과협회 정회원·미국 임플란트협회 정회원·미국치주과학회 정회원'이라고 게재하여 의료인의 경력에 관하여 허위 광고를 한 혐의로 기소되었다.

1심 법원은 이 사건에서 피고인의 약력을 병원 진료대기실에 게시한 것은 치료를 받기 위하여 방문한 사람들뿐만이 아니라 아직 치료 여부를 결정하지 못하고 상담 등만을 하기 위해 방문한 불특정다수인까지도 그 대상으로 하는

능합니다. 내시경에 나타나지 않는 것을 손으로 즉석에서 실감 나게 찾아 준다면 환자의 입장에서 신뢰가 갈 것이며, 병의 원인과 잘 낫지 않는 이유를 위험하거나 부작용 없이 제거하여 뿌리째 치유하는 원인 치료의 기술을 실습과 함께 배우는 것입니다."라는 내용을 게시하여 의료에 관한 광고를 한 혐의로 기소된 사안)

12) 대법원 2016. 6. 23. 선고 2014도16577 판결

것이고, 의료인의 약력은 의료인이 제공하는 의료서비스에 관한 사항이 되어 소비자의 선택을 유인하는 광고로서의 성격을 가지게 되므로, 의료법에서 정한 의료광고에 해당함이 분명하다고 하여 이 부분 공소사실을 유죄로 인정한 바 있고,[13] 항소심도 유죄를 인정했다.[14]

그러나 대법원은 "유리 액자 형태의 약력서를 위 의원 내에만 게시하였을 뿐 이를 신문, 잡지, 방송이나 그에 준하는 매체 등을 이용하여 일반인에게 알린 것은 아닌 점, 위 약력서는 의원을 방문한 사람만 볼 수 있어 그 전파 가능성이 상대적으로 낮아 피고인의 경력을 널리 알리는 행위라고 평가하기는 어려운 점 등을 위 법리에 비추어 살펴보면, 위와 같은 행위를 의료광고에 해당한다고 보기는 어렵다."라고 보아 원심판결을 파기 환송했다.[15]

이에 반해 대법원은 허위 경력이 적힌 명패를 사진 촬영하여 인터넷 블로그에 게시한 혐의로 기소된 의사에게 벌금 100만 원을 선고한 원심판결을 확정했다.[16]

대법원은 "의료법 제56조 제3항은 '의료법인·의료기관 또는 의료인은 거짓이나 과장된 내용의 의료광고를 하지 못한다.'고 규정하고 있는데, 여기에서 '의료광고'라 함은 의료법인·의료기관 또는 의료인이 그 업무 및 기능, 경력, 시설, 진료방법 등 의료기술과 의료행위 등에 관한 정보를 신문, 인터넷신문, 정기간행물, 방송, 전기통신 등의 매체나 수단을 이용하여 널리 알리는 행위를 의미하고, 위 규정에 의하여 금지되는 의료광고에는 의료행위는 물론 의료인의 경력 등 의료와 관련된 모든 내용의 광고가 포함되며, 사실의 인정과 그 전제가 되는 증거의 취사 선택은 자유심증주의의 한계를 벗어나지 않는 한 사실심법원의 전권에 속하며, 원심은, 제1심 증인 D의 증언 등을 토대로 피고인이 자신의 인터넷 블로그에 거짓 내용이 기재된 명패를 사진 촬영하여 게시함으로써 그 이력에 관하여 거짓 광고를 하였다는 이 사건 공소사실을 유죄로 인정한 제1심 판결을 그대로 유지한 원심판단은 정당하다."라는 취지로 판시했다.[17] 블로그는 대중들과 양방향 소통하면서 정보를 제공하고 대중을 유인할 수 있어 오히

---

13) 광주지법 해남지원 2014. 3. 5. 선고 2013고정117 판결
14) 광주지법 2014. 11. 13. 선고 2014노650 판결
15) 대법원 2016. 6. 23. 선고 2014도16577 판결
16) 서울북부지법 2015. 12. 17. 선고 2015노1271 판결
17) 대법원 2016. 6. 23. 선고 2016도556 판결

려 광고로서 기능과 역할을 더 잘 수행하기 때문이다.

3) 보건복지부의 유권해석

보건복지부는 "일반적으로 인터넷 공간 내에서 특정 모임 또는 회원들만을 대상으로 공개되는 정보는 '광고'로 보지 않는다."라고 해석하고 있다. 즉, 특정 회원만이 로그인한 후 치료 후기나 경험담을 작성하거나 검색하거나 열람하는 경우라면 의료광고로 볼 수 없다는 것이다. 다만 간편 로그인 절차를 두어 치료 경험담이나 후기를 작성하도록 한 경우 의료광고로 보고 있다.

3. 의료광고 행위 자체에 대한 증명책임

의료법은 의료인의 자격 요건을 엄격히 규정하고, 의료인이 아닌 자의 '의료행위'를 금지하는 한편, 의료법인·의료기관 또는 의료인이 아닌 자의 '의료에 관한 광고'를 금지하고, 그 위반자에 대한 형사처벌을 규정하고 있다.

의료광고에 관한 이러한 규제는 의료지식이 없는 자가 의학적 전문지식을 기초로 하는 경험과 기능으로 진찰·검안·처방·투약 또는 외과적 시술을 시행하여 질병의 예방 또는 치료행위 및 그 밖에 의료인이 행하지 아니하면 보건위생상 위해가 생길 우려가 있는 행위에 해당하는 의료행위를 시행하는 내용의 광고를 함으로써 발생할 수 있는 보건위생상의 위험을 사전에 방지하기 위한 것으로 이해할 수 있다.

따라서 의료인 등이 아닌 자가 한 광고가 '의료에 관한 광고'에 해당한다고 하기 위해서는 그 광고내용이 위에서 본 의료행위에 관한 것이어야 한다.

형사재판에서 공소가 제기된 범죄의 구성요건을 이루는 사실에 대한 증명책임은 검사에게 있으므로 위 광고내용이 의료행위에 관한 것이라는 점도 검사가 증명하여야 한다.[18]

4. 의료법과 표시·광고의 공정화에 관한 법률상 광고 규제의 범위

1) 표시·광고의 공정화에 관한 법률 제3조에서는 부당한 표시·광고행위가 금지되는 유형에 해당하기 위해서는 첫째, 거짓 과장의 표시·광고, 기만적

---

18) 대법원 2009. 11. 12. 선고 2009도7455 판결

인 표시 · 광고, 부당하게 비교하는 표시 · 광고, 비방적인 표시 · 광고 4가지 유형으로 한정하고, 둘째, 그 경우에도 소비자를 속이거나 소비자로 하여금 잘못 알게 할 우려가 있는 표시 · 광고행위여야 하고(소비자 오인성), 셋째, 공정한 거래질서를 해칠 우려가 있는 행위를 하거나 다른 사업자 등으로 하여금 하게 하는 행위(공정 저해성)의 요건을 충족해야 한다.

2) 이에 반해 의료법에서 내용상 금지하는 의료광고는 의료법 제56조 제2항에서 거짓, 과장 광고, 비교와 비방 광고를 포함해 1호에서 14호까지의 내용과 그 밖에 의료광고의 방법 또는 내용이 국민의 보건과 건전한 의료경쟁의 질서를 해치거나 소비자에게 피해를 줄 우려가 있는 것으로서 대통령령으로 정하는 내용의 광고(15호)를 규정하고 있어 공정 저해성 요건이 필요하지 않다.

반면 표시 · 광고의 공정화에 관한 법률 제3조에서 규정하지 않는 신의료기술평가를 받지 아니한 광고, 치료경험담 등 치료 효과 오인 광고, 수술 장면 노출 광고, 중요한 정보 누락 광고, 법적 근거가 없는 자격이나 명칭을 표방하는 광고, 기사형 광고, 외국인 환자 유치 광고, 소비자 기망 비급여 진료비용 할인이나 감면 광고 등도 의료법위반으로 처벌될 수 있다.

3) 의료법상 의료광고 규정이 적용될 수 없는 경우라도, 유튜브나 인스타그램의 뒷광고 등과 관련해 '표시 · 광고의 공정화에 관한 법률(이하 표시광고법)'의 '추천 · 보증 등에 관한 표시 · 광고 심사지침(이하 심사지침)'이 적용되어 광고주와 추천 · 보증인 사이에 경제적 이해관계를 공개하지 않았을 경우 부당한 광고로 시정명령과 과징금을 부과받을 수 있다.

4) 대법원은 "의료법과 '표시 · 광고의 공정화에 관한 법률'의 입법 목적과 행위 태양이 다르다."라고 판시하고 있다. 즉 인터넷 성형쇼핑몰 형태의 통신판매 사이트를 운영하는 피고인 갑 주식회사의 공동대표이사인 피고인 을, 병이 의사인 피고인 정과 약정을 맺고, 위 사이트를 통하여 환자들에게 피고인 정이 운영하는 무 의원 등에서 시행하는 시술상품 쿠폰을 구매하게 하는 방식으로 무 의원 등에 환자들을 소개 · 알선 · 유인하고 그에 대한 대가로 시술 쿠폰을 이용하여 시술받은 환자가 지급한 진료비 중 일정 비율을 수수료로 무(戊) 의원 등으로부터 받아 영리를 목적으로 환자를 병원에 소개 · 알선 · 유인하는 행위를 하였고, 피고인 정은 피고인 을, 병이 위와 같이 영리를 목적으로 환자를 의원에 소개 · 알선 · 유인하는 행위를 사주하였다고 하여 의료법 위반으로 기소된

사안에서, 대법원은 "의료법위반죄는 병원 시술상품 광고를 이용하였다는 점에서 유죄로 확정된 표시광고법 위반죄의 범죄사실과 일부 중복될 뿐이고, 거짓·과장의 표시·광고, 기만적인 표시·광고를 행위 태양으로 하고, 부당한 표시·광고를 방지하고 소비자에게 바르고 유용한 정보를 제공토록 함으로써 공정한 거래질서를 확립하고 소비자를 보호하려는 입법 목적이 있는 표시광고법 위반죄와 달리 영리를 목적으로 환자를 소개·알선·유인하는 것을 행위 태양으로 하고, 영리 목적의 환자유인행위를 금지함으로써 의료기관 주위에서 환자 유치를 둘러싸고 금품 수수 등의 비리가 발생하는 것을 방지하고 나아가 의료기관 사이의 불합리한 과당경쟁을 방지하려는 입법 목적을 가진 등 행위의 태양이나 피해법익 등에 있어 전혀 다르고, 죄질에도 현저한 차이가 있어 표시광고법 위반죄의 범죄사실과 동일성이 있다고 보기 어렵고, 1죄 내지 상상적 경합 관계에 있다고 볼 수도 없으므로, 표시광고법 위반죄의 약식명령이 확정되었다고 하여 그 기판력이 공소사실에까지 미치는 것은 아니다."라고 판시하고 있다.[19]

제2절 의료광고 주체 제한

1. 규정

의료법 제56조 제2항 제1호	제56조(의료광고의 금지 등) ① 의료기관 개설자, 의료기관의 장 또는 의료인(이하 "의료인등"이라 한다.)이 아닌 자는 의료에 관한 광고(의료인등이 신문·잡지·음성·음향·영상·인터넷·인쇄물·간판, 그 밖의 방법에 의하여 의료행위, 의료기관 및 의료인등에 대한 정보를 소비자에게 나타내거나 알리는 행위를 말한다. 이하 "의료광고"라 한다)를 하지 못한다. <개정 2018. 3. 27>

---

19) 대법원 2019. 4. 25. 선고 2018도20928 판결

2. 의료광고 주체의 범위

가. 의료인 등

위와 같이 의료광고의 주체를 '의료기관 개설자, 의료기관의 장 또는 의료인(이하 "의료인등"이라 한다)'으로 제한하고 있으므로, 의료인 등이 아닌 자가 의료광고를 한 경우 처벌된다.

의료법상 의료기관 개설자는 의사, 치과의사, 한의사 또는 조산사(의료법 제33조 제2항 제1호), 국가나 지방자치단체(2호), 의료업을 목적으로 설립된 법인(이하 "의료법인"이라 한다)(3호), 「민법」이나 특별법에 따라 설립된 비영리법인(4호), 「공공기관의 운영에 관한 법률」에 따른 준정부기관, 「지방의료원의 설립 및 운영에 관한 법률」에 따른 지방의료원, 「한국보훈복지의료공단법」에 따른 한국보훈복지의료공단(5호)에 한정된다.

이 경우 의사는 종합병원·병원·요양병원·정신병원 또는 의원을, 치과의사는 치과병원 또는 치과의원을, 한의사는 한방병원·요양병원 또는 한의원을, 조산사는 조산원만을 개설할 수 있다(제33조 제2항 후단).

의료기관 개설자가 될 수 없는 자가 개설한 것이 사무장병원이므로 사무장병원도 의료광고 주체로 볼 수 없다고 생각된다. 판례상 사무장병원이 의료광고를 하여 의료법상 무자격 개설이나 사기죄 이외에 무자격 의료광고로 처벌된 사례가 확인되지 않는다.

의료인은 보건복지부장관의 면허를 받은 의사·치과의사·한의사·조산사 및 간호사를 말한다(의료법 제2조 제1항).

의료광고 주체는 의료기관 개설자, 의료기관의 장, 의료인에 한정되고, 의료기관개설자 등이 의료광고업체에 의료광고를 대행하는 경우는 의료기관의 광고이므로, 의료광고가 가능하다. 다만 의료용역 자체의 판매 대행을 하는 것은 허용되지 않는다.

서울중앙지법 2019. 7. 19. 선고 2018가합2504 판결에서는 "일정한 등록 서비스권을 가지고 있는 주식회사 M이 네트워크 병원을 형성해 의료기관과 의료종합컨설팅 계약을 체결해 의료기관 명의로 광고를 한 경우, 위 회사가 의료종합컨설팅 계약 또는 네트워크 병원인 의료기관의 요청에 따라 의료기관을 대신해 의료기관 명의로 의료기관 또는 의료기관 소속 의사가 하는 의료행위를 광고한 것이므로, 위 컨설팅 주식회사에서 한 광고는 의료인인 의료기관으로 볼 수 있어 의료법 제56조 제1항에 위반되지 않는다."라고 판시했다.

그렇지 않고 의료광고대행업체가 의료기관이 아닌 자신의 이름으로 의료광고를 하는 경우 비의료인에 의한 의료광고로 의료법상 금지되는 의료광고에 해당한다. G 의원 강남점과 광고 및 경영컨설팅 계약을 체결한 주식회사 A의 대표이사가 자신의 사무실에서 회사 직원 H 등을 시켜 인터넷 모바일 앱 M, 인터넷 N 사이트 등에 접속하여 G 의원에 대한 성형수술 및 시술 후기에 관한 글, 수술 전후 사진을 게시하게 한 경우, 법원은 "위 광고가 의료법이 금지하는 비의료인에 의한 광고에 해당한다."라는 취지로 판시했다.[20]

나. 문신시술업자, 피부미용관리사 등 비의료인 의료광고

① [타투] 의료인 등이 아님에도 불구하고 2016. 4. 19.경 인터넷 SNS인 인스타그램에 개설한 계정을 이용하여 2019. 12.경부터 2020.4.경까지 사이에 위 업소 등지에서 위 인스타그램 계정에 '수원 D, 카톡 : E, 꼭!! 예약 후 방문 부탁드립니다~!!, 타투 상담은 오픈으로 주셔도 되세요'라는 등의 광고 글 및 문신 시술한 사람들의 신체 부위 사진들을 게시하고 이를 관리하면서 피고인의 연락처를 기재하여 불특정 다수인이 이를 보고 연락해 올 수 있도록 하는 등 의료광고를 하고 문신 기계의 바늘을 이용해 문신 시술을 하고, 강제추행을 하여 의료법, 보건범죄단속에 관한 특별조치법 위반(부정의료업자), 강제추행죄로 기소된 사안에서, 법원은 징역 2년 및 벌금 200만 원, 징역형에 대한 집행유예 3년을 선고했다.[21]

② [눈썹 문신] 의료인이 아니어서 의료에 관한 광고를 할 수 없음에도 불구하고, 2018. 5.경부터 2019. 5.경까지 인터넷 홈페이지와 사회관계망서비스 'D'에 "자연 눈썹 7만 원"이라는 글과 이미지를 게시하여 의료에 관한 광고를 하고 눈썹 문신을 하여 의료법(무면허의료행위, 불법 의료광고)으로 기소된 사안에서 벌금 100만 원이 선고되었다.[22]

---

20) 서울중앙지법 2019. 11. 14. 선고 2019고단4956 판결(고용촉진지원금을 부정 편취해 사기죄로 함께 기소되어 벌금 1,500만 원 선고받음)
21) 수원지법 2020. 8. 20. 선고 2020고단3696 판결
22) 부산지법 동부지원 2019. 11. 29. 선고 2019고정511 판결

③ [척주교정] 의료기관 개설자, 의료기관의 장 또는 의료인이 아닌 자는 의료에 관한 광고를 할 수 없음에도 2018. 3. 15.경부터 2019. 7. 9.경까지 피고 인 운영의 위 'C' 출입구 앞에 '목·허리 디스크 척주교정, 카이로프락틱, 측만 증, 협착증, 오십견, 골반, 팔·다리 통증, 손·발가락 통증, 편두통, 무릎 통증, 오다리, 담 결림'이라는 문구가 기재된 광고판을 게시하고, 그 문구가 포함된 '디스크 전문 교정' 전단(A4 인쇄물)을 위 척추교정원에 방문한 손님에게 배부하 는 방법으로 의료광고를 하고, 의료행위를 하여 치료비 명목으로 59,727,512원 을 받아 의료법위반(불법 의료광고)과 보건범죄단속에 관한 특별조치법 위반(부 정의료업자)으로 기소된 사안에서, 법원은 징역 1년 및 벌금 150만 원을 선고했 다.[23] 또한, 의료인이 아님에도 2016. 3.경부터 2017. 3. 7.경까지 척주교정에 관한 의료광고를 광고판, 인터넷 홈페이지, 출입문 외부면 등에 게시한 혐의로 기소된 사안에서, 법원은 벌금 50만 원을 선고했다.[24]

④ [카이로프랙틱] 의료인이 아님에도, 2014. 5. 12.경 명함에 "원장 A/ Doctor of Chiropractic, 미국 PALMER 카이로프랙틱 의대 졸업, 현 미국 PEN-NSYLVANIA 주 카이로프랙틱 의사면허 소지, American Chiropractic Association 정회원, 대한 카이로프랙틱 협회 정회원, 전 CANADIAN CHIROPRACTIC CLNIC(CANADA) 전임닥터 역임, 미국 물리치료 면허 소지(Sub-License)"라고 기 재하고, 인터넷 '네이버' 사이트의 검색엔진 업체 상세 설명란에 "미국 카이로 프랙틱 닥터, Palmer 카이로프랙틱 의대 졸업, 미국 Pennsylvania 주 카이로프 랙틱 닥터 면허 취득, 척주교정, 척추측만교정, 체형교정, 일자목, 굽은 등, 키성 장 및 디스크 요통 등 무료상담. 우등생 체형상담 합니다. 안정된 척추 구조를 가진 학생은 공부시 지구력과 집중력이 뛰어납니다."라고 기재하는 방법으로 의료에 관한 광고를 하고, 질환 등의 질병을 호소하며 찾아온 성명불상자를 상 대로 허리 통증에 관해 상담을 해 준 후, 위 장소에 설치된 '카이로프랙틱 테이 블(속칭 추나 침대)'에 눕게 하고 손 등을 이용하여 위 성명불상자의 허리를 누르 고, 카이로프랙틱 장치를 이용하여 다리를 잡아당기는 등의 의료행위를 하고 5 만 원을 받은 것을 비롯하여 그때부터 2014. 5. 24.까지 총 4회에 걸쳐 같은 방 법으로 의료행위를 한 공소사실로 기소된 사안에서, 법원은 벌금 200만 원을

---

23) 서울중앙지법 2020. 1. 16. 선고 2019고단7252 판결
24) 수원지법 2017. 8. 9. 선고 2017고단3593 판결

선고했다.[25]

⑤ [안마원] "D 안마원"이라는 상호로 안마원을 운영하는 사람이 2014. 6. 11. 11:50경 위 안마원 간판과 입간판에 "목, 허리디스크, 좌골신경통, 오십견, 테니스엘보, 체형교정 수술 안 하고 안마 보조 자극 요법으로 시술합니다", "체형교정 목디스크 허리디스크 오십견 좌골신경통 고혈압 각종 질병 안마 보조 자극 요법으로 시술합니다. 각종 질병을 다른 곳에서 치료를 받아도 효과를 보지 못한 분도 시술 가능합니다."라는 내용의 질병 시술 등 의료에 관한 광고를 한 공소사실로 기소된 사안에서, 법원은 벌금 50만 원을 선고했다.[26]

⑥ [쑥뜸 광고] 의료인이 아님에도 피고인이 운영하는 'D' 앞 복도에 앞면에는 '건강과 미를 추구하는 D', 뒷면에는 '1. 항암치료에 제일 2. 손발과 배가 차가운 분에 좋습니다. 3. 자궁근종, 생리통과 냉이 심한 분에 좋습니다. 4. 피부미용에 좋습니다. 5. 복부비만에 좋습니다. 6. 치질, 치루, 전립선염 등등~~'이라고 인쇄된 명함을 비치하고 불특정 다수인에게 나누어 주는 방법으로 위 쑥뜸방에 관한 광고를 한 공소사실로 기소된 사안에서, 항소심은 암, 자궁근종, 생리통, 치질, 치루, 전립선염 등 구체적인 질병에 대한 효능을 표시하고 있어 비정상인 혹은 질환자에 대한 치료 등을 내용으로 하고 있고, 피고인이 하는 시술에 관하여는 구체적인 내용의 표시 없이 단순히 '쑥뜸방'이라고만 표시되어 있으며, 통상 '쑥뜸'은 의료인만이 할 수 있는 의료행위에 해당하여 유죄를 인정해 100만 원을 선고한 원심을 파기하고 양형이 부당하다는 피고인의 항소이유를 받아들여 벌금 30만 원을 선고했다.[27]

⑦ [봉침] 서울 용산구 C 2층에 있는 대한 기독교감리회 소속 D 교회 목사로서 의료인이 아니면 누구도 의료행위를 할 수 없고 봉침 등 벌을 이용한 침습적 치료는 침습 부위의 감염관리와 침습기술에 관한 전문지식을 갖춘 의사가 시행하여야 함에도, 2013. 8. 13. 12:30경 위 D 교회에서 민간단체 수련회에서 배운 봉침에 대한 지식으로 왼쪽 팔목과 허리가 아프다고 하는 E(남, 67세)에게 벌 4마리를 이용하여 2마리의 봉침은 오른쪽 팔목에 2마리 봉침은 허리에 놓는 방법으로 의료행위를 하고, 2013. 8경 위 교회 외부 유리창에 '골반, 척추, 디스

---

25) 서울남부지법 2017. 1. 12. 선고 2015고정103 판결
26) 서울북부지법 2014. 12. 9. 선고 2014고정2248 판결
27) 서울중앙지법 2014. 4. 17. 선고 2013노4181 판결

크 무료교정, F 원장 G 박사'라고 인쇄된 현수막을 게시하고, A4 용지 크기의 전단지에 골반 척추 교정 운동, 벌침(봉침요법), 일본 미쯔이식 주혈기 온열치료 등을 소개하고 위 의료행위를 받은 사람들이 관절염, 디스크, 오십견, 다리 마비, 중풍, 간 질환, 각종 암 등 질병의 치료에 효과를 보았다는 내용을 기재하여 위 교회 출입구 벽면에 부착함으로써 불특정 다수인이 볼 수 있도록 하는 등 의료인이 아님에도 골반 척추교정, 봉침요법, 온열치료 등 의료에 관한 광고를 한 혐의로 기소된 사안에서, 법원은 무면허의료행위와 비의료인에 의한 의료광고를 유죄로 인정해 벌금 150만 원을 선고했다.[28]

다. 무자격자가 구체적인 질병명을 적시해 배부한 경우

의료인이 아닌 자가 구체적인 질병명이 개재된 명함 등을 배부하는 경우도 의료법이 금지하는 의료광고에 해당한다.

의료인이 아님에도 2015. 9.경부터 2016. 6. 15.경까지 위 'D' 업소 1층 입구 벽에 '목, 어깨, 허리, 척추교정, F'이라는 문구를 게시하고, 위 업소 2층 입구 벽에 '허리 통증, 어깨 결림, 근육통, 신경통, 혈액순환, 만성피로'라는 문구를 게시하고, 위 업소 2층 외부 유리창에 '기공, 척추교정, 허리 통증, 목디스크, 관절염, 어깨통증, 만성피로'라는 문구를 게시하고, 위 업체를 홍보하는 명함에 '허리, 목디스크, 어깨 결림, 만성두통, 만성피로, 손발 저림, 관절염, 아토피, 비만, 생리통, 위장병' 등의 구체적 질병명을 적시하여 손님들에게 배부하는 등 방법으로 의료광고를 하고, 영리 목적으로 무면허의료행위를 한 혐의로 기소된 사안에서, 법원은 의료법위반(의료광고 금지위반 행위의 점)과 보건범죄단속에 관한 특별조치법 위반(무면허 한방의료행위의 점)을 인정해 징역 1년 6월 및 벌금 100만 원을 선고했다.[29]

라. 의료인 아닌 자의 광고로 환자가 유인되어 진료받아야 하는지

의료인 아닌 자가 한 광고로 환자들이 유인되어 진료를 받을 것을 요구되는 것은 아니다.

의료인 등이 아님에도, 2017. 6경 위 E의 건물 외부, 간판, 명함, 온라인블

---

28) 서울서부지법 2014. 6. 25. 선고 2014고정336 판결
29) 대전지법 천안지원 2016. 9. 29. 선고 2016고단1329 판결

로그 등을 통하여 "목, 어깨, 허리 통증, 척추교정, 골반교정, 자동차사고 후유증, 오십견 등을 치료한다. 추나요법, 도수 요법 등의 교정치료를 한다."라는 내용의 광고를 하고, 영리 목적으로 한방 추나요법 등 무면허의료행위를 업으로 한 혐의로 기소된 사안에서, 법원은 의료법위반(무자격 의료광고의 점)과 보건범죄단속에 관한 특별조치법 위반(부정의료행위)의 공소사실에 대해 유죄를 인정해 운영자에게 징역 1년 6월 및 벌금 500만 원, 직원에게 징역 1년 및 벌금 200만 원을 선고했다.[30]

서울고등법원은 위 사건의 항소심에서 "의료인 아닌 자가 한 광고에 따라 환자들이 유인되어 진료를 받을 것까지 요구되는 것은 아니다."라고 판시했다.[31]

마. 의료행위에 관한 광고가 아닌 경우

의료인 아닌 자가 한 광고가 의료행위에 해당되지 않으면 의료법에서 금지하는 의료광고가 아니다.

의료인 등이 아닌 자가 한 광고가 '의료에 관한 광고'에 해당한다고 하기 위해서는 그 광고내용이 위에서 본 의료행위에 관한 것이어야 한다. 형사재판에서 공소가 제기된 범죄의 구성요건을 이루는 사실에 대한 증명책임은 검사에게 있으므로 위 광고내용이 의료행위에 관한 것이라는 점도 검사가 증명하여야한다.

① [기치유] 의료인이 아님에도 2013. 10. 8.경 서울 성북구 B 일대에 설치된 전신주 등에 '기치유, 양방 한방 다 해보신 분, 병명 없이 아픈 분, 산후풍, 허리, 만성피로, 어깨결림, 관절, 갱년기, 혈액순환, 암 수술 후 회복, 수족냉증, 면역력, 변비, 화병, 스트레스, 불면증, 우울증, 빙의, 무병, 가위눌림, 무기력, 어지럼증, 이명, 사고 후유증, 불안·초조 등 문의: C D(E 입구사거리에서 F사거리 쪽으로 100m : G노래방 5층)'라는 내용의 B4용지 크기의 전단지 100여 장을 부착하여 의료에 관한 광고를 한 혐의로 기소된 사안에서, 법원은 위 광고내용이 의료행위에 관한 것이라는 점에 대한 검사의 입증이 없음을 이유로 무죄를 선고했다.[32]

---

30) 서울중앙지법 2017. 11. 16. 선고 2017고단6275 판결
31) 서울고법 2015. 12. 10. 선고 2015노2280 판결

② [키 성장 맞춤 운동법] 의료인이 아닌 피고인이 일간지에 '키 성장 맞춤 운동법과 그 보조기구'에 관한 광고를 게재한 사안에서, 대법원은 "광고의 내용, 실제 피고인이 행한 영업의 내용 등에 비추어 볼 때 비정상인 혹은 질환자에 대한 진단·치료 등을 내용으로 하는 광고라기보다는 고유한 의료의 영역이라고 단정하기 어려운 체육 혹은 운동 생리학적 관점에서 운동 및 자세교정을 통한 청소년 신체 성장의 촉진에 관한 광고이므로, 의료법 제56조에서 금지하는 '의료에 관한 광고'에 해당하지 않는다."라고 판시하고 있다.[33)

③ [투병 훈련 프로그램] 의료인이 아님에도 불구하고 2013. 6. 18.경 대한민국에서, B A15면에 'A 박사의 현대병 최단 시일 치료 투병 훈련 세미나'라는 제목으로 '현대병 5박 6일 투병 치료 훈련 참가자 모집 – 일시: 157차(6.23–28), 장소: 대천해수욕장 C 호텔', 환자의 치료경험담 및 주요 치료 사례에 "당뇨병: 42년 된 64세 남성과 37년 된 71세 여성을 약, 인슐린 없이 3일 만에 정상수치로 치료함, 고혈압: 40년 된 68세 남성과 7년 된 54세의 의사 부인을 약 없이 3일 만에 정상수치로 치료함, 관절염: 50년 된 73세 여성과 20년 된 64세 여성이 3일 만에 통증이 사라짐, 간경화: 12년 된 45세 여성이 3일 만에 건강한 얼굴색으로 바뀐 후 지금까지 잘살고 있음, 루푸스: 15년 항암치료로 사지가 힘이 없어 누워있던 53세 여성이 일주일 만에 스스로 일어나 식사를 준비하고 재발 없이 살고 있음, 각종 암: 유방암 여성이 3일 만에 유방암이 사라지고, 대장암 71세 남성이 대장암 3일 만에 사라짐, 심장병: 심혈관 이식수술을 세 번 한 남성과 두 번 한 여성이 재발 없이 잘살고 있음'이라는 내용의 광고를 게시한 것을 비롯하여 2012. 7. 11.경부터 2013. 7. 5.경까지 별지 범죄일람표 기재와 같이 총 11회에 걸쳐 의료에 관한 광고를 한 혐의로 기소된 사안에서, 법원은 "이 사건 광고는 '약, 주사, 수술 없이 5박 6일의 투병 치료 훈련만으로 당뇨병, 고혈압, 관절염 등 현대병을 치료받고 암의 정체와 최첨단 치료법과 재발 방지법을 알고 싶은 사람은 세미나에 참석하라'라는 내용인 사실, 위 광고에 따라 피고인이 주최한 투병 훈련 세미나에서 피고인이 실제로 한 활동은 세미나 참가자들에게 식이요법과 운동 프로그램을 만들어 참여를 독려하고 생활습관 교정에 관한 강의를 한 것인 전부인 사실, 보건복지부에서 경찰의 질의에 대하여

---

32) 서울북부지법 2014. 10. 21. 선고 2014고정1469 판결
33) 대법원 2009. 11. 12. 선고 2009도7455 판결

'투병 훈련 세미나에서의 피고인의 행위를 의료행위로 보기는 어렵다.'라는 내용의 회신을 한 사실을 인정할 수 있어 의료행위에 대한 입증이 없다는 이유로 무죄를 선고했다.[34]

바. 의료인 아닌 자가 기수련을 광고한 경우(1심 유죄, 2심 무죄)

피고인은 청주시 상당구 B에서 암 환자를 상대로 기를 불어넣는 방식으로 암을 치료한다는 취지의 'C'를 운영하는 사람인바, 2014. 10. 21.경 위 C 홈페이지(D)에 기치료를 받고 암이 호전되었다는 취지의 'E 병원 공개검증자료 1 - F/악성 뇌종양(교모세포종) 치유사례'라는 글을 게시하는 등 그때부터 2014. 11. 7.까지 총 10회에 걸쳐 의료인이 아니면서 의료에 관한 광고를 한 혐의로 기소되었다.

1심은 의료인이 아니면서 의료광고를 한 위 공소사실 중 8회 부분만 일부 유죄(순번 3번, 7번 무죄)로 인정해 벌금 200만 원을 선고했다.[35] 이에 대해 피고인은 'C'에서의 건강한 생활과 기공 수련으로 암이 호전된 사례를 홈페이지에 게시하였을 뿐 수련원에서 의료행위를 한 바가 없을 뿐만 아니라 피고인의 위 게시물은 의료광고에 해당되지 않아 원심의 유죄 부분은 사실을 오인하거나 법리를 오해해 판결에 영향을 미친 위법이 있고 원심의 형은 너무 무거워서 부당하다고 하면서 항소를 제기했고, 검사는 비록 홈페이지 게시글 본문의 내용이 확인되지 않는다고 하더라도 본 게시물의 제목, 다른 게시글의 제목과 내용 등을 종합할 때 피고인의 홈페이지 게시물은 모두 전체적으로 보아 의료광고에 해당하므로 원심의 무죄 부분은 사실을 오인하거나 법리를 오해하여 판결에 영향을 미친 위법이 있으며, 원심의 형이 너무 가볍다는 이유로 항소했다.

항소심은 일부 유죄를 인정해 벌금 200만 원을 선고한 원심판결을 파기하고 무죄를 선고했다. 법원은 "홈페이지에 수련원의 기공 수련이 직접 암을 치유하는 효과가 있다거나 치료효과를 보장한다는 표현은 있지 않고, 그 밖에 피고인이 수련자들에게 이러한 설명을 직접 하였음을 인정할 자료도 존재하지 않고, 원심은 별지 범죄일람표 순번 3번, 7번 게시글과 관련해서는 게시글 제목 외에 본문 글이 게시되었던 사실을 확인할 수 없으므로, 검사가 제출한 증거만

---

34) 대전지법 홍성지원 2013. 10. 29. 선고 2013고정264 판결
35) 서울중앙지법 2016. 1. 21. 선고 2015고정3242 판결

으로는 피고인이 제목과 관련되는 구체적인 자료를 첨부하는 방법으로 의료에 관한 광고를 하였음을 인정하기에 부족하고 달리 이를 인정할 증거가 없다."라고 하여 원심을 파기하고 무죄를 선고했다.[36]

사. 신문에 '환자들만 몰랐던 불편한 진실' 광고를 한 경우

피고인 A는 서울 중구 F 빌딩 9층에 있는, 치과의 장비 및 재료 등을 가맹 치과에 공급하고, 홍보 마케팅 등의 업무를 담당하는 주식회사 B의 대표이사이던 자로서 2012. 1. 하순경 위 주식회사 사무실에서, (주)I 광고대행사에 광고를 의뢰하여 같은 해 2. 16.자 조선일보, 중앙일보, 동아일보 한국일보, 한겨레신문 등 일간신문에 '고령화 시대에 B가 함께 합니다.'라는 제목하에 '일반 치과는 150만 원에서 250만 원의 임플란트 시술비용을 받고 있으나 (주)B 가맹 치과의 임플란트 시술 비용은 98만 원으로 합리적이고, 난치성 임플란트 식립 환자, 고혈압, 당뇨, 틀니 등으로 고생하시는 노인분들의 임플란트 식립을 국내 최초 시작, 대표원장이 매주 세미나를 통해 소속 의사들의 식립 테크닉을 지속적으로 향상시킨다.'는 취지의 신문광고를 게재하도록 하는 방법으로 의료인이 아님에도 의료광고를 한 혐의로 기소된 사안에서, 법원은 유죄를 인정해 피고인 A에게 벌금 500만 원, 피고인 B에게 벌금 300만 원을 선고했다.[37]

아. 광고 주체가 문제 되는 경우

1) 외국인 환자 유치를 위한 광고

의료 해외 진출과 외국인 환자의 권익 및 국내 의료 이용 편의 증진을 지원하여 외국인이 안전하고 수준 높은 보건의료서비스를 받을 수 있도록 하고 국가 경제·사회 발전에 기여하는 것을 목적으로 '의료 해외 진출 및 외국인 환자 유치 지원에 관한 법률'이 2015. 12. 22. 제정되었고, 해외 환자 유치에 관한 규정인 의료법 제27조의2가 삭제되었다. 위 법에 따라 의료기관은 물론이고, 의료기관 이외의 자도 일정한 요건을 갖추고 시·도지사에게 등록하고 등록증을 받으면 외국인 환자를 유치할 수 있게 되었다(제6조).

---

36) 서울중앙지법 2016. 6. 9. 선고 2016노436 판결
37) 서울중앙지법 2014. 3. 25. 선고 2013고정659 판결

2) 네트워크 의료기관 광고

네트워크에 속한 특정 의료기관을 드러내지 않고 네트워크 브랜드만 광고하는 것은 광고 주체가 없는 광고로 허용되지 않으며, 최소한 네트워크에 속한 의료기관 중 하나 이상의 광고 주체가 되어야 한다.[38]

2019. 11. 19. 의료광고심의 기준에서도 ① 의료기관 네트워크 자체는 의료광고의 주체가 될 수 없으며, ② 네트워크에 속한 의료기관 중 한 개 이상 존재하여 주체가 되어야 하며, ③ 네트워크는 '네트워크', '그룹 등'이라는 용어를 광고에 표시할 수 없으며, ④ 네트워크에 소속된 의료기관이 광고할 경우 공동으로 사용하는 홈페이지 주소, 대표전화번호 등 정보를 표기할 수 없으며, ⑤ 네트워크 소속 의료기관들이 동일한 시설·진료수준·의료진의 수 등을 보유한 것 같은 인상을 주는 내용을 허용하지 않고 있다.

3) 의료광고 대행사를 통해 의료광고를 한 경우

의료인이 광고대행사를 통해 의료광고를 한 경우, 적어도 무자격자에 의한 광고는 아니다. 네트워크 병원의 지정 서비스표권을 가진 주식회사가 의료종합컨설팅 계약을 체결한 의료기관이 계약 해지에도 불구하고 서비스표권을 침해하였음을 이유로 상표권사용을 금지하는 소송을 제기하자 피고 의료기관 측에서 위 계약이 의료법 제56조 제1항에 위반하여 무효라고 주장한 사안에서, 법원은 "원고가 의료종합컨설팅 계약 또는 의사의 요청에 따라 피고를 대신하여 피고의 명의로 피고 병원 또는 피고가 하는 의료행위를 광고한 것이므로, 원고가 한 의료광고의 행위 주체는 의료인인 피고로 볼 수 있어 위 규정에 위반되지 않는다."라고 판시했다.[39]

4) 병원 직원이 개인 블로그 등에 의료광고를 한 경우

병원 직원이 의료기관 홈페이지나 블로그에 의료광고 글을 올리면 적어도 의료인 아닌 자의 의료광고로 처벌되지 않으나, 병원 직원이라도 병원의 홈페이지나 SNS 계정이 아닌 자신의 개인 블로그에 자신이 근무하는 병원의 의료광고를 올린 경우 '의료인 아닌 자'의 의료광고로 처벌받을 수 있다.

현실적으로 홈페이지와 달리 병원 직원이나 광고업체에서 개인 계정으로 병원의 블로그 등 SNS 계정을 만든 후 병원의 SNS로 활용하는 경우가 많다. 병

---

38) 이상돈·김나경, 의료법 강의, 법문사, 2013 개정판, 110쪽
39) 서울중앙지법 2019. 6. 14. 선고 2018가합2504 판결

원 직원이나 광고대행사가 의료기관 개설자 소유나 의료인 소유의 병원 홈페이지 SNS 등의 통해 글을 올리는 경우, 의료인 등의 광고로 볼 수 있으나, 광고대행업자 소유 계정이거나 직원 개인 소유 계정이라고 공식적이나 외관상 의료기관의 계정으로 인식, 사용되고 있다면 병원이나 의료인 등의 계정으로 보아 의료인의 광고에 해당한다고 사료된다.

다만 아래 판례에서는 병원 소속 직원이 개인 블로그에 병원 홍보글 100여 개 등 전문적인 홍보 게시물 올린 경우를 의료인 아닌 자의 광고로 의료법위반을 인정하고 있다.

서울 강남구 B 빌딩 4층 소재 C 병원 홍보팀 사원이 의료인이 아님에도 2013. 4. 15. 10:36경 위 C 병원 내에서 컴퓨터로 피고인 개인이 운영하는 인터넷 블로그(D)에 접속하여 C 병원과 E 병원을 비교하는 글을 작성하면서 'C 병원의 경우 홈페이지에서 곧바로 각 지역별 원장님들을 확인하고 약력과 경력들을 확인할 수 있는 반면, E 병원은 직접 각 지점을 클릭하여 들어가서 확인해야 하는 척추전문병원으로써의 직관성이 조금 아쉬운 부분이 있네요', 'C 병원의 경우 성장클리닉과 산후조리원 등 척추전문병원 E 병원에 비해서 좀 더 광범위하고 복합적인 치료를 추구하고 있습니다. 뿐만 아니라 기존의 척추관절병원들의 한계점으로 꼽는 내과진료와 뇌신경진료 등을 더욱 업그레이드하여 소화기센터/뇌신경센터를 운영하고 있다고 합니다', '그리고 결정적인 차이점을 꼽자면, 척추전문병원 E 병원의 경우 척추질환을 수술을 통해 치료하는 것으로 유명하다면 C 병원은 [비수술 치료]로 유명하다고 합니다. 수술치료는 치료효과가 확실하지만 수술 후유증이나 부작용의 위험이 있다고 합니다. 따라서 C 병원에서는 의료선진국에서 현재 시행하는 비수술 치료를 중점적으로 시행하여 가급적 우리몸을 보존하는 비수술 치료법을 사용한다고 합니다.'라는 광고 문구를 게재하는 외 위 블로그에 2012. 12. 3. 09:36경부터 2013. 5. 14. 10:39경까지 'C 병원'이라는 독립된 카테고리를 마련하여 상시적으로 C 병원에 대한 100여 개의 전문적인 홍보 게시물을 게재하는 방법으로 의료광고를 하였다는 공소사실로 기소된 사안에서, 법원은 의료인 아닌 자의 의료광고의 공소사실을 유죄로 인정해 벌금 100만 원을 선고했다.[40]

---

40) 대구지법 2014. 7. 9. 선고 2014고정1154 판결

5) 안마사의 의료광고

안마사는 의료법상 의료인이 아니므로 안마사가 의료광고를 하면 의료인 아닌 자의 의료광고로서 의료법위반이다.

2014. 1. 3.경부터 서울 강북구 C에 있는 "D 안마원"이라는 상호로 안마원을 운영하는 안마사가 2014. 6. 11. 11:50경 위 안마원 간판과 입간판에 "목, 허리디스크, 좌골신경통, 오십견, 테니스앨보, 체형교정 수술 안 하고 안마 보조 자극 요법으로 시술합니다", "체형교정 목디스크 허리디스크 오십견 좌골신경통 고혈압 각종 질병 안마 보조 자극요법으로 시술합니다. 각종 질병을 다른 곳에서 치료를 받아도 효과를 보지 못한 분도 시술 가능합니다."라는 내용의 질병 시술 등 의료에 관한 광고를 한 혐의로 기소되었다.

법원은 "의료인이란 보건복지부장관의 면허를 받은 의사, 치과의사, 한의사, 조산사 및 간호사를 말하고(의료법 제2조 제1항), 한편 의료법은 안마사에 대하여 의료법 제27조(무면허의료행위 금지)에도 불구하고 안마업무를 할 수 있도록 하고 있으며(의료법 제82조 제2항), 또 의료법 제8조, 제25조, 제28조부터 제32조까지, 제33조 제2항 제1호·제3항·제5항·제8항 본문, 제36조, 제40조, 제59조 제1항, 제61조, 제63조(제36조를 위반한 경우만을 말한다), 제64조부터 제66조까지, 제68조, 제83조, 제84조를 준용하고 있으나(의료법 제82조 제3항), 의료광고에 관한 의료법 제56조는 준용하고 있지 않다. 즉 의료법 제82조는 안마사를 의료인으로 보는 것이 아니라 의료법의 규정 중 안마사에 대하여도 규율이 필요한 일부 규정만을 준용하고 있는 것이다. 따라서 의료법 제82조가 의료광고에 관한 동법 제56조를 준용하고 있지 않음이 명백하다."라고 보아 유죄를 인정해 벌금 50만 원을 선고했다.[41]

자. 보건복지부 의료광고 심의기준[42]

> ◇ 의료광고의 주체는 원칙적으로 의료법인, 의료기관, 의료인이어야 한다.
> ◇ 의료인 단체 및 공인 학회는 의료광고의 주체로 인정한다.
>   (인정예: 대한피부과학회, 대한성형외과학회 등이 주체가 된 광고)

---

41) 서울북부지법 2014. 12. 9. 선고 2014고정2248 판결
42) 2007. 7. 19. 보건복지가족부 의료정책팀

◇ 의료광고의 주체가 없거나 불명확한 의료광고는 할 수 없다.
◇ 의료기관 부속 시설(부설연구소 및 연구센터 등)은 의료광고의 주체가 될 수 없다.
◇ 의료기관 네트워크의 브랜드 자체는 의료광고의 주체가 될 수 없으며 브랜드 이
  미지만을 강조하여 광고하는 경우에도 네트워크에 속한 의료기관이 최소 한 개
  이상 존재하여 주체가 되어야 한다.

〈네트워크 광고〉
◇ 네트워크 의료기관은 공동으로 같은 브랜드를 사용하는 의료기관의 그룹을 총칭
◇ 의료기관 명칭과 별도로 네트워크 브랜드를 광고에 표현할 수 있음
◇ 네트워크의 형태임을 나타내기 위하여 그룹(group), 패밀리(family), 네트워크
  (network) 등의 표현 사용 가능
◇ 네트워크 브랜드만을 광고하는 것은 광고의 주체가 없는 것으로 간주하여 불허
  함. 즉, 네트워크에 속한 의료기관 중 최소 하나 이상 광고의 주체가 되어야 함
◇ 네트워크를 구성하고 있는 모든 의료기관들이 동일한 시설·진료수준·의료진의
  수 등을 보유한 것 같은 인상을 주는 내용은 불허한다.
◇ 광고에 표시된 의료기관들의 개설자가 전문의와 비전문의가 혼재한 경우 일반의
  종별명칭으로 통일하거나, 전문의와 비전문 구분을 명확히 하여 광고해야 한다.

보건복지부 유권해석에서는 "네트워크 브랜드로 광고할 경우 해당 광고에
관한 책임은 네트워크 브랜드 광고에 속한 의료기관에서 책임이 있으며, 홈페
이지를 관리하는 자에게 있지 아니합니다."라고 밝히고 있다.[43]

제3절 의료광고 내용 제한

의료법 제56조 제2항에서는 의료광고를 원칙적으로 허용하면서 예외적으
로 금지하는 내용을 규정하고 있다.
한의사가 초음파 검사가 가능하다는 광고는 하는 경우, 의사가 침시술에
관한 무면허의료행위 광고를 하는 경우가 가능한지와 거짓광고인지 문제된다.
통상 의료광고심의위원회에서 위 내용의 광고를 제한하고 있으며, 거짓광고로

---

[43] 보건복지부 의료정책팀-564(2008. 2. 21)

처벌될 수 있다.

예외적으로 금지되는 의료광고의 내용은 아래와 같다.

1. 평가받지 않은 신의료기술에 관한 광고

의료법 제56조 제2항 제1호	제56조(의료광고의 금지 등) ② 의료인등은 다음 각 호의 어느 하나에 해당하는 의료광고를 하지 못한다. <개정 2009. 1. 30, 2016. 5. 29, 2018. 3. 27> 1. 제53조에 따른 평가를 받지 아니한 신의료기술에 관한 광고
의료법 시행령 제23조 제1항 제1호	제23조(의료광고의 금지 기준) ① 법 제56조 제2항에 따라 금지되는 의료광고의 구체적인 기준은 다음 각 호와 같다. <개정 2008. 12. 3, 2010. 1. 27, 2012. 4. 27, 2017. 2. 28, 2018. 9. 28> 1. 법 제53조에 따른 신의료기술평가를 받지 아니한 신의료기술에 관하여 광고하는 것

가. 의의 및 연혁

신의료기술을 평가받지 않고 신의료기술에 관하여 광고하면 의료법 제56조 제2항 제1호 위반이다. 위반 시 형사처벌과 업무정지 1개월의 행정처분을 받을 수 있다.

의료법 제56조 제2항 제1호는 '제53조에 따른 평가를 받지 아니한 신의료기술'에 관한 광고를 하지 못하도록 규정하고 있다.

신의료기술평가 제도는 2006. 10. 27. 법률 제8067호로 의료법이 일부 개정되면서 도입되어 2007. 4. 28.부터 시행되었는데, 2007. 4. 11. 법률 제8366호로 전부 개정된 의료법 부칙 제14조는 법률 제8067호 의료법 일부개정법률의 시행일인 2007. 4. 28. 당시 국민건강보험법 제42조 제4항에 따라 보건복지부장관이 고시한 요양급여비용으로 정한 내역에 포함된 의료행위(비급여 의료행위를 포함한다)에 대하여는 제53조의 개정규정에 따라 신의료기술평가를 받은 것으로 본다고 규정하고 있다.

나. 신의료기술의 범위 및 평가절차

1) 의료법 제53조 제1항은 '보건복지부 장관은 국민건강을 보호하고 의료기술의 발전을 촉진하기 위하여 대통령령으로 정하는 바에 따라 법 제54조에 따른 신의료기술평가위원회(이하 '평가위원회'라 한다)의 심의를 거쳐 신의료기술의 안전성·유효성 등에 관한 평가(이하 '신의료기술평가'라 한다)를 하여야 한다.'라고 규정하고 있고, 법 제53조 제2항은 '제1항에 따른 신의료기술은 새로 개발된 의료기술로서 보건복지가족부장관이 안전성·유효성을 평가할 필요성이 있다고 인정하는 것을 말한다.'라고 규정하고 있다.

위 규정들 사이의 관계 및 그 문언에 비추어 보면 법 제53조 제2항은 신의료기술을 일반적으로 정의하는 규정이 아니라, 신의료기술로서 법 제53조 제1항에서 규정한 평가위원회의 신의료기술평가를 받을 수 있는 대상이 되기 위한 요건 내지 사전심사 절차를 정한 것으로 보인다.

따라서 법 제56조 제2항 제1호에서 규정한 '제53조에 따른 평가'는 문언 그대로 제53조에서 정한 평가, 즉 '새로 개발된 의료기술에 대하여 보건복지가족부장관이 신의료기술평가 필요성이 있다고 인정하여 평가위원회의 심의를 거친 신의료기술평가'를 말하며, 그 신의료기술평가를 받지 아니한 새로 개발된 의료기술, 즉 보건복지가족부장관은 신의료기술평가 필요성이 있다고 인정하였으나 평가위원회로부터 안전성·유효성을 인정받지 못하여 신의료기술로 평가를 받지 못한 새로 개발된 의료기술과 보건복지가족부장관이 신의료기술평가 필요성을 부정하거나 그 여부에 관하여 판단하지 아니하여 평가위원회의 신의료기술평가 대상이 되지 못한 새로 개발된 의료기술은 모두 '제53조에 따른 평가를 받지 아니한 신의료기술'로서 광고가 금지된다.

의료기술은 의료인이 하는 의료행위로서의 의료·조산·간호 등을 말하는데(법 제12조), 의료행위는 의학적 전문지식을 기초로 하는 경험과 기능으로 진료, 검안, 처방, 투약 또는 외과적 시술을 시행하여 하는 질병의 예방 또는 치료행위 및 그 밖에 의료인이 행하지 아니하면 보건위생상 위해가 생길 우려가 있는 행위를 의미하므로(대법원 2004. 10. 28. 선고 2004도3405 판결 등 참조), 그 의료행위로서 이루어지는 의료기술 역시 의학적 전문지식을 기초로 하는 경험과 기능에 터 잡아 이루어져야 한다.

따라서 의료기술인 이상 의학적인 안전성·유효성을 갖출 필요가 있고, 이에 따라 구 의료법(2007. 4. 11. 법률 제8366호) 부칙 제14조에 의하여 구 의료법(2006. 10. 27. 법률 제8067호) 시행일인 2007. 4. 28. 당시 국민건강보험법 제42조 제4항에 따라 보건복지부 장관이 고시한 요양급여비용으로 정한 내역에 포함된 의료행위(비급여 의료행위를 포함한다)에 대하여는 법 제53조의 개정규정에 따라 신의료기술평가를 받은 것으로 보아 그 안전성·유효성을 갖춘 것으로 처우하는 한편, 위 의료행위와 동일하거나 유사하지 아니하여 기존 의료기술에서 벗어나며 아직 그 안전성·유효성에 관한 검증이 이루어지지 아니한 새로 개발된 의료기술은 그에 관한 평가를 받을 필요가 있으므로 법 제53조에서 신의료기술 평가에 관한 절차를 둔 것이며, 이러한 절차를 거치지 아니하여 안전성·유효성이 확인되지 아니한 새로운 의료기술 모두에 대하여 광고를 금지한다고 위와 같이 해석하는 것이 법 제56조의 입법 취지에 부합한다.[44]

2) 신의료기술의 평가 대상 및 절차는 '신의료기술평가에 관한 규칙'에 구체적으로 규정되어 있다. 신의료기술의 평가 대상은 아래와 같다.

1. 안전성·유효성이 평가되지 않은 의료기술로서 보건복지부장관이 평가가 필요하다고 인정한 의료기술
2. 제1호에 해당하는 의료기술 중 보건복지부장관이 잠재성의 평가가 필요하다고 인정한 의료기술
3. 신의료기술로 평가받은 의료기술의 사용목적, 사용대상 및 시술방법 등을 변경한 경우로서 보건복지부장관이 평가가 필요하다고 인정한 의료기술

다. 관련 판례

신의료기술평가를 받지 않고 광고하면 의료법위반으로 처벌되고 업무정지 1개월의 행정처분을 받을 수 있다. 신의료기술평가를 받지 않고 광고하여 유죄가 선고된 사안은 아래와 같다.

① [하이푸 시술] 2017. 3. 22.경부터 2017. 5. 23.경까지 C 의원의 홈페이지 및 D 블로그에 사실은 고강도초음파집속술(일명 하이푸)이 간암과 자궁근종에만 그 사용이 인정되고 이외의 상병은 연구가 필요한 단계임에도 '모든 암 환

---

44) 대법원 2012. 9. 13. 선고 2011도8694 판결

자에게 적용 가능, 초기암부터 말기암까지 많은 암환자에게 적용할 수 있는 치료'라고 글을 게시하여 보건복지부 평가를 받지 아니한 신의료기술에 관한 광고하고, 같은 방법으로 '꿈의 암치료기 하이푸는 차세대 생명연장 치료기술, 암세포의 전이, 증식, 재발가능성을 원천적으로 차단한다. 자궁 적출밖에 방법이 없다는 경우에도 안전하게 치료가능하다. 치료불가 고난이도 케이스 C 하이푸 치료 성공, 혹시나 하는 걱정 MRI기반 초대형하이푸에는 없습니다.'라고 글을 게시하여 치료효과를 보장하는 등 소비자를 현혹할 우려가 있는 내용의 광고를 한 사안45)

② [자가 치아 뼈이식 시술] 치과의사가 2011. 9.경부터 2013. 2.경까지 위 치과의원을 운영하면서, 위 의원 홈페이지에 신의료기술평가위원회 심의를 거치지 아니한 '자가 치아 뼈이식' 시술에 관하여 광고하면서 그 내용 관련하여 장점 란에 '전염적 감염위험이 전혀 없는 선진의료기술'이라는 취지로 게재하여 신의료기술평가위원회 심의를 거쳐 평가를 받지 아니한 신의료기술을 광고함과 동시에 과장된 내용의 의료광고를 한 사안46)

③ [뇌척주기능의학] 누구든지 신의료기술평가를 받지 아니한 신의료기술에 관한 광고를 하거나 치료효과를 보장하는 등 소비자를 현혹할 우려가 있는 내용의 광고를 하거나 환자의 치료경험담을 광고하여서는 아니 됨에도, 한의사인 피고인이 2013. 9. 23.경 위 한의원에서, 인터넷 홈페이지(H)의 원장님 인사말에 "I"라는 제목하에 "모든 질병의 병리기전과 검사법, 진단법, 평가법, 치료법인 기능적 뇌척주요법(FCST)과 그 이론적 배경인 뇌척주 기능의학을 창안하여 임상에 신중히 적용해 본 결과 학술적으로도 인증될 수 있는 좋은 결과를 얻게 되었으며, 일반적인 질병은 물론 만성병, 난치병의 예방, 진단, 치료를 가능하도록 하였습니다", "J" 제목하에 "FCST 클리닉은 악관절의 수평, 수직, 전후, 상하 등 4차원적 교합위치와 인체의 상·중·하단전 등 3차원적 교합위치를 포함하는 7차원적 교합위치의 불균형으로 야기된 현대인의 모든 질병을 악관절의 7가지 중심축인 전신 교합위치를 찾아주어 치료하는 장차 미래를 이끌어갈 대체한의학적 종합클리닉을 말합니다. (이하 중략). 그러므로 FCST 클리닉은 뇌와 척추 및 신경계를 동시에 조절할 수 있는 기능적 뇌척주관절에 해당하는 악

45) 인천지법 2018. 5. 31. 선고 2018고정360 판결(벌금 100만 원 선고유예)
46) 서울중앙지법 2014. 10. 16. 선고 2013고정5239 판결(벌금 70만 원)

관절을 이용하여 인체의 구조적인 불균형을 정상적인 원래 상태로 빠르게 복원시킴으로써, 안정적이고 고질적인 각종 난치성 질병들이 신속히 치료될 수 있도록 한의학 박사인 A 교수에 의해 고안된 새로운 치료법입니다."라는 내용 및 환자의 치료경험담 동영상 161개를 게시함으로써 신의료기술 평가를 받지 아니한 기능적 뇌척주요법(FCST)에 관한 광고를 하고, 치료효과를 보장하는 등 소비자를 현혹할 우려가 있는 내용의 광고를 함과 동시에 환자의 치료경험담을 게시한 사안[47]

④ [자가지방유래 줄기세포이식술] 울산 남구 D 성형외과를 운영하는 의사가 의료법인 의료기관 또는 의료인은 신의료기술평가위원회의 평가를 받지 아니한 신의료기술에 관한 광고를 하지 못함에도 불구하고, 위 의료기관에서 운영 관리하는 홈페이지(E)에 자가지방유래 줄기세포이식술이라는 신의료기술평가를 받지 않은 신의료기술에 관한 광고를 하여 의료법위반으로 기소된 사안[48]

⑤ [JJ 리프팅 시술] 성형외과 의사가 자신의 성형외과 홈페이지에 'JJ 리프팅(코드 돌기실을 이용한 비절개 안면 리프팅)의 시술 내용, 효과를 광고하면서 대한성형외과 전문의 대상 JJ 실 리프팅(코드 돌기실을 사용한 비절개 안면 리프팅) 강좌, 프랑스 J 및 K 학회에서 JJ 리프팅 강좌, 미국 헐리우드 연예인 성형 담당 L 박사, A 원장을 초빙하여 직접 시술 전수받음'이라는 문구를 기재한 사안(1심은 "피고인이 인터넷 홈페이지에 광고한 F 의료기술은 2011. 10. 28. '2011년 제10차' 신의료기술평가위원회의 심의 결과 신의료기술평가 대상으로 결정되어 2012. 5. 25. '2012년 제5차' 신의료기술평가위원회의 심의를 받았고, 위 위원회는 2012. 6. 7. 보건복지부 장관에게 심의 결과를 보고하였으며, 보건복지부 장관은 2012. 6. 22. 신청인에게 신의료기술평가결과를 통보한 사실이 인정된다. 위와 같이 위 F 의료기술은 피고인이 광고하기 이전에 이미 신의료기술평가를 받았고, 위 적용법조의 문언이 '평가를 받지 아니한 신의료기술에 관한 광고를 하는 경우'로 규정되어 있어 해석 가능한 문언의 의미가 명확하며, 신의료기술평가 및 의료광고에 관한 의료법의 전체 내용 및 입법취지에 비추어 보더라도 위 적용법조의 해석을 '신의료기술평가에서 안정성과 유효성을 인정받지 못한 신의료기술에 관한 광고를 하는 경우'까지 포함하는 것으로는 볼 수 없다."라는 취지로

---

47) 대전지법 천안지원 2015. 1. 15. 선고 2014고단1200 판결(벌금 300만 원)
48) 울산지법 2012. 12. 7. 선고 2012노598 판결(1심법원은 무죄를 선고했으나 항소심은 원심판결을 파기하고 벌금 50만 원)

무죄를 선고하였으며,[49] 항소심도 검사 제출의 증거만으로 피고인이 게재한 광고 문구 표현 자체가 신의료기술에 관한 광고라는 점에 관한 구체적인 입증이 없다고 하여 무죄를 선고한 원심판결을 유지했다.[50] 그러나 위 판결은 대법원 2012. 9. 13. 선고 2011도8694 판결에서 유죄 취지로 파기 환송되었다)

라. 보건복지부 의료광고 심의기준

◇ 의료법 제53조에 따른 신의료기술평가를 받지 않은 의료기술은 광고할 수 없다.

◇ 통상적인 의학용어가 아닌 해당 의료기관이 독자적으로 만든 의학용어를 사용하여 술기 · 시술명을 표시할 수 없다. 다만, 관련 전문학회의 인정을 받은 경우에는 광고하는 것을 허용한다(불인정 예: '골드 해피 리프트'에서 '골드 해피'는 불인정함).

◇ 새로운 수술 · 재료 및 신기술 등의 정의는 새로운 기구, 새로운 재료, 새로운 방법 등으로 진료를 하는 것이고, 신기술에 대한 인증을 받아야 하며, 기존에 있었던 의료기구, 기존에 허가된 재료를 사용하여 개발한 수술이나 진료방법은 응용기술로 간주하며, 신의료기술로는 보지 않는다.

◇ 신의료기술을 신청하여 절차가 진행 중인 경우나 특허출원과 같이 최종적으로 인증되지 아니한 것을 표시하는 것은 허용되지 않는다.

◇ 식약청의 허가범위 외의 용도로 사용하는 재료, 의약품 등은 변경허가 등의 절차를 거친 이후에 사용할 수 있다.

2. 치료경험담 등(치료효과 표현/6개월 이하 임상경력 포함)

의료법 제56조 제2항 제2호	제56조(의료광고의 금지 등) ② 의료인등은 다음 각호의 어느 하나에 해당하는 의료광고를 하지 못한다. <개정 2009. 1. 30, 2016. 5. 29, 2018. 3. 27> 2. 환자에 관한 치료경험담 등 소비자로 하여금 치료 효과를 오인하게 할 우려가 있는 내용의 광고
의료법 시행령 제23조	제23조(의료광고의 금지 기준) ① 법 제56조 제2항에 따라 금지되는 의료광고의 구체적인 기준은 다음 각 호와 같다. <개정 2008. 12. 3, 2010. 1. 27, 2012. 4. 27, 2017. 2. 28, 2018. 9. 28>

---

49) 서울북부지법 2015. 7. 10. 선고 2014고정2579 판결(무죄)
50) 서울중앙지법 2019. 7. 11. 선고 2018노4010 판결

제1항 제2호	2. 특정 의료기관·의료인의 기능 또는 진료 방법이 질병 치료에 반드 시 효과가 있다고 표현하거나 환자의 치료경험담이나 6개월 이하의 임상경력을 광고하는 것

가. 의의 및 연혁

구 의료법(2018. 3. 27. 법률 제15522호로 개정되기 전의 것, 이하 같다) 제56조 제2항 제2호는 "치료효과를 보장하는 등 소비자를 현혹할 우려가 있는 내용의 광고"를 금지되는 의료광고로 규정하고 있었는데, 2018. 3. 27. 개정된 의료법 제56조 제2항 제2호는 "환자에 관한 치료경험담 등 소비자로 하여금 치료 효과를 오인하게 할 우려가 있는 내용의 광고"를 금지되는 의료광고로 규정하고 있다.

현행 의료법은 제56조 제2항 제2호에서 '환자에 관한 치료경험담 등 소비자로 하여금 치료 효과를 오인하게 할 우려가 있는 내용의 광고'를 금지하고, 제5항에서 금지되는 의료광고의 구체적인 기준 등 의료광고에 관하여 필요한 사항은 대통령령으로 정하도록 하였고, 의료법 시행령 제23조 제1항 제2호는 '특정 의료기관·의료인의 기능 또는 진료 방법이 질병 치료에 반드시 효과가 있다고 표현하거나 환자의 치료경험담이나 6개월 이하의 임상경력을 광고하는 것'을 규정하여 환자의 치료경험담을 금지되는 의료광고의 예로 들고 있다.

이와 관련하여 헌법재판소는 "구 의료법 시행령 제23조 제1항 제2호의 금지되는 의료광고로 규정된 '환자의 치료경험담'은 '소비자를 현혹할 우려'가 있는 환자의 치료경험담을 의미하고 '소비자를 현혹할 우려가 없는' 환자의 치료경험담은 포함되지 아니한다. 그리고 '환자의 치료경험담' 자체가 소비자를 현혹하는 속성을 내포하고 있다고 보기는 어렵고, 의료인이 우수경험담을 선정하거나 특정 환자나 유리한 경험담만을 게재시키거나 게재를 허용하는 방법으로 치료경험담을 게시한 경우 '소비자를 현혹할 우려'가 있는 치료경험담을 광고한 것으로 볼 수 있다."라고 결정해 그 범위를 한정하고 있다.[51]

---

51) 헌재 2013. 11. 28. 2011헌마652 전원재판부

나. 치료 효과를 오인할 우려 있는 광고

1) 연혁

의료법 제56조 제2항 제2호는 '치료효과를 보장하는 등 소비자를 현혹할 우려가 있는 내용의 광고'라고 규정되어 있다가 2018. 3. 27. 개정되어 2018. 9. 28. 시행된 의료법 제56조 제2항 제2호는 '환자에 관한 치료경험담 등 소비자로 하여금 치료 효과를 오인하게 할 우려가 있는 내용의 광고'로 개정되었다.

2) 개념

의료법 제56조 제2항 제2호는 '치료효과를 보장하는 내용의 광고'를 금지되는 의료광고의 예로서 규정하고 있는데, '치료효과의 보장'이란 의료서비스의 긍정적인 결과를 보증하는 것, 즉 해당 광고의 의료서비스를 받으면 예외 없이 소비자가 원하는 좋은 결과를 얻을 수 있음을 보증하는 것을 의미한다.[52]

3) 취지

허위 과장 광고와 달리 치료효과를 보장하는 등 소비자를 현혹할 우려가 있는 내용의 광고를 금지하는 취지는 공익상의 요구 등에 의한 의료광고 규제의 필요성과 더불어 의료광고의 경우에는 표현내용의 진실성 여부와 상관없이 일정한 표현방식 내지 표현방법만으로도 의료소비자의 절박하고 간절한 심리 상태에 편승하여 의료기관이나 치료방법 선택의 판단을 흐리게 하고 그것이 실제 국민들의 건강 보호나 의료제도에 영향을 미칠 가능성이 매우 큰 점을 고려하여 일정한 표현형식이나 표현방법에 의한 광고를 규제하겠다는 것으로 해석되므로, 개정법은 의료광고의 표현방식 내지 표현방법에 관한 규제를 보다 강화하여 소비자 피해를 줄이겠다는 취지로 이해된다.

다만, 이러한 의료광고 규제의 현실적 필요성이 있다고 하더라도 이를 지나치게 강조함으로써 광고 형태의 의료정보 제공을 합리적 근거 없이 봉쇄하는 것은 의료인의 표현의 자유 내지 직업수행의 자유를 침해하거나 종국적으로는 의료서비스 소비자의 합리적인 선택권마저 침해할 가능성을 배제할 수 없게 된다.

---

52) 수원지법 안산지원 2019. 11. 15. 선고 2019고정567 판결

4) '치료효과를 오인하게 할 우려'와 치료경험담과 관계

치료경험담 자체가 치료효과를 오인할 우려가 있어 처벌대상인지, 아니면 치료경험담 중에서도 치료효과를 오인하게 할 우려가 없는 경우 처벌할 수 없는지 문제된다. 판례상 별도의 로그인 절차 등이 없이 치료경험담 자체를 게시한 경우 대체로 유죄를 인정하고 예외적으로 치료경험담이라도 치료효과를 오인하게 할 우려가 있는 내용의 광고가 아닌 경우 일부 무죄를 선고하고 있다.

개인적 의견은 의료법 제56조 제2항 제2호에서 '환자에 관한 치료경험담 등' '소비자로 하여금 치료효과를 오인하게 할 우려가 있는 내용의 광고'라고 규정하고 있지만, 동법 시행령 제23조 제1항 제2호에서는 '특정 의료기관·의료인의 기능 또는 진료방법이 질병 치료에 반드시 효과가 있다고 표현하거나', '환자의 치료경험담', '6개월 이하의 임상경력을 광고하는 것'으로 기재되어 있는바, 의료법 제56조 제2항 제2호에서 '환자에 관한 치료경험담 등'을 '소비자로 하여금 치료효과를 오인하게 할 우려가 있는 내용의 광고'의 예시로 규정하고 있더라도 입법취지 및 헌법상 표현의 자유, 형벌법규의 엄격한 해석 원칙 등을 고려할 때 치료경험담을 소비자로 하여금 치료효과를 오인하게 할 우려가 있는 치료경험담으로 한정해 해석하는 것이 타당하다. 그런 점에 비추어 보면 의료법 시행령 제23조 제1항 제2호에서 '환자에 관한 치료경험담'은 소비자로 하여금 치료효과를 오인하게 할 우려가 있는 내용과 무관하게 그 자체만으로 의료법 위반으로 규정하는 것은 문제가 있다고 생각된다. 따라서 의료법에서 금지하는 치료경험담은 '치료효과를 오인하게 할 우려가 있는 치료경험담'으로 제한적으로 해석해야 한다고 생각한다.

① 의료법인 B 산하 C 한방병원에서 근무하는 대표 한의사인 피고인 A가 의료인 등은 환자에 관한 치료경험담 등 소비자로 하여금 치료효과를 오인하게 할 우려가 있는 내용의 광고를 하면 아니 됨에도 불구하고 2018. 7. 5. 부천시 D에 있는 C 한방병원장 사무실 내에서, 자신이 운영하는 인터넷 사이트 블로그에(블로그명: E) 'F'라는 제목으로 특정 환자에 대한 치료경험담 및 임신 확인 내용을 게재하고 해당 게시글 마지막에 '난임 전문병원'이라는 해시태그를 게재하여 2019. 5. 3. 단속 시까지 불특정 다수인이 접속하여 게시글을 확인가능하게 함으로써 치료효과를 오인하게 할 우려가 있는 내용의 광고를 게재하였고, 피고인 의료법인 B 피고인은 대표 G로 하여금 그의 업무에 관하여 상기 위 가항

과 같이 치료효과를 오인하게 할 우려가 있는 내용의 광고를 게재함에 있어 주
의와 감독을 게을리하였다는 공소사실로 기소되었다.

원심은, 치료효과를 오인하게 할 우려가 없는 치료경험담은 위 의료법에서
금지하는 의료광고에 포함되지 않음을 전제로 ① 피고인 A가 게시한 치료경험
담의 주된 내용은 난임 여성이 피고인 A가 근무하는 한방병원에 내원하여 난임
치료를 받은 후 임신에 성공하였다는 내용이나, 그 치료 내용이 '자궁 쪽으로
혈류 순환을 촉진시키고, 자궁을 안정시켜 수정과 착상을 유도하여 임신의 확
률을 높일 수 있는 한약을 복용하고, 침치료, 하복부 뜸치료 등을 하였다'는 것
으로 통상 한의학에서 실시하는 난임치료로 보일 뿐 피고인 A가 근무하는 C 한
방병원에서 실시하는 특별한 치료로 보이지는 않는 점, ② 한의학적 난임치료
가 실제 난임환자의 임신확률을 높이는데 어느 정도 효과가 있어 보이고, 피고
인 A는 이 사건 치료경험담에서 임신확률을 높일 수 있는 치료를 실시하였다고
만 기재하였을 뿐, 임신이 반드시 보장된다거나 임신확률이 획기적으로 상승한
다는 등의 단정적 표현을 사용하지는 않은 점, ③ 이 사건 치료경험담이 게시된
곳은 피고인 A의 인터넷 개인 블로그이고, 위 블로그에는 2016. 3. 2.경부터 이
사건 치료경험담 게시일 무렵까지 156개의 글이 게시되었으나, 그 게시글의 대
부분은 피고인 A의 가족, 병원에서의 삶 등과 관련된 사적인 내용 또는 한의학
정보를 소개하는 내용 등의 글이고, 환자에 대한 치료경험담은 실질적으로 이
사건 치료경험담 1건에 불과한 점, ④ 피고인 A는 이 사건 치료경험담의 제목
으로 "H"라고 기재하였고, 본문 첫 내용에도 "경기도에서 예산을 지원하여 난
임부부 한의약 지원사업을 진행하고 있습니다."라고 기재하였는데, 당시 경기
도는 J 협회 경기도지부와 경기도 한방난임지원사업 위수탁협약을 체결하고 한
방난임지원사업을 진행하고 있었고, 피고인 A가 이 사건 치료경험담을 게시함
에 있어 일반인에게 한방난임지원사업에 대한 정보를 전달하고 한방난임지원
사업으로 C 한방병원에서 난임치료를 받을 수 있다는 것을 알릴 목적도 있었던
점으로 보이는 점, ⑤ 피고인 A가 자신에게 불리한 경험담을 배제하고 유리한
경험담만을 선별하여 게시하였다고 볼만한 정황도 확인되지 않는 점 등을 종합
하면 검사가 제출한 증거들만으로는 피고인 A가 게시한 이 사건 공소사실 기재
경험담이 '치료효과를 오인하게 할 우려가 있는 내용의 광고'에 해당한다고 보
기 어렵다고 보아 무죄를 선고했다.[53] 이에 대해 검사가 항소했다. 항소심인 인

천지법에서는 치료경험담 자체만으로 치료효과를 오인할 우려가 있다는 광고가 아니라는 점을 근거로 무죄를 선고한 원심에 대한 검사의 항소를 기각했다. 항소심은 위와 같은 치료경험담의 내용 및 게재 경위 등에 비추어 보통의 주의력을 가지는 의료서비스 소비자들이 위 경험담을 보고 치료 효과를 오인할 가능성은 낮아 보이는 점 등을 추가해 원심판단이 정당하다고 보아 검사의 항소를 기각했다.54)

5) 치료효과 오인의 판단기준

어떠한 광고가 '치료효과를 보장하는 등 소비자를 현혹할 우려가 있는 내용의 광고'에 해당하는 것인지를 판단할 때에는, 표현방식과 치료효과 보장 등의 연관성, 표현방식 자체가 의료정보 제공에서 불가피한 것인지 여부, 광고가 이루어진 매체의 성격과 그 제작·배포의 경위, 광고의 표현방식이 의료서비스 소비자의 판단에 미치는 영향 등을 종합적으로 고려하여 보통의 주의력을 가진 의료서비스 소비자가 당해 광고를 받아들이는 전체적·궁극적 인상을 기준으로 객관적으로 판단하여야 한다.55)

6) 개정된 의료법 제56조 제2항 제2호의 신설 여부

구 의료법(2018. 3. 27. 법률 제15522호로 개정되기 전의 것, 이하 같다) 제56조 제2항 제2호는 "치료효과를 보장하는 등 소비자를 현혹할 우려가 있는 내용의 광고"를 금지되는 의료광고로 규정하고 있었는데, 2018. 3. 27. 개정된 의료법 제56조 제2항 제2호는 "환자에 관한 치료경험담 등 소비자로 하여금 치료 효과를 오인하게 할 우려가 있는 내용의 광고"를 금지되는 의료광고로 규정하고 있다. 그러나 구 의료법 아래에서도 구 의료법 제56조 제5항, 구 의료법 시행령 제23조 제1항 제2호에서 "특정 의료기관의료인의 기능 또는 진료방법이 질병치료에 반드시 효과가 있다고 표현하거나 환자의 치료경험담이나 6개월 이하의 임상경력을 광고하는 것"을 금지되는 의료광고로 규정하고 있던 점에 비추어 보면, 위와 같이 개정된 의료법 제56조 제2항 제2호가 애초에 죄가 되지 아니하던 행위에 관한 구성요건을 신설한 경우라고 볼 수는 없다.56)

즉, 개정된 의료법 제56조 제2항 제2호가 애초에 죄가 되지 아니하던 구성

---

53) 인천지법 부천지원 2020. 2. 7. 선고 2019고정655 판결
54) 인천지법 2020. 9. 20. 선고 2020노710 판결
55) 대법원 2010. 3. 25. 선고 2009두21345 판결
56) 인천지법 2020. 9. 25. 선고 2020노710 판결

요건을 신설한 것으로 볼 수 없으므로, 의료법 제2항 제2호가 개정되었다고 하더라도 법 개정 전후에 걸친 공소사실 행위로 범죄가 성립된다.[57]

7) 치료 효과 보장 치료경험담 광고에 해당한다고 본 판례

① [통증 사라짐] 피고인 A는 ○○시 E에 있는 의료법인 B의 'F' 병원 총무과장으로 2008. 초순경 위 병원 인터넷 홈페이지(G)에 '치료경험사례'라는 메뉴를 만들고, 2008. 9. 29.경부터 2014. 6. 30.경까지 추간공협착증 수술 후 즉시 모든 통증이 사라졌다는 등 소비자를 현혹할 우려가 있는 환자의 치료경험담을 게재하여 의료광고를 하였고, 피고인 의료법인 B는 위 1항과 같이 그 종업원인 피고인 A가 피고인의 업무에 관하여 위와 같은 위반행위를 한 혐의로 기소된 사안에서, 법원은 소비자를 현혹할 우려 있는 치료경험담 기재한 광고를 인정해 각 벌금 50만 원 선고유예 판결을 내렸다.[58]

② [평생 수술보증] 의료인은 치료효과를 보장하는 등 소비자를 현혹할 우려가 있는 내용의 광고를 하여서는 아니 됨에도 불구하고, 서울 강남구 안과 의사인 피고인은 2015. 6. 19. 위 뽐뿌 사이트에 "평생 수술보증으로 라식/라섹 수술을 받으실 수 있습니다."라는 내용의 광고를 하여 기소된 사안에서, 법원은 평생 수술보증 문구가 소비자를 현혹할 우려가 있는 내용의 광고라고 판단해 벌금 400만 원을 선고했다.[59]

③ [수술 후 목표 시력 보장] "수술 후 목표 시력 보장" 내용의 광고와 관련하여 단순히 '각 환자별 목표 시력을 제시한다.'는 부분을 넘어 '수술 후에도 제시한 목표 시력을 보장한다.'라는 광고를 하여 기소된 사안에서, 법원은 "수술을 통해 피고인이 제시한 목표 시력 달성을 보장한다는 내용으로서 문언 자체로 '치료효과 보장'에 해당하여 소비자를 현혹할 우려가 있는 광고에 해당한다."고 보아 벌금 300만 원을 선고했다.[60]

④ [통증, 부작용, 후유증 없이] C 의원의 원장이 2015. 9. 말경 불상의 장소에서 인터넷 사이트 C 홈페이지 접속하여 위 병원의 각종 시술에 대한 광고글을 게재하면서, "울쎄라 시술"이 마취를 하지 않고서는 할 수 없는 시술임에도 "경미한 통증, 마취 NO"라고 게재하고, "사각턱 보톡스 시술"에 대해 통증

---

57) 서울동부지법 2020. 5. 7. 선고 2019노820 판결
58) 수원지법 평택지원 2014. 10. 8. 선고 2014고정519 판결
59) 서울중앙지법 2017. 5. 24. 선고 2016고정1565 판결
60) 서울중앙지법 2017. 9. 21. 선고 2017노1909 판결

과 부작용 및 후유증이 있음에도 "통증, 부작용, 후유증이 없이 수술 같은 효과를 낼 수 있는 시술 성형입니다."라고 게재하고, "PRP 자가혈 주사"에 대해 "더 안전하고 부작용이 없는 방법"이라는 내용과 지방흡입에 대해 불상 여자의 탈의한 하의 사진과 지방 흡입한 지방 자체 사진을 그대로 게시하며 "길고 날씬한 다리로 만들 수 있습니다."라는 글을 함께 게시함으로써 치료효과를 보장하는 등 소비자를 현혹할 우려가 있는 내용의 광고를 한 사안에서, 법원은 유죄를 인정해 벌금 100만 원을 선고했다.[61]

8) 치료효과를 보장하는 광고가 아니라는 판례

① 치과의사인 원고는 레이저 치료기 제조사에서 배포한 광고 책자에 "레이저는 시술시 출혈이 적고 통증 없이 우수한 치료효과를 볼 수 있습니다."라고 기재되어 있는 것을 참고로, 자신의 의료기관 인터넷 홈페이지에 임플란트 시술과 관련하여 "레이저를 이용하여 치아나 잇몸을 절삭, 절개하여 통증과 출혈이 거의 없습니다."라는 내용의 광고를 한 치과의사에 대하여 보건복지가족부장관이 위 광고가 의료법 제56조 제2항 제2호에 해당한다는 이유로 치과의사면허자격 정지처분을 한 사안에서, 법원은 "위 광고는 레이저 치료기에 의한 임플란트 시술이 다른 시술방법에 비해 부작용이 적다는 의료정보를 제공하는 측면이 있는 것으로 보일 뿐만 아니라, 그 표현방식 역시 치료기 제조사에서 만든 책자의 내용을 참고로 레이저 치료기에 의한 임플란트 시술의 장점을 의료서비스 소비자들에게 전달하는 차원에서 사용된 것임을 알 수 있는 점 등에 비추어, 위 광고가 곧바로 '치료효과를 보장하는 등 소비자를 현혹할 우려가 있는 내용의 광고'에 해당한다고 볼 수 없다."라고 판시했다.[62]

② 홈페이지에 피고인이 근무하는 병원의 봉합사인 "텍스코"의 성능을 타 병원의 봉합사들과 비교하면서 과장 광고한 혐의로 기소된 사안에서, 법원은 의료용 봉합사 텍스코 광고하면서 '비흡수', '최우수' 등의 문구 자체가 치료 효과 등을 부풀려 오인하게 하거나 혼동하게 할 염려가 있는 광고에 해당되지 않는다는 취지로 판시했다.[63]

---

61) 서울중앙지법 2016. 11. 23. 선고 2016고정3208 판결
62) 대법원 2010. 3. 25. 선고 2009두21345 판결
63) 서울중앙지법 2019. 10. 15. 선고 2018고정2210 판결

9) 보건복지부 가이드라인

보건복지부 의료광고 가이드라인에서는 ① 환자가 직접 작성한 '단순 방문 후기'는 의료인 등이 아닌 제3자가 경험을 공유하는 차원에서 전반적인 의료기관 이용만족도 또는 친절도 등 단순 의료기관 방문 경험을 일률적으로 의료광고 행위로 보기 어려우나, ② 불특정 다수인이 볼 수 있는 공간에서 게시한 의료행위, 의료기관 및 의료인 등 관련 정보 내용이 사실상 해당 의료기관에서 정하거나 유도한 것이라면 의료광고로 볼 수 있으며, ③ 특정 의료기관으로부터 받은 구체적인 경험에 대한 내용 또는 수술 예후 등을 광고하는 경우 치료효과를 오인할 우려 있는 치료경험담에 해당되어 처벌될 소지가 있다고 밝히고 있다.[64]

한편 보건복지부는 의료기관 홈페이지에 치료 전후 방사선 사진 및 치료 후기를 게시한 것이 위법인지와 관련하여 아래와 같이 유권해석하고 있다[의료제도과-448(2008. 4. 8)].

환자가 치료받았던 과정이나 치료결과를 설명하는 내용을 동영상으로 보여주는 사례의 경우 의료법 시행령 제23조 제1항 제2호에, 사실적인 치료과정을 보여주는 응급치료 사례의 경우 의료법 시행령 제23조 제1항 제5호와 관련하여 일반인의 관점에서 혐오감을 야기하는 여부에 따라 개별적으로 판단해야 할 것이며, 치료 전과 치료 후의 상태 변화를 MRI 화면으로 보여주는 사례는 동일인이 전제된 가운데 촬영 전후의 시가가 명시되는 경우 등에 허용될 수 있을 것입니다.

또한 환자 본인이 치료 후 동일 질환 환자에게 도움을 주고자 스스로 작성한 편지나 치료후기를 보여주는 사례는 환자의 자발적인지 않은 공기(금전 대가 관계, 의료기관의 부탁 등)로 게재한 경우에는 치료경험담에 관한 광고로 볼 수 있어 위법한 광고에 해당할 수 있으나, 자발적인 동기에 의하여 인터넷 홈페이지에 게재한 경우에는 치료받았던 환자가 본인의 실명을 기재하고 치료사실을 편지나 후기로 작성하여 특정 회원만이 로그인한 후 검색할 수 있도록 인터넷 홈페이지를 제한적으로 운영하는 것은 가능할 것입니다.

---

64) 보건복지부, 의료광고 가이드라인 35쪽

다. 치료경험담

1) 의의

치료경험담을 인터넷 홈페이지 등에 올리면 그 내용이 사실이든 허위 사실이든 치료경험담 게시로 처벌된다. 허위사실이면 허위 광고로 처벌될 수 있다. 비의료인이 치료경험담을 블로그에 올려 광고를 하면 의료법 제56조 제1항에 의해 처벌될 수 있다.

인터넷상에 특정인을 대상으로 공개된 정보는 '광고'에 해당하지 않으므로 로그인 등의 절차 없이 불특정 다수인에게 치료경험담을 공개하는 것이 의료법에서 금지하는 치료경험담에 해당된다. 다만 회원가입 또는 로그인 방법이 기존에 가입된 포털 사이트를 통해 로그인 하거나 임시 아이디를 발급받아 접속하는 등 절차를 간소화하여 실질적으로 불특정 다수인이 해당 게시물을 열람할 수 있는 경우 의료광고에 해당된다.[65] 치료경험담을 올린 매체에는 홈페이지, 블로그, 인스타그램, 카카오 채널, 유튜브 등 대부분의 매체가 포함된다.

2) 치료경험담 광고는 무조건 처벌되는지

판례상 치료경험담을 무조건 처벌하는 것이 아니라, 치료경험담 중 치료효과를 오인하게 할 우려가 있는 광고를 처벌하고, 로그인 기록 등의 절차를 거치지 않는 경우에도 처벌하지 않는 판례도 존재한다. 하급심 판례 중에는 치료경험담을 치료 효과를 오인하게 할 우려가 있는 경우의 예로 보아 치료효과를 오인하게 할 우려가 있는지와 상관없이 의료법 위반으로 처벌하는 경우도 있으며, 치료경험담을 올린 경우에도 치료효과를 오인할 우려가 없으면 의료법위반이 아니라는 판례도 존재한다. 치료경험담이 의료법에 위반되는지는 로그인 절차, 게시 경위와 의료인 등의 관여 정도, 그 내용에 따라 개별적으로 판단한다.

실무적으로 보건소에서는 의료기관이나 제3자가 로그인 절차 없이 치료후기를 올린 경우 치료효과 보장 내용과 무관하게 의료법위반으로 고발하는 것이 일반적이므로 주의를 요한다. 의료법의 입법취지에 비추어 보면 홈페이지 등에 별도로 회원가입 절차나 로그인 절차를 두더라도 로그인을 하지 않고 치료경험담의 내용을 알 수 있는 정도라면 의료법위반의 소지가 있으므로 주

---

65) 보건복지부 외 3, "건강한 의료광고, 우리가 함께 만들어요", 35쪽

의해야 한다.

저자가 진행한 사건 중에서도 병원장이 직원이 올린 유튜브 치료경험담과 관련하여 의료법위반으로 조사받았으나 무혐의 처분을 받거나, 의료기관의 장이 블로그 작성 등 의료광고에 관여하지 않아 무혐의 처분을 받은 사안도 있었다.

3) 치료경험담을 올린 경우, 의료법위반으로 처벌되는 유형

첫째, 거짓 치료경험담을 올려 의료법위반으로 처벌된 경우이다.

① [허위 내용 게시] 비의료인이 조카가 치료받고 좋아졌다고 하면서 병원 이름, 치료 내용, 수회 치료의 필요성, 치료의 긍정적인 효과 등을 치료경험담 형식으로 게시하여 소비자를 현혹할 우려가 있는 내용의 광고를 한 혐의로 기소된 사안에서, 법원은 벌금 200만 원을 선고했다.[66)]

② [시술하지 않은 사진 게시] 피고인 A가 피고인 B로부터 마케팅 의뢰를 받고 B가 운영하는 병원의 직원으로 등록해 자신의 주거지 내 컴퓨터에 접속하여 F 블로그에 2019. 5. 28. "G"라는 제목으로, 2019. 6. 20. "H"라는 제목으로, 2019. 6. 28. "I"라는 제목으로, 2019. 8. 26. "J"라는 제목으로 피고인 B로부터 제공받은 환자 시술 사진 등을 이용하여 피고인 A가 직접 시술을 받은 환자였던 것처럼 위 D 의원의 위치, 가격, 시술 전후 사진 및 상태 등을 게재하는 의료광고를 하였고, 피고인 B는 양벌규정으로 기소된 사안에서, 법원은 의료법 제56조 제2항 제2호에 규정된 '환자에 관한 치료경험담 등 소비자로 하여금 치료 효과를 오인하게 할 우려가 있는 내용의 광고'에 해당한다고 인정해 벌금 200만 원을 선고했다.[67)]

③ [수술하지 않은 환자 게시] 정형외과 원장이 2014. 9. 1.경 인터넷 유튜브 사이트(G)에 사실은 위 의원에서 하지 연장술을 실시한 사실이 없어 위 수술을 받고 완치된 환자가 없었음에도 마치 위 의원에서 하지 연장술을 받고 완치된 환자가 있는 것처럼 'H'라는 제목으로 환자 역할의 배우가 치료경험담을 진술하는 내용의 동영상을 게시한 혐의로 유죄를 선고받았다.[68)]

④ [치료경험담 가장] 치과의원 운영 의사가 2014. 5. 20.경 위 E 치과의원

---

66) 서울동부지법 2020. 11. 12. 선고 2020고단3012 판결
67) 부산지법 2020. 6. 10. 선고 2020고단1426 판결(벌금 200만 원)
68) 수원지법 안산지원 2018. 1. 19. 선고 2017고단3133 판결(벌금 200만 원)

에서, F를 운영하는 G와 '라미네이트, 임플란트, 돌출입교정 등의 키워드를 1개월간 상위 노출시키는 내용의 온라인바이럴마케팅 계약'을 체결한 다음, G로 하여금 2014. 5. 30. 네이버 블로그(H)에 접속하여 "I"이라는 제목하에 치료경험담을 가장하여 E 치과의원이 뼈이식 임플란트를 잘하는 곳으로 유명하다는 취지의 광고 글을 게재한 혐의로 유죄를 선고받았다.[69]

둘째, 로그인 절차를 거치지 않고 치료경험담을 올려 의료법위반으로 처벌된 경우이다.

보건복지부도 "일반적으로 인터넷 공간 내에서 특정 모임 또는 회원들만을 대상으로 공개되는 정보는 '광고'로 보지 않는다."라고 해석하고 있고, 판례도 같다. 이에 반해 특정 회원만이 로그인할 수 있는 절차 없이 작성한 치료경험담이나 간편 로그인 절차만 두는 경우 의료법위반으로 처벌될 수 있고, 유죄를 인정한 판례는 아래와 같다.

① 2014. 12. 2.경부터 2017. 9. 17.경까지 기간 피고인의 사용인인 E가 피고인의 업무에 관하여 위 병원 홈페이지(F) 관리업체 G를 통해 홈페이지 고객센터의 치료후기 코너에 H 등 환자 13명의 치료경험담을 별도의 로그인 없이 누구나 열람할 수 있도록 게시해 광고하였다.[70]

② 병원장이 2016. 10. 29. 11:34경 불상의 장소에서 광고대행업체 'F' 회사에 위탁하여 위 병원의 광고용으로 온라인에서 운영 중이던 네이버 인터넷 블로그(G)에 자신의 병원에서 치료받은 성명 불상의 환자들이 직접 작성한 치료후기 3장을 스캔하여 게시하는 방법으로 광고하였다.[71]

③ 병원을 공동으로 운영하는 의사들이 병원을 운영하는 과정에서 2016. 12. 8.경 G로 하여금 병원 홈페이지(F) 내 '수술 체험기' 카테고리에 아무런 제한조치(회원가입자 외 열람 불가 등) 없이 일반인이 쉽게 접근하여 확인할 수 있도록 별지와 같은 환자의 치료경험담 3개를 게시하게 하고 위 각 게시글이 2017. 1. 9.까지 게시되도록 하여 광고하였다.[72]

④ 병원 운영 의사가 의원 인터넷 홈페이지(C)의 '시술 후기' 카테고리에

---

69) 서울중앙지법 2015. 11. 12. 선고 2015고정2369 판결
70) 수원지법 2018. 5. 31. 선고 2018고정336 판결(벌금 500만 원)
71) 수원지법 2018. 4. 4. 선고 2017고단8322 판결(벌금 50만 원 선고유예)
72) 수원지법 2017. 11. 23. 선고 2017고정964 판결(각 벌금 30만 원 선고유예)

환자의 기미 치료 및 두피치료 시술 후기, 환자의 필러 전후 사진 등을 게재하고, 불특정 다수의 사람들로 하여금 이를 볼 수 있도록 하여 환자의 치료경험담을 광고하였다.73)

　⑤ 병원 홈페이지에 "라식/라섹(직업별 체험기)", "스타체험기", "의사체험기", "IFS체험, 동영상"이라는 제목 하에 각각 일반 환자, 연예인, 의사 또는 외국인 환자 등 위 병원에서 치료를 받은 사람들의 명의로 '위 병원에서 라식, 라섹 수술을 받고 시력이 현저히 개선되었다.'라는 취지의 치료경험담, 치료후기 및 환자들의 개선된 시력 수치를 기재한 글을 게시한 후 이를 위 홈페이지에 접근한 사람이면 누구나 볼 수 있도록 공개함으로써 소비자를 현혹할 우려가 있는 내용의 광고를 하였다.74)

　셋째, 분만에 관한 내용을 올린 경우에도 의료광고에 해당된다.

　의사인 피고인이 운영하는 병원에서 브이백 시술을 받은 환자들이 병원 홈페이지에 그 성공소감을 게시하면 분만비를 할인해 주는 방법으로 의료광고를 한 혐의로 기소된 사안에서, 대법원은 "의료법령상 '질병'이나 '치료'에 관하여 정의를 내리고 있는 법조문이 없어 구체적 사안에 따라 사회통념에 의하여 정할 수밖에 없는데, '치료'라는 표현이 좁은 의미의 질병에 대한 의료행위만을 의미하는 용어로 사용되고 있다고 보기 어려운 점, 일반적으로 출산을 앞둔 산모의 상태를 질병으로 분류하기 어렵다고 하더라도 미용성형이나 모발이식수술 등을 받는 사람과 달리 산모는 일반적인 상태에서 벗어난 비정상적인 건강상태에 있다고 할 수 있고, 특히 제왕절개 경험이 있는 산모가 자연분만을 시도하는 경우에는 그렇지 않은 경우에 비하여 산모나 태아의 생명, 신체에 위험을 초래할 가능성이 높아 전문 의료인에 의한 특별한 관리와 검사, 시술이 요구되는 점 등을 고려하면 그러한 상태에 있는 산모의 출산을 돕는 브이백 시술은 치료에 해당하고, 그 경험담은 의료법 시행령 제23조 제1항 제2호에서 금지하는 '환자의 치료경험담'으로서 시술이 갖는 위험성과 경험담의 구체적 내용에 비추어 볼 때, 소비자를 현혹하거나 국민건강에 중대한 위해를 발생하게 할 우려가 있는 의료광고에 해당한다."라고 판시한 바 있다.75)

---

73) 서울남부지법 2016. 4. 28. 선고 2016고정205 판결(벌금 100만 원)
74) 인천지법 2015. 11. 25. 선고 2015노2180 판결(벌금 40만 원 선고, 1심 법원 70만 원)

넷째, 면허 이외의 내용을 올린 경우에도 허위·과장광고에 해당된다.

서울동부지방검찰청은 치과의사는 '보톡스', '필러' 시술을 할 수 없고 청구인 운영의 위 치과의원에서는 그와 같은 시술을 한 사실이 없음에도, 2010. 4. 경부터 2010. 9.경까지 위 치과의원 인터넷 홈페이지(http://www.○○.co.kr)에 '쁘띠성형'이라는 제목 아래 '보톡스', '필러' 시술을 시행하고 있고, 많은 환자들이 꾸준히 위 시술을 찾고 있는 것처럼 게재하였다."라고 광고한 치과의사에게 기소유예처분을 한 바 있다(서울동부지방검찰청 2012형제4841호). 이에 대해 치과의사가 기소유예처분취소를 구하는 헌법소원을 제기했으나 기각되었다.[76)]

다섯째, 소비자를 현혹할 우려가 있는 치료경험담을 올려 처벌된 경우이다.

① 피고인 E는 공모에 따라 2014. 1.경부터 2015. 9.경까지 사이에 피고인 A에게 광고를 의뢰하면서 대가로 합계 227,300,000원을 지급하고, 피고인 A, 피고인 B, 피고인 I은 'N'과 'P' 성형카페에 피고인 E가 운영하는 'U' 성형외과에서 수술을 받았다는 사람의 수술 전후 사진이 포함된 환자의 치료경험담 등 수술후기를 게재한 후 그에 대하여 호응, 동조하는 취지의 댓글을 다수 올리고 조회수를 의도적으로 증대시켜 성형수술을 원하는 카페 회원들의 관심을 끌어모으고 댓글 또는 쪽지를 통해 수술병원이 어디인지를 알려주는 방법으로 광고행위를 하여 위 피고인들은 공모하여 환자의 치료경험담을 게재하는 방법으로 소비자를 현혹할 우려가 있는 내용의 광고를 한 혐의로 기소된 사안에서, 법원은 피고인 A에게 징역 10원에 집행유예 2년을 선고했다.[77)]

② 치료경험담을 게시한 경우 불리한 경험담을 배제하고 유리한 경험담만 선별하여 게시하면 치료효과를 오인하게 할 우려가 있는 내용으로 볼 수 있다.[78)]

여섯째, 다만 치료후기 등을 로그인 절차를 걸쳐 올린 경우, 페이스북 리뷰에 글을 올린 경우, 소비자를 유인할 우려가 없는 경우, 의료법위반의 고의가

75) 대법원 2013. 12. 12. 선고 2013도8032 판결(원심판결 파기, 사건을 대구지법 본원 합의부에 환송함)
76) 헌재 2015. 12. 23. 2012헌마685
77) 부산지법 2016. 6. 9. 선고 2016고단1330 판결
78) 인천지법 2020. 9. 25. 선고 2020노710 판결

없는 경우 치료경험담을 올리더라도 의료법위반으로 처벌되지 않을 수 있다.

4) 판례상 치료경험담이라도 처벌되지 않은 경우

첫째, 의료법위반의 고의가 없어 무죄가 선고된 사안이다.

① 피고인은 서울 송파구 D상가 5층 13호에서 'E'라는 상호로 성형외과·피부과 의원을 운영하는 의사로서 성형외과 전문의 자격을 취득한 바 없음에도 2017. 5. 24.경 자신이 운영하는 인터넷 홈페이지에 "성형외과 출신의 검증된 전문의가 1:1 맞춤 진료로 만족스러운 시술 결과를 약속드립니다."라는 문구를 기재하여 거짓 의료광고를 한 혐의로 기소된 사안에서, i) 피고인이 E의 홍보를 주식회사 F에 일임한 점, ii) 주식회사 F는 피고인을 위한 홈페이지 제작, 병원 안내 간판 제작, 실제 홍보물 제작까지 담당하였는데, 그중 피고인이 전문의로 표시된 것은 인터넷 홈페이지 한 곳뿐인 점, iii) 피고인이 주식회사 F의 제작물을 확인하기는 하지만, 다량의 제작물이 피고인에게 전달되었으므로 피고인이 단 한 곳에 기재된 전문의라는 표시까지 확인하고도 이를 용인하였다고 보기 어려운 점, iv) 피고인이 거짓 의료광고를 할 고의가 있었더라면 약력이나 위 홈페이지 첫 화면에 '전문의'라는 자격을 표시하였을 것임에도 그와 같은 표시는 발견되지 않은 점 등의 이유로 피고인에게 의료법위반의 고의가 없다고 보아 무죄를 선고했다.[79]

② 피고인이 2013. 12. 23.경 위 병원 홈페이지에 "라식/라섹(직업별 체험기)", "스타 체험기", "의사 체험기", "IFS 체험, 동영상"이라는 제목하에 각각 일반 환자, 연예인, 의사 또는 외국인 환자 등 위 병원에서 치료를 받은 사람들의 명의로 '위 병원에서 라식, 라섹 수술을 받고 시력이 현저히 개선되었다.'라는 취지의 치료경험담, 치료후기 및 환자들의 개선된 시력 수치를 기재한 글을 게시한 후 이를 위 홈페이지에 접근한 사람이면 누구나 볼 수 있도록 공개함으로써 소비자를 현혹할 우려가 있는 내용의 광고를 하였다는 혐의로 기소된 사안에서, 법원은 병원 측이 홈페이지를 개선하면서 로그인을 걸도록 하였으나, 그 제작과정에서 제작업체의 과실과 실무자의 과실이 겹쳐 로그인이 풀린 상태로 방치되어 있었을 가능성이 커 보이는 점 등에 비추어 보면 이 부분 공소사실을 입증할 수 있는 직접적인 증거는 존재하지 않고, 원심 증인 E의 증언은 E

---

79) 서울동부지법 2018. 7. 3. 선고 2017고정1657 판결; 서울동부지법 2018. 12. 6. 선고 2018노934 판결(검사항소 기각)

의 판단이나 추정에 불과하여 유력한 간접증거나 정황증거가 된다고 보기 어렵고, 그 외 피고인에게 고의가 있음을 확인할 수 있는 사정은 엿보이지 않는 점 등에 비추어 보면, 피고인이 이 사건 범행 무렵 홈페이지의 상태를 확인하지 못하고 있었을 가능성을 배제하기 어렵기에, 검사가 제출한 증거만으로는 피고인이 이 사건 범행 범의가 있었다고 인정하기 부족하고, 달리 이를 인정할 증거가 없다고 보아 원장에게 무죄를 선고했다. 그러나 항소심은 원심판결을 취소하고 벌금 40만 원을 선고했다.80)

둘째, 소비자를 현혹할 우려가 없어 무죄가 선고된 경우이다.

① [주관적 느낌을 게시한 경우] 피고인이 게시한 치료경험담의 주된 내용은 대체로 환자들의 주관적인 경험·느낌을 추상적으로 밝힌 것으로[예컨대 '(신체 부위)가 아파서 치료를 받았는데 호전되었다', '직원들이 친절하고 시설이 좋았다'라는 등], 전문적인 의학용어를 사용하거나 구체적인 치료 효과를 설명·보장하는 내용은 포함되어 있지 않아 게시한 치료경험담이 '소비자를 현혹할 우려가 있는' 치료경험담으로 볼 수 없어 무죄를 선고한 경우이다.81)

② [게시에 관여하지 않는 경우] 성형외과 홈페이지에 치료경험담을 게시한 혐의로 기소유예처분을 받은 성형외과 의사가 헌법소원심판을 제기한 사건에서, 헌법재판소는 "청구인의 인터넷 홈페이지의 수술 후 체험수기/감사글란에 환자의 치료경험담이 게시된 것은 인정되나, 청구인의 인터넷 홈페이지에 별도의 회원가입 절차 없이 누구나 치료경험담을 작성하거나 볼 수 있는지가 불분명하고, 청구인이 우수경험담을 선정하는 등의 방법으로 환자들로 하여금 치료경험담을 작성하도록 독려하였거나 청구인에게 불리한 내용의 치료경험담은 삭제하고 유리한 치료경험담만을 게시하였는지도 확인되지 않는 점에서 청구인의 인터넷 홈페이지의 수술 후 체험수기/감사글란에 게시된 이 사건 치료경험담만으로는 청구인이 '소비자를 현혹할 우려'가 있는 치료경험담을 광고하였다고 보기에 부족하다."라고 판단해 부산지방검찰청 2011년 형제 51796 의료법위반 피의사건의 기소유예처분을 취소했다.82)

---

80) 인천지법 2015. 11. 20. 선고 2015노2180 판결
81) 대전지법 천안지원 2018. 10. 2. 선고 2018고정447 판결
82) 헌재 2013. 11. 28. 2011헌마652 전원재판부

③ [페이스북 리뷰] 치료경험담을 선별하지 않는 경우에는 치료경험담을 게시하더라도 무죄가 선고될 수 있다. 병원의 페이스북 페이지 리뷰란에 환자의 치료경험담이 게시된 것은 인정되나, 페이스북 페이지 리뷰란은 별도의 회원가입 절차 없이 누구나 리뷰를 작성할 수 있고, 리뷰란을 폐쇄하지 않는 이상 제3자가 작성하여 게시한 리뷰를 피고인이 임의로 삭제할 수 없으며, 피고인이 우수경험담을 선정하는 등의 방법으로 환자들로 하여금 치료경험담을 작성하도록 독려하였거나 피고인에게 불리한 내용의 치료경험담은 삭제하고 유리한 치료경험담만을 게시하였는지도 확인되지 않는 점에서, 피고인 병원의 페이스북 페이지 리뷰란에 환자들의 치료경험담이 게시되었다는 사실만으로는 피고인이 '소비자를 현혹할 우려'가 있는 치료경험담을 광고하였다고 보기에 부족하고, 달리 증거가 없어 무죄가 선고된 사례이다.[83]

④ [한방 난임 성공 후기] 한방병원 내원 후 난임 치료 성공했다는 내용은 소비자를 현혹할 우려가 있는 광고는 아니어서 무죄가 선고된 경우이다.[84]

셋째, 의료에 관한 치료경험담이 아니어서 무죄가 선고된 경우이다.

① [VBAG 시술] 대법원은 피고인이 자신이 운영하는 병원에서 VBAC(Vaginal Birth After Cesarean, 제왕절개 후 자연분만, 이하 '브이백'이라 한다) 시술을 받은 환자들이 병원 홈페이지에 그 성공소감을 게시하면 분만비를 할인해 주는 방법으로 의료광고를 하였다고 하여 의료법 위반으로 기소된 사안에서, "의료법령상 '질병'이나 '치료'에 관하여 정의를 내리고 있는 법조문이 없어 구체적 사안에 따라 사회통념에 의하여 정할 수밖에 없는데, '치료'라는 표현이 좁은 의미의 질병에 대한 의료행위만을 의미하는 용어로 사용되고 있다고 보기 어려운 점, 일반적으로 출산을 앞둔 산모의 상태를 질병으로 분류하기 어렵다고 하더라도 미용성형이나 모발이식수술 등을 받는 사람과 달리 산모는 일반적인 상태에서 벗어난 비정상적인 건강상태에 있다고 할 수 있고, 특히 제왕절개 경험이 있는 산모가 자연분만을 시도하는 경우에는 그렇지 않은 경우에 비하여 산모나 태아의 생명, 신체에 위험을 초래할 가능성이 높아 전문 의료인에 의한 특별한 관리

---

83) 서울중앙지법 2017. 9. 21. 선고 2017노1909 판결(1심 유죄, 2심 치료경험담 무죄)
84) 인천지법 2020. 9. 25. 선고 2020노710 판결; 인천지법 부천지원 2020. 2. 7. 선고 2019고정665 판결

와 검사, 시술이 요구되는 점 등을 고려하면 그러한 상태에 있는 산모의 출산을 돕는 브이백 시술은 치료에 해당하고, 그 경험담은 의료법 시행령 제23조 제1항 제2호에서 금지하는 '환자의 치료경험담'으로서 시술이 갖는 위험성과 경험담의 구체적 내용에 비추어 볼 때, 소비자를 현혹하거나 국민건강에 중대한 위해를 발생하게 할 우려가 있는 의료광고에 해당한다."라고 판시했다.[85] 참고로 원심은 브이백 시술이 치료에 해당함을 인정할 증거가 없다는 이유로 그에 관한 치료경험담을 병원 홈페이지를 통해 게시하는 행위 역시 의료법상 금지되는 의료광고가 아니라고 보아 무죄를 선고했다.[86]

② [미용 목적 성형수술] 환자들에게 수술비 감면을 약속하고 수술 후기와 사진을 제공받아 G 성형외과 인터넷 홈페이지에 환자의 치료경험담 총 117건을 게시하여 의료광고를 하였다는 내용으로 기소된 사안에서, 검사가 공소를 제기한 117건의 의료광고는 모두 눈, 코, 입, 얼굴, 가슴, 피부, 몸매를 시각적으로 아름답게 보이도록 하기 위한 미용 성형수술이나 그 시술에 관한 것으로 질병이나 치료에 해당되지 않아 의료광고가 아니어서 무죄가 선고되었고,[87] 이에 대하여 검사가 항소했으나 항소도 기각되었다.[88] 미용 목적으로 성형수술의 경우 '질병' '치료'가 아니어서 미용성형 수술치료 경험담을 올리더라도 의료광고로 볼 수 없어 무죄가 선고된 경우이다.

③ [쌍꺼풀 수술과 여드름 흉터 수술] 수술 후기란에, 2010. 8. 22.경부터 2011. 3. 10.경까지 환자 G이 작성자 'H'로 하여 작성한 앞트임, 뒤트임 및 매몰법으로 쌍꺼풀 수술을 받았다는 내용의 수술 후기를 게재하고, 2010. 9. 19.경부터 2011. 3. 10.경까지 환자 I이 작성자 'J'로 하여 작성한 여드름 흉터 시술을 받았다는 내용의 수술 후기를 게재하는 등 환자들의 치료경험담을 광고하였다는 내용으로 기소된 사안에서, 법원은 의료광고가 아니라고 보아 무죄를 선고하였고,[89] 이에 대하여 검사가 항소했으나 기각했다.[90]

---

85) 대법원 2013. 12. 12. 선고 2013도8032 판결
86) 대구지법 2013. 6. 14. 선고 2012노4121 판결
87) 광주지법 2016. 8. 26. 선고 2015고단1669 판결
88) 광주지법 2017. 10. 17. 선고 2016노3386 판결
89) 부산지법 2012. 10. 25. 선고 2011고정4536 판결
90) 부산지법 2013. 4. 5. 선고 2012노3588 판결

넷째, 개인이나 직원이 독자적으로 운영하는 개인 블로그 등에 치료경험담 등의 의료광고를 올린 경우 상당한 지휘 감독을 한 경우 의료기관의 장인 원장은 무혐의나 무죄가 선고될 수 있다.

의료기관의 장이 현실적으로 상당한 주의 감독을 제대로 했는지 입증하지 못해 양벌규정에 의해 벌금형이 선고되는 경우가 대부분이다. 다만 이 경우 직원은 구체적인 사안에 따라 의료인 아닌 자의 의료광고로 처벌될 가능성을 배제할 수 없다.

다섯째, 치료경험담을 올린 건수가 경미하여 무죄가 선고된 경우이다.

한의사가 2018. 7. 5. 부천시 D에 있는 C 한방병원장 사무실 내에서, 자신이 운영하는 인터넷 사이트 블로그에 (블로그명: E) 'F'라는 제목으로 특정 환자에 대한 치료경험담 및 임신 확인 내용을 게재하고 해당 게시글 마지막에 '난임전문병원'이라는 해시태그를 게재하여 2019. 5. 3. 단속 시까지 불특정 다수인이 접속하여 게시글 확인이 가능하게 함으로써 치료효과를 오인하게 할 우려가 있는 내용의 광고를 게재하여 의료법위반으로 기소된 사안에서, 법원은 이 사건 치료경험담이 게시된 곳은 피고인 A의 인터넷 개인 블로그이고, 위 블로그에는 2016. 3. 2.경부터 이 사건 치료경험담 게시일 무렵까지 156개의 글이 게시되었으나, 그 게시글의 대부분은 피고인 A의 가족, 병원에서의 삶 등과 관련된 사적인 내용 또는 한의학 정보를 소개하는 내용 등의 글이고, 환자에 대한 치료경험담은 실질적으로 이 사건 치료경험담 1건에 불과한 점, 피고인 A는 이 사건 치료경험담의 제목으로 "H"라고 기재하였고, 본문 첫 내용에도 "경기도에서 예산을 지원하여 난임 부부 한의약 지원사업을 진행하고 있습니다."라고 기재하였는데, 당시 경기도는 J 협회 경기도지부와 경기도 한방 난임 지원사업 위·수탁 협약을 체결하고 한방난임지원사업을 진행하고 있었고, 피고인 A가 근무하는 C 한방병원도 위 한방난임지원사업에 참여하였는바, 피고인 A가 이 사건 치료경험담을 게시함에 있어 일반인에게 한방난임지원사업에 대한 정보를 전달하고 한방난임지원사업으로 C한방병원에서 난임 치료를 받을 수 있다는 것을 알릴 목적도 있었던 것으로 보이는 점, 피고인 A가 자신에게 불리한 경험담은 배제하고 유리한 경험담만을 선별하여 게시하였다고 볼 만한 정황도 확인되지 않는 점 등을 고려해 무죄를 선고한 원심판결에 대한 검사의 항소를 기각

했다.91)

라. 부속병원이 아닌 협력병원이 '대학교' 명칭과 로고를 사용한 경우

부속병원이 아닌 협력병원이 '대학교' 명칭과 로고를 사용한 경우 소비자를 현혹할 우려 있는 광고로 보기 어렵다.

A 병원을 운영하는 B 의료재단이 B 의료재단이 인터넷 홈페이지에 'D 대학교'라는 명칭과 대학교 로고를 사용해 소비자를 현혹할 우려가 있는 광고를 했다는 이유로 업무정지 1개월에 갈음한 과징금 16,125,000원을 부과하자 보건소장을 상대로 낸 과징금부과처분취소소송에서, 서울행정법원은 "부속"이라는 문자를 사용하지 않은 채 A 대학교를 병기한 것만으로 소비자로 하여금 부속병원으로 오인하게 했다고 단정하기 어렵다."라고 "대학교 명칭과 로고를 함께 사용해 광고한 것이 치료효과를 보장하는 등 소비자를 현혹할 우려가 있는 내용의 광고에 해당한다고 보기 어렵다."라고 판시하여 이 사건 처분사유가 존재하지 않는다고 판시했다.

또한, 피고가 C 대학교 병원이 화상 치료로 명성이 높으므로 원고가 B 병원을 C 대학교 명칭과 로고를 함께 표시하여 광고한 것은 B 병원이 화상 치료에 관하여 전문성을 갖춘 것처럼 소비자를 현혹할 우려가 있다고 주장했으나, 법원은 화상 치료 전문병원으로 널리 알려진 것은 C 대학교 H 병원이므로, 위 광고만으로 일반 소비자가 B 병원을 화상 치료 전문병원으로 오인할 우려가 있다고 보기 어렵다고 판시했다.92) 위 사건에서 검찰은 의료법위반에 대하여 무혐의 처분을 했다.

마. 치료 전후 사진 게시

보건복지부에서는 치료 단계별 사진 또는 영상을 나열하는 형태로 치료과정을 게시하는 경우 의료법에서 금지하는 치료경험담에 해당할 소지가 있다고 하면서도, 치료 전후 상태 변화를 보여주는 사진 게재는 일정한 요건 하에서 허용된다고 한다.93)

---

91) 인천지법 2020. 9. 25. 선고 2020노710 판결
92) 서울행정법원 2016. 12. 22. 선고 2016구합70604 판결
93) 보건복지부, 의료광고 가이드라인, 36쪽

첫째, 해당 의료기관에서 진료한 환자의 사진에 한하여야 하고, 둘째, 그 전후 사진의 인물이 동일인이어야 하며, 셋째, 전후의 촬영 시기가 명시되어야 하며, 넷째, 동일 조건(사진에 대한 별도의 조작이 처리되지 않을 것)에서 촬영된 사진이어야 하며, 다섯째, 해당 진료별로 부작용을 명시하여 광고하는 등 의료법령을 준수하는 범위 내에서 로그인 절차 없이 불특정 다수의 열람이 가능한 치료 전후 사진 게재가 가능하다.

바. 의료광고 심의기준

○ 소비자 현혹 및 치료효과 보장
◇ 소비자를 현혹시킬 소지가 있는 최상급을 의미하는 단어는 객관적 근거가 인정되지 않는 한 허용되지 않는다.
◇ 의료와 무관하거나 환자유인의 소지가 있는 '○○신문 선정 우수의료기관', '○○○방송국 탤런트 지정병원' 등의 문구는 기재할 수 없다.
◇ 다만, 의료와 관련하여 국제기구(예: 유니세프 등)나 정부로부터 인정받거나 지정받은 내용은 표시할 수 있다.
    인정 예: 유니세프 지정 "아기에게 친근한 병원"
                    보건복지부 지정 "척추 전문병원"
    이 경우 의료기관평가와 같이 정부의 공식적인 발표 외에 발표내용을 가공하여 임의로 변경하는 것은 허용되지 않는다.
    인정 예: 2007년 보건복지부 의료기관 평가결과 5개 항목에서 우수기관 지정
    불인정 예: 2007년 보건복지부 의료기관 평가결과 1위
◇ 확률적으로 0% 및 100%의 의미를 내포한 단어를 사용하여 '부작용 없이', '통증 없이', '완치', '가장 안전한' 등으로 표현하는 광고는 사용할 수 없다. 다만, 실제로 통증이 전혀 없거나, 부작용이 보고되지 않은 시술 및 치료방법은 신청자가 관련 논문이나 학술지, 관련 학회의 공인 근거자료 등을 첨부한 경우에 한하여 심의위원회가 이를 판단하여 허용 여부를 결정한다.
◇ '일주일이면 치료할 수 있다.'처럼 치료 기간을 단정적으로 명시한 문구는 사용할 수 없다. 다만, '통상적으로 일주일 정도 걸린다.'와 같이 완곡하게 표현하고 교과서적으로 인정된 치료 기간에 대해서는 허용한다.
◇ 의료와 관계없는 인증마크 등이 의료인의 기능·진료 방법에 대한 인증으로 오인될 수 있을 경우 사용을 불허한다(예: ISO 서비스인증 등).
◇ 의료기관 부속 연구소 등 부속기관에 대한 내용에 대해서는 근거를 확인하여 실적이 없거나 객관적으로 인정되지 않은 기관은 광고할 수 없다.

○ 치료경험담 등으로 표현되는 광고

◇ 환자의 치료경험담, 의료인의 환자 치료 사례 등은 모두 불허한다.

◇ 연예인, 정치인, 저명인사 등을 이미지 모델로 사용하는 것은 가능하지만, 치료 경험으로 볼 수 있는 내용이 내포된 것은 불허한다.

◇ 광고 내용 중 특정인의 이름이 들어간 것은 치료경험담으로 간주한다.

◇ 질병의 증상이나 증세에 대한 이해를 돕기 위해 가명을 사용한 일반인을 언급하 며 질병에 대한 설명 후 통상적인 치료방법 등을 제시하는 것은 치료경험담으로 보기 어려우며 검토 후 허용할 수 있다.

○ 경력 관련

◇ 전문의 표시를 할 때는 전문과목과 함께 병기하여야 한다.

◇ 현행법률상 인정되지 않은 분야의 전문의 명칭 및 세부 전문의, 인정의의 명칭 을 전문의라는 단어 앞에 붙여 사용할 수 없다. (예: 소아정신과 전문의(×), 정 신과 전문의(○), 미국수면전문의(×))

◇ 6개월 이하의 임상경력은 광고할 수 없다.

◇ 학회 등의 회원임을 게재할 때에는 '회원'으로 통일하여 사용한다(정회원(×))

◇ 국내·외 연수 경력은 6개월 이상의 경력일 경우에만 기재할 수 있으며, 이를 확 인할 수 있는 경우에만 기재를 허용한다.

◇ 의료와 무관한 자격증이나 의료와 무관한 학력 기재는 허용하지 않는다.

◇ 의료와 무관한 경력 등은 기재를 불허한다(예: 미스코리아심사위원, 바른생활운 동협회의 이사 등).

◇ 외국의 의료인 면허 소지 기재는 허용한다.

◇ 전직·현직 구분을 명시하여야 하며, 전·현직을 판단할 수 없는 경력은 불허 또 는 수정하도록 권고한다.

◇ 국제 학회 관련 내용을 게재하고자 하는 경우에는 국내 공인된 학회와 결연 관 계가 있는 학회만 인정한다.

◇ 학술대회 등에서 발표한 내용일지라도 정식 학회에서 논문으로 발표된 내용일 경우에만 광고에 넣을 수 있으며, 일반적인 발표내용은 광고에 넣을 수 없다.

◇ 저서의 경우 자신의 전문분야와 관련이 있음이 확인된 저서에 대해서만 허용 한다.

◇ TV, 잡지 등 출연 사실을 게재할 시에는 캡처 사진 외에 방송사, 프로그램명 등 해당 프로그램의 내용 등 세부사항 기재는 불허한다.

3. 거짓된 내용 광고

의료법 제56조 제2항 제3호	제56조(의료광고의 금지 등) ② 의료인등은 다음 각 호의 어느 하나에 해당하는 의료광고를 하지 못한다. <개정 2009. 1. 30, 2016. 5. 29, 2018. 3. 27> 3. 거짓된 내용을 표시하는 광고
의료법 시행령 제23조 제1항 제3호	제23조(의료광고의 금지 기준) ① 법 제56조 제2항에 따라 금지되는 의료광고의 구체적인 기준은 다음 각 호와 같다. <개정 2008. 12. 3, 2010. 1. 27, 2012. 4. 27, 2017. 2. 28, 2018. 9. 28> 3. 의료인, 의료기관, 의료서비스 및 의료 관련 각종 사항에 대하여 객관적인 사실과 다른 내용 등 거짓된 내용을 광고하는 것

가. 의의

거짓된 내용을 표시하는 광고란 의료인, 의료기관, 의료서비스 및 의료 관련 각종 사항에 대하여 객관적인 사실과 다른 내용 등 거짓된 내용을 광고하는 것을 의미한다.

구 의료법(2016. 12. 20. 법률 제14438호로 개정되기 전의 것, 이하 같다) 제56조 제3항에 의하면, 의료법인·의료기관 또는 의료인은 거짓이나 과장된 내용의 의료광고를 하지 못하고, 위 규정에서 말하는 '거짓이나 과장된 내용의 의료광고'라 함은 진실이 아니거나 실제보다 지나치게 부풀려진 내용을 담고 있어 의료지식이 부족한 일반인으로 하여금 오인·혼동하게 할 염려가 있는 광고를 의미한다.[94] 즉, 거짓 의료광고는 진실이 아닌 내용을 담고 있어 의료지식이 부족한 일반인으로 하여금 오인·혼동하게 할 염려가 있는 광고를 의미한다.

나. 연혁

1973. 2. 16. 법률 제2533호로 전부개정된 의료법 제46조 제1항은 "의료업무"에 관하여 "허위 또는 과대한 광고"를 하지 못하도록 처음으로 규정하였다. 그 후 2002. 3. 30. 법률 제6686호로 개정하면서 의료업무 외에 "의료인의 경

---

94) 대법원 2009. 2. 26. 선고 2006도9311 판결

력"을 추가하였고, 2007. 1. 3. 법률 제8203호로 개정하면서 "의료업무"와 "의료인의 경력"을 삭제함으로써 모든 내용의 의료광고를 그 규율대상으로 삼았으며, 2007. 4. 11. 법률 제8366호로 전부 개정하면서 조문의 위치를 제56조 제3항으로 옮기고 표현도 "거짓이나 과장된 내용"으로 바꾸었고, 2018. 3. 27. 법률 제15540호로 일부 개정되면서 거짓 내용의 광고는 의료법 제56조 제2항 제2호로, 과장 내용의 광고는 의료법 제56조 제2항 제8호로 분리했다.

참고로 구 의료법 제53조 제3항에서는 거짓 광고와 허위 광고를 함께 규정되어 있어 거짓 광고와 과장 광고를 구분하지 않고 거짓이나 과장된 내용의 의료광고를 하였다는 내용으로 기소되는 경우도 많았다.

다. 자연스러운 해석을 벗어난 광고

광고 문구를 해석함에 있어 일반적이고 자연스러운 해석을 떠나 문리적으로 다른 해석의 여지가 없지 않다는 이유만으로 거짓 또는 과장 광고가 아니라고 볼 수는 없다.

치과병원에 당시 근무한 치과의사는 H대 출신이 없음에도 카페 등에 치과 H대 출신 문구와 'D 의료진' 문구와 결합하여 H대에서 치의학을 전공한 의료진이라는 의미로 해석할 수 있는 경우에도 허위 광고에 해당한다.[95]

라. 전문병원으로 지정받지 않고 전문병원 명칭 사용

전문병원으로 지정받지 않고 전문병원이라는 명칭을 사용한 경우 허위광고에 해당된다.

보건복지부는 의료서비스 질을 향상시키고 병원의 전문화, 특성화를 통한 의료서비스 체계를 개선하기 위하여 2009. 1. 30. 의료법 개정을 통해 전문병원 제도를 신설하였고, '전문병원의 지정 및 평가 등에 관한 규칙'에서 정한 지정기준에 따라 엄격한 심사를 거쳐 전문병원을 지정하여 고시하고 있다.

의료법 제42조는 의료기관의 명칭을 사용함에 있어 엄격한 제한을 가하고 있는바, 전문병원으로 지정되지 아니한 병원은 '전문병원'이라는 단어를 병원명칭에 덧붙여 사용할 수 없고, 이러한 '전문병원' 제도의 도입 취지와 그 명칭 사

---

95) 수원지법 2018. 7. 6. 선고 2018노1353 판결

용 제한 규정 등에 비추어 '전문병원'으로 지정되지 아니한 경우에는, 설령 특
정 질환이나 진료행위를 주로 실시하고 있다고 하더라도 '전문병원'이라는 단어
를 사용한 의료광고는 허용되지 않는 것으로 보아야 한다.[96)]

'전문병원'이 아님에도 전문병원이라고 광고한 경우는 과장 의료광고가 아
니라 거짓 의료광고에 해당된다.[97)] 그 결과 업무정지 1개월이 아니라 업무정지
2개월의 행정처분이 부과된다.

전문병원으로 지정받지 못했음에도 전문병원으로 표시하여 의료법위반으
로 처벌받은 사례는 아래와 같다.

① 요양병원에서 암재활전문병원으로 지정받지 않았음에도 홈페이지 디
자인 업체를 통하여 홈페이지상에 '암재활전문병원'이라는 문구를 기재한 경
우[98)]

② 일반요양병원임에도 불구하고 부산 시내버스 광고업체를 통해 버스 등
내부에 '노인전문요양'으로 표시된 광고판을 부착하여 광고한 경우[99)]

③ 'E 외과의원'의 원장으로서 E 외과의원이 보건복지부장관으로부터 전문
병원으로 지정받은 사실이 없음에도, 피고인의 종업원인 G가 피고인의 업무에
관하여 E 외과 유방·갑상선센터 공식 블로그(F) 등에 "부산가슴성형전문병원,
부산유방전문병원, 유방암·갑상선암 전문병원, 유방전문병원 E 외과" 등의 광
고를 한 경우[100)]

④ E 의원이 필러시술, 탈모시술, 피부재생시술과 관련하여 보건복지부로
부터 전문병원으로 지정을 받은 사실이 없음에도 위 E의원 홍보 블로그(F)에
'원형탈모전문병원 E의원', '피부재생전문병원 E', '필러전문병원 E'라는 문구가
각 기재된 광고글을 게시한 경우[101)]

⑤ 안과 원장이 I 대학교 홈페이지(I)에 '병원 소개, 15년간 대한민국 대표
시력교정전문병원'이라는 광고를 한 경우,[102)] 인터넷 블로그에 '내과·부인과/
자궁·난소 전문병원'이라는 문구를 사용하고 지하철 2호선 E역, F역 스크린도

---

96) 청주지법 2018. 4. 26. 선고 2017노1496 판결
97) 서울중앙지법 2020. 4. 28. 선고 2019노3469 판결
98) 창원지법 밀양지원 2018. 5. 17. 선고 2017고정227 판결(선고유예)
99) 부산지법 2018. 5. 16. 선고 2017고정2547 판결(벌금 50만 원)
100) 부산지법 2018. 1. 25. 선고 2017고정2299 판결(벌금 50만 원)
101) 부산지법 2018. 1. 24. 선고 2017고정2007 판결(벌금 70만 원)
102) 서울중앙지법 2017. 5. 24. 선고 2016고정1565 판결

어 광고판에 '내과·부인과/자궁·난소 전문병원'이라는 문구가 삽입된 광고를 한 경우103)

⑥ 전문병원 지정 없이 의원의 외부 유리창에 '보건복지부 지정 여성전문 검진병원'이라고 표시한 경우104)

⑦ 병원 명함에 정형외과 전문병원이라고 표시한 경우105)

⑧ 인터넷 홈페이지에 첨단 시력교정 전문병원으로 게시한 경우106)

⑨ 교정전문의가 아님에도 교정전문의, 교정전문 치과병원으로 게시한 경우107)

다만 전문병원 지정으로 오인할 정도로 단정할 수 없는 경우 '전문병원' 명칭을 사용하더라도 전문병원 지정을 받지 않고 전문병원을 사용한 점이 유죄임은 별론으로 거짓 광고에 대하여 무죄가 선고된 판례가 있다.

탈모 및 통증 치료를 주로 하는 한의원에서 '탈모전문병원' 및 '통증전문병원'이라고 광고한 문구는 일반적으로 탈모 및 통증 치료를 전문적으로 제공하는 의미로 인식될 뿐 한의원이 보건복지부 장관으로부터 전문병원으로 지정받았다고 오해하게 할 정도는 아니라고 단정할 수 없어 거짓 광고의 공소사실에 대하여 무죄를 선고한 원심판결을 유지했다.108)

한편 '수원 관절 척추 전문 E 병원'이라는 제목의 기사를 병원 인터넷 홈페이지 게시판에 게시하는 방법으로 의료법 제3조의5 소정의 '전문병원'이 아닌 이 사건 병원을 '전문병원'인 것처럼 오인하게 만드는 광고를 하여 의료법 치료효과를 보장하는 등 소비자를 현혹할 우려가 있는 의료광고를 하고(주위적 공소사실), 보건복지부장관으로부터 지정된 전문병원인 것처럼 명칭을 사용한 혐의(예비적 공소사실)로 기소된 사안에서, 법원은 제56조 제3항에 따라 금지되는 '거짓이나 과장된 내용의 의료광고'를 한 것이 아닌가 하는 의심이 들기도 하나 이 부분에 대하여 공소를 제기하지 않았고 그 밖에 주위적 및 예비적 공소사실에

103) 인천지법 2017. 4. 20. 선고 2016고정3606 판결(벌금 50만 원)
104) 수원지법 2013. 11. 7. 선고 2013노693 판결(피고인 항소 기각)
105) 서울남부지법 2012. 10. 30. 선고 2012고정3406 판결
106) 서울중앙지법 2017. 5. 10. 선고 2016고정3827 판결
107) 서울중앙지법 2018. 2. 8. 선고 2017고단6690 판결(벌금 2,000만 원)
108) 청주지법 2018. 4. 26. 선고 2017노1495 판결; 1심 청주지법 2017. 11. 9. 선고 2017고정300 판결(전문병원 명칭을 사용한 점에 대하여는 유죄 벌금 50만 원, 거짓 광고는 무죄 선고함)

대하여 범죄의 증명이 없어 무죄를 선고한 바 있다.[109]

마. 병원이 아님에도 병원명칭 사용

병원이 아님에도 병원명칭을 사용하면 허위 광고에 해당된다. 치과의원이 블로그에 치과병원인 것처럼 광고한 경우,[110] 종합병원이 아님에도 블로그(H)와 이천시 J 내 벽면 광고란에 "우리 동네 치과 종합병원"이라는 내용의 광고한 경우,[111] "시력교정전문병원"으로 광고한 것을 의료법상 허위 광고에 해당한다고 판단한 원심에 대한 피고인의 상고를 기각[112]한 경우가 그 예이다.

바. 자격이나 이력 허위 가재

의료법상 금지되는 의료광고에는 의료행위는 물론 의료인의 경력 등 의료와 관련된 모든 내용의 광고가 포함된다.[113] 따라서 각종 자격이나 이력이 없음에도 자격이나 이력이 있는 것처럼 광고한 경우에도 거짓 광고에 해당된다.

① 인터넷 홈페이지(L)와 'I' 네이버 카페(I)에 피고인이 M 병원의 하지 연장 및 변형교정센터 센터장, K 병원 하지 연장 및 변경교정센터 전임의, 대한 하지 연장, 변형교정 학회 정회원의 자격이 있는 것처럼 광고하였으나 사실은 위와 같은 자격이 없는 경우[114]

② 인터넷 포털 사이트 네이버 검색광고란에 '가슴성형전문의'라는 문구를 사용한 경우[115]

③ 전문의가 아님에도 리포소닉에 대해 의료광고를 하면서 "전문의와 상의하도록 합니다.'라고 광고한 경우[116]

④ 피부과, 성형외과 전문의가 아님에도 위 의원 옥외 광고 간판 및 출입문, 건물 유리, 인터넷 홈페이지에 의료기관 명칭 및 진료과목을 'D 피부과 의

---

109) 수원지법 2016. 5. 19. 선고 2015고정3148 판결
110) 수원지법 2018. 7. 6. 선고 2018노1353 판결
111) 수원지법 2016. 5. 13. 선고 2015노5820 판결(원심판결 파기, 벌금 90만 원 선고유예)
112) 대법원 2017. 12. 22. 선고 2017도16338 판결
113) 대법원 2016. 6. 23. 선고 2016도556 판결
114) 수원지법 안산지원 2018. 1. 19. 선고 2017고단3133 판결(벌금 200만 원)
115) 서울중앙지법 2018. 1. 18. 선고 2017노2014 판결(피고인 항소 기각); 서울중앙지법 2017. 5. 26. 선고 2016고정4085 판결(벌금 50만 원 선고유예)
116) 서울중앙지법 2017. 4. 27. 선고 2016노5126 판결(피고인 항소 기각, 1심 벌금 100만 원)

원, 성형외과 피부과 의원, 피부과 성형외과 전문의'라고 기재한 경우117)

⑤ 블로그에 거짓 사실이 기재된 내용의 명패를 확대 촬영해 사진을 게시한 경우(서울북부지법 2015. 12. 17. 선고 2015노1271 판결, 원심판결 파기, 벌금 100만 원/인터넷 블로그(C)에 '아주대학교 의과대학 졸업, 아주대학교 의과대학 병원 내과 전공의 수련, 미국 Baltimore John's Hopkins Hospital 류머티스병원 교환과정 수료, 미국 Texas state university Hospital 소아과, 소아류마티스 교환과정 수료'라는 거짓 내용이 기재된 명패를 사진 촬영하여 게시한 경우)118)

⑥ '미국치주과학회 정회원'이 아님에도 피고인의 약력을 소개하면서 46cm ×64cm 크기의 유리 액자에 '미국 F 치과대학의 임플란트 과정 수료·치주과 과정 수료·구강외과 과정 수료·미국치과협회 정회원·미국 임플란트협회 정회원·미국치주과학회 정회원'이라고 게재하여 의료인의 경력에 관하여 허위 광고한 경우119)

⑦ 피부과 전문의가 아님에도 위 의원의 인터넷 홈페이지(E)에 "피부레이저&비만 D, 안녕하십니까, 피부레이저&비만 클리닉 D를 찾아주셔서 엄청 영광 만땅입니다. 진실과 정성으로 진료하는 곳입니다^^ 효과중심 부작용 최소화하며 고객과 한걸음 한걸음 같이 나가는 곳입니다. 고객이 지출하신 돈이라면 백 원이든 천만 원이든 그 소중함을 알고 최선을 다하겠습니다. 전문의 A"라고 광고한 경우120)

⑧ 피부과 전문의가 아니고, E 의원에는 피부과 전문의가 없음에도 불구하고, 위 의원 홈페이지의 '피부클리닉–피부질환–여드름 항목' 부분에 "여드름은 피부과 전문의의 정확한 진단을 통해 자신의 상태에 맞게 알맞은 치료프로그램을 이용하여 치료를 받는 것이 가장 중요합니다."라는 내용의 글을 게시하여 마치 E 의원에서는 피부과 전문의가 진료하는 것처럼 오인하게 하는 내용의 글을 게시한 경우121)

⑨ 의료법인 아님에도 명함에 의료법인으로 표기한 경우122)

---

117) 대구지법 2016. 9. 7. 선고 2015노5215 판결(벌금 100만 원)
118) 서울북부지법 2015. 7. 17. 선고 2015고정517 판결(벌금 100만 원)
119) 광주지법 해남지원 2014. 3. 5. 선고 2013고정117 판결(벌금 300만 원, 내부벽에 건 경우 광고에 해당되지 않는다는 변소 배척)
120) 광주지법 2013. 10. 29. 선고 2013고정1433 판결(벌금 100만 원 선고유예)
121) 서울중앙지법 2013. 5. 9. 선고 2013노954 판결(무죄 부분 파기)
122) 서울남부지법 2012. 10. 30. 선고 2012고정 3406 판결(벌금 150만 원)

⑩ 유인물 배부 시 병원 아닌 의원을 병원으로 기재하고 진료과목인 신경외과와 전문과목인 정형외과를 구분하지 않고 '정형외과, 신경외과 병원 원장, 전문의'라고 표시한 경우[123]

⑪ 교정전문의 등이 아님에도 인터넷 블로그에 '일산에서 치아교정 하시려면 당연히 C 치과로 오시는 게 좋답니다. 파주 J, K, L, M 쪽에서 가깝고 실력있는 교정전문의와 첨단장비를 갖춘 치과니까요.'라고 기재하여 광고한 것을 비롯하여 2014. 3. 28.까지 '교정전문의', '교정전문치과', '교정전문병원'이라고 광고한 경우[124]

⑫ 연세대학교 치과병원 지정협력 치과 및 보건복지부 인정 치과보철과 전문의가 아님에도 로컬 치과의원 블로그에 '연세대학교 치과병원 지정협력 치과, 보건복지부 인증 치과보철과 전문의'로 광고한 경우[125]

사. 전문의 아님에도 전문의로 표시

전문의가 아님에도 전문의로 표시한 경우, 허위 광고뿐만 아니라 전문과목 표시에 관한 의료법 제77조 제2항에 의해 처벌될 수 있다.

성형외과와 피부과 전문의가 아님에도 의원 옥외광고간판 및 출입문, 건물유리, 인터넷 홈페이지에 의료기관 명칭 및 진료과목을 'D 피부과 의원, 성형외과 피부과 의원, 피부과 성형외과 전문의'라고 기재한 사안에서, 법원은 "거짓광고나 전문과목 표시에 관한 의료법 위반"에 대해 유죄를 선고했다.[126]

아. 거짓 학력 기재

학력이나 경력을 거짓으로 광고한 경우에도 거짓 광고로 처벌된다.

① [학력 허위 기재] 이천시 B 건물, 3층에 있는 의원급 의료기관인 "D 치과"를 운영하는 치과의사가 D 치과에서 당시 근무한 치과의사는 H대 치대를 졸업한 치과의사가 없음에도 D 치과의 직원인 I로 하여금 2016. 10. 18.경 E 카

---

123) 대법원 1983. 4. 12. 선고 82누408 판결
124) 서울중앙지법 2018. 2. 8. 선고 2017고단6690 판결(벌금 2,000만 원)
125) 서울행정법원 2017. 10. 25. 선고 2017구합66251 판결[과징금부과처분취소]
126) 대구지법 2016. 9. 7. 선고 2015노5215 판결(원심판결 파기, 벌금 100만 원, 89조, 구 의료법 제56조 제3항(거짓이나 과장광고의 점), 의료법 제90조, 제77조 제2항(전문과목 표시의 점))

페(J) 상단에 "K"라는 내용의 광고를 하고, 2016. 10. 27. E 블로그(L)에 "G 치료 의료진을 보고 선택해요! H대 M대 출신 D 의료진의 노하우"라는 글을 게시하고, 그 무렵 E 블로그(N)에 "치아교정 고민 해결하기 K의 공동진료"라는 글을 게시하여 거짓된 내용의 의료광고를 한 혐의로 기소된 사안에서, 법원은 유죄를 인정해 벌금 200만 원을 선고했다.127)

② [경력 허위 기재] 피고인 B는 대전 서구 D 빌딩 405호에 있는 'E의원' 의사로 H 대학교 의과대학을 졸업하고, 국내 성형외과 전문의 자격증을 가지고 있지 않으며, 서울대학 외래교수를 겸임하거나 서울의료원 과장을 역임한 사실이 없었음에도 2011. 2.경부터 2011. 5.경까지 위 빌딩 405호에서 성형외과 전문의인 것처럼 'E 성형외과'라는 상호로 영업을 하면서, '20년 진료 노하우, 동안 수술 전문 E 성형외과, 서울대학교 동문병원'이라는 간판을 병원 건물 1층과 병원 입구에 설치하고, '서울대학 외래교수 겸임, 서울의료원 과장 역임'이라는 명함을 만들어 병원에 비치하는 등 의료인 경력을 거짓으로 표시하고, 성형외과 전문의로 경험이 풍부한 것처럼 과장된 내용의 의료광고를 한 공소사실로 기소된 사안에서, 법원은 유죄를 인정해 벌금 800만 원을 선고했다.128)

자. 장비나 인증 허위 기재

의료기관에서 보유하지 않은 장비를 광고하거나, 인증을 받지 못했음에도 인증을 받은 것처럼 광고한 경우에도 허위 광고에 해당한다.

① 안과 홈페이지에 사실은 'IFS 레이저장비'를 2014. 6경 매각하였음에도 '라식을 선도하는 꿈의 수술 IFS 레이저장비 보유'라고 광고하고, 피고인이 운영하는 E 안과 종로점은 SQ 인증을 받지 못했음에도 'SQ 인증'이라고 표시하고, ISO 9001 인증 기간은 2014. 12. 4.까지임에도 'ISO 9001 인증'이라고 표시하였으며, 2015. 3경 의료보상보험에 가입하지 않았으면서도 '의료보상보험 가입'이라고 게시한 경우129)

② '울쎄라 브이빔 레이저'가 없음에도 인터넷 홈페이지에 '울세라 브이빔

---

127) 수원지법 여주지원 2018. 2. 12. 선고 2017고정336 판결
128) 대전지법 2013. 2. 15. 선고 2012고정580 판결(쌍꺼풀 수술 후 비의료인에게 지혈 및 수술 후 매듭 정리 등을 공모한 무면허의료행위 고려)
129) 대법원 2017. 3. 15. 선고 2017도45 판결(피고인의 상고기각, 1심 서울중앙지법 2016. 6. 28. 선고 2015고정3200 판결, 벌금 200만 원)

레이저'로 치료하는 것처럼 광고한 경우130)

③ 한의원을 운영하는 한의사가 자신이 처방하는 인목탕에 대하여 미국 FDA에 등록된 실험소에서 검증을 받았음에도 FDA에서 직접 안정성 인증을 획득한 것처럼 거짓으로 홈페이지 및 기타 매체에 허위 광고한 경우131)

차. 효과가 입증되지 않은 광고

효과가 입증되지 않음에도 효과가 있다고 광고하는 경우 허위 또는 과장광고로 처벌될 수 있으나 논문 내용 등에 의하여 효과가 입증되면 허위 또는 과장광고가 아니다. 허위 또는 과장광고에 대한 입증책임은 검사가 부담한다.

PRP라섹 의료기술은 사람에 대한 임상 결과 기존의 자가 혈청 라섹 의료기술에 비하여 우월한 효과가 있다는 것이 입증되지 않았고, 그 우월한 효과를 입증할 만한 명확한 자료가 존재하지도 않음에도 인터넷 홈페이지에 "PRP는 각막상피의 빠른 회복과 안정화로 정상적인 시력으로의 회복이 빠르다."라고 기재해 의료법위반으로 기소된 사안에서, 법원은 "전체 혈장보다 PRP에 풍부하게 존재하는 여러 성장인자의 기능, 인간에 대한 PRP의 임상실험 결과에 관한 국외 논문 내용, 각막에 상처가 생긴다는 점에서 라섹 수술과 유사한 라식 수술(LASIK; Laser in-situ keratomileusis) 각막절편을 만든 후 각막 실질에 레이저를 조사하여 각막을 절삭함으로써 시력을 교정하는 수술 후 PRP의 안구 표면에 대한 치료 및 증상 완화 효과에 관한 국외 논문 내용, PRP가 자가혈청보다 안구표면 질환의 치료에 효과적이라는 취지의 국외 논문 내용 등을 종합하여 보면, 검사가 제출한 증거들만으로는 공소사실 기재 광고가 진실이 아니거나 실제보다 지나치게 부풀려진 내용, 객관적 사실이 아니라고 볼 수 없다."라고 하여 무죄를 선고했다.132)

---

130) 대구지법 김천지원 2015. 11. 15. 선고 2015고정359 판결; 대구지법 2016. 9. 7. 선고 2015노5215 판결(원심 파기 벌금 100만 원 선고)
131) 서울행정법원 2017. 12. 15. 선고 2017구합66435 판결(기소유예처분 후 업무정지 1개월에 갈음하는 과징금 10,500,000원을 부과받고 ○○보건소장을 상대로 처분의 취소를 구하는 행정소송을 제기했으나 패소함)
132) 대전지법 2016. 9. 30. 선고 2015고정162 판결(무죄)

카. 원장의 관여나 용인이 없는 경우

홈페이지 보도자료 게시판에 피부과 전문의가 아님에도 피부과 전문의로
되어 있는 신문 스크랩을 게시한 경우, 원장이 관여하거나 이를 알고도 용인한
사실을 인정하기 어려운 경우 무죄가 선고될 수 있다.

피고인은 의사로서 피부과나 성형외과 전문의 과정을 수료하고 합격한 자
가 아니어서 객관적으로 인정되지 아니하거나 근거가 없는 내용을 포함하는 광
고를 하여서는 아니 됨에도 서울 강동구 D, 9층에 있는 E 병원을 운영하면서,
2013. 5. 20.경부터 2013. 5. 23.경까지 E 병원 홈페이지(F) 보도자료 게시판에
"피부과 전문의는", "A G 병원 원장", "A H 병원 원장"이라는 내용이 기재된
신문 스크랩을 게시하여 객관적으로 인정되지 아니하거나 근거가 없는 내용을
포함하는 광고를 한 혐의로 기소된 사건에서, 법원은 무죄를 선고했다.

이 사건에서 피고인은 홈페이지에 게시된 기사는 I의 담당 직원이 배포한
보도자료를 바탕으로 기자들이 작성한 것이고 피고인과 관계없이 위 기사가 게
시된 것이므로 피고인은 의료법위반의 고의가 없고, 위 게시글은 의료법이 규
제하는 의료광고에 해당한다고 보기 어렵다고 주장했다.

법원은 위 홈페이지 언론 속 보도자료에 링크된 언론 기사에 게재된 "한
피부와 전문의는", "A G 병원 원장", "A H 병원 원장"이라는 표현이 포함된 사
실이 인정되지만, 검사가 제출한 증거만으로 피고인이 공소사실 기재 광고의
작성, 배포, 홈페이지 게시 등에 관여하였거나 이를 미리 알고도 용인하였음을
인정하기 부족하다고 보아 무죄를 선고했다.[133] 이에 대해 검사가 항소했다.

항소심은 피고인에게 의료법상 양벌규정상의 책임이 인정될 수 있는지 별
론으로 하고 합리적 의심 없이 위 공소사실이 인정하기 부족하다고 하여 검사
의 항소를 기각하였다.[134]

---

133) 서울동부지법 2016. 5. 31. 선고 2015고정1472 판결
134) 서울동부지법 2016. 11. 25. 선고 2016노838 판결

타. 전문병원으로 지정받지 않고 전문병원을 표시한 경우 거짓 광고가 아니라 전문병원 명칭 표시에 관한 규정 위반으로 처벌한 사례

1) 공소사실

청주시 흥덕구 I에서 J 한의원을 운영하는 피고인은 2013. 10. 27.경부터 2017. 2. 27.경까지 위 J 한의원에서 위 병원은 전문병원 지정을 받지 않았음에도 인터넷 유튜브에 "J 한의원 청주탈모전문병원"이라고 거짓 광고하고(주위적), 2016. 8월경부터 2017. 2. 27.경까지 인터넷 블로그에 "통증전문병원"이라는 전문병원명칭을 사용하여(예비적) 거짓광고와 전문병원 명칭을 사용한 혐의로 기소되었다.

2) 1심의 판단

1심은 예비적 공소사실인 전문병원이라는 명칭을 사용한 부분은 의료기관 명칭 사용 위반으로 유죄를 인정하고, 주위적 공소사실인 거짓 과장된 광고에 대하여는 무죄를 인정해 벌금 50만 원을 선고했다.[135]

법원은, "피고인이 2013. 10. 27.경부터 2017. 2. 27.경까지 위 J 한의원에서 인터넷 유튜브에 "J 한의원 청주탈모전문병원"이라고 광고하고, 2016. 8월경부터 2017. 2. 27.경까지 인터넷 블로그에 "통증전문병원"이라고 광고하여 거짓이나 과장된 내용의 의료광고를 하였다는 주위적 공소사실에 대하여, 한의사로서의 피고인의 경력이나 탈모, 통증 분야 학회에서의 활동 내역, 피고인이 운영하는 J 한의원의 경우 실제 총 9인의 한의사가 통증, 탈모, 다이어트 세 분야로 나뉘어 전문적인 치료를 제공하여 일반 통증 환자의 경우 누적 56,000명 이상, 탈모 환자의 경우 누적 2,800명 이상의 풍부한 시술 경험이 있고, 관련된 기술 및 약품 특허도 5개 이상 취득하였으며, 탈모 관련 한의사 교육 및 강의, 관련 연구 활동도 병행하여 온 점에 비추어 보면, 검사가 제출한 증거들만으로는 위 각 광고 문구가 '거짓이나 과장된 내용'이라고 인정하기에 부족하고 달리 이를 인정할 증거가 없다."라는 이유로 무죄를 선고했다.

이에 검사가 무죄를 선고한 주위적 공소사실에 대하여 의료기관은 일정한 요건을 갖춘 경우에 보건복지부 장관으로부터 '전문병원'으로 지정받을 수 있고

---

135) 청주지법 2017. 11. 9. 선고 2017고정300 판결

이를 의료기관의 명칭으로 사용할 수 있음에도 피고인이 '전문병원'으로 지정받지 않고 주위적 공소사실 기재 일시경 피고인 운영의 한의원에 대하여 '탈모전문병원' 및 '통증전문병원'이라고 광고한 것은 의료법 제89조 제1호, 제56조 제3항에 규정된 '거짓이나 과장된 내용의 의료광고'에 해당함에도 이 부분 공소사실을 무죄로 판단한 원심판결에는 법리를 오해하여 판결의 결과에 영향을 미친 위법이 있으며, 원심이 선고한 형(벌금 500,000원)은 너무 가벼워서 부당하다는 취지로 항소를 제기했다.

3) 항소심 판단

항소심은 ① 의료기관이 보건복지부장관으로부터 '전문병원'으로 지정받지 않았음에도 '전문병원'이라는 명칭을 사용한 행위에 대하여는 별도의 처벌 규정(의료법 제90조, 제42조 제1항)이 존재하는 점, ② 주위적 공소사실 기재 광고 문구는 일반인들에게 피고인 운영의 한의원이 "탈모 및 통증 치료를 전문적으로 제공한다."는 의미로 인식될 뿐, 나아가 위 한의원이 "보건복지부장관으로부터 '전문병원'으로 지정받았다"고 오인하게 할 정도라고는 단정할 수 없는 점, ③ 원심이 상세하게 설시한 바와 같이 검사가 제출한 증거들만으로는 '피고인 운영의 한의원이 탈모 및 통증 치료와 관련하여 별다른 전문성이 없다.'고는 단정할 수 없는 점 등을 종합하면, 이 부분 공소사실을 무죄로 판단한 원심의 조치는 정당하다고 하여 검사의 항소를 기각했다.[136]

4) 소결

전문병원으로 지정받지 않고 전문병원 명칭을 사용한 경우 대부분 거짓광고로 처벌하고 있다. 하지만 위와 같이 전문병원의 명칭에 관한 규정을 별도로 두는 입법 취지를 고려할 때 전문병원 지정이 없음에도 전문병원으로 표시한 경우 거짓 광고로 처벌할 것이 아니라 전문병원 명칭 사용에 관한 규정 위반으로 처벌하는 것이 타당하다고 생각된다. 따라서 위 판결취지에 동의한다. 전문병원 명칭 사용으로만 처벌되는 경우와 거짓광고로 처벌받는 경우 행정처분에서도 차이가 있다. 전자는 업무정지 2개월의 처분이 부과되나, 후자의 경우 시정명령만 부과되므로 처분의 당사자에게 적용 법조는 매우 중요한 의미가 있다.

---

136) 청주지법 2018. 4. 26. 선고 2017노1495 판결

한편 부산 D에 있는 E 의원을 운영하는 의사인 피고인이 2013. 5. 22.경부터 2017. 5. 18.경까지 위 E 의원 홍보 블로그(F)에 '원형탈모전문병원 E의원', '피부재생전문병원 E', '필러전문병원 E'라는 문구가 각 기재된 광고글을 게시하여, 마치 E 의원이 필러시술, 탈모시술, 피부재생시술과 관련하여 보건복지부로부터 전문병원으로 지정을 받은 것처럼 거짓된 내용의 의료광고를 한 혐의로 기소된 사건에서, 법원은 거짓광고로 인한 의료법위반을 인정해 벌금 70만 원을 선고했다.[137]

전문병원으로 지정받지 않은 상태에서 전문병원 명칭을 사용한 경우, 전문병원에 관한 규정 위반으로 처벌되는 경우와 거짓광고로 처벌되는 경우가 있어 하급심 판례가 일관되지 못하므로, 각 규정의 입법취지를 고려한 판단이 요구된다.

파. 전문병원이 아님에도 전문병원이 기재된 병원의 블로그를 방치한 경우

전문병원이 아님에도 전문병원이 기재된 병원의 블로그를 방치했더라도 의료법위반이 인정된다.

개인 의원을 운영하는 원장이 보건복지부 등 전문병원 관련 인터넷 불법 의료광고 모니터링 결과 전문병원이 아님에도 거짓된 광고를 한 혐의로 형사사건에서 기소유예처분을 받고 부산광역시 ○○○구청장으로부터 업무정지 1개월 처분을 받은 후 행정심판 청구 및 집행정지를 신청한 사건에서, 청구인인 원장이 2016년 4월부터 비용 절감 차원에서 블로그 운영을 포기하여 블로그를 방치한 상태이며 전문의라는 표현을 쓰는 것이 의료법위반인지 인지하지 못한 점 등을 이유로 처분의 취소를 구했으나 비록 청구인이 2016년 4월 이후 블로그를 사실상 방치한 상태라 하더라도 해당 블로그가 온라인상에 지속적으로 노출되어 있어 광고 효과가 없었다고도 보기 어려운바, 관계 법규에 따라 피청구인이 청구인에게 한 이 사건 처분에 위법·부당함은 없다고 청구를 기각하는 재결이 이루어졌다.[138]

---

137) 부산지법 2018. 1. 24. 선고 2017고정2007 판결
138) 행심 제2018-427호 의료기관 업무정지처분 취소청구(부산광역시 행정심판 재결례)

하. 거짓광고를 하더라도 거짓광고의 고의가 없는 경우

거짓광고를 하더라도 거짓광고의 고의가 없으면 처벌되지 않는다.

서울에서 'E'라는 상호로 성형외과·피부과 의원을 운영하는 의사 A가 그가 광고 제작을 의뢰한 업체로부터 '전문의'라는 자격이 허위로 기재된 내용의 광고를 제안받고 이를 검토한 후 승인하여 그가 운영하는 병원 홈페이지에 '성형외과 출신의 검증된 전문의가 1:1 맞춤 진료로 만족스러운 시술 결과를 약속드립니다.'라는 문구를 기재하여 의료법위반(거짓 의료광고의 점)으로 기소된 사건에서, 항소심 법원은 "의료법위반의 고의가 없다"는 이유로 1심과 마찬가지로 무죄를 선고했다.[139]

거. 수술방법을 비교 설명하면서 수술방법이나 마취 방법을 설명한 경우

수술방법을 비교 설명하면서 수술방법이나 마취 방법을 설명한 것만으로 거짓 광고라고 보기 어렵다.

성형외과 의사가 인터넷 홈페이지에 안면윤곽술에 관한 설명 중 "재발과 흉터의 염려는 이제 윤곽에서는 하지 않으셔도 됩니다. 무통 수면마취. 흉터 없는 앞트임"이라고 광고(이하 '이 사건 제2광고'라 한다)하여 과장광고로 인한 의료법위반으로 부산지방법원 검찰청에서 거짓 또는 과장광고로 기소유예처분을 받고 위 기소유예처분이 청구인의 평등권 및 행복추구권을 침해했다는 이유로 기소유예처분의 취소를 구하는 내용의 헌법소원을 제기했다.

헌법재판소는 아래와 같은 이유로 위 기소유예처분을 취소했다.[140]

> 먼저 이 사건 제2광고 중 '흉터 없는 앞트임' 부분에 관하여 본다. 청구인은 이 사건 제2광고를 게재하면서 청구인이 시술하는 앞트임 수술법을 구체적으로 설명하고 있는데, 대한성형외과학회 눈성형연구회, 미국 성형외과의 협회(American Society of Plastic Surgeons)에 발표된 각 논문에 의하면, 청구인이 시술하는 것과 같은 방법의 앞트임 수술법은 몽고주름 밴드가 위치하는 피부에 흉을 남기지 않을 수 있고, 흉터 자체를 눈에 잘 띄지 않는 곳에 위치하게 하는 한편, 흉터 발생 가능성을 줄일 수 있는 적절한 수술방법으로 소개되고 있다. 청구인은 앞트임 수술법을

---

139) 서울동부지법 2018. 12. 6. 선고 2018노934 판결
140) 헌재 2013. 12. 26. 2011헌마651 전원재판부

설명한 다음 문단에 '수술 후 경과'를 설명하면서 "2달 이상 지나면 흉터가 거의 보이지 않게 됩니다."라고 게시하였다. 위와 같은 점 등을 종합하여 보면, '흉터 없는 앞트임' 부분은 흉터의 발생 가능성을 줄이며, 흉터 자체를 눈에 잘 띄지 않는 곳에 위치하게 하는 청구인의 수술법을 그대로 설명한 것에 불과하다.

다음으로 이 사건 제2광고 중 앞트임과 뒤트임 후 "재발과 흉터의 염려는 이제 윤곽에서는 하지 않으셔도 됩니다."는 부분에 관하여 보면, 이는 앞서 본 바와 같은 앞트임 수술법은 그 장점을 강조한 것이고, 뒤트임 수술법도 흉터가 경미하여 이를 인식할 수 없을 정도의 시술이 가능함을 표현한 것에 불과하여 진실이 아니거나 실제보다 부풀려진 내용을 담고 있다고 보기 어렵다.

마지막으로 이 사건 제2광고 중 '무통 수면마취'라 함은 국소마취 시에 프로포폴을 정맥주사하여 수면 상태를 유도한 후 국소마취를 해주기 때문에 실제로 통증을 느끼지 못하고, 수술 중 공포감 없이 수술을 받을 수 있다는 점을 소개한 것으로서, 이와 같은 마취법을 표현하기 위하여 일상적인 의료광고에서 자주 사용되는 용어에 해당한다.

따라서 이 사건 제2광고는 청구인의 수술법의 특징이나 장점을 구체적으로 설명하고, 수면마취를 통해 통증을 느끼지 않도록 하는 마취법을 제공한다는 점을 설명한 것에 불과하므로, 진실이 아니거나 실제보다 지나치게 부풀려진 내용을 담고 있어 의료지식이 부족한 일반인으로 하여금 오인·혼동하게 할 염려가 있는 의료광고라고 할 수 없다.

4. 비교광고

의료법 제56조 제2항 제4호	제56조(의료광고의 금지 등) ② 의료인등은 다음 각호의 어느 하나에 해당하는 의료광고를 하지 못한다. 4. 다른 의료인등의 기능 또는 진료방법과 비교하는 내용의 광고
의료법 시행령 제23조 제1항 제4호	제23조(의료광고의 금지기준) ① 법 제56조 제2항에 따라 금지되는 의료광고의 구체적인 기준은 다음 각호와 같다. 4. 특정 의료기관 개설자, 의료기관의 장 또는 의료인(이하 "의료인등"이라 한다)이 수행하거나 광고하는 기능 또는 진료 방법이 다른 의료인등의 것과 비교하여 우수하거나 효과가 있다는 내용으로 광고하는 것

가. 의의

의료법 제56조 제2항 제3호 및 동법 제89조에 의하면, 의료인은 다른 의료기관·의료인의 기능 또는 진료 방법과 비교하는 내용의 의료광고를 하지 못하고, 이를 위반할 경우 1년 이하의 징역이나 500만 원 이하의 벌금에 처하도록 되어 있으며, 그 구체적인 기준에 대하여 의료법 시행령 제23조 제3호에서 '특정 의료기관·의료인의 기능 또는 진료 방법이 다른 의료기관이나 의료인의 것과 비교하여 우수하거나 효과가 있다는 내용으로 광고하는 것'을 적시하고 있다. 약사법 등에서도 같은 취지로 규정하고 있다.

나. 취지

의료광고에 관한 이러한 규제는 의료인이 다른 의료기관이나 의료인의 기능 또는 진료방법을 비교하는 내용의 광고를 통하여 특정 의료기관 상호 간 과도한 경쟁으로 국민을 기만하거나, 국민으로 하여금 의료인의 기능 또는 진료방법을 오인하게 할 우려를 방지함으로써 국민의 건강 보호와 의료시장의 공정성을 보장하기 위한 것으로 이해할 수 있다. 따라서 금지되는 '의료광고'에 해당한다고 하기 위해서는 그 광고내용이 위에서 본 의료행위에 관한 것이어야 한다.[141]

다. 적용 범위

1) 의료법이 금지하는 비교광고에서는 비교 대상이 특정되어야 하며, 위 규정에서 언급하는 '다른 의료기관 의료인'이란 상호간 과도한 경쟁이 초래될 수 있는 '특정한 다른 의료기관 의료인'으로 제한하여 해석함이 타당하다. 따라서 비교 대상이 특정되지 않거나 다른 의료기관 등으로 한정되지 않는 경우는 의료법에서 금지하는 비교광고가 아니다.

또한, 다른 의료기관과 비교하는 광고가 금지되므로, 다른 의료기관과 비교하지 않고 사례만 언급한 것만으로 의료법에서 금지하는 비교광고가 아니다.

2) 의료행위가 아닌 서비스에 대한 비교광고만으로 의료법 제56조 제2항

---

141) 대법원 2009. 11. 12. 선고 2009도7455 판결

제3호 위반이 아니다.

성형외과 전문의가 성형외과 인터넷 홈페이지에 "코 수술 후 머리 감기가 불편하십니까, 얼굴에 붕대와 반창고를 붙이고 퇴원하시기가 부끄럽습니까. 이 모든 문제를 해결해드립니다. 타 병원에서 경험하지 못했던 환상적인 서비스를 경험할 수 있습니다."라고 광고(이하 '이 사건 제1 광고'라 한다) 하여 다른 의료기관·의료인의 기능 또는 진료방법과 비교하는 내용의 의료광고를 하였다는 이유로 의료법위반 혐의로 기소유예처분을 받자 평등권 및 행복추구권을 침해했다고 주장하면서 헌법재판소에서 헌법소원심판을 청구했다.

헌법재판소는 "이 사건 제1 광고는 '고품격 고객맞춤 서비스' 제목 아래에 게재된 부분이고, 이 사건 제1 광고 중 "해결해 드립니다."와 "타 병원에서"와 사이에 "본원의 친절한 코디와 의논하시면"이라는 문구가 기재되어 있는바, 코디라 함은 이른바 병원의 '코디네이터(coordinator)'를 이르는 말로서, 의사가 담당하는 의료행위 부분을 제외하고 소속 병원의 제반 서비스와 상담, 경영지원 등을 담당하는 자를 가리키는 말임을 통상적으로 알 수 있다. 이러한 점에 비추어 보면, 이 사건 제1 광고는 의료기능 또는 진료방법에 관한 내용이 아니라 수술 후 코디네이터 등에게 요청하면 머리를 감겨주거나 귀가를 도와주는 등의 편의 조치를 광고하는 것으로 보아 이 사건 제1 광고가 의료법 제56조 제2항 제3호 및 의료법 시행령 제23조 제1항 3호에서 금지하는 의료기능 또는 진료방법 등에 관한 '의료광고'에 해당한다고 보기 어렵다."라고 전제하고 부산지방검찰청 2011년 형제 49659호 의료법위반 피의사건의 기소유예처분을 취소했다.[142]

라. '공장형 안과' 표현

병원 홈페이지 소식란에 "공장형 안과를 알고 계십니까? … (중략) E 안과는 이런 공장형 안과와 다릅니다."라는 글을 게시하고 평생주치의란에 "대형 공장화 병원에서 계약직 의사를 두는 이유가 있습니다. 저희 E 안과가 계약직 의사를 두지 않는 이유는 여기 있습니다."라는 글을 게시하여 비교광고 규정 위반으로 기소된 사안에서, 1심 법원은 유죄를 선고하였으나, 항소심은 무죄를 선고

---

142) 헌재 2013. 12. 26. 2011헌마651 전원재판부

했다.[143]

항소심은 "병원의 효율성을 높이기 위해 검사를 짧게 진행하거나 일률적인 기준을 적용하여 한 명의 의사가 하루 종일 수술실에서 꼼짝도 하지 않고 수십 건의 수술만 진행하는 소위 공장형 안과와 달리 피고인이 운영하는 E 안과에서는 충실히 검사하고 수술을 한다는 취지로 광고한 것이 '다른 의료기관 의료인의 기능 또는 진료방법과 비교하는 내용의 광고'를 한 것으로 보기 어렵다."고 판시했다.

법원은 위 규정 취지가 특정 의료기관 의료인 상호간 과도한 경쟁으로 거짓이나 과장된 내용의 의료광고가 조장되어 오히려 건전한 경쟁질서를 해치고 소비자들에게 잘못된 정보를 줄 우려가 있다는 점에서 이를 금지하는 것이므로, 여기서 '다른 의료기관 의료인'이란 상호간 과도한 경쟁이 초래될 수 있는 '특정한 다른 의료기관 의료인'으로 제한하여 해석함이 타당하여 '공장형 안과'라는 표현만으로 특정한 의료기관 의료인으로 보기 어렵다고 판시했다. 오히려 불특정 의료기관 의료인의 기능 또는 진료방법에 대하여 거짓이나 과장된 내용으로 의료광고를 하는 경우 별도의 규정이 있다는 점을 지적하였다.

마. 비교 대상 특정 – '강남 타 병원'

홈페이지에 강남 타 병원의 소재라 지칭하고 유사시술의 단점을 완벽하게 보완했다는 문구만으로 의료법에서 금지하는 비교광고라고 볼 수 없다. 피고인은 성형외과 홈페이지에 병원의 시술 내용을 소개하면서 '비흡수, 최우수', '전문병원'이라는 과장광고를 하고 '강남 타 병원의 소재'라고 지칭하면서 "유사시술의 단점을 완벽하게 보완, 코끝과 콧등에 주입한 실이 돌출되어 본 병원에서 제거하였다."는 내용의 다른 의료기관과 비교광고를 한 혐의로 약식 기소되자 정식재판을 청구한 사건이다.

원심은 피고인이 게시한 '강남 타 병원'이 어느 병원인지 특정한 바 없고, 이 부분은 문구는 C 성형외과 의료진이 그와 같은 치료를 한 사례가 있었다는 것을 알린 것으로 그 자체로서 의료진의 시술 방법이나 능력이 다른 병원 의료진의 그것보다 우월하다는 취지로 보기 어렵다는 이유로 위 기재와 같은 정도

---

143) 서울중앙지법 2017. 9. 21. 선고 2017노1706 판결(벌금 200만 원); 1심 서울중앙지법 2017. 5. 10. 선고 2016고정3827 판결은 다른 광고 규정 위반 인정해 벌금 300만 원)

의 광고는 의료법에서 금지하는 '다른 의료기관 의료인의 기능 또는 진료방법
과 비교하는 내용의 광고'에 해당되지 않는다고 무죄를 선고했고, 항소심도 이
에 대한 원심판단이 정당하다고 판시했다.[144]

바. 보건복지부 해석

보건복지부는 '성공률 98%, ○○에도 불구하고 △△을 강요하는 병원들을
볼 수 있습니다.' 등의 문구 사용 광고에 대해 "일률적으로 다른 의료인 등의
비교·비방 광고로 판단하기는 어려울 것이나 '의료광고 심의기준'에서 '수술 없
이' 표현과 같이 시·수술 방법에 대한 비교 표현을 사용하는 것을 금지하는 취
지, 일반적인 소비자로 하여금 특정 치료방법이 타 치료방법에 비해 우월한 치
료방법인 것으로 인식할 수 있는 점 등을 고려할 때 적절하지 않은 것으로 볼
여지가 있으며 전체적인 광고내용과 객관적인 근거 여부 등을 종합적으로 고려
해 판단할 필요가 있다."고 유권해석을 내렸다.[145]

사. 의료광고심의위원회 심의기준

1) 보건복지부 의료광고 심의기준

> ◇ 의료 직역 간 비교광고는 원천적으로 금지한다(양·한방 상호 비교).
>   양·한방 상호 비교의 예
>   √ 칼 대지 않고 침으로 치료한다! (한방)
>   √ 무수히 많은 한의원을 돌아다녀 보았지만 소용 없었다. (양방)
>   √ 이 분야에 대해 한방에서는 아직 많은 한계가 있다. (양방)
>   √ 양방에서 치료할 수 없던 것을 한방치료를 받으면서 변화가 나타나기 시작했
>   다. (한방)
> ◇ 특정 직역의 시술방법 등의 부작용을 부각시키면서, 자신의 직역의 시술방법 등
>   이 우수하다고 표현해서는 안 된다.
> ◇ 의료기관 간 비급여 진료비용을 비교하거나 자신의 의료기관의 비급여 진료비
>   용에 대해서는 적시할 수 없다(유인·알선 금지조항 관련).

---

144) 서울중앙지법 2020. 4. 28. 선고 2019노3469 판결; 1심 서울중앙지법 2019. 10. 15. 선고
    2018고정2210 판결(벌금 100만 원, 업무상횡령, 비흡수, 최우수, 전문병원, 비교광고로
    인한 부분은 무죄)
145) http://www.akomnews.com/bbs/board.php?bo_table=news&wr_id=41426

◇ 광고주인 의료인·의료기관이 행하는 여러 시술방법 중 특정한 시술방법을 다른 시술방법과 비교하는 것은 허용한다. 다만, 타 의료기관·의료인의 명칭을 언급하는 등 특정 의료인·의료기관의 것과 비교한 내용은 허용되지 않는다.

2) 2019. 11. 19. 의료광고심의위원회 의료광고 심의기준

위 기준에서 다른 의료인과의 비교광고 등을 금지하고 있다. 즉, ① 의학과 한의학 사이의 의료 직역 간 비교광고, ② 특정 직역의 시술방법 등의 부작용을 부각시키면서 자신 직역의 시술 방법이 우수하다고 표현하는 문구, ③ 의료기관 간 비급여 진료비용 비교 적시, '수술 없이'의 표현과 같이 '약물 없이' 등 'ㅇㅇ없이'의 표현은 시술이나 수술방법에 대한 비교적 표현, ④ CCTV 설치한 사실을 내세워 정직을 지향한다는 광고, ⑤ 의료에 있어 당연한 '무균시스템'이라고 강조하여 표현한 광고 등은 금지하고 있다.

5. 비방광고

의료법 제56조 제2항 제5호	제56조(의료광고의 금지 등) ② 의료인등은 다음 각 호의 어느 하나에 해당하는 의료광고를 하지 못한다. <개정 2009. 1. 30, 2016. 5. 29, 2018. 3. 27> 5. 다른 의료인등을 비방하는 내용의 광고
의료법 시행령 제23조 제1항 제5호	제23조(의료광고의 금지 기준) ① 법 제56조 제2항에 따라 금지되는 의료광고의 구체적인 기준은 다음 각 호와 같다. <개정 2008. 12. 3, 2010. 1. 27, 2012. 4. 27, 2017. 2. 28, 2018. 9. 28> 5. 다른 의료인등을 비방할 목적으로 해당 의료인등이 수행하거나 광고하는 기능 또는 진료방법에 관하여 불리한 사실을 광고하는 것

가. 의의

의료법 제56조 제2항 제5호에서는 비방하는 광고로 규정되어 있는데 동법 시행령 제23조 제1항 제5호에서 '비방할 목적'을 추가로 규정하고 있어 비방 목적의 입증 여부가 중요하다.

나. 비방의 목적

위 의료법 제56조 제2항 제4호 및 같은 조 제5항과 이에 따른 동법 시행령 제23조 제1항 제4호 규정들을 종합하여 보면, 의료법 제89조, 제56조 제2항 제4호에 따라 처벌되는 행위는 '비방할 목적을 가지고 다른 의료법인, 의료기관, 의료인(이하 '의료인 등'이라 한다)의 기능 또는 진료방법에 관하여 불리한 사실을 광고하는 경우'라고 할 것이고, 이러한 의료법위반죄가 인정되기 위한 주관적 요소로 다른 의료인 등에 대한 '비방할 목적'과 '비방광고 게재에 대한 고의'가 요구된다.

이러한 다른 의료인 등을 비방할 목적이 있는지 여부와 관련하여서는 가해의 의사 내지 목적을 요하는 것으로, 광고에서 적시된 내용과 그 성질, 광고가 이루어진 상대방의 범위, 당해 광고의 방법 등 표현 자체에 관한 제반 사정을 고려함과 동시에 당해 광고에 의하여 훼손되거나 훼손될 수 있는 다른 의료인 등의 법익 침해 정도 등을 비교·형량하여 판단한다.

의료광고가 객관적인 사실에 기인한 것으로서 의료소비자에게 해당 의료인의 의료기술이나 진료방법을 과장 없이 알려주는 것이라면, 이는 소비자의 합리적 선택에 도움을 주고, 의료인들 사이에 공정한 경쟁을 촉진시켜 공익을 증진시킬 수 있으므로 허용되어야 하는 점,[146] 국민의 건강을 보호하고 증진하고자 하는 의료법의 입법 목적 등에 비추어 보면, 당해 광고에서 적시한 내용이 사실에 기초한 것으로 의료법이 보호하고자 하는 공공의 이익에 관한 것인 경우에는 특별한 사정이 없는 한 비방할 목적은 부인된다.

다. 비방광고 판례

비방광고가 문제가 된 사안은 아래와 같다.

① [5배 폭리 한의원 비방광고] ○○○시에서 'A 이비인후과'라는 상호로 의원을 운영하는 의사인 피고인은 2013. 7. 1.경 위 A 이비인후과 내의 게시판에 "5배나 되는 폭리를 취하면서도 환자를 기만하는 한의원을 가시겠습니까"(제1광고), "아무런 임상실험도 거치지 않고, 안전성을 확인하지도 않고, 한의사

---

146) 대법원 2010. 5. 27. 선고 2006도9083 판결

개인이 임의로 주사제를 만들어 환자에게 주사해도 처벌하지 않는 전 세계에서 유일한 나라, 바로 대한민국입니다(제2광고)."라는 내용으로 한의사들을 비방하는 내용의 광고 게시물을 부착하여 의료법을 위반한 혐의로 기소된 사건에서, 항소심은 유죄를 선고한 원심을 파기하고 무죄를 선고했다.147)

피고인은 의료법 제56조 제2항 제4호가 금지하고 있는 '다른 의료법인·의료기관 또는 의료인을 비방하는 내용의 광고'는 '특정 의료인'에 대한 비방광고를 규제하는 것으로 이 사건 공소사실 각 기재와 같이 '한의사들 일반'에 대한 표현은 위 규정에서 금지되고 있는 광고가 아니며, 이 사건 공소사실 기재 각 표현은 언론 보도 내용을 전제로 관련 언론 기사와 함께 게시되었는데, 일부 위법행위를 한 한의원과 관련하여 환자들에게 정확한 정보를 제공하고 잘못된 행태를 알리기 위한 의도에서 이루어진 것으로 의료법 제56조 제2항 제4호가 금지하고 있는 비방 목적의 의료광고라고 할 수 없다는 취지로 항소했다.

항소심은 "이 사건 제1 광고와 관련하여서는, ① 전국 43개 지점을 갖춘 유명 프랜차이즈 한의원이 판매한 녹용탕약에 녹용이 들어 있지 않은 경우가 있었고, 녹용을 넣는 경우라고 하더라도 원가 대비 약 5배나 되는 가격으로 환자에게 공급한 사실이 밝혀져 언론에 보도된 사실이 있었는바, 이러한 내용의 방송기사를 프린트하여 게재하면서 그 기사 내용에 근거하여 이 사건 제1 광고를 상단에 게재한 것인 점, ② 이러한 이 사건 제1 광고의 내용과 게시 상태에 비추어 위 표현이 한의사들 전체가 의료행위와 관련하여 폭리를 취하거나 환자를 기망하고 있다는 단정적 표현으로 보기는 어렵고, 이를 허위 또는 과장된 광고로 단정하기도 어렵다."라고 판시했다.

이 사건 제2광고와 관련하여서는, ① '산삼약침'이라는 요법으로 말기 암환자들로부터 수억 원의 치료비를 받은 한의사가 실형을 선고받았고, 담당 재판부가 당해 요법이 현 단계에서는 말기 암환자들에 대해 직접적인 효능을 기대하기 어렵다고 판시한 내용을 다룬 언론기사를 출력하여 게시하면서 위 언론기사와 관련하여 전국의사총연합이 신문에 게재했던 공고문을 피고인이 그대로 함께 게시한 것에 불과하고, 위 공고문 본문에도 '약침'이라는 주사에 대해 언급하고 있는 점, ② 게다가 이 사건 제2광고 표현은 피고인 명의로 이루어진 것

---

147) 인천지법 2014. 8. 22. 선고 2014노1678 판결

이 아니라 한국의사총연합 명의의 공고문상 표현에 불과하고 피고인이 이러한 위 공고문을 게시한 것에 불과한 점, ③ 나아가 그 전체적 취지 역시 한의사의 의료행위 중 주사제 사용을 대상으로 하고 있기는 하나, 이러한 국민건강에 문제가 될 수 있는 한의사의 주사제 투여에 대해 식품의약품안전청이 이를 방치하고 있고 정부의 이러한 태도에 문제가 있다는 것인 점, ④ 또한 이 사건 제2광고 표현내용이 허위이거나 과장된 것이라는 점에 대한 검사 제출 자료도 없다고 전제했다.

나아가 이 사건 제1, 2 광고가 피고인이 운영하던 의원의 대기실 벽 광고판에 게시되어 위 의원에 내방하는 환자만이 이를 확인할 수 있었던 점 등에 비추어 피고인에게 이 사건 제1, 2 광고와 관련하여 다른 의료인 등을 비방할 목적이 있었다고 단정하기 어렵다(비방광고 게재에 대한 고의가 있었다고 단정하기 역시 어렵다)고 유죄로 인정한 원심판결에는 사실을 오인하거나 법리를 오해하여 판결에 영향을 미친 위법이 있다고 판시했다.

② [현수막 비방광고] 의료인은 심의를 받지 아니하고 소비자를 현혹할 우려가 있거나, 다른 의료기관과 비교하거나 다른 의료기관을 비방하는 내용의 의료광고를 하여서는 아니 됨에도, 피고인 B는 광고내용을 작성하여 광고물을 설치하고, 피고인 A는 이를 각 승낙함으로써 공모하여 2010. 5. 10.경 대한치과의사협회 의료광고심의위원회에 피고인 A 명의로 의료광고심의 신청을 하였으나 같은 달 12경 불승인된 "치과 잘못 가면 개고생이다."라는 내용의 플랜카드를 작성하여, 그 무렵부터 2010. 6경 사이에 위 E 치과 건물, 화성시 I에 있는 J 치과 앞 도로, 같은 읍 K 치과 뒤편 노상 등에 위 플랜카드를 부착하여 소비자를 현혹할 우려가 있고, 다른 의료기관과 비교하고 다른 의료기관을 비방하는 내용의 의료광고와 면허증 대여로 인한 의료법위반의 점, 무면허의료행위, 횡령죄로 기소된 사건에서, 법원은 비방 광고 및 면허증 대여로 인한 의료법위반의 점에 대하여 유죄를 인정해 피고인들에게 각 벌금 700만 원을 선고했다.148)

항소심에서는 "범죄에 대한 본질적 기여를 통한 기능적 행위지배가 존재하는 것으로 인정되는 경우여야 한다. 이 사건에 관하여 보건대, 원심 및 당심이

---

148) 수원지법 2012. 8. 31. 선고 2011고단4709 판결

적법하게 채택하여 조사한 증거들을 종합하여 인정되는 다음과 같은 사정들을 종합하면, 피고인 A는 피고인 B와 공모하여 다른 의료기관을 비방하는 내용이 담긴 의료광고를 한 사실을 충분히 인정할 수 있다. ① 피고인 B는 이 사건 치과의원을 실질적으로 관리하기는 하였으나 의료광고는 의료인만이 할 수 있어 피고인 A 이름으로 심의신청을 하여야 하기 때문에 피고인 A와 상의하여 위 광고에 관한 심의신청을 하였다고 진술하였는데, 이 사건 광고를 하게 된 경위와 심의신청 절차에 관한 위 피고인의 위 진술에 신빙성이 있다는 점에서, 피고인 A도 사전에 이 사건 치과의원 광고내용을 알았던 것으로 보인다. ② 의료광고의 심의신청 결과는 신청인에게 문서로 통지하게 되어 있으므로, 피고인 A가 이 사건 의료광고에 대한 심의 결과가 불승인되었다는 사실을 몰랐다고 보기는 어렵다. ③ 이 사건 의료광고는 현수막으로 제작되어 피고인 A가 진료하는 치과 주변에 설치되었다는 점에서, 피고인 A가 위와 같은 광고를 알지 못했다는 것은 믿기 어렵다(피고인 A는 수사기관에서 Y로부터 위와 같은 내용의 현수막이 붙어 있다는 이야기를 들었다고 진술하였으나 그 이후에도 해당 현수막을 철거하기 위한 노력을 보이지 않았다는 점에서, 이 사건 의료광고를 계속하려는 입장이었던 것으로 보인다). 따라서 피고인 A의 이 부분 주장도 이유 없다."라고 판시해 유죄를 인정했다.[149]

라. 의료광고 심의기준

의료광고 공통심의 기준에는 "특정 진료과목에 대하여 전문의에게 진료받는 것이 안전하며 비전문의에게 진료를 받을 경우 부작용 발생 등 위험할 수 있다는 내용의 광고는 명백한 비방광고로 본다."고 규정한다. 다만 "전문의와 상의하세요." 등에 국한된 내용은 비방광고로 보지 않고 있다.

진료, 시술, 수술 등의 특정(예: 지방흡입 등) 분야에 있어 'OOO 전문의(예: 성형외과 전문의)에게 시술받으세요' 등의 내용 표기는 해당 전문과목 전문의만 가능한 것처럼 비춰질 수 있으므로 소비자 오인 및 독점규제 및 공정거래에 관한 법률 위배 소지가 있는 경우 특정 과목명 표기를 허용하지 않고 있다.

---

149) 수원지법 2013. 9. 26. 선고 2012노4199 판결

6. 수술 장면 등 직접적인 시술행위를 노출하는 내용의 광고

의료법 제56조 제2항 제6호	제56조(의료광고의 금지 등) ② 의료인등은 다음 각 호의 어느 하나에 해당하는 의료광고를 하지 못한다. <개정 2009. 1. 30, 2016. 5. 29, 2018. 3. 27> 6. 수술 장면 등 직접적인 시술행위를 노출하는 내용의 광고
의료법 시행령 제23조 제1항 제6호	제23조(의료광고의 금지 기준) ① 법 제56조 제2항에 따라 금지되는 의료광고의 구체적인 기준은 다음 각 호와 같다. <개정 2008. 12. 3, 2010. 1. 27, 2012. 4. 27, 2017. 2. 28, 2018. 9. 28> 6. 의료인이 환자를 수술하는 장면이나 환자의 환부(患部) 등을 촬영한 동영상·사진으로서 일반인에게 혐오감을 일으키는 것을 게재하여 광고하는 것

가. 의의

의료법 제56조 제2항 제5호는 "수술 장면 등 직접적인 시술행위를 노출하는 내용의 광고를 하지 못한다."고 정하고 있고, 제5항은 제2항에 따라 금지되는 의료광고의 구체적인 기준 등 의료광고에 필요한 사항은 대통령령에 위임하고 있으며, 동법 시행령 제23조 제1항 제5호는 금지되는 의료광고의 구체적인 기준으로 '의료인이 환자를 수술하는 장면이나 환자의 환부 등을 촬영한 동영상 사진으로서 일반인에게 혐오감을 일으키는 것'으로 정하고 있다.

나. 취지

위 규정을 둔 취지는 의료광고의 일반적인 부작용 이외에 인간의 존엄을 훼손할 위험성이 있는 광고를 제한하는 필요성이 있다는 점도 고려한 것이다.

다. 적용 범위

위 규정에 의하더라도 수술 장면이나 환자의 환부 등을 촬영한 동영상이나 사진이라도 일반인에게 혐오감을 일으키는 것이 아니면 의료법에서 금지되는 의료광고가 아님은 명백하다.150) 일반인에게 혐오감을 주는지를 판단함에 있어

---

150) 헌재 2016. 12. 29. 2016헌마636 전원재판부

정보제공의 필요성과 인간의 존엄성을 훼손할 정도의 위험성 있는 광고물에 한정해 혐오감을 줄 수 있다고 판단한다.[151)

라. 판단기준

헌법재판소는 '의료인이 환자를 수술하는 장면이나 환자의 환부 등을 촬영한 동영상·사진으로서 일반인에게 혐오감을 일으키는 것을 게재하여 광고하는 것'인지 여부를 판단함에 있어서는 다음의 점을 고려해야 한다고 판시한다.

① 일반적으로 광고는 상업성을 배제하기 어려운 것이고, 의료광고도 예외일 수는 없으나, 의료광고는 상행위에 대한 광고만으로는 볼 수 없는 특성이 있고 의료서비스 소비자인 국민들의 건강에 직접적인 영향을 미치게 되므로, 의료행위를 대상으로 하는 광고를 규제해야 할 공익상의 필요성이 클 뿐만 아니라 전문적인 의학 지식이 없고 질병의 치료를 앞두고 있어 객관적으로 판단능력이 떨어지는 상태에서 의료인에게 의존하여야 할 처지에 놓인 의료서비스 소비자의 선택권을 보호하여야 할 필요성이 강하게 요구된다.

② 의료법 제56조 제2항에서 일정한 유형의 의료광고를 금지하는 취지도, 이와 같은 의료광고 규제의 필요성과 더불어 의료광고의 경우에는 그 표현내용의 진실성 여부와 상관없이 일정한 표현방식 내지 표현방법만으로도 의료서비스 소비자의 절박하고 간절한 심리상태에 편승하여 의료기관이나 치료방법의 선택에 관한 판단을 흐리게 하고 그것이 실제 국민들의 건강 보호나 의료제도에 영향을 미칠 가능성이 매우 큰 점을 고려하여 일정한 표현방식 내지 표현방법에 의한 광고를 규제하겠다는 것으로 해석된다.

③ 다만, 이러한 의료광고 규제의 현실적 필요성이 있다고 하더라도 이를 지나치게 강조함으로써 광고 형태의 의료정보 제공을 합리적 근거 없이 봉쇄하는 것은 의료인의 표현의 자유 내지 직업수행의 자유를 침해하거나 종국적으로는 의료서비스 소비자의 합리적인 선택권마저 침해할 가능성을 배제할 수 없게 된다. 따라서 어떠한 광고가 금지되는 의료광고에 해당하는 것인지를 판단함에 있어서는, 표현방식과 치료효과 보장 등의 연관성, 표현방식 자체가 의료정보 제공에 있어서 불가피한 것인지 여부, 광고가 이루어진 매체의 성격과 그 제

---

151) 창원지법 2018. 10. 17. 선고 2018노1747 판결

작·배포의 경위, 광고의 표현방식이 의료서비스 소비자의 판단에 미치는 영향 등을 종합적으로 고려하여 보통의 주의력을 가진 의료서비스 소비자가 당해 광고를 받아들이는 전체적·궁극적 인상을 기준으로 객관적으로 판단하여야 할 것이다.

④ 의료행위와 관련된 사진 등의 게시와 관련하여 혐오감을 일으키는 것인 지 여부도 사진 등을 전체적으로 관찰하여 판단하되, 사진 등이 촬영·게시된 경위, 게시된 매체의 성격, 노출된 신체 부위 및 노출 정도, 게시된 내용의 진실성, 의료소비자의 판단에 미치는 영향 등을 종합적으로 고려하여 단순히 저속하다거나 문란한 느낌을 준다는 정도를 넘어서서 과다하게 시술 장면 또는 신체 부위 등을 노출시킨 것으로서 올바른 의료정보의 제공을 위한 의료광고가 아닌, 오로지 의료소비자의 심리를 자극하기 위한 표현만으로 이루어져 결국 문란한 의료질서를 조장할 위험성이 큰 것으로 제한하여야 한다.[152]

마. 생소한 시술 방법을 설명하면서 시술 장면이 촬영된 사진을 게시한 경우

한의원 블로그에 가열식 화침 및 봉독 치료를 설명하는 과정에서 환자에게 시술하는 장면이 촬영된 사진을 게시하는 방법만으로 의료법위반이 아니다.

한의원 블로그에 위 시술 장면을 촬영한 사진을 게시한 혐의로 기소유예처분을 받자 헌법소원심판을 청구한 사건에서, 헌법재판소는 "의료법 관련 조항의 입법 취지, 의료광고 규제의 필요성, '혐오감'의 판단기준에 관한 법리와 함께 이 사건 기록에 나타난, 청구인이 블로그에 게시한 사진들 및 생소한 시술 방법의 이해 편의와 노출된 신체 부위와 정도가 한의원에서 쉽게 볼 수 있는 정도인 점 등 고려하면 청구인의 행위는 직접적인 시술행위를 노출하는 내용의 광고로서 일반인에게 혐오감을 일으키는 정도에 이르렀다고 보기 어렵다."라고 하여 기소유예처분을 취소했다.[153]

바. 혐오감을 주지 않는 사진 게시의 경우

'E' 의원의 원무과장이 의원 인터넷 블로그(G)에 'H'라는 제목으로 의원 원

152) 헌재 2016. 12. 29. 2016헌마636 기소유예처분취소
153) 헌재 2016. 12. 29. 2016헌마636 기소유예처분취소

장인 A가 코 성형수술 장면(마취, 절개, 연골 채취 모습), 하안검 수술 장면(마취, 메스로 절개, 박리하고 지혈하는 모습), 지방흡입 수술 장면(대부분 모자이크 처리, 수술 도구 찔러 넣어 약물 주입, 제거한 지방 보여주는 모습)을 촬영해 직접적인 시술행위를 노출하는 의료광고를 하여 의료법위반으로 기소된 사안에서, 원심은 "위와 같은 의료광고는 시술을 원하는 의료소비자에게 수술방법 등의 정보를 제공하는데 필요하고, 각 사진의 형상에 환부는 자세히 보이지 않고 그 환부 부분도 불결 또는 흉측하거나 역겹거나 공포를 일으킬 정도는 아닌 점을 근거로 위 각 사진이 사회통념에 비추어 일반인에게 혐오감을 일으키는 것에 해당되지 않는다."고 보아 무죄를 선고했다.154) 이에 대해 검사가 항소했다.

항소심은 블로그에 게재된 사진이 컬러 사진이거나, 이 사건 각 사진이 근접촬영이라거나 혈액이 보인다는 점만으로 혐오감을 준다고 보기 어려운 점, 이 사건 각 사진이 해당 시술을 원하는 의료소비자들에게 수술방법 등의 정보를 제공하는 역할을 넘어서 필요성이 없는 시술 장면을 노골적으로 노출하여 인간의 존엄성을 훼손할 위험성이 있는 수준에 이른 것으로 보기 어려운 점 등을 고려해 검사의 항소를 기각했다.155)

사. 의료광고 심의기준

1) 보건복지부 의료광고 심의기준(2007)

◇ 의료법 시행령 제19조의3 제1항 제5호에 해당하는 일반인에게 혐오감을 일으킬 수 있는 신체 부위나 환부 사진은 심의위원회의 검토하여 허용 여부를 결정한다.

◇ 광고하려는 의료기관에서 치료하지 않은 환자의 환부 사진을 싣는 경우 마치 그 의료기관의 치료 사례로 보여질 수 있으므로 이는 거짓 광고로 간주한다. 따라서 실제 광고하려는 의료기관에서 치료한 환자의 사진만을 허용하는 것을 원칙으로 한다.

◇ 동일 네트워크 계열의 다른 의료기관에서 치료받은 환자의 사진을 사용하는 것은 불허한다. 또한 네트워크 광고 내에 다수의 의료기관이 명시되어 있는 경우, 환자의 사진 게재시 치료를 행한 의료기관을 명시하여야 한다.

◇ 치료 전·후의 기간을 명시하여야 하며, 그 치료방법으로 인한 교과서적인 치료

---

154) 창원지법 진주지원 2018. 6. 29. 선고 2018고정68 판결
155) 창원지법 2018. 10. 17. 선고 2018노1747 판결(검사 항소 기각, 1심 무죄)

기간과 상당 시간의 차이가 있을 경우 통상적인 치료 기간을 기재하도록 신청자에게 통보한다. (특별히 잘 된 한 건의 사례로 환자 유인의 소지가 있음)
◇ 전후 사진은 동일한 조건하에 촬영된 것이어야 한다.
◇ 환자의 사진을 무단으로 게재하는 것은 환자의 사생활 및 초상권 침해이므로 사전에 환자의 동의를 받았음을 확인할 수 있는 경우에만 인정한다.

2) 공통 심의기준

의료광고 심의위원회에서는 사진을 무단으로 게재하는 경우 환자의 사생활 및 초상권 침해 가능성이 있어 환자의 동의서를 확인하고, 실제 시술 장면에 대한 사진이나 동영상은 치료경험담이나 환자 현혹할 우려가 있어 "직접적인 시술행위 노출"로 불허하고 있다(공동심의기준 40쪽 참고).

7. 중요한 정보 누락 광고

의료법 제56조 제2항 제7호	제56조(의료광고의 금지 등) ② 의료인등은 다음 각 호의 어느 하나에 해당하는 의료광고를 하지 못한다. <개정 2009. 1. 30, 2016. 5. 29, 2018. 3. 27> 7. 의료인등의 기능, 진료방법과 관련하여 심각한 부작용 등 중요한 정보를 누락하는 광고
의료법 시행령 제23조 제1항 제7호	제23조(의료광고의 금지 기준) ① 법 제56조 제2항에 따라 금지되는 의료광고의 구체적인 기준은 다음 각 호와 같다. <개정 2008. 12. 3, 2010. 1. 27, 2012. 4. 27, 2017. 2. 28, 2018. 9. 28> 7. 의료인등의 의료행위나 진료방법 등을 광고하면서 예견할 수 있는 환자의 안전에 심각한 위해(危害)를 끼칠 우려가 있는 부작용 등 중요 정보를 빠뜨리거나 글씨 크기를 작게 하는 등의 방법으로 눈에 잘 띄지 않게 광고하는 것

가. 중요한 정보가 무엇인지

부작용 등 중요정보 누락과 관련하여 심각한 부작용 등 중요한 정보가 무엇인지 논란이 될 수 있다. 의료법 제23조 제7호를 참조할 때 누락해서는 안될 중요한 정보는 첫째, 예견할 수 있는 부작용이어야 하며, 둘째, 환자의 안전에 심각한 위해를 끼칠 우려가 있는 부작용이어야 한다. 따라서 예견할 수 없는 부작용이나 환자의 안전에 심각한 위해를 끼칠 우려가 없는 부작용 누락은 의료법에서 금지하는 의료광고행위가 아니다.

의료법 제24조의2에서는 사람의 생명 또는 신체에 중대한 위해를 발생하게 할 우려가 있는 수술, 수혈, 전신마취의 경우 수술 등에 따라 전형적으로 발생이 예상되는 후유증 또는 부작용을 설명할 의무를 부과하고 있는바, 의료법 제56조 제1항 제7호에서 규정하는 심각한 부작용은 의료법 제24조의2에서 규정하는 부작용에 한정할 것은 아니다.

나. 거짓광고

의료광고 시 의료인 등의 기능과 진료방법에 관련된 중요한 부작용을 누락한 경우에는 의료법 제56조 제2항 제7호에 의해, 통증이나 부작용이 있음에도 "통증이나 부작용이 없습니다." 등의 내용으로 중요한 부작용을 거짓이나 과장으로 표현하는 경우 거짓 또는 과장 광고로 처벌될 수 있다.

다. 부작용 등 중요정보 기재

자신이 개설한 홈페이지에 워터젯 지방흡입·파미지방이식·지방흡입재수술전문·비만주사클리닉·피부레이저·보톡스·필러 등을 광고하면서, 각 시술과 관련된 심각한 부작용 등 중요한 정보를 누락한 혐의로 기소된 사건에서, 법원은 원장에게 선고유예 판결을 내렸다.[156)]

라. 시술한 다음 날부터 일상생활 가능, 효과 없으면 100% 환불 문구

인터넷 성형카페에 리프팅 시술을 광고하면서 "시술한 다음 날부터 일상생활을 할 수 있다. 효과 없으면 100% 환불" 등의 내용을 게시해 리프팅 시술의 내용과 효과를 과장하는 한편 부작용을 알리지 않고 환불 기준도 불명확하게 하여 의료법에서 금지하는 '의료인의 기능, 진료방법과 관련해 심각한 부작용 등 중요한 정보를 누락하는 광고' 등에 해당된다는 이유로 기소된 사건에서, 법

---

156) 2009. 10. 16. 의협신문(https://www.doctorsnews.co.kr/news/articleView.html?idxno=57881)

원은 원장에게 벌금 200만 원을 선고하였고, 항소심에서도 이를 유지했다.[157)]

[범죄사실]

서울 강남구 B, 5층에서 'C' 상호로 성형외과를 운영하는 의사이다. 의료법인의료기관 또는 의료인은 '치료효과를 보장하는 등 소비자를 현혹할 우려가 있는 내용의 광고', '의료인의 기능, 진료방법과 관련하여 심각한 부작용 등 중요한 정보를 누락하는 광고', '거짓이나 과장된 내용의 의료광고'를 하여서는 아니 된다. 피고인은 2017. 2. 5.경 C 성형외과 공식 홈페이지(D)에 'JJ 리프팅'의 시술 내용, 효과에 대하여 광고하면서 '시술 보증제(시술 후 결과가 안정적으로 자리 잡는 기간 & 시술효과까지 보증)'라는 문구를 기재하고, B형 JJ 리프트에 대하여 '보톡스로도 해결되지 않는 처진 볼살 부위를 집중적, 영구적으로 리프팅 시켜주어', C형 JJ 리프트에 대하여 '기존의 보톡스 고주파나 첨단 레이저로도 회복시키기 힘들었던 피부의 탄력성을 단 1회 시술로 2배 이상의 피부 Skin Tone을 가질 수 있게 되어 시술 직후 20대와 맞먹는 피부 탄력을 갖게 됩니다. 보톡스의 기능까지 단번에 영구적으로 부작용 없이 피부의 탄력성을 회복하게 됩니다. 이 C형의 JJ 리프트의 원리는 피부 속에 마치 건물의 철골처럼 강한 뼈대를 넣어주는 원리와 흡사하여 나이가 들고 세월이 흘러도 작고 슬림한 얼굴, 탄력 있는 얼굴을 반영구적으로 유지하게 하는 기적의 리프팅입니다.'라는 문구를 기재하고, 수십 명의 리프팅 시술 전후 사진을 등재하였다. 계속하여 피고인은 위 일시경 인터넷 E 'F'라는 카페에 리프팅 성형 C에 대한 광고내용에 '실 리프팅, 효과 없으면 100% 환불제'라는 문구를 삽입하고, G C 성형외과 공식블로그(H)에 '10명 중 7~8명은 주위 가족들조차 당일 시술한 것을 눈치 못 챌 정도로 붓기나 멍이 거의 없습니다. 시술한 다음 날부터 직장 등 일상생활을 하실 수 있습니다.'라는 문구를 삽입하여 광고하였다. 그러나 사실은 당시 피고인이 운영하는 병원에서 '리프팅 시술한 경우 효과가 없으면 100% 환불'해주는 것이 명확하지 아니하였고, 광고내용에 JJ 리프팅에 대한 부작용에 대하여 아무런 언급도 하지 아니하였으며, JJ 리프팅 시술을 받더라도 시술 부위를 영구적으로 리프팅을 시켜주거나, 붓기나 멍이 거의 없고 시술한 다음 날부터 직장 등 일상생활을 할 수 있을 정도로 부작용이 없지 않음에도 소비자를 현혹할 우려가 있는 과장된 광고를 게시하였다.

마. 임플란트 시술 시 통증과 출혈이 거의 없다는 광고

자신의 의료기관 인터넷 홈페이지에 임플란트 시술과 관련하여 "레이저를

---

157) 서울중앙지법 2018. 12. 13. 선고 2017고단5306 판결

이용하여 치아나 잇몸을 절삭, 절개하여 통증과 출혈이 거의 없습니다."라는 내용의 광고를 한 치과의사에 대하여 보건복지가족부 장관이 위 광고가 의료법 제56조 제2항 제2호에 해당한다는 이유로 치과의사면허자격 정지처분을 한 사안에서, 법원은 "위 광고는 레이저 치료기에 의한 임플란트 시술이 다른 시술방법에 비해 부작용이 적다는 의료정보를 제공하는 측면이 있는 것으로 보일 뿐만 아니라, 그 표현방식 역시 치료기 제조사에서 만든 책자의 내용을 참고로 레이저 치료기에 의한 임플란트 시술의 장점을 의료서비스 소비자들에게 전달하는 차원에서 사용된 것임을 알 수 있는 점 등에 비추어, 위 광고가 곧바로 '치료효과를 보장하는 등 소비자를 현혹할 우려가 있는 내용의 광고'에 해당한다고 볼 수 없다."라고 판시했다.158)

참고로 원심은 "이 사건 광고에 사용된 '통증과 출혈이 거의 없다'라는 표현은 '통증과 출혈이 완화된다'라는 표현과 그 의미가 분명히 다를 뿐만 아니라 치료를 원하는 사람들로 하여금 '통증과 출혈이 없다'거나 '전혀 없다'는 의미로 이해될 여지가 있고, 이는 '통증과 출혈의 발생'이라는 사실을 왜곡하여 시술방법이나 시술효과에 있어서 소비자들로 하여금 혼란을 야기한 것이므로, 이 사건 광고는 '소비자를 현혹할 우려가 있는 내용의 광고'에 해당한다."고 판단하였다.159)

바. 여드름 부분 치료 부작용 미고지_의료법위반 무죄160)

1) 공소사실

피고인은 서울 동작구 D 빌딩 5층 소재 E 의원을 운영하는 의사로서 2009. 4~6월경 위 E 의원에서, 피해자 F의 안면 부위에 작은 점을 제거하는 시술을 하였는데, 그 시술 부위 중 입술 근처 2부분에 살이 차오르지 않고 조그맣게 파인 자국이 생겼다. 이에 피해자가 2009. 7월경 위 의원에 다시 찾아와 그 자국에 다하여 문의하자, 피고인은, 그 자국을 없애 주어야겠다는 생각에 급급한 나머지, 화상 위험 등 셀락스 레이저 시술에 나타날 수 있는 부작용 등을 고지하지 않은 채, 피해자에게 셀락스 레이저 시술을 하면서 피해자의 피부 상태와 입

158) 대법원 2010. 3. 25. 선고 2009두21345 판결
159) 서울고법 2009. 10. 29. 선고 2009누13100 판결[치과의사면허자격정지 및 경고처분취소]
160) 서울중앙지법 2013. 5. 9. 선고 2013노954 판결

술 근처 피부 조직의 특수성 등을 고려하지 않고 지나치게 높은 강도로, 장시간 반복하여 레이저 빔을 쏘는 방식으로 시술한 업무상 과실로, 피해자로 하여금 치료일수 미상의 안면부 2도 화상 등의 상해를 입게 하고(업무상과실치상), 홈페이지에 '피부클리닉 – 피부질환 – 여드름 항목' 부분에 "여드름은 피부과 전문의의 정확한 진단을 통해 자신의 상태에 맞게 알맞은 치료프로그램을 이용하여 치료를 받는 것이 가장 중요합니다."라는 글을 게시해 피부과 전문의가 진료하는 것처럼 거짓 광고하고, 최신 의료시설 등을 제공하지 않았음에도 'E 소개' 항목에 "저희 E 전직원은 최신의료시설과 최고의 서비스로 소중한 환자분의 피부를 최고의 피부로 만들기 위해 최선을 다하겠습니다."라는 게시하여 마치 위 의원에서 시술을 받으면 최신의료시설, 최고 서비스 덕분에 최고의 피부를 갖게 될 것처럼 오인하게 하는 내용의 광고를 하고, 홈페이지 장비/치료법 항목에 '셀라스 레이저 시술법은 피부에 미세하게 에너지로 각종 피부질환을 동시에 치료하는 매력적인 시술법'이라고 표시하고, 셀라스 레이저 시술로 인한 부작용이나 후유증 등에 대하여 전혀 언급하지 않은 글을 게시해 의료인의 기능, 진료방법에 관한 광고를 함에 있어서 심각한 부작용 등 중요한 정보를 누락하는 광고, 치료효과를 보장하는 등 소비자를 현혹하는 광고를 함께 동시에 거짓이나 과장된 광고를 하였다(의료법 위반)는 혐의로 업무상과실치상죄와 의료법위반으로 기소되었다.

2) 1심 판단의 요지

1심은 업무상과실치상죄에 대하여 유죄를, 의료법위반에 대해 무죄를 인정해 벌금 500만 원을 선고했다.[161] 1심은 검사가 제출한 증거에 의하면 피고인이 위와 같은 방법으로 광고한 사실은 인정되나 위 광고의 내용이 의료인의 기능, 진료방법에 관한 광고를 함에 있어서 심각한 부작용 등 중요한 정보를 광고함과 동시에 거짓이나 과장된 내용의 광고에 해당한다고 보기에는 부족하다고 보아 무죄를 선고했다.

3) 항소심 판단의 요지

항소심은 원심판결 중 유죄 부분 및 여드름 부분 의료법위반의 점에 대해 무죄 부분을 파기하고 벌금 700만 원을 선고하고 원심판결 무죄 부분 중 E 소

---

161) 서울중앙지법 2013. 2. 21. 선고 2010고단5545 판결

개 항목 부분, 장비/치료법 항목 부분 의료법위반의 점에 대한 검사의 항소를 기각했다.[162]

즉, 항소심은 여드름 항목 부분과 관련하여 피고인이 피부과 전문의 과정을 이수하지 아니한 일반의이고 피부과 진료과목과 관련해서는 피고인 혼자 진료해 온 점, 그럼에도 이 사건 E 의원의 인터넷 홈페이지 좌측 상단에 로고와 함께 'E 피부과'라고 게시되고 그중 '피부클리닉', '피부질환', '여드름' 항목에서 모델의 얼굴과 함께 '붉은 여드름(구진성)', '고름집 여드름(농포성)', '덩어리 여드름(결절성)', '주머니 여드름(낭종성)', '여드름 자국', '여드름 흉터'라는 문구가 기재된 사진 아래에 위 문구가 게시된 점에 비추어 보면 의료광고에 피고인이 피부과 전문의라는 직접적 표현은 없으나, 위 의료광고가 의료서비스 소비자에게 피고인이 피부과 전문의라는 오해를 일으켜 소비자를 현혹할 수 있는 내용의 광고임과 동시에 거짓이나 과장도니 내용의 의료광고로 봄이 상당하다고 판시해 이 부분을 무죄로 판단한 원심판결을 파기하고 유죄를 인정했다.

또한, 항소심은 E 소개 항목 부분, 장비/치료비 항목 부분에 관하여 ① E 소개 항목 부분의 경우 병원을 머리글 정도로 불과한 점, ② 장비/치료법 항목 부분의 경우 셀라스 레이저 장비의 사진과 함께 그 시술에 대한 설명, 적응증, 치료 주기, 치료원리, 장점, 주의사항, 시술 전후의 사진 등을 게시한 것으로 상당 부분이 이 사건 셀라스 레이저 장비의 제품설명서를 그대로 옮겨 놓은 수준으로 단순히 피고인이 보유한 셀라스 레이저 장비에 대한 설명으로 보일 뿐인 점 등에 비추어 원심이 이 부분 공소사실을 무죄로 판단한 조치는 정당하다고 판단해 이 부분 검사의 항소를 기각했다.

사. 글씨체 작게 하여 눈에 띄게 하지 않게 하는 광고 금지

의료인 등이 의료행위나 진료방법 등을 광고하면서 예견할 수 있는 환자의 안전에 대한 심각한 위해를 끼칠 우려가 있는 부작용 등 중요정보를 빠뜨리거나 글씨 크기를 작게 하는 등의 방법으로 눈에 잘 띄지 않게 광고하는 것은 금지된다.

---

162) 서울중앙지법 2013. 5. 9. 선고 2013노954 판결[업무상과실치상, 의료법위반]

아. 의료광고 심의기준

1) 보건복지부 의료광고 심의기준(2007)

○ 부작용 관련
◇ 진료방법, 시술방법 등을 소개하는 광고에는 원칙적으로 부작용을 명시하도록 한다.
◇ 의료기술, 시술방법 등의 장점을 소개하면서 부작용이 발생할 경우 매우 심각한 결과를 초래할 수 있음에도 누락되었을 경우 부작용에 대해 병기하도록 하거나 그 의료기술 또는 시술방법에 대한 내용을 삭제하도록 한다.
◇ 부작용에 대한 내용의 글자 크기만 다른 본문의 글자 크기에 비해 작아서는 안 된다.
◇ 부작용을 명시해야 함에도 누락되었다고 판단되는 광고물에 대해서는 심의위원회에서 그 부작용에 대한 적절한 문구를 삽입하여 수정승인 조치한다.

2) 의료광고 공동심의기준(27쪽 이하)

의료광고심의위원회에서는 진료방법, 시술방법 등을 소개하는 광고에는 원칙적으로 부작용을 명시하고, 의료기술, 시술방법 등의 장점을 소개하면서 부작용이 발생할 경우 매우 심각한 결과를 초래할 수 있음에도 누락되었을 경우 부작용에 대해 병기하도록 하거나 그 의료기술 또는 시술방법에 대한 내용을 삭제하도록 하고 있다. 부작용에 관한 내용의 글자 크기만 다른 본문의 글자 크기에 비해 작아서는 안 된다.

다만 특정 시술명을 표방하지 않고 눈성형 코성형 비진료내용의 단순 소개나 나열 또는, 비염 등 일반적인 진료내용만 적시하고 이에 대해 일반적이고 통상적인 미사어구만을 짧게 곁들인 이미지 및 현수막 광고 키워드 및 브랜드 검색 광고 등의 경우에는 부작용을 생략할 수 있으나 사회적으로 문제가 되거나 심각한 부작용을 고려해야 하는 진료의 경우는 단순 소개에서도 부작용을 기술해야 한다고 안내하고 있다.

8. 과장광고

의료법 제56조 제2항 제8호	제56조(의료광고의 금지 등) ② 의료인등은 다음 각 호의 어느 하나에 해당하는 의료광고를 하지 못한다. <개정 2009. 1. 30, 2016. 5. 29, 2018. 3. 27> 8. 객관적인 사실을 과장하는 내용의 광고
의료법 시행령 제23조 제1항 제8호	제23조(의료광고의 금지 기준) ① 법 제56조 제2항에 따라 금지되는 의료광고의 구체적인 기준은 다음 각 호와 같다. <개정 2008. 12. 3, 2010. 1. 27, 2012. 4. 27, 2017. 2. 28, 2018. 9. 28> 8. 의료인, 의료기관, 의료서비스 및 의료 관련 각종 사항에 대하여 객관적인 사실을 과장하는 내용으로 광고하는 것

가. 의의

'과장광고'라 함은 실제보다 지나치게 부풀려진 내용을 담고 있어 의료지식이 부족한 의료소비자로 하여금 오인이나 혼동을 불러일으킬 염려가 있는 광고로서 그로 인해 의료광고 규제의 목적인 국민건강이나 건전한 의료경쟁질서를 해칠 우려가 있는 광고를 말한다. 이에 해당하는지를 판단할 때는 보통의 주의력을 가진 일반 소비자가 당해 광고를 받아들이는 전체적·궁극적 인상을 기준으로 하여 객관적으로 판단하여야 한다.[163]

의료법상 허위광고나 과장광고의 개념은 표시광고법상의 허위 과장 광고의 개념과 대체로 같다.

의료광고가 객관적인 사실에 기인한 것으로서 소비자에게 해당 의료인의 의료기술이나 진료방법을 과장 없이 알려주는 것이라면, 이는 소비자의 합리적 선택에 도움을 주고, 의료인들 사이에 공정한 경쟁을 촉진시켜 공익을 증진시킬 수 있으므로 허용되어야 할 것이지만, 의료행위가 사람의 생명·신체에 직접적이고 중대한 영향을 미치는 것임에 비추어 객관적 사실이 아니거나 근거가 없는, 또는 현대의학상 안전성 및 유효성이 과학적으로 검증되지 않은 내용을 기재하여 의료서비스 소비자에게 막연하거나 헛된 의학적 기대를 갖게 하는 광

---

163) 대법원 2003. 6. 27. 선고 2002두6965 판결; 대법원 2010. 7. 22. 선고 2007다59066 판결

고는 허위 또는 과장광고로서 금지되어야 한다.[164)]

나. 과장광고 유죄 인정 판례

1) 객관적인 사실이 아니거나 근거가 없거나, 현대의학상 안전성과 유효성이 과학적으로 검증되지 않는 내용을 기재하면 과장광고로 처벌된다.

① [약침 효력] 약침의 효력으로 암의 독이 고름으로 빠져나온다는 소위 '고름광고'를 한의원의 인터넷 홈페이지에 게재하여 과장광고로 기소된 사안에서, 대법원은 "일정 신체 부위에 집중적으로 주사와 쑥뜸을 반복함으로써 당해 부위에 화상을 입혀 상처를 나게 하고 그곳에 고약을 바르면 고름이 나오는 것은 당연한 현상이므로 실제와 달리 과장하여 표현한 '과대광고'에 해당함에도, 이를 무죄로 인정한 원심판단에 구 의료법(2007. 1. 3. 법률 제8203호로 개정되기 전의 것) 제46조 제1항의 '과대광고'에 관한 법리오해의 위법이 있다."라고 판시했다.[165)]

② [최초] C의원 원장이 2015. 9. 말경 불상의 장소에서 인터넷 사이트 C 홈페이지에 접속하여 위 병원의 각종 시술에 대한 광고글을 게재하면서, "(울트라포머)강남 최초도입, 최신리프팅", "세계 최고 스펙의 피코스 레이저", "최신 울쎄라", "세계 최초 초음파 리프팅 장비"라는 내용을 게재하여 객관적으로 인정되지 아니하거나 근거가 없는 내용을 포함하는 광고를 한 혐의로 기소된 사안에서, 법원은 벌금 100만 원을 선고했다.[166)]

③ [FDA 기준] 2015. 10.경 위 병원 홈페이지 병원 소개란에, "대한민국 시력교정의 명가, 명품 시력교정수술의 선구, FDA 기준보다 엄격한 기준의 최적화된 나만의 맞춤형 수술. 최고의 의료진과 전문가들이 가장 안전하고 결과 좋은 시력교정수술을 약속드립니다."라는 글을 게시하고, 원장님 인사말란에 "시력교정 전문의들 사이에서도 최고의 신뢰와 믿음으로 인정받고 있는 E 안과"라는 글을 게시하여 객관적으로 인정되지 아니하거나 근거가 없는 내용을 포함하는 광고를 하여 의료법위반으로 기소된 사안에서, 법원은 유죄를 인정해 벌금 300만 원을 선고했다.[167)]

---

164) 대법원 2010. 5. 27. 선고 2006도9083 판결
165) 대법원 2010. 5. 27. 선고 2006도9083 판결
166) 서울중앙지법 2016. 11. 23. 선고 2016고정3208 판결
167) 서울중앙지법 2017. 5. 10. 선고 2016고정3827 판결

④ [공진단 메르스] 피고인은 한의사로서 서울 송파구 B에서 C 한의원의 원장으로 2015. 6. 1.경 위 한의원의 네이버 블로그에 "메르스 예방, 한의학적 메르스 예방법!! 공진단과 함께하세요!! [잠실 C 한의원, 공진단 한의원, 사향 공진단, 침향공진단], 지난주부터 메르스 대한민국이 조용합니다. 사망률이 41%, 사스(9.6%)보다 4.3배 높으며 아프리카를 주름잡는 에볼라(36%)보다 높은 사망률의 바이러스이니 그럴만 합니다. 저도 오늘 아침!! 꿀꺽!! 공진단 삼키고 나왔네요 ^^ 지난주 며느리가 선물주신 공진단을 다른 분께 소개해주신 할머 님^^ 메르스 바이러스가 유행할 줄 아셨는지 미리미리 공진단을 주문해 주셨습 니다."라고 과장된 내용의 의료광고를 한 혐의로 기소된 사안에서, 법원은 벌금 50만 원 선고유예 판결을 내렸다.[168]

⑤ [1926년 전통 명가] 피고인은 2012. 1. 5.경 대구 수성구 C에서 D 조합 법인을 설립하여 위 법인소속의 E 한의원을 운영하는 법인의 대표인바, 의료 법인의료기관 또는 의료인은 치료효과를 보장하는 등 소비자를 현혹할 우려가 있는 광고나 객관적 근거가 없는 내용을 포함하는 의료광고를 하여서는 아니 됨에도 2012. 1. 5.경 위 E 한의원 홈페이지(F)에 '불치병, 난치병 특화 한의원 since 1926 전통한방의 명가 E 한의원'이라고 기재하여 객관적 근거가 없는 내 용의 포함하는 광고를 하고, 위 홈페이지에 누구나 열람이 가능한 '상담 및 예 약'란을 개설하여 2012. 11. 9.경까지 환자들이 치료경험담을 게재하게 함으로 써 소비자를 현혹할 우려가 있는 광고를 한 혐의로 기소된 사안에서, 법원은 유죄를 인정해 벌금 30만 원을 선고했다.[169] 항소심에서도 원심판결이 유지되 었다.

⑥ [다이어트 광고] 서울에서 'F 한의원'을 운영하는 한의사가 객관적으로 인정되지 아니하거나 근거가 없는 내용을 포함하는 의료광고를 하여서는 아니 되고, 거짓이나 과장된 내용의 의료광고를 하여서도 아니 됨에도 2014. 11.경 위 'F 한의원'에서, 한의원 홈페이지(G)에 '위 축소 다이어트 With F, 항상 반복 된 다이어트에도 실패하는 이유는 여기에 있었다. 근본부터 다스려야 다이어트 에 성공할 수 있습니다.'라는 글 옆에, 각 속옷만 입은 뚱뚱한 여자 사진과 날씬

---

168) 서울동부지법 2016. 4. 21. 선고 2016고정135 판결
169) 대구지법 2013. 12. 18. 선고 2013고정2742 판결; 대구지법 2014. 6. 19. 선고 2013노 4158 판결

한 여자 사진을 나란히 게시한 후 여자들이 배 부위에 위를 촬영한 초음파 사진을 각각 들고 있도록 게시한 후, 그 아래에 '위 축소 전 95mm, 위 축소 후 54mm, 위 사이즈 무려 40% 감소!'라는 글을 게시하여, 마치 위 축소 다이어트를 하면 위 사이즈가 40% 감소한다는 내용으로 광고하여 거짓이나 과장된 내용의 의료광고나 객관적으로 인정되지 아니하거나 근거가 없는 내용을 포함하는 의료광고를 한 혐의로 기소된 사안에서, 법원은 광고에 사용된 초음파 사진 2장은, 한의사 H가 다이어트 전에 물을 약 1.8ℓ 마신 후 위를 촬영한 초음파 사진과 약 6주간의 다이어트 후 물을 약 1ℓ만 마시고 위를 촬영한 초음파 사진으로서, 섭취한 물의 양 자체에 차이가 있었던 것이지, 실제로 위의 용적이 객관적으로 40% 줄어든 것은 아니었다. 그럼에도 불구하고 피고인은 위와 같이 광고를 함에 있어 광고 하단에 "상기 사진은 다이어트 전·후 실험자가 주관적으로 최대포만감이 들 때까지 물을 마시고 찍은 사진으로 섭취한 물의 양에 차이가 있습니다."라는 설명을 추가로 하지 않아, 마치 다이어트를 하면 위 사이즈가 객관적으로 40% 정도 줄어드는 것처럼 오인될 수 있도록 광고한 사실을 인정해 벌금 200만 원을 선고했다.[170)]

2) 객관적으로 조사하거나 결정기준을 마련하기 곤란하고, 명확한 근거가 없는 경우 과장광고에 해당될 수 있다.

① [국내 최초, 최상품, 대표적] 대법원은 "한의원의 인터넷 홈페이지에 "국내 최초 양·한방 협진 의원 개설, 국내 최상품 청정 한약재 처방, (명칭 생략) Children's Clinic, (명칭 생략) 한의원은 아이 질병을 소아과가 아닌 한의원에서 치료할 수 있다는 인식을 최초로 심어 준 대표적 소아 전문 한의원입니다."라고 게재한 내용 중 '국내 최초', '국내 최상품', '대표적' 등의 문구는 이를 객관적으로 조사하거나 그에 관한 결정기준을 마련하기 곤란하여 그 자체로 진실에 반하거나 실제보다 과장된 것으로 보일 뿐 아니라 위 피고인 스스로도 명확한 근거를 제시한 바 없으므로, 위 광고는 일반인으로 하여금 오인·혼동하게 할 염려가 있는 광고로서, 구 의료법 제46조 제1항이 정하는 '허위 또는 과대광고'에 해당한다."라고 판시했다.[171)]

---

170) 서울중앙지법 2016. 6. 29. 선고 2015고정3968 판결
171) 대법원 2009. 2. 26. 선고 2006도9311 판결

② [대한민국 최저가] 피고인은 서울 강남구 G 빌딩 소재 'H 안과'를 운영하는 의사로서 의료인은 거짓이나 과장된 내용의 의료광고를 하지 못하고, 객관적으로 인정되지 아니하거나 근거가 없는 내용을 포함하는 광고를 하여서는 아니 됨에도 불구하고, 2015. 6. 19. 인터넷 뽐뿌(www.ppomppu.co.kr) 사이트에 "대한민국 최저가 비용"이라는 내용으로 광고하고, 같은 해 7. 6. 위 뽐뿌 사이트에 "라식, 라섹, 노안교정술 30만 건 진행"이라는 광고를 한 혐의로 기소된 사안에서, 법원은 유죄를 인정해 벌금 400만 원을 선고했다.[172]

3) 시술에 관하여 설명하면서 감염이 전혀 없다고 광고한 경우 과장광고에 해당된다.

피고인은 2011. 9.경부터 2013. 2.경까지 치과의원을 운영하면서, 의원 홈페이지에 신의료기술평가위원회 심의를 거치지 아니한 '자가 치아 뼈이식' 시술에 관하여 광고하면서 그 내용 관련하여 장점란에 '전염적 감염위험이 전혀 없는 선진의료기술'이라는 취지로 게재하여 신의료기술평가위원회 심의를 거쳐 평가를 받지 아니한 신의료기술을 광고함과 동시에 과장된 내용의 의료광고를 한 혐의로 벌금 70만 원이 선고받았다.[173]

4) 수술 건수를 부풀린 경우에도 과장광고에 해당된다.

피고인은 사실 위 D 병원에서 시행한 인공관절수술은 14,462건에 불과함에도 2014. 3. 5. 보건복지부장관의 심의를 받지 아니한 채, 자신이 운영하는 대구 서구 C 소재 'D 병원'에서 위 병원 건물 외벽에 'E, F', 'G'라는 문구가 적힌 현수막 2개를 설치하여 광고하여 보건복지부장관의 심의를 받지 아니하고, 과장된 내용의 의료광고를 한 혐의로 기소되어 벌금 100만 원의 선고유예 판결을 받았다.[174] 피고인 소속 의사들이 다른 병원에서 수술한 횟수를 약 50,000건으로 예상해 포함하여 'E'라고 광고한 것이라도 위 병원에서 시행한 인공관절 수술 건수로 해석될 여지가 다분하고, 피고인은 위 병원 및 소속 의사들의 수술 건수에 대한 정확한 자료를 제출하지 않아 과장광고를 인정했다.

172) 서울중앙지법 2017. 5. 24. 선고 2016고정1565 판결
173) 서울중앙지법 2014. 10. 16. 선고 2013고정5239 판결(벌금 70만 원)
174) 대구지법 2014. 9. 24. 선고 2014고정673 판결

5) 인접한 의원과 한의원이 양·한방 협진 의원 개설이 아님에도 불구하고 '국내 최초 양·한방 협진 의원 개설'이라고 광고한 것은 과장광고에 해당된다.

의원과 한의원이 협진이 아닌 인접 개설에 불과함에도 한의원 홈페이지에 한의원의 인터넷 홈페이지에 "국내 최초 양·한방 협진 의원 개설, 국내 최상품 청정 한약재 처방, (명칭 생략) Children's Clinic, (명칭 생략) 한의원은 아이 질병을 소아과가 아닌 한의원에서 치료할 수 있다는 인식을 최초로 심어 준 대표적 소아 전문 한의원입니다."라고 게재한 경우, 위 광고에 포함된 '국내 최초', '국내 최상품', '대표적' 등의 문구는 이를 객관적으로 조사하거나 그에 관한 결정 기준을 마련하기 곤란하여 그 자체로 진실에 반하거나 실제보다 과장된 것으로 보일 뿐 아니라 위 피고인 스스로도 명확한 근거를 제시한 바 없으므로, 위 광고는 일반인으로 하여금 오인·혼동하게 할 염려가 있는 광고로서, 구 의료법 제46조 제1항이 정하는 '허위 또는 과대한 광고'에 해당한다.175)

다. 다소 과장된 표현이나 사회적 상당성이 있는 경우

'No. 1 인천지역 성형의료기관' 등 다소 과장된 표현이나 사회적 상당성이 있는 경우 과대광고로 처벌되지 않을 수 있다.

피고인이 2012. 10.경 D 의원 인터넷 홈페이지에 병원 소개를 하면서 객관적으로 조사하거나 그에 관한 결정기준 없이 "No. 1 인천지역 성형의료기관"이라고 기재하는 등 과장광고를 하였다는 혐의로 기소된 사안에서, 원심은 "의료법이 금지하는 허위·과장의 광고는 사실을 지나치게 부풀려 광고함으로써 일반인으로 하여금 의료행위의 효과 또는 의료인의 선택에 오인 혼동을 초래할 우려가 있는 광고를 의미한다. 이는 보통의 주의력을 가진 일반인을 기준으로 당해 광고를 받아들이는 전체적 궁극적 인상을 기준으로 객관적으로 판단하여야 하고, 이 사건 광고가 다소 과장된 표현이기는 하지만 의료법상 과장광고에 해당한다고 보기 어렵고 가사 위와 같은 광고 문구가 다소 과장된 표현이어서 그 행위가 범죄구성요건에 일부 해당된다고 하더라도, 피고인의 위와 같은 행위는 정상적인 생활형태의 하나로서 역사적으로 생성된 사회생활질서의 범위 안에 있는 것이라고 보일 뿐만 아니라, 의료법이 추구하는 사회의 목적가치에

---

175) 대법원 2009. 2. 26. 선고 2006도9311 판결[의료법위반]

비추어 그 행위가 사회적 상당성이 있는 수단에 의하여 행하여진 것으로 평가함이 상당하다."는 취지로 이 부분 공소사실을 무죄로 선고하였고, 항소심도 이 부분 공소사실에 대해 무죄판결을 선고한 원심판결을 유지했다.[176]

라. '부작용 걱정 없음' 등에 대한 의학적인 근거가 있는 경우

인터넷 홈페이지에 시술 방법을 설명하면서 '부작용 걱정이 없음, 붓기와 멍이 거의 없음, 흉터가 거의 없음'이라고 기재했더라도 의학적인 근거가 있다면 과장광고로 볼 수 없다.

① [미세지방 주입술] 헌법재판소도 인터넷 홈페이지에 미세지방주입술에 에 관해 설명하면서 '부작용 걱정이 없음, 붓기와 멍이 거의 없음, 흉터 걱정이 없음'이라고 기재하여 과장된 내용의 광고를 하였다는 혐의로 한 기소유예처분에 대하여 헌법소원심판을 청구한 사건에서 아래와 같은 이유로 기소유예처분을 취소하는 결정을 했다.[177]

"미세지방주입술에에 관한 대한성형외과학회지나 대한피부과학회지 등 자료에 의하면 주사기를 이용한 지방주입술은 흉터가 전혀 문제되지 않고, 합병증도 거의 무시해도 좋은 수준이며, 부작용 없이 반영구적인 효과를 지속시킬 수 있다고 소개되어 있는바, 위 의학전문 자료들을 종합해 볼 때, 미세지방주입술에 대한 청구인의 병원 인터넷 홈페이지 내용은 흉터나 부작용, 멍 등이 전혀 없다는 취지는 아닌 것으로 보이고, 의학전문 자료에 나타난 미세지방주입술의 특징이나 장점을 그대로 설명한 것에 불과하여 실제로도 사실과 부합하는 취지의 의료광고라 할 것이고, 진실이 아니거나 실제보다 지나치게 부풀려진 내용을 담고 있어 의료지식이 부족한 일반인으로 하여금 오인·혼동하게 할 염려가 있는 의료광고라고 할 수 없을 것이다."

② [음핵노출술] 서울 강남구 C 빌딩 10층에 있는 D 병원을 개설 운영하는 의사가 2009. 12.경부터 2010.경까지 위 D 병원에서, 사실은 위 '음핵노출술(음핵이 표피로 덮여 있는 경우 이를 제거하여 음핵을 노출시키는 수술)', 'G-spot 보강술(여성의 질 상부 벽에 있는 G-spot이라는 성감대에 인체용 실리콘볼이나 필러 등을

---

176) 인천지법 2014. 5. 30. 선고 2014노93 판결; 1심 인천지법 2013. 12. 20. 선고 2013고정3576 판결(벽면 부착 광고판과 배너 광고판에 D 의원 대신 E 명칭 사용하여 의료기관 종별 명칭 이외의 명칭 사용한 혐의로 50만 원 선고유예)
177) 헌재 2013. 11. 28. 2011헌마652 전원재판부

주입하여 이 부분을 돌출시켜 자극을 쉽게 받을 수 있는 수술)'은 성감을 증가시킬 수 있는 의학적 근거가 부족하고 현대의학상 안전성 및 유효성이 객관적으로 검증되지 아니한 수술임에도 불구하고, 위 병원 인터넷 홈페이지 등을 통해 마치 위 수술이 성감을 증가시키는데 있어서 의학적으로 그 효능이 검증된 것처럼 과장된 내용의 의료광고를 한 혐의로 기소된 사안에서, 법원은 "대한산부인과학회는 "'음핵노출술'과 'G-spot보강술'이 성감을 증가시킬 수 있다는 의학적 근거가 부족하지만, 일부 연구에 따르면 위 시술을 시행한 환자의 64.7%가 치료 후 성기능의 향상을 보였다는 보고가 있다."고 회신한 점, 피고인은 "음핵노출술 등 여성성형술이 이루어지는 이유 및 그 예후에 대해 분석한 결과 여성성형은 미용적, 기능적 이유 및 성적만족감 향상을 위해 진행되며 대체적으로 그 수술 후 결과에 대해 만족하였다.", "질성형, 회음성형, 소음순 성형, 음핵교정술의 복합수술을 받은 경우 수술 후 결과에 91.6%가 만족하였으며 여성과 남성 모두의 성기능 향상에도 의미 있는 개선을 유도하였다. 또한 수술 후 합병증에 대해서는 받아들일 만한 정도로 심각한 문제는 아니다.", "음핵교정술은 합병증은 거의 없이 환자의 만족도를 높일 수 있는 안전하고 효과적인 수술법이다."는 연구결과를 다수 제출한 점 등에 비추어 볼 때 검사가 제출한 증거들만으로는 피고인이 한 광고가 과장된 것이라고 인정하기에 부족하고, 달리 이를 인정할 증거가 없다."라고 무죄를 선고했다.[178] 검사가 항소했으나 기각되었다.[179]

마. 의료광고 심의기준(2007년)

○ 과장된 내용의 광고
◇ 질병에 대하여 과도하게 불안감, 공포감 등을 조성하는 문구는 심의위원회에서 그 정도를 판단하여 과도한 경우 소비자를 현혹하는 행위로 간주함

○ 양·한방 협진
◇ 양·한방 협진 문구는 의원급 의료기관에서는 양·한방 복수면허 소지자가 아니면 사용할 수 없다.
※ 대학병원 등에서 양·한방 협진 광고를 신청한 경우에는 해당되는 심의위원회의 심의를 모두 받아야 한다.

---

178) 서울중앙지법 2013. 7. 18. 선고 2012고정5929 판결
179) 서울중앙지법 2013. 10. 17. 선고 2013노2617 판결

9. 법적 근거 없는 자격, 명칭 표방 광고

의료법 제56조 제2항 제9호	**제56조(의료광고의 금지 등)** ② 의료인등은 다음 각 호의 어느 하나에 해당하는 의료광고를 하지 못한다. <개정 2009. 1. 30, 2016. 5. 29, 2018. 3. 27> 9. 법적 근거가 없는 자격이나 명칭을 표방하는 내용의 광고
의료법 시행령 제23조 제1항 제1호	**제23조(의료광고의 금지 기준)** ① 법 제56조 제2항에 따라 금지되는 의료광고의 구체적인 기준은 다음 각 호와 같다. <개정 2008. 12. 3, 2010. 1. 27, 2012. 4. 27, 2017. 2. 28, 2018. 9. 28> 9. 법적 근거가 없는 자격이나 명칭을 표방하는 내용을 광고하는 것

　　의료법 제56조 제2항 제9호에서는 법적 근거가 없는 자격이나 명칭을 표방하는 광고를 금지하고 있다. 전문의의 수련 및 자격 인정 등에 관한 규정(전문의수련규정)에서는 "전문의의 전문과목은 내과, 신경과, 정신건강의학과, 외과, 정형외과, 신경외과, 흉부외과, 성형외과, 마취통증의학과, 산부인과, 소아청소년과, 안과, 이비인후과, 피부과, 비뇨의학과, 영상의학과, 방사선종양학과, 병리과, 진단검사의학과, 결핵과, 재활의학과, 예방의학과, 가정의학과, 응급의학과, 핵의학 및 직업환경의학과로 한다."라고 규정하고 있다(제3조).

　　치과의사 전문의의 수련 및 자격 인정 등에 관한 규정(치과의사 전문의수련규정)에서는 "치과의사 전문의의 전문과목은 구강악안면외과, 치과보철과, 치과교정과, 소아치과, 치주과, 치과보존과, 구강내과, 영상치의학과, 구강병리과, 예방치과 및 통합치의학과로 한다."라고 규정한다(제3조).

　　한의사 전문의의 수련 및 자격 인정 등에 관한 규정(한의사 전문의수련규정)에서는 "한의사 전문의의 전문과목은 한방내과, 한방부인과, 한방소아과, 한방신경정신과, 침구과, 한방안·이비인후·피부과, 한방재활의학과 및 사상체질과로 한다."라고 규정한다(제3조).

　　따라서 법적 근거가 없는 분야의 전문의 명칭을 사용할 수 없음은 물론이고, 법적 규정이 없는 세부 전문의와 인정의의 명칭을 전문의 앞에 사용할 수 없다.

10. 기사 또는 전문가 의견 형태 광고

의료법 제56조 제2항 제10호	제56조(의료광고의 금지 등) ② 의료인등은 다음 각 호의 어느 하나에 해당하는 의료광고를 하지 못한다. <개정 2009. 1. 30, 2016. 5. 29, 2018. 3. 27> 10. 신문, 방송, 잡지 등을 이용하여 기사(記事) 또는 전문가의 의견 형태로 표현되는 광고
의료법 시행령 제23조 제1항 제10호	제23조(의료광고의 금지 기준) ① 법 제56조 제2항에 따라 금지되는 의료광고의 구체적인 기준은 다음 각 호와 같다. <개정 2008. 12. 3, 2010. 1. 27, 2012. 4. 27, 2017. 2. 28, 2018. 9. 28> 10. 특정 의료기관·의료인의 기능 또는 진료 방법에 관한 기사나 전문가의 의견을 「신문 등의 진흥에 관한 법률」 제2조에 따른 신문·인터넷신문 또는 「잡지 등 정기간행물의 진흥에 관한 법률」에 따른 정기간행물이나 「방송법」 제2조 제1호에 따른 방송에 싣거나 방송하면서 특정 의료기관·의료인의 연락처나 약도 등의 정보도 함께 싣거나 방송하여 광고하는 것

가. 의의 및 취지

광고란 널리 불특정 다수의 일반인에게 알릴 목적으로 이루어지는 일체의 수단을 말하고, 실질은 광고이지만 기사의 형식을 빌린 이른바 '기사형 광고'도 광고의 일종이다.[180]

언론의 신뢰성과 명성에 편승해 광고의 신뢰성을 높이기 위해 기사형 광고는 증가하고 있다. 하지만 기사형 광고내용에 사실이 아닌 내용이나 과장 내용이 포함된 경우나, 부작용이 기재되어 있지 않는 경우에는 기사형 광고로 인하여 의료소비자들이 피해를 볼 수 있다. 기사형 광고로 피해가 발생한 경우 기사를 게재한 언론매체도 나쁜 영향을 받게 된다. 의료광고 심의에서 통과될 수 없는 내용이 기사형 광고 명목으로 광범위하게 노출되어 부작용이 심각하다. 기사성 광고는 Q&A, 닥터클리닉, 홈닥터, 칼럼, 의학 상담 등 여러 형태로 진행되고 있다.

의료법 시행령 제23조 제1항 제8호에서 "특정 의료기관·의료인의 기능 또

180) 대법원 2018. 1. 25. 선고 2015다210231 판결

는 진료방법에 관한 기사나 전문가의 의견을 신문 등의 진흥에 관한 법률 제2
조에 따른 신문·인터넷신문 또는 잡지 등 정기간행물의 진흥에 관한 법률에
따른 정기간행물이나 방송법 제2조 제1호에 따른 방송에 싣거나 방송하면서 특
정 의료기관·의료인의 연락처나 약도 등의 정보도 함께 싣거나 방송하여 광고
하는 것"을 금지하고 있다.

나. 기사형 광고 편집 기준

신문·인터넷신문의 편집인 및 인터넷 뉴스 서비스의 기사배열책임자는 독
자가 기사와 광고를 혼동하지 아니하도록 명확하게 구분하여 편집하여야 한다
(신문 등의 진흥에 관한 법률 제6조 제3항). 광고자율심의기구 기사형 광고심의위
원회에서 '기사형 광고 가이드라인'에 기사형 광고 편집기준을 설정하고 있다.
하지만 최근 쇼 닥터 등이나 의료인들이 신문기사 등에 기사료를 주면서 글을
게재하는 행위가 많다.

의료법은 의료행위의 특수성을 고려해 기사형 광고나 전문가 의견 등의 기
사에 그 내용의 허위나 과장 여부와 상관없이 특정 의료기관의 연락처와 약도
등의 정보를 함께 싣거나 방송하는 것을 금지하고 있다.

현실적으로 의료인 등이 방송이나 신문 등의 매체를 이용해 돈을 주면서까
지 기사형 광고나 전문가 의견 형식으로 광고하고 있다. 그러나 현행 의료법에
서는 기사형 광고나 전문가 의견 형태로 신문이나 잡지, 방송에 싣는 경우 특정
의료기관 의료인의 연락처나 약도 등의 정보를 함께 싣거나 방송하여 광고하지
않으면 의료법이 금지하는 광고에 해당되지 않는다.

다만 신문, 방송, 잡지 등을 이용하여 기사 또는 전문가의 의견 형태로 표
현되는 광고내용이 거짓이거나 과장된 경우, 객관적인 근거가 없는 경우 의료
법 제56조 제2항에서 금지하는 거짓광고 등으로 처벌될 수 있다.

TV나 신문 매체 등에서 의학박사 ○○○, 의사 ○○○만으로 기재된 경우
불법 의료광고가 아니라고 보지만, 일반 의료소비자는 인터넷을 통해 검색하면
방송이나 신문에 등장한 의사가 누구인지 쉽게 알 수 있으므로, 의료법 시행령
제23조 제1항 제13호의 실효성에 의문이 든다. 왜냐하면 방송이나 신문에 특정
의료인의 연락처나 약도를 기재하지 않더라도 방송이나 신문기사에 등장한 특
정 의료기관이나 의료인은 해당 방송이나 신문기사 내용을 자신의 홈페이지,

유튜브, SNS에 게시하고, 의료소비자들은 키워드 검색을 통해 해당 의사가 누구인지 쉽게 확인이 가능하기 때문이다.

2019년 한국광고자율심의기구가 판단한 편집기준 위반 '기사형 광고'는 5,517건으로 드러났고, 편집규정 위반이 있더라도 처벌규정이 없어 기사형 광고에 대한 규제가 필요하다는 논의가 있다.[181]

다. 기사형 광고에 관한 주요 판례

1) 기사형 광고는 구성이나 내용, 편집 방법 등에 따라 일반 독자가 광고가 아닌 보도기사로 쉽게 오인할 수 있으므로 신문사가 기사형 광고를 게재하는 경우에는 독자가 광고임을 전제로 그 정보의 가치를 판단하여 합리적 선택과 결정을 할 수 있도록 그것이 광고임을 명확히 표시하고 보도기사로 오인할 수 있는 표시나 표현을 사용하여서는 안 된다.[182]

2) 신문 등에 게재된 기사가 위 규정에서 금지하고 있는 의료광고에 해당하는지는 기사에 특정 의료인 등의 연락처나 약도 등의 정보가 포함되어 있는지 외에 기사를 게재하게 된 경위가 어떠한지, 의료인 등이 기사 게재의 대가로 언론매체에 경제적인 이익을 제공하였는지, 기사의 전체적인 취지가 의료인 등의 기능 또는 의료방법을 광고하는 것인지, 의료인 등이 기사를 통하여 광고효과를 의도하였는지, 기사가 언론매체에 게재된 횟수 등의 여러 사정을 종합하여 판단한다.[183]

3) 기사 등에 연락처나 약도 등의 정보 없이 의료기관 명칭만 함께 싣거나 방송한 경우도 의료법이 금지하는 의료광고에 해당된다.

의료법 제56조 제2항 제10호 및 동법 시행령 제23조 제1항 제10호에서는 신문, 방송, 잡지 등에 기사나 전문가의 의견 형태로 표현되는 광고로서 특정 의료기관이나 의료인의 연락처, 약도 등의 정보를 함께 싣거나 방송하는 행위를 금지하고 있으나, 서울중앙지방법원에서는 병원 원장이 언론매체에 기사형 광고를 게재하면서 연락처나 약도 등의 정보 없이 병원을 표시한 경우에도 위 조항에서 함께 싣거나 방송하여 광고하는 것을 금지하는 정보를 예시적으로 규

---

181) 정철웅, "기사형 광고 정부 규제 추진에 '발목' 잡는 신문협회", 미디어 오늘 신문기사 (2020. 9. 19)
182) 대법원 2018. 1. 25. 선고 2015다210231 판결
183) 대법원 2012. 4. 12. 선고 2011도5682 판결

정하고 있는 점('연락처나 약도 등'의 정보), 위 조항은 방송에 의한 의료광고를 금지하고(의료법 제56조 제4항 제1호) 정기간행물 등을 이용하여 광고하는 경우 심의를 거치도록 한 규정(의료법 제57조 제1항)을 잠탈하여 기사나 전문가의 의견 형태로 의료광고하는 것을 방지하기 위한 것으로 의료기관의 명칭만 알면 인터넷 등을 통해 연락처나 약도 등의 정보를 쉽게 알 수 있는 현실에 있어서 의료기관 명칭의 정보를 싣거나 방송하는 것도 연락처나 약도 등의 정보에 준해서 제한할 필요성이 있는 취지에 비추어 의료법위반임을 인정하고 있다.[184]

> **범 죄 사 실**
> 피고인들은 의료기관인 F 병원의 대표자이자 의료인이다. 피고인들은 기사제공요청이 오면 어떤 기사 내용을 제공할지 함께 상의하고 함께 결정하는 방법으로 공동하여 1. G YY비즈(YYBiz.com) 인터넷신문 "H" 기사에 "F 병원은 척추, 관절의 비수술적 치료를 강조한다. 수술하지 않고 주사와 체외충격파, 운동, 약물을 더 권장한다. 비수술센터를 따로 두고 있다." 등 의료기관의 기능 또는 진료방법에 대한 내용을 실으면서 의료기관의 명칭인 F 병원을 표시하는 방법으로 광고하고, 2. I 스포츠 YY 인터넷신문 "J" 기사에 "프로야구단 K 척추관절 공식지정 병원이기도 한 F 병원은 척추와 관절 분야에서 전문적이고 풍부한 의료경험을 갖춘 의료진으로 구성되어 있으며, 증상에 대한 정확한 진단과 최첨단 의료장비를 통한 적절한 치료를 병행해 보다 안전한 시술 및 수술을 시행하고 있다." 등 의료기관의 기능 또는 진료방법에 대한 내용을 실으면서 의료기관의 명칭인 F 병원을 표시하는 방법으로 광고하였다.

4) 거짓광고로 인한 의료법위반이 되기 위해서는 원장의 관여와 승인이 인정되어야 한다.

거짓광고 판례에서 살펴본 바와 같이, '병원 홈페이지 언론 속 보도자료 게시판'에 피부과 전문의가 아님에도 피부과 전문의로 되어 있는 신문 스크랩을 게시한 경우, 원장에게 의료법상 양벌규정 적용과 별개로 광고의 작성, 배포, 홈페이지 게시 등에 관여하였거나 이를 미리 알고도 용인하였음을 인정 여부에 따라 거짓 광고로 인한 의료법위반이 될 수 있다.[185]

5) 인터넷 기사형 광고 말미에 병원 홈페이지 주소가 링크되면 연락처와

---

184) 서울중앙지법 2015. 7. 22. 선고 2015고정1507 판결(선고유예)
185) 서울동부지법 2016. 5. 31. 선고 2015고정1472 판결

약도를 게시한 것으로 볼 수 있다.

서울 강남구 'D 병원'을 운영하는 의사가 2011. 5경 위 병원에서 인터넷 신문 기자나 관계자에게 기사 형태로 피고인의 병원에 대한 광고를 의뢰하면서 자료 및 인터뷰를 제공하여, 2011. 5. 30.경 인터넷 신문인 크리스천투데이 (www.christiantoday.co.kr)에 "중국 심양방송국, 국내 유방 전문클리닉 인터뷰 진행"이라는 제목으로 아래와 같은 기사가 게재되도록 하고 그 기사 말미에 피고인 병원 홈페이지 주소도 링크가 되도록 함께 게재하였다. 「(중략) 최근 중국 내 유방암의 예방과 검사에 대한 관심이 높아지고 있는 가운데 국내 유명 유방 클리닉을 방문했던 의료진들의 소개로 심양방송국(SYTV)에서 한국을 방문해 이 유방클리닉 원장과 약 1시간가량의 인터뷰를 진행한 사실이 알려졌다. 국내에도 잘 알려져 있는 미국의 유명 암센터 MD Anderson Cancer Center의 진료시스템을 도입해 환자 중심의 진료환경으로 환자들의 만족도를 높이고 있는 D 병원 A 원장이 바로 그 주인공이다. (중략) A 원장은 한국을 포함한 아시아 지역에서 만 35세 미만의 젊은 여성들에게 유방암 발생률이 높아지고 있다는 사실을 지적하면서, 유방암이 초기에 발견될 경우 완치율이 높은 만큼 지속적인 검진을 통해 조기에 발견하는 것이 중요하다고 설명하고 있다. (중략) A 원장은 중국 심양방송국과의 인터뷰를 통해 유방암을 위한 최신 치료법으로 높은 퀄리티를 자랑하는 유방 전문 초음파와 유방 촬영술 기계를 소개하며 신속하고 정확한 진단이 가능하다고 덧붙인다. 또한, 유방의 양성종양 제거와 혹 전체 조직검사가 가능한 기기로 잘 알려진 Johnson & Johnson사의 맘모톰 기기를 통해 칼로 절개하지 않고 통증 없이 부분마취로 종양을 제거하게 되면 수술 후 바로 일상으로 돌아갈 수 있고 통증도 완화시켜 환자들의 고통을 덜 수 있고 수술 만족도를 높일 수 있을 것으로 설명한다. 한편, SYTV가 방문했던 D 병원은 유방에 관한 토탈솔루션을 통해 유방의 물혹이나 섬유선종 등 여러 가지 양성질환을 흉터 없이 제거하는 시술에서 유방암 검사와 진단, 맘모톰을 이용한 조직검사, 유방확대 및 축소, 유방재건, 유두-유륜성형, 함몰유두 등 다양한 유방성형시술도 실시하고 있다.」를 비롯하여 별지 범죄일람표에 기재된 것과 같이, 그 무렵부터 2011. 6. 27.경까지 사이에 모두 3회에 걸쳐 위와 같은 방법으로 신문, 방송, 잡지 등을 이용하여 기사 또는 전문가의 의견 형태로 광고한 공소사실로 기소된 사건에서, 법원은 유죄를 인정해 벌금 100만 원

을 선고했다.[186)

    6) 기사형 광고에 의원의 연락처나 약도가 게시되어 있다는 점의 입증책임은 검사에게 있다.

    피고인이 ○○일자 헤럴드경제 파워코리아 신문에 'K'란 제목으로 신문을 이용하여 기사 형태로 표현되는 광고를 한 혐의로 기소된 사건에서, 법원은 "검사가 제출한 모든 증거를 살펴보더라도 위 기사에 피고인이나 피고인이 개설하여 운영하는 E 의원의 연락처나 약도가 함께 실려있음을 인정할 아무런 증거가 없다."라고 판시해 이 부분에 대해 무죄를 선고했다.[187)

    7) 기사형 광고가 의료법 위반이더라도 기사형 광고 규정 위반으로 기소되지 않으면 처벌할 수 없다.

    E 병원의 병원장이 2014. 9경 위 병원 인터넷 홈페이지 보도자료란에 '수원 관절 척추 전문 E 병원, 확장 이전 개원'이라는 제목의 인터넷 신문기사를 게시함으로써 마치 위 병원이 보건복지부장관이 엄격한 요건을 충족하는 병원에 대하여 지정하는 의료법 제3조의5 소정의 '전문병원'인 것처럼 소비자를 현혹하는 광고를 하고(주위적 공소사실), 2014. 9경 위 E 병원 인터넷 홈페이지 보도자료란에 '수원 관절 척추 전문 E 병원, 확정이전 개원'이라는 제목의 인터넷 신문기사를 게시하는 방법으로 마치 위 병원이 의료법 제3조의5 제1항에 따라 관절이나 척추 등의 특정 진료과목이나 특정 질환 등에 대하여 난이도가 높은 의료행위를 하는 병원으로 엄격한 요건을 충족하여 보건복지부장관으로부터 지정된 '전문병원'인 것처럼 명칭을 사용한 혐의(예비적 공소사실)로 기소되었다. 법원은 전문병원 자체가 특정 진료과목이나 특정 질환 등에 대하여 난이도가 높은 의료행위를 하는 병원을 지정하는 것은 아니므로 그와 같은 광고가 '치료 효과를 보장하는 등 소비자를 현혹할 우려가 있는 내용의 광고'에 해당된다고 보기 어려워 주위적 공소사실에 대해 무죄를 선고했다.

    이 사건에서 검사는 거짓 광고를 금지하는 의료법 제56조 제2항이나 기사 또는 전문가의 의견 형태로 광고한 의료법 제56조 제2항 제8호 위반으로 기소하지 않아 이에 대한 판단을 하지 않았다. 법원은 예비적 공소사실과 관련하여 의료법 제90조, 제42조 제1항을 적용하여 기소하였는데 검사의 기소와 같이 피고인이 이 사건 병원 인터넷 홈페이지 보도자료란에 '수원 관절 척추 전문 E 병원'이라는 제목의 기사를 게시한 것을 두고 '수원 관절 척추 전문 E 병원'이라는 명칭을 사용한 것이 아니라, '전문'과 '병원' 사이에 'E'라는 명칭을 표시하였고, 이 사건 병원이 의료법 제3조 제2항에 따른 의료기관의 종별 중 '병원'에는 해당하는 이상 이를 두고 의료법 제42조 제1항에 의하여 금지되는 의료기관의 종별에 따르는 명칭 외의 명칭을 사용한 것에 해당한다고 보기 어렵다고 판시해 예비적 공소사실에 대해서도 무죄를 선고했다.[188]

라. 보건복지부 및 가이드라인 주요 내용(기사형 광고 판단기준)

1) 2002. 1. 기사성 의료광고에 특정 의료기관의 명칭 등을 기재한 경우 의료광고로 본다고 유권해석했다. 그 당시 의료법은 학술 목적 이외의 의료광고를 모두 금지하는 등 일괄 규제 방식이었다.

2) 의료광고 심의기준(2007)

○ 칼럼 또는 건강정보 기사 형식의 광고
◇ 신문·잡지·기타간행물 및 인터넷신문에 기사(記事)나 전문가의 의견 형태로 표현되는 광고는 할 수 없다. 여기에서 기사란 해당 언론사·출판사에 소속된 기자(記者)가 쓴 글로 정의한다.
  – 기사가 아닌 단순히 텍스트 위주로 구성된 것은 의료광고물로 본다.
  – 기사 중 의료인의 자문 등을 받았음을 표시할 때에는 기자 정보를 표시하는 위치에 자문 의료인의 전문과목 및 성명만을 표시할 수 있으며, 소속 의료기관을 표시할 수 없다.
  – 전문가의 의견은 의료인이 직접 쓴 건강강좌, 칼럼 등으로 전화번호, 약도, 이메일, 홈페이지 주소 등 정보를 제공할 수 있는 내용을 게재하여서는 아니된다.
◇ 순수한 기사나 전문가의 의견은 의료광고가 아니므로 심의대상에 해당하지 않으나, 특정 의료인이나 의료기관의 약도, 전화번호, 의료기관 명칭 및 홈페이지 주소 등을 게재하였을 경우 의료광고에 해당되므로 의료법 제56조 제2항 제8호 및 제9호 및 비의료인의 의료광고에 해당될 수 있다.
◇ 형식이 기사와 같은 텍스트 위주로 구성된 의료광고물에는 필수로 '광고' 문구를 표시하여야 한다.

---

188) 수원지법 2016. 5. 19. 선고 2015고정3148 판결

3) 의료광고 가이드라인

보건복지부 등 발행 의료광고 가이드라인에서는 의료기관 연락처 등 의료기관 관련 정보가 포함된 언론 보도 사항의 경우, 기관, 의료인과 관련된 내용이 포함되는 것이 모두 의료법 위반이라고 보는 것은 아니며, ① 게시물의 전체적 인상(정보 제공형 또는 환자 유인형), ② 해당 게시물이 의료광고에 해당되는지 여부, ③ 의료기관 또는 의료인의 개입 정도 등을 종합적으로 고려하여 판단한다고 규정하고 있다(보건복지부 유권해석, 56쪽).

11. 심의받지 않은 광고와 다른 내용 광고

의료법 제56조 제2항 제11호	제56조(의료광고의 금지 등) ② 의료인등은 다음 각 호의 어느 하나에 해당하는 의료광고를 하지 못한다. <개정 2009. 1. 30, 2016. 5. 29, 2018. 3. 27> 11. 제57조에 따른 심의를 받지 아니하거나 심의받은 내용과 다른 내용의 광고
의료법 시행령 제23조 제1항 제11호	제23조(의료광고의 금지 기준) ① 법 제56조 제2항에 따라 금지되는 의료광고의 구체적인 기준은 다음 각 호와 같다. <개정 2008. 12. 3, 2010. 1. 27, 2012. 4. 27, 2017. 2. 28, 2018. 9. 28> 11. 법 제57조 제1항에 따라 심의 대상이 되는 의료광고를 심의를 받지 아니하고 광고하거나 심의 받은 내용과 다르게 광고하는 것

가. 헌법재판소의 위헌 결정 전 판례 소개

1) 구 의료법상 의료광고 사전심의제도가 2015. 12. 23. 헌법재판소의 위헌결정으로 효력을 상실했지만 2018. 3. 27. 개정 의료법에서 독립된 자율심의기구로 변경되었다. 헌법재판소 결정 전 법원 판례도 그대로 참조될 수 있어 이에 관한 판례를 소개한다. 의료광고심의 대상임에도 의료광고 심의를 받지 않거나, 의료광고 심의를 받은 내용과 다른 내용의 광고를 하는 경우 의료법 위반으로 처벌된다.

2) 의료광고심의를 받지 않고 광고한 경우

① E 치과 원장이 2013. 10. 28.부터 2013. 11. 30.경 사이 위와 같은 심의

를 받지 아니하고 대전 대덕구 비래동에서 대전 유성구 원신흥동 도로교통공단
구간을 운영하는 F 시내버스 옆면(110cm x 50cm)에 '이렇게 차이가 많이 나 고
급인플란트·치아교정, 저렴한 가격! 풍부한 시술 경험! E 치과, 14년간 이어져
온 E의 시술 노하우, G 약국 옆 Tel H'라는 내용의 전단지를 부착하여 대전 지
역 불특정 다수인을 상대로 의료광고를 한 경우189)

　② 여성의원 원장이 2013. 9. 24.경부터 같은 달 27.경까지 위 D 여성의원
건물 앞 1~2층 벽면에 가로 8미터, 세로 6미터 크기로 '최신 요실금 수술법, IOT,
간편시술(10분 이내), 비용저렴(의보적용), 부작용無(감각만족), 더 이상 망설이지
마십시오. 10분이면 평생이 편해집니다. 상담문의 G'라는 내용의 현수막을 설치
하는 방법으로 보건복지부장관의 심의를 받지 아니하고 의료광고를 한 경우190)

　③ 병원을 운영하는 치과의사가 심의를 거치지 않고 2013. 2. 20.경 위 치
과병원 건물 외벽에 현수막을 걸어 의료광고를 한 경우191)

　④ C 한의원을 개설한 협동조합 이사장이 2014. 1. 16.경 보건복지부장관
의 심의를 받지 아니한 채 C 한의원 건물 외벽 및 건물 외부 창문에 '전립선 생
리통 하체순환 교통사고 상담'이라는 내용이 기재된 현수막을 부착하는 방법으
로 의료광고를 한 경우192)

　⑤ 2014. 3. 5. 보건복지부장관의 심의를 받지 아니한 채, 자신이 운영하는
대구 서구 C 소재 'D 병원'에서 위 병원 건물 외벽에 'E, F', 'G'라는 문구가 적
힌 현수막 2개를 설치하여 광고하였으나, 사실 위 D 병원에서 시행한 인공관절
수술은 14,462건에 불과하여 피고인은 보건복지부장관의 심의를 받지 아니하
고, 과장된 내용의 의료광고를 한 경우193)

　⑥ 피고인은 2012. 4. 하순경부터 같은 해 7. 중순경 사이에 광주 광산구
운남지구 사거리에서 심의를 받지 아니한 'I, E병원, J'라는 내용의 현수막을 게
시하고, 위 일시경 광주 광산구 하남지구 흑석사거리에서 심의를 받지 아니한
'K, E병원, J'이라는 내용의 현수막을 게시하여 의료광고를 한 경우194)

---

189) 대전지법 2015. 6. 17. 선고 2015고정111 판결
190) 대전지법 2015. 2. 12. 선고 2014고정206 판결(벌금 50만 원)
191) 창원지법 2013. 11. 15. 선고 2013고단2025 판결(벌금 100만 원 선고유예)
192) 수원지법 안산지원 2014. 6. 20. 선고 2014고정516 판결(벌금 50만 원 선고유예)
193) 대구지법 서부지원 2014. 9. 24. 선고 2014고정673 판결(벌금 100만 원 선고유예)
194) 광주지법 2013. 6. 13. 선고 2012고단6231 판결(벌금 1,500만 원, 업무상과실치사죄로 함
　　계 기소됨)

3) 심의대상이 되는 의료광고를 심의받은 내용과 다르게 광고한 경우

① 피고인은 대한의사협회 의료광고심의위원회로부터 "그들은 왜 인천까지 왔을까 라식/라섹, ICL D 안과 의원"이라는 내용으로 심의를 받았음에도, 2013. 12. 16.경부터 2014. 1. 13.경까지 인천지역에서 운행하는 22번, 36번 버스 약 50대의 외관에 위 심의내용과 다른 "Safety Lasik 스타가 선택한 D 안과 그들은 왜 인천까지 왔을까 라식/라섹 ICL D 안과 의원"이라는 내용으로 광고하여 심의대상이 되는 의료광고를 심의받은 내용과 다르게 광고한 사안에서, 법원은 벌금 700만 원을 선고했다.[195]

② 피고인은 2015. 7. 10. 15:00경부터 15:15경까지 용인시 수지구 B에 있는 C 사거리에서 대한의사협회 의료광고 D로 심의받은 내용과 다른 '개원 1주년 기념 할인 이벤트 7월 16일 단 하루! 무료 보톡스 시술 이벤트' 등의 내용이 기재된 의료광고 전단지 100여 장을 성명 불상의 행인들에게 배포하여 심의받은 내용과 다른 내용의 의료광고를 하였다는 공소사실로 기소된 사안에서, 법원은, ⓐ 피고인이 2014. 7.경 대한의사협회 의료광고 D로 'E 성형외과 의원이 2014. 7. 1. 월요일 개원한다.'는 내용의 광고 전단지에 대하여 심의를 받은 사실, ⓑ 피고인이 그 무렵 심의받은 내용의 전단지를 배포하는 방법으로 광고를 한 사실, ⓒ 피고인이 2015. 7. 10. 심의를 받지 아니한 채 공소사실 기재와 같이 'E 성형외과에서 개원 1주년 기념 Summer Event로 할인과 보톡스 무료시술 등의 행사를 한다'는 내용의 광고 전단지를 만들어 배포한 사실을 인정할 수 있는바, 피고인은 2014. 7.경 심의받은 내용대로 이미 의료광고를 하여 행위가 종료되었고, 2015. 7.경에는 1년 전에 심의받은 것과는 전혀 다른 목적으로 별개의 의료광고를 한 것이므로, 의료법 제56조 제2항 제9호는 '의료인은 제57조에 따른 심의를 받지 아니하거나 심의받은 내용과 다른 내용의 의료광고에 해당되지 않음을 근거로 무죄를 선고했다.[196]

나. 의료광고 사전심의 규정에 대한 헌법재판소의 위헌 결정 및 법원의 판례

구 의료법상 의료광고 사전심의제도가 도입되었으나 헌법이 금지하는 사

---

195) 인천지법 2015. 5. 29. 선고 2014고정3851 판결(벌금 700만 원 선고)
196) 수원지법 2016. 3. 14. 선고 2016고정54 판결

전검열에 해당하여 표현의 자유를 침해한다는 이유로 위헌 결정이 선고되었다(헌재 2015. 12. 23. 2015헌바75 전원재판부).

위헌 결정 후 의료광고 미심의로 기소된 대부분 사건은 무죄가 선고되고 있다.

대법원도 "광고 미심의로 인한 의료법위반에 대하여 유죄를 인정한 원심판결을 파기 환송했다. 즉, 광고 미심의로 인한 의료법 위반에 대하여 유죄를 선고한 원심에 대해 의료법 제57조 제1항은 의료광고의 사전심의 의무를 규정하고 있고, 이는 헌법상 사전검열금지원칙에 어긋날 여지가 있고, 특히 헌법재판소는 원심판결 선고 후 2015헌바75 사건에서 의료법(2009. 1. 30. 법률 제9386호로 개정된 것) 제56조 제2항 제9호 중 '제57조에 따른 심의를 받지 아니한 광고' 부분과 의료법(2010. 7. 23. 법률 제10387호로 개정된 것) 제89조 가운데 제56조 제2항 제9호 중 '제57조에 따른 심의를 받지 아니한 광고'에 관한 부분이 모두 사전검열금지원칙에 위배된다는 이유로 위헌 결정을 선고한 점에 비추어 원심으로서는 의료법 제89조, 제57조 제1항을 적용하여 기소된 이 부분 공소사실에 대하여 위헌 여부 또는 그 적용에 따른 위헌적 결과를 피하기 위한 공소장변경 절차의 필요 유무, 예비적 공소사실의 성립 여부 등에 관하여 심리 판단하였어야 함에도 이를 살펴보지 아니한 채 이 부분 공소사실을 유죄로 인정함으로써 판결에 영향을 미친 위법이 있다."라는 취지로 파기 환송하였다.[197)]

하급심 판례도 마찬가지이다. 대전지방법원에서도 "의료법 규정은 위헌 결정으로 인하여 형벌에 관한 법률 또는 법률조항이 소급하여 그 효력을 상실하여 범죄로 되지 아니한 때에 해당하므로(대법원 2005. 4. 15. 선고 2004도9037 판결 등 참조), 유죄를 선고한 원심판결이 위법하다."라고 보아 원심판결을 파기하고 피고인들에게 각 무죄를 선고했다.[198)]

2018. 3. 27. 개정된 의료법(법률 제15540호, 시행 2018. 9. 28)은 의료광고 심의와 관련하여 행정기관이 아닌 독립된 자율심의기구에서 의료광고에 대한 사전심의가 이루어질 수 있도록 제도를 개선되었으며, 개정 전 의료법과 같이 심의대상 의료광고가 심의를 받지 않고 광고를 하거나 심의내용과 다른 내용으로 광고한 경우 의료법위반으로 처벌하고 있다.

---

197) 대법원 2016. 6. 23. 선고 2014도16577 판결
198) 대전지법 2016. 10. 19. 선고 2016노972 판결

12. 외국인 환자 유치 광고

의료법 제56조 제2항 제12호	제56조(의료광고의 금지 등) ② 의료인등은 다음 각 호의 어느 하나에 해당하는 의료광고를 하지 못한다. <개정 2009. 1. 30, 2016. 5. 29, 2018. 3. 27> 12. 제27조 제3항에 따라 외국인환자를 유치하기 위한 국내광고
의료법시행령 제23조 제1항 제12호	제23조(의료광고의 금지 기준) ① 법 제56조 제2항에 따라 금지되는 의료광고의 구체적인 기준은 다음 각 호와 같다. <개정 2008. 12. 3, 2010. 1. 27, 2012. 4. 27, 2017. 2. 28, 2018. 9. 28> 12. 외국인환자를 유치할 목적으로 법 제27조 제3항에 따른 행위를 하기 위하여 국내광고하는 것
의료 해외진출 및 외국인환자 유치 지원에 관한 법률 제15조	제15조(의료광고에 관한 특례) ① 외국인환자 유치의료기관은 「의료법」 제56조 제2항 제12호에도 불구하고 외국인환자를 유치하기 위하여 다음 각 호의 어느 하나에 해당하는 장소에서 외국어로 표기된 의료광고를 할 수 있다. 다만, 환자의 치료 전·후를 비교하는 사진·영상 등 외국인환자를 속이거나 외국인환자로 하여금 잘못 알게 할 우려가 있는 내용에 관한 광고는 하지 못한다. <개정 2018. 3. 27, 2018. 9. 18> 1. 「개별소비세법」 제17조에 따른 외국인전용판매장 2. 「관세법」 제196조에 따른 보세판매장 3. 「제주특별자치도 설치 및 국제자유도시 조성을 위한 특별법」 제170조에 따른 지정면세점 4. 「공항시설법」 제2조 제3호에 따른 공항 중 국제항공노선이 개설된 공항 5. 「항만법」 제2조 제2호에 따른 무역항 ② 외국인환자 유치의료기관은 제1항에 따른 의료광고를 하려는 경우 미리 광고의 내용과 방법 등에 관하여 「의료법」 제57조 제2항에 따른 기관 또는 단체의 심의를 받아야 한다. <개정 2019. 12. 3> ③ 제1항 제4호 및 제5호의 장소에서는 보건복지부령으로 정하는 바에 따라 성형외과·피부과 등 특정 진료과목에 편중된 의료광고를 할 수 없다. ④ 제1항 및 제2항에 따른 의료광고의 기준과 심의에 관하여는 「의료법」 제56조, 제57조 제2항부터 제11항까지 및 제57조의2의 규정을 준용한다. <개정 2019. 12. 3>

위와 같이 외국인 환자를 유치하기 위한 국내 광고는 할 수 없으나 의료해외진출 및 외국인 환자 유치 지원에 관한 법률 제15조에서는 의료광고에 관한 특례 규정을 두고 있다.

즉, 국내에서 외국인 환자를 유치하려는 의료기관은 의료해외진출법 및 외국인 환자 유치지원에 관한 법률 제6조에 따라 등록하고 일정한 장소에서 외국어로 표기된 의료광고를 할 수 있으나 환자의 치료 전·후를 비교하는 사진·영상 등 외국인 환자를 속이거나 외국인환자로 하여금 잘못 알게 할 우려가 있는 내용에 관한 광고는 하지 못한다(제15조 제1항).

외국인 환자 유치 의료기관이 외국어로 표기된 의료광고를 할 수 있는 곳은 개별소비세법 제17조에 따른 외국인전용판매장, 관세법 제196조에 따른 보세판매장, 제주도특별자치도 설치 및 국제자유도시 조성을 위한 특별조치법 제170조에 따른 지정면세점, 공항시설법 제2조 제3호에 따른 공항 중 국제항공노선이 개설된 공항, 항만법 제2조 제2호에 따른 무역항에 한정된다.

다만 공항시설법 제2조 제3호에 따른 공항 중 국제항공노선이 개설된 공항, 항만법 제2조 제2호에 따른 무역항에서는 보건복지부령으로 따르는 바에 따라 성형외과·피부과 등 특정 진료과목에 편중된 의료광고를 할 수 없다(제15조 제3항).

13. 비급여 진료비 감면 광고

의료법 제56조 제2항 제13호	제56조(의료광고의 금지 등) ② 의료인등은 다음 각 호의 어느 하나에 해당하는 의료광고를 하지 못한다. <개정 2009. 1. 30, 2016. 5. 29, 2018. 3. 27> 13. 소비자를 속이거나 소비자로 하여금 잘못 알게 할 우려가 있는 방법으로 제45조에 따른 비급여 진료비용을 할인하거나 면제하는 내용의 광고
의료법 시행령 제23조 제1항	제23조(의료광고의 금지 기준) ① 법 제56조 제2항에 따라 금지되는 의료광고의 구체적인 기준은 다음 각 호와 같다. <개정 2008. 12. 3, 2010. 1. 27, 2012. 4. 27, 2017. 2. 28, 2018. 9. 28> 13. 법 제45조에 따른 비급여 진료비용의 할인·면제 금액, 대상, 기간이

| 제13호 | 나 범위 또는 할인·면제 이전의 비급여 진료비용에 대하여 허위 또는 불명확한 내용이나 정보 등을 게재하여 광고하는 것 |

가. 개념과 요건

의료법 제56조 제1항 제13호에서 '소비자를 속이거나 소비자로 하여금 잘못 알게 할 우려가 있는 방법으로 제45조에 따른 비급여 진료비용을 할인하거나 면제하는 내용의 광고'를 금지하고, 동법 시행령 제23조 제1항 13호에서 '법 제45조에 따른 비급여 진료비용의 할인·면제 금액, 대상, 기간이나 범위 또는 할인·면제 이전의 비급여 진료비용에 대하여 허위 또는 불명확한 내용이나 정보 등을 게재하여 광고하는 것'을 금지하고 있다. 의료법 시행령 제23조 제1항 제13호는 의료법 제56조 제4항의 위임에 따라 의료법 제56조 제2항에서 금지되는 의료광고의 구체적인 기준을 규정하기 위하여 2017. 2. 28. 대통령령 제27917호로 신설되어 2017. 3. 1.부터 시행되었다.

위 문언 자체에 의하더라도 비급여 진료비용의 할인이나 면제하는 것 자체만으로 의료법에 의해 금지되는 광고가 아니며, 비급여 진료비용의 할인이나 면제를 하면서 소비자를 속이거나 소비자로 하여금 잘못 알게 할 우려가 있는 방법으로 광고한 것을 금지하고 있다(동법 시행령 제23조 제1항 13호).

소비자로 하여금 잘못 알게 할 우려가 있는 방법으로 비급여 진료비를 할인이나 면제하는 내용의 광고는 비급여 진료비용의 할인·면제 금액, 대상, 기간이나 범위 또는 할인·면제 이전의 비급여 진료비용에 대하여 불명확한 내용이나 정보 등을 게재하여 광고하는 것을 의미한다. 위와 같이 비급여 진료비 할인과 감면은 의료법이 금지하는 환자 유인과 관련하여 문제된다.

'의료광고'는 그 성질상 기본적으로 환자를 유인하는 성격을 지닌다. 만일 의료광고를 모두 의료법 제27조 제3항에서 금지하는 '환자유인행위'에 해당한다고 하면, 이는 의료인의 직업수행의 자유 등을 지나치게 제한하고, 새로운 의료인이 의료시장에 진입하는 것을 제한함으로써 의료인 사이의 경쟁을 통한 건전한 발전을 저해할 우려가 적지 않으므로, 의료법 제27조 제3항에서 금지하는 '환자유인행위'를 의료광고행위와 관련하여 제한적으로 해석할 필요가 있다. 그런데 환자유인행위에 관한 의료법 제27조 제3항과 관련 법익, 의료광고조항의 내용 및 연혁·취지 등을 고려하면 '의료광고행위'는 그것이 의료법 제27조 제3항 본문에서 명문으로 금지되는 개별적 행위유형에 준하는 것으로 평가될 수 있거나 또는 의료시장의 질서를 현저하게 해치는 것인 등의 특별한 사정이 없는 한 의료법 제27조 제3항에서 정하는 환자의 '유인'에는 해당하지 않는다.[199)]

의료법 제27조 제3항에서 구체적 예로 들고 있는 불특정 다수인에 대한 교통편의 제공이나 금품 등의 제공은 급여대상 의료행위에 대하여 실제로 적극적인 재산적 이익제공이 있는 경우를 유인행위로 금지하기 위한 것일 뿐, 비급여 항목에 대한 할인, 면제를 그 규율의 대상으로 하는 것은 아니다. 의료광고 행위는 원칙적으로 의료법 제27조 제3항의 환자유인행위에 해당하지 않고, 다만 예외적으로 해당 광고가 위 법 조항에서 금지하는 개별적 행위유형에 준하거나 의료시장의 질서를 현저히 해치는 특별한 사정이 있는 경우에만 유인행위에 해당한다. 따라서 의료광고행위로서 비급여 항목에 대한 할인, 면제는 원칙적으로 허용된다.

2019. 9. 23. 한국소비자원 온라인 의료광고 실태조사 보도자료를 살펴보면, 실태조사결과 의료법 위반이 의심되는 광고 833건 중 유형별로 이벤트성 가격할인이 390건(46.8%)으로 가장 많았고, 환자의 치료경험담이 316건(38.0%), 다른 의료인 및 의료기관과의 비교 44건(5.3%) 등의 순이다. 매체별로 인스타그램 432건(51.6%), 유튜브 156건(18.7%), 페이스북 124건(14.9%) 순이었으며, 특히 이벤트성 가격할인 광고는 이미지 게시글 광고가 특정인 SNS에서 주로 많았다.[200)] 따라서 이벤트성 비급여 진료비 할인의 경우 어느 범위에서 할인이 의료법 위반인지 문제된다.

나. 비급여 진료비 면제와 할인 가능성

의료법 및 의료법 시행령에 의하더라도 비급여 진료비 감면에 있어 허위 내용이나 불명확한 내용이 없는 한 비급여 진료비의 면제와 할인 광고가 가능함을 알 수 있다.

비급여 진료비를 할인 또는 면제하는 행위는 '국민건강보험법 또는 의료급

---

199) 헌재 2016. 7. 28. 2016헌마276; 대법원 2012. 9. 13. 선고 2010도1763 판결 등
200) https://www.kca.go.kr/home/sub.do?menukey=4002&mode=view&no=1002847424(2019. 9. 23.자 한국소비자원 보도자료)

여법의 규정에 의한 본인부담금을 할인하는 행위'에 해당하지 않는다.[201] 국민건강보험법 및 의료급여법에 의한 급여대상이 아닌 진료비로서 의료인이 스스로 그 금액을 자유롭게 정하고 환자 본인이 이를 전액 부담하도록 되어 있는 진료비까지 위 규정상 '본인부담금'에 해당한다고 해석하는 것은 형벌 법규를 지나치게 확장해석하는 것으로서 죄형법정주의의 원칙에 어긋나 허용될 수 없기 때문이다.[202]

헌법재판소는 의료법 제27조 제3항에서 금지하고 있는 '금품 제공'은 환자로 하여금 특정 의료기관 또는 의료인과 치료위임계약을 체결하도록 유도할 만한 경제적 이익이 있는 것으로서 이를 허용할 경우 의료시장의 질서를 해할 우려가 있는 것으로 한정하여 해석하고 있다.[203]

청구인이 2017. 2. 초순경 위 의원 1층 엘리베이터 앞 입간판에 "지인을 소개시켜주신 ○○인(기존 환자)에게는 30만 원 상당의 ○○ 상품권(이하 '이 사건 상품권'이라 한다)을 드립니다."라는 포스터(이하 '이 사건 입간판 포스터'라 한다)를 같은 해 3. 16.까지 게시하여 "불특정 다수인을 상대로 환자를 유인하는 행위를 하였다."는 이유로 의료법위반으로 기소유예처분을 받자, 행복추구권 등을 침해한다고 주장하면서 그 취소를 구하는 이 사건 헌법소원심판을 청구한 사안에서, 헌법재판소는 "피청구인으로서는, 환자를 소개하는 기존 환자를 상대로 비급여 진료 혜택을 받을 수 있는 상품권을 제공하겠다는 내용의 이 사건 입간판 포스터를 게시하는 행위가 비급여 진료비를 면제 내지 할인해 주는 것을 약속하는 데 그치지 아니하고 '금품 등 제공행위'에 준하는 것이라거나 의료시장 질서를 현저하게 해칠 정도에 이르는 것이라고 볼 만한 사정이 있는지 등을 면밀히 조사하여 이 사건 기소유예처분의 범죄사실이 의료법 제27조 제3항에서 금지하는 환자 유인행위에 해당하는지를 명백히 규명하였어야 할 것이다. 그럼에도 불구하고 피청구인은 위와 같은 입간판 포스터 게시 행위가 있었다는 사실만을 이유로 곧바로 그와 같은 행위가 환자 유인행위에 해당한다고 보아 이 사건 기소유예처분을 하였는바, 위 처분에는 그 결정에 영향을 미친 중대한 수사미진 내지 법리오해의 잘못이 있고, 그로 말미암아 청구인의 평등권과 행복추

---

201) 헌재 2010. 10. 28. 2009헌마55; 대법원 2008. 2. 28. 선고 2007도10542 판결; 대법원 2012. 10. 25. 선고 2010도6527 판결 등
202) 대법원 2008. 2. 28. 선고 2007도10542 판결
203) 헌재 2016. 7. 28. 2016헌마176

구권이 침해되었다."라고 하면서 기소유예처분을 취소하였다.[204)

대법원도 "의료법 제27조 제3항의 '본인부담금'의 범위에 비급여 진료비까지 포함시키는 것은 형벌 법규의 지나친 확장 해석으로서 죄형법정주의에 어긋나며, 의료시장의 질서를 근본적으로 해하는 등 특별한 사정이 없는 한 의료기관 및 의료인이 스스로 자신에게 환자를 유치하는 행위는 의료법 제27조의 '유인'이라고 할 수 없다."라고 판시하고 있다.[205)

다. 판단기준

1) 환자유인성과 대상의 합리성

서울행정법원은 소비자 유인성과 대상의 합리성을 비급여 진료비의 할인의 위법성 판단기준으로 제시하고 있다.

병원 홈페이지에 여드름 체험단을 모집해 무료로 치료해 준다는 이벤트 광고를 한 사안에서, 서울행정법원은 "무료 치료행위 자체를 금품 제공으로 볼 수는 없으나 비급여 대상으로서 환자가 부담해야 할 비용이 상당할 것으로 예상되는 여드름을 무료로 치료해 주는 것은 환자에 대해 금품의 제공과 유사한 정도의 강력한 유인이 될 것으로 보이며, 위 할인 광고의 경우 경제적 능력 등 합리적 기준에 의해 대상을 한정한 바 없고, 체험단 선발 인원에 관해 표시하고 있지 않은 점 등에 비추어 볼 때 의료시장의 질서를 근본적으로 해하는 행위인 환자 유인행위에 해당한다."고 판단했다.[206)

2) 할인 기간과 대상 제한

병원 홈페이지에 중고생 등 청소년이 여드름 약물 스케일링 시술을 할 경우 50%를 할인해 준다는 내용으로 여름맞이 청소년 할인 이벤트 광고를 한 경우, 대법원은 "할인 광고의 기간과 대상 시술을 제한하고 경제적 여력이 충분하지 못한 청소년들만 대상으로 삼고 있는 점에 비추어 보면 의료시장의 질서를 근본적으로 해할 정도에 이르렀다고 보이지 않아 환자 유인행위에 해당한다고 볼 수 없다."라고 판시했다.[207)

---

204) 헌재 2019. 5. 30. 2017헌마1217 전원재판부
205) 대법원 2008. 2. 28. 선고 2007도10542 판결
206) 서울행정법원 2008. 12. 18. 선고 2008구합32829 판결
207) 대법원 2008. 2. 28. 선고 2007도10542 판결

3) '라식·라섹 80만 원부터'라고만 광고한 경우

병원 홈페이지에 비급여 진료비용 할인 광고 시 금액과 대상을 구체적으로 명시하지 않아 소비자를 속이거나 소비자로 하여금 잘못 알게 할 우려가 있는 경우 형사처벌과 함께 행정처분을 받을 수 있다. '라식·라섹 80만 원부터' 등 '최저 수술 비용'을 광고한 경우 '오인 우려가 있는 광고'인지 문제된다.

안과 의원을 운영하는 안과의사가 확장이전 기념 라식·라섹 할인 EVENT 80만 원부터 이벤트 기간: 2017년 3월 2일~3월 31일 이후 2017. 4. 1.부터 단속된 2017. 4. 11.까지는 이벤트 기간을 "2017년 4월 1일~4월 29일까지", 확장이전기념 ★ 특별 혜택 ★ D 병원이전 소식 페이지에 좋아요 클릭 및 공유하기 하면 3가지 혜택이 따라온다! 01 수술전 정밀검사 혜택 02 아벨리노 DNA 검사 혜택 03 안구건조증 검사 혜택 등으로 광고하였고, 이에 피고가 2017. 8. 21. 이 사건 병원에 대하여, '금액, 대상 등을 구체적으로 명시하지 아니하고 비급여 진료비용을 할인하는 광고를 하여 의료법 제56조 제2항 제11호 및 의료법 시행령 제23조를 위반하였다.'는 이유로, 업무정지 15일 처분을 갈음하는 과징금 8,062,500원(= 업무정지 1일당 과징금 537,500원×15일)의 부과처분(이하 '이 사건 처분'이라 한다)을 했다. 안과 의사가 행정심판을 거쳐 행정소송을 제기하여 승소했다.[208]

법원은 이 사건 광고에 의료법 시행령 제23조 제1항 제10호에서 규정하는 할인 전 금액 등 일부 항목이 기재되어 있지 않은 점은 있지만 시행령은 의료법에서 규정하는 구성요건적 금지행위를 보완하는 보충적인 규정인 점, 수술비가 '80만 원부터'라고 하면 라식·라섹 수술이 무조건 80만 원이라는 의미가 아니라 가장 저렴한 수술비가 80만 원이라고 이해할 수 있는 점, '최저 수술 비용'이라는 최소한의 정보만 제공한 경우 당연히 할인 전 금액과의 차이, 높은 할인율을 명시하는 경우보다 광고효과가 적을 수밖에 없는데 원고가 그러한 광고형식을 취했다고 하여 그러한 '미기재'한 부분을 언제나 '오인의 우려가 있는 불명확한 부분'이라고 간주하는 것은 타당하지 않는 점 등을 이유로 이 사건 광고가 의료법과 의료법 시행령에 위반되지 않는다고 보아 과징금부과처분을 취소했다. 이에 대해 피고가 항소했으나 피고의 항소가 기각되었다.

---

208) 서울행정법원 2018. 9. 20. 선고 2018구합54026 판결[과징금부과처분취소]; 서울고법 2019. 4. 5. 선고 2018누67864 판결(피고 항소 기각)

위 사건에서 안과 의사가 승소했지만 홈페이지 등에 비급여진료비에 대하여 '최저 수술 비용'으로 게재한 경우 위 판결이 일률적으로 적용될 수 없으므로 의료법 56조 제2항 제13호 및 동법 시행령 제23조 제1항 13호에 따라 비급여 비용의 할인과 면제 금액, 대상, 기간이나 범위, 할인이나 면제 이전의 비급여 진료비용에 대하여 구체적으로 기재해 허위나 불명확한 내용이나 정보를 게재하지 않는 것이 바람직하다.

4) 과도한 할인 금지

보건복지부가 2016년 발행한 <자격정지 및 면허취소 처분 사례집>에는 "비급여 진료비용의 할인은 시장 질서를 근본적으로 해하지 아니하는 한 '환자 유인금지' 규정에 위배되지 않는 것으로 보고 있다."고 명시하고 있다.

다만 보건복지부와 대한의사협회 등이 발간한 <건강한 의료광고 우리가 함께 만들어요!>에서는 "어떤 행위가 '환자 유인'에 해당하는지 여부는 의료시장의 공정한 시장경제질서 왜곡 여부를 기준으로 판단해야 하고, 이때 판단의 기준은 ① "금품의 제공 내지 그에 유사한 정도의 유인이 있는지 여부, ② 혜택을 제공받는 대상이 합리적으로 한정되어 있는지 여부 등"이라고 밝히고 있다.

보건복지부는 비급여 진료항목에 대한 과도한 할인을 '50% 이상 할인'으로 언급하고 있다.[209]

5) 소결

위 판례 및 보건복지부의 유권해석 등을 참조할 때 비급여 비용의 할인 기간과 할인 대상을 명확히 하고 그 비율도 50% 미만으로 하는 것이 바람직하다.

그 밖에 비급여 진료비의 할인은 의료법 제27조 제3항에서 금지하는 영리 목적의 환자 유인과 관련되어 있고, 그 경우 비급여 진료비 할인을 통한 환자 유인이 의료시장의 질서를 근본적으로 해할 정도에 해당되는지를 잘 살펴보아야 한다.

---

209) 보건복지부 보도자료(2017. 8. 8), "과도한 가격할인, 이벤트 등 광고, 의료기관 318 적발"

14. 인증, 보증, 추천 광고

의료법 제56조 제2항 제14호	제56조(의료광고의 금지 등) ② 의료인등은 다음 각 호의 어느 하나에 해당하는 의료광고를 하지 못한다. <개정 2009. 1. 30, 2016. 5. 29, 2018. 3. 27> 14. 각종 상장·감사장 등을 이용하는 광고 또는 인증·보증·추천을 받았다는 내용을 사용하거나 이와 유사한 내용을 표현하는 광고. 다만, 다음 각 목의 어느 하나에 해당하는 경우는 제외한다. 　가. 제58조에 따른 의료기관 인증을 표시한 광고 　나. 「정부조직법」 제2조부터 제4조까지의 규정에 따른 중앙행정기관·특별지방행정기관 및 그 부속기관, 「지방자치법」 제2조에 따른 지방자치단체 또는 「공공기관의 운영에 관한 법률」 제4조에 따른 공공기관으로부터 받은 인증·보증을 표시한 광고 　다. 다른 법령에 따라 받은 인증·보증을 표시한 광고 　라. 세계보건기구와 협력을 맺은 국제평가기구로부터 받은 인증을 표시한 광고 등 대통령령으로 정하는 광고
의료법 시행령 제23조 제1항 제14호	제23조(의료광고의 금지 기준) ① 법 제56조 제2항에 따라 금지되는 의료광고의 구체적인 기준은 다음 각 호와 같다. <개정 2008. 12. 3, 2010. 1. 27, 2012. 4. 27, 2017. 2. 28, 2018. 9. 28> 14. 각종 상장·감사장 등을 이용하여 광고하는 것 또는 인증·보증·추천을 받았다는 내용을 사용하거나 이와 유사한 내용을 표현하여 광고하는 것. 다만, 법 제56조 제2항 제14호 각 목의 어느 하나에 해당하는 경우는 제외한다. ② 법 제56조 제2항 제14호 라목에서 "세계보건기구와 협력을 맺은 국제평가기구로부터 받은 인증을 표시한 광고 등 대통령령으로 정하는 광고"란 다음 각 호의 어느 하나에 해당하는 광고를 말한다. <신설 2018. 9. 28> 1. 세계보건기구와 협력을 맺은 국제평가기구로부터 받은 인증을 표시한 광고 2. 국제의료질관리학회(The International Society for Quality in Health Care)로부터 인증을 받은 각국의 인증기구의 인증을 표시한 광고

가. 의의

위와 같이 상장, 감사장, 인증이나 보증, 추천 등을 광고하는 행위는 원칙적으로 금지된다. 다만 의료법 제58조에 따른 의료기관 인증을 표시한 광고, 의료법 제56조 제2항 단서에서 정한 정부기관이나 공공기관으로부터 받은 인증이나 보증을 표시한 광고, 다른 법령에 따라 받은 인증이나 보증, 세계보건기구와 협력을 맺은 국제평가기구로부터 받은 인증을 표시한 광고나 국제의료질관리학회(The International Society for Quality in Health Care)로부터 인증을 받은 각국의 인증기구의 인증을 표시한 광고는 허용된다.

신문사나 언론단체에서 인증하거나 보증한 내용은 광고할 수 없다.

나. 표시 · 광고의 공정화에 관한 법률

1) 부당한 표시 · 광고행위의 유형 및 기준 지정고시

표시 · 광고의 공정화에 관한 법률(이하 "법"이라 한다) 제3조 제1항 각 호 및 동법시행령 제3조 제1항 내지 제4항의 규정에 따라 제정된 부당한 표시 · 광고행위의 유형 및 기준 지정고시에서 규정하는 보증, 추천에 관한 표시광고 규정은 아래와 같다.

11호 보증	자기가 공급하는 상품 등에 관하여 보증 · 품질사후관리(A/S)에 관하여 표시 · 광고하고자 할 경우 그 내용, 범위, 방법, 기간, 장소, 책임자 등에 관하여 사실과 다르게 표시 · 광고하는 행위는 부당한 표시 · 광고가 된다. <예 시> — 보증의 내용, 기간 등에 관하여 표시 · 광고함이 없이 막연히 "100% 품질보증" 또는 "무조건 보증"이라고만 표기함으로써 사실과 다르게 완벽하게 보증이 되는 것처럼 표시 · 광고하는 경우 — 서울, 부산, 광주, 대구, 대전 등 주요도시에 한정된 A/S 조직을 가지고 있는데도 불구하고 "완벽한 A/S 조직", "전국적인 A/S 조직망" 등이라고 표시 · 광고하는 경우
12호 추천, 권장	자기가 공급하는 상품 등에 대한 추천, 권장 등의 사실을 표시 · 광고할 경우 아래와 같이 사실과 다르게 또는 과장하거나 모호하게 표시 · 광고하여 소비자를 오인시킬 우려가 있는 표시 · 광고행위는 부당한 표시 · 광

고가 된다.

가. 전문가, 연구기관, 유명단체에 의한 추천, 권장, 수상 등의 사실이 없음에도 불구하고 동 사실이 있는 것처럼 표시·광고하는 행위

나. 당해 상품 등을 실제로 구입·사용해 본 사실이 없는 소비자의 추천을 표시·광고하는 행위

다. 당해 상품에 관하여 실제로 시험, 조사, 검사를 한 사실이 없는 당해 부문 전문가의 추천을 표시·광고하는 행위

라. 참가상 또는 순번상을 품질이 우수함으로 인하여 수상한 것처럼 표시·광고하는 행위

마. 부분적인 품질 또는 규격과 관련한 상을 전품질 또는 전규격의 상을 수상한 것처럼 표시·광고하는 행위

바. 수상자가 현존하지 아니하거나 또는 당해 수상자가 생산, 조립, 가공, 제작 등에 참여하지 아니하였음에도 불구하고 참여한 것처럼 표시·광고하는 행위

<예 시>

− ○○신문사가 매년 실시하는 ○○인기상품 선정행사에서 대상이 아닌 10대 부문 히트상품으로 선정되었음에도 불구하고 대상으로 선정된 것처럼 표시·광고하는 경우

− 단지 1년 중 하반기 히트상품으로 선정된 사실을 당해 년도 전체의 히트상품인 것처럼 표시·광고하는 경우

2) 추천·보증 등에 관한 표시·광고 심사지침

추천·보증 등에 관한 표시·광고 심사지침은 「표시·광고의 공정화에 관한 법률」(이하 "법"이라 한다) 제3조(부당한 표시·광고행위의 금지) 및 동법 시행령 제3조(부당한 표시·광고의 내용)의 규정에 의한 부당한 표시·광고를 심사함에 있어서 추천·보증 등과 관련된 부당한 표시·광고에 관한 구체적 심사기준을 정하고 있다. 그중에서 의료광고와 관련된 부분을 살펴보면 아래와 같다.

추천·보증 형식의 표시·광고에 대한 부당성 판단에 있어 일반원칙은 추천·보증 등의 내용이 '경험적 사실'에 근거한 경우에는 당해 추천·보증인이 실제로 경험한 사실에 부합하여야 하고, 추천·보증 등의 내용이 '전문적 판단'에 근거한 경우에는 해당 분야의 전문적 지식을 보유한 추천·보증인의 합리적 판단에 부합하여야 하며, 추천·보증 등의 원래 내용이 광고주의 가공이나 재

구성 등으로 왜곡되어서는 아니 되며(위 심사지침 IV. 일반원칙 제1항), 광고주와 추천·보증인 사이의 경제적 이해관계를 공개하지 않았을 경우 부당한 표시·광고에 해당될 수 있으며, 이 경우 추천·보증인이 상품을 실제 사용하고 추천·보증 등을 하는 것처럼 글을 작성하였는지 여부, 추천·보증의 내용, 보통의 소비자가 받아들이는 인상, 경제적 이해관계를 공개하지 않는 행위가 소비자의 구매선택에 미치는 영향의 정도 등을 종합적으로 고려하여 부당성을 판단한다(제2항).

추천 보증인이 존재하지 않는 인물인 경우, 인터넷 블로그, 카페, SNS 또는 포털사이트에서 특정 제품을 추천하면서 당해 상품을 실제로 구입해 사용해 본 적이 없음에도 이용 후기 또는 사진을 올려 마치 실제 사용한 것처럼 게재하는 등 추천 보증인이 실제 상품을 사용하지 않은 경우, 다이어트 식품 광고를 하면서 체험담 형식으로 소개했으나 그 내용이 과장되는 등 추천 보증 내용 등이 사실이 아닌 경우 등이 이에 해당된다.

광고주와 추천·보증인과의 경제적 이해관계를 공개하지 않는 경우에도 표시광고법위반으로 처벌될 수 있다. 유명 유튜브 뒷광고와 관련하여 논란이 된 적이 있다. 추천·보증인이 광고주로부터 현금이나 해당 상품, 상품권, 적립 포인트, 할인 혜택 등 경제적 대가를 받거나 광고주로부터 직접 고용된 상태에서 추천·보증, 공동구매 주선 등을 하는 경우, 추천·보증 등을 하는 매 건마다 당해 추천·보증 등이 상업적 표시 또는 광고에 해당된다는 사실을 소비자들이 알 수 있도록 경제적 이해관계를 명확히 표시하여야 한다(위 고시 V.5.가항 참고).

경제적 이해관계를 표시할 때 추천·보증 등과 연결되어 소비자가 이를 단일한 게시물로 인식할 수 있고 소비자가 쉽게 찾을 수 있도록 추천·보증 등의 내용과 근접한 위치에 표시해야 한다. 소비자들이 쉽게 인식할 수 있도록 문자 형태의 경우, 배경과 명확히 구분되며 소비자가 쉽게 인식할 수 있도록 적절한 문자 크기, 폰트, 색상 등을 선택하며, 음성 형태의 경우, 소비자가 소리 크기나 속도 등의 조절 없이도 명확하게 이해할 수 있도록 표현해야 한다. 금전적 지원, 할인, 협찬 등 경제적 이해관계의 내용을 소비자가 이해하기 쉽도록 명확하게 표시해야 한다. 추천·보증 등의 내용과 동일한 언어를 사용한다. 다만, 동일하지 않은 언어를 일부 포함하더라도, 표시문구를 전체적으로 보아 동일한 언어라고 볼 수 있는 등 소비자가 쉽게 이해할 수 있는 경우에는 예외적으로 외국어를 사용할 수 있다.

위 고시에서는 경제적 이해관계를 공개하는 구체적인 표시방법을 매체별 (문자, 사진, 동영상, 실시간방송)로 구분하여 제시하고 있다. 동영상 내에 동영상 내에 표시문구를 포함하는 경우, 하나의 동영상 전체가 상품을 추천·보증 등을 하는 내용에 해당한다면 동영상의 시작 부분과 끝부분에 표시문구를 삽입하며 영상 중에 반복적으로 이를 표시한다. 동영상의 내용 일부가 이에 해당한다면 해당 구간의 시작부분과 끝부분에 표시문구를 삽입하며 추천·보증 등을 하는 동안 영상 중에 반복적으로 이를 표시하도록 규정하고 있으므로, 동영상을 업로드하면서 제목에 'ㅇㅇ상품을 사용해보고 촬영한 후기(협찬 받았어요)'라고 길게 입력하여, 모바일 화면에는 'ㅇㅇ상품을 사용해보고 촬영…'이라고만 표시되어 소비자가 광고임을 인식하기 어려운 경우에는 경제적 이해관계를 적절하게 표시하지 않은 경우로 보고 있다.

실시간 방송을 통해 추천 보증하는 경우에는 원칙적으로 제목 또는 동영상 내에 표시문구를 포함해야 하고, 다만 실시간으로 송출함에 따라 제목 또는 자막 등의 형태로 표시문구를 삽입하는 것이 어려운 경우에는 음성 형태의 표시 문구를 나타낼 수 있다. 이 경우 표시문구는 추천·보증 등의 시작 부분과 끝부분에 표시하며, 방송의 일부만을 시청하는 소비자들도 쉽게 인식할 수 있도록 반복적으로 표시한다. 단, 유명인이 특정 상품이나 브랜드를 의도적으로 언급하거나 노출시키는 등의 방법을 통하여 추천·보증 등을 하는 경우, 동영상의 시작 부분과 끝부분에 표시할 수 있다. 1인 방송에서 상품 리뷰를 약 30분 동안 진행하면서 경제적 이해관계가 있음을 단 한 차례만 언급하여 중간부터 시청하는 소비자들이 이를 인식할 수 없는 경우 경제적 이해관계를 적절하게 표시하지 않은 경우로 보고 있다.

15. 위임

의료법 제56조 제2항 15호에서는 의료광고의 세부적인 기준에 관하여 별도의 위임규정을 두고 있다.

의료법 제56조 제2항 제15호	제56조(의료광고의 금지 등) ② 의료인등은 다음 각 호의 어느 하나에 해당하는 의료광고를 하지 못한다. <개정 2009. 1. 30, 2016. 5. 29, 2018. 3. 27> 15. 그 밖에 의료광고의 방법 또는 내용이 국민의 보건과 건전한 의료경쟁의 질서를 해치거나 소비자에게 피해를 줄 우려가 있는 것으로서 대통령령으로 정하는 내용의 광고
의료법 시행령 제23조 제3항	③ 보건복지부장관은 의료인등 자신이 운영하는 인터넷 홈페이지에 의료광고를 하는 경우에 제1항에 따라 금지되는 의료광고의 세부적인 기준을 정하여 고시할 수 있다. <개정 2008. 2. 29, 2010. 3. 15, 2018. 9. 28>

제4절 의료광고의 방법 제한

의료광고는 방송법 제2조 제1호에 의한 방송이나 대통령령으로 정하는 방법으로 할 수 없다(의료법 제56조 제3항).

의료법 제56조 (의료광고)	③ 의료광고는 다음 각 호의 방법으로는 하지 못한다. <개정 2018. 3. 27> 1. 「방송법」 제2조 제1호의 방송 2. 그 밖에 국민의 보건과 건전한 의료경쟁의 질서를 유지하기 위하여 제한할 필요가 있는 경우로서 대통령령으로 정하는 방법
방송법 제2조 제1호	제2조(용어의 정의) 이 법에서 사용하는 용어의 정의는 다음과 같다. 1. "방송"이라 함은 방송프로그램을 기획·편성 또는 제작하여 이를 공중(개별계약에 의한 수신자를 포함하며, 이하 "시청자"라 한다)에게 전기통신설비에 의하여 송신하는 것으로서 다음 각목의 것을 말한다. 　가. 텔레비전방송: 정지 또는 이동하는 사물의 순간적 영상과 이에 따르는 음성·음향 등으로 이루어진 방송프로그램을 송신하는 방송 　나. 라디오방송: 음성·음향 등으로 이루어진 방송프로그램을 송

신하는 방송

다. 데이터방송: 방송사업자의 채널을 이용하여 데이터(문자·숫자·도형·도표·이미지 그 밖의 정보체계를 말한다)를 위주로 하여 이에 따르는 영상·음성·음향 및 이들의 조합으로 이루어진 방송프로그램을 송신하는 방송(인터넷 등 통신망을 통하여 제공하거나 매개하는 경우는 제외한다. 이하 같다)

라. 이동멀티미디어방송: 이동 중 수신을 주목적으로 다채널을 이용하여 텔레비전방송·라디오방송 및 데이터방송을 복합적으로 송신하는 방송

헌법재판소는 성형외과 전문의가 성형외과 홈페이지에 비교 광고나 과장광고로 인한 의료법위반에 대하여 부산지방검찰청으로부터 기소유예처분(부산지방검찰청 2011형제49659호)을 받자 기소유예 처분의 취소를 구한 헌법소원을 제기한 사건에서, 인터넷 홈페이지에 게시한 광고도 의료법의 규제대상이라고 결정하고 있다.[210]

의료법(2009. 1. 30. 법률 제9386호로 개정된 것, 이하 '의료법'이라 한다) 제56조 제2항은 의료인이 의료광고를 하는 경우 금지되는 의료광고의 태양을 1호에서 11호까지 규정하고 있고, 제3항은 거짓이나 과장광고를 금지하고 있으며, 제5항은 위 제2항 각 호의 금지되는 의료광고의 구체적인 기준 등 의료광고에 관하여 필요한 사항을 대통령령으로 정하도록 규정하고 있다. 이에 따라 의료법 시행령(2010. 3. 15. 대통령령 제22075호로 개정된 것, 이하 '의료법 시행령'이라 한다) 제23조 제1항은 의료법 제56조 제2항 각 호의 금지행위를 보다 구체화하여 1호에서 9호까지 규정하고 있으며, 제2항은 "보건복지부장관은 의료법인·의료기관 또는 의료인 자신이 운영하는 인터넷 홈페이지에 의료광고를 하는 경우에 제1항에 따라 금지되는 의료광고의 세부적인 기준을 정하여 고시할 수 있다."라고 규정하고 있다.

이 사건과 관련된 의료법 제56조 제2항 제3호, 제3항 및 의료법 시행령 제23조 제1항 제3호에는 의료광고 방법에 대한 제한 없이 의료인이 의료광고를 하는 경우 금지되는 의료광고에 대하여 규정하고 있으므로, 의료인이 인터넷 홈페이지를 통해 의료광고를 하는 경우에도 위 규정들이 적용된다. 한편, 의료법 시행령 제23조 제2항은 의료법 규정의 위임에 따라 비로소 구성요건적 금지행위를 창설하는 새로운

---

210) 헌재 2013. 12. 26. 2011헌마651 전원재판부

금지규정이라기보다는, 단지 이미 구성요건적 금지행위를 정하고 있는 의료법의 규정을 보완하는 보충적인 규정에 불과하며, 의료인의 인터넷 홈페이지 의료광고의 경우에 금지되는 의료광고의 세부적인 기준 고시를 보건복지부장관의 재량사항으로 규정하고 있을 뿐이다.

결국 이 사건과 같이 의료인인 청구인이 인터넷 홈페이지를 통해 의료광고를 하는 경우에 보건복지부장관이 금지되는 의료광고의 세부적인 기준을 고시하지 않았다고 하더라도 의료법 제56조 제2항 제3호, 제3항 및 의료법 시행령 제23조 제1항 제3호가 적용되고, 위 조항들을 위반한 것만으로도 형사처벌이 가능하다. 따라서 청구인의 이 부분 주장은 이유 없다.

제5절 공정거래위원회에 통보

보건복지부장관, 시장·군수·구청장은 제2항 제2호부터 제5호까지 및 제7호부터 제9호까지를 위반한 의료인 등에 대하여 제63조, 제64조 및 제67조에 따른 처분을 하려는 경우에는 지체 없이 그 내용을 공정거래위원회에 통보하여야 한다. <의료법 제56조 제5항, 신설 2016. 5. 29, 2018. 3. 27>

[2018. 3. 27. 법률 제15540호에 의하여 2015. 12. 23. 헌법재판소에서 위헌 결정된 이 조를 개정함]

제6절 의료광고심의

1. 사전심의제도와 연혁

가. 의료광고 사전심의제도의 도입

2007. 1. 3. 법률 제8203호로 개정된 의료법은 의료광고를 규제함에 있어 종전의 원칙적 금지, 예외적 허용방식에서 원칙적 허용, 예외적 금지방식으로

전환하였다. 즉 허위 또는 과대한 내용의 의료광고 등 일정한 유형의 광고를 금지하면서 이에 해당하는 것 이외의 광고는 허용하였다.

개정된 의료법은 이와 동시에 의료광고 허용범위의 확대로 야기될 수 있는 국민의 피해를 방지하기 위하여 의료법인·의료기관·의료인이 일정한 매체를 이용하여 의료광고를 하고자 하는 경우 사전에 심의를 받도록 하였고(제46조의2 제1항), 사전심의를 받지 아니한 의료광고를 금지하였다(제46조 제2항 제9호).

이후 2007. 4. 11. 법률 제8366호로 전부 개정된 의료법은 의료광고 사전심의와 사전심의를 받지 아니한 의료광고의 금지에 관한 조문의 위치를 제57조 및 제56조 제2항 제9호로 옮겼다.

나. 개정 전 의료광고 사전심의제도의 내용

1) 의료법인·의료기관·의료인은 '신문 등의 진흥에 관한 법률' 제2조에 따른 신문·인터넷신문 또는 '잡지 등 정기간행물의 진흥에 관한 법률' 제2조에 따른 정기간행물, '옥외광고물 등 관리법' 제2조 제1호에 따른 옥외광고물 중 현수막(懸垂幕), 벽보, 전단(傳單) 및 교통시설·교통수단에 표시되는 것, 전광판, 대통령령으로 정하는 인터넷 매체를 이용하여 의료광고를 하려는 경우 미리 광고의 내용과 방법 등에 관하여 보건복지부장관의 심의를 받아야 한다(구 의료법 제57조 제1항 제1호 내지 제4호).

그런데 보건복지부장관은 의료광고의 심의에 관한 업무를 의료인 단체에 위탁할 수 있고(구 의료법 제57조 제3항), 이에 따라 의사회가 의사, 의원, 병원, 요양병원, 종합병원(치과는 제외한다), 조산원이 하는 의료광고의 심의업무를, 치과의사회가 치과의사, 치과의원, 치과병원, 종합병원(치과만 해당한다)이 하는 의료광고의 심의업무를, 한의사회가 한의사, 한의원, 한방병원, 요양병원(한의사가 설립한 경우로 한정한다)이 하는 의료광고의 심의업무를 각각 위탁받아 수행한다(구 의료법 시행령 제24조 제2항 제1호 내지 제3호).

심의기관은 의료광고를 심의하기 위하여 심의위원회를 설치·운영하여야 하는바(구 의료법 시행령 제28조 제1항), 대한의사협회 의료광고심의위원회, 대한치과의사협회 의료광고심의위원회, 대한한의사협회 의료광고심의위원회가 설치되어 있다. 심의위원회는 위원장 1명과 부위원장 1명을 포함한 10명 이상 20명 이하의 위원으로 구성된다(구 의료법 시행령 제28조 제2항). 심의위원회의 위원장은 심의기관의 장이 위촉하고, 부위원장은 심의위원회에서 호선하며(구 의료법 시행령 제28조 제3항), 위원은 해당 심의기관의 회원이 아닌 다른 직역의 의료인(조산사와 간호사는 제외한다), 해당 심의기관의 회원, '소비자기본법' 제2조 제3호에 따른 소비자단체의 장이 추천하는 자, 변호사 자격을 가진 자, 그 밖에 보건의료에 관한 학식과 경험이 풍부한 자의 어느 하나에 해당하는 자 중에서 심의기관의 장이 위촉한다(구 의료법 시행령 제28조 제4항). 심의위원회 위원의 임기는 1년으로 하되, 연임할 수 있다(의료법 시행령 제28조 제5항). 그리고 심의기관의 장은 심의 및 재심의 결과를 분기별로 분기가 끝난 후 30일 이내에 보건복지부장관에게 보고하여야 한다(구 의료법 시행령 제28조 제6항). 그 밖에 심의위원회의 구성·운영 및 심의에 필요한 사항은 심의위원회의 의결을 거쳐 위원장이 정한다(구 의료법 시행령 제28조 제7항).

2) 의료광고의 심의를 받으려는 의료법인·의료기관·의료인은 신청서에 해당 의료광고 내용을 첨부하여 심의기관에 제출하여야 한다(구 의료법 시행령 제25조 제1항). 신청인은 통지받은 심의 결과에 이의가 있으면 심의 결과를 통지받은 날부터 15일 이내에 재심의를 요청할 수 있고(구 의료법 시행령 제25조 제3항), 재심의를 요청받은 심의기관은 심의위원회의 재심의를 거쳐 재심의를 요청받은 날부터 30일 이내에 재심의 결과를 신청인에게 문서로 통지하여야 한다(구의료법 시행령 제25조 제4항).

다. 헌법소원 제기

청구인 의사와 청구인 광고업자가 의료광고심의를 받아야 함에도 보건복지부 장관의 심의를 받지 않고 의원 건물 외벽에 "최신 요실금 수술법, IOT, 간편시술, 비용저렴, 작용無" 등의 문구가 적힌 현수막을 설치하는 방법으로 보건복지부 장관의 심의를 받지 아니하고 의료광고를 하였다는 범죄사실로 약식명령(대전지법 2013고약15224)을 받은 후, 정식재판 청구 후 대전지방법원에 의료법 제56조 제1항 및 제2항 9호에 대하여 위헌법률심판제청을 신청해 기각되자 위 조항에 대하여 헌법소원을 제기했다.

라. 헌법재판소의 위헌 결정 요지

헌법재판소는 "의료법(2009. 1. 30. 법률 제9386호로 개정된 것) 제56조 제2항 제9호 중 '제57조에 따른 심의를 받지 아니한 광고' 부분 및 의료법(2010. 7. 23. 법률 제10387호로 개정된 것) 제89조 가운데 제56조 제2항 제9호 중 '제57조에 따른 심의를 받지 아니한 광고'에 관한 부분은 모두 헌법에 위반된다."라고 결정했다.

위 규정 등을 종합해 보면 대한의사협회, 대한치과의사협회, 대한한의사협회나 그 산하의 각 심의위원회가 의료광고의 사전심의업무를 수행함에 있어서 보건복지부장관 등 행정권의 영향력에서 완전히 벗어나 독립적이고 자율적으로 사전심의를 하고 있다고 보기 어렵고, 결국 심의기관인 대한의사협회, 대한치과의사협회, 대한한의사협회의 행정기관성은 이를 부인할 수 없으므로, 대한의사협회, 대한치과의사협회, 대한한의사협회가 행하는 이 사건 의료광고 사전심의는 헌법이 금지하는 사전검열에 해당하므로 청구인들의 표현의 자유를 침해하기 때문이다.[211]

마. 개정 의료법 내용

2018. 3. 27. 개정된 의료법(법률 제15540호, 시행 2018. 9. 28)은 의료광고 심의와 관련하여 행정기관이 아닌 독립된 자율심의기구에서 의료광고에 대한 사전심의가 이루어질 수 있도록 제도를 개선하고, 지속적인 모니터링을 통해 불법 의료광고가 난립하는 것을 방지하며, 불법 의료광고에 대해서는 보건복지부장관 등이 위반행위의 중지, 정정광고 명령 등 필요한 조치를 취할 수 있도록 함으로써 불법 의료광고로 인한 국민의 피해를 최소화하였다.

개정된 의료법의 주요 내용은 아래와 같다.

의료인 등은 「신문 등의 진흥에 관한 법률」 제2조에 따른 신문·인터넷신문 또는 「잡지 등 정기간행물의 진흥에 관한 법률」 제2조에 따른 정기간행물, 「옥외광고물 등의 관리와 옥외광고산업 진흥에 관한 법률」 제2조 제1호에 따른 옥외광고물 중 현수막(현수막), 벽보, 전단(전단) 및 교통시설·교통수단에 표시(교통수단 내부에 표시되거나 영상·음성·음향 및 이들의 조합으로 이루어지는 광고를 포함한다)되는 것, 전광판, 대통령령으로 정하는 인터넷 매체[이동통신단말장치에서 사용되는 애플리케이션(Application)을 포함한다], 그 밖에 매체의 성질, 영향력

---

211) 헌재 2015. 12. 23. 2015헌바75 전원재판부

등을 고려하여 대통령령으로 정하는 광고매체를 이용하여 의료광고를 하려는 경우 미리 의료광고가 제56조 제1항부터 제3항까지의 규정에 위반되는지 여부에 관하여 제2항에 따른 기관 또는 단체의 심의를 받아야 한다(의료법 제57조 제1항 제1호 내지 제5호). 다만 의료기관의 명칭·소재지·전화번호, 의료기관이 설치·운영하는 진료과목(제43조 제5항에 따른 진료과목을 말한다), 의료기관에 소속된 의료인의 성명·성별 및 면허의 종류로만 구성된 의료광고에 대해서는 제2항에 따라 보건복지부장관에게 신고한 기관 또는 단체(이하 '자율심의기구'라 한다)의 심의를 받지 않을 수 있다(제57조 제3항).

보건복지부장관이 의료광고의 심의에 관한 업무를 의료인 단체에 위탁할 수 있는 내용을 규정하는 구 의료법 제57조 제3항을 삭제하고, 제28조 제1항에 따른 의사회·치과의사회·한의사회, 「소비자기본법」 제29조에 따라 등록한 소비자단체로서 대통령령으로 정하는 기준을 충족하는 단체가 대통령령이 정하는 바에 따라 자율심의를 위한 조직 등을 갖추어 보건복지부장관에게 신고한 후 업무를 수행할 수 있게 하고(의료법 제57조 제2항, 개정 2018. 3. 27), 자율심의기구의 구성, 운영 및 심의에 필요한 사항은 자율심의기구가 정할 수 있도록 규정했다(제57조 제9항 참고).

2. 심의대상

의료광고의 심의대상은 의료법 제57조 제1항 및 동법 시행령 제24조에서 구체적으로 규정하고 있다.

의료법 제57조 제1항	제57조(의료광고의 심의) ① 의료인등이 다음 각 호의 어느 하나에 해당하는 매체를 이용하여 의료광고를 하려는 경우 미리 의료광고가 제56조 제1항부터 제3항까지의 규정에 위반되는지 여부에 관하여 제2항에 따른 기관 또는 단체의 심의를 받아야 한다. <개정 2008. 2. 29, 2010. 1. 18, 2011. 8. 4, 2016. 1. 6, 2018. 3. 27> 1.「신문 등의 진흥에 관한 법률」제2조에 따른 신문·인터넷신문 또는 「잡지 등 정기간행물의 진흥에 관한 법률」제2조에 따른 정기간행물 2.「옥외광고물 등의 관리와 옥외광고산업 진흥에 관한 법률」제2조 제1호에 따른 옥외광고물 중 현수막(懸垂幕), 벽보, 전단(傳單) 및 교통

	시설·교통수단에 표시(교통수단 내부에 표시되거나 영상·음성·음향 및 이들의 조합으로 이루어지는 광고를 포함한다)되는 것 3. 전광판 4. 대통령령으로 정하는 인터넷 매체[이동통신단말장치에서 사용되는 애플리케이션(Application)을 포함한다] 5. 그 밖에 매체의 성질, 영향력 등을 고려하여 대통령령으로 정하는 광고매체
시행령 제24조 제1항, 제2항	제24조(의료광고의 심의) ① 법 제57조 제1항 제4호에서 "대통령령으로 정하는 인터넷 매체"란 다음 각 호의 매체를 말한다. <개정 2012. 4. 27> 1. 「신문 등의 진흥에 관한 법률」 제2조 제5호에 따른 인터넷뉴스서비스 2. 「방송법」 제2조 제3호에 따른 방송사업자가 운영하는 인터넷 홈페이지 3. 「방송법」 제2조 제3호에 따른 방송사업자의 방송프로그램을 주된 서비스로 하여 '방송', 'TV' 또는 '라디오' 등의 명칭을 사용하면서 인터넷을 통하여 제공하는 인터넷 매체 4. 「정보통신망 이용촉진 및 정보보호 등에 관한 법률」 제2조 제1항 제3호에 따른 정보통신서비스 제공자 중 전년도 말 기준 직전 3개월 간 일일 평균 이용자 수가 10만 명 이상인 자가 운영하는 인터넷 매체 ② 법 제57조 제1항 제5호에서 "대통령령으로 정하는 광고매체"란 전년도 말 기준 직전 3개월 간 일일 평균 이용자 수가 10만 명 이상인 사회관계망 서비스(Social Network Service)를 제공하는 광고매체를 말한다. <개정 2018. 9. 28>

의료법 시행령 제24조 제1항 제1호에서 말하는 「신문 등의 진흥에 관한 법률」 제2조 제5호에 따른 인터넷뉴스서비스는 신문, 인터넷신문, 「뉴스통신진흥에 관한 법률」에 따른 뉴스통신, 「방송법」에 따른 방송 및 「잡지 등 정기간행물의 진흥에 관한 법률」에 따른 잡지 등의 기사를 인터넷을 통하여 계속적으로 제공하거나 매개하는 전자간행물을 말한다. 다만, 제2호의 인터넷신문 및 「인터넷 멀티미디어 방송사업법」 제2조 제1호에 따른 인터넷 멀티미디어 방송, 그 밖에 대통령령으로 정하는 것을 제외한다.

의료법 시행령 제24조 제1항 제2호에서 말하는 「방송법 제2조 제3호에 따른 방송사업자가 운영하는 인터넷 홈페이지나 3호에서 말하는 방송사업자의 방송프로그램을 주된 서비스로 하여 '방송', 'TV' 또는 '라디오' 등의 명칭을 사용하면서 인터넷을 통하여 제공하는 인터넷 매체는 아래와 같은 방송사업자를 의미한다.

가. 지상파방송사업자: 지상파방송사업을 하기 위하여 제9조 제1항에 따라 허가를 받은 자

나. 종합유선방송사업자: 종합유선방송사업을 하기 위하여 제9조 제2항에 따라 허가를 받은 자

다. 위성방송사업자: 위성방송사업을 하기 위하여 제9조 제2항에 따라 허가를 받은 자

라. 방송채널사용사업자: 방송채널사용사업을 하기 위하여 제9조 제5항에 따라 등록을 하거나 승인을 얻은 자

마. 공동체라디오방송사업자: 안테나공급전력 10와트 이하로 공익목적으로 라디오방송을 하기 위하여 제9조 제11항에 따라 허가를 받은 자

의료법 제24조 제1항 제4호에서 말하는 정보통신망 이용촉진 및 정보보호 등에 관한 법률」 제2조 제1항 제3호에 따른 정보통신서비스 제공자 중 전년도 말 기준 직전 3개월 간 일일 평균 이용자 수가 10만 명 이상인 자가 운영하는 인터넷 매체는「전기통신사업법」 제2조 제8호에 따라 등록 또는 신고(신고가 면제된 경우 포함)를 하고 전기통신역무를 제공하는 전기통신사업자와 영리를 목적으로 전기통신사업자의 전기통신역무를 이용하여 정보를 제공하거나 정보의 제공을 매개하는 자 중에서 전년도 말 기준 직전 3개월 간 일일 평균 이용자 수가 10만 명 이상인 자가 운영하는 인터넷 매체를 말한다.

위와 같이 의료법 제57조 제1항과 의료법 시행규칙 제24조 제1항과 제2항에서 정하는 매체는 모두 의료광고 심의 대상이다. 다만 의료기관의 명칭·소재지·전화번호, 의료기관이 설치·운영하는 진료과목(제43조 제5항에 따른 진료과목을 말한다), 의료기관에 소속된 의료인의 성명·성별 및 면허의 종류, 그 밖에 대통령령으로 정하는 사항(1. 의료기관 개설자 및 개설연도, 2. 의료기관의 인터넷 홈페이지 주소, 3. 의료기관의 진료일 및 진료시간, 4. 의료기관이 법 제3조의5 제1항에 따라 전문병원으로 지정받은 사실, 5. 의료기관이 법 제58조 제1항에 따라 의료기관 인증을 받은

사실, 6. 의료기관 개설자 또는 소속 의료인이 법 제77조 제1항에 따라 전문의 자격을 인정받은 사실 및 그 전문과목)의 사항으로만 구성된 의료광고에 대해서는 자율심의기구의 심의를 받지 않을 수 있다(의료법 제57조 제3항, 의료법시행령 제24조 제7항).

의료법 제57조 제1항 제5호에서 "대통령령으로 정하는 광고매체"란 전년도 말 기준 직전 3개월간 일일 평균 이용자 수가 10만 명 이상인 사회 관계망 서비스(Social Network Service)를 제공하는 광고매체가 의료광고심의 대상이 되므로, 유튜브 방송의 경우 위 조건에 해당되지 않으면 의료광고 심의대상이 아니다.

SNS 매체를 활용하는 개인의 게시글을 대상으로 한 광고의 심각성이 부각되어 의료광고 심의대상에 단순히 10만 명 이상의 SNS 매체를 규정한 것에 나아가서 '일정 규모 이상의 인플루언서나 유튜버 등의 SNS 매체를 활용한 자도' 포함하여야 한다는 논의도 있다.212)

이와 관련하여 보건복지부의 의료광고 심의기준(2007년)에서 언급하는 의료광고 사전심의 대상이 아닌 주요 매체는 아래와 같다.

○ 의료광고 사전심의대상이 아닌 주요 매체
◇ 교통시설이용 광고물: 지하도, 철도, 지하철(역사 포함), 공항, 항만 고속국도
◇ 교통수단이용 광고물: 열차(전동차 포함), 「자동차관리법」에 의한 자동차, 「선박법」에 의한 선박, 「항공법」에 의한 항공기
◇ 공공시설물이용 광고물: 엘리베이터, 공공시설에 설치된 전광판 등
◇ 옥내(건물외벽 제외)광고물
◇ 「신문 등의 자유와 기능보장에 관한 법률」 제2조에 따른 인터넷신문이 아닌 인터넷 매체(의료기관 홈페이지, 포털 사이트 배너 광고 등)
◇ 원내 비치 목적의 병원보, 소책자 등. 다만, 옥외에서 배부할 경우 전단으로 간주한다.
◇ 현수막 중 단순 의료기관 개설 또는 이전 안내(자신의 의료기관 외벽에 한함)
◇ 「방송법」 제2조 제1호의 방송이 아닌 LCD 모니터 등을 통한 영상 광고
◇ LED 전광판을 이용한 문자 광고
◇ 지역주민을 대상으로 한 건강강좌 안내문이나 국민 건강을 위한 공익광고(의료기관 명칭, 전화번호 등의 정보가 기재되지 않은 경우로 한정)

---

212) 장석권, "의료광고 자율 사전심의 제도를 규정한 개정 의료법 제57조 등에 대한 소고", 한국광고홍보학보 22(4), 2020, 221면

◇ 음성광고
※ 의료광고 심의대상이 아닌 광고물에 대해서는 신청인이 심의받기를 원할 경우 심
　의대상으로 간주하여 심의를 진행하고, 심의 철회를 원할 경우 신청서를 반려한다.

3. 자율심의제도

　　의료법 제28조 제1항에 따른 의사회·치과의사회·한의사회, 「소비자기본
법」 제29조에 따라 등록한 소비자단체로서 소비자기본법 제29조에 따라 공정거
래위원회에 등록하고 단체의 설립목적 및 업무 범위에 의료 또는 광고 관련 내
용을 포함하고 있는 등 기준을 충족하는 단체는 대통령령으로 정하는 바에 따
라 자율심의를 위한 조직 등을 갖추어 보건복지부장관에게 신고한 후 의료광고
심의 업무를 수행할 수 있다(제57조 제2항, 시행령 제24조 제4항).

　　자율심의를 위한 기관이나 조직은 법 제57조 및 제57조의3에 따른 의료
광고의 심의 및 모니터링에 관한 업무를 처리할 수 있는 1개 이상의 전담부서
와 3명 이상의 상근인력(의료 또는 광고 관련 학식과 경험이 풍부한 사람이 포함되
어야 한다)과 법 제57조 및 제57조의3에 따른 의료광고의 심의 및 모니터링에
관한 업무를 처리할 수 있는 전산장비와 사무실을 갖추어야 한다(시행령 제24
조 제3항).

　　자율심의기구를 신고하려는 단체 또는 조직은 일정한 양식의 신고서와 관
계서류를 보건복지부 장관에게 제출하고(시행령 제24조 제5항), 보건복지부 장관
은 제출받은 신고 현황을 보건복지부 인터넷 홈페이지에 공개해야 한다(시행령
제24조 제6항). 자율심의기구 신고 시 제출해야 할 서류 및 서식은 의료법 시행
규칙 제61조의2에 자세히 규정되어 있다.

　　자율심의기구는 제1항에 따른 심의를 할 때 적용되는 심의기준을 상호 협
의하여 마련하여야 하며(의료법 제57조 제4항), 의료광고 제도 및 법령의 개선에
관하여 보건복지부 장관에게 의견을 제시할 수 있으며(제7항), 의료법 제57조
제1항부터 제8항까지의 규정에서 정한 것 외에 자율심의기구의 구성, 운영 및
심의에 관한 필요한 사항은 자율심의기구가 정하며(제10항), 자율심의기구가 심
의업무를 수행할 때는 제56조 제1항부터 제3항의 규정에 따라 공정하고 투명하

게 하여야 한다(제11항).

의료광고 심의를 받으려는 자는 자율심의기구가 정하는 수수료를 내야 하며(제5항, 신설 2018. 3. 27), 제1항에 따른 심의의 유효기간은 심의를 신청하여 승인을 받은 날로부터 3년이며(제8항, 신설 2018. 3. 27), 의료인 등이 제8항에 따라 유효기간 만료 후 계속하여 의료광고를 하려는 경우에는 유효기간 만료 6개월 전에 자율심의기구에 의료광고심의를 신청하여야 한다(제9항, 신설 2018. 3. 27).

4. 심의위원회 구성 및 심의 절차

가. 의료법 규정

자율심의기구는 의료광고를 심의하기 위하여 제2항 각 호의 구분에 따른 심의위원회(이하 이 조에서 "심의위원회"라 한다)를 설치·운영하여야 한다(의료법 제57조의2 제1항).

심의위원회의 종류는 의료광고심의위원회, 치과의료광고심의위원회, 한방의료광고심의위원회로 나누고, 심의 대상은 의료광고심의위원회가 의사, 의원, 의원의 개설자, 병원, 병원의 개설자, 요양병원(한의사가 개설한 경우는 제외한다), 요양병원의 개설자, 정신병원, 정신병원의 개설자, 종합병원(치과는 제외한다. 이하 이 호에서 같다), 종합병원의 개설자, 조산사, 조산원, 조산원의 개설자가 하는 의료광고를 심의하고(1호), 치과의료광고심의위원회가 치과의사, 치과의원, 치과의원의 개설자, 치과병원, 치과병원의 개설자, 종합병원(치과만 해당한다. 이하 이 호에서 같다), 종합병원의 개설자가 하는 의료광고를 심의하고(2호), 한방의료광고심의위원회가 한의사, 한의원, 한의원의 개설자, 한방병원, 한방병원의 개설자, 요양병원(한의사가 개설한 경우만 해당한다. 이하 이 호에서 같다), 요양병원의 개설자가 하는 의료광고를 심의한다(3호)(제2항, 개정 2020. 3. 4).

제57조 제2항 제1호에 따른 자율심의기구 중 의사회는 제2항 제1호에 따른 심의위원회만, 치과의사회는 같은 항 제2호에 따른 심의위원회만, 한의사회는 같은 항 제3호에 따른 심의위원회만 설치·운영하고, 제57조 제2항 제2호에 따른 자율심의기구는 제2항 각호의 어느 하나에 해당하는 심의위원회만 설치·운영할 수 있다(제3항).

심의위원회는 위원장 1명과 부위원장 1명을 포함하여 15명 이상 25명 이하의 위원으로 구성한다. 이 경우 제2항 각호의 심의위원회 종류별로 다음 각호의 구분에 따라 구성한다(제4항). 의료광고심의위원회는 제5항 제2호부터 제9호까지의 사람을 각각 1명 이상 포함하되, 같은 항 제4호부터 제9호까지의 사람이 전체 위원의 3분의 1 이상이 되도록 구성하고(1호), 치과의료광고심의위원회는 제5항 제1호 및 제3호부터 제9호까지의 사람을 각각 1명 이상 포함하되, 같은 항 제4호부터 제9호까지의 사람이 전체 위원의 3분의 1 이상이 되도록 구성하고(2호), 한방의료광고심의위원회는 제5항 제1호·제2호 및 제4호부터 제9호까지의 사람을 각각 1명 이상 포함하되, 같은 항 제4호부터 제9호까지의 사람이 전체 위원의 3분의 1 이상이 되도록 구성하여야 한다(3호).

심의위원회 위원은 의사, 치과의사, 한의사, 「약사법」 제2조 제2호에 따른 약사, 「소비자기본법」 제2조 제3호에 따른 소비자단체의 장이 추천하는 사람, 「변호사법」 제7조 제1항에 따라 동법 제78조에 따른 대한변호사협회에 등록한 변호사로서 대한변호사협회의 장이 추천하는 사람, 「민법」 제32조에 따라 설립된 법인 중 여성의 사회참여 확대 및 복지 증진을 주된 목적으로 설립된 법인의 장이 추천하는 사람, 「비영리민간단체 지원법」 제4조에 따라 등록된 단체로서 환자의 권익 보호를 주된 목적으로 하는 단체의 장이 추천하는 사람, 그 밖에 보건의료 또는 의료광고에 관한 학식과 경험이 풍부한 사람 중 어느 하나에 해당하는 사람 중에서 자율심의기구의 장이 위촉한다(제5항).

제1항부터 제5항까지의 규정에서 정한 것 외에 심의위원회의 구성 및 운영에 필요한 사항은 자율심의기구가 정한다(제6항, 본조 신설 2018. 3. 27).

참고로 수의사법에는 병원 광고 사전심의제가 도입되지 않고 있어 입법적 보완이 필요하다.

나. 심의위원회 규정 및 절차

의료법 제57조의2 제6항에 따라 의료광고심의위원회에서는 의료광고 공통심의기준을 정하고 의료광고심의위원회 운영규정을 제정해 의료광고를 심의하고 있다. 구체적인 내용은 대한의사협회 의료광고심의위원회 홈페이지를 참조하길 바란다. 대한한의사협회나 대한치과의사협회의 규정도 대동소이하다.

대한의사협회의 의료광고심의 절차를 간단히 소개하면 아래와 같다.

① 위원회 홈페이지를 통해 심의신청서 제출(의료광고 시안 1부, 의료기관 개
  설 허가증 또는 신고증 사본 1부, 광고내용에 의학에 관한 전문적인 내용이 포
  함되어 있는 경우 이를 소명할 수 있는 자료, 위원회가 해당 의료광고 심의에
  필요하여 제출을 요구한 자료를 첨부)(의료광고 심의위원회 운영규정 제15조
  제1항), 수수료 납부(제22조)

② 위원회에서 신청 내용 홈페이지 게시 및 의료광고 심의진행 대장 등재
  (제15조 제2항), 접수증 작성 교부(제3항)

③ 위원회가 의료법 제56조 및 의료법 시행령 제23조, 협회 의료광고 심의
  기준, 기타 관련 법령 참조해 심의(제16조)

④ 신청 후 15일 내 승인, 조건부 승인, 불승인의 결정(부득이한 경우 기간
  만료 전 지연사실 및 사유 통지)(제17조) 및 홈페이지 게시 등으로 심의결
  정 통보

⑤ 조건부 승인이나 불승인 시 재심의 신청(제18조) 및 재심의결정(19조)

⑥ 심의필증 교부(제20조)

⑦ 추가 심의(심의필증 교부 후 관련 법령 변경이나 심의 오류 있는 경우)(제23조)

광고심의위원회의 결정에 대하여 불복하여 행정소송을 제기할 수 있다.

[판례] C 의원을 운영하는 원고가 의원 내 흉터클리닉을 개설하면서 의료
법 시행령 제24조 제1항 제4호에서 정한 정보통신서비스 제공자가 운영하는 인
터넷 매체인 www.naver.com에 키워드 검색 광고를 하고자 2014. 4. 23. '흉터
클리닉 D, (패인, 화상, 성형, 긁힌) 흉터, 켈로이드, 이물질 제거, E 성형외과 전
문의'라는 문구에 대한 의료광고심의를 신청하자, 피고 대한의사협회는 2014.
4. 30. 원고에게 이 사건 문구 중 'C 흉터클리닉'을 의료법 제42조에 의한 의료
기관 명칭표시 방법에 따라 'C 의원 흉터클리닉'으로 수정할 것을 명하는 한편,
'의료광고 심의기준(2013)' Ⅳ.6.(7)(이하 '의료광고 심의기준(2013)'을 '이 사건 심의
기준'이라 하고, 이 사건 심의기준 Ⅳ.6.(7)을 '이 사건 조항'이라 한다)에 의하면 외국
의 의료인 면허 소지 기재는 OECD 회원국에 한하여 허용된다는 이유로 'E 성
형외과 전문의'라는 단어를 삭제할 것을 명하고, 위 지적사항을 반영한 수정시
안을 제출하는 경우 재심의를 거쳐 승인 여부를 결정하겠다는 내용의 조건부
승인 처분을 하였고, 이에 원고가 사단법인 대한의사협회를 상대로 이의 취소

를 구하는 행정소송을 제기했다.

법원은 OECD 외국의 면허소지 기재가 의료법 제56조 제2항 제2호의 '치료효과를 보장할 우려가 있는 내용의 광고'에 해당된다고 볼 수 없어 '경력 관련' 심의기준 중 "OECD 회원국에 한하여 외국의 면허소지 기재를 허용한다."라는 심의기준은 상위규정인 의료법에 위반되어 무효라고 판시하면서 위 의료광고 조건부 승인처분을 취소했다.[213]

다. 의료광고 공통심의 기준

1) 의료광고 심의기준은 대한의사협회, 대한치과의사협회, 대한한의사협회 의료광고심의위원회에서 2019. 11. 19. 공통으로 정한 기준으로서 의료광고 심의 시 내용을 참조해 의료광고심의를 신청하는 것은 도움이 된다.

그뿐만 아니라 의료광고 심의 신청 시 보건복지부, 대한의사협회, 대한치과의사협회, 사단법인 대한한의사협회에서 2020. 7. 6. 공통으로 발행한 의료광고 가이드라인을 참조하길 바란다.

2) 의료광고 공통 심의기준 중 오해하기 쉬운 내용 10가지 소개

① 'ㅇㅇ 네트워크, ㅇㅇ 피부과 네트워크, 그룹 등'의 용어를 광고에 표시할 수 없고, 네트워크 소속 일부 의료기관이 광고할 경우 공통으로 사용하는 홈페이지 주소나 대표전화번호를 표기할 수 없다.

② 의원급이나 병원급 의료기관에서는 의료기관 명칭 표기 시 '센터' 또는 'center'를 사용할 수 없고, 종합병원에서만 사용할 수 있다.

③ 대국민 건강강좌 등 공익광고의 경우 사전심의 대상이 아니며 연좌 소개는 재직 병원 및 근무 부서명에 한정되며, 의료광고를 포함하는 경우 심의대상이 될 수 있다.

④ 건물 외벽을 제외한 의료기관 내부의 벽보, 현수막, 영화관 내 벽보 및 상영물, 엘리베이터 등 옥내광고물이나 의료기관 홈페이지, 원내 비치 병원 소식지 등은 심의대상이 아니나, 원외 반출이나 옥외에서 배부할 경우 전단으로 간주하여 전단에 대한 심의기준에 따른다.

⑤ 심의를 받은 모든 광고(현수막 포함)에는 심의필 번호가 있어야 하며, 다

---

213) 서울행정법원 2015. 1. 15. 선고 2014구합64100 판결[의료광고심의흠터조건부승인결과 처분취소 청구의 소]

만 키워드 광고 등의 경우 축약이 가능하다.

⑥ 최고, 최초, 유일한, 최첨단, 첨단, 최상의, 지역 최초, 지역 1위, 특수, 특별, A+, 전문, 특화, 특성화, 명품, 선구자, 일인자, 배, 완전히 등은 소비자를 현혹시킬 우려가 있는 광고로 허용되지 않는다.

⑦ 동영상 광고에서 환자가 의사를 방문하여 질의하고 의사가 세밀히 답변하는 형식을 취하거나, 환자가 시술이나 수술을 받을 수밖에 없는 자신의 외모적, 건강상태 등을 설명하고 이를 근거로 의료기관을 방문하도록 하는 광고는 치료효과를 오인할 우려가 있어 허용하지 않으며, 실제 시술 장면에 대한 사진이나 동영상은 치료경험담이나 환자 현혹 우려가 있어 지양한다.

⑧ TV, 잡지 등 출연 사실 광고 게재나 학회 및 세미나 참석하거나 특정 분야에서 연구 발표했다는 사진 및 문구는 불허한다.

⑨ '수술 없이'의 표현 등 'ㅇㅇ 없이' 등의 표현은 시술이나 수술 방법에 대한 비교적 표현으로 불허하고, CCTV 설치한 사실이나 '무균시스템'이라고 강조하여 표현한 광고도 금지한다.

⑩ 특정 기업과 협약체결 광고나 '프리미어 건강검진', 'VIP 건강검진' 등과 같이 환자 유인 소지가 있는 문구 표기는 허용되지 않는다.

라. 의료광고 심의 시 금지 문구나 표현 안내

대한의사협회 의료광고심의위원회에서는 2021. 3. 의료광고 심의 시 사용 불가능한 문구나 표현을 안내하고 있다. 근본/뿌리/원인치료/경험/빠른 회복/한 방에/특화/전문 등 소비자를 현혹하거나 치료효과를 보장하거나 과장하는 내용 등을 구체적으로 적시하고 있다.

의료광고심의 신청 시 금지하고 있는 문구나 표현을 확인할 필요성이 있으며, 구체적인 내용은 의료광고심의위원회 해당 홈페이지를 참고하길 바란다.

5. 의료광고 모니터링

1) 자율심의기구는 의료광고가 제56조 제1항부터 제3항까지의 규정을 준수하는지 여부에 관하여 모니터링하고, 보건복지부령으로 정하는 바에 따라 모

니터링 결과를 보건복지부장관에게 제출하여야 한다(의료법 제57조의3, 본조신설 2018. 3. 27). 자율심의기구(법 제57조 제2항에 따라 보건복지부장관에게 신고한 기관 또는 단체를 말한다)는 법 제57조의3에 따라 의료광고가 법 제56조 제1항부터 제3항까지의 규정을 준수하는지 여부에 관한 모니터링 결과를 매 분기별로 분기가 끝난 후 30일 이내에 보건복지부장관에게 제출하여야 한다(의료법 시행규칙 제61조의3, 본조신설 2018. 9. 27).

  2) 의료광고 모니터링의 주요 내용은 아래와 같다.

  ① 2016. 10. 12. 보건복지부 보도자료, 치료경험담 의료광고 불법, 인터넷 광고 점검

과도한 가격할인, 이벤트 등 의료광고 실태조사 개요

▸ (기간) 광고 조사 2017. 1. 2.~2017. 1. 26. / 내용분석 2017. 2. 1.~2017. 6. 30.
▸ (대상) 성형·미용·비만, 라식·라섹, 치아교정 진료 분야 의료광고 총 4,693건
  − 의료전문 소셜커머스(1곳 608건), 어플리케이션(3곳 3,074건) 및 의료기관 홈페이지(1,011곳)
  * 접속자 순위 제공 전문기관 자료 및 앱 다운로드 건수 활용하여 대상 선정
▸ (방법) 환자유인 문구 및 거짓·과장 문구 전수 조사
▫ 게재된 의료광고 4,693건에 대한 조사 결과는 다음과 같다.
  ○ 의료법 위반은 총 1,286건으로, 환자 유인성이 과도한 의료광고 1,134건 (88.2%), 거짓·과장광고 67건(5.2%), 유인성 과도 및 거짓·과장문구 광고 85건(6.6%)인 것으로 나타났다.
  ○ 매체별로는 의료전문 소셜커머스와 어플리케이션에 게재된 3,682건 중 1,137건(30.9%), 의료기관 홈페이지 1,011개소 중 121개(12%)가 의료법 위반으로 적발되었다.
  ○ 이번에 적발된 대표적인 불법 환자유인 의료광고 유형은 아래와 같다.
    가. 비급여 진료항목에 관한 "과도한 가격할인(50% 이상)"
    나. 각종 검사나 시술 등을 무료로 추가 제공하는 "끼워팔기"
    다. 친구나 가족과 함께 의료기관을 방문 시 각종 혜택을 부여하는 "제3자 유인"
    라. 선착순 혜택을 부여한다는 "조건할인"
    마. 시·수술 지원금액(최대지원 ○○만원 등)을 제시하는 "금품제공"

---

  ② 2017. 8. 8. 보건복지부 보도자료, 과도한 가격할인, 이벤트 등 광고, 의료기관 318개 적발

③ 2019. 7. 31. 보건복지부 보도자료, 앱 소셜커머스 통해 불법 의료광고한 의료기관 278개 적발 환자유인·알선, 거짓·과장 광고 주의하세요!

- 앱 및 소셜커머스 상 의료광고 2,402건 중 1,059건(44.1%) 의료법 위반
- 사진제공·후기작성 시 할인 등 과도한 환자유인 광고 827건(78.1%) 거짓·과장 광고 232건(21.9%) 적발

[붙임 1] 불법 의료광고 모니터링 적발 사례
○ 고가나 저가의 시술을 조합한 묶어팔기를 통한 환자유인·알선
○ '특별할인' 또는 '무료시술·금품제공'으로 환자 유인·알선
○ 부작용 없음, 전 세계 최초, 영구적인 효과 등 거짓·과장 광고
[붙임 2] 조사결과 요약

구분		매 체	위반의심 광고물 수	위반의심 의료기관 수
환자 유인· 알선	①	특정 시기·특정 대상에게 '파격할인' 제공	3건 (0.3%)	3개소 (0.7%)
	②	고가나 저가의 시술을 조합한 '묶어팔기'	517건 (48.8%)	196개소 (43.9%)
	③	이벤트 당첨자 등 조건 제시를 통해 '특별할인' 또는 '무료시술·금품할인'	307건 (29%)	127개소 (28.5%)
거짓· 과장	④	거짓·과장 광고	232건 (21.9%)	120개소 (26.9%)
합 계			총1,059건 (100%)	총 446개소 (중복제거 278개)

④ 2020. 1. 17. 보건복지부 보도자료, 불법의료광고, 의료계와 함께 점검한다(겨울 방학, 설 연휴를 맞아 청소년 및 학생 등을 대상으로 하는 불법 의료광고의 소비자 피해 예방을 위해 성형, 미용 관련 거짓 과장 광고, 과도한 유인성 광고 등을 집중 단속).

6. 위반사실의 공표 및 정정광고

보건복지부장관 또는 시장·군수·구청장은 법 제63조 제2항 제2호 또는 제3호에 따라 의료인등에 대하여 위반사실의 공표 또는 정정광고를 명할 때에

는 위반행위의 내용 및 정도, 위반행위의 기간 및 횟수를 고려하여 공표 또는 정정광고의 내용과 횟수·크기·매체 등을 정하여 명하여야 한다(의료법 시행령 제31조의7 제1항).

보건복지부장관 또는 시장·군수·구청장은 제1항에 따라 위반사실의 공표 또는 정정광고를 명할 때에는 법 제57조의2 제2항 각호에 따른 심의위원회와 협의하여 공표 또는 정정광고의 내용과 횟수·크기·매체 등을 정할 수 있다(제 2항)(본조 신설 2018. 9. 28).

제7절 형사책임

가. 불법 의료광고 처벌

의료광고 제한에 관한 규정인 의료법 제56조 제1항 내지 제3항을 위반한 경우 1년 이하의 징역이나 1천만 원 이하의 벌금에 처하고(의료법 제89조), 제63 조에 따른 시정명령을 위반한 경우 500만 원 이하의 벌금에 처한다(제90조).

의료광고 위반으로 입건되면 대부분 기소유예처분을 받거나 약식 기소된 다. 의료법위반으로 약식명령이 있더라도 벌금액수와 상관없이 행정처분이 부 과될 수 있어 약식명령에 대하여 정식재판을 청구해 적극적으로 다투는 경우가 많다. 이는 기소유예처분을 받아 벌금형을 납부하지 않는 경우에도 마찬가지여 서 기소유예처분에 대하여 기소유예처분의 취소를 구하는 헌법소원을 제기하 기도 한다. 기소유예처분이나 약식명령이 발령된 경우 행정처분의 내용을 구체 적으로 확인해 대응해야 한다.

나. 양벌규정

1) 법인의 대표자나 법인 또는 개인의 대리인, 사용인, 그 밖의 종업원이 그 법인 또는 개인의 업무에 관하여 제87조, 제87조의2, 제88조, 제88조의2, 제 89조 또는 제90조의 위반행위를 하면 그 행위자를 벌하는 외에 그 법인 또는 개인에게도 해당 조문의 벌금형을 과한다. 다만, 법인 또는 개인이 그 위반행위 를 방지하기 위하여 해당 업무에 관하여 상당한 주의와 감독을 게을리하지 아

니한 경우에는 그러하지 아니하다(의료법 제91조). 즉, 그 경우 법인의 대표자 등
에게 해당 조문의 벌금형이 부과되고, 법인 또는 개인이 그 위반행위를 방지하
기 위하여 해당 업무에 관하여 상당한 주의와 감독을 게을리하지 아니한 경우
에는 처벌되지 않는다. 양벌규정은 대부분의 특별법에서 규정하고 있다.

  양벌규정에 의한 책임을 면하기 쉽지 않은 것이 현실이다.

  특별한 근거규정이 없는 한 법인이 설립되기 이전에 자연인이 한 행위에
대하여 양벌규정을 적용하여 법인을 처벌할 수는 없다. 즉, 일반적으로 자연인
이 법인의 기관으로서 범죄행위를 한 경우에도 행위자인 자연인이 그 범죄행위
에 대한 형사책임을 지는 것이고, 다만 법률이 그 목적을 달성하기 위하여 특별
히 규정하고 있는 경우에만 행위자를 벌하는 외에 법률효과가 귀속되는 법인에
대하여도 벌금형을 과할 수 있는 것인 만큼, 법인이 설립되기 이전에 어떤 자연
인이 한 행위의 효과가 설립 후의 법인에게 당연히 귀속된다고 보기 어려울 뿐
만 아니라, 양벌규정에 의하여 사용자인 법인을 처벌하는 것은 형벌의 자기책
임원칙에 비추어 위반행위가 발생한 그 업무와 관련하여 사용자인 법인이 상당
한 주의 또는 관리감독 의무를 게을리한 선임감독상의 과실을 이유로 하는 것
인데, 법인이 설립되기 이전의 행위에 대하여는 법인에게 어떠한 선임감독상의
과실이 있다고 할 수 없으므로, 특별한 근거규정이 없는 한 법인이 설립되기 이
전에 자연인이 한 행위에 대하여 양벌규정을 적용하여 법인을 처벌할 수는 없
다.214)

  2) 연혁 및 위헌 결정

  구 의료법 제91조 제1항에서는 "법인의 대리인·사용인 그 밖의 종업원이
제87조 따른 위반행위를 하면 그 법인에도 해당 조문의 벌금형을 과한다."라고
규정되어 있었으나, 헌법재판소의 위헌 결정에 따라 의료법이 개정되었다.

  헌법재판소는 "이 사건 법률조항은 법인이 고용한 종업원 등이 업무에 관
하여 의료법 제87조 제1항 제2호 중 제27조 제1항의 규정에 따른 위반행위를
저지른 사실이 인정되면, 법인이 그와 같은 종업원 등의 범죄에 대해 어떠한 잘
못이 있는지를 전혀 묻지 않고 곧바로 그 종업원 등을 고용한 법인에게도 종업
원 등에 관한 처벌조항에 규정된 벌금형을 과하도록 규정하고 있는바, 오늘날

---

214) 대법원 2018. 8. 1. 선고 2015도10388 판결

법인의 반사회적 법익침해활동에 대하여 법인 자체에 직접적인 제재를 가할 필요성이 강하다 하더라도, 입법자가 일단 "형벌"을 선택한 이상, 형벌에 관한 헌법상 원칙, 즉 법치주의와 죄형법정주의로부터 도출되는 책임주의 원칙이 준수되어야 한다. 그런데 이 사건 법률조항에 의할 경우 법인이 종업원 등의 위반행위와 관련하여 선임·감독상의 주의의무를 다하여 아무런 잘못이 없는 경우까지도 법인에게 형벌을 부과될 수밖에 없게 되어 법치국가의 원리 및 죄형법정주의로부터 도출되는 책임주의 원칙에 반하므로 헌법에 위반된다."라고 결정하였다.215)

그에 따라 2009. 12. 31. "다만, 법인 또는 개인이 그 위반행위를 방지하기 위하여 해당 업무에 관하여 상당한 주의와 감독을 게을리하지 아니한 경우에는 그러하지 아니하다."라는 내용의 단서를 추가하는 내용으로 의료법 제91조가 개정되었다.

3) 양벌규정 취지

양벌규정을 따로 둔 취지는 이 사건 법률조항이 적용되는 위반행위는 통상 개인적인 차원보다는 법인의 업무와 관련하여 반복적·계속적으로 이루어질 가능성이 크다는 점을 감안하여, 법인의 대표자가 그 업무와 관련하여 위반행위를 저지른 경우에는 그 법인도 형사처벌 대상으로 삼음으로써 위와 같은 위반행위 발생을 방지하고 위 조항의 규범력을 확보하려는 데 있다.216)

또한, 법인은 기관을 통하여 행위하므로 법인이 대표자를 선임한 이상 그의 행위로 인한 법률효과는 법인에게 귀속되어야 하고, 법인 대표자의 범죄행위에 대하여는 법인 자신이 책임을 져야 하는바, 법인 대표자의 법규위반행위에 대한 법인의 책임은 법인 자신의 법규위반행위로 평가될 수 있는 행위에 대한 법인의 직접책임으로서, 대표자의 고의에 의한 위반행위에 대하여는 법인 자신의 고의에 의한 책임을, 대표자의 과실에 의한 위반행위에 대하여는 법인 자신의 과실에 의한 책임을 지는 것이다.217)

4) 판단기준

'양벌규정'에서 법인이나 사용인 등이 상당한 주의 또는 관리감독 의무를

---

215) 헌재 2009. 7. 30. 2008헌가16 전원재판부[의료법 제91조 제1항 위헌제청]
216) 대법원 2010. 9. 30. 선고 2009도3876 판결[폐기물관리법위반·대기환경보전법위반]
217) 헌재 2010. 7. 29. 2009헌가25 전원재판부

게을리하였는지 여부는 당해 위반행위와 관련된 모든 사정, 즉 당해 법률의 입법 취지, 처벌조항 위반으로 예상되는 법익 침해의 정도, 그 위반행위에 관하여 양벌조항을 마련한 취지 등은 물론 위반행위의 구체적인 모습과 그로 인하여 실제 야기된 피해 또는 결과의 정도, 법인의 영업 규모 및 행위자에 대한 감독 가능성 또는 구체적인 지휘감독관계, 법인이 위반행위 방지를 위하여 실제 행한 조치 등을 전체적으로 종합하여 판단하여야 한다.[218]

5) 판례

의료기관의 장이 불법 의료광고로 인한 양벌규정으로 처벌된 판례를 소개하면 아래와 같다.

① 광고마케팅 담당 직원인 피고인 A가 블로그에 원장인 피고인 B로부터 제공받은 환자 시술 사진 등을 이용하여 피고인 A가 직접 시술을 받은 환자였던 것처럼 위 D 의원의 위치, 가격, 시술 전후 사진 및 상태 등을 게재하는 의료광고를 함에 있어 피고인 A가 위반행위를 하지 않도록 상당한 주의와 감독을 게을리하지 않아야 함에도 이를 소홀히 하여 피고인 A가 위 1항 기재와 같은 방법으로 의료광고를 하게 한 혐의로 양벌규정에 의해 벌금 200만 원을 선고받았다.[219]

② 개인 의원 원무과장인 피고인 B가 2017. 4.경부터 2017. 6. 7.경까지 사이에 위 의원 인터넷 홈페이지(F) 병원 소개 중 '원장님 이력' 부분에 위 A가 성형외과 전문의가 아님에도 불구하고 'E 성형외과 진주점 원장', '국제 미용성형외과 전문의'라고 표시하여, 위 A가 성형외과 전문의 자격을 인정받은 자가 아님에도 성형외과 전문과목을 표시하였고, 원장인 피고인 A가 위 일시, 장소에서 피고인의 사용인인 위 B가 피고인의 업무에 관하여 위와 같이 위반행위를 하여 양벌규정이 적용되어 벌금 50만 원을 선고받았다.[220]

③ 의료법인 B 의료재단 E 요양병원 원무부장인 피고인 A가 2017. 5경 부산 F에 있는 의료법인 B 의료재단 E 요양병원 내 피고인 사무실에서 부산 시내버스 광고업체인 G를 통해 ××번 버스 등 내부에 E 요양병원이 일반요양병원에 불과함에도 노인전문병원으로 표시된 광고판을 부착게 하여 의료광고를 함

---

218) 대법원 2010. 2. 25. 선고 2009도5824 판결
219) 부산지법 2020. 6. 10. 선고 2020고단1526 판결
220) 창원지법 진주지원 2018. 6. 29. 선고 2018고정68 판결

으로써 거짓 의료광고를 하였음에도 E 요양병원 개설자인 피고인 의료법인 B
는 피고인의 업무에 관하여 그 사용인인 피고인 A가 위와 같은 위반행위를 한
행위로 양벌규정에 의해 벌금 50만 원을 선고받았다.[221]

제8절 행정책임(행정처분 등)

자율심의기구는 의료광고가 제56조 제1항부터 제3항까지의 규정을 준수하
는지 여부에 관하여 모니터링을 하는 바에 따라 모니터링 결과를 보건복지부장
관에게 제출하여야 한다(제57조의3).

보건복지부 장관 또는 시장·군수·구청장은 의료인등이 제56조 제2항·제
3항을 위반한 때에는 ① 위반행위의 중지, ② 위반사실의 공표, ③ 정정광고 등
의 조치를 명할 수 있으며(의료법 제63조 제2항, 신설 2018. 3. 27), 위반사실의 공
표와 정정광고에 따른 조치에 필요한 사항은 대통령령으로 정한다(제3항, 신설
2018. 3. 27).

보건복지부장관 또는 시장·군수·구청장은 의료기관이 이를 위반한 때 시
정을 명할 수 있고(의료법 제63조), 그 의료업을 1년의 범위에서 정지시키거나
개설 허가를 취소하거나 의료기관 폐쇄를 명할 수 있으며(의료법 제64조 제1항
제5호), 의료업 정지 처분에 갈음하여 5천만 원 이하의 과징금을 부과할 수도
있다(의료법 제67조 제1항).

즉, 의료기관이 제63조에 따른 시정명령을 위반한 때(3호), 제56조(의료광
고)를 위반한 때(4호), 제63조에 따른 시정명령(제4조 제5항 위반에 따른 시정명령
을 제외한다)을 이행하지 아니한 때 보건복지부 장관 또는 시장·군수·구청장
은 의료기관이 다음 각호의 어느 하나에 해당하면 그 의료업을 1년의 범위에
서 정지시키거나 개설 허가의 취소 또는 의료기관 폐쇄를 명할 수 있다(제64조
제1항).

의료광고와 관련된 의료관계 행정처분 규칙 [별표] 행정처분기준(제4조 관

---

221) 부산지법 2018. 5. 16. 선고 2017고정2547 판결

련)은 아래와 같다.

2. 개별기준

가. 의료인이 「의료법」(이하 이 표에서 "법"이라 한다) 및 「의료법 시행령」(이하 이 표에서 "영"이라 한다)을 위반한 경우

위반사항	근거법령	행정처분기준
1) 법 제8조 각호의 어느 하나의 결격사유에 해당된 경우	법 제65조 제1항 제1호	면허취소
20) 법 제27조 제3항을 위반하여 영리를 목적으로 환자를 의료기관이나 의료인에게 소개·알선, 그 밖에 유인하거나 이를 사주하는 행위를 한 경우	법 제66조 제1항 제10호	자격정지 2개월
29) 법 제77조 제2항을 위반하여 전문의의 자격인정을 받지 아니한 자가 전문과목을 표시한 경우	법 제66조 제1항 제10호	경고

나. 의료기관이 「의료법」(이하 이 표에서 "법"이라 한다) 및 「의료법 시행규칙」(이하 이 표에서 "규칙"이라 한다)을 위반한 경우

위반사항	근거법령	행정처분기준
14) 법 제42조를 위반하여 의료기관의 명칭 표시를 위반한 경우	법 제63조	시정명령
15) 법 제43조를 위반하여 의료기관의 진료과목 표시를 위반한 경우	법 제63조	시정명령
16) 법 제45조를 위반하여 다음의 어느 하나에 해당하게 된 경우 가) 환자 또는 환자의 보호자에게 비급여 진료비용을 고지하지 아니한 경우 나) 제증명수수료의 비용을 게시하지	법 제63조	시정명령

아니한 경우 다) 비급여 진료비용의 고지 방법을 위반하거나 제증명수수료 비용의 게시 방법을 위반한 경우 라) 고지·게시한 금액을 초과하여 징수한 경우		
20) 법 제56조 제2항(제7호와 제9호는 제외한다)을 위반하여 의료광고를 한 경우	법 제64조 제1항 제5호	업무정지 1개월
21) 법 제56조 제2항 제9호를 위반하여 의료광고의 내용 및 방법 등에 대하여 사전에 보건복지부장관의 심의를 받지 아니하거나 심의받은 내용과 다른 내용의 광고를 한 경우	법 제64조 제1항 제5호	· 1차 위반: 경고 · 2차 위반: 업무정지 15일 · 3차 위반: 업무정지 1개월
22) 법 제56조 제3항(제56조 제2항 제7호를 포함한다)을 위반하여 거짓된 내용의 광고를 한 경우	법 제64조 제1항 제5호	업무정지 2개월
23) 법 제56조 제3항(제56조 제2항 제7호를 포함한다)을 위반하여 과장된 내용의 광고를 한 경우	법 제64조 제1항 제5호	업무정지 1개월
24) 법 제56조 제4항을 위반하여 의료광고를 한 경우	법 제64조 제1항 제5호	업무정지 1개월
25) 법 제59조에 따른 명령을 이행하지 아니하거나 정당한 사유 없이 그 명령을 거부한 경우	법 제64조 제1항 제3호	업무정지 15일
26) 법 제61조에 따른 보고명령을 이행하지 아니하거나 관계 공무원의 검사 등을 거부한 경우	법 제64조 제1항 제3호	업무정지 15일
27) 법 제63조에 따른 명령을 위반하거나 그 명령을 이행하지 아니한 경우	법 제64조 제1항 제3호 및 제6호	업무정지 15일

　　의료관계 행정처분 규칙 [별표] 행정처분기준은 2019. 8. 30. 개정되었으나 의료광고에 관한 개정 내용을 반영하지 못해 실무에서 혼선을 주고 있다.

　　즉, 헌법재판소가 2015. 12. 23. 의료법(2009. 1. 30. 법률 제9386호로 개정된 것) 제56조 제2항 제9호 중 '제57조에 따른 심의를 받지 아니한 광고' 부분에 대해 위헌 결정을 한 후 의료광고에 관한 의료법 제56조가 2018. 3. 27. 법률 제15540호로 개정되었으나 그 내용을 행정처분기준에 반영하지 못하고 있다. 예를 들면 거짓광고의 경우 구 의료법 제56조 제3항에 규정되어 있어 구 의료법 하에서 행정처분 기준에 의하면 2.나.22)호에 따라 업무정지 2개월에 해당하나, 거짓광고에 관한 규정이 구 의료법 제56조 제3항에서 제56조 제2항 제3호로 변경되었음에도 행정처분 기준이 변경되지 않아 현행 의료법 제56조 제2항 제3호 위반의 경우 [별표] 행정처분 기준 2.나.20)호에 해당되어 업무정지 1개월로 규정되어 있어 혼란이 있다. 보건복지부에서는 거짓광고의 경우 행정처분 기준이 개정 전이라도 종전 규정을 기준으로 행정처분을 적용해 2개월의 업무정지를 부과하고 있다. 의료법 개정 후 거의 3년이 지난 점을 감안해 행정처분 기준을 의료법 개정에 맞게 변경하는 것이 바람직하다.

　　아울러 보건복지부장관이나 시장·군수·구청장은 의료기관이 제64조 제1항 각호의 어느 하나에 해당할 때에는 대통령령으로 정하는 바에 따라 의료업 정지 처분을 갈음하여 5천만 원 이하의 과징금을 부과할 수 있으며, 이 경우 과징금은 3회까지만 부과할 수 있다. 다만, 동일한 위반행위에 대하여 「표시·광고의 공정화에 관한 법률」 제9조에 따른 과징금 부과처분이 이루어진 경우에는 과징금(의료업 정지 처분을 포함한다)을 감경하여 부과하거나 부과하지 아니할 수 있다(제67조 제1항).

표시·광고의 공정화에 관한 법률 등 관련 법률

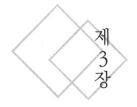

제
3
장

표시·광고의 공정화에 관한 법률 등
관련 법률

1. 표시·광고의 공정화에 관한 법률('표시광고법')

가. 입법취지 및 연혁

위 법은 상품 또는 용역에 관한 표시·광고를 할 때 소비자를 속이거나 소비자로 하여금 잘못 알게 하는 부당한 표시·광고를 방지하고 소비자에게 바르고 유용한 정보의 제공을 촉진함으로써 공정한 거래질서를 확립하고 소비자를 보호함을 목적으로 제정되었다(제1조).

나. 개념 정의

이 법에서 사용하는 용어의 뜻은 다음과 같다.

(1) "표시"란 사업자 또는 사업자단체(이하 "사업자등"이라 한다)가 상품 또는 용역(이하 "상품 등"이라 한다)에 관한 다음 각 목의 어느 하나에 해당하는 사항을 소비자에게 알리기 위하여 상품의 용기·포장(첨부물과 내용물을 포함한다), 사업장 등의 게시물 또는 상품권·회원권·분양권 등 상품 등에 관한 권리를 나

타내는 증서에 쓰거나 붙인 문자·도형과 상품의 특성을 나타내는 용기·포장을 말한다(제2조 제1호).

　　가. 자기 또는 다른 사업자등에 관한 사항
　　나. 자기 또는 다른 사업자등의 상품 등의 내용, 거래 조건, 그 밖에 그 거래에 관한 사항

　　(2) "광고"란 사업자등이 상품 등에 관한 제1호 각 목의 어느 하나에 해당하는 사항을 「신문 등의 진흥에 관한 법률」제2조 제1호 및 제2호에 따른 신문·인터넷신문, 「잡지 등 정기간행물의 진흥에 관한 법률」제2조 제1호에 따른 정기간행물, 「방송법」제2조 제1호에 따른 방송, 「전기통신기본법」제2조 제1호에 따른 전기통신, 그 밖에 대통령령으로 정하는 방법으로 소비자에게 널리 알리거나 제시하는 것을 말한다(2호).

　　신문 등의 진흥에 관한 법률 제2조 제1호 및 제2호에 따른 신문 인터넷 신문은 아래와 같다.

신문의 진흥에 관한 법률 제2조 제1호 및 제2호	1. "신문"이란 정치·경제·사회·문화·산업·과학·종교·교육·체육 등 전체 분야 또는 특정 분야에 관한 보도·논평·여론 및 정보 등을 전파하기 위하여 같은 명칭으로 월 2회 이상 발행하는 간행물로서 다음 각 목의 것을 말한다. 가. 일반일간신문: 정치·경제·사회·문화 등에 관한 보도·논평 및 여론 등을 전파하기 위하여 매일 발행하는 간행물 나. 특수일간신문: 산업·과학·종교·교육 또는 체육 등 특정 분야(정치를 제외한다)에 국한된 사항의 보도·논평 및 여론 등을 전파하기 위하여 매일 발행하는 간행물 다. 일반주간신문: 정치·경제·사회·문화 등에 관한 보도·논평 및 여론 등을 전파하기 위하여 매주 1회 발행하는 간행물(주 2회 또는 월 2회 이상 발행하는 것을 포함한다) 라. 특수주간신문: 산업·과학·종교·교육 또는 체육 등 특정 분야(정치를 제외한다)에 국한된 사항의 보도·논평 및 여론 등을 전파하기 위하여 매주 1회 발행하는 간행물(주 2회 또는 월 2회 이상 발행하는 것을 포함한다)

> 2. "인터넷신문"이란 컴퓨터 등 정보처리능력을 가진 장치와 통
> 신망을 이용하여 정치·경제·사회·문화 등에 관한 보도·논평 및
> 여론·정보 등을 전파하기 위하여 간행하는 전자간행물로서 독자
> 적 기사 생산과 지속적인 발행 등 대통령령으로 정하는 기준을
> 충족하는 것을 말한다.

「잡지 등 정기간행물의 진흥에 관한 법률」제2조 제1호에 따른 정기간행물
은 아래와 같다.

> **제2조(정의)** 이 법에서 사용하는 용어의 정의는 다음과 같다. <개정
> 2016. 2. 3>
> 1. "정기간행물"이란 동일한 제호로 연 2회 이상 계속적으로 발행하는 간
> 행물로서「신문 등의 진흥에 관한 법률」제2조에 따른 신문을 제외한 다
> 음 각 목의 것을 말한다.
> 가. 잡지: 정치·경제·사회·문화·시사·산업·과학·종교·교육·체육 등
>   전체분야 또는 특정분야에 관한 보도·논평·여론 및 정보 등을 전파
>   하기 위하여 동일한 제호로 월 1회 이하 정기적으로 발행하는 책자
>   형태의 간행물
> 나. 정보간행물: 보도·논평 또는 여론 형성의 목적 없이 일상생활 또는 특
>   정사항에 대한 안내·고지 등 정보전달의 목적으로 발행되는 간행물
> 다. 전자간행물: 통신망을 이용하지 아니하고 컴퓨터 등의 정보처리장치
>   를 이용하여 읽거나 보고 들을 수 있도록 전자적으로 발행한 간행물
> 라. 기타간행물: 월 1회 이하 발행되는 간행물 중 책자 형태가 아닌 간행물

「방송법」제2조 제1호에 따른 방송은 아래와 같다.

> **제2조(용어의 정의)** 이 법에서 사용하는 용어의 정의는 다음과 같다.
> 1. "방송"이라 함은 방송프로그램을 기획·편성 또는 제작하여 이를 공중
> (개별계약에 의한 수신자를 포함하며, 이하 "시청자"라 한다)에게 전기통
> 신설비에 의하여 송신하는 것으로서 다음 각목의 것을 말한다.
> 가. 텔레비전방송: 정지 또는 이동하는 사물의 순간적 영상과 이에 따르는
>   음성·음향 등으로 이루어진 방송프로그램을 송신하는 방송
> 나. 라디오방송: 음성·음향 등으로 이루어진 방송프로그램을 송신하는
>   방송

> 다. 데이터방송: 방송사업자의 채널을 이용하여 데이터(문자·숫자·도형·
>   도표·이미지 그 밖의 정보체계를 말한다)를 위주로 하여 이에 따르
>   는 영상·음성·음향 및 이들의 조합으로 이루어진 방송프로그램을 송
>   신하는 방송(인터넷 등 통신망을 통하여 제공하거나 매개하는 경우는
>   제외한다. 이하 같다)
> 라. 이동멀티미디어방송: 이동중 수신을 주목적으로 다채널을 이용하여 텔
>   레비전방송·라디오방송 및 데이터방송을 복합적으로 송신하는 방송

「전기통신기본법」 제2조 제1호에 따른 전기통신은 아래와 같다.

> 제2조(정의) 이 법에서 사용하는 용어의 정의는 다음과 같다.
> 1. "전기통신"이라 함은 유선·무선·광선 및 기타의 전자적 방식에 의하
>   여 부호·문언·음향 또는 영상을 송신하거나 수신하는 것을 말한다.

그 밖에 대통령령으로 정하는 방법은 아래와 같다.

| 표시·광고의 공정화에 관한 법률 시행령 제2조 | 제2조(광고의 방법) 「표시·광고의 공정화에 관한 법률」(이하 "법"이라 한다) 제2조 제2호에서 "대통령령으로 정하는 방법"이란 다음 각호의 매체 또는 수단을 이용하는 것을 말한다.
1. 전단·팸플릿·견본 또는 입장권
2. 인터넷 또는 PC통신
3. 포스터·간판·네온사인·애드벌룬 또는 전광판
4. 비디오물·음반·서적·간행물·영화 또는 연극
5. 자기 상품 외의 다른 상품
6. 그 밖에 제1호부터 제5호까지의 규정에 따른 매체 또는 수단과 유사한 매체 또는 수단
[전문개정 2012. 9. 5] |

(3) "사업자"란 「독점규제 및 공정거래에 관한 법률」 제2조 제1호에 따른
사업자를 말한다(3호).

> 제2조(정의) 이 법에서 사용하는 용어의 정의는 다음과 같다.
> 1. "사업자"라 함은 제조업, 서비스업, 기타 사업을 행하는 자를 말한다.

사업자의 이익을 위한 행위를 하는 임원·종업원·대리인 기타의 자
는 사업자단체에 관한 규정의 적용에 있어서는 이를 사업자로 본다.

1의 2. "지주회사"라 함은 주식(지분을 포함한다. 이하 같다)의 소유를
통하여 국내회사의 사업내용을 지배하는 것을 주된 사업으로 하는 회
사로서 자산총액이 대통령령이 정하는 금액 이상인 회사를 말한다.
이 경우 주된 사업의 기준은 대통령령으로 정한다.

1의 3. "자회사"라 함은 지주회사에 의하여 대통령령이 정하는 기준에
따라 그 사업내용을 지배받는 국내회사를 말한다.

1의 4. "손자회사"란 자회사에 의하여 대통령령으로 정하는 기준에 따라
사업내용을 지배받는 국내회사를 말한다.

(4) "사업자단체"란 「독점규제 및 공정거래에 관한 법률」 제2조 제4호에 따
른 사업자단체를 말한다(4호).

4. "사업자단체"라 함은 그 형태 여하를 불문하고 2 이상의 사업자가 공
동의 이익을 증진할 목적으로 조직한 결합체 또는 그 연합체를 말한다.

(5) "소비자"란 사업자 등이 생산하거나 제공하는 상품 등을 사용하거나
이용하는 자를 말한다(5호)[전문개정 2011. 9. 15].

다. 적용 범위 – 주체 등

위와 같이 사업자나 사업자단체가 주체가 된다. 의료기관은 서비스업을 하
는 자로 사업자에 해당한다. 표시와 광고의 매체도 제한되어 있다. 광고의 내용
도 거짓·과장광고, 기만적인 내용이나 비교, 비방하는 광고로 제한된다.

표시광고법 제3조 및 동법 시행령 제3조의 규정에 의한 부당한 표시·광고
를 심사하기 위해 「소비자 안전에 관한 표시·광고 심사지침」(공정거래위원회예
규 제255호, 2016. 8. 3. 일부 개정)이 제정되어 있다.

라. 부당한 표시 광고행위의 금지

표시 광고법	**제3조(부당한 표시·광고 행위의 금지)** ① 사업자등은 소비자를 속이거나 소비자로 하여금 잘못 알게 할 우려가 있는 표시·광고 행위로서 공정한 거래질서를 해칠 우려가 있는 다음 각 호의 행위를 하거나 다른 사업자등으로 하여금 하게 하여서는 아니 된다. 1. 거짓·과장의 표시·광고 2. 기만적인 표시·광고 3. 부당하게 비교하는 표시·광고 4. 비방적인 표시·광고 ② 제1항 각 호의 행위의 구체적인 내용은 대통령령으로 정한다. [전문개정 2011. 9. 15]
표시 광고법 시행령	**제3조(부당한 표시·광고의 내용)** ① 법 제3조 제1항 제1호에 따른 거짓·과장의 표시·광고는 사실과 다르게 표시·광고하거나 사실을 지나치게 부풀려 표시·광고하는 것으로 한다. ② 법 제3조 제1항 제2호에 따른 기만적인 표시·광고는 사실을 은폐하거나 축소하는 등의 방법으로 표시·광고하는 것으로 한다. ③ 법 제3조 제1항 제3호에 따른 부당하게 비교하는 표시·광고는 비교 대상 및 기준을 분명하게 밝히지 아니하거나 객관적인 근거 없이 자기 또는 자기의 상품이나 용역(이하 "상품등"이라 한다)을 다른 사업자 또는 사업자단체(이하 "사업자등"이라 한다)나 다른 사업자등의 상품등과 비교하여 우량 또는 유리하다고 표시·광고하는 것으로 한다. ④ 법 제3조 제1항 제4호에 따른 비방적인 표시·광고는 다른 사업자등 또는 다른 사업자등의 상품등에 관하여 객관적인 근거가 없는 내용으로 표시·광고하여 비방하거나 불리한 사실만을 표시·광고하여 비방하는 것으로 한다. ⑤ 제1항부터 제4항까지의 규정에 따른 부당한 표시·광고의 세부적인 유형 또는 기준은 공정거래위원회가 정하여 고시할 수 있다. 이 경우 공정거래위원회는 미리 관계 행정기관의 장과 협의하여야 한다. [전문개정 2012. 9. 5]
	[공정거래위원회예규 제255호, 2016. 8. 3. 일부개정] V. 세부심사지침 2. 업종별 지침

소비자
안전에
관한
표시·광고
심사지침
	다. 미용·의료·레저 등 용역의 제공에 관한 부당한 표시·광고 예시
	  – 새롭게 개발된 미용서비스가 부작용이 있을 수 있음에도 사실과 다르게 표시·광고하거나 은폐·축소 등의 행위를 하여 표시·광고하는 경우
	  – 객관적인 근거 없이 피부관리서비스로 관리를 받으면 누구나 얼굴 크기가 10% 이상 작아질 수 있는 효과를 보장하는 것처럼 표시·광고하는 경우
	  – 전체 고객 중 일부만을 대상으로 조사한 결과를 근거로 "요요 없는 완벽 케어 프로그램", "요요 없는 다이어트 성공률 98%"라고 표시·광고하는 경우
	  – 사실과 다르게 일반의가 운영하는 의료기관을 피부과 전문의가 운영하는 피부과 전문 의료기관인 것처럼 '○○ 피부과'라고 표시·광고하는 경우
	  – 사실과 다르게 양악전문의가 없음에도 "양악전문 원장 1명당 양악수술 1,000회"라는 표현을 사용하여 표시·광고하는 경우
	  – 객관적인 근거 없이 자신의 성형시술인 ○○시술을 통해 피부 주름 및 피부 처짐, 모공 등을 한 번에 해결하여 주름 없던 젊은 시절로 되돌리는 효과가 있다거나, 부작용과 거부반응이 거의 나타나지 않는 것처럼 표시·광고하는 경우
	  – 재수술 받은 환자들의 수술 만족도를 별도로 확인한 사실이 없으면서 마치 재수술 받은 모든 환자들이 시술결과에 100% 만족한 것처럼 표시·광고하는 경우
	  – 과거 시술 경험과 그간 의료소송이 한 건도 없었다는 사실만을 근거로 장래에 있어서도 안전성이 100% 보장되는 것처럼 표시·광고하는 경우
	  – 놀이시설 등 레저시설물 관련 "보호자 동반 이용, 이용 제한 연령, 임신부·노약자 등 이용제한 등"의 주의사항에 대하여 은폐·축소 등의 행위를 하여 표시·광고하는 경우

(1) 내용(제3조)

사업자단체 등이 소비자를 속이거나 소비자로 하여금 잘못 알게 하여 알게할 우려가 있는 표시·광고 행위로서 공정한 거래질서를 해칠 우려가 있는 거짓·과장의 표시·광고(1호), 기만적인 표시·광고(2호), 부당하게 비교하는 표시·광고(3호), 비방적인 표시·광고행위(4호)를 하거나 다른 사업자등으로 하여금 하게 하여서는 아니 된다.

동법은 거짓이나 과장의 표시 광고만으로 처벌대상이 되는 것이 아니라 소비자로 하여금 잘못 알게 할 우려가 있는 표시광고행위(소비자 오인성)과 표시광고 행위로서 공정한 거래질서를 해칠 우려가 있는(공정거래저해성) 거짓과 장의 표시광고, 기만적인 표시광고, 부당하게 비교하는 표시광고, 비방적인 표시광고행위를 하거나 다른 사업자 등으로 하여금 하여서는 아니된다고 규정하고 있다.

부당한 표시·광고행위의 유형 및 기준 지정고시에서 부당 표시광고 행위의 판단 기준, 표시광고에 관한 일반지침을 구체적으로 정하고 있다.

소비자오인성은 ① 표시광고 행위의 대상이 되는 소비자는 일반적으로 보통의 주의력을 가진 일반 소비자임을 고려해 해당 분야에 전문적인 지식을 갖고 있는 자 또는 주의력이 낮은 소비자가 아닌 '보통의 주의력을 가진 일반 소비자'의 ② 사업자의 의도와 관계없이 '상식적인 소비자의 인식'과 ③ '소비자에게 전달되는 '전체적 궁극적 인상'을 기준으로 판단한다(위 지정고시 Ⅱ. 2 소비자오인성 판단기준).

공정거래저해성은 '소비자의 합리적인 구매 결정을 방해할 우려'를 기준으로 판단하므로 표시광고 내용이 소비자의 합리적인 구매 결정을 방해하거나 방해할 우려가 있으면 공정거래저해성이 인정된다. 따라서 사업자가 표시광고를 통해 소비자에게 법 제2조 제1호 각 목에 해당하는 사항을 거짓 과장되게 알리는 행위는 일반적으로 공정거래저해성이 인정될 가능성이 높고, 공익캠페인, 대회 참가 유도 광고와 같이 일반적으로 상품 또는 용역에 관한 소비자의 구매 결정과 관계없는 광고의 경우 공정거래저해성이 존재한다고 보기 어렵다(위 지정고시 Ⅱ. 3. 공정거래저해성 판단기준).

거짓이나 과장, 기만적이거나 비방, 부당하게 비교하는 표시 광고의 구체적인 내용은 동법 시행령에서 구체화하고 있다(동법 시행령 제3조).

(가) 거짓·과장의 표시·광고(1호)

표시광고법은 상품 또는 용역에 관한 표시·광고를 할 때 소비자를 속이거나 소비자로 하여금 잘못 알게 하는 부당한 표시·광고를 방지하고 소비자에게 바르고 유용한 정보의 제공을 촉진함으로써 공정한 거래질서를 확립하고 소비자를 보호하는 데 그 목적이 있다(제1조).

표시광고법 제3조 제1항 제1호, 동법 시행령 제3조 제1항은 '거짓·과장의 광고'를 부당한 표시·광고의 한 유형으로 규정하고 있는데, 여기서 거짓·과장의 광고란 사실과 다르게 광고하거나 사실을 지나치게 부풀려 광고한 것을 의미한다.

일반 소비자는 광고에서 직접적으로 표현된 문장, 단어, 디자인, 도안, 소리 또는 이들의 결합에 의하여 제시되는 표현뿐만 아니라 광고에서 간접적으로 암시하고 있는 사항, 관례적이고 통상적인 상황 등도 종합하여 전체적·궁극적 인상을 형성하게 된다. 따라서 광고가 소비자를 속이거나 소비자로 하여금 잘못 알게 할 우려가 있는지는 보통의 주의력을 가진 일반 소비자가 그 광고를 받아들이는 전체적·궁극적 인상을 기준으로 하여 객관적으로 판단하여야 한다.[1)

> 대규모 유통업자인 갑 주식회사가 전단 광고에 초콜릿 등 상품의 그림과 함께 '1+1'이라고 표기한 문양을 가격과 함께 표시하였는데, 공정거래위원회가 위 광고가 표시·광고의 공정화에 관한 법률(이하 '표시광고법'이라 한다) 제3조 제1항 제1호에서 정한 거짓·과장의 표시·광고행위에 해당한다는 이유로 갑 회사에 시정명령 및 과징금납부명령을 한 사안에서, 1+1 행사 광고를 전후로 비교하면 아무런 경제적 이익이 없거나 오히려 경제적으로 더 불리할 수 있음에도 갑 회사는 다른 상품과 대비하여 '1+1'을 강조하는 등의 방법으로 1+1 행사를 광고하면서, 동일한 상품의 1개당 판매가격을 광고 전 근접한 기간에 실제 판매했던 그 상품의 1개 판매가격과 같거나 그보다 높은 가격으로 '광고상 판매가격'을 표시한 것으로 볼 수 있고, 이는 표시광고법 제3조 제1항 제1호, 동법 시행령 제3조 제1항에서 금지하는 '사실과 다르게 광고하거나 사실을 지나치게 부풀려 광고함으로써 소비자를 속이거나 소비자로 하여금 잘못 알게 할 우려가 있는 것으로서 공정한 거래질서를 저해할 우려가 있는 광고'에 해당한다고 볼 여지가 상당한데도, 이와 달리 본 원심 판단에 법리를 오해한 잘못이 있다.[2)

공정거래위원회는 2017. 9.경 블로그에 허위 수술 후기를 게재하거나 누리집(홈페이지)에 수술 효과를 과장한 사진을 게시한 9개 병원·의원에 시정명령

---

1) 대법원 2017. 4. 7. 선고 2016두61242 판결; 대법원 2018. 7. 12. 선고 2017두60109 판결 등

2) 대법원 2018. 7. 12. 선고 2017두60109 판결[시정명령등취소청구의소]

과 과징금 부과를 결정했다. 이들은 성형 전후 비교 광고 시 성형 후 사진은 성형 전 사진과 다른 조건(색조 화장 추가, 머리 손질, 서클렌즈 착용, 전문 스튜디오 작업)에서 촬영하여 성형 효과를 부풀리거나 수술 경력을 근거 없이 과장 광고하고, 광고 대행업자나 병원 직원이 게시물을 작성하였음에도 이를 밝히지 않고 마치 일반 소비자가 자신의 수술 후기 등을 블로그에 게재한 것처럼 소비자를 기만하여 광고한 것으로 표시광고법 제3조 제1항 제1호와 제2호 위반으로 시정명령과 과징금을 부과받았다.[3]

(나) 기만적인 표시 · 광고(2호)

표시광고법 제3조 제1항 제2호, 동법 시행령(이하 '표시광고법 시행령'이라 한다) 제3조 제2항에 의하면, '기만적인 표시 · 광고'라 함은 사실을 은폐하거나 축소하는 등의 방법으로 소비자를 속이거나 소비자로 하여금 잘못 알게 할 우려가 있는 표시 · 광고행위로서 공정한 거래질서를 해칠 우려가 있는 표시 · 광고를 말한다.[4]

---

1) 외국 유명 자동차 제조사에서 ○○○○ 및 △△△ 브랜드 차량 중 배기량 1.6ℓ 및 2.0ℓ EA−189 엔진에 배출가스재순환장치를 장착한 유로(EURO)−5 배출가스기준(이하 '이 사건 배출가스기준'이라 한다) 적용 대상 디젤차량(이하 '이 사건 차량들'이라 한다)을 제조 · 판매하고, 이를 수입하여 국내에서 판매하고, 이 사건 차량들 중 ○○○○ 브랜드 차량의 개별 차량 보닛(bonnet) 내부에 부착된 배출가스 관련 표지판에 '본 차량은 대기환경보전법 … 규정에 적합하게 제작되었음을 알려드립니다.', '사용설명서 내 준수사항을 이행하는 경우 대기환경보전법 시행규칙에 의해 배출가스 허용기준을 보장합니다.' 등을 표시하였고, 원고 아우디폭스바겐코리아, 원고 아우디는 이 사건 차량들 중 △△△ 브랜드 차량의 배출가스 관련 표지판에 위와 동일한 취지를 표시(이하 ○○○○ 브랜드 관련 표시와 △△△ 브랜드 관련 표시를 통틀어 '이 사건 각 표시'라 한다)하여 표시광고법위반으로 기소되었다.

2) 대법원은 "이 사건 차량들이 실질적으로 이 사건 배출가스기준을 충족하지 못함에도 이 사건 소프트웨어 설치를 통하여 이 사건 인증을 받은 사실은 보통의 주의력을 가진 일반 소비자들의 구매선택 등에 중요한 영향을 미칠 수 있는 사항에 해

---

3) 공정거래위원회, "9개 병 · 의원의 부당한 광고행위에 대한 건", 공정거래위원회 보도자료 (2017. 9. 19)(https://www.ftc.go.kr/www/selectReportUserView.do?key=10&rpttype=1&report_data_no=7433)
4) 대법원 2019. 10. 17. 선고 2019두31815 판결[시정명령등취소청구의소]

당하므로, 이러한 사실을 은폐하고 이 사건 차량들이 대기환경보전법 등의 규정에 적합하게 제작되었다거나 이 사건 배출가스기준을 충족한다는 내용인 이 사건 각 표시·광고는 표시광고법 제3조 제1항 제2호의 '기만적'인 표시·광고에 해당한다." 고 판단하였다.[5]

(다) 부당하게 비교하는 표시·광고(3호)

'부당한 표시·광고행위의 유형 및 기준 지정 고시'(2015. 10. 23. 공정거래위원회고시 제201515호로 개정되기 전의 것)에는 부당한 표시·광고의 세부적인 유형 또는 기준을 규정하고 있다. 위 고시 Ⅲ. 14. 다. 경쟁사업자의 것과 비교표시 광고는 아래와 같다.

	다. 경쟁사업자의 것과 비교 표시·광고 자기의 것과 경쟁사업자의 것을 비교하여 표시·광고함에 있어서는 사실대로 적정하게 하여야 한다. 따라서 경쟁사업자의 것에 관하여 허위의 내용을 인용하여 비교표시·광고하거나, 사실과 같다 하더라도 동일 조건하에서 비교하지 않고 표시·광고하거나, 또는 사업자 또는 상품 등의 일부에 대하여 비교하면서 마치 전체에 대한 비교인 것처럼 표시·광고함으로써 소비자를 오인시킬 우려가 있는 표시·광고행위는 부당한 표시·광고가 된다.
14.다	〈예 시〉 - TV의 가격을 비교·광고함에 있어서 A사의 것은 14인치의 가격을 B사의 것은 20인치의 가격을 비교하여 자사의 제품가격이 저렴하다고 하면서 용량을 명시하지 아니하거나 소비자가 알아보기 어려운 방법으로 표현하는 경우 - 음료수에 대한 판매량을 비교하면서 자사의 제품이 많이 판매되어 인기가 있는 제품이라고 광고하면서 자사의 것은 성수기(2/4분기)가 포함된 기간을 기준으로 하고 경쟁사의 것은 비수기(4/4분기)가 포함된 기간을 기준으로 하는 경우 - 서울~부산 간의 항공요금만을 비교하면서 마치 국내 전노선에 대한 요금비교인 것처럼 광고하는 경우 - 자동차의 안전도를 비교하는 광고에 있어서 특정속도의 정면충돌 시

---

5) 대법원 2019. 10. 17. 선고 2019두31815 판결[시정명령등취소청구의소]

험결과만으로 자기가 제조·판매하는 차가 경쟁사업자의 제조·판매하
는 차보다 모든 면에서 안전도가 뛰어나다고 광고하는 경우
- 세탁소 드라이클리닝 용제는 유해물질이 들어 있는 것이 사실이나 휘
발성이 강해 세탁물에는 유해물질이 잔류하지 않음에도 불구하고 세
탁소 드라이클리닝 세탁을 하게 되면 질병이 발생하는 것처럼 세탁소
드라이클리닝 용제에는 발암물질 등 유해물질이 들어있고 자기가 개
발한 세탁용제에는 유해물질이 없다고 광고하는 경우

물건 가격을 비교하면서 가격을 비교한 경쟁사, 각 대상 품목 및 비교 시
점을 명시하지 않고 비교하면 부당하게 비교하는 표시광고에 해당된다.

법원은 "원고 산하 S 할인점은 2000. 9. 18.부터 11. 13.까지 사이에 2층 매장 입구
게시판에 경쟁사인 K 클럽 순천점과의 물건 가격을 비교하여 광고하면서 가격을
비교한 경쟁사, 각 대상품목 및 비교시점은 이를 명시하지 않은 채 경쟁사에 비하
여 저렴한 원고의 상품 10여 개를 장바구니에 담아놓고 위 물건들의 가격을 합계한
후 경쟁사 상품가격과의 차액만을 명시하여 원고의 물품가격이 경쟁사의 가격보다
더 저렴하다고 광고한 사실, 당시 원고의 자체 가격조사 내용에 의하면 원고가 판
매하는 전체 195개 품목의 상품가격 중 경쟁사에 비하여 원고가 판매하는 가격이
더 저렴한 품목은 142개 품목(73%)이고 경쟁사의 가격이 더 저렴한 품목은 30개 품
목(15%)이며 양사의 가격이 동일한 품목은 23개(12%)로 조사된 사실을 각 인정할
수 있으므로 원고는 자신과 경쟁사의 상품가격을 대상으로 한 비교광고를 하면서
그 비교대상 품목과 기준 및 기간 등을 구체적으로 명시하지 않음으로써 마치 자기
의 모든 상품가격이 경쟁사의 가격보다 더 저렴한 것처럼 비교광고를 하였다고 할
것이고, 이는 표시광고법 제3조 제1항 제3호, 표시광고법 시행령 제3조 제3항 전단
에 규정된 부당한 비교광고에 해당한다."라고 판시했다.[6]

(라) 비방적인 표시·광고행위(4호)

'부당한 표시·광고행위의 유형 및 기준 지정 고시' Ⅲ.14.라 중상·비방하
는 내용의 표시·광고에 관하여 구체적으로 규정하고 있다.

경쟁사업자의 것에 관하여 중상·비방을 하여서는 아니 된다. 따라서
자기가 공급하는 상품이 현저히 우량 또는 유리하다고 소비자를 오인

---

6) 서울고법 2004. 5. 27. 선고 2001누17496 판결[시정명령등취소청구]

	시키기 위하여 경쟁사업자의 것에 관하여 객관적 근거 없는 허위의 내용으로 중상·비방하거나 불리한 사실만을 표기하여 비방하는 표시·광고행위
	● 이 경우 "회사"등 경쟁관계에 있는 사업자를 구체적으로 밝히지 아니하더라도 일반적으로 어느 사업자를 지칭하는지 명백한 경우에는 해당이 된다.

〈예 시〉
- 객관적 근거 없이 "××회사(경쟁관계사업자)의 ○○제품은 약효가 전혀 없고 치료가 안 된다."고 표시·광고하는 경우
- 침대 스프링 도금여부는 침대수명과 관련이 없음에도 '침대를 사신 지 5년이 지났다면 십중팔구 귀하는 지난 밤 녹슨 스프링 위에서 주무셨습니다. 침대를 1~2년 쓰고 버리실 생각이라면 … 굳이 녹슬지 않는 ○○침대를 쓰실 필요가 없습니다.'라고 표현함으로써 타사 침대는 문제가 있는 것처럼 광고하는 경우
- 알칼리성 비누와 중성비누가 피부에 미치는 영향에 관하여는 알칼리성이 피부에 좋다는 입장과 중성이 피부에 좋다는 입장이 있으나 경쟁사의 알칼리성 비누가 피부를 손상한다고 광고하는 경우
- 교통사고의 원인이 운전자 부주의, 차량결함 등 다양함에도 단순히 정부 교통사고 조사 자료의 경쟁사업자 차량 사고율이 높은 점을 이유로 경쟁사의 차량은 안전하지 않다고 광고하는 경우

(left margin label: Ⅲ.14. 라)

구 표시광고법(2011. 9. 15. 법률 제11050호로 개정되기 전의 것) 제3조 제1항 제4호 및 같은 조 제2항의 위임에 따른 구 표시광고법 시행령(2012. 9. 5. 대통령령 제24081호로 개정되기 전의 것) 제3조 제4항에 의하여 금지되는 이른바 '비방적인 광고'는 다른 사업자 등 또는 다른 사업자 등의 상품 등에 관하여 객관적인 근거가 없는 내용으로 비방하거나 일부 불리한 사실만을 추출·왜곡하여 비방함으로써 공정한 거래질서를 저해할 우려가 있는 광고를 말한다.[7)]

식품 또는 그와 직접 연관된 제품의 안전성 또는 인체에 대한 유해성과 관련하여 소비자들이 고도의 경각심을 갖고 그 위험을 미리 회피하기 위하여 최선의 노력을 다하는 것은 소비자들에게 주어진 정당한 선택의 권리에 속한다고

---

7) 대법원 2013. 3. 14. 선고 2011두7991 판결

보아야 하는 점에 비추어, 어떠한 식품이나 그와 직접 연관된 제품의 인체 유해성에 관하여 어느 정도 객관적 근거를 갖춘 우려가 제기되어 현실적으로 논란이 되고 있다면, 그 유해성이나 유해 수준이 과학적으로 명백하게 입증되지는 않았다고 하더라도 경쟁 제품이 갖고 있는 위와 같은 유해의 가능성 또는 위험을 언급하거나 지적하는 내용의 광고에 대하여 함부로 공정한 거래질서를 저해할 우려가 있는 비방광고로서 금지하여야 한다고 단정할 것은 아니다.[8]

(2) 중요정보의 고시 및 통합공고, 표시 광고 내용의 실증

(가) 중요정보의 고시 및 통합 공고(제4조)

[중요정보 공고시] 공정거래위원회는 상품등이나 거래 분야의 성질에 비추어 소비자 보호 또는 공정한 거래질서 유지를 위하여 필요한 사항으로서 다음 각호의 어느 하나에 해당하는 사항인 경우에는 사업자등이 표시·광고에 포함하여야 하는 사항(이하 "중요정보"라 한다)과 표시·광고의 방법을 고시(인터넷 게재를 포함한다. 이하 같다)할 수 있다. 다만, 다른 법령에서 표시·광고를 하도록 한 사항은 제외한다(제4조 제1항).

1. 표시·광고를 하지 아니하여 소비자 피해가 자주 발생하는 사항
2. 표시·광고를 하지 아니하면 다음 각 목의 어느 하나에 해당하는 경우가 생길 우려가 있는 사항
   가. 소비자가 상품등의 중대한 결함이나 기능상의 한계 등을 정확히 알지 못하여 구매 선택을 하는 데에 결정적인 영향을 미치게 되는 경우
   나. 소비자의 생명·신체 또는 재산에 위해(위해)를 끼칠 가능성이 있는 경우
   다. 그 밖에 소비자의 합리적인 선택을 현저히 그르칠 가능성이 있거나 공정한 거래질서를 현저히 해치는 경우

(협의와 의견 청취) 공정거래위원회는 제1항에 따라 고시를 하려면 관계 행정기관의 장과 미리 협의하여야 한다. 이 경우 필요하다고 인정하면 공청회를 개최하여 사업자단체, 「소비자기본법」 제29조에 따라 등록한 소비자단체(이

---

8) 대법원 2013. 3. 14. 선고 2011두7991 판결

하 "소비자단체"라 한다), 그 밖의 이해관계인 등의 의견을 들을 수 있다(제2항).

(통합공고) 공정거래위원회는 중요정보를 고시할 때 소비자, 사업자등 이해관계인에게 종합적인 정보를 제공하기 위하여 다른 법령에서 표시·광고를 하도록 한 사항과 표시·광고를 제한하거나 금지하고 있는 사항을 통합하여 공고(이하 이 조에서 "통합공고"라 한다)할 수 있다(제3항).

(관계행정기관 장의 통보) 관계 행정기관의 장은 통합공고 사항에 관한 법령이 제정되거나 개정된 경우에는 그 사항이 통합공고될 수 있도록 그 법령의 시행일 전에 공정거래위원회에 통보하여야 한다(제4항).

(사업자등의 중요정보 표시 의무) 사업자등은 표시·광고 행위를 하는 경우에는 제1항에 따라 고시된 중요정보를 표시·광고하여야 한다(제5항)[전문개정 2011. 9. 15.].

(나) 표시 광고내용의 실증(제5조)

사업자등은 자기가 한 표시·광고 중 사실과 관련한 사항에 대하여는 실증(실증)할 수 있어야 한다(제5조 제1항). 공정거래위원회는 사업자등이 제3조 제1항을 위반할 우려가 있어 제1항에 따른 실증이 필요하다고 인정하는 경우에는 그 내용을 구체적으로 밝혀 해당 사업자 등에게 관련 자료를 제출하도록 요청할 수 있고(제2항), 제2항에 따라 실증자료 제출을 요청받은 사업자등은 요청받은 날부터 15일 이내에 그 실증자료를 공정거래위원회에 제출하여야 하고, 다만, 공정거래위원회는 정당한 사유가 있다고 인정하는 경우에는 그 제출기간을 연장을 받아야 한다(제3항).

공정거래위원회는 사업자등이 제2항에 따라 실증자료의 제출을 요구받고도 제3항에 따른 제출기간 내에 이를 제출하지 아니한 채 계속하여 표시·광고를 하는 경우에는 실증자료를 제출할 때까지 그 표시·광고행위의 중지를 명할 수 있다(제6항)[전문개정 2011. 9. 15.].

공정거래위원회는 상품등에 관하여 소비자가 잘못 아는 것을 방지하거나 공정한 거래질서를 유지하기 위하여 필요하다고 인정하는 경우에는 제3항에 따라 사업자등이 제출한 실증자료를 갖추어 두고 일반이 열람할 수 있게 하거나 그 밖의 적절한 방법으로 이를 공개할 수 있다. 다만, 그 자료가 사업자등의 영업상 비밀에 해당하여 공개하면 사업자등의 영업활동을 침해할 우려가 있는 경우에는 그러하지 아니하다(제4항).

(3) 사업자단체의 부당한 표시 광고행위 금지(제6조)

사업자단체는 법령에 따르지 아니하고는 그 사업자단체에 가입한 사업자에 대하여 표시·광고를 제한하는 행위를 하여서는 아니 된다. 다만, 공정거래위원회가 소비자의 이익을 보호하거나 공정한 거래질서를 유지하기 위하여 필요하다고 인정하는 경우에는 그러하지 아니하며(제6조 제1항), 이 경우 공정거래위원회는 제1항 단서에 따라 사업자단체의 표시·광고 제한행위를 인정하려는 경우에는 관계 행정기관의 장과 미리 협의하여야 한다(제2항).

마. 협의와 자율규약 등

1) 협의

관계 행정기관의 장은 사업자등에게 표시·광고를 금지 또는 제한하거나 표시·광고하도록 의무를 부과하는 것을 내용으로 하는 법령을 제정하거나 개정할 때에는 미리 공정거래위원회와 협의하여야 한다(제13조).

2) 자율규약 제정과 시정

사업자등은 제3조 제1항을 위반하는 행위를 방지하기 위하여 자율적으로 표시·광고에 관한 규약이나 기준 등(이하 "자율규약"이라 한다)을 정할 수 있으며(제14조 제1항), 자율규약은 제3조 제1항을 위반하는 행위를 방지하기에 적합하여야 하며, 정당한 사유 없이 사업자등의 표시·광고 또는 소비자에 대한 정보 제공을 제한하여서는 아니 된다(제2항).

사업자등은 공정거래위원회에 자율규약이 제3조 제1항을 위반하는지에 대한 심사를 요청할 수 있으며(3항), 공정거래위원회는 제3항에 따른 자율규약의 심사를 요청받은 경우에는 요청을 받은 날부터 60일 이내에 심사 결과를 신청인에게 통보하여야 하고(제4항), 자율규약이 제2항을 위반한 경우에는 사업자등에게 그 시정을 명할 수 있다(제5항).

3) 자율심의기구 신고 및 공정성 확보

사업자등의 표시·광고가 제3조 제1항 또는 자율규약에 위반되는지 등을 심의(그 명칭에 관계없이 표시·광고가 법령 또는 자율규약에 위반되는지를 판단하는 행위를 말한다. 이하 같다)하는 등 부당한 표시·광고를 방지하기 위한 조직(이하 "자율심의기구등"이라 한다)을 운영하는 자는 대통령령으로 정하는 바에 따라 공정거래위원회에 신고할 수 있고(제14조의2 제1항), 자율심의기구등은 표시·광고를 심의할 때에 제3조 제1항이나 자율규약에 따라 판단하여야 하며, 정당한 사유 없이 사업자등의 표시·광고 또는 소비자에 대한 정보 제공을 제한하여서는 아니 된다(제2항).

공정거래위원회는 자율심의기구등에 심의 내용이나 처리 결과 등에 관한 자료를 요청할 수 있으며(제3항), 자율심의기구 등의 심의내용이나 처리 결과 등이 제2항을 위반한 경우에는 그 시정을 요구할 수 있으며, 자율심의기구 등은 특별한 사유가 없으면 시정 요구에 따라야 한다(제4항).

공정거래위원회는 표시·광고가 자율심의기구 등의 심의대상에 해당되는 것으로 판단하는 경우에는 자율심의기구 등에 그 표시·광고의 심의를 요청할 수 있으며(제5항), 자율심의기구 등이 제5항에 따라 공정거래위원회가 요청한 심의대상 표시·광고를 심의하여 처리한 결과에 따라 사업자등이 부당한 표시·광고행위를 시정한 경우에는 제7조에 따른 시정조치명령을 하지 아니한다. 다만, 사업자등이 자율심의기구 등이 심의하여 처리한 결과에 따라 시정한 경우라도 이 법을 위반하는 행위를 반복하는 등 자율심의기구 등의 시정만으로는 소비자나 경쟁사업자의 피해를 방지하기 곤란하다고 판단하는 경우에는 그러하지 아니하다(제6항).

공정거래위원회는 제1항에 따라 신고한 자율심의기구등(제6조 제1항 단서에 따라 공정거래위원회가 인정하는 사업자단체의 자율심의기구 및 다른 법령에 따라 심의를 위임받은 심의기구를 포함한다)이 제5항에 따라 공정거래위원회가 요청한 심의를 한 경우에는 예산의 범위에서 그 경비를 보조할 수 있다(제7항).

4) 관계 행정기관 등의 협조

공정거래위원회는 이 법을 시행하기 위하여 필요하다고 인정할 때에는 관계 행정기관 또는 그 밖의 기관·단체의 장의 의견을 들을 수 있으며(제15조 제1항), 이 법을 시행하기 위하여 필요하다고 인정할 때에는 관계 행정기관 또는 그 밖의 기관·단체의 장에게 필요한 조사를 의뢰하거나 필요한 자료를 요청할 수 있으며(제2항), 제6조 제3항 또는 제7조 제1항에 따른 명령의 이행을 확보하기 위하여 필요하다고 인정할 때에는 관계 행정기관 또는 그 밖의 기관·단체의 장에게 필요한 협조를 요청할 수 있다(제3항).

공정거래위원회는 금융·보험 사업자 등이 제3조 제1항을 위반하였다고 인정하여 직권으로 조사할 사유가 있는 경우에는 이를 조사하지 아니하고 금융위원회에 통보하여 금융위원회에서 처리하도록 하여야 하며(제4항), 제4항에 따른 통보를 받은 금융위원회는 금융·보험 관계 법령에서 정하는 바에 따라 이를 성실히 처리하여 그 결과를 공정거래위원회에 통보하여야 한다(제5항)[전문개정 2011. 9. 15].

바. 위반 시 행정제재 – 사업자 등

(1) 시정조치(제7조)

공정거래위원회는 사업자등이 제3조 제1항을 위반하여 부당한 표시·광고 행위를 하는 경우에는 그 사업자등에 대하여 그 시정을 위한 다음 각호의 조치를 명할 수 있다(제7조 제1항).

1. 해당 위반행위의 중지
2. 시정명령을 받은 사실의 공표
3. 정정광고
4. 그 밖에 위반행위의 시정을 위하여 필요한 조치

제1항 제2호 및 제3호에 따른 시정명령을 받은 사실의 공표 및 정정광고에 필요한 사항은 대통령령으로 정하며(제7조 제2항)[전문개정 2011. 9. 15], 구체적인 내용은 아래와 같다.

시행령 제8조(시정명령을 받은 사실의 공표방법)	제8조(시정명령을 받은 사실의 공표방법 등) ① 공정거래위원회는 법 제7조 제1항 제2호 또는 제3호에 따라 사업자등에 대하여 시정명령을 받은 사실의 공표 또는 정정광고를 명할 때에는 다음 각호의 사항을 고려하여 공표 또는 정정광고의 내용과 횟수·크기·매체 등을 정하여 명하여야 한다. 1. 위반행위의 내용 및 정도 2. 위반행위의 기간 및 횟수 ② 공정거래위원회가 제1항에 따라 시정명령을 받은 사실의 공표 또는 정정광고를 명할 때에는 해당 사업자등에게 미리 그 문안(文案) 등에 관하여 공정거래위원회와 협의하도록 할 수 있다. [전문개정 2012. 9. 5]

(2) 동의의결제도(제7조의2)

(가) 의의 및 취지

동의의결제는 사업자가 스스로 원상회복, 소비자피해구제 등 타당한 시정 방안을 제안하고 공정위가 이해관계자 등의 의견수렴을 거쳐 그 타당성을 인정하는 경우 위법여부를 확정하지 않고 사건을 신속하게 종결하는 제도이다.

동의의결제도는 2005년부터 공정거래위원회가 공정거래법 집행수단 선진화의 일환으로 도입을 추진하다가 '기업 봐주기' 논란으로 보류된 후 2011년 한미 FTA 후속 조치로 도입되었다.

동의의결제도는 미국에서 1915년 최초로 도입한 이후 일본(1959년), 프랑스(2004), 독일(2005년) 등 대륙법계 국가에서도 운영 중이다.

우리나라는 위 제도 도입 이후 2015. 11. 이동통신 3사가 무제한 요금제의 표시광고법위반과 관련하여 공정거래위원회에 동의의결을 신청하여 활용된 이후 통신사의 부당광고와 관련하여 활용되고 있다. 최근 적용 범위를 확대하자는 논의가 있다.

공정거래위원회의 조사나 심의를 받고 있는 사업자등(이하 이 조부터 제7조의5까지의 규정에서 "신청인"이라 한다)은 해당 조사나 심의의 대상이 되는 행위(이하 이 조부터 제7조의5까지의 규정에서 "해당 행위"라 한다)로 인한 소비자 오인상태의 자발적 해소 등 거래질서의 개선, 소비자 피해구제 등을 위하여 제3항에 따른 동의의결을 하여 줄 것을 공정거래위원회에 신청할 수 있다(제7조의2 제1항 본문). 그 경우 대상 사업자 등은 해당 행위를 특정할 수 있는 사실관계, 해당 행위의 중지, 소비자 오인상태의 해소 등 거래질서의 적극적 개선을 위하여 필요한 시정방안, 소비자, 다른 사업자등의 피해를 구제하거나 예방하기 위하여 필요한 시정방안을 기재한 서면으로 하여야 한다(제3항).

다만, 다음 각호의 어느 하나에 해당하는 경우 공정거래위원회는 동의의결을 하지 아니하고 이 법에 따른 심의 절차를 진행하여야 한다(제7조의1 제1항 단서).

  1. 제16조 제3항에 따라 준용되는「독점규제 및 공정거래에 관한 법률」제71조 제2항에 따른 고발요건에 해당하는 경우

2. 동의의결이 있기 전 신청인이 신청을 취소하는 경우

이와 관련하여 2015. 12. 공정위가 무제한 요금제 관련 부당광고와 관련하여 이동통신 3사의 동의의결 신청에 대해 동의의결 절차를 개시하기로 한 바 있다.[9]

(나) 동의의결

공정거래위원회는 해당 행위의 사실관계에 대한 조사를 마친 후 제2항 제2호 및 제3호에 따른 시정방안(이하 "시정방안"이라 한다)이 해당 행위가 이 법을 위반한 것으로 판단될 경우에 예상되는 시정조치, 그 밖의 제재와 균형을 이루고, 공정하고 자유로운 거래질서를 회복시키거나 소비자, 다른 사업자등을 보호하기에 적절하다고 인정될 것이라는 요건을 모두 충족한다고 판단되는 경우에는 해당 행위 관련 심의 절차를 중단하고 시정방안과 같은 취지의 의결(이하 "동의의결"이라 한다)을 할 수 있다. 이 경우 신청인과의 협의를 거쳐 시정방안을 수정할 수 있다.(제3항)

(다) 동의의결 절차(제7조의3)

공정거래위원회는 신속한 조치의 필요성, 소비자 피해의 직접 보상 필요성 등을 종합적으로 고려하여 동의의결 절차의 개시 여부를 결정하여야 하며(제7조의3 제1항), 동의의결을 하기 전에 30일 이상의 기간을 정하여 다음 각호의 사항을 신고인 등 이해관계인에게 통지하거나, 관보 또는 공정거래위원회의 인터넷 홈페이지에 공고하는 등의 방법으로 의견을 제출할 기회를 주어야 한다(제7조의3 제2항).

1. 해당 행위의 개요
2. 관계 법령 조항
3. 시정방안(제7조의2 제3항 후단에 따라 시정방안이 수정된 경우에는 그 수정된 시정방안을 말한다)
4. 해당 행위와 관련하여 신고인 등 이해관계인의 이해를 돕는 그 밖의 정보. 다만, 사업상 또는 사생활의 비밀 보호나 그 밖에 공익상 공개하기에 적절하지 아니한 것은 제외한다.

---

9) 공정거래위원회 2015. 12. 21. 보도자료

공정거래위원회는 제2항 각호의 사항을 관계 행정기관의 장에게 통보하고 그 의견을 들어야 하며, 검찰총장과는 협의하여야 하며(제3항), 동의의결을 하거나 이를 취소하는 경우에는 제16조 제1항에 따라 준용되는「독점규제 및 공정거래에 관한 법률」제37조의3의 구분에 따른 회의의 심의·의결을 거쳐야 한다(제4항).

동의의결을 받은 신청인은 제4항의 의결에 따라 동의의결의 이행계획과 이행결과를 공정거래위원회에 제출하여야 하며(제5항), 제7조의2 제2항에 따른 서면의 신청 방법, 이 조에 따른 의견 조회 방법, 심의·의결 절차 등 그 밖의 세부 사항은 공정거래위원회가 정하여 고시할 수 있다(제6항)[본조신설 2014. 1. 28].

공정거래위원회에서는 2012. 4. 1.부터 동의의결제도 운영 및 절차에 관한 규칙을 제정해 운영하고 있다.[10]

(라) 동의의결의 효과 및 동의의결의 취소(제7조의4)

공정거래위원회의 동의의결은 해당 행위가 이 법에 위반된다고 인정한 것을 의미하지 아니하며, 누구든지 신청인이 동의의결을 받은 사실을 들어 해당 행위가 이 법에 위반된다고 주장할 수 없다[본조신설 2014. 1. 28](제7조의2 제4항).

공정거래위원회는 다음 각호의 어느 하나에 해당하는 경우에는 동의의결을 취소할 수 있다(제7조의4 제1항).

1. 동의의결의 기초가 된 시장상황 등 사실관계의 현저한 변경 등으로 인하여 시정방안이 적정하지 아니하게 된 경우
2. 신청인이 제공한 불완전하거나 부정확한 정보로 인하여 동의의결을 하게 되었거나, 신청인이 거짓 또는 그 밖의 부정한 방법으로 동의의결을 받은 경우
3. 신청인이 정당한 이유 없이 동의의결을 이행하지 아니하는 경우

제1항 제1호에 따라 동의의결을 취소하는 경우 신청인이 제7조의2 제1항에 따라 동의의결을 하여줄 것을 신청하면 공정거래위원회는 다시 동의의결을 할 수 있으며, 이 경우 제7조의2부터 제7조의5까지의 규정을 적용하며(제2항),

---

10) https://www.law.go.kr/LSW//admRulLsInfoP.do?chrClsCd=&admRulSeq=2000000018
925

제1항 제2호 또는 제3호에 따라 동의의결을 취소하는 경우 공정거래위원회는 제7조의2 제3항에 따라 중단된 해당 행위 관련 심의 절차를 계속하여 진행할 수 있다(제3항)[본조신설 2014. 1. 28].

(3) 이행강제금(제7조의5)

공정거래위원회는 정당한 이유 없이 상당한 기한 내에 동의의결을 이행하지 아니한 자에게 동의의결이 이행되거나 취소되기 전까지 1일당 200만 원 이하의 이행강제금을 부과할 수 있으며(제7조의5 제1항), 이행강제금의 부과·납부·징수 및 환급 등에 대하여는 「독점규제 및 공정거래에 관한 법률」 제17조의3 제2항 및 제3항을 준용한다(제2항)[본조신설 2014. 1. 28].

이행강제금의 부과·납부·징수·환급 등에 관하여 필요한 사항은 대통령령으로 정하고 다만, 체납된 이행강제금은 국세체납처분의 예에 따라 이를 징수하며(독점 규제 및 공정거래에 관한 법률 제17조 제2항), 공정거래위원회는 제1항 및 제2항의 규정에 의한 이행강제금의 징수 또는 체납처분에 관한 업무를 국세청장에게 위임할 수 있다(제3항).

(4) 임시중지명령(제8조)

가) 규정

공정거래위원회는 표시·광고 행위가 다음 각 호 모두에 해당하는 경우에는 사업자등에 대하여 그 표시·광고 행위를 일시 중지할 것을 명할 수 있다(제1항).

1. 표시·광고 행위가 제3조 제1항을 위반한다고 명백하게 의심되는 경우
2. 그 표시·광고 행위로 인하여 소비자나 경쟁사업자에게 회복하기 어려운 손해가 발생할 우려가 있어 이를 예방하기 위하여 긴급히 필요하다고 인정되는 경우

나) 요건

동법 시행령 제9조에서 임시중지명령의 요건을 구체화하고 있다(동법 시행령 제9조 제1항).

제9조(임시중지명령의 요건 등) ① 법 제8조 제1항 제1호에 따른 표시·광고 행위가 법 제3조 제1항을 위반한다고 명백하게 의심되는 경우는 다음 각호의 경우로 한다.
1. 법 제4조에 따라 공정거래위원회가 고시한 중요정보를 포함하지 아니하고 표시·광고 행위를 한 경우
2. 법 제5조 제3항에 따라 제출하여야 하는 실증자료를 제출하지 아니한 경우
3. 제3조 제5항에 따라 공정거래위원회가 정하여 고시한 부당한 표시·광고의 세부적인 유형 및 기준에 명백하게 해당한다고 판단되는 경우
4. 기존 판례나 심결례(심결례)에 비추어 부당한 표시·광고 유형과 동일하거나 상당히 유사하다고 명백하게 판단되는 경우
② 법 제8조 제1항 제2호에 따른 소비자나 경쟁사업자에게 회복하기 어려운 손해가 발생할 우려가 있는 경우는 다음 각호의 경우로 한다.
1. 소비자의 생명·신체의 안전에 심각한 위해(위해)나 재산상 중대한 손해가 발생할 우려가 있는 경우
2. 경쟁사업자가 사업 자체를 계속할 수 없거나 중대한 경영상의 위기를 맞게 될 것으로 보이는 손해가 발생할 우려가 있는 경우

소비자단체나 그 밖에 대통령령으로 정하는 기관·단체는 사업자등의 표시·광고 행위가 제1항 각 호 모두에 해당한다고 인정할 때에는 서면(전자문서를 포함한다)으로 공정거래위원회에 그 표시·광고 행위의 일시 중지를 명하도록 요청할 수 있다(제2항). 소비자 단체는 아래와 같은 단체를 말한다(동법 시행령 제9조 제3항).

1. 「방송통신위원회의 설치 및 운영에 관한 법률」 제18조에 따른 방송통신심의위원회
2. 「소비자기본법」 제33조에 따라 설립된 한국소비자원
3. 「민법」 제32조에 따라 설립된 사단법인 한국신문윤리위원회 및 사단법인 한국광고자율심의기구
4. 그 밖에 사업자등이 한 표시·광고를 심의하기 위하여 다른 법령에 따라 설립된 기관 또는 단체[전문개정 2012. 9. 5]

다) 임시중지명령 요청의 방법

소비자단체 또는 제9조 제3항 각호에 따른 기관·단체는 법 제8조 제2항에 따라 임시중지명령을 요청하려면 다음 각호의 사항을 적은 요청서를 공정거래위원회에 제출하여야 한다(시행령 제10조).

1. 소비자단체 또는 기관·단체의 명칭, 대표자의 성명·주소·전화번호
2. 표시·광고 행위를 한 사업자등의 명칭
3. 임시중지명령의 대상이 되는 표시·광고의 내용
4. 임시중지명령을 요청한 사유

[전문개정 2012. 9. 5]

라) 불복절차

제1항에 따른 명령에 불복하는 자는 그 명령을 받은 날부터 7일 이내에 이의 제기 대상 및 내용, 이의 제기 사유 등을 적은 신청서에 이의 제기 사유와 내용을 증명하는데 필요한 서류를 첨부하여 공정거래위원회에 이의를 제기할 수 있고(제3항, 시행령 제11조), 공정거래위원회는 제1항에 따른 명령을 받은 자가 제3항에 따라 이의를 제기하였을 때에는 바로 서울고등법원에 그 사실을 통보하여야 하며, 통보를 받은 서울고등법원은 「비송사건절차법」에 따라 재판을 하고(제4항), 그 경우 제4항에 따른 재판을 할 때에는 「비송사건절차법」 제15조를 적용하지 아니한다(제5항)[전문개정 2011. 9. 15].

(5) 과징금(제9조)

공정거래위원회는 제3조 제1항을 위반하여 표시·광고 행위를 한 사업자등에 대하여는 대통령령으로 정하는 매출액[11](대통령령으로 정하는 사업자[12]의 경우

---

11) 시행령 제12조(과징금의 산정방법) ① 법 제9조 제1항 본문에서 "대통령령으로 정하는 매출액"이란 법 제3조 제1항을 위반하여 표시·광고 행위를 한 사업자등(이하 "위반사업자등"이라 한다)이 위반기간 동안 판매하거나 매입한 관련 상품등의 매출액이나 매입액 또는 이에 준하는 금액(이하 "관련매출액"이라 한다)을 말한다.
② 제1항에 따른 위반사업자등의 관련매출액 산정 기준 및 방법 등에 필요한 사항은 공정거래위원회가 정하여 고시한다[전문개정 2012. 9. 5].
12) 시행령 제13조(영업수익 적용 사업자의 범위) 법 제9조 제1항 본문에서 "대통령령으로 정하는 사업자"란 상품등의 대가를 합한 금액을 재무제표 등에서 영업수익 등으로 적는 사업자를 말한다[전문개정 2012. 9. 5].

에는 영업수익을 말한다. 이하 같다)에 100분의 2를 곱한 금액을 초과하지 아니하는 범위에서 과징금을 부과할 수 있다. 다만, 그 위반행위를 한 자가 매출액이 없거나 매출액을 산정하기 곤란한 경우로서 대통령령으로 정하는 사업자등[13]인 경우에는 5억 원을 초과하지 아니하는 범위에서 과징금을 부과할 수 있고 (제9조 제1항), 제6조 제1항 본문을 위반하여 사업자의 표시·광고 행위를 제한하는 행위를 한 사업자단체에 대하여는 5억 원의 범위에서 과징금을 부과할 수 있다(제9조 제2항).

다만 공정거래위원회는 제1항이나 제2항에 따라 과징금을 부과하는 경우에는 다음 각호의 사항을 고려하여야 하며(제9조 제3항), 제3조 제1항을 위반한 사업자인 법인이 합병을 하는 경우 그 법인이 한 위반행위는 합병 후 존속하는 법인이나 합병으로 설립된 법인이 한 행위로 보아 과징금을 부과·징수한다(제9조 제4항).

1. 위반행위의 내용 및 정도
2. 위반행위의 기간 및 횟수
3. 위반행위로 인하여 취득한 이익의 규모
4. 사업자등이 소비자의 피해를 예방하거나 보상하기 위하여 기울인 노력
   의 정도

제1항이나 제2항에 따른 과징금의 부과기준은 대통령령으로 위임하고 있으며(제9조 제5항), 동법 시행령 제15조에서는 과징금 부과기준을 별표 1로 정하고 있으며(제1항), 이 영에서 규정한 사항 외 과징금 부과에 필요한 세부기준은 공정거래위원회가 정하여 고시하도록 하고 있다(제2항).

공정거래위원회는 과징금을 부과할 때 위반행위의 종류와 과징금의 금액을 서면으로 알려야 하며(시행령 제16조 제1항), 제1항에 따라 통지를 받은 자는 통지를 받은 날로부터 60일 이내에 과징금을 공정거래위원회가 정하는 수납기

---

13) 시행령 제14조(매출액이 없는 경우 등) 법 제9조 제1항 단서에서 "대통령령으로 정하는
   사업자등인 경우"란 사업자등이 다음 각호의 어느 하나에 해당하는 경우를 말한다.
   1. 영업을 시작하지 아니하거나 영업 중단 등으로 인하여 영업실적이 없는 경우
   2. 매출액 산정자료를 제출하지 아니하거나 거짓으로 제출한 경우
   3. 그 밖에 객관적인 매출액 산정이 어렵다고 인정되는 경우[전문개정 2012. 9. 5]

관에 내야 하며, 다만 천재지변이나 그 밖의 부득이한 사유로 그 기간 내에 과
징금을 낼 수 없을 때에는 그 사유가 없어진 날로부터 30일 이내에 내야 한다
(시행령 제16조 제2항).

이 법에 따른 과징금의 납부기한 연장 및 분할납부, 과징금의 연대납부의
무, 과징금 징수 및 체납처분과 과징금 환급가산금에 관하여는 「독점규제 및 공
정거래에 관한 법률」 제55조의4부터 제55조의7까지의 규정을 준용하며, 이 법
제17조에 따른 죄의 고발에 관하여는 「독점규제 및 공정거래에 관한 법률」 제
71조를 준용한다(법 제16조 제3항).

(6) 준용_불복절차

이 법에 따른 공정거래위원회의 심의·의결에 관하여는 「독점규제 및 공정
거래에 관한 법률」 제37조의3, 제42조, 제43조, 제43조의2, 제44조, 제45조 및
제52조를 준용하며, 이 법에 따른 공정거래위원회의 처분(제8조 제1항에 따른 임
시중지명령은 제외한다)에 대한 이의신청, 소의 제기, 불복의 소의 전속관할 및
사건 처리에 관하여는 「독점규제 및 공정거래에 관한 법률」 제53조, 제53조의2,
제54조, 제55조 및 제55조의2를 준용한다(제16조 제1항)<개정 2014. 1. 28>.

이 법을 위반하는 행위에 대한 인지·신고 등에 관하여는 「독점규제 및 공
정거래에 관한 법률」 제49조를 준용하며, 이 법에 따른 공정거래위원회의 조사,
의견청취 및 시정권고 등에 관하여는 「독점규제 및 공정거래에 관한 법률」 제
50조 제1항부터 제4항까지, 제50조의2, 제50조의3 및 제51조를 준용한다(제16조
제2항)<개정 2013. 8. 13>.

이 법에 따른 과징금의 납부기한 연장 및 분할납부, 과징금의 연대납부의
무, 과징금 징수 및 체납처분과 과징금 환급가산금에 관하여는 「독점규제 및 공
정거래에 관한 법률」 제55조의4부터 제55조의7까지의 규정을 준용하며, 이 법
제17조에 따른 죄의 고발에 관하여는 「독점규제 및 공정거래에 관한 법률」 제
71조를 준용한다(제16조 제3항)[전문개정 2011. 9. 15].

(7) 위반행위의 조사(제16조의2)

공정거래위원회는 제16조 제2항에 따른 조사를 하기 위하여 필요하다고
판단되는 경우 한국소비자원과 합동으로 조사반을 구성할 수 있다. 이 경우 조
사반의 구성과 조사에 관한 구체적 방법과 절차, 그 밖에 필요한 사항은 대통령
령으로 정한다(제16조의2 제1항).

공정거래위원회는 제1항의 조사활동에 참여하는 한국소비자원의 임직원에게 예산의 범위에서 수당이나 여비를 지급할 수 있으며(제2항), 제1항에 따라 해당 업무를 담당하는 한국소비자원의 임직원은 「형법」 제129조부터 제132조까지의 규정에 따른 벌칙을 적용할 때에는 공무원으로 본다(제3항)[본조신설 2013. 8. 13].

다만 사업자단체가 제6조 사업자단체의 표시와 광고 제한행위를 한 경우 공정거래위원회는 사업자단체가 제1항 본문을 위반하는 행위를 하는 경우에는 다음 각호의 조치를 명할 수 있다(제6조 제3항).

1. 해당 위반행위의 중지
2. 해당 위반행위를 정한 정관·규약 등의 변경
3. 그 밖에 위반행위의 시정을 위하여 필요한 조치
[전문개정 2011. 9. 15]

사. 위반 시 손해배상 요건의 입증책임 완화

(1) 고의 또는 과실 입증책임 완화

사업자등은 제3조 제1항을 위반하여 부당한 표시·광고 행위를 함으로써 피해를 입은 자가 있는 경우에는 그 피해자에 대하여 손해배상의 책임을 지도록 규정하면서 고의 또는 과실에 대한 입증책임을 완화하고 있다(제10조 제1항).

즉, 제1항에 따라 손해배상의 책임을 지는 사업자등은 고의 또는 과실이 없음을 들어 그 피해자에 대한 책임을 면할 수 없도록 규정하고 있다(제2항)[전문개정 2011. 9. 15].

(2) 손해액에 대한 입증책임 완화

손해액에 대한 입증책임을 완화해 제3조 제1항을 위반한 행위로 인하여 손해가 발생된 사실은 인정되나 그 손해액을 증명하는 것이 사안의 성질상 곤란한 경우 법원은 변론 전체의 취지와 증거조사의 결과에 기초하여 상당한 손해액을 인정할 수 있도록 규정하고 있다(제11조)[전문개정 2013. 8. 13].

아. 형사처벌

(1) 제17조(벌칙)

다음 각호의 어느 하나에 해당하는 자는 2년 이하의 징역 또는 1억5천만
원 이하의 벌금에 처한다.

1. 제3조 제1항을 위반하여 부당한 표시·광고 행위를 하거나 다른 사업자
   등으로 하여금 하게 한 사업자등
2. 제6조 제3항 또는 제7조 제1항에 따른 명령에 따르지 아니한 자

[전문개정 2011. 9. 15]

(2) 제18조(벌칙)

제12조를 위반하여 직무상 알게 된 사업자등의 비밀을 누설하거나 이 법
시행을 위한 목적 외의 용도로 이용한 사람은 2년 이하의 징역 또는 2천만 원
이하의 벌금에 처한다[전문개정 2011. 9. 15]<개정 2017. 11. 28>.

(3) 제19조(양벌규정)

법인(법인격 없는 단체를 포함한다. 이하 이 조에서 같다)의 대표자나 법인 또
는 개인의 대리인, 사용인, 그 밖의 종업원이 그 법인 또는 개인의 업무에 관하
여 제17조의 위반행위를 하면 그 행위자를 벌하는 외에 그 법인 또는 개인에게
도 해당 조문의 벌금형을 과한다. 다만, 법인 또는 개인이 그 위반행위를 방지
하기 위하여 해당 업무에 관하여 상당한 주의와 감독을 게을리하지 아니한 경
우에는 그러하지 아니하다[전문개정 2010. 3. 22].

(4) 제20조(과태료)

① 제16조 제2항에 따라 준용되는「독점규제 및 공정거래에 관한 법률」제
50조 제2항에 따른 조사를 거부·방해 또는 기피한 경우 사업자등에게는 2억
원 이하의 과태료를 부과하고, 법인 또는 사업자단체의 임원이나 종업원 또
는 그 밖의 이해관계인에게는 5천만 원 이하의 과태료를 부과한다<신설 2018.
6. 12>.

② 사업자등이 다음 각호의 어느 하나에 해당하는 경우에는 1억 원 이하의
과태료를 부과하고, 법인 또는 사업자단체의 임원이나 종업원 또는 그 밖의 이

해관계인이 다음 각호의 어느 하나에 해당하는 경우에는 1천만 원 이하의 과태료를 부과한다<개정 2018. 6. 12>.

1. 제4조 제5항을 위반하여 고시된 중요정보를 표시·광고하지 아니한 경우
2. 제5조 제3항을 위반하여 실증자료를 제출하지 아니한 경우
3. 제5조 제5항을 위반하여 표시·광고 행위를 중지하지 아니한 경우
4. 제8조 제1항을 위반하여 임시중지명령에 따르지 아니한 경우
5. 삭제 <2018. 6. 12>
6. 제16조 제2항에 따라 준용되는「독점규제 및 공정거래에 관한 법률」제50조 제1항 제1호를 위반하여 정당한 사유 없이 출석하지 아니한 경우
7. 제16조 제2항에 따라 준용되는「독점규제 및 공정거래에 관한 법률」제50조 제1항 제3호 또는 같은 조 제3항에 따른 보고 또는 필요한 자료나 물건의 제출을 하지 아니하거나 거짓으로 보고하거나 거짓 자료·물건을 제출한 경우
8. 삭제 <2018. 6. 12>

③ 제14조 제5항에 따른 시정명령에 따르지 아니한 경우 사업자등에게는 3천만 원 이하의 과태료를 부과하고, 법인 또는 사업자단체의 임원이나 종업원 또는 그 밖의 이해관계인에게는 3백만 원 이하의 과태료를 부과한다<신설 2018. 6. 12>.

④ 제16조 제1항에 따라 준용되는「독점규제 및 공정거래에 관한 법률」제43조의2에 따른 질서유지명령에 따르지 아니한 자에게는 100만 원 이하의 과태료를 부과한다<개정 2018. 6. 12>.

⑤ 제1항부터 제4항까지에 따른 과태료는 대통령령으로 정하는 바에 따라 공정거래위원회가 부과·징수한다[전문개정 2011. 9. 15]<개정 2018. 6. 12>.

2. 기타 법률과 주요 판례

가. 의료기기법

의료기기법 제24조 (기재 및 의료광고의 금지)	제24조(기재 및 광고의 금지 등) ① 의료기기의 용기, 외장, 포장 또는 첨부문서에 해당 의료기기에 관하여 다음 각호의 사항을 표시하거나 적어서는 아니 된다. <개정 2015. 1. 28> 1. 거짓이나 오해할 염려가 있는 사항 2. 제6조 제2항 또는 제15조 제2항에 따른 허가 또는 인증을 받지 아니하거나 신고한 사항과 다른 성능이나 효능 및 효과 3. 보건위생상 위해가 발생할 우려가 있는 사용방법이나 사용기간 ② 누구든지 의료기기의 광고와 관련하여 다음 각호의 어느 하나에 해당하는 광고를 하여서는 아니 된다. <개정 2013. 3. 23, 2015. 1. 28> 1. 의료기기의 명칭·제조방법·성능이나 효능 및 효과 또는 그 원리에 관한 거짓 또는 과대 광고 2. 의사·치과의사·한의사·수의사 또는 그 밖의 자가 의료기기의 성능이나 효능 및 효과에 관하여 보증·추천·공인·지도 또는 인정하고 있거나 그러한 의료기기를 사용하고 있는 것으로 오해할 염려가 있는 기사를 사용한 광고 3. 의료기기의 성능이나 효능 및 효과를 암시하는 기사·사진·도안을 사용하거나 그 밖에 암시적인 방법을 사용한 광고 4. 의료기기에 관하여 낙태를 암시하거나 외설적인 문서 또는 도안을 사용한 광고 5. 제6조 제2항 또는 제15조 제2항에 따라 허가 또는 인증을 받지 아니하거나 신고한 사항과 다른 의료기기의 명칭·제조방법·성능이나 효능 및 효과에 관한 광고. 다만, 제26조 제1항 단서에 해당하는 의료기기의 경우에는 식품의약품안전처장이 정하여 고시하는 절차 및 방법, 허용범위 등에 따라 광고할 수 있다. 6. 제25조 제1항에 따른 심의를 받지 아니하거나 심의받은 내용과 다른 내용의 광고 ③ 제1항 및 제2항에 따른 의료기기의 표시·기재 및 광고의 범위 등에 관하여 필요한 사항은 총리령으로 정한다. <개정 2013. 3. 23>

[단순위헌, 2017헌가35, 2020. 8. 28. 의료기기법(2011. 4. 7. 법률 제10564호로 전부개정된 것) 제24조 제2항 제6호는 헌법에 위반된다]

제25조(광고의 심의) ① 의료기기를 광고하려는 자는 식품의약품안전처장이 정한 심의기준·방법 및 절차에 따라 미리 식품의약품안전처장의 심의를 받아야 한다. <개정 2013. 3. 23>

② 식품의약품안전처장은 제1항에 따른 심의에 관한 업무를 총리령으로 정하는 단체에 위탁할 수 있다. <개정 2013. 3. 23>

제26조 ⑦ 누구든지 의료기기가 아닌 것의 외장·포장 또는 첨부문서에 의료기기와 유사한 성능이나 효능 및 효과 등이 있는 것으로 잘못 인식될 우려가 있는 표시를 하거나 이와 같은 내용의 광고를 하여서는 아니 되며, 이와 같이 표시되거나 광고된 것을 판매 또는 임대하거나 판매 또는 임대할 목적으로 저장 또는 진열하여서는 아니 된다.

의료기기법 시행규칙 제45조	**제45조(의료기기 광고의 범위 등)** ① 법 제24조 제2항 및 제3항에 따라 금지되는 광고의 범위는 다음 각호의 어느 하나에 해당하는 광고로서 별표 7에 해당하는 광고를 말한다. <개정 2018. 12. 31> 1. 「표시·광고의 공정화에 관한 법률」 제2조 제2호에 따른 광고 2. 의료기기취급자(의료기기취급자가 고용한 근로자 등을 포함한다)의 구매 권유, 제품 설명 및 시연 등의 방법을 통한 광고 ② 법 제25조 제2항에서 "총리령으로 정하는 단체"란 「민법」 제32조에 따라 식품의약품안전처장으로부터 설립허가를 받은 의료기기 관련 법인 중 식품의약품안전처장이 지정하여 고시한 법인을 말한다 **의료기기법 시행규칙 [별표 7호] 금지되는 광고의 범위(제45조 제1항 관련)** 1. 의료기기의 명칭·제조방법·성능이나 효능 및 효과 또는 그 원리에 관한 거짓 또는 과대광고 2. 법 제6조 제2항 또는 제15조 제2항에 따라 허가 또는 인증을 받지 않거나 신고를 하지 않은 의료기기의 명칭·제조방법·성능이나 효능 및 효과에 관한 광고 3. 의료기기의 부작용을 전부 부정하는 표현 또는 부당하게 안전성을 강조하는 표현의 광고 4. 허가 또는 인증을 받거나 신고한 의료기기의 효능 및 효과 등과 관련하여 의학적 임상결과, 임상시험성적서, 관련 논문 또는 학

술 자료를 거짓으로 인용하거나 특허 인증을 받은 것처럼 거짓으로 표시한 광고

5. 의사, 치과의사, 한의사, 수의사 또는 그 밖의 자가 의료기기의 성능이나 효능 및 효과를 보증한 것으로 오해할 염려가 있는 기사를 사용한 광고

6. 의사, 치과의사, 한의사, 약사, 한약사, 대학교수 또는 그 밖의 자가 의료기기를 지정·공인·추천·지도 또는 사용하고 있다는 내용 등의 광고. 다만, 국가, 지방자치단체, 그 밖에 공공단체가 국민보건의 목적으로 지정하여 사용하고 있는 내용의 광고의 경우에는 그렇지 않다.

7. 외국 제품을 국내 제품으로 또는 국내 제품을 외국 제품으로 오인하게 할 우려가 있는 광고

8. 사용자의 감사장 또는 체험담을 이용하거나 구입·주문이 쇄도한다거나 그 밖에 이와 유사한 표현을 사용한 광고

9. 효능·효과를 광고할 때에 "이를 확실히 보증한다."라는 내용 등의 광고 또는 "최고", "최상" 등의 절대적 표현을 사용한 광고

10. 의료기기를 의료기기가 아닌 것으로 오인하게 할 우려가 있는 광고

11. 특정 의료기관의 명칭과 진료과목 및 연락처 등을 적시하여 의료기관 등이 추천하고 있는 것처럼 암시하는 광고

12. 의료기기의 성능이나 효능 및 효과를 암시하는 기사, 사진, 도안 또는 그 밖의 암시적 방법을 이용한 광고

13. 효능이나 성능을 광고할 때에 사용 전후의 비교 등으로 그 사용 결과를 표시 또는 암시하는 광고

14. 사실 유무와 관계없이 다른 제품을 비방하거나 비방하는 것으로 의심되는 광고

15. 의료기기에 관하여 낙태를 암시하거나 외설적인 문서나 도안을 사용한 광고

16. 의료기기의 효능·효과 또는 사용 목적과 관련되는 병의 증상이나 수술 장면을 위협적으로 표시하는 광고

17. 법 제25조 제1항에 따라 심의를 받지 않거나 심의받은 내용과 다른 내용의 광고

18. 법 제25조 제1항에 따른 심의의 결과 재심의 요청을 받은 광고

1) 의의 및 취지

의료기기법 제24조 제2항 제1호에서 '의료기기의 명칭·제조방법·성능이 나 효능 및 효과 또는 그 원리에 관한 거짓 또는 과대광고'를 금지하면서 제52 조에서 그에 관한 처벌규정을 두고 있다

의료기기법이 이와 같은 규정을 둔 것은 의료기기에 관한 광고를 아무런 제한 없이 전면적으로 허용할 경우 무분별한 거짓·과대광고로 소비자의 정확 한 판단을 그르치게 할 위험이 있고, 소비자의 오신·과신으로 말미암은 여러 가지 부작용이 예상되기 때문에, 소비자의 알 권리 내지 선택할 권리를 해하지 않는 범위 안에서 국민건강 보호를 위하여 의료기기의 효능 등에 관한 거짓· 과대광고를 규제하기 위한 것이다.[14]

의료기기법 제24조 제1항과 제2항 위반시 3년 이하의 징역이나 5천만 원 이하의 벌금에 처하고(제52조), 법인의 대표자나 법인 또는 개인의 대리인, 사용 인, 그 밖의 종업원이 그 법인 또는 개인의 업무에 관하여 제51조부터 제54조 까지의 어느 하나에 해당하는 위반행위를 하면 그 행위자를 벌하는 외에 그 법 인 또는 개인에게도 해당 조문의 벌금형을 과한다. 다만, 법인 또는 개인이 그 위반행위를 방지하기 위하여 해당 업무에 관하여 상당한 주의와 감독을 게을리 하지 아니한 경우에는 그러하지 아니하다(제55조).

2) 의료기기의 개념 및 판단기준

의료기기법 제2조 제1항은 의료기기를 사람이나 동물에게 단독 또는 조합 하여 사용되는 기구·기계·재료 또는 이와 유사한 제품으로서 질병을 진단·치 료·경감·처치 또는 예방할 목적으로 사용되는 제품(제1호), 상해 또는 장애를 진단·치료·경감 또는 보정할 목적으로 사용되는 제품(제2호), 구조 또는 기능 을 검사·대체 또는 변형할 목적으로 사용되는 제품(제3호), 임신을 조절할 목적 으로 사용되는 제품(제4호) 중 어느 하나에 해당하는 제품으로서 약사법에 따른 의약품과 의약외품 및 장애인복지법 제65조에 따른 장애인 보조기구 중 의지· 보조기를 제외한 것이라고 정의하고 있다.

의료기기는 의료기기법 제2조, 제3조 및 의료기기 품목 및 품목별 등급에 관한 규정에 따르며, 이에 해당하지 않은 것은 의료기기가 아닌 것으로 본다.

---

14) 대법원 2007. 9. 6. 선고 2006도8030 판결

어떤 기구 등이 의료기기법상 의료기기에 해당하기 위하여는 그 기구 등이 객관적으로 의료기기법 제2조 제1항 각호에서 정한 성능을 가지고 있거나, 객관적으로 그러한 성능을 가지고 있지 않더라도 그 기구 등의 형태, 그에 표시된 사용 목적과 효과, 그 판매 대상과 판매할 때의 선전, 설명 등을 종합적으로 고려하여 위 조항에서 정한 목적으로 사용되는 것으로 인정되어야 한다.[15)]

3) 판례

① [SRT 의료기기] 피고인은 "의사로서 종전에 서울 강남구 F에서 'G 의원'을 운영하였고, 현재는 서울 강남구 H에서 'I 의원'을 운영하는 병원장이다. 피고인은 미리 식품의약품안전처장의 심의를 받지 아니한 채, 2012. 10.경부터 2013. 5.경까지는 위 'G 의원'에서, 2013. 9.경부터 2014. 1.경까지는 위 'I 의원'에서, 각각 병원 인터넷 홈페이지를 통해 다음과 같은 의료광고 또는 의료기기광고를 하였다. 피고인은 'I 의원' 인터넷 홈페이지에 ① "SRT란 무엇인가요 – 히알루론산과 CO_2 가스를 순차적으로 주입하여 주름 제거, 함몰흉터, 보습, 피부탄력을 개선시키는 치료요법입니다."라는 내용으로 광고하였다. 또한 피고인은 위 'I 의원' 및 'G 의원' 인터넷 홈페이지에, ② "SRT는 어떻게 하는 것인가 – 진피층에 한국식품의약안전청에서 공인된 치료법 중에서 새로운 콜라겐 생성이 잘 되는 물리적 방법, 화학적 방법, 생물학적 방법 3가지 방법을 동시에 시술하는 방법입니다", ③ "위 3가지를 동시에 시술할 수 있도록 하기 위해 진피 재생용 기구를 발명하여 한국과 미국에 특허출원을 하였으며 한국특허는 곧 특허 등록될 예정입니다."라는 내용으로 광고하고, ④ "환자에 대한 수술 전후 비교 사진을 게재하였다. 그러나 사실은 위 'SRT'의료기기로는 이산화탄소(CO_2)만 주입할 수 있고 위와 같이 히알루론산과 이산화탄소를 순차적으로 주입할 수는 없고, 'SRT'의료기기는 물리적 방법 및 화학적 방법으로만 시술이 가능하고 생물학적 방법까지 동시에 시술하는 것은 불가능하며, 위와 같이 한국과 미국에 특허출원을 하거나 한국 특허 등록이 예정된 사실이 전혀 없었고, 위 환자에 대한 수술 전후 사진은 'J 성형외과의원'의 인터넷 홈페이지에 게재된 사진을 무단으로 도용한 것으로서 피고인의 병원에서 시술한 환자의 사진이 아니었다. 이로써 피고인은 거짓이나 과장된 내용의 의료광고를 하고, 의료기기의 성능이

---

15) 대법원 2018. 8. 1. 선고 2015도10388 판결

나 효능 및 효과 또는 그 원리에 관한 거짓 또는 과대광고를 하고, 미리 식품의
약품안전처장의 심의를 받지 아니하고 의료기기의 광고를 하였다."라는 공소사
실로 기소되었다. 법원은 의료기기법(거짓 과대의료기기 광고의 점, 심의받지 않
은 의료기기 광고의 점)과 의료법위반(거짓 과대의료광고의 점)을 유죄로 인정해 징
역 6월에 집행유예 2년을 선고했다.16) 피고인이 의료기기법 적용은 부당하며
거짓 과대광고가 아니며 의료법위반 등의 고의가 없고 양형이 부당하다는 취지
로 항소했고, 이에 대해 항소심에서는 양형만 부당하다고 판단해 원심판결을
파기되고 벌금 1천만 원을 선고했다.17)

　② [과대광고 – 체험담] '근육통 완화'를 사용 목적으로 하는 2등급 의료기
기인 '개인용 온열기'가 전립선 질환 등에 효능과 효과가 있는 것처럼 광고한
것은 의료기기법 제23조 제2항 제1호에서 금지하는 과대광고에 해당한다.18) 대
법원은 위 판결에서 "의료기기법 시행규칙 제29조 제1항 제5호가 그 내용의 진
실 여부를 불문하고 '사용자의 감사장 또는 체험담을 이용한 광고'를 금지의 대
상으로 삼고 있다 하더라도 이를 위임의 범위를 벗어나 새로운 금지행위를 규
정한 것으로 볼 수 없고, 원심이, 체험담은 해당 당사자의 극히 주관적인 경험
을 피력하는 것으로서 비록 그것이 사실이라고 하더라도 이를 체질이나 신체적
적성이 다양한 불특정 다수의 일반인들에 대하여 그대로 타당한 내용이라고 할
수는 없으므로 의료기기의 광고에 있어서 체험담의 내용이 사실인지 여부와 관
계없이 객관성이 담보되지 않은 광고 그 자체를 금지할 필요성이 있는 점 등을
고려할 때, 체험담의 내용이 진실인지 거짓인지를 묻지 아니하고 이를 이용한
광고 전부를 금지한다고 하더라도 이를 과잉금지 원칙에 반하는 것으로 볼 수
없다고 판단한 것도 정당한 것으로 수긍할 수 있다."라고 판시했다.

　③ [성기동맥혈류측정기 광고] 의료기기 판매업자가 2019. 1.경부터 2019.
12. 31.경까지 위 장소에서 "성기동맥혈류충전기(신고번호: D, 모델명: V.S.T., 사용
목적: 음압 등 물리적인 에너지를 인체에 가해 음핵 및 해면체 등 성기 내에 혈액 유입
장애 등을 개선하기 위하여 의사의 처방, 지도로 사용되는 기구)"를 일반인에게 광고
할 목적으로 2019. 10. 1. 발행 E 언론에 "전립선의 문제는 물론 힘이 없고 빠르

---

16) 서울중앙지법 2015. 10. 1. 선고 2015고단814 판결
17) 서울중앙지법 2016. 1. 14. 선고 2015노3937 판결
18) 대법원 2007. 9. 6. 선고 2006도8030 판결[의료기기법위반]

고 작은 문제를 근본적으로 개선시킬 수 있는 기술"이라는 취지의 광고를 게재하여 해당 의료기기의 효능 및 효과에 대하여 과대광고를 한 공소사실로 기소된 사건에서, 법원은 피고인이 2007. 4. 18. 사단법인 F 소속 G 위원회에 의료기기인 공소사실 기재 성기동맥혈류충전기에 관한 광고의 심의를 신청하였으며, G 위원회가 위 신청에 따라 2007. 4. 30. 승인한 광고(심의번호 H)에는 "이 특허의 원리는 전립선의 문제는 물론 힘이 없고 빠르고 작은 문제를 근본적으로 개선시킬 수 있는 기술을 의미하는 것입니다."라는 문구(이하 '이 사건 문구'라 한다)가 포함되어 있으며, 그 밖에 '위 문구가 거짓 또는 과대라고 인정할 만한 의학적 자연과학적 증거가 없다.'는 이유로 무죄를 선고했다.[19]

④ [심의 위헌 결정과 무죄] 피고인은 관할 관청이 정한 심의기준, 방법 및 절차에 따라 미리 관할 관청의 심의를 받아야 하고, 심의를 받지 아니하거나 심의받은 내용과 다른 내용의 광고를 하여서는 아니 됨에도 2017. 5.부터 2018. 8. 10.까지 피고인 운영의 (주)B 홈페이지에 의료기기인 의료용 고주파 온열기 (REMISSION 1℃)에 대하여 관할 관청의 심의를 받지 아니한 내용의 광고물을 게시하는 방법으로 의료기기를 광고한 공소사실로 약속 기소되자 정식재판을 청구한 사안에서, 법원은 헌법재판소가 2020. 8. 28. "구 의료기기법 제52조 제1항 제1호 중 제24조 제2항 제6호를 위반한 자 부분은 헌법에 위반된다."는 위헌결정을 하였고[헌법재판소 2017헌가35, 2019헌가23(병합)], 이로써 위 법률조항 부분은 헌법재판소법 제47조 제3항에 따라 소급하여 그 효력을 상실하고 위헌결정으로 인하여 형벌에 관한 법률 또는 법률조항이 소급하여 그 효력을 상실한 경우에는 당해 법조를 적용하여 기소한 사건은 범죄로 되지 아니한 때에 해당하므로(대법원 2005. 4. 15. 선고 2004도9037 판결 등 참조) 위 공소사실에 대하여 무죄를 선고했다.[20]

⑤ [운동 용구 광고] 통신판매업자가 2018. 5.경부터 2020. 4. 7.경까지 피고인이 운영하는 블로그에 자신이 판매하는 운동 용구인 'D'에 관한 광고를 하며 "무지외반증, 소건막류, 티눈, 각종 통증에 시달리는 운동선수들이 착용할 경우 뛰어난 체형보정 효과와 회복효과가 나타남, 혈액순환에도 많은 도움, 평발, 지간신경통에 탁월한 효과" 등의 내용이 담긴 광고 글을 게시하여 의료기기

---

19) 의정부지법 고양지원 2020. 11. 4. 선고 2020고정355 판결
20) 서울남부지법 2020. 10. 21. 선고 2019고정894 판결

가 아닌 것을 의료기기와 유사한 성능이나 효능 및 효과 등이 있는 것으로 잘
못 인식될 우려가 있는 내용의 광고를 한 공소사실로 약식 기소되자 정식재판
을 청구한 사안에서, 법원은 유죄를 인정해 벌금 150만 원을 선고했다.[21]

⑥ [타투 의료기구 판매] 수입하려는 의료기기에 대하여 수입허가 또는 수
입인증을 받거나 수입신고를 하여야 하고, 수입허가 또는 수입인증을 받지 아
니하거나 수입 신고한 사항과 다른 의료기기의 명칭·제조방법·성능이나 효능
및 효과에 관한 광고를 하여서는 아니 됨에도 의료기기 판매업자가 수입인증을
받지 아니하고, 2018. 6.경부터 2019. 11. 8.경까지 위 장소에서 C 자사 홈페이지
(C) 및 인터넷 쇼핑몰 D 및 인스타그램에 의료기기인 "Jet Tatoo Pen", "ITALY
정통 니들(RL)", "ITALY 정통 니들(M12)", "Derblitz Lightning Line", "Derblitz
Lightning M", "KNC 750", "KAIDI HONGKONG NEEDLES" 등 7개 품목을 판매
할 목적으로 인터넷에 게재하여 수입인증을 받지 아니한 의료기기의 명칭·제조
방법·성능이나 효능 및 효과에 관한 광고를 한 공소사실로 약식기소되자 정식
재판을 청구한 사안에서, 법원은 유죄를 인정해 벌금 300만 원을 선고했다.[22]

⑦ [신발 광고] 신발부품 제조업 회사의 대표이사가 2018. 12. 9.부터 같은
달 15.까지 인터넷 포털사이트 C에 주식회사 B에서 제조한 신발 밑창(D)에 대
한 광고를 함에 있어, "무릎, 허리, 족저근막염 등 통증을 완화시켜줍니다", "중
장년층 관절통, 허리, 무릎 통증이 있거나 발 관련 질환이 있는 분께 적극 추천
드리는 제품"이라는 문구를 사용하여 의료기기가 아닌 신발 밑창에 대하여 의
료기기와 유사한 효능 및 효과 있는 것으로 잘못 인식할 우려가 있는 광고를
한 공소사실로 기소된 사안에서, 법원은 유죄를 인정해 벌금 50만 원을 선고했
다.[23]

⑧ [추천 광고] 피고인이 2018. 8.경 서울 구로구 C 건물 D호에 있는 주식
회사 B 사무실에서 의료기기인 'E'에 대하여 F에 광고를 의뢰하면서 해당제품
을 사용하는 의사들의 명단을 기재하여 의사가 위 의료기기를 추천하거나 사용
하고 있는 것처럼 암시하는 광고를 한 혐의로 약식기소되자 정식재판을 청구한
사안에서, 법원은 유죄를 인정해 벌금 100만 원을 선고했다.[24]

---

21) 서울북부지법 2020. 7. 24. 선고 2020고정849 판결
22) 서울남부지법 2020. 6. 17. 선고 2020고정646 판결
23) 부산지법 서부지원 2020. 2. 6. 선고 2019고단652 판결
24) 서울남부지법 2019. 10. 25. 선고 2019고정541 판결

⑨ [시력운동기 광고] 한의사가 2018. 8.경부터 2018. 11. 9.경까지 위 D 홈페이지 게시판에 시력치료클리닉을 운영한다고 기재하면서 '보라매눈'에 관해 "보라매눈은 전 세계에서 최초로 시력복귀용 광학기기로 특허 등록된 사물축소용 시력운동기이다. 보라매눈은 15년간 시력 치료만 해온 D A 원장이 발견한 시력복귀원리인 '보다 멀리 가장 작게(초원이나 산이 많아 원거리를 볼 기회가 잦아 대부분 시력이 좋은 아프리카, 몽고인 사례)'를 과학적으로 적용했다. 보라매눈은 2014년부터 본격적으로 … 얇게 사용)할 수 있도록 고안된 국내 최초의 사물축소 시력운동기기(이론적 배경은 시력보정장치 축소경)입니다."라는 내용으로 광고를 게시하고, '보라매눈' 포장 박스에 "시력회복경, 수술 필요없는 기적의 시력회복 안경"이라고 기재하여 의료기기가 아닌 '보라매눈'의 외장·포장 또는 첨부문서에 의료기기와 유사한 성능이나 효능 및 효과 등이 있는 것으로 잘못 인식될 우려가 있는 표시를 하거나 이와 같은 내용의 광고를 한 공소사실로 약식기소되자 정식재판을 청구한 사안에서, 법원은 유죄를 인정해 벌금 100만 원을 선고했다.25)

⑩ [온열기와 쑥뜸기 광고] C 매장을 운영하는 피고인이 관할 관청에 신고하지 않고 유방암 환자인 D에게 피고인이 개발한 의료기기인 'E 온열기'와 '쑥뜸기'를 500만 원에 판매하고, 의료기기인 'E 온열기'와 '쑥뜸기'를 위 D에게 판매하면서 "암세포는 42°C에 박멸된다. 유방암 환자가 2주간 원적외선 온열기에 들어가 있었더니 암이 완치되었다. 등의 내용으로 거짓 또는 과대 광고한 공소사실로 기소된 사안에서, 법원은 징역 8개월에 집행유예 2년을 선고했다.26)

⑪ [의료용 전동식 침대 – 무죄] "피고인은 2014. 6. 20, 2014. 10. 22. 두 차례에 걸쳐 의료기기가 아닌 공산품 전동침대(이하 '이 사건 침대'라 한다.)를 C요양원에 납품하면서 침대에 "품명: 수동식 의료용 침대, 본 제품은 의료기기임, 품목 신고번호: D, 사용 목적: 의료기관에서 환자 진료에 사용하는 수동식 침대" 등으로 거짓 표시하여 총 100대, 시가 7,500만 원 상당을 판매한 혐의로 공소 제기된 사건에서, 항소심은 "의료기기 수입신고를 마치고 이를 수입·판매하는데 위 수동침대에는 "수동식 의료용 침대"의 표시가 있는 사실, 피고인들은 위 수동침대에 모터 등 전동장치를 추가하여 의료용 전동식 침대로서의 허가를

---

25) 수원지법 2019. 10. 17. 선고 2019고정1068 판결
26) 춘천지법 속초지원 2019. 6. 26. 선고 2018고단47 판결

받아 판매하는 사실, 그런데 C 요양원과 사이에 "전동침대" 납품계약을 체결하면서 위 수입한 수동침대에 전동장치를 추가하여 납품한 사실을 인정할 수 있는바, 피고인들이 C 요양원과 사이에 전동침대를 납품하기로 하는 납품계약을 체결하면서 위 수입한 수동침대에 전동장치를 추가하여 납품한 사실을 인정할 수 있는바, 피고인들이 C 요양원과 사이에 전동침대를 납품하기로 하는 계약을 체결하였을 뿐 "의료용" 전동침대 또는 "의료용" 침대를 납품할 의사였다거나 의무가 있었다고 할 수 없는 점, 이 사건 침대는 전동침대로서 일반인의 관점에서 보아 "수동식 의료용 침대"로 오인될 염려가 있었다고 볼 수 없는 점, 피고인들이 이 사건 침대를 납품하여 일반적인 전동침대에 비하여 부당하게 이익을 얻었다고 볼 자료가 없는 점 등을 보태어 보면, 피고인들이 수동식 의료용 침대에 모터를 장착하여 일반 전동침대로 납품하는 과정에서 피고인들이 주장하는 바와 같이 수입 당시 부착된 "수동식 의료용 침대"라는 의료기기 표시를 과실로 제거하지 않았을 가능성을 배제할 수 없고, 달리 검사가 제출한 증거들만으로는 이 사건 공소사실을 인정하기 부족하다. 따라서 원심이 피고인들이 허위로 이 사건 침대에 의료기기의 표시를 하였다고 판단한 것은 사실을 오인한 위법이 있다."고 하여 원심을 파기하고 무죄를 선고했다.[27]

4) 의료기기법 위반 광고해설서 주요 내용[28]

의료기기법 관련 광고 위반사례는 식품의약품안전처에서 발행한 의료기기법 위반 광고해설서를 참조하길 바란다. 이하에서는 위 광고해설서에서 언급한 위반사례 3가지만 소개한다.

27) 서울서부지법 2019. 1. 24. 선고 2018노742 판결
28) 식품의약품안전처, 의료기기법 위반 광고해설서, 2015. 8.

① 거짓 과대광고 사례 – 성능 또는 효능 · 효과 위반 사례(위 해설서 17쪽)

효과

리프팅, 타이트닝 (Skin Lifting)

주름개선 (Wrinkle Improvement)

모공관리 (Pore Improvement)

피부톤, 피부결 개선 (Skin Tightening)

주름! V라인! 미백!

Wrinkle Improvement
눈가, 팔자주름, 콧대주름 개선

Pore Improvement
모공개선

Skin Lifting
처진피부의 탄력,리프팅

Skin Tightening
피부탄력의 증대

② 체험담 등 거짓 과대광고 사례(26쪽)

◇ 품 목 명 : 개인용저주파자극기(개인용저주파자극기+의료용바이오피드백장치)
◇ 사용목적 : (저주파자극기) 근육통완화

③ 의료기기인 것처럼 잘못 인식될 우려가 있는 광고(46쪽)

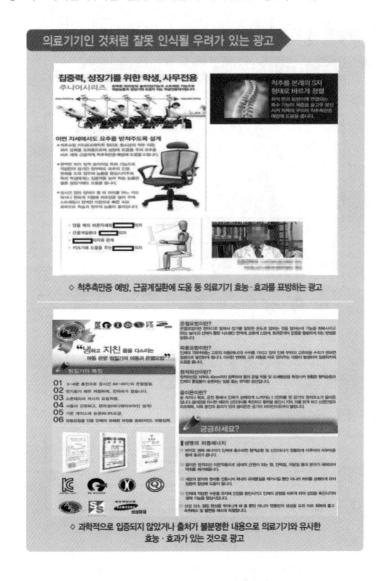

5) 화장품 · 의료기기 허위 · 과대광고 질의응답집 – 민원 안내서[29)]

식품의약품안전처 사이버조사단에서 발행한 의료기기 허위·과대광고 질의응답 내용 중 참조할 만한 내용은 아래와 같고, 33가지의 구체적인 내용은 위 질의응답집을 참고하길 바란다.

① 의료인 등만을 회원으로 하여 전문적인 내용 전달 목적으로 인터넷을 이용해 광고하는 경우 심의를 받지 않고 광고가 가능(의료기기 광고사전심의 규정 (식약처고시) 제2조 제2항)(55면)

② 통증완화로 허가 받은 의료기기를 피부체형관리기로 광고하는 것은 의료기기법 시행규칙 [별표 7] 금지되는 광고의 범위 제1호 또는 제10 위반임(57면)

③ [공산품 의료기기 오인 광고 사례] 의료기기로 허가/신고 받지 아니하고 '무지외반증, 휘어진 발가락 교정/치료' 등의 효능과 효과를 표방하여 광고한 경우 의료기기 오인 광고에 해당(64면)

④ 공산품인 베개 제품에 '혈액순환', '목디스크', '불면증', '거북목', '일자목' 등의 키워드를 사용하여 광고하면 의료기기 오인 광고에 해당됨(66면)

나. 약사법과 의약품 등의 안전에 관한 규칙

약사법	제61조(판매 등의 금지) ① 누구든지 다음 각호의 의약품을 판매하거나 판매할 목적으로 저장 또는 진열하여서는 아니 된다. <개정 2007. 10. 17, 2011. 6. 7, 2018. 12. 11> 1. 제56조부터 제60조까지의 규정에 위반되는 의약품이나 위조(위조) 의약품 2. 제31조 제1항부터 제3항까지 및 제9항, 제41조 제1항, 제42조 제1 항·제3항 및 제43조 제1항을 위반하여 제조 또는 수입된 의약품 ② 누구든지 의약품이 아닌 것을 용기·포장 또는 첨부 문서에 의학적 효능·효과 등이 있는 것으로 오인될 우려가 있는 표시를 하거나 이와 같은 내용의 광고를 하여서는 아니 되며, 이와 같은 의약품과 유사하게 표시되거나 광고된 것을 판매하거나 판매할 목적으로 저장 또는 진열하여서는 아니 된다.

---

29) 식품의약품안전처 사이버조사단, 화장품·의료기기 허위·과대광고 질의응답집 – 민원 안내서, 2019. 12.

약사법

제61조의2(의약품 불법판매의 알선·광고 금지 등) ① 누구든지 제44조, 제50조 제1항·제2항에 위반되는 의약품의 판매를 알선하거나 광고해서는 아니 되고, 제61조 제1항 각 호에 해당하는 것 또는 같은 조 제2항에 따른 의약품과 유사하게 표시되거나 광고된 것의 판매를 알선하거나 광고해서는 아니 된다.

② 식품의약품안전처장은 「정보통신망 이용촉진 및 정보보호 등에 관한 법률」 제2조 제1항 제1호에 따른 정보통신망(이하 이 조에서 "정보통신망"이라 한다)을 이용하여 의약품을 판매하는 행위 또는 제1항을 위반하는 행위에 관한 조사를 위하여 필요한 경우에는 「정보통신망 이용촉진 및 정보보호 등에 관한 법률」 제2조 제1항 제3호에 따른 정보통신서비스 제공자 또는 「전자상거래 등에서의 소비자보호에 관한 법률」 제20조에 따른 통신판매중개업자(이하 이 조에서 "정보통신서비스 제공자등"이라 한다)에 대하여 필요한 자료제출을 요청할 수 있다. 이 경우 자료제출을 요청받은 정보통신서비스 제공자등은 정당한 사유가 없으면 이에 따라야 한다.

③ 정보통신서비스 제공자등은 정보통신망을 이용하여 의약품이 판매되거나 제1항을 위반하는 행위를 발견한 때에는 즉시 그 사실을 식품의약품안전처장에게 통보하여야 한다.

④ 제2항에 따른 자료제출 요청의 범위 및 절차, 제3항에 따른 통보의 방법 등에 필요한 사항은 총리령으로 정한다. [본조신설 2018. 12. 11]

제68조(과장광고 등의 금지) ① 의약품등의 명칭·제조방법·효능이나 성능에 관하여 거짓광고 또는 과장광고를 하지 못한다.

② 의약품등은 그 효능이나 성능에 관하여 의사·치과의사·한의사·수의사 또는 그 밖의 자가 보증한 것으로 오해할 염려가 있는 기사를 사용하지 못한다.

③ 의약품등은 그 효능이나 성능을 암시하는 기사·사진·도안, 그 밖의 암시적 방법을 사용하여 광고하지 못한다.

④ 의약품에 관하여 낙태를 암시하는 문서나 도안은 사용하지 못한다.

⑤ 제31조 제2항부터 제4항까지 및 제9항 또는 제42조 제1항에 따른 허가·변경허가를 받거나 신고·변경신고를 한 후가 아니면 의약품등의 명칭·제조 방법·효능이나 성능에 관하여 광고하지 못한다. <개정 2007. 10. 17, 2018. 12. 11>

⑥ 다음 각호의 어느 하나에 해당하는 의약품을 광고하여서는 아니 된다. 다만, 「감염병의 예방 및 관리에 관한 법률」 제2조 제2호부터

약사법	제12호까지의 감염병의 예방용 의약품을 광고하는 경우와 의학 · 약학에 관한 전문가 등을 대상으로 하는 의약전문매체에 광고하는 경우 등 총리령으로 정하는 경우에는 그러하지 아니하다. <신설 2017. 10. 24> 1. 전문의약품 2. 전문의약품과 제형, 투여 경로 및 단위제형당 주성분의 함량이 같은 일반의약품 3. 원료의약품 ⑦ 의약품등의 광고 방법과 그 밖에 필요한 사항은 총리령으로 정한다. <개정 2008. 2. 29, 2010. 1. 18, 2013. 3. 23, 2017. 10. 24> **제68조의2(광고의 심의)** ① 의약품 제조업자 · 품목허가를 받은 자 또는 수입자가 그 제조 또는 수입한 의약품을 광고하려는 경우에는 총리령으로 정하는 바에 따라 식품의약품안전처장의 심의를 받아야 한다. <개정 2013. 3. 23> ② 식품의약품안전처장은 제1항에 따른 의약품 광고심의에 관한 업무를 제67조에 따라 설립된 법인에 위탁할 수 있다. <개정 2013. 3. 23> ③ 제1항에 따른 광고심의의 절차와 방법, 심의 결과에 대한 이의신청, 심의 내용의 변경과 심의 결과의 표시 등에 관하여 필요한 사항은 총리령으로 정한다. <개정 2011. 6. 7, 2013. 3. 23> [본조신설 2007. 10. 17]
의약품 등의 안전에 관한 규칙	**제78조(의약품등의 광고 범위 등)** ① 법 제68조 제6항 각 호 외의 부분 단서에서 "총리령으로 정하는 경우"란 다음 각 호의 어느 하나에 해당하는 경우를 말한다. <개정 2018. 4. 25> 1. 「감염병의 예방 및 관리에 관한 법률」 제2조 제2호부터 제12호까지의 감염병의 예방용 의약품을 광고하는 경우 2. 의학 · 약학에 관한 전문가 등을 대상으로 하는 의약전문매체에 광고하는 경우 3. 의학 · 약학에 관한 전문가 등을 대상으로 하는 학술적 성격의 매체 또는 수단을 이용하여 광고하는 경우 ② 법 제68조 제7항에 따른 의약품등의 광고 매체 또는 수단은 다음 각 호와 같다. <개정 2018. 4. 25> 1. 신문 · 방송 또는 잡지

의약품
등의
안전에
관한
규칙

2. 전단·팸플릿·견본 또는 입장권

3. 인터넷 또는 컴퓨터통신

4. 포스터·간판·네온사인·애드벌룬 또는 전광판

5. 비디오물·음반·서적·간행물·영화 또는 연극

6. 방문광고 또는 실연에 의한 광고

7. 자기의 의약품등의 용기나 포장 또는 다른 상품의 용기나 포장(법 제56조부터 제58조까지 및 법 제65조에 따라 자기의 의약품등의 용기나 포장 등에 기재된 사항은 의약품등의 광고에 해당하지 아니한다)

8. 그 밖에 제1호부터 제7호까지와 유사한 매체 또는 수단

③ 의약품 등을 광고하는 경우에 준수하여야 할 사항은 별표 7과 같다.

제79조(광고심의 대상 등) ① 법 제68조의2 제1항에 따라 의약품 제조업자, 품목허가를 받은 자 또는 수입자(이하 "광고신청인"이라 한다)가 다음 각호의 어느 하나에 해당하는 매체 또는 수단을 이용하여 의약품 광고를 하려면 법 제68조의2 제2항 및 영 제32조의5에 따라 의약품 광고심의에 관한 업무를 위탁받은 기관(이하 "광고심의기관"이라 한다)의 심의를 받아야 한다.

1. 「신문 등의 진흥에 관한 법률」 제2조 제1호·제2호에 따른 신문·인터넷신문 및 「잡지 등 정기간행물의 진흥에 관한 법률」 제2조 제1호에 따른 정기간행물. 다만, 의학·약학에 관한 전문가 등을 대상으로 전문적인 내용을 전달하거나 학술적 성격을 지니고 있는 매체 또는 수단을 이용하여 광고하는 경우를 제외한다.

2. 「방송법」 제2조 제1호 가목 및 나목에 따른 텔레비전방송과 라디오방송

3. 「표시·광고의 공정화에 관한 법률 시행령」 제2조 제2호에 따른 인터넷

4. 식품의약품안전처장이 정하여 고시하는 매체 또는 수단

② 제1항에도 불구하고 광고신청인이 광고신청인의 상호, 허가 또는 신고한 제품명 및 의약품의 효능·효과와 용법·용량만을 제1항 제1호 본문에 따른 매체를 이용하여 광고하려는 경우에는 광고심의기관의 심의를 받지 아니하고 광고할 수 있다.

③ 제2항에 따라 광고신청인이 의약품 광고를 하려는 경우에는 그 사실을 미리 광고심의기관에 알려야 한다. 이 경우 광고심의기관은 해당 광고가 심의를 받을 필요가 있다고 인정되면 지체 없이 광고신청인에게 해당 광고의 심의를 받을 것을 알려야 한다.

제80조(광고심의 절차 등) ① 광고신청인은 별지 제62호 서식의 의약품 광고사전심의 신청서에 다음 각 호의 서류를 첨부하여 광고심의기관에 제출하여야 한다.

1. 의약품 광고내용 1부

2. 의약품 설명서 1부

② 제1항에 따른 신청을 받은 광고심의기관은 제83조에 따른 의약품 광고심의위원회(이하 "심의위원회"라 한다)의 심의를 거쳐 해당 의약품에 대한 광고심의 결과를 확정한 후 신청일부터 10일 이내에 광고신청인에게 서면으로 알려야 한다. 다만, 부득이한 사유로 그 기간 내에 심의 결과를 통지할 수 없는 경우에는 광고신청인에게 지연 사유와 처리예정기간을 알려야 한다.

③ 신청인은 제2항에 따라 통지받은 심의 결과에 이의가 있는 경우에는 별지 제62호 서식의 의약품 광고사전심의 이의신청서에 이의신청의 취지와 사유를 밝혀 심의 결과를 통지받은 날부터 10일 이내에 광고심의기관에 이의신청을 할 수 있다.

④ 제3항에 따라 이의신청을 받은 광고심의기관은 심의위원회의 심의를 다시 거쳐 이의신청을 받은 날부터 10일 이내에 신청인에게 그 이의신청에 대한 심의 결과를 서면으로 알려야 한다.

⑤ 제1항에 따른 신청을 하는 자는 식품의약품안전처장이 정하여 고시하는 수수료를 납부하여야 한다. <신설 2017. 12. 13.>

[제목개정 2017. 12. 13]

제81조(심의내용의 변경) ① 제80조에 따라 의약품의 심의를 받은 자가 심의받은 광고내용을 변경하여 광고하려면 그 변경 내용에 관하여 제80조에 따라 심의를 받아야 한다. 다만, 광고내용을 변경하지 아니하는 범위에서 자구를 수정하거나 삭제하여 광고하려는 경우에는 심의를 받지 아니하고 광고할 수 있다.

② 제1항 단서에 따라 광고하려는 자는 그 사실을 미리 광고심의기관에 알려야 한다. 이 경우 광고심의기관은 통보받은 내용이 광고내용을 변경한 것이라고 인정되면 지체 없이 해당 광고를 하려는 자에게 심의를 받을 것을 알려야 한다.

제82조(심의 결과의 표시) 광고신청인이 제80조와 제81조에 따라 심의받은 내용을 광고하려면 심의 받은 사실을 광고에 표시하여야 한다.

제83조(의약품광고심의위원회의 구성 및 운영 등) ① 광고심의기관은 의약품 광고를 심의하기 위하여 의약품광고심의위원회를 설치·운

의약품 등의 안전에 관한 규칙	영하여야 한다. ② 심의위원회는 위원장 1명과 부위원장 2명을 포함하여 10명 이상 20명 이하의 위원으로 구성하되, 제3항 제2호부터 제4호까지에 해당하는 자가 심의위원회 구성원의 과반수가 되어야 한다. ③ 위원은 다음 각호의 어느 하나에 해당하는 사람 중에서 광고심의기관의 장이 위촉하고, 위원장 및 부위원장은 심의위원회에서 호선한다. 1. 광고심의기관의 회원사 소속 종사자 2. 「소비자기본법」에 따른 소비자단체 또는 「비영리민간단체지원법」에 따른 민간단체의 장이 추천하는 사람 3. 의약품 관련 학회·단체의 장이 추천한 사람 4. 그 밖에 보건의료에 관한 학식과 경험이 풍부한 사람 ④ 위원의 임기는 1년으로 하되, 연임할 수 있다. 다만, 제3항 제1호에 따른 위원은 1회만 연임할 수 있다. ⑤ 광고심의기관의 장은 의약품 광고에 대한 심의 결과와 이의신청에 대한 심의 결과를 분기별로 분기가 끝난 후 20일 이내에 식품의약품안전처장에게 보고하여야 한다. ⑥ 제1항부터 제5항까지의 규정에서 정한 사항 외에 심의위원회의 구성·운영 및 심의에 필요한 사항은 심의위원회의 의결을 거쳐 광고심의기관의 장이 정한다.

1) 의의 및 취지

약사법은 의약품이 아닌 것을 용기·포장 또는 첨부문서에 의학적 효능·효과 등이 있는 것으로 오인될 우려가 있는 표시를 하거나 이와 같은 내용의 광고를 하여서는 아니 되며, 이와 같은 의약품과 유사하게 표시되거나 광고된 것을 판매하거나 판매할 목적으로 저장 또는 진열을 금지하고(제61조 제2항) 위반 시 5년 이하의 징역이나 5천원 이하의 벌금형에 처하거나 병과하고 있다(제93조 제1항 제10호).

의약품 등의 명칭·제조방법·효능이나 성능에 관하여 거짓광고 또는 과장광고를 금지하고(제68조 제1항), 위반 시 1년 이하의 징역이나 1천만원 이하의 벌금형에 처하거나 병과하는 규정을 두고 있다(제95조 제1항 제10호).

2) 판례

① [약사법 제93조 제1항 제10호, 제61조 제2항(의약품 오인 광고의 점)] 피

고인은 2017. 10.경부터 2018. 7.경까지 피고인의 주거지인 의정부시 B 건물 C
호에서 피고인이 운영하는 D 카페(E) 게시판에 피고인이 제작한 여성청결제 제
품 사진과 함께 '출산 후 염증을 예방하고, 자궁수축에 효과적이에요.'라는 글을
게시하고, 완통고 제품 사진과 함께 '근육통에 효과적인 12가지 약초를 유기농
호호바오일에 인퓨즈하였구여, 근육통에 좋은 아로마 오일을 블랜딩하여 제작
하였습니다. 어깨결림, 허리통증, 무릎통증, 손목통증, 각종근육통, 성장통에 사
용하시면 되요.'라는 글을 게시하고, 한방 자운고 스틱 제품 사진과 함께 '항염,
피부재생 등에 효과적인 여러 가지 한약재를 유기농 호호바오일에 우려냈습니
다. 들어간 한약재와 오일은 각종 아토피, 가려운 곳, 무좀, 습진, 기저귀발진,
침독, 건선, 화상, 습진, 상처, 입술튼 곳 등에 효과가 있습니다.'라는 글을 게시
하고, 비염스틱 제품 사진과 함께 '가슴이나 등에 발라주시면 호흡 공기중의 세
균을 감소시키고 면역력을 높여서 감기에 걸릴 확률을 낮추어 줍니다. 또한 목
과 코의 점막에 염증 발생을 효과적으로 억제시켜면서 막힌 코도 시원하게 뚫
어줘요.'라는 글을 게시하고, 아토피연고 제품 사진과 함께 '천연성분만으로만
제작한 타마누 아토피스틱, 타마누오일을 주성분을 하였습니다. 특히 아토피
피부와 여드름, 문제성 피부개선에 좋습니다.'라는 글을 게시하는 방법으로 의
약품이 아닌 것을 의학적 효능·효과 등이 있는 것으로 오인되거나 오인될 우
려가 있는 내용을 광고한 공소사실로 기소된 사안에서, 법원은 유죄를 인정했
다.[30]

　② [의료법, 약사법, 식품위생법_소금물 관장] 피고인 A는 E, F 교회 목사
이고, 피고인 B는 G의 대표로서 교회 건물에서 자연식이나 자연치유 등을 전파
하는 음식점이라는 주식회사 H를 함께 운영하면서 위 교회나 H의 인터넷 홈페
이지(I) 등을 통하여 말기암 환자나 난치병 환자를 유치한 후, '자연치유법'이라
는 이름 아래 '소금물 관장', '단식과 소금 섭취', '간 클리닉', '된장 찜질' 등을
통하여 모든 병이 다 나을 수 있다는 취지로 말하면서 일명 'J교육'이라는 합숙
교육을 하고 그 대가로 일정 금원을 교육비 또는 치료비 명목으로 받거나 그들
을 상대로 관할관청의 등록 없이 식품 등을 제조, 판매하고, 의료광고 등을 하
기로 공모한 후, 의료인이 아님에도 전국 각지에서 영리를 목적으로 총 1,555명

---

30) 의정부지법 2019. 5. 30. 선고 2019고정574 판결

의 J 교육 참가자들에게 자연치유법이 모든 병에 효능이 있다는 취지로 단정적
으로 말하고 각종 매체를 이용하여 같은 취지로 홍보하여 참가자들을 기망하여
참가비 명목으로 돈을 지급받고, 의료행위인 '소금물 관장'행위를 약 8년간 업
으로 하고, 관할관청의 등록 없이 간장, 된장, 매실 효소 등의 식품을 제조하여
판매하고, 음식점을 폐업하였음에도 관찰관청에 신고하지 않고, 의료인이 아님
에도 홈페이지에 암치료, 당뇨 치료, 고혈압 치료 등 각종 질병에 대하여 상세
히 설명하면서 단식, 관장, 풍욕, 냉온욕, 된장 찜질을 함으로써 암, 아토피, 당
뇨, 고혈압 등 현대병을 치료될 수 있는 것처럼 의료광고를 하고, 약국개설자가
아님에도 마, 토란, 생강, 죽염, 유근피, 통밀을 섞어 마고약을 제작해 유방암,
자궁암, 관절염 등이 낫는다고 하여 의약품인 마고약을 판매하였으며, 주민등
록에 관한 사항을 허위로 신고하여 특정경제범죄가중처벌들에 관한 법률위반
(사기), 보건범죄단속에관한특별조치법위반(부정의료업자), 식품위생법위반, 약사
법위반, 주민등록법위반, 의료법위반으로 기소되었다.

　　원심은 피고인들에게 유죄를 인정해 피고인 A에게 징역 2년 및 벌금 500
만 원에 집행유예 3년, 피고인 B에게 징역 3년 및 벌금 700만 원을 각 선고했
다.31) 이에 대해 피고인들이 항소를 제기했다.

　　항소심은 일부 교육대상자에 대한 부분만 무죄를 선고하고 피고인 A에게
징역 1년 및 벌금 500만 원, 피고인 B에게 징역 1년 6월 및 벌금 700만 원, 위
피고인들에게 집행유예 2년을 선고했다.32)

　　③ [비만 치료용 전문의약품 광고] 피고인은 2017. 9.경부터 서울 강남구 B
에 있는 C 의원 S 역점을 직접 운영하면서 그 외에 C 의원 F 역점, G 의원 잠
실점을 총괄 관리하는 의사이며, 위 3개 의료기관의 홍보, 경영지원 등을 위해
설립된 주식회사 E의 대표이사가 2018. 9.경 위 회사를 통하여 C 의원 홈페이
지 및 블로그에 비만 치료용 전문의약품인 ○○○을 "주사로 살 빼기! C 클리
닉의 삭센다 치료법은 미국 FDA에서 승인받은 세계적 제약사 D의 안전하고 효
과적인 체중감량 식욕 억제방법입니다", "C CLINIC에서 삭센다로 비만 치료!
삭센다로 싹 뺀다.! 하루 한 번 간편한 삭센다 치료법", "이벤트 01 – 삭센다 5, 1
이벤트 진행 중! 이벤트 02 – 펜 니들, 알코올 스와프 증정 이벤트!" 등의 내용

---

31) 서울동부지법 2015. 7. 24. 선고 2015고합30 판결
32) 서울고법 2015. 12. 10. 선고 2015노2280 판결

과 함께 삭센다의 원리, 주사방법 등을 설명하는 방법으로 광고하여 전문의약
품을 광고하였다는 공소사실로 기소되었다.

원심은 "약사법 제68조 제6항은 제1호는 전문의약품에 대한 광고를 금지
하고 있고, 약사법 제9조 제1항 제10호는 그 위반행위에 대한 처벌을 규정하고
있고 피고인이 공소사실과 같이 전문의약품인 삭센다의 효능, 치료법 등을 광
고한 사실은 인정되지만 '의약품에 관한 광고'가 아니라 의료인에게 허용되는
'의료광고'에 해당한다고 보아 의약품 자체에 관한 광고를 한 것으로 보기는 어
렵다"고 보아 무죄를 선고했다.33) 검사가 무죄판결에 대하여 항소했다.

항소심은 ① 피고인의 광고는 피고인의 병원 또는 의료진이 삭센다 주사와
관련하여 어떠한 의료경력, 기술과 시설 및 전문성을 보유하고 있는지에 관한
홍보가 아닌 삭센다 자체의 효능에 관한 설명으로 이루어져 있는 점, ② 피고인
의 광고에는 '삭센다 5, 1 이벤트', '펜 니들, 알코올 스와프 증정' 등의 이벤트뿐
아니라 삭센다의 자가조사법과 투여 일정까지 소개되어 있는바, 이는 삭센다의
처방, 즉 의료서비스의 구입이 아닌 삭센다의 구입을 유도하는 내용인 점, ③
광고사진 가운데에 작은 글씨로 "개인의 체형, 체중, 체성분과 체질에 맞게 삭
센다의 용법·용량을 처방한다."는 기재가 있기는 하지만, 과연 삭센다가 어떤
사람에게 적합한지, 체질에 맞지 않거나 오남용할 경우에는 어떠한 부작용이
있는지에 관한 설명은 전혀 없어, 광고를 보는 사람들에게 마치 삭센다가 살을
빼는 데 항상 효과적이고 안전한 약물인 것처럼 그릇된 인식을 심어줄 우려가
있는 점 등을 종합하면, 피고인은 마치 삭센다가 쉽게 취득하여 획기적인 효과
를 누릴 수 있는 상품인 것처럼 광고한 점을 인정해 유죄를 선고했다. 다만 의
료계에서는 삭센다뿐 아니라 보톡스나 가다실 등 다른 전문의약품들에 관하여
도 이를 이용한 의료행위에 대한 의료광고가 일상적으로 행하여지고 있는바,
피고인 역시 의료광고 목적을 가지고 있었던 것으로 보이고, 관할 보건소에서
광고금지 안내를 받은 후 즉시 광고를 내림으로써 피해를 최소화한 점, 피고인
은 삭센다를 무분별하게 판매하지 않고 내원한 환자의 체중, 체질량 등을 검사
하고 대면진료를 거친 후 처방·판매한 점, 피고인에게 1회의 선고유예 외에 달
리 처벌전력이 없는 점 및 피고인의 연령, 성행, 환경 등 기록과 변론에 나타난

---

33) 서울중앙지법 2019. 10. 31. 선고 2019고정916 판결

모든 점들을 종합적으로 고려하여 원심판결을 파기하고 벌금 100만 원을 선고했다.[34)]

다. 건강기능식품에 관한 법률

1) 의의 및 취지

건강기능식품에 관한 법률 제18조 제1항에서는 "누구든지 건강기능식품의 명칭, 원재료, 제조방법, 영양소, 성분, 사용방법, 품질 및 건강기능식품이력추적관리 등에 관하여 다음 각 호에 해당하는 허위·과대·비방의 표시·광고를 하여서는 아니 된다."라고 규정하고 있고, 위반 시 5년 이하의 징역이나 5천만 원 이하의 벌금에 처하고 있다(제44조).

1. 질병의 예방 및 치료에 효능·효과가 있거나 의약품으로 오인(誤認)·혼동할 우려가 있는 내용의 표시·광고
2. 사실과 다르거나 과장된 표시·광고
3. 소비자를 기만하거나 오인·혼동시킬 우려가 있는 표시·광고
4. 의약품의 용도로만 사용되는 명칭(한약의 처방명을 포함한다)의 표시·광고
5. 다른 업체 또는 그 업체의 제품을 비방하는 표시·광고

2) 판례

① [심의 규정 위헌] 헌법재판소는 사전심의를 받은 내용과 다른 내용의 건강기능식품 기능성 광고를 금지하고 이를 위반한 경우 처벌하는 구 건강기능식품법(2012. 10. 22. 법률 제11508호로 개정되고, 2018. 3. 13. 법률 제15480호로 개정되기 전의 것) 제18조 제1항 제6호 중 '제16조 제1항에 따라 심의받은 내용과 다른 내용의 광고' 부분 및 구 건강기능식품법(2012. 10. 22. 법률 제11508호로 개정되고, 2014. 5. 21. 법률 제12669호로 개정되기 전의 것) 제44조 제4호 중 제18조 제1항 제6호 가운데 '제16조 제1항에 따라 심의받은 내용과 다른 내용의 광고를 한 자'에 관한 부분 등이 사전검열금지원칙에 반하여 위헌이라는 결정을 한 바 있다.[35)]

---

34) 서울중앙지법 2020. 3. 26. 선고 2019노3639 판결
35) 헌재 2018. 6. 28. 2016헌가8 등

② [강연 방식의 광고 무죄] D를 운영하며 의료기기, 건강기능식품 등을 소매업으로 하는 사업주와 종업원이 게르마늄 소금인 'E'가 질병의 예방 및 치료에 효능이 있다는 과대광고를 하기로 공모하여 2017. 10. 17.경 위 D에서 손님들에게 'E'를 홍보 및 광고하면서, 피고인 B는 "이 소금을 타가지고 가려운 데다가 소금을 바르면 가려움증이 대번 사라진답니다. 치약 대신에 써도 되지만 염증이 생긴 데, 피부에 여드름이 났다. 요 소금물에 중략 당뇨, 혈압 있는 사람은 소금을 먹으면 안 되는데 이 소금은 아무리 먹어도 관계없다. 그렇게 만들어 가지고요. 그다음에 병원에 가면 링겔 맞지요 힘없고 기운 떨어지고 거기 95%가 이 소금입니다."라는 내용으로 광고를 하고, 피고인 A는 "이게 약소금이에요, 염증이 다 빠져나가요. 이 소금을 가지고 가글을 하고부터는 겨울에도 감기가 잘 안걸리더라 중략 말 그대로 약소금으로 약 성분이 있으니까 중략 장에 찌꺼기가 많거나 노폐물이 많으면 염증이 생겼다가 그게 오래되면 대장암이 되어 버리잖아요. 요 소금으로 장 청소를 하면 좋겠다는 생각이 들고, 소금이 이래 비싸노 싶을 정도로 가격이 쎄지요, 그만큼 효과가 있고 귀하기 때문"이라는 내용으로 광고하여 질병의 예방 및 치료에 효능·효과가 있거나 의약품 또는 건강기능식품으로 오인·혼동할 우려가 있는 내용의 표시·광고 등의 공소사실로 약식기소되자 정식재판을 청구한 사건에서, 법원은 "식품 판매자가 식품을 판매하면서 특정 구매자에게 그 식품이 질병의 치료에 효능이 있다고 설명하고 상담하였다고 하더라도 이를 가리켜 법 제13조 제1항에서 금지하는 '광고'를 하였다고 볼 수 없고, 그와 같은 행위를 반복하였다고 하여 달리 볼 것은 아니며, 다수인을 대상으로 한 강연의 홍보방식 또한 육성을 통한 홍보에 불과하여 법 제13조 제1항이 금지하는 '광고'에 포함된다고 볼 수는 없다.[36] 이 사건의 경우 피고인들이 D의 제품 체험실에 고객 약 10여 명을 모아 놓고 마이크를 이용하여 'E' 홍보를 하면서 이 사건 공소사실 기재와 같은 발언을 하는 것과 같이 강연 등 육성에 의한 홍보방식이 법 제13조 제1항 제1호가 금지한 '광고'의 방법에 포함된다고 해석할 수는 없으므로, 법 제13조 제1항 제1호가 금지하는 '광고'행위에 해당되지 않는다."는 취지로 무죄를 선고했다.[37]

---

36) 대법원 2014. 4. 30. 선고 2013도15002 판결; 대법원 2016. 12. 15. 선고 2016도16519 판결 및 원심판결인 부산지법 2016. 9. 29. 선고 2016노635 판결 등
37) 대구지법 서부지원 2019. 6. 13. 선고 2018고정75 판결

③ 피고인 B는 피고인 A 등과 공모하여 G 등에게 'H' 등 11종의 건강기능식품을 판매하면서, 해당 건강기능식품이 당뇨병에 특효약이라고 광고하였다는 공소사실로 기소된 사안에서, 1심 법원은 검사 제출의 증거만으로 피고인 B가 A와 공모하여 공소사실 기재와 같이 질병의 예방 및 치료에 효능효과가 있거나 의약품으로 오인 혼동할 우려가 있는 내용의 표시광고를 하였다고 단정하기 어렵다고 판단하였고, 항소심도 이 부분 검사의 항소를 기각했다.[38]

라. 식품위생법과 화장품법

1) 식품위생법

가) 의의 및 취지

식품위생법 제13조 제1항에서는 "누구든지 식품 등의 명칭·제조방법, 품질·영양 표시, 유전자변형 식품 등 및 식품이력추적관리 표시에 관하여는 다음 각호에 해당하는 허위·과대·비방의 표시·광고를 하여서는 아니 되고, 포장에 있어서는 과대포장을 하지 못한다. 식품 또는 식품첨가물의 영양가·원재료·성분·용도에 관하여도 또한 같다."라고 규정하고, "1. 질병의 예방 및 치료에 효능·효과가 있거나 의약품 또는 건강기능식품으로 오인·혼동할 우려가 있는 내용의 표시·광고" 등을 그 예로 들고 있으며, 위반 시 10년 이하의 징역이나 1억 원 이하의 벌금에 처하거나 이를 병과하고 있다(제94조).

나) 판례

① [합헌 결정] 헌법재판소는 2000. 3. 30. 97헌마108 결정과 2004. 9. 23. 2003헌바6 결정에서 식품·식품첨가물에 관하여 의약품과 혼동할 우려가 있는 표시·광고를 금지하는 구 식품위생법 조항이 청구인의 영업의 자유, 광고표현의 자유, 학문의 자유 및 평등권을 침해하지 않는다고 결정하였다. 그 요지는 다음과 같다.

> 『식품은 영양섭취를 주된 목적으로 하는 음식물임에 비하여, 의약품은 질병을 치료·예방하거나 사람의 구조기능에 약리학적 영향을 주기 위한 목적으로 사용되는 것으로서(약사법 제2조 제4항 제2호, 제3호), 식품과 의약품은 그 개념·사용목적·규율체계 등의 면에서 엄격히 구분된다. 물론 식품이나 식품에 함유된 영양소도

---

38) 서울남부지법 2020. 6. 23. 선고 2018노2326 판결

경우에 따라 일정한 약리적 작용을 할 수 있고, 사람의 건강증진과 질병의 치료 및 예방에 일정한 역할을 할 수 있다는 사실이 점차 받아들여지고 있으며 이에 관한 과학적 연구성과도 축적되어 가고 있기 때문에, 어떠한 식품에 일정한 약리적 효능이 있다면 그에 관한 정확한 정보를 제공하는 것은 국민의 건강수준 향상을 위하여 필요한 일이다. 그러나 식품의 약리적 효능에 관하여 일부 과학적으로 검증된 바 있다 하더라도 전반적으로 보아 아직 과학적·의학적으로 확립된 설명을 할 수 있는 단계에 있는 것은 아니다. 이러한 상황에서 그러한 광고를 아무 제한 없이 전면적으로 허용할 경우 무분별한 허위·과대광고로 인하여 소비자의 정확한 판단을 그르치게 할 위험성이 높으며, 그 결과 오신·과신으로 말미암은 여러 가지 부작용이 예상된다. 따라서 식품의 약리적 효능에 관한 허위·과대광고, 마치 질병의 치료·예방 등을 직접적이고 주된 목적으로 하는 의약품인 양 소비자를 오도하는 표시·광고는 국민건강 보호를 위하여 규제되지 않으면 아니 된다.

따라서 심판대상 법률조항은 식품광고로서의 본질과 한계를 벗어나 질병의 치료·예방 등을 직접적이고 주된 목적으로 하는 의약품으로 혼동·오인하게 하는 표시·광고만을 규제하는 것으로 보아야 하고, 그렇다면 청구인을 비롯한 식품제조업자 등의 영업의 자유, 광고표현의 자유 또는 학문의 자유를 헌법 제37조 제2항에 위반하여 침해하는 것이라고 볼 수 없다. 그리고 심판대상 법률조항이 특히 식품에 대하여만 그 효능에 대한 홍보·광고를 금지함으로써 식품판매업자인 청구인을 다른 물품의 판매업자에 비하여 차별하고 있으나, 심판대상 법률조항이 규제하는 표시·광고행위가 의약품으로 혼동하게 하는 표시·광고로서 그 규제를 통하여 보호하려는 이익이 국민의 생명·건강이라는 점, 식품광고의 한계를 일탈한 의약품 혼동 표시·광고는 그러한 법익에 중대한 손실을 초래할 위험이 크다는 점 등의 사정을 고려할 때, 그러한 차별은 합리적인 이유에 근거한 것이므로 심판대상 법률조항이 평등권을 침해하는 것이라고 보기도 어렵다.」

② [설명과 상담은 광고 아님] 피고인은 공소외 1 주식회사의 다단계 판매조직 총판으로 혼합음료 'ㅇㅇㅇㅇ'을 판매하면서, 공소외 2 등 3인을 상대로 당뇨, 관절, 고혈압, 동맥경화 등에 효능이 있는 만병통치약이라고 설명하고 상담하는 등의 방법으로 의약품과 혼동할 우려가 있는 광고를 한 공소사실로 기소된 사건에서, 대법원은 "구 식품위생법(2011. 6. 7. 법률 제10787호로 개정되기 전의 것, 이하 '법'이라고 한다) 제97조 제1호, 제13조 제1항, 제2항, 구 식품위생법 시행규칙(2011. 8. 19. 보건복지부령 제73호로 개정되기 전의 것) 제8조의 내용을 종합

하면, 법 제13조 제1항에서 금지하는 '식품에 관하여 의약품과 혼동할 우려가 있는 광고'란 라디오·텔레비전·신문·잡지·음악·영상·인쇄물·간판·인터넷, 그 밖의 방법으로 식품 등의 품질·영양가·원재료·성분 등에 대하여 질병의 치료에 효능이 있다는 정보를 나타내거나 알리는 행위를 의미한다고 보아야 한다. 따라서 식품 판매자가 식품을 판매하면서 특정 구매자에게 그 식품이 질병의 치료에 효능이 있다고 설명하고 상담하였다고 하더라도 이를 가리켜 법 제13조 제1항에서 금지하는 '광고'를 하였다고 볼 수 없고, 그와 같은 행위를 반복하였다고 하여 달리 볼 것은 아니다."라고 하여 무죄를 선고한 원심을 유지했다.[39]

③ [일반 식품이 질병 치료에 효능 있다는 광고] 일반 식품이 질병의 치료에 효능이 있는 것이 사실이라 할지라도, 그 제품을 식품위생법에 따라 식품으로 공인받았을 뿐 의약품으로 공인받지 아니한 이상, 식품위생법의 규제대상인 식품에는 그 제2조 제1호에 의하여 처음부터 의약품은 제외되어 있으므로, 그 식품을 표시하거나 광고함에 있어서 의약품과 혼동할 우려가 있는 표현을 사용한다면 그것은 식품에 관한 표시나 광고로서의 범위를 벗어나 그 자체로 식품의 품질에 관한 허위표시나 과대광고로서 소비자의 위생에 위해를 가할 우려가 있다고 할 것이어서, 식품으로 인한 위생상의 위해를 방지한다는 관점에서 식품에 관한 표시와 광고를 규제하는 식품위생법 제11조, 같은법시행규칙 제6조 제1항 제2호에 위반되므로, 일간지 등에 게재한 건강보조식품에 관한 광고가 이를 보는 사람들로 하여금 마치 비만을 치유하는 데 특별한 효능이 있는 것으로 인식하게 할 가능성이 크다고 보아 과대광고에 해당한다.[40]

④ [의료기기 아니라고 명시한 경우] 광고에서 그 제품을 의약품이 아니라 식품이라고 명시하고 있다 할지라도 그 표시나 광고의 내용에 의학적 효능이 있는 것으로 오인될 우려가 있는 표현이 있는 경우에는 그 제품이 질병의 치료에 효능이 있는 것처럼 광고한 것이라고 보지 아니할 수 없어 역시 과대광고에 해당한다.[41]

⑤ [허위표시 광고의 점] 누구든지 식품 등의 명칭·제조방법, 품질·영양

39) 대법원 2014. 4. 30. 선고 2013도15002 판결
40) 대법원 2002. 11. 26. 선고 2002도2998 판결; 대법원 2002. 6. 14. 선고 2001도4633 판결
41) 대법원 2002. 6. 14. 선고 2001도4633 판결

표시, 유전자변형식품 및 식품이력추적관리 표시에 관하여는 질병의 예방 및 치료에 효능·효과가 있거나 의약품 또는 건강기능식품으로 오인·혼동할 우려가 있는 내용의 표시·광고를 하여서는 아니 됨에도 피고인은 2018. 11. 초순경부터 같은 달 29.경까지 위 제1항과 같은 장소에서, 그곳을 찾아온 불특정 다수의 손님들을 상대로 일반 식품인 '데이플라센타'를 '잠이 잘 들게 하는 약'이라고 말하면서 수면에 도움을 주는 효과가 있는 것처럼 광고하여 E를 비롯한 손님들에게 '데이플라센타' 74병을 1병당 8,000원에 판매하여 치료에 효능·효과가 있거나 의약품 또는 건강기능식품으로 오인·혼동할 우려가 있는 내용의 광고를 한 공소사실로 기소된 사안에서, 법원은 유죄를 인정해 벌금 300만 원을 선고했다.[42)]

다) 식품 등의 표시·광고에 관한 법률

식품 등의 표시·광고에 관한 법률(2018. 3. 13. 법률 제15483호로 제정되어 2019. 3. 14. 시행) 제8조 제1항에서도 "누구든지 식품 등의 명칭·제조방법·성분 등 대통령령으로 정하는 사항에 관하여 질병의 예방·치료에 효능이 있는 것으로 인식할 우려가 있는 표시 또는 광고를 하여서는 아니된다."라고 규정하고 있다.

---

① 피고인이 2019. 9.경부터 2020. 1.경까지 대구 달성군 B에 있는 피고인 운영의 'C' 매장에서, 피고인의 인스타그램에 일반 식품인 공진보의 제조 수업을 광고하면서 "공진보, 침향환, 침향공진단, 공진단, 한약, 보약, 건강보조식품" 등의 내용을 게시하여 식품 등을 의약품으로 인식할 우려가 있거나 건강기능식품이 아닌 것을 건강기능식품으로 인식할 우려가 있는 표시 또는 광고를 하여 식품 등의 표시·광고에 관한 법률 제26조 제1항, 제8조 제1항 제2호, 제3호 위반으로 기소된 사안에서, 법원은 벌금 30만 원을 선고했다.[43)]
② 우유 생산업체인 밀크쿱이 'Non-GMO 콩으로 키운 i 우유'의 광고문구로 전라남도로부터 식품 등의 표시·광고에 관한 법률위반으로 시정명령을 받자 그 취소를 구하는 소송을 제기한 사건에서, 광주지방법원은 "생협 조합원도 Non-GMO 곡물을 먹인 소에서 착유한 원유가 품질이 더 좋은 것으로 오인할 수 있다."라며 원고 패소 판결을 내렸다. 이에 대해 원고가 항소했다. 대구고등법원은 "Non-GMO가 수식하는 문구는 콩이지 우유가 아니라는 이유로 동법을 위반하지 않았다."고 보아

---

42) 부산지법 2019. 7. 24. 선고 2019고정702 판결
43) 대구지법 서부지원 2020. 10. 16. 선고 2020고단1031 판결

원심을 파기하고 시정명령을 취소했다. 이에 대해 전라남도가 상고했으나 대법원은 2021. 5. 1. 심리불속행으로 기각했다.[44]

2) 화장품법
가) 의의

화장품법 제13조 제1항에서는 영업자나 판매자는 의약품으로 잘못 인식할 우려가 있는 표시 또는 광고(1호), 기능성화장품이 아닌 화장품[45]을 기능성화장품으로 잘못 인식할 우려가 있거나 기능성화장품의 안전성·유효성에 관한 심사결과와 다른 내용의 표시 또는 광고(2호), 천연화장품 또는 유기농화장품이 아닌 화장품을 천연화장품 또는 유기농화장품으로 잘못 인식할 우려가 있는 표시 또는 광고(3호), 그 밖에 사실과 다르게 소비자를 속이거나 소비자가 잘못 인식하도록 할 우려가 있는 표시 또는 광고(4호)를 금지하고, 제14조에서는 표시·광고한 내용을 실증할 수 있어야 한다고 규정하고, 제14조의2에서는 천연화장품 및 유기농화장품의 경우 인증을 받도록 규정하고, 제16조 제1항에서는 누구든지 의약품으로 잘못 인식할 우려가 있게 기재·표시된 화장품을 판매하거나 판매할 목적으로 보관 또는 진열하는 것을 금지하고, 화장품법 제13조나 제16조 제1항 2호, 4호 위반 시 1년 이하의 징역이나 1천만 원 이하의 벌금형을 부과하거나 병과하고 있다(제37조).

나) 판례

① [의약품 오인 광고] 피고인은 2018. 7.경부터 2019. 1. 13.경까지 B 스토어팜 'C', 'D'에서 화장품인 'E'에 대한 판매 글을 게시하면서 'D 샴푸 지루성 두피염 두피 가려움 각질 제거', '건선 두피&두피염에게 효과적인 성분과 작용으로 두피에도 사용'이라는 문구를 적시하여 광고를 하였고, 1차 포장 용기에 'hair—loss recovery, FDA OTC Drug', 'F 탈모방지 및 발모촉진용 샴푸 제조방법'이라는 문구가 적시된 위 제품을 판매하여 의약품으로 잘못 인식할 우려가

---

44) 경향신문, 'Non—GMO 콩으로 키운 i 우유' 대법 "광고해도 괜찮아", 2021. 5. 30
45) "화장품"이란 인체를 청결·미화하여 매력을 더하고 용모를 밝게 변화시키거나 피부·모발의 건강을 유지 또는 증진하기 위하여 인체에 바르고 문지르거나 뿌리는 등 이와 유사한 방법으로 사용되는 물품으로서 인체에 대한 작용이 경미한 것(「약사법」 제2조 제4호의 의약품에 해당하는 물품은 제외한다)을 말하고, 화장품에는 기능성화장품, 천연화장품, 유기농화장품, 맞춤형화장품이 있다(화장품법 제2조).

있는 화장품을 광고하고 판매하여 화장품법 위반으로 기소된 사안에서, 법원은 벌금 150만 원을 선고했다.46)

② [실증자료 입증책임] 화장품을 유통·판매하는 주식회사 B의 대표이사가 2019. 9.경부터 2020. 4.말경까지 사이에 자신이 운영하는 B 인터넷 쇼핑몰(E)에서 'F'란 제품은 피부 미백에 도움을 주는 미백기능성 화장품일 뿐이고 피부보습, 피부탄력에 효능이 있는지에 대해서는 실험으로 입증된 자료가 전혀 없음에도 불구하고, 위 'F' 제품의 광고문에 마치 피부보습과 피부탄력에도 효능이 있는 것처럼 '피부보습, 보습 Good 수분장벽강화에 도움. 피부탄력, 탄력 Good 피부장벽을 튼튼하고 탄력있게 가꾸어줌'이라고 기재하여 소비자를 속이거나 소비자가 잘못 인식하도록 할 우려가 있는 표시 또는 광고를 하여 화장품법위반으로 약식기소되자 정식재판을 청구한 사안에서, 법원은 실증자료가 없다는 이유 등으로 유죄를 인정해 벌금 150만 원을 선고했다.47) 이 사건에서 피고인과 변호인은, 피고인이 판시 기재와 같이 광고한 사실은 있지만 '피부보습', '피부탄력'과 같이 구체적인 수치가 적시되지 않은 표현은 실증자료 없이 사용 가능하고, 피고인은 식품의약품안전처 배포 자료나 유관기관 상담원과의 통화를 통해 확인을 거친 후 위와 같은 표현을 쓴 것이어서 자신의 행위가 죄가 되지 않는다고 오인한 데 정당한 이유가 있다고 주장했으나 식품의약품안전처 사이버조사단에서 작성·배포한 화장품·의료기기 허위·과대광고 질의응답집에는 "특정 성분의 알려져 있는 효능(보습 등)에 관한 광고는 해당 화장품(완제품)이 해당 효능 및 효과를 가지고 있음을 암시하는 내용의 광고이므로, 이를 표방하여 광고하고자 하는 경우 완제품으로 실험한 실증자료를 구비할 필요가 있고, 그러한 실증자료 없이 일부 원료의 효능 및 효과를 부각하여 광고할 경우 '원료적 특성에 한함' 등 문구의 병기 여부와 무관하게 사실과 다르게 소비자가 오인할 우려가 있는 광고로 본다."고 기재되어 있는 점 등을 근거로 피고인의 주장을 배척하였다.

③ [기능성 화장품 오인 광고] 기능성화장품이 아닌 화장품을 기능성화장품으로 잘못 인식할 우려가 있거나 기능성화장품의 안전성·유효성에 관한 심사결과와 다른 내용의 표시 또는 광고를 하여서는 아니 됨에도 2019. 11. 13.경

---

46) 전주지법 군산지원 2019. 10. 4. 선고 2019고정60 판결
47) 서울남부지법 2021. 2. 8. 선고 2020고정1309 판결

인터넷 사이트 'B (C)'에 기능성화장품이 아닌 '[폴텐]두피케어 남성용 앰플 트리코사카라이드 고함량' 제품을 광고하면서 '상품정보'란에 '약간 머리카락이 두꺼워졌고 M자 탈모가 조금씩 채워지고 있어요.', '정수리뿐만 아니라 앞이마까지 훨씬 많이 모발이 올라오고 있습니다.'라는 내용의 위 제품 구매후기 글을 편집하여 게시하는 방법으로 위 제품을 광고하여 기능성화장품이 아닌 화장품을 기능성화장품으로 잘못 인식할 우려가 있는 표시 또는 광고를 한 공소사실로 기소된 사안에서, 법원은 유죄를 인정해 벌금 100만 원을 선고했다.[48] 이 사건에서 피고인은 후기를 제품정보 설명 내용에 포함하여 올렸더라도 이를 보는 사람으로 하여금 통상 기능성화장품으로 오인할 정도에 이르지 않으므로 화장품법위반죄에 해당하지 않는다고 주장한다. 그러나 법원은 판시 광고 인터넷 페이지 '상품정보'란의 내용 전체는 제품의 모습, 특징, 설명을 위한 이미지, 제품후기를 포함한 이미지 파일인 점, 그 이미지 파일에는 '두피를 변화시켜 모발의 성장기간을 변화시킨다', '탈모인에게 맞는 계면활성제 조합', '두피기능강화'라는 문구가 기재되어 있고 그와 함께 판시와 같은 여러 구매후기가 실제 사용자의 글을 그대로 복사하여 옮긴 것이라고 하더라도 피고인이 탈모치료효과를 보았다는 취지의 글만 추출·강조해 편집한 점에서 피고인이 직접 제품에 그러한 효능이 있다고 설명한 것이나 마찬가지이고, 피고인의 제품설명 문구와 위 구매후기를 함께 보면, 판시 광고를 보는 사람은 판시 제품이 기능성화장품 즉 '피부나 모발의 기능 약화로 인한 건조함, 갈라짐, 빠짐, 각질화 등을 방지하거나 개선하는 데에 도움을 주는 제품'(화장품법 제2조 제2호 마.목)의 성능을 갖는 것으로 오인할 가능성이 충분하다고 보아 피고인의 주장을 배척했다.

다) 화장품·의료기기 허위·과대광고 질의응답집 – 민원 안내서[49]

위 질의응답집에서는 화장품 허위·과장광고에 관한 사례를 86가지를 소개하고 있다. 화장품 광고시 위 질의응답집을 참고하길 바란다. 대표적인 내용은 아래와 같다.

① [의약품 오인 우려 광고] 화장품에 '지방이 탄다' '혈액 순환이 잘 된다' '변비, 숙면에 도움이 된다', '다이어트' 등 효능 효과를 표방하거나 '팔뚝, 다리

---

48) 울산지법 2020. 10. 29. 선고 2020고정595 판결
49) 식품의약품안전처 사이버조사단, "화장품·의료기기 허위·과대광고 질의응답집 – 민원 안내서 –", 2019. 12.

등에 부착하여 열을 낸다', '외국에서 의료기기로 등록' 등의 내용으로 광고할 경우 화장품의 범위를 벗어난 광고에 해당(8면)

②　[기능성화장품 오인 우려 광고] '주름 개선' 기능성 화장품으로 심사/보고된 화장품의 경우, '리프팅' 또는 '탄력'의 내용으로 광고하여도 무방(21면)

③　[천연화장품/유기능화장품 오인 우려 광고]천연화장품이라도 '천연화장품 인증' 등의 내용으로 광고하고자 하는 경우 별도로 화장품법 제14조의2(천연화장품 및 유기농화장품에 대한 인증)에 따라 식품의약안전처장의 인증을 득하여야 함(25면)

④　[소비자 오인 우려 광고] '만성적인 지성 피부'라는 광고표현 자체로 의약품으로 오인될 우려가 있는 광고로 보기는 어려울 것으로 사료된다. 화장품 사용으로 효능·효과('피부 방어 증진', '피부 장벽 틈 감소') 등을 표방하고자 하는 경우 화장품의 표시·광고 실증에 관한 규정(식약처 고시)에 부합하는 실증자료(인체적용시험자료)를 갖추어야 하는 함(32면)

소송실무상 의료광고 관련
법적 쟁점

소송실무상 의료광고 관련 법적 쟁점

1. 형사책임

가. 의의

의료법위반이 성립되기 위해서는 의료법위반의 구성요건에 해당하는 위법하고 책임 능력 있는 행위자가 있어야 한다. 즉 의료법위반의 객관적 구성요건 해당성과 의료법위반의 고의가 있어야 하며, 책임능력이 있고, 정당행위 등 위법성조각사유가 없어야 한다. 양벌규정을 면하기 위해서는 상당한 주의의무를 다했다는 점이 입증되어야 한다.

나. 의료법위반의 객관적 구성요건해당성과 의료법위반의 고의

의료법 제56조에서 금지하는 의료광고를 하는 경우 의료법위반의 객관적 구성요건해당성이 있다. 의료법위반의 객관적 구성요건해당성이 있더라도 주관적 요건인 의료법위반의 고의가 있어야 한다.

의료법위반의 고의란 미필적 고의로 족하다. 방조의 경우 방조의 고의가 필요하다. 공범의 경우 기능적 행위지배 등의 고의가 필요하다. 형법상 방조행위는 정범이 범행을 한다는 정을 알면서 그 실행행위를 용이하게 하는 직접·간접의 행위를 말하므로, 방조범은 정범의 실행을 방조한다는 이른바 방조의 고의와 정범의 행위가 구성요건에 해당하는 행위인 점에 대한 정범의 고의가 있어야 하고, 정범의 고의는 정범에 의하여 실현되는 범죄의 구체적 내용을 인식할 것을 요하는 것은 아니고 미필적 인식 또는 예견으로 족하다.[1]

따라서 의료법위반에 고의가 없고 과실이 있는 경우에는 처벌되지 않는다. 왜냐하면, 과실범의 경우 법률에 과실범을 처벌하는 규정이 있는 경우에만 처벌되나 의료법에는 과실범을 처벌하는 규정이 없기 때문이다. 그러나 현실적으로 의료법위반의 고의와 과실을 구별하기는 쉽지 않다.

만성신부전 환자들에게 투석치료를 받는 대가로 30만 원을 지급하는 등 61명에게 5,180원 상당을 처와 병원 직원이 공모하여 지급하여 원장인 남편이 금품 제공을 통한 환자유인행위로 인한 의료법위반죄로 기소된 사건에서, 법원은 피고인이 병원 원장이자 남편으로서 위 2인의 범행을 알았을 것이라는 것은 추측에 불과하며 원장인 피고인에게 처와 직원이 공모하였다거나 이들의 범행을 알고 있음을 인정하기에 부족하다고 하여 이 부분에 대하여 무죄를 선고했다.[2]

대법원은, 의료법상 '전문병원'으로 지정되지 않은 의료법인에 대하여 전문병원이라는 명칭을 사용하여 거짓된 의료광고를 한 혐의로 기소된 사안에서, "광고의 내용을 알면서도 광고를 게재한 이상 의료법위반의 범의 역시 충분히 인정된다."라고 판시한 바 있다.[3]

의료법위반의 구성요건해당성과 관련하여 의료법 56조에서 금지하는 의료광고는 의료광고를 전제로 하는 것인데, '의료'에 관한 광고가 아니거나, 의료에 관한 내용이라도 '광고'에 해당되지 않으면 의료광고를 금지하는 의료법위반으로 처벌할 수 없다. 예를 들면 하급심 판결에서 성형외과 수술의 경우 '의료'에 관한 광고가 아니라고 한 경우나, 의료기관 내 허위 경력을 기재한 액자를 비치한 경우 '광고'에 해당되지 않아 무죄가 선고된 경우가 그 예이다. 대법원도 "거짓 경력이 기재된 약력서를 의원 내 게시한 행위가 표시·광고의 공정화에 관한

---

1) 대법원 2005. 4. 29. 선고 2003도6056 판결
2) 대전지법 2013. 6. 13. 선고 2012고단4624 판결
3) 대법원 2017. 12. 22. 선고 2017도16338 판결(원심은 "시력교정전문병원"으로 광고한 것을 의료법상 허위광고에 해당한다고 판단하였고, 대법원은 피고인의 상고를 기각한 바 있다)

법률 제3조 제1항의 거짓 표시에 해당함은 별론으로 하고 구 의료법 제56조 제
3항의 거짓 의료광고에 해당한다고 볼 수 없다."라고 판시한 바 있다.[4]

하지만 과징금부과 처분 등의 취소를 구하는 행정소송에서는 위반자의 고
의 또는 과실을 요건으로 하지 않는다는 점을 유의할 필요가 있다. 과징금부과
처분은 제재적 행정처분으로서 공공복리를 증진한다는 행정목적의 달성을 위
하여 행정법규 위반이라는 객관적 사실에 착안하여 가하는 제재이므로 반드시
현실적인 행위자가 아니라도 법령상 책임자로 규정된 자에게 부과되고 원칙적
으로 위반자의 고의·과실을 요하지 아니하나, 위반자의 의무해태를 탓할 수 없
는 정당한 사유가 있는 등의 특별한 사정이 있는 경우에는 이를 부과할 수 없
다고 보아야 한다.[5]

따라서 행정소송에서는 처분대상자인 원고는 위반자의 고의 또는 과실이
없다는 점을 부각하는 것이 중요한 것이 아니라 위반자의 의무해태를 탓할 수
없는 정당한 사유를 입증하는 것이 더 중요하다.

다. 책임

의료광고와 관련하여 기대가능성이나 책임능력에 관한 문제는 잘 발생하
지 않는다. 그렇지만 14세 미만의 형사미성년자가 휴대전화나 컴퓨터를 이용해
의료광고를 한 경우 책임능력이 없어 처벌되지 않는다. 소년법에 의한 보호처
분까지 배제하는 것은 아니다.

지역 응급의료기관인 병원에서 F에게 대진하게 하면서 부득이 원장 명의
로 진료기록부를 작성하게 하여 의료법 제22조 제1항(진료기록부 상세작성의무위
반)으로 기소된 사안에서, 변호인 측에서 "피고인은 지역 응급의료기관인 D 병
원의 응급실을 운영하지 않을 경우 부담하게 되는 무거운 형사처벌과 행정처벌
을 피하기 위하여 F에게 대진하게 하면서 부득이 피고인 명의의 진료기록부를
작성하게 한 것이므로 피고인의 위와 같은 행위는 형법 제20조의 정당행위 또
는 형법 제22조의 긴급피난에 해당하여 위법성이 없거나, 적법행위에 대한 기
대가능성이 없어 책임이 조각된다."라고 주장했으나 배척되었다.[6]

---

4) 대법원 2016. 6. 23. 선고 2014도16577 판결
5) 대법원 2000. 5. 26. 선고 98두5972 판결; 대법원 2002. 5. 24. 선고 2001두3952 판결; 대
   법원 2014. 10. 15. 선고 2013두5005 판결
6) 대구지법 2015. 7. 2. 선고 2014노2506 판결

라. 위법성조각사유의 부존재 및 위법성 인식

1) 위법성조각사유는 범죄의 구성요건에 해당하는 경우에도 위법성을 배제해 범죄를 성립시키지 않는 특별한 사유를 말하는 것이며, 형법상 정당방위, 긴급피난, 피해자의 승낙, 자구행위 등이 있다. 쉽게 말해 위법성조각사유가 인정되면 원칙적으로 무죄가 선고된다.

2) 의료기관에서 의료광고 전 보건소나 보건복지부, 대한의사협회 등에 의료법위반 여부를 문의한 후 문제가 없다고 하여 게시한 경우, 의료법위반으로 기소되면 사회상규에 위반되지 않는 정당행위에 해당되거나 위법성의 인식이 없다고 다투는 경우가 많다. 법률전문가가 아닌 피고인으로서는 자신의 행위가 의료법에 위반된다는 것을 도저히 알 수 없었으므로, 형법 제16조에 따른 법률의 착오에 해당한다고 주장하는 경우도 있다.

3) 사회상규에 위반되는 않는 정당한 행위

형법 제20조 소정의 "사회상규에 위배되지 아니하는 행위"라 함은 법질서 전체의 정신이나 그 배후에 놓여 있는 사회윤리 내지 사회통념에 비추어 용인될 수 있는 행위를 말하고, 어떠한 행위가 사회상규에 위배되지 아니하는 정당한 행위로서 위법성이 조각되는 것인지는 구체적인 사정 아래서 합목적적, 합리적으로 고찰하여 개별적으로 판단되어야 하므로, 이와 같은 정당행위를 인정하려면 첫째, 그 행위의 동기나 목적의 정당성, 둘째, 행위의 수단이나 방법의 상당성, 셋째, 보호이익과 침해이익과의 법익균형성, 넷째, 긴급성, 다섯째, 그 행위 외에 다른 수단이나 방법이 없다는 보충성 등의 요건을 갖추어야 할 것이다.

행위의 동기나 목적이 정당하다 하더라도 수단이나 방법의 상당성, 긴급성, 보충성 등의 요건을 갖추지 못한 경우 정당행위에 해당하지 아니한다.[7)]

의료법위반이 사회상규 등 정당행위에 해당되는 경우 처벌되지 않을 수 있다.

① 간호조무사가 소속 의사의 지시에 따라 다수의 환자들에게 큐렛을 이용해 직접 전염성 연속종(일명 사마귀)를 제거하는 시술은 의사의 일반적인 지도와 감독하에 이루어진 진료보조행위의 일환으로 이루어져 의료법이 금지하는

---

7) 서울남부지법 2019. 10. 16. 선고 2019고정58 판결(벌금 50만 원 선고유예, 직접 진찰하지 않고 대리처방전 발급)

무면허의료행위가 아니거나 사회상규에 위반되지 아니하는 정당행위로 위법성이 조각된다.[8]

② 서울동부지방법원 2020. 7. 9. 선고 2019노1842 판결에서는, 의사인 피고인들이 동료 의사인 AC의 대리수술 등 의료법 위반행위를 고발하면서 환자 AD의 개인정보가 포함된 수술 기록지 등을 증거로 제출한 행위가 병원 내 잘못된 관행을 방지하고 그로 인해 보호될 환자들의 생명 및 신체에 관한 법익이 우월한 공익적 목적의 것이어서 정당행위에 해당한다고 보아 무죄를 선고하였다. 검사는 이에 상고하였고, 현재 대법원에 상고심이 계속 중이다.[9]

③ 헌법재판소는 산부인과에서 제공한 출산선물에 대해 '사회통념상 통상적이고 의례적인 선물'이라는 점에서 위법성이 없어진다는 취지로 결정하고 있다.[10]

④ 일반적으로 수기요법에 의한 행위가 널리 행해지고 있다고 하더라도 안마에 관한 현행 의료법체계 아래에서는 이를 정당행위에 해당하는 위법성이 없는 행위로 볼 수 없다.[11]

4) 법률의 착오

형법 제16조에서 "자기의 행위가 법령에 의하여 죄가 되지 아니한 것으로 오인한 행위는 그 오인에 정당한 이유가 있는 때에 한하여 벌하지 아니한다."고 규정하고 있는 것은 단순히 법률의 부지를 말하는 것이 아니고, 일반적으로 범죄가 되는 경우이지만 자기의 특수한 경우에는 법령에 의하여 허용된 행위로서 죄가 되지 아니한다고 그릇 인식하고 그와 같이 그릇 인식함에 정당한 이유가 있는 경우에는 벌하지 않는다는 취지라 할 것인데, 최선을 다하여 이를 회피하기 위한 진지한 노력을 다하였더라면 스스로의 행위에 대하여 위법성을 인식할 수 있는 가능성이 있었음에도 이를 다하지 못한 결과 자기 행위의 위법성을 인식하지 못한 것인지 여부에 따라 판단하여야 한다.[12]

인터넷 사이트를 통해 성형 쿠폰을 발행하여 환자를 유인하고 그 대가로 15%~20%의 수수료를 받아 영리 목적의 환자 유인으로 기소되자 법률전문가가

---

8) 제주지법 2019. 5. 22. 선고 2018노334 판결(검사 항소 기각).
9) 대법원 2020도10564 개인정보보호법위반
10) 헌재 2016. 7. 28. 2016헌마176
11) 의정부지법 고양지원 2020. 12. 3. 선고 2019고단8 판결(선고유예)
12) 대법원 2007. 10. 26. 선고 2006도7968 판결 등

아닌 피고인으로서는 자신의 행위가 의료법에 위반된다는 것을 도저히 알 수 없어 형법 제16조에 따른 법률의 착오에 해당한다고 주장한 사건에서, 법원은 대법원 2006. 10. 26. 선고 2006도4942 판결을 인용하면서 "피고인은 의료인으로서 영리 목적으로 환자를 소개 알선 유인하는 행위 등이 금지되고 이를 위반하는 경우 형사처벌을 받는다는 원칙을 알고 있었고, 보건복지부는 '2011년 경부터 인터넷 소셜커머스 사이트에서 회원들을 대상으로 할인된 의료쿠폰이나 시술권 등을 공동판매 특정 의료기관을 이용하도록 소개, 알선, 유인하는 행위는 의료법 제27조 제3항에 위배한다.'라는 입장을 분명히 하면서 각 지방자치단체와 Q 등에 통보함으로써 언론에 보도되기도 하였음에도 피고인이 종래의 일반적인 방식과 다른 내용인 이 사건 위·수탁 판매계약을 D와 체결하면서 의료법위반 여부에 관하여 관계기관이나 전문가에게 질의나 회신하는 등의 법위반 회피 노력을 하지 않은 점에 비추어 보면 피고인이 본건 행위가 죄가 되지 아니하는 것으로 오인하는데 정당한 이유가 있다고 볼 수 없다."라고 판시했다.[13]

마. 공범

의료법에서 금지하는 의료광고를 한 경우, 병원장, 직원, 광고대행업체 사이에 공범관계가 인정되면 공범으로 처벌될 수 있다.

의료인이 의료인이나 의료법인 아닌 자(이하 '비의료인'이라 함)의 의료기관 개설행위에 공모하여 가공하면 의료법 제87조 제1항 제2호, 제33조 제2항 본문 위반죄의 공동정범에 해당한다.[14] 무자격자가 의료인과 의료법에서 금지하는 의료광고를 하는 경우 의료법위반의 공동정범으로 처벌된다.

형법 제30조의 공동정범은 2인 이상이 공동하여 죄를 범하는 것으로서, 공동정범이 성립하기 위해서는 주관적 요건으로서 공동가공의 의사와 객관적 요건으로서 공동의사에 기한 기능적 행위지배를 통한 범죄의 실행 사실이 필요하다. 공동가공의 의사는 타인의 범행을 인식하면서도 이를 제지하지 아니하고 용인하는 것만으로는 부족하고, 공동의 의사로 특정한 범죄행위를 하기 위해 일체가 되어 서로 다른 사람의 행위를 이용하여 자기의 의사를 실행에 옮기는

---

13) 의정부지법 2019. 8. 22. 선고 2018노2634 판결
14) 대법원 2001. 11. 30. 선고 2001도2015 판결

것을 내용으로 하는 것이어야 한다.[15]

의사가 간호사에게 의료행위의 실시를 개별적으로 지시하거나 위임한 적이 없음에도 간호사가 주도하여 전반적인 의료행위의 실시 여부를 결정하고 간호사에 의한 의료행위의 실시과정에 의사가 지시·관여하지 아니한 경우라면, 이는 의료법 제27조 제1항이 금지하는 무면허의료행위에 해당한다고 보아야 한다. 그리고 의사가 이러한 방식으로 의료행위가 실시되는 데 간호사와 함께 공모하여 그 공동의사에 의한 기능적 행위지배가 있었다면, 의사도 무면허의료행위의 공동정범으로서의 죄책을 진다.[16]

공동정범의 요건인 공모는 공범자 상호간에 직접 또는 간접으로 범죄의 공동실행에 관한 암묵적인 의사연락이 있으면 족하고, 이에 대한 직접증거가 없더라도 정황사실과 경험법칙에 의하여 이를 인정할 수 있다. 공모관계 여부 2인 이상이 범죄에 공동가공하는 공범관계에서 공모는 법률상 어떤 정형을 요구하는 것이 아니고, 2인 이상이 공모하여 어느 범죄에 공동가공하여 그 범죄를 실현하려는 의사의 결합만 있으면 되는 것으로서, 비록 전체의 모의과정이 없었다고 하더라도 수인 사이에 순차적으로 또는 암묵적으로 상통하여 그 의사의 결합이 이루어지면 공모관계가 성립하고, 이러한 공모가 이루어진 이상 실행행위에 직접 관여하지 아니한 자라도 다른 공모자의 행위에 대하여 공동정범으로서의 형사책임을 진다.[17]

바. 죄수 관계

의료광고는 그 특성상 일정한 기간 계속되므로 포괄일죄이다. 예를 들면 의료인이 2014. 7. 14.경부터 2019. 4. 12.경까지 'E 치과의원' 홈페이지에 원심판결 별지 범죄일람표 기재와 같이 환자들의 치료경험담을 누구나 열람할 수 있도록 게시함으로써 의료광고를 하였다는 것으로 동일 죄명에 해당하는 연속된 행위로서 단일하고 계속된 범의 하에 일정 기간 계속하여 행하고 그 피해법익도 동일한 경우이므로 포괄일죄에 해당한다.[18]

포괄일죄에 있어서는 그 죄의 일부를 구성하는 개개의 행위에 대하여 구체

---

15) 대법원 2017. 1. 12. 선고 2016도15470 판결 등
16) 대법원 2012. 5. 10. 선고 2010도5964 판결 등
17) 대법원 2006. 11. 23. 선고 2004도7529 판결 등
18) 수원지법 2020. 6. 22. 선고 2019노6864 판결

적으로 특정하지 아니하더라도 그 전체 범행의 시기와 종기, 범행방법, 범행횟수 또는 피해액의 합계 및 피해자나 상대방을 명시하면 이로써 그 범죄사실은 특정된다고 할 것이고, 또한 공소장의 공소사실 기재는 법원에 대하여 심판의 대상을 한정하고 피고인에게 방어의 범위를 특정하여 그 방어권 행사를 용이하게 하기 위하여 요구되는 것이므로 범죄의 일시, 장소, 방법 등 소인을 명시하여 사실을 가능한 한 명확하게 특정할 수 있도록 하는 것이 바람직하나, 그렇다고 해서 필요 이상 엄격하게 특정을 요구하는 것도 공소의 제기와 유지에 장애를 초래할 수 있으므로, 범죄의 일시는 이중기소나 시효에 저촉되지 않을 정도로, 장소는 토지관할을 가늠할 수 있을 정도로, 그리고 방법에 있어서는 범죄구성요건을 밝히는 정도로 기재하면 족하다.[19]

사. 무죄추정의 원칙 및 입증책임

형사재판에서 범죄사실의 인정은 법관으로 하여금 합리적인 의심을 할 여지가 없을 정도의 확신을 가지게 하는 증명력을 가진 엄격한 증거에 의하여야 하므로, 검사의 입증이 위와 같은 확신을 가지게 하는 정도에 충분히 이르지 못한 경우에는 비록 피고인의 주장이나 변명이 모순되거나 석연치 않은 면이 있는 등 유죄의 의심이 간다고 하더라도 피고인의 이익으로 판단하여야 한다.[20]

다만 취소를 구하는 항고소송에서는 당해 처분의 적법을 주장하는 처분청에게 그 적법 여부에 대한 입증책임이 있다.[21] 제재적 행정처분으로서 여객자동차 운수사업에 관한 질서를 확립하고 여객의 원활한 운송과 여객자동차 운수사업의 종합적인 발달을 도모하여 공공복리를 증진한다는 행정목적의 달성을 위하여 행정법규 위반이라는 객관적 사실에 착안하여 가하는 제재이므로 반드시 현실적인 행위자가 아니라도 법령상 책임자로 규정된 자에게 부과되고 원칙적으로 위반자의 고의·과실을 요하지 아니하나, 위반자의 의무해태를 탓할 수 없는 정당한 사유가 있는 등의 특별한 사정이 있는 경우에는 이를 부과할 수 없다고 보아야 하므로,[22] 특별한 사정은 처분대상자가 입증해야 한다.

---

19) 대법원 1998. 5. 29. 선고 97도1126 판결
20) 대법원 2011. 4. 28. 선고 2010도14487 판결
21) 대법원 1984. 7. 24. 선고 84누124 판결 등
22) 대법원 2000. 5. 26. 선고 98두5972 판결; 대법원 2002. 5. 24. 선고 2001두3952 판결; 대법원 2014. 10. 15. 선고 2013두5005 판결

2. 의료법상 의료광고법 적용 범위 문제

가. 국내에서 외국인환자를 유치하는 의료광고를 하는 경우

의료법에는 외국인환자를 유치하기 위한 국내광고를 금지한다. 다만 의료 해외진출 및 외국인환자 유치 지원에 관한 법률상 외국인 환자유치의료기관과 외국인환자 유치업자는 외국인환자 유치에 대한 등록을 하고(제6조), 개별소비 세법 제17조에 따른 외국인전용판매장, 관세법 제196조에 따른 보세판매장, 제 주특별자치도 설치 및 국제자유도시 조성을 위한 특별법 제170조에 따른 지정 면세점, 공항시설법 제2조 제3호에 따른 공항 중 국제항공노선이 개설된 공항, 항만법 제2조 제2호에 따른 무역항에서 외국어로 표시된 의료광고를 할 수 있 다(제15조 제1항).

의료 해외진출 및 외국인환자 유치 사업은 고부가가치를 창출하는 산업으 로서 새로운 국가 성장 동력으로 높은 관심을 받고 있으나, 이에 대한 법적·제 도적 지원이 미흡한 상황에서 의료 해외진출 및 외국인환자 유치에 필요한 법 률적 근거를 마련하여, 외국인환자의 권익 및 국내 의료 이용편의 증진을 지원 하여 외국인이 안전하고 수준 높은 보건의료서비스를 받을 수 있도록 하고 국 가 경제·사회 발전에 기여하려는 목적으로 2015. 12. 22. 의료 해외진출 및 외 국인환자 유치 지원에 관한 법률이 제정되었다.[23]

다만 환자의 치료 전·후를 비교하는 사진·영상 등 외국인환자를 속이거 나 외국인환자로 하여금 잘못 알게 할 우려가 있는 내용에 관한 광고는 하지 못하며(제15조 제1항 단서), 일정한 경우 미리 광고의 내용과 방법 등에 관하여 의료광고심의를 받아야 하며(제15조 제2항), 보건복지부령이 정하는 바에 따라 성형외과·피부과 등 특정 진료과목에 편중된 의료광고를 할 수 없다(제3항). 그 밖에 의료법이 준용되므로 의료법 제56조가 그대로 적용된다(제3조).

여기에서 외국인환자란 국민건강보험법 제109조에 따른 가입자나 피부양 자가 아닌 외국인 환자를 말한다(제2조 제2호). 주한미군과 그 가족도 출입국관 리법상 외국인등록을 하지 않기 때문에 외국인환자 유치대상이다.

---

23) 법률 제13599호, 시행 2016. 6. 23.

외국인환자 유치등록을 하지 않고 외국인환자를 유치하면 의료해외진출 및 외국인환자 유치 지원에 관한 법률위반으로 처벌된다.

[판례]
피고인 B은 부산 부산진구 E에서 보건복지부장관에게 외국인환자 유치의료기관 등록을 한 F 성형외과를 운영하는 의사이고, 피고인 C는 같은 건물 3, 4층에서 위와 같은 외국인환자 유치의료기관 등록을 하지 아니하고 G 의원을 운영하는 의사이며, 피고인 A는 원래 태국인이었으나 2003년경 한국인 남편과 혼인하여 2010년경 대한민국 국적을 취득한 사람이다.

1. 피고인들의 공동범행
외국인환자를 유치하려는 의료기관은 법이 정한 요건을 갖추어 보건복지부장관에게 등록하여야 하고, 의료기관을 제외하고 외국인환자를 유치하려는 자는 법이 정한 요건을 갖추어 보건복지부장관에게 등록하여야 한다.

그럼에도 불구하고 피고인 B, 피고인 C는 2016년 초순경 자신들이 운영하는 위 각 병원에 환자로 찾아왔던 피고인 A가 주변에 알고 지내는 태국인 환자들을 자주 병원에 소개시켜 주고 환자와의 통역도 해주자, 피고인 A에게 앞으로 소개·알선하는 태국 국적의 환자들로부터 받은 수술비 등의 10%를 지급해주기로 하고, 피고인 A는 이를 수락하여 보건복지부장관에게 등록하지 아니하고 외국인 환자 유치 사업을 영위하기로 하며, 피고인 B, 피고인 C는 피고인 A로부터 외국인 환자를 소개·알선 받아 병원 수익을 올리기로 모의하였다. 이에 피고인 A는 인터넷 페이스북(아이디: H) 등에 "부산 부산진구 E에 있는 F 성형외과 팀장 A, 해외 영업부, I"라는 내용이 기재된 명함과 "기술력과 전문성을 바탕으로 해당 분야에 정통하고 개개인에게 가장 잘 어울리고 자연스럽게 성형수술을 통한 행복감을 전해드릴 수 있도록 노력한다, 많은 사람들이 무작위 성형수술의 방법으로 오고 싶어 한다, 호텔을 잡지 않아도 일일 2만 원에 임대하는 방에서 따뜻하게 휴식을 취할 수 있다."는 등의 광고글과 피고인 B와 피고인 C가 수술 및 시술을 하는 장면, 병원에 방문한 외국인환자들과 촬영한 사진 등을 게시하고, 부산 사상구 J, 202호, 부산 부산진구 K, 604호, 부산 사상구 L 등에 외국인환자들이 수술 전후로 대기하거나 회복할 수 있는 숙소를 마련하고, 연락해 온 외국인환자들에게 수술비용 및 및 회복기간 등에 대해 상담 및 협의를 한 후 피고인 B, 피고인 C의 위 각 병원에 데리고 가기로 하였다. 그리하여 피고인 A는 2016. 4. 8. 피고인 B가 운영하는 위 F성형외과에 태국인 환자 M을 유치하여 코길이 연장 등의 수술을 받게 한 것을 비롯하여 그때부터 2017. 3. 1.까지 별지 범죄일람표 1 F 성형외과 차트내역 기재(순번 3, 23, 28, 60은 제외 검사는

2018. 3. 28. 제6회 공판기일에 별지 범죄일람표 1 순번 3, 23, 28, 60에 대하여 공소
사실을 철회하였다.)와 같이 피고인 B에게 외국인환자를 소개알선하고, 그 대가로
피고인 B로부터 합계 2,895만 원 상당을 교부받고, 2016. 2. 11. 피고인 C가 운영하
는 위 G 의원에 태국인 환자 N을 유치하여 팔자 필러, 사각턱 BTX 등의 시술을 받
게 한 것을 비롯하여 그때부터 1. 31.경까지 피고인이 관리하는 인터넷 페이스북
(아이디 : H)에 "부산 부산진구 E에 있는 F 성형외과 팀장 A, 해외 영업부, I"라는
내용이 기재된 명함과, "기술력과 전문성을 바탕으로 해당 분야에 정통하고 개개인
에게 가장 잘 어울리고 자연스럽게 성형수술을 통한 행복감을 전해드릴 수 있도록
노력한다, 많은 사람들이 무작위 성형수술의 방법으로 오고 싶어 한다. 호텔을 잡
지 않아도 일일 2만 원에 임대하는 방에서 따뜻하게 휴식을 취할 수 있다."는 등의
광고 글과 B와 C가 수술 및 시술을 하는 장면, 병원에 방문한 외국인환자들과 촬영
한 사진 등을 게시하였다. 이로써 피고인은 의료인이 아님에도 의료광고를 하였
다.[24]

위 사건에서 피고인 A는 징역 8월, 피고인 B는 벌금 15,000,000원, 피고인 C는 벌금
9,000,000원을 선고받았다.

나. 내국인이 국외에서 의료광고를 하는 경우(속인주의)

대한민국 국민이 대한민국이 아닌 국가에서 국내로 환자를 유치하기 위해
의료광고를 한 경우에도 속인주의에 따라 원칙적으로 의료광고에 관한 의료법
규정이 적용될 수 있다. 형법 제3조에서도 "본법은 대한민국 영역 외에서 죄를
범한 내국인에게 적용된다."라고 규정하고 있다. 내국인이 외국인환자 유치등
록을 하고 외국에서 외국인환자 유치는 가능하다.

다만 내국인이 외국인환자 유치등록을 하지 않고 외국에서 외국인환자 유
치를 하는 것은 의료해외진출 및 외국인환자 유치 지원에 관한 법률위반으로
처벌될 수 있다.

대법원은 외국에서 이루어진 무면허의료행위와 관련하여 의료법 제27조
제1항의 적용을 부정하고 있다.

비의료인인 내국인이 베트남에서 실리프팅 시술을 한 혐의로 의료법위반
과 보건범죄단속에 관한 특별조치법위반(부정의료업자)으로 기소된 사건에서,

---

24) 부산지법 2018. 5. 16. 선고 2017고단3741 판결

대법원은 국민의 건강을 보호하고 증진하고자 하는 의료법의 목적(제1조), 구 의료법상 외국의 의료인 면허를 가진 자에 대하여 대한민국 외에서의 의료행위를 허용하는 규정을 두고 있지 않고 우리나라 보건복지부 장관으로부터 면허를 받은 의료인에게만 의료행위 독점을 허용하는 입법 취지, 의료법상 의료기관이 대한민국 영역 내에 소재하는 것을 전제로 개설의 절차 및 요건을 정하고 있는 규정 등을 종합하면 의료법상 의료제도는 대한민국 영역 내에서 이루어지는 의료행위를 규율하기 위하여 체계화된 것으로 이해되고, 구 의료법 제87조 제1항 제2호, 제27조 제1항에 대한민국 영역 외에서 의료행위를 하려는 사람에게까지 보건복지부 장관의 면허를 받을 의무를 부과하고 나아가 이를 위반한 자를 처벌하는 규정으로 보기 어렵다고 판단해 의료법 적용을 부정하고 보건범죄단속에 관한 특별조치법(부정의료업자) 부분만 유죄를 인정한 원심판결을 유지했다.[25]

다. 외국인이 국내에서 의료광고를 한 경우(속지주의)

형법은 대한민국 영역 내에서 죄를 범한 내국인과 외국인에게도 적용된다(형법 제2조). 대한민국 국민이 아닌 자가 국내에서 의료광고를 하는 경우에도 속지주의에 따라 의료광고에 관한 의료법이 적용될 수 있다. 의료기관 개설자, 의료기관의 장과 의료인이 아닌 외국인이 외국인 환자유치등록을 하지 않고 국내에서 외국인환자에 대하여 의료광고를 한 경우 의료해외진출 및 외국인환자 유치 지원에 관한 법률위반이며, 국내 환자에 대하여 의료광고를 하는 것은 의료법위반이다.

라. 외국인이 외국에서 의료광고를 하는 경우

외국 교민 사이트에서 실시하는 광고나 대한민국 국민이 아닌 자가 대한민국 아닌 곳에서 국내 환자를 위한 의료광고를 하는 것은 국내법인 의료법이 적용되지 않는다. 형법 제5조에서도 대한민국영역 외에서 외국인의 범죄는 내란의 죄, 외환의 죄, 국기나 통화, 유가증권과 우표, 인지 등 일정한 경우 외에 원칙적으로 적용되지 않는다고 규정하고 있다.

---

25) 대법원 2020. 4. 29. 선고 2019도19130 판결

3. 영리목적의 환자 유인과 관계

제27조(무면허 의료행위 등 금지)	③ 누구든지 「국민건강보험법」이나 「의료급여법」에 따른 본인 부담금을 면제하거나 할인하는 행위, 금품 등을 제공하거나 불 특정 다수인에게 교통편의를 제공하는 행위 등 영리를 목적으 로 환자를 의료기관이나 의료인에게 소개·알선·유인하는 행위 및 이를 사주하는 행위를 하여서는 아니 된다. 다만, 다음 각호 의 어느 하나에 해당하는 행위는 할 수 있다. <개정 2009. 1. 30, 2010. 1. 18, 2011. 12. 31> 1. 환자의 경제적 사정 등을 이유로 개별적으로 관할 시장·군 　수·구청장의 사전승인을 받아 환자를 유치하는 행위 2. 「국민건강보험법」 제109조에 따른 가입자나 피부양자가 아닌 　외국인(보건복지부령으로 정하는 바에 따라 국내에 거주하는 　외국인은 제외한다)환자를 유치하기 위한 행위 ④ 제3항 제2호에도 불구하고 「보험업법」 제2조에 따른 보험회 사, 상호회사, 보험설계사, 보험대리점 또는 보험중개사는 외국 인환자를 유치하기 위한 행위를 하여서는 아니 된다. <신설 2009. 1. 30> ⑤ 의료인, 의료기관 개설자 및 종사자는 무자격자에게 의료행 위를 하게 하거나 의료인에게 면허 사항 외의 의료행위를 하게 하여서는 아니 된다. <신설 2019. 4. 23>

가. 의의 및 취지

의료법 제27조 제3항 본문은 "누구든지 국민건강보험법이나 의료급여법에 따른 본인부담금을 면제하거나 할인하는 행위, 금품 등을 제공하거나 불특정 다수인에게 교통편의를 제공하는 행위 등 영리를 목적으로 환자를 의료기관이나 의료인에게 소개·알선·유인하는 행위 및 이를 사주하는 행위를 하여서는 아니된다."라고 정하고 있다.

의료광고가 원칙적으로 금지되던 시기인 1981. 12. 31. 법률 제3504호로 처음 도입된 후에 그 기본적 내용에 있어서 큰 변화가 없는 의료법 제27조 제3항은 그 입법취지가 병고에 지쳐 있는 환자의 어려운 처지를 악용하여 영리를 추구할 목적으로 환자 유치를 둘러싸고 금품수수 등의 비리가 발생하는 것을 막고, 또한 의료인 사이의 불필요한 과당경쟁에 의한 각종의 폐해를 방지하고 자 하는 데 있다고 할 것이다.[26]

위 규정은 환자유치 과정에서 금품 수수나 불합리한 과다경쟁을 유발하여 의료시장의 질서를 혼란시키고 환자들에게 제공하는 의료서비스의 질을 떨어 뜨리거나 국민건강보험공단에 과다한 보험금을 청구할 유인을 제공하는 등 사 회적인 폐해를 방지하기 위한 것이다.[27]

다만 환자의 경제적 사정 등을 이유로 본인부담금을 할인하거나 교통편의 를 제공하는 경우 개별적으로 관할 시장·군수·구청장의 사전승인을 받아 환 자를 유치하는 행위는 가능하다(의료법 제27조 제3항 단서 제1호).

또한 외국인 환자 유치등록을 한 후 일정한 요건 하에 「국민건강보험법」 제109조에 따른 가입자나 피부양자가 아닌 외국인(보건복지부령으로 정하는 바에 따라 국내에 거주하는 외국인은 제외한다) 환자를 유치하기 위한 행위도 가능하다.

지역보건법 제25조 제1항에서는 지역보건의료기관을 이용한 자, 실험 또는 검사를 의뢰한 자 또는 진료를 받은 자부터 수수료 또는 진료비를 징수할 수 있고, 수수료와 진료비는 보건복지부령으로 정하는 기준에 따라 해당 지방자치 단체의 조례로 정할 수 있으므로, 조례의 내용에 따라 본인부담금을 감면할 수 있다.

소비자생활협동조합도 의료법 제27조 제3항 단서 제1호에 따라 개별적으 로 관할 시장·군수·구청장의 승인을 받아 환자들에게 교통편의를 제공함으로 써 그 목적에 맞게 보건과 의료사업을 수행할 수 있다.[28]

나. 요건

(1) 주체

의료인이 아닌 일반인뿐만 아니라 의료인도 환자 유인으로 금품 등을 수수 하면 처벌된다. 통상의 경우 의료기관의 직원이 환자 소개 대가로 금품을 수수 한 경우 처벌된다. 환자유인행위 금지규정에는 그 문언상 '누구든지'라고 규정

---

26) 대법원 2012. 9. 13. 선고 2010도1763 판결
27) 대구고법 2019. 9. 26. 선고 2019노348 판결
28) 전주지법 2016. 4. 17. 선고 2015노1390 판결

되어 의료인 또는 의료기관 개설자가 아닌 자의 환자 유인행위 등을 금지함은 물론 의료인 또는 의료기관 개설자의 환자 유인행위나 그 사주 행위까지도 금지하는 취지이다.[29]

(2) 행위 태양

의료인이나 의료기관 개설자가 위 규정 단서에 따라 개별적으로 관할 시장 등의 사전승인을 받지 않고 의료법이 금지하는 교통편의 등을 제공하는 경우 특별한 사정이 없는 한 영리 목적으로 환자를 유인하는 행위에 해당된다.

환자를 유치를 위한 금품 제공 약속만으로 영리목적의 환자가 유인되는지 문제된다. 본인부담금을 면제하고 금품을 제공하면서 의원의 홍보를 부탁한 이상, 위 환자들이 본인부담금 면제 전후로 의원을 방문했는지 혹은 개별 환자들의 내원 경위가 어떠하였는지 무관하게 영리를 목적으로 환자를 유인한 경우에 해당된다.[30]

환자를 의료기관에 소개 알선 유인할 것을 결의하도록 할 정도의 행위이기만 하면 범죄가 성립하고, 그 결과 사주받은 자가 실제로 소개알선유인행위를 결의했거나 실제로 소개알선유인행위를 행할 것까지 요구되는 것은 아니다.[31]

금품 제공 후 사후에 정산한 경우에도 범죄가 성립하는데 영향이 없다. 실무상 의료급여환자의 경우 본인부담금 500원이나 1,000원을 감면하는 경우에도 의료법위반으로 처벌되는 경우가 있으므로, 주의를 요한다.

(국민건강보험법이나 의료급여법에 따른 본인부담금을 면제하거나 할인하는 행위)

1) 의료법 제27조 제3항 단서의 예외사유가 없는 한 본인부담금을 면제하거나 할인하는 경우는 처벌된다. 국민건강보험법이나 의료급여법에 따른 본인부담금을 면제하거나 할인하는 행위는 대부분 의료법위반으로 처벌된다. 의료법 제27조 제3항에서 규정하는 '본인부담금'이란 '급여대상에 해당하는 요양급여와 의료급여에 관하여 의료소비자 스스로가 책임을 지고 내야 하는 금액'을 뜻하는 것으로 이해할 수 있다.[32]

2) 문제는 '본인부담금 할인행위'가 '환자유인행위'의 예시로서 그 범위 안

---

29) 대법원 1996. 2. 9. 선고 95도1765 판결
30) 대전지법 2016. 3. 9. 선고 2014고정1543 판결
31) 대법원 1998. 5. 29. 선고 97도1126 판결
32) 헌재 2010. 10. 28. 2009헌마55; 대법원 2008. 2. 28. 선고 2007도10542 판결

에 포함된다고 볼 수 있는지 여부이다. 본인부담금을 할인하게 되면 보다 많은 환자를 유치할 수 있을 것이고, 건강보험공단이나 의료급여기금으로부터 받게 되는 요양급여비용·의료급여비용이 증가하게 될 것인바, 요양급여·의료급여에서 본인부담금이 차지하는 비율을 고려할 때 환자를 많이 유치하게 되면 본인부담금을 할인하여 발생하게 된 손해를 회복하고도 많은 이익을 남기게 될 것으로 보인다. 입법자 또한 이러한 사정을 감안하여 2002. 3. 30. 개정에서 '환자유인행위'의 구체적 행위유형으로서 '본인부담금 할인행위'를 예시하게 된 것인 점 등을 고려하면, '본인부담금 할인행위'는 '환자유인행위'의 예시로서 그 의미범위 내에 포함된다고 할 것이다.33)

    3) [30회 치료비 일시 결제 시 할인] 치료를 위해 찾아온 환자 AE에게 척추측만 등 비수술적인 요법의 체형교정 치료는 30회 이상의 지속적인 치료가 필요하다고 설명하고 30회 치료의 경우 환자들이 진료비 중 보험자부담금을 제외한 본인부담금이 4,578,000원임에도 30회 치료비를 일시 계산하는 경우 3,900,000원으로 할인하여 주는 등 그 무렵부터 2015. 8. 31경까지 위 병원을 찾아온 환자들을 상대로 영리를 목적으로 환자를 유치하기 위해 본인부담금을 할인하는 행위를 하고, 장기 치료를 약속하는 경우 최초 내원 시 진행되는 110,000원 상당의 검사 비용을 면제해 주거나, 시가 350,000원 상당의 치료 보조기구인 AF를 무료 제공한 경우도 의료법에서 금지하는 환자 유인에 해당된다.34)

4) 본인부담금 감면 처벌 사례

    ① [통증의학과 감면] 1,691회 10,127,850원의 본인부담금 할인한 경우35) (피고인 및 그 변호인은, 통증의학과 진료의 특성상 복합 부위에 시술이 이루어지는 경우가 많고, 이 경우 건강보험심사평가원의 심사 결과 적정한 진료로 인정될 만한 진료비를 정확히 예측할 수 없으므로, 피고인의 병원에서는 국민건강보험공단에서 정한 본인부담금 기준치에 근사하게 자체적으로 정한 본인부담금 기준에 따라 본인부담금을 결정하게 되는데, 차후에 건강보험심사평가원에서 결정된 진료비를 기준으로 하여 산정한 본인부담금이 피고인이 수령한 본인부담금보다 많게 됨으로써 결과적으로 피고인이 본

---

33) 헌재 2017. 12. 28. 2016헌바311[의료법 제27조 제3항 위헌소원]
34) 의정부지법 2018. 1. 15. 선고 2016고단896 판결
35) 대구지법 서부지원 2014. 8. 13. 선고 2014고정86 판결(벌금 100만 원 선고유예)

인부담금을 할인한 것과 같은 결과가 발생한 것이지 영리를 목적으로 환자를 유인하기 위한 할인행위를 한 것이 아니라고 주장했으나, 본인부담금을 면제 또는 할인하는 행위는 위 규정 단서의 경우에 해당하지 아니하는 이상 그 자체로 위 규정이 금지하는 영리를 목적으로 환자를 유인하는 행위에 해당하므로, 의료법 제27조 제3항 위반죄가 성립된다)

② [본인부담금 요실금 수술비 50% 할인] 피고인은 2014. 3.경부터 2015. 2.경까지 사이에 위 E 의원에서, 위 법에 따른 본인부담금에 해당하는 요실금 수술 검사비를 50% 할인한다는 내용의 안내문을 설치하여 두고, 실제로 같은 기간 동안 위 의원에 내원하는 환자들의 요실금 수술 검사비를 50% 할인하여 주는 방법으로 영리를 목적으로 환자를 위 의원에 유인하는 행위를 한 경우[36)]

5) 실질적으로 본인부담금을 감면하는 유형

① [바우처 사업 핑계로 복지재단 후원금 기부 형식으로 할인] 바우처 사업을 핑계로 의료기관에서 복지재단에 후원금을 지급하고 복지재단에서 카드를 발급받은 카드소지자에게 본인부담금을 복지카드로 결제하도록 하는 것도 본인부담금을 면제하는 것과 같이 위법하다. E 한의원을 운영하는 한의사가 2014. 4. 21. 위 한의원에서 진료를 받은 환자 F의 진료비 10,200원을 면제한 것을 비롯하여 그 무렵부터 2015. 6. 9.경까지 총 25,710회에 걸쳐 위 한의원에 내원한 환자 중 ××× 의료바우처카드 가입자들을 상대로 본인부담금을 ××× 바우처카드로 결제하게 한 후 매월 위 카드 가입자들의 본인부담금 합계액을 상회하는 금원을 ××× 사회복지재단에 후원금 등 명목으로 보전함으로써 ××× 의료바우처카드 가입 환자들의 본인부담금 합계 65,152,159원을 면제하여 영리를 목적으로 위 환자들로 하여금 위 E 한의원에 방문하도록 유인하는 행위를 하여 의료법위반으로 기소된 사안에서, 법원은 유죄를 인정해 벌금 100만 원을 선고했다.[37)]

② [지원금과 협회 후원금 형식] B는 'D 병원'의 원장, E는 위 병원 총무과장, 피고인은 '사단법인 H'의 회장인바, 피고인은 B, E와 2014. 12.경 위 병원에서 B, E는 혈액 투석치료 환자들을 위 병원에 유치하기 위해서 환자들이 위 병원에서 혈액 투석치료를 받으면 그 횟수에 따라 월 15만 원~30만 원을 환자들

---

36) 수원지법 2015. 11. 5. 선고 2015고정1611 판결(벌금 150만 원 선고유예)
37) 수원지법 안양지원 2017. 8. 17. 선고 2016고단1802 판결(벌금 1,000만 원)

에게 지원금 명목으로 지급하고, 그 외에도 위 협회에 후원금 명목으로 일정 금원을 지급하기로 하고, 피고인은 위 협회 회원 등 신장 장애인 환자들에게 위 병원에서 혈액투석 치료를 받으면 지원금을 받을 수 있다고 알려주는 등의 방법으로 위 병원에서 혈액 투석치료를 받을 것을 권유하기로 공모한 후 이에 따라 B는 매월 위 병원에서 혈액 투석치료를 받은 환자 중 지원금을 지급할 환자 명단, 개인별 계좌번호, 지원금을 정하고, E는 B의 지시에 따라 환자 지원금 및 협회 후원금 등을 위 협회 명의 계좌로 송금하고, 피고인은 위 지원금을 환자들의 개인 계좌로 각각 이체하고, 협회 후원금 등을 협회 사무실 운영비 등으로 사용하기로 하고, B는 E와 공모하여 2015. 1. 31.경 위 협회 후원금 명목으로 90,000원을 위 협회 명의 I 은행 계좌(J)로 송금한 것을 비롯하여 그 무렵부터 2016. 12. 6.경까지 환자 지원금, 협회 후원금 등 합계 금 306,733,500원을 지급하여 「국민건강보험법」이나 「의료급여법」에 따른 본인부담금을 면제하거나 할인하는 행위, 금품 등을 제공하거나 불특정 다수인에게 교통편의를 제공하는 행위 등 영리를 목적으로 환자를 의료기관이나 의료인에게 소개·알선·유인하는 행위 및 이를 사주하는 행위로 기소된 사건에서, 법원은 벌금 500만 원을 선고했다. 이에 대해 피고인이 항소했으나 기각되었다.38)

③ [찬조금 명목 교부] 피고인은 2008. 1경 피고인이 운영하는 대전 동구 D에 있는 E 의원에서 F 협회 부회장 G와 매달 60만 원을 위 협회에 찬조금 명목으로 내주면 협회 소속 지체장애인 중 진료가 필요한 환자들을 피고인이 운영하는 E 의원으로 알선해 주기로 약정한 후, 그 무렵부터 2012. 4. 20.까지 매달 위와 같이 약정한 금액 60만 원을 지급하여 합계 3,120만 원의 금품을 제공하고, 2012. 1. 2.경 E 의원을 찾아온 F 협회 소속 환자 H를 진료한 후 환자가 부담해야 할 본인부담금 1,500원을 면제하는 등 2012. 4. 10.까지 별지 범죄일람표 기재와 같이 환자 257명을 진료하고 본인부담금 합계 384,250원을 면제하였다. 이로써 피고인은 F 협회에 금품을 제공하고 본인부담금을 면제하여 영리를 목적으로 환자를 의료기관에 유인한 혐의로 기소된 사건에서, 법원은 벌금 300만 원을 선고했고, 피고인이 항소했으나 기각되었다.39)

---

38) 인천지법 2018. 5. 11. 선고 2018고정466 판결(1심); 인천지법 2018. 12. 7. 선고 2018노1765 판결(항소심)
39) 대전지법 2016. 6. 16. 선고 2016노736 판결; 대전지법 2016. 3. 9. 선고 2014고정1543 판결

④ [충전 카드 교부] 피고인이 2015. 3.경까지 N 회원들에게 20만 원의 진료비가 입력된 이른바 'N 카드'를 배부하는 방법으로 본인부담금 면제행위를 하였는데, 위 카드를 사용할 수 있는 프로그램이 U 치과병원 부속 한방내과뿐만 아니라 U 치과병원 접수대에도 설치되어 있고, 피고인이 A와 상관없이 전적으로 지배 관리하고 있었던 U 치과병원에서도 본인부담금 면제행위가 묵인됐다면 본인부담금 면제로 볼 수 있다.[40]

6) 직원, 가족, 협력업체와 복지혜택

① [무죄 선고] 본인부담금을 면제한 경우에도 의료기관 직원, 직원의 가족이나 지인, 협력업체에 본인부담금을 할인하거나 감면하는 경우 무죄를 선고한 판결도 있다. E 병원을 운영하는 원장인 피고인이 F를 상대로 2007. 12. 21.부터 2011. 7. 27.까지 사이에 총 80회를 진료하고도 본인부담금 985,400원을 면제하는 것을 비롯해 총 28명을 상대로 총 3,348회의 진료를 하고 본인부담금 합계 20,684,491원을 면제하여 의료법위반으로 기소된 사안에서, 법원은, "본인부담금 면제 대상이 피고인의 가족, E 병원 직원과 그 가족, 협력회사 직원과 그의 가족으로 한정되고, 위 피고인의 가족은 피고인의 배우자, 배우자의 부모, 배우자의 친동생 등으로 피고인과 인적으로 매우 가까운 사람들인 점, E 병원 직원 가족들도 직원들의 배우자, 미성년 자녀로서 위 직원들과 이적으로 매우 가까운 사람들인 점, 실제로 대형 병원 등에서 복지 차원에서 직원과 그 가족, 협력 병·의원의 직원과 그 가족에게 본인부담금 감면 혜택을 정한 경우도 상당히 존재하는 점 등을 종합하여 본인부담금 면제함으로써 스스로 자신에게 환자를 유치하였다 하더라도 피고인의 행위가 의료시장의 질서를 근본적으로 해하였다고 보기 어려워 의료법 제27조 제3항에서 정한 영리를 목적으로 환자를 유인하는 행위를 했다고 볼 수 없다."라고 무죄를 선고했다.[41] 하지만 본인부담금을 할인하거나 감면하는 경우 그 자체로 의료법위반 소지가 많으므로, 본인부담금은 자치단체장의 사전승인이 없는 한 감면하거나 할인하지 않는 것이 바람직하다.

② 피고인이 2014.3, 10.부터 2014. 10. 9.까지 총 4회에 걸쳐 병원 직원들이 데려온 환자 3,471명을 진료하게 한 다음 본인부담금 48,877,884원을 감면해

---

40) 서울동부지법 2017. 5. 12. 선고 2016고합333 판결
41) 대전지법 서산지원 2013. 6. 28. 선고 2012고정59 판결

주는 방법으로 영리 목적으로 직원들로 하여금 환자를 유인하도록 사주한 혐의로 기소된 사건에서, 1심은 직원들의 복리후생을 목적으로 한 감면규정에 따라 병원 직원들이 가족과 친지를 초청하여 그 병원에서 진료를 받았더라도 그 과정에서 환자가 부담해야 하는 본인부담금을 감면해 준 것이 병원이 특정한 날을 정하여 환자 유치행사를 하였다는 사정만으로 영리목적의 환자 유치에 해당될 수 없다고 하여 무죄를 선고했다.42) 검사가 항소했으나 항소심은 "검사가 제출한 증거들만으로는 피고인들에 대한 이 사건 공소사실이 합리적인 의심을 할 여지가 없을 정도로 증명되었다고 볼 수 없으므로, 같은 취지로 피고인들에 대한 이 사건 공소사실을 무죄로 판단한 원심판결에 검사 주장과 같은 사실오인 내지 법리오해의 위법은 없다고 보인다."라고 판시했다.43)

③ [유죄 선고] 의료법 제27조 제3항에서 열거하고 있는 구체적인 예시는 2002. 3. 30. 법률 규정에 의해 추가된 것인바, 당시 입법자료에 의하면 그 입법취지로 '일부 사회복지법인에 부설된 의료기관'이 주로 노인 등을 대상으로 점심 등을 제공하여 유인한 뒤 건강검진 정도의 저급한 진료행위를 무료로 제공하면서 그에 따라 요양급여비용을 대거 청구함으로써 건강보험재정의 부실화를 촉진한데 대하여 환자유인행위를 금지하는 것이라고 기재되어 있는 점, 공소사실에 기재된 면제 또는 할인 대상자가 직원, 직원의 누나, 직원의 배우자, 직원의 시어머니로 제한되기는 하나, 외래 진료의 경우 본인부담금을 할인에 그치는 것이 아니라 이를 전액 면제해 주어 위 대상자들이 치료비 부담을 전혀 갖지 않고 치료를 받을 수 있게 하였고, 그로 인하여 면제받은 치료 횟수가 159회에 이르는 환자도 있는 점, 피고인은 직원들의 복지 등을 위해 할인해 주었을 뿐이라고 변소하나 그 무렵 병원 상황이 좋지 않아 직원 복지를 위해 수익을 포기할 상황은 아니며 건강보험공단에서 들어오는 돈이 주 수입원이고 할인이나 면제를 받을 수 있는 범위를 명확히 할 수 있는 내규도 존재하지 않은 것으로 보이는 점 등을 고려하면 단순한 직원의 복지 차원을 넘어 영리를 목적으로 본인부담금을 면제하거나 할인하는 방법으로 환자들은 유인했다고 보아 본인부담금 할인 부분을 유죄로 판단했다.44)

---

42) 인천지법 2016. 6. 23. 선고 2015고정3735 판결
43) 인천지법 2016. 11. 18. 선고 2016노2590 판결
44) 인천지법 2017. 2. 16. 선고 2014고단1269 판결

④ 병원 개설 의사가 2014. 12. 18.부터 2015. 6. 30.까지 163회에 걸쳐 C 병원의 직원과 그 가족을 상대로 총 4,291,575원 상당의 본인부담금을 면제하거나 할인한 경우, 법원은 벌금 400만 원을 선고했다.[45)]

⑤ 보건복지부가 2008. 12. 발간한 의료법령 민원질의·회신사례집에서는 아래의 경우 의료법 제27조 제3항 위반으로 언급하고 있다(74쪽 이하).

특정 의료기관 또는 의료인이 특정 단체와 진료비 감면 협약을 체결하여 진료 환자의 본인부담금을 할인 또는 면제해 주는 행위[보건의료정책과-3741 (2005. 9. 28)]

통신회사에서 특정 의료기관을 지정하여 인터넷회원들에게 이용하게 하고 진료와 수술비를 지원하는 경우[보건의료정책과-2180(2005. 6. 15)]

사회봉사 활동자에 대하여 진료비를 면제, 할인해 주는 경우[의료정책팀-57(2008. 1. 7)]

한의원에서 '애국지사, 참전유공자, 장기복무 제대군인 등과 그 가족'에 대한 진료비 감면[의료정책팀-2786(2006. 7. 13)]

외부기관에서 기부금을 받아 대상자의 본인부담금을 면제해 주고 공단에 부담금을 청구하는 행위[의료정책팀-1469(2007. 3. 26)]

의료기관이 특정 단체와 협약하여 환자의 본인부담금을 할인 또는 면제하는 경우[의료정책팀-29(2006. 1. 3)]

의료기관과 스포츠클럽이 환자를 상대로 업무 제휴하여 검진비용 일부 할인하고, 환자에 대한 검진결과를 스포츠클럽에 통보하는 경우[의료정책팀-2365 (2006. 6. 16)]

⑥ 따라서 위 판결의 취지에 비추어 보면 직원 복지 목적으로 본인부담금을 감면하는 경우 할인 범위를 정하는 내규가 존재해야 하고, 그 경우에도 할인 등 대상과 범위를 한정적으로 운영할 것이 요구된다. 하지만 지방자치단체장의 사전승인이 없는 한 직원과 그 가족의 복지 차원에서 본인부담금을 감면하는 경우에도 의료법위반의 소지가 있고 협력업체 등과 협약을 통한 본인부담금 할인이나 면제는 의료법위반의 소지가 있으므로 주의해야 한다.

---

45) 의정부지법 고양지원 2017. 2. 17. 선고 2016고정1164 판결

7) 본인부담금이 아닌 비급여 진료비를 할인하거나 면제하는 경우

① [선착순 할인폭 50% 상회] 피고인은 천안시 서북구 B 건물 C호에 있는 D 의원에 근무하는 의사로서 누구든지 영리를 목적으로 환자를 의료기관이나 의료인에게 소개·알선·유인하는 행위 및 이를 사주하는 행위를 하여서는 아니 됨에도, 2019. 4. 27.부터 같은 해 5. 13.까지 위 D 의원을 개원하여 인터넷 E 카페, F를 통해 "D 천안 오픈 레이저 이벤트(이벤트 기간: 2019. 5. 7.~2019. 5. 11) 비급여 IPL 정가 20,000원에서 5,000원, 레이저토닝 정가 20,000원에서 5,000원, 주름보톡스 25,000원에서 9,000원으로 할인한다." 등 과도한 할인 광고를 하는 등 영리를 목적으로 환자를 의료기관으로 유인하는 행위를 하였다는 공소사실로 기소된 사건에서, 법원은 "피고인이 공소사실 기재와 같이 의료광고행위를 한 사실은 인정되고 할인폭이 50%를 상회하기는 하나, 이는 국민건강보험법 또는 의료급여법의 급여대상에 해당하지 않는 의료행위에 대한 것이고, 다른 특별한 사정{중개알선자에 대한 일정 비율의 성과 수수료 지급, 판매 수를 거짓으로 부풀리거나 허위 후기 게재 등, 의정부지법 2018노1782, 2018노3706 판결(검사 2019. 1. 15.자 참고자료) 등 참고} 없이 할인폭만을 의료시장의 질서를 근본적으로 해할 정도의 유인행위에 해당하는지 여부에 대한 핵심적인 지표로 보기는 어려운바, 검사 제출 증거들만으로는 피고인이 영리를 목적으로 환자를 의료기관으로 유인하는 행위를 함으로써 의료법 제27조 제3항을 위반하였다는 점이 합리적인 의심을 할 여지가 없을 정도로 충분히 입증되었다고는 보기 어렵다."는 이유로 무죄를 선고했다.[46]

② [간병비] 비급여 부분인 간병비를 할인한 경우[47]도 마찬가지이다.

③ [비급여 스케일링 비용 할인] 치과의사가 2015. 9. 30. 13:10경 위 D 아파트 앞 횡단보도에서 일용직 홍보요원을 고용하여 2천 원 상당의 칫솔과 치과 홍보 전단지를 행인에게 나누어주면서 '스케일링 3,000원, 의료보험 혜택 안 되는 진료는 20% 할인, 레진 5만 원, 불소도포 무료' 등의 말을 하게 하고, 실제로 2015. 10.경 위 치과에 내원하는 환자들에게 3,000원을 받고 치석 제거(스케일링)를 해주는 방법으로 본인부담금을 할인하는 행위 등 영리를 목적으로 환자를 위 치과에 유인하는 행위를 하였다는 이유로 기소된 사건에서, 법원은 스케

46) 대전지법 천안지원 2020. 1. 16. 선고 2019고정555 판결
47) 인천지법 부천지원 2017. 6. 16. 선고 2016고단2629 판결

일링은 비급여 진료에 해당되고, 개업 초기에 광고한 내용으로 광고 기간이 2일에 불과하고 실제 광고에 따라 치석 제거를 3,000원의 진료비만 받고 해주는 등 진료 기간은 5일에 불과하며, 나누어 준 칫솔의 가격이 도매가로 약 500원에 불과하며 위 광고는 신문이나 인터넷에 비해 광고효과 및 범위가 넓지 아니한 점 등을 종합하면 의료법 제27조 제3항에서 명문으로 금지하는 개별적 행위유형에 준하는 것으로 평가될 수 있거나 또는 의료시장의 질서를 현저하게 해치는 것은 아니라고 보아 환자를 유인하였다고 볼 수 없어 무죄를 선고한 원심을 유지했다.[48]

④ [지인소개와 상품권] 헌법재판소는 비급여 부분의 할인이나 감면은 의료기관에서 결정할 사항이므로 위 의료법 제27조 제3항 위반으로 처벌할 수 없다고 밝히고 있다. 그 경우 의료법에 따라 비급여 비용을 고지해야 한다. 병원 1층 엘리베이터 앞 입간판에 지인을 소개한 환자에게 비급여진료에 사용할 수 있는 30만 원 상당의 상품권을 주겠다고 광고한 혐의로 입건되어 검찰에서 기소유예처분을 받은 후 헌법소원을 제기한 사안에서, 헌법재판소는 "비급여 진료비를 할인 또는 면제하는 행위는 '국민건강보험법 또는 의료급여법의 규정에 의한 본인부담금을 할인하는 행위'에 해당하지 않는다."라고 결정하고 있다.[49] 왜냐하면, 국민건강보험법 및 의료급여법에 따른 급여대상이 아닌 진료비로서 의료인이 스스로 그 금액을 자유롭게 정하고 환자 본인이 이를 전액 부담하게 되어 있는 진료비까지 위 규정상 '본인부담금'에 해당한다고 해석하는 것은 형벌 법규를 지나치게 확장해석하는 것으로서 죄형법정주의의 원칙에 어긋나 허용될 수 없기 때문이다.

⑤ 대법원도 "의료법 제27조 제3항의 '본인부담금'의 범위에 비급여 진료비까지 포함시키는 것은 형벌 법규의 지나친 확장 해석으로서 죄형법정주의에 어긋나며, 의료시장의 질서를 근본적으로 해하는 등 특별한 사정이 없는 한 의료기관 및 의료인이 스스로 자신에게 환자를 유치하는 행위는 의료법 제27조의 '유인'이라고 할 수 없다."라고 판시하고 있다.[50]

---

48) 서울동부지법 2017. 3. 23. 선고 2016노1306 판결 [의료법위반]
49) 헌재 2019. 5. 30. 2017헌마1217
50) 대법원 2008. 2. 28. 선고 2007도10542 판결

(금품 등을 제공)

1) 금품의 의의

금품이란 통상적으로 돈과 물품을 말한다. 부정청탁 및 금품 등 수수에 관한 법률(청탁금지법) 제2조 제3호에서는 금품의 정의 규정을 두고 있다. 청탁금지법에는 금전, 유가증권, 부동산, 물품, 숙박권, 회원권, 입장권, 할인권, 초대권, 관람권, 부동산 등의 사용권 등 일체의 재산적 이익(가목), 음식물·주류·골프 등의 접대·향응 또는 교통·숙박 등의 편의 제공(나목), 채무 면제, 취업 제공, 이권(利權) 부여 등 그 밖의 유형·무형의 경제적 이익(다목)에 해당되는 것을 금품이라고 규정하고 있고, 의료법에는 금품의 정의 규정이 없다.

환자 소개의 대가로 환자들이 납부한 본인부담금 액수의 약 5~10%에 해당하는 현금, 백화점 상품권, 한약 등을 지급한 경우에도 금품제공에 해당한다.[51]

의료법에서도 금품 등의 제공을 금지하는 입법취지에 비추어 보면 청탁금지법상 금품의 개념을 참조할 수 있으나 형사법 해석 원칙상 제한적으로 해석해야 한다. 향응이나 이익의 제공이 금품에 해당될지 논란이 있을 수 있다. 의료법에서 '금품 등'으로 표현하고 있어 명확성 원칙에 비추어 바람직하지 않다고 생각된다.

2) 상품권, 시술권, 쿠폰, 포인트 지급 등

유통이 가능한 상품권이나 특정 의료기관에서만 사용이 가능한 쿠폰이나 시술권, 마일리지 자체도 구체적인 사안에서 의료법위반의 소지가 있다.

보건복지부가 '소중한 면허 잘 관리하자'라는 제목으로 발간한 '자격정지 및 면허취소 처분 사례집'에서는 ① 상담 후 장미꽃과 휴대용 향수를 제공하는 행위, ② SNS를 이용해 게시글을 공유한 자에게 시술권을 제공하는 행위, ③ 진료비 포인트 지급, 의료기관에서 쿠폰을 발행하여 환자 유인이 이루어진 경우를 모두 금품 등을 제공한 행위로 보고 있다.

3) 파워 블로그나 인터넷 카페 운영자가 시술 할인 쿠폰 제공이나 판매한 경우

보건복지부는 인터넷의 파워 블로거나 인터넷카페 운영자가 검사 및 시술 할인 혜택을 제공하거나 공동구매신청을 받아 이용자의 특정 의료기관 간 치료

---

51) 광주지법 2019. 6. 26. 선고 2019고단1569 판결

위임계약의 성립을 중개하거나 편의를 도모하는 경우 의료법에서 금지하는 '소개·알선'에 해당될 수 있으며, 의료기관이 통신판매업 신고를 하고 의료행위를 상품화하여 판매하거나 할인 쿠폰 등을 제공하는 것은 진료상담 등의 절차를 거쳐 치료위임계약이 이루어져야 하는 의료행위의 특성에 비추어 적합하지 아니하며, 이는 의료법 제27조 제3항에서 금지하는 '유인'에 해당하는 것으로 판단된다는 유권해석을 내린 바 있다.52)

하지만 위와 같은 행위에 대한 의료법위반 여부는 개별적이고 구체적으로 판단할 수밖에 없다. 헌법재판소도 특정 병원에서 비급여를 받을 수 있도록 하는 상품권을 제공하는 것은 의료법 제27조 제3항에서 명문으로 금지하는 것이 아니라는 취지를 밝힌 바 있다. 결국, 비급여 부분의 감면은 일률적으로 의료법 위반으로 볼 수 없다.

4) 금품 수수에 관한 판례

판례상으로는 금전, 담배, 간식이나 식사 제공, 이송료 대납, 환자들이 납부한 진료비의 10%를 상품권으로 지급하는 경우 등을 금품으로 보고 있고, 금품을 수수한 이상 사후에 정산하였더라도 범죄 성립에 영향이 없다. 구체적인 판례는 아래와 같다.

① [담배, 간식 제공] 노숙인들에게 담배, 생필품, 간식 등을 제공한다고 약속하여 병원으로 데리고 와 치료위임계약을 체결하도록 유도한 이상 영리 목적 환자 유인으로 인한 의료법위반죄가 성립하고 사후에 담뱃값 등을 정산하였다 하더라도 이미 성립한 위 범행에는 영향이 없으며, 이러한 행위는 그 자체로 의료법 제27조 제3항에서 열거한 교통편의 제공행위 및 금품 등 제공행위에 해당된다.53) 병원 직원에게 환자 소개비로 금품을 지급한 경우에도 마찬가지이다.

② [무료식사 제공, 금품 지급] 환자를 데리고 온 운전 기사에게 기초생활수급대상 환자 1명당 30만 원, 건강보험 가입 환자 1명당 40만 원을 지급한 경우,54) 2016. 7. 13.경 턱관절 치과(턱관절 장애) 홍보를 할 목적으로, 인터넷상 E 카페, O, P 등에 'D 치과 무료식사', 'D 치과 무료식사 지역 어르신들이라면 누

---

52) 보건복지부, 보건의료정책과-1395('11. 4. 15. 시행), 대의협 제610-1022호('11. 5. 6. 시행)
53) 대법원 2017. 2. 3. 선고 2016도19569 판결
54) 서울중앙지법 2015. 1. 8. 선고 2014고단3434 판결

구나 오셔서 맛있게 식사하여도 됩니다', 'D 치과에서 지역주민에게 받은 사랑
을 어르신 무료식사 제공으로 보답합니다.'라는 내용을 게시하여 환자를 유인하
는 의료광고를 한 경우,[55] 혈액투석 환자의 유치를 위해 무료 음식 제공을 홍
보하여 환자를 유인한 경우,[56] 환자 2명에게 점심 식사를 제공한 경우,[57] 보험
설계사에게 환자를 소개해 준 대가로 1인당 5만 원 상당의 현금을 제공한 경
우,[58] 성형외과로부터 매달 1,000만 원을 받고 성형수술이 필요한 불특정 다수
인에게 성형 상담을 한 다음 성형외과에 소개해주고 성형수술을 받게 한 경
우[59]가 이에 해당된다.

　③ [환자이송료 지급, 포상금, 유치수당 지급] 몸이 불편한 환자에게 구급
차를 보내 환자를 유인하고 환자이송료를 대납한 경우,[60] 환자 유치에 따른 포
상금 지급제(1인당 유치 시 포상금 20만 원)에 따라 포상금을 지급한 경우,[61] 직
원이 환자를 유치하면 환자들이 납부한 본인부담금의 10%를 직원에게 상품권
으로 지급하는 경우,[62] 병원 개원 초기 환자 1인당 비급여 5% 또는 환자 1인당
50,000~70,000원의 유치수당을 매달 지급하는 경우[63]도 의료법 제27조 제3항
에서 금지하는 환자 유인에 해당된다.

　④ [종교 목적으로 식사 제공] 의료기관에서 기독교를 전도하기 위한 종교
적인 목적에서 점심 식사를 제공하는 경우도 영리목적의 환자 유치에 해당된
다. 의료기관에 의료생활협동조합 조합원들을 대상으로 한 조합 활동의 일환이
자 종교적인 차원에서 어려운 사람들을 돕고 기독교를 전도하기 위해 외래 환
자 중 일부에게 점심 식사를 제공한 것도 관할 시장 등의 사전승인이 없는 한
영리 목적의 금품 제공에 해당된다.[64]

　⑤ [지인 감사선물 증정] 피고인은 2015. 2. 23. 15:00경 피고인의 블로그
(H)와 위 병원 홈페이지(I)에 "소개 환자분께 감사 선물증정", "기존 환자분이

---

55) 수원지법 여주지원 2018. 2. 12. 선고 2016고정314 판결
56) 대구지법 2017. 12. 15. 선고 2017고합250 판결
57) 의정부지법 2017. 2. 2. 선고 2016고정1392 판결(벌금 100만 원)
58) 부산지법 2017. 1. 10. 선고 2016고합671 판결
59) 서울중앙지법 2015. 7. 9. 선고 2015고단1371 판결
60) 수원지법 2016. 8. 26. 선고 2016노39 판결
61) 대구지법 경주지원 2017. 4. 27. 선고 2016고단121 판결
62) 광주지법 2019. 5. 24. 선고 2018고단4385 판결
63) 광주지법 목포지원 2020. 2. 14. 선고 2019고단1434 판결
64) 창원지법 2017. 6. 14. 선고 2017노289 판결(피고인 항소기각).

교정 환자분을 소개해 주시면 소정의 선물을 증정한다."는 글을 게재함으로써
위 병원에 환자를 소개·알선하도록 사주하였다는 공소사실로 기소된 사건에
서, 법원은 위 선물을 의료법 제27조 제3항의 '금품'에 해당한다고 판시하였
다.[65] 항소심에서 피고인은 피고인이 환자를 소개한 사람에게 선물을 증정하겠
다는 글을 게시한 사실은 있지만, 1회의 치아미백치료를 제공할 의사로 위와
같은 글을 게시한 것이라고 주장했지만, 법원은 ① 피고인이 공소사실과 같은
글을 게시한 경위와 게시글의 전체적인 내용, 금품도 선물의 한 종류에 해당하
는 점 등을 고려하면, 위 게시글을 읽는 일반인은 여기의 '선물'을 환자 소개 및
알선의 대가로 수수할 금품이나 이에 준하는 이익이라고 인식할 것으로 보이
며, ② 피고인이 환자를 소개한 사람에게 1회의 치아미백치료를 제공하겠다는
의사로 위 게시글을 작성하였다고 하더라도 피고인의 의사는 내심의 영역에 머
물러 있는 것에 불과하며, ③ 의료법 제27조 제3항의 입법취지는 의료기관 주
위에서 환자 유치를 둘러싸고 금품수수 등의 비리가 발생하는 것을 방지하고
나아가 의료기관 사이의 불합리한 과당경쟁을 방지하려는 데에 있는데(대법원
2008. 2. 28. 선고 2007도10542 판결), 피고인은 선물의 가치의 상한을 특정하지 않
아 환자 유치를 둘러싼 비리 혹은 다른 의료기관과의 과당경쟁이 발생할 여지
를 남겨 두었다는 점 등을 고려해 위 선물을 의료법 제27조 제3항의 '금품'에
해당한다고 본 원심판결은 정당하다고 판시했다.[66]

⑥ [병원 경영지원업 회사에서 환자 소개 대가로 수수료 받는 경우] 병원
경영지원업 주식회사 ○의 대표이사가 성형외과의 경영지원, 광고, 회계 등을
담당하면서 환자를 소개받아 알선 소개하고 수술비 중 일정비율의 돈을 수수료
명목으로 19회에 걸쳐 지급받은 사안에서, 법원은 유죄를 인정해 벌금 200만
원을 선고했다.[67]

⑦ [다단계 방식으로 환자 유인] 영리목적으로 병의원에 환자를 알선하고
수익을 취득하는 ㈜D를 운영하는 피고인이 (주)D가 E 의원, F 의원, G 의원, H
의원 등에서 진료받을 환자를 알선하면서 위 각 병·의원으로부터 알선한 환자
의 진료비에 상응하는 수수료를 지급받았고, 프리랜서 영업사원에게 본부장,

---

65) 수원지법 여주지원 2015. 9. 22. 선고 2015고정139 판결(벌금 100만 원 선고유예)
66) 수원지법 2016.5.13. 선고 2015노5820 판결(벌금 90만 원 선고유예)
67) 서울서부지법 2016. 5. 14. 선고 2015고정1659 판결

팀장, 실장, 모집인으로 단계별로 구분하는 승급체계를 부여한 후, 영업사원이 직접 알선한 환자는 진료비의 10~18%의 수당을 지급하고, 하위 1대 및 2대 판매원의 실적에 따라 진료비의 4% 및 2%의 후원수당을 추가 지급하는 등 다단계 방식으로 조직·운영되었고, 피고인은 2017. 11.경 위 (주)D 대표인 B과 위촉계약을 체결하면서 B의 하위직급자가 되었고, 그때부터 2019. 8.경까지 본부장으로서 피고인의 1대 하위직급자로 I, J, K, L, M, N, O, P, Q를, 2대 하위직급자로 R, S, T, U, V, W, X, Y, Z를 순차 모집하는 등 다단계 조직을 구성하고, 위 E의원 등에 환자를 소개한 후 위와 같은 비율에 따라 직접수당 및 후원수당 합계 66,557,498원을 지급받는 등 등록 없이 실질적인 다단계 판매원으로 활동하고, B과 위촉계약을 체결하면서 병·의원에 직접 알선한 환자는 진료비의 10~18%의 수당을, 피고인이 모집한 판매원의 실적에 따라 추가로 진료비의 4% 및 2%의 수당을 추가 지급하는 등 다단계 방식으로 조직 운영하면서 환자를 소개한 후 비율에 따라 직접 수당 및 후원수당으로 66,557,498원을 지급받아 의료법이 금지하는 환자유인을 하였다는 이유로 방문판매등에관한법률 및 의료법위반으로 기소된 사안에서, 법원은 유죄를 인정해 벌금 500만 원을 선고했다.[68]

⑧ [유치수당 약속] 피고인이 친형, 피고인 소유의 빌딩 관리 직원, 보험설계사 등에게 '자유롭게 외출 외박을 하면서 입원을 할 수 있다.'라는 말을 하여 C 병원에 입원할 환자를 유치해 올 것을 지시하면서 유치수당을 약속해 영리를 목적으로 환자를 의료기관에 소개 알선 유인하는 행위를 사주한 혐의로 기소된 사건에서, 법원은 유죄를 인정했다.[69]

⑨ [대부중개업자의 수술료 30%의 수수료 수령] 유흥업소에 취업 알선해 주는 역할과 대부중개업을 영위하는 피고인이 관할관청에 등록하지 않고 38명에게 648,500,000원을 대출받게 하여 대부중개업을 영위하고, E, K, L, M, N과 공모해 성형외과에 환자를 소개해 주고 수수료의 30% 금액을 수령하는 등 총 137회에 걸쳐 R 성형외과 의원, U 성형외과 의원에 환자를 알선하고, 알선수수료 명목으로 680,520,000원을 받아 영리 목적으로 환자를 소개 알선 유인하였다는 혐의로 기소된 사건에서, 법원은 유죄를 인정했다.[70]

---

68) 서울중앙지법 2020. 10. 22. 선고 2020고정766 판결
69) 전주지법 2020. 8. 12. 선고 2020고단815 판결

5) 통상적이고 의례적인 선물, 1회적인 제공

의료법 제27조 제3항에서 금지하는 금품은 치료위임계약을 체결하도록 유도할 만한 경제적인 이익이 있는 것이고, 이를 허용할 경우 의료시장의 질서를 해할 우려가 없거나 금품이 극히 소액이거나 통상적이고 의례적인 선물의 경우 예외적으로 허용된다.

① 헌법재판소는 의료법 제27조 제3항에서 금지하고 있는 '금품 제공'은 환자로 하여금 특정 의료기관 또는 의료인과 치료위임계약을 체결하도록 유도할 만한 경제적 이익이 있는 것으로서 이를 허용할 경우 의료시장의 질서를 해할 우려가 있는 것으로 한정하고 있다. 따라서 금품 제공이 '금품 제공'은 환자로 하여금 특정 의료기관 또는 의료인과 치료위임계약을 체결하도록 유도할 만한 경제적 이익이 있는 것으로서 이를 허용할 경우 의료시장의 질서를 해할 우려가 없는 경우는 허용된다.

③ 헌법재판소도 "산부인과에서 제공한 분유, 기저귀, 속싸개, 물티슈는 산모가 태아를 분만하고 퇴원할 무렵에 필요한 소모품으로서 출산 병원에서 당연히 제공하여야 할 것들이고, 통상 출산에 소요되는 비용에 비하면 극히 소액으로 산부인과에서 출산선물을 제공하였다는 자체만으로 곧바로 청구인에 대하여 의료법을 위반한 혐의를 인정하여 기소유예처분을 한 것은 '금품'과 '유인행위'의 해석에 관한 법리오해의 잘못이 있다고 볼 수 있다."라고 결정하고 있다.[71]

④ 치과 의원에서 환자 2명에게 피부관리 1회 무료이용권을 제공하는 방법으로 환자를 유인한 혐의로 기소된 사안에서, 법원은 "피고인은 불특정 다수인이 아닌 피고인의 치과 의원에 내원한 환자들을 대상으로 피부관리 무료이용권을 제공한 점, 무료이용권을 제공받은 사람이 3명에 불과한 점, 무료이용권 제공행위는 일회성에 그친 점 등에 비추어 보면 위 무료이용권 제공이 의료상의 질서를 근본적으로 해하였다고 보기 어렵고, 나머지 검사가 제출한 증거만으로 이 사건 공소사실을 인정하기 부족하다."라고 하여 무죄를 선고했다.[72]

---

70) 서울중앙지법 2019. 8. 12. 선고 2018고단8743 판결
71) 헌재 2016. 7. 28. 2016헌마176[기소유예처분취소]
72) 대구지법 김천지원 2017. 2. 14. 선고 2016고정517 판결

6) 광고비와 금품수수

안과의사가 다수의 인증병원 리스트를 게시한 광고대행계약을 통해 인증병원인 의료기관으로부터 광고대행 수수료를 받은 것은 의료법이 금지하는 불법환자 유인이 아니다.

안과의사인 청구인이 인천 부평구 소재 '○○안과'를 운영하는 안과의사인데, 2011. 11. 17.부터 2013. 9. 28.까지 라식소비자단체인 '□□'(이하 '□□'라고만 한다)에 인증병원으로 등록한 뒤 위 단체의 실질적 운영자인 나○○을 통하여 환자를 소개받아 수술을 하고, 2013. 10. 1.까지 소개비 명목으로 합계 164,450,000원을 나○○ 운영의 '○○연구소' 명의의 계좌로 입금하여 나○○에게 환자를 소개·알선·유인하도록 사주하였다는 혐의로 서울중앙지방검찰청 제2014년 형제 78062호 사건에서 기소유예처분을 받게 되자 이 사건 기소유예처분이 청구인의 평등권과 행복추구권을 침해하였다고 주장하면서 2017. 4. 20. 그 취소를 구하는 이 사건 헌법소원심판을 청구하였다.

헌법재판소는 "① 나○○의 행위는 □□를 통해 청구인 운영의 병원을 포함한 □□ 인증병원에 대하여 간접적으로 의료광고를 해 준 것으로 볼 수 있으며, □□는 특정 안과가 아니라 다수의 인증병원 리스트를 게시하였고, 환자들은 이러한 □□ 인증병원 중 특정병원을 선택하여 진료를 받을 수 있다. 물론 나○○이 청구인의 병원을 포함한 총 10곳의 인증병원으로부터 517회에 걸쳐 합계 3,242,654,000원 상당을 수령한 것은 사실이나, □□ 인증병원 중 광고계약을 체결하지 않은 병원은 보증서 발급 여부와 상관없이 나○○에게 광고비를 지급하지 않았고, 따라서 이 금원은 나○○이 의료광고계약을 체결하고 그 계약에 따라 광고비를 받은 것으로 판단되며, 기록에 나타난 사정만으로 이 금원이 환자유인에 따른 대가라고 보기는 어려운 점, ② 나○○의 행위가 의료법에서 금지하는 환자유인행위에 해당하기 위해서는 □□가 특정 병원을 환자에게 소개하는 것이어야 하고, 특히 청구인의 혐의와 관련하여 의료법 위반이 인정되려면 나○○이 청구인 운영의 병원을 특정하여 환자들에게 소개하였어야 한다. 그러나 기록상 그와 같은 정황은 나타나지 않는 점, ③ 나아가 □□ 심사평가단이 인증병원으로 등록된 병원을 방문하여 안과 검사기계의 오작동 여부나 수술실 내의 청결상태 확인 및 미세먼지수치 측정 등을 하며 관리해 온 사정에 비추어 보더라도 □□가 광고를 빌미삼아 소비자들을 속이거나 현혹시키려 한

것으로 보기도 어려워 결국 기록상 나타나는 나○○의 행위는 환자유인행위라
기보다 의료인들로부터 의뢰받은 의료광고를 한 것으로 볼 여지가 더 많은 점
등 수사된 내용만으로는 나○○의 의료광고행위가 의료법 제27조 제3항 본문에
서 명문으로 금지하는 개별적 행위유형에 준하는 것으로 평가될 수 있거나 또
는 의료시장의 질서를 현저하게 해쳤다고 볼 수 없어 나○○의 의료법위반 행
위를 사주하였다는 청구인의 의료법위반 혐의는 인정하기 어려움에도 불구하
고, 피청구인은 청구인에게 의료법위반죄가 성립함을 인정하고 이 사건 기소유
예처분을 한 것은 그 결정에 영향을 미친 중대한 법리오해 내지 수사미진의 잘
못이 있으며 그로 인하여 청구인의 평등권과 행복추구권이 침해되었다고 할 것
이다."라고 결정했다.[73]

(불특정 다수인에게 교통편의를 제공하는 행위)

1) 스스로 병원에 갈 의사가 있는 불특정 다수를 자동차에 실어 병원으로
데려와 치료위임계약을 체결하도록 유도하는 행위 역시 의료법 제27조 제3항에
열거된 교통편의 제공 환자 유인행위에 해당된다.[74] 하급심에도 교통편의 제공
의 경우 환자유인으로 판시하고 있다.

2) 환자가 고령 등으로 이동이 자유롭지 못한 경우 개별적으로 관할 시
장·군수·구청장의 사전승인을 받아 환자에게 교통편의를 제공해야 처벌되지
않는다. 응급상황에서 전원 이송 과정에서 교통편의를 제공하는 것과 달리 병
원 입원 시 픽업 서비스를 제공하거나, 퇴원 시 귀가 서비스 등 환자에게 교통
편의를 제공하는 경우에도 처벌될 수 있으므로 주의를 요한다.

3) **교통 편의를 제공해 처벌받은 사례는 아래와 같다.**

① 노숙인에게 이송이나 편의제공하면서 환자를 유치한 경우,[75] 노숙인에
게 편의제공한 경우,[76] 생활협동조합 운영 의료기관에서 교통편의 제공한 경
우[77]도 영리 목적의 환자유인에 해당된다.

② 담배, 생필품 등을 제공할 것을 약속하거나 그가 운행하는 자동차로 노

---

73) 헌재 2019. 11. 28. 2017헌마427
74) 대법원 2005. 2. 17. 선고 2004도7858 판결; 대법원 2010. 10. 28. 선고 2010도9181 판결
75) 대구지법 2018. 8. 31. 선고 2018노546 판결(벌금 300만 원)
76) 인천지법 2016. 2. 17. 선고 2014고합532 판결
77) 전주지법 2016. 4. 7. 선고 2015노1390 판결(선고유예)

숙인들을 실어 Q병원으로 데려와 위 노숙인들과 Q병원 사이에 치료위임계약
이 체결하도록 유도하는 행위 역시 의료법 제27조 제3항에 열거된 교통편의 제
공 환자 유인행위에 해당한다.[78]

③ 노숙인들에게 담배, 생필품, 간식 등을 제공한다고 약속하여 병원으로
데리고 와 치료위임계약을 체결하도록 유도한 이상 영리 목적 환자유인으로 인
한 의료법위반죄가 성립하고 사후에 담배 값 등을 정산하였다 하더라도 이미
성립한 위 범행에는 영향이 없으며, 이러한 행위는 그 자체로 의료법 제27조 제
3항에서 열거한 교통편의 제공행위 및 금품 등 제공행위에 해당한다.[79]

④ 병원의 관리책임자가 2013. 7. 22. 09:50경 서울 양천구 거주 혈액투석
환자인 E(남, 65세)를 F으로 하여금 G 스타렉스 자동차를 이용해 서울 강서구 H
소재 C병원까지 태워오고 혈액투석이 끝난 후 15:38경 집으로 태워다 주었고,
또한 2013. 7. 25. 15:40경 서울 강서구 H 소재 C병원에서 환자 I(남, 72세) 등
6명을 직원인 J로 하여금 K 스타렉스 차량을 이용 각 환자들의 집까지 태워다
준 것을 비롯하여, 2012. 2. 9.부터 2013. 8. 2. 현재까지 피고인이 관리하는 C병
원 소속의 L, M 그랜드카니발 자동차를 이용 위 기간 동안 1일 환자 약 25명을
집에서 병원까지 왕복으로 태워다 주어 영리를 목적으로 불특정 다수의 환자들
에게 교통편의를 제공하여 환자유인행위를 한 경우도 이에 해당한다.[80]

⑤ 소비자생활협동조합이 운영하는 의료기관에서 생활협동조합에 한하여
교통편의를 제공한 혐의로 기소된 사안에서, 법원은 소비자생활협동조합이 운
영하는 의료기관에서 생활협동조합에 한하여 교통편의를 제공하는 행위를 제
한 없이 허용할 경우 무리한 환자 유치경쟁으로 이어져 환자들에 대한 의료서
비스의 질이 저하되고 건강보험 재정이 악화될 우려가 있어 의료법의 입법취지
가 훼손될 우려가 있어 유죄를 선고하였다.[81]

4) 픽업 서비스와 관련하여 무죄가 선고된 사례는 아래와 같다.

'C의원'의 원장이 2015. 2. 2.경부터 2015. 4. 15.경까지 위 의원 홈페이지
(D)에 '픽업 및 귀가서비스'라는 항목을 만들어 교통편의 제공 서비스 안내 문
구를 게재하여 영리를 목적으로 환자를 위 의원에 유인하는 행위를 하였다는

---

78) 대법원 2005. 2. 17. 선고 2004도7858 판결; 대법원 2010. 10. 28. 선고 2010도9181 판결
79) 서울고법 2017. 4. 27. 선고 2016노816 판결
80) 서울남부지법 2014. 1. 15. 선고 2013고정3277 판결(벌금 500만 원)
81) 전주지법 2016. 4. 7. 선고 2015노1390 판결(원심판결 파기, 선고유예)

공소사실 등으로 기소된 사건에서, 법원은 피고인이 의원 홈페이지에 '픽업 및 귀가서비스' 항목을 만들어 게재함으로써 불특정 다수인이 위 서비스를 이용할 수 있는 상태가 된 이상 이는 해석상 의료법 제27조 제3항 본문에서 명문으로 금지하고 있는 개별적 행위유형인 '불특정 다수인에게 교통편의를 제공하는 행위'에 포함된다고 보아야 하고, 실제로 위 서비스를 이용하였는지에 따라 범죄의 성립 여부가 달라진다고 볼 것은 아니라는 이유로 이 부분 공소사실을 유죄로 판단하여 벌금 300만 원을 선고했다.[82] 이에 대해 피고인이 항소했다.

항소심은 ① 이 사건 교통편의 제공 서비스 안내 문구는 C의원 홈페이지 (D)에 게재되어 있어 위 의원에 관심이 있거나 교통편의 제공 서비스를 원하는 사람들이 인터넷 검색을 통해 스스로 접근하여 정보를 확인하지 않으면 알기 어려운 점, ② 위 문구가 게재된 기간이 약 70일 정도로 그리 길지 않은 점, ③ 오늘날 자가용 승용차 보급 및 대중교통발달 상황에 비추어 의료기관이 교통편의 제공 서비스를 통해 환자를 유인하는 효과가 과당경쟁을 발생시킬 정도로 크다고 보기 어렵고, 실제 위 문구가 게재된 기간에 위 의원을 방문한 환자에게 교통편의가 제공된 경우도 없는 것으로 보이는 점 등을 종합하면, 피고인의 행위가 의료시장의 질서를 근본적으로 해할 정도에 이르렀다고 보이지 않는 것으로 보아 무죄를 선고했다.[83]

(다) 영리 목적으로 불특정 다수의 환자를 소개 등을 하는 행위여야 함

영리 목적으로 불특정 다수의 환자를 의료기관이나 의료인에게 소개·알선·유인하는 행위 및 이를 사주하는 행위가 해당된다. '영리의 목적'은 널리 경제적인 이익을 취득할 목적을 말하는 것으로서 영리목적으로 환자를 유인하는 사람이 반드시 경제적인 이익의 귀속자나 경영의 주체와 일치하여야 할 필요는 없고, '불특정'은 행위 시에 상대방이 구체적으로 특정되어 있지 않다는 의미가 아니라 상대방이 특수한 관계로 한정된 범위에 속하는 사람이 아니라는 것을 의미한다.[84] 의료기관에 환자를 유치하는 경우 대부분 영리 목적에 해당한다.

---

82) 대구지법 2015. 9. 23. 선고 2015고정1024 판결
83) 대구지법 2016. 8. 17. 선고 2015노4117 판결
84) 대법원 2017. 8. 18. 선고 2017도7134 판결

(라) 환자를 의료기관이나 의료인에게 소개 · 알선 · 유인하는 행위 및 이를 사주
하는 행위

여기서 '소개 · 알선'은 환자와 특정 의료기관 또는 의료인 사이에서 치료위
임계약의 성립을 중개하거나 편의를 도모하는 행위를 말하고, '유인'은 기망 또
는 유혹을 수단으로 환자로 하여금 특정 의료기관 또는 의료인과 치료위임계약
을 체결하도록 유도하는 행위를 말한다.[85]

헌법재판소는 '환자유인행위'란 '기망 또는 유혹을 수단으로 환자를 꾀어내
어 그로 하여금 특정 의료기관 또는 의료인과 치료위임계약을 체결하도록 유도
하는 행위로서 보험재정 등의 건전성을 악화시키는 등 특별한 사정이 인정되는
행위'를 의미하는 것으로 이해할 수 있다고 보아 그 범위를 제한적으로 해석하
고 있다.[86]

'이를 사주하는 행위'라 함은 타인으로 하여금 영리를 목적으로 환자를 특
정 의료기관 또는 의료인에게 소개 · 알선 · 유인할 것을 결의하도록 유혹하는
행위를 말하는 것으로서 어떠한 행위가 사주행위에 해당하는가의 판단은 일반
인을 기준으로 당해 행위의 결과 영리를 목적으로 환자를 특정 의료기관 또는
의료인에게 소개 · 알선 · 유인할 것을 결의하도록 할 정도의 행위인지의 여부
에 의하여야 할 것이다. 또한 사주행위가 범죄행위를 교사하는 행위와 유사하
나 이를 별개의 구성요건으로 규정하고 있는 이상 당해 행위가 일반인을 기준
으로 영리를 목적으로 환자를 의료기관에 소개 · 알선 · 유인할 것을 결의하도
록 할 정도의 행위이기만 하면 범죄가 성립하고, 그 결과 사주받은 자가 실제
로 소개 · 알선 · 유인행위를 결의하였거나 실제로 소개 · 알선 · 유인행위를 행
할 것까지 요구되는 것은 아니다. 의료기관 또는 의료인이 자신에게 환자를
소개 · 알선 또는 유인한 자에게 법률상 의무 없이 사례비, 수고비, 세탁비, 청
소비, 응급치료비 기타 어떠한 명목으로든 돈을 지급하면서 앞으로도 환자를
데리고 오면 돈을 지급하겠다는 태도를 취하였다면 일반인을 기준으로 볼 때
장차 돈을 받기 위하여 그 의료기관 또는 의료인에게 환자를 소개 · 알선 또는
유인할 것을 결의하게 하기에 충분하다고 할 것이므로 이와 같이 의료기관 또
는 의료인이 돈을 지급하는 행위는 의료법 제25조 제3항이 금지하고 있는 사주

85) 대법원 1998. 5. 29. 선고 97도1126 판결; 대법원 2004. 10. 27. 선고 2004도5724 판결 등
86) 헌재 2016. 7. 28. 2016헌마176 등

행위에 해당한다고 할 것이고, 그러한 사주행위가 현재 의료업계에서 널리 행해지고 있다거나 관행이라는 등의 이유로 정당화될 수 없다.[87]

다만 의료기관·의료인이 스스로 자신에게 환자를 유치하는 행위는 그 과정에서 환자 또는 행위자에게 금품이 제공되거나 의료시장의 질서를 근본적으로 해하는 등의 특별한 사정이 없는 한, 구 의료법 제25조 제3항의 환자의 '유인'이라 할 수 없고, 그 행위가 의료인이 아닌 직원을 통하여 이루어졌더라도 환자의 '소개·알선' 또는 그 '사주'에 해당하지 아니한다.[88]

광주지방법원은, 요양병원을 퇴사한 직원이 환자들에 대한 아무런 권한도 없는 상태에서 요양병원으로부터 환자 1명당 10만원을 받고 그 대가로 이미 등록된 환자들이 다른 병원으로 전원하거나 퇴원하지 못하도록 환자들을 접촉하여 요양병원에서 치료를 지속적으로 받게 설득하여 환자유인으로 의료법위반 등으로 기소된 사건에서, 치료위임계약의 체결을 소개 등을 한 것이 아니어서 의료법 제27조 제3항 위반에 대하여 무죄를 선고한 원심을 유지했다.[89]

(마) 의료법 제27조 제3항에서 금지되는 '유인행위'의 판단기준

1) 헌법재판소는 의료법 제27조 제3항에서 말하는 '본인부담금'이란, 국민건강보험법에 의한 요양급여를 받는 자(가입자 및 피부양자)나 의료급여법에 의한 수급자가 급여비용의 일부를 부담하는 경우에 그 부담 부분을 의미한다고 할 것이고, 보톡스 주사, 제모 시술, 임플란트 시술 등 국민건강보험법 또는 의료급여법에 의한 급여대상 진료에 해당하지 아니하는 진료에 대한 환자 본인의 부담금액에 대한 할인행위는 의료법 제27조 제3항에서 말하는 '본인부담금' 할인행위에 해당하지 아니하므로, 그 할인행위에 대한 기소유예처분은 취소되어야 한다는 취지로 판시한 바 있다.[90]

또한 헌법재판소는 의료법 제27조 제3항에서 금지하고 있는 '금품 제공'은 환자로 하여금 특정 의료기관 또는 의료인과 치료위임계약을 체결하도록 유도할 만한 경제적 이익이 있는 것으로서 이를 허용할 경우 의료시장의 질서를 해할 우려가 있는 것으로 한정하고 있다.[91]

---

87) 대법원 1998. 5. 29. 선고 97도1126 판결
88) 대법원 2004. 10. 27. 선고 2004도5724 판결
89) 광주지법 2019. 10. 8. 선고 2019고단138 판결
90) 헌재 2010. 10. 28. 2009헌마55
91) 헌재 2016. 7. 28. 2016헌마176

2) 대법원은 "의료법 제27조 제3항과 유사한 내용을 규정한 구 의료법 (2002. 3. 30. 법률 제6686호로 개정되기 전의 것, 이하 같다) 제25조 제3항의 '유인' 이라 함은 기망 또는 유혹을 수단으로 환자로 하여금 특정 의료기관 또는 의료 인과 치료위임계약을 체결하도록 유도하는 행위를 말하고, 위 조항은 의료인 또는 의료기관 개설자가 아닌 자의 환자 유인행위 등을 금지함은 물론 의료인 또는 의료기관 개설자의 환자 유인행위나 그 사주행위까지도 금지하는 취지이 나, 구 의료법 제25조 제3항의 입법취지는 의료기관 주위에서 환자 유치를 둘 러싸고 금품수수 등의 비리가 발생하는 것을 방지하고 나아가 의료기관 사이의 불합리한 과당경쟁을 방지하려는 데에 있는 점, 의료기관도 영리를 목적으로 하는 이상 소비자인 환자들에게의 접근을 완전히 봉쇄할 수는 없으므로 구 의 료법 제46조는 의료법인·의료기관·의료인이 보건복지부령이 정하는 방법에 의하여 광고를 할 수 있도록 하되 허위 또는 과장 광고를 하지 못하도록 규정 하고 있을 뿐인 점, 환자 유치과정에서의 위법행위는 상당 부분 구 의료법 제46 조 위반으로 처벌이 가능한 점 등에 비추어 보면, 의료기관·의료인이 스스로 자 신에게 환자를 유치하는 행위는 그 과정에서 환자 또는 행위자에게 금품이 제공 되거나 의료시장의 질서를 근본적으로 해하는 등의 특별한 사정이 없는 한, 구 의료법 제25조 제3항의 환자의 '유인'이라 할 수 없다."고 해석하고 있다.[92]

(바) 판례가 언급하는 '의료시장의 질서를 근본적으로 해하는 등의 특별한 사정' 에 해당되는 경우인지

판례가 의료법 제27조 제3항을 해석함에 있어 '의료시장의 질서를 현저하 게 해치는 경우'를 그 기준으로 제시하고 있다.

① [의료용역 판매 중개하는 행위] E 사이트 내지 이 사건 I 웹사이트에서 이루어지는 의료용역의 통신판매는, 환자로 하여금 의사와의 상담을 거치거나 의료행위에 관한 설명을 듣지 않고도 제한된 정보만으로 일반 상품을 구매하듯 이 의료용역을 쉽게 구입할 수 있게 하므로, 이를 허용하는 경우 환자의 건강상 태나 구체적 증상에 기초하지 않은 무분별한 의료행위가 성행할 수 있고, 환자 의 알 권리나 의료행위에 관한 실질적인 선택권이 침해될 우려도 있는 점 등을 보태어 보면, D 내지 G, H가 피고인이 제공하는 의료용역 상품의 통신판매를

---

92) 대법원 2004. 10. 27. 선고 2004도5724 판결 등

중개하고, 판매대금의 15~20%를 수수료를 취득한 행위는 의료시장의 질서를 현저하게 해치는 것이라고 평가하기에 충분하므로, 이는 의료법이 금지하고 있는 영리를 목적으로 환자를 소개·알선·유인하는 행위에 해당할 뿐이고, 의료법이 허용하는 의료광고행위에 해당한다고 볼 수 없다.93)

② [산부인과 비급여 할인] ○○산부인과 의원에서 전단지에 각종 검사비를 할인되기 전의 금액보다 23% 내지 33% 할인된 금액으로 기재한 후 자신이 운영하는 의료기관을 방문하는 환자들이 열람할 수 있도록 접수실에 비치한 경우, 위 전단지에는 할인되기 전의 금액과 할인된 금액만이 기재되어 있어 그 기재만으로는 ○○산부인과의 검사비가 다른 의료기관에서 정하고 있는 검사비보다 저렴하다는 것인지, 단순히 ○○산부인과가 종전에 정하고 있던 검사비를 할인하였음을 알리는 취지에 불과한 것인지조차 분명하지 않고, 피고인은 위 전단지를 ○○산부인과로 방문하는 환자들이 열람할 수 있도록 접수실에 비치하였을 뿐 이를 외부에 배포하였다고 볼 자료는 없는 등의 사정에 비추어 보면, 위 기재만으로 의료시장의 질서를 근본적으로 해할 정도에 이르렀다고 볼 수 없다.94)

③ [여드름 약물 스케일링 시술 50% 할인 광고] 피고인의 사용인 강○○이 피고인이 운영하는 '×××'의 홈페이지에 2006. 7. 일자불상경 약 50일간 청소년을 대상으로 여드름 약물 스케일링 시술시 50%를 할인한다는 내용의 광고(이하 이 사건 광고라 한다)를 게재한 사실을 인정한 다음, 이 사건 광고의 내용만으로는 ×××의 여드름 약물 스케일링 시술비가 다른 의료기관에서 정하고 있는 시술비보다 저렴하다는 것인지, 단순히 ×××가 종전에 정하고 있던 시술비를 할인하였음을 알리는 취지에 불과한 것인지조차 분명하지 않고, 할인 기간 및 대상 시술을 제한하고 있을 뿐 아니라 경제적 여력이 충분하지 못한 청소년들만을 그 대상으로 삼고 있는 등의 사정에 비추어 보면, 피고인의 행위가 의료시장의 질서를 근본적으로 해할 정도에 이르렀다고는 보이지 않으므로, 이는 구 의료법 제25조 제3항(현행 의료법 제27조 제3항)에 정한 환자 유인행위에 해당한다고 볼 수 없다.95)

---

93) 의정부지법 2019. 1. 10. 선고 2018노1268 판결
94) 대법원 2007. 4. 12. 선고 2007도256 판결
95) 대법원 2008. 2. 28. 선고 2007도10542 판결

④ [포인트 적립으로 환자 유인] 치과의사인 청구인이 2015. 7. 25.경부터 같은 달 27.경까지 사이에 위 ○○치과의원에서 운영하는 인터넷 홈페이지에 '포인트를 적립해드려요/쌓인 포인트는 ○○치과에서 현금처럼 사용가능합니다.' 등의 내용을 게시하여 환자를 유인하는 행위로 청주지방검찰청 충주지청으로부터 기소유예처분을 받자 기소유예처분이 자신의 평등권과 행복추구권을 침해했다고 하면서 그 취소를 구하는 헌법소원심판을 청구한 사건에서, 헌법재판소는 "청구인이 포인트를 적립해 주겠다는 비보험진료 분야는 국민건강보험법 또는 의료급여법의 급여대상진료에 해당하지 아니하여 원칙적으로 청구인 스스로 그 금액을 자유로이 정할 수 있는 점, 위 광고에는 포인트 사용방식이 구체적으로 기재되어 있지 아니하여 적립된 포인트를 환자가 반드시 병원에 재방문하여야만 사용할 수 있는 것이라 단정할 수 없으며, 청구인도 조사과정에서 적립과 동시에 포인트를 바로 사용할 수도 있다고 진술한 사실에 비추어 이러한 포인트 적립행위를 사실상 가격할인행위로 볼 여지가 있는 점, 청구인이 위 광고를 게재한 기간이 3일로 비교적 짧고, 이벤트가 시작되기도 전의 시점이어서 위 광고를 보고 내원한 환자도 없었던 점, 환자 스스로 병원 홈페이지에 접속하여야만 위 광고를 볼 수 있었던 점 등을 종합적으로 고려하면, 청구인이 위와 같이 광고행위를 게재한 행위가 곧바로 의료법 제27조 제3항에서 말하는 '유인행위'에 해당한다고 단정할 수 없다. 따라서 청구인이 위와 같은 광고를 했다는 사실만으로 곧바로 의료법 제27조 제3항을 위반한 혐의를 인정한 이 사건 기소유예처분은 수사미진 및 법리오해의 잘못에 따른 자의적인 검찰권 행사이고, 이로 말미암아 청구인의 평등권과 행복추구권을 침해하였다."라고 하여 기소유예처분을 취소했다.[96)]

⑤ [백화점 할인 쿠폰 발행] D에 있는 E 백화점 7층 소재 'F 피부과 의원'을 운영하고 있는 의사가 2012. 1. 2.경 위 의원에서 위 백화점 우수고객 6천여 명을 상대로 "E 우수고객님을 위한 특별 혜택, 깨끗해진 나만의 피부비밀!, F 피부과 50~20% 할인권, 이용기간 2012. 1. 6.~1. 31. 26일간, 이용장소 E 7층 F 피부과, 듀얼레이저토닝(30만 원, 15만 원), 코필러(100만 원, 59만 원), 동안주사 (1회 20만 원), 사각턱 보톡스(50만 원, 30만 원), IPDT(40만 원, 19만 원) 외" 등의

96) 헌재 2017. 5. 25. 2016헌마213

특별혜택 내용을 담은 할인쿠폰을 발행하여, 영리를 목적으로 환자를 의료기관이나 의료인에게 유인하는 행위로 공소제기된 사건에서, 법원은 "위 할인쿠폰은 피고인 운영의 병원이 소재하고 있는 위 E 백화점에 입점한 매장의 업주들이 자신들의 상품을 홍보하거나 각종 할인행사 및 이벤트 등을 안내하는 내용 등을 게재하여 백화점 카드 회원들에게 정기적으로 송부하는 홍보책자에 실려 있는 홍보문구 또는 단순 할인쿠폰에 불과한 것으로 보이는바, 여기에서 더 나아가 피고인이 환자에게 금품을 제공하였다거나 의료시장의 질서를 근본적으로 해하는 등의 방법으로 환자를 유인하였다는 특별한 사정이 덧보태어지지 않는 이상 피고인의 위와 같은 행위가 영리를 목적으로 한 환자유인행위에 해당한다고 보기 어렵다."고 보아 무죄를 선고했다.[97]

⑥ [컨설팅 계약체결 후 고객관리] 피고인 A은 의료기기 제조 판매 및 치과 경영컨설팅업 등의 목적으로 설립된 주식회사 B의 대표이사로서 독립채산제 방식으로 운영중인 개인 치과인 B 치과 각 지점과의 사이에 주식회사 B가 홍보 업무제휴, 마케팅 지원 및 고객관리서비스센터 운용 등 컨설팅을 수행하고 그 보수로 월 500만 원씩을 받기로 하는 계약을 체결한 후, 2009. 9. 일자미상경부터 서울 중구 D빌딩 9층에 있는 주식회사 B 사무실에 직원 4명을 고용하여 고객관리실을 운영하면서 대표번호(E, F)로 전화가 오거나 홈페이지(G)의 1:1 채팅상담란에 환자들이 접속하면 환자들에게 거주지와 가까운 B 치과 각 지점을 소개하고 각 지점과 연결하여 예약을 대행하여 주고, 2010. 4. 26.경 서울 중구 H에 있는 I 노동조합 J 지부 사무실에서 I 노동조합 J 지부와 '소속 회원이 B 치과 각 지점에 방문하면 일반 시중에서 1대당 1,500,000원인 임플란트 시술을 850,000원에 받을 수 있는 등 진료비 할인 혜택을 받고, 진료 시 연 1회의 무료 스케일링 서비스를 받을 수 있다'는 내용의 임플란트 등 치과진료 할인협약을 체결하는 등 2010. 4. 26.경부터 30여 개의 기업체, 단체, 노동조합과 위와 같은 내용의 치과진료 할인협약을 체결하는 등의 방법으로 2010. 8. 24.경 위 I노동조합 소속 회원인 K으로 하여금 서울 용산구 L에 있는 B 치과 M점에 방문하여 보철치료(크라운)를 받게 하는 등 2010. 8. 16.경부터 2011. 4. 6.경까지 총 45명의 환자를 B 치과 각 지점에 소개알선유인하여 영리를 목적으로 환

---

97) 대전지법 2013.5. 9. 선고 2012고정963 판결

자를 의료기관인 B 치과 각 지점에 소개알선유인하는 행위를 하였고, 피고인 주식회사 B 피고인 주식회사 B는 피고인 법인의 대표자인 A이 피고인 법인의 업무에 관하여 위 1항 기재와 같이 영리를 목적으로 환자를 의료기관인 B 치과 각 지점에 소개알선유인하는 행위를 하였다는 공소사실로 기소된 사건에서, 법원은 벌금 500만 원을 선고하였다.98) 대법원 비약상고했으나 상고를 기각했다. 대법원은 "피고인 A의 위 행위는 전체적으로 보아 단순히 B 치과 각 지점의 의료광고나 환자유치를 대행한 것에 그친 것이 아니라 일정한 대가를 받고 환자와 B 치과 각 지점의 사이의 치료위임계약이 체결되도록 중개 또는 편의를 도모하거나 유혹을 수단으로 유도한 것이므로 의료법 제27조 제3항 본문에 정한 영리 목적의 환자 소개알선유인행위에 해당하므로 이를 유죄로 인정한 것은 정당하고, 거기에 비약적 상고이유의 주장과 동법령적용의 착오가 있다고 볼 수 없다."는 이유로 상고를 기각했다.99)

⑦ [라식보증서] 피고인은 2007.경부터 안과 관련 광고업체인 ㈜B{2012. 3. 8. ㈜C로 명칭 변경}를 운영하면서 2009. 10.경 'D'라는 명칭으로 홈페이지를 구축하여, 'D' 사이트와 제휴된 병원 중 하나를 선택해 수술 전 신청하면 라식수술 부작용에 대해 시술 병원으로부터 최대 3억 원을 받을 수 있는 'E' 서비스를 시작한다고 홍보하였는데, F에서 피고인과 'D' 가입 병원들을 상대로 불법적인 환자유인행위라는 취지로 압박을 가하자 유령단체를 내세워 단속을 회피하고자 마음먹고, 2011. 6. 30.경 ㈜B가 비영리단체인 'G'에 'D' 서비스 및 운영권한을 넘기고, ㈜B에서는 콘텐츠와 홈페이지 관리만 맡기로 한 것처럼 H 등에 허위기사를 내보내 홍보하면서, 2012. 1.경에는 ㈜B 소속 직원인 I을 'D'의 단체장으로 내세워 피고인이 계속하여 'D'를 운영하였고, 2011. 7. 1.경 서울 이하 장소불상지에서, 인터넷 'D' 홈페이지(J)에 G가 영리목적의 수익사업을 하지 않는 비영리단체로서 라식소비자의 권리보호와 라식수술 의료환경 개선을 위해 노력하는 단체임을 표방하면서, 마치 위 G가 'D'를 운영하고 있는 것처럼 가장하여, 홈페이지를 통해 회원 인증병원을 게시하고, 의료안전에 대한 전문지식을 갖춘 심사평가단이 회원 인증병원의 라식수술 안전성 등을 심사 확인하여 병원에 대한 인증을 시행한다고 홍보하여 'D' 홈페이지에 접속한 사람들로 하

---

98) 서울중앙지법 2012. 4. 24. 선고 2011고정5061 판결
99) 대법원 2015. 7. 23. 선고 2012도5802 판결

여금 위 인증병원들이 비영리단체인 G의 심사를 받아 라식수술의 안전성을 확보한 것처럼 오인하게 하게 하고, 'D' 홈페이지를 통하여 회원이 된 사람이 위 인증병원 중 1곳에서 라식수술을 하는 경우 해당 병원이 라식수술 부작용에 대하여 최대 3억 원까지 배상한다는 내용의 '라식보증서'를 발급한다고 홍보하는 등 'D' 홈페이지를 실질적으로 관리하면서, G가 비영리단체로서 인증병원의 안전성을 보장하는 것으로 오인한 환자들로 하여금 인증병원에서 수술을 받도록 하고, 각 병원을 상대로 수술환자 수에 비례하여 소개비를 요구하고, 2011. 7. 1.부터 2014. 5. 19.까지 'D' 인증병원인 K를 운영하는 L에게 홈페이지를 통해 유인된 환자 7,000명을 소개알선하고, L로부터 총 67회에 걸쳐 합계 1,446,552,000원을 ㈜C 명의의 M은행 예금계좌로 송금받았다. 피고인은 이를 비롯하여 총 10개 병원에 환자 17,824명을 소개알선하고, 그 대가로 각 인증병원의 수술환자 비율에 따라 소개비 명목으로 총 517회에 걸쳐 합계 3,242,654,000원을 교부받아 영리를 목적으로 환자를 소개 알선 유인하였다는 공소사실로 기소된 사건에서, 법원은 "① 피고인이 G의 구체적 운영에는 관여하지는 않은 것으로 보여 위 단체의 활동상의 독립성이 실질적으로 보장되었다고 할 것인 점, ② 피고인이 D 홈페이지에 'G의 심사평가단이 의료안전에 대한 전문지식을 갖추었다.'는 취지로 홍보한 바 없고, 위 홈페이지에 '심사평가단은 라식수술 부작용 체험자와 라식수술 희망자로 구성된다.'는 사실이 명시되어 있을 뿐만 아니라, G에 의료인이나 관련 전문가들이 포함되어 있지는 않았다 하더라도 그 활동의 내용이 소비자에게 아무런 도움이 되지 않는 요식행위에 불과했다거나 위 단체가 이름뿐인 유명무실한 단체였다고 보이지 않는 점, ③ D 라식수술 보증서는 그 발급 사실만으로도 한 인증병원의 의료진에게 라식수술의 안전성 확보와 사후관리에 관하여 책임의식을 제고하는 역할을 할 것으로 보이고, D 가입 병원에서 라식수술을 받고 수술로 인해 부작용이 발생하여 보증서에 기해 병원에 배상을 청구하였으나 보증서의 규정이 지나치게 엄격하여 배상을 받지 못한 구체적인 사례도 확인되지도 않는바, 위 보증서가 단순히 소비자들을 유혹하기 위하여 형식적인 것에 불과하다고 단정하기도 어렵다."라는 이유로 무죄를 선고했다.[100] 이에 대해 검사가 항소했으나 기각되었다.[101]

---

100) 서울중앙지법 2019. 2. 14. 선고 2017고단1134 판결(무죄)
101) 서울중앙지법 2019. 8. 22. 선고 2019노785 판결

⑧ [무료 호텔 숙박 서비스] 서울에서 'G 피부과 의원'을 운영하는 의사가 2012. 초순경 위 피부과 인터넷 홈페이지에 "G 모발이식센터에서는 지방에서 내원하시는 환자분들을 위해 수술 당일 호텔/레지던스 숙박을 제공해 드립니다."라는 내용으로 광고를 하여 영리를 목적으로 숙박 서비스 등을 제공하는 방법으로 환자를 의료기관으로 유인하였다는 공소사실로 기소된 사안에서, 법원은 병원 측의 비용지출이나 시술비 할인이 없이는 실행이 불가능한 것인바, 홈페이지 관리업체가 위와 같이 별도의 출연행위가 요구되는 광고 내용을 병원의 지시 없이 게재한다는 것은 납득하기 어려운 점 등에 비추어 보면, 피고인은 위와 같은 내용의 광고 문구가 홈페이지에 게재되었다는 사실을 알고 이를 용인한 사실이 있으나 이는 의료기관이 자율적으로 정할 수 있는 비급여 항목이며, 모발이식수술비용의 경우 호텔 또는 레지던스 숙박비보다 훨씬 고액으로 책정되어 의료법 제27조 제3항에서 정하는 정한 적극적인 금품제공의 형태라기보다는 단순히 수술비용을 할인해 준다는 취지로 해석되는 점 등을 고려하면 위 광고 문구는 지방에 거주하면서 모발이식 시술을 위해 병원을 방문하는 환자에게는 숙박비에 해당하는 진료비를 할인해 준다는 취지이며 불특정 다수인을 상대로 금품을 제공하거나 의료시장의 질서를 근본적으로 해치는 행위에 해당한다고 볼 수 없다는 이유로 무죄를 선고했다.[102]

⑨ [회원 모집해 보낸 경우] 주식회사 N의 대표이사인 피고인 A는 N 회원을 모집해 자신의 딸인 치과의사 피고인 B가 개원한 O 치과 의원에 그 회원들을 단체로 보내 환자를 유인하는 행위를 하였고, 피고인 B는 피고인 A에게 환자를 많이 보내줄 것을 촉구하고 그와 같이 유인한 환자를 진료하는 등 이를 사주하는 행위로 기소된 사건에서, 1심은 N의 운영상황이나 피고인 B가 환자유인행위를 사주할 동기가 분명하지 않고 위 공소사실에 부합하는 증언 내용에 신빙성이 없다고 보아 위 부분 공소사실에 대하여 무죄를 선고했고, 항소심도 이 부분에 대한 검사의 항소를 기각했다.[103]

⑩ [신체감정 수수료 명목으로 받은 경우] 서울 소재 사단법인 ○○ 운영의 센터장이 손해사정사로부터 환자에 대한 신체감정을 의뢰받고 서울 ○○병

원에 근무하는 의사 J에게 신체감정을 알선해 주고 수수료 명목으로 250,000원을 받는 등 2011. 12. 10.부터 2013. 8. 16.까지 총 216회에 걸쳐 환자를 의료인에게 소개해 주고 수수료 명목으로 53,650,000원을 받아 영리 목적의 환자를 알선한 혐의로 기소된 사건에서, 법원은 무죄를 선고했다.[104]

다. 위반 시 처벌 및 행정제재

환자유인행위 시 3년 이하의 징역이나 1천만 원 이하의 벌금형에 처할 수 있으며(의료법 제88조, 제27조 제3항), 2개월의 의사면허 자격정지처분을 받을 수 있다. 다만 기소유예 처분을 받으면 행정처분의 1/2이, 선고유예를 받으면 1/3이 감경될 수 있다. 벌금형이 선고되거나 집행유예인 경우 행정처분 감면 대상이 아니다.

라. 의료광고 금지 규정과 환자유인금지 규정과 관계

의료광고 행위는 원칙적으로 의료법 제27조 제3항의 환자유인행위에 해당하지 않고, 다만 예외적으로 해당 광고가 위 법 조항에서 금지하는 개별적 행위유형에 준하거나 의료시장의 질서를 현저히 해치는 특별한 사정이 있는 경우에만 유인행위에 해당한다고 할 것인데, 그러한 특별한 사정의 존재는 처분청에게 입증책임이 있다.[105] 의료법위반에 있어 의료법에서 금지하는 환자유인이라는 점의 입증책임은 검사에게 있다.

환자의 유치를 위하여 광고를 하는 것은 무엇보다도 환자도 광고된 의료서비스를 이용할 것인지 여부 등을 생각할 기회를 가진다는 점에서 의료광고는 그 성질상 기본적으로 환자를 유인하는 성격을 지닌다. 그런데 이를 의료법 제27조 제3항에서 금지하는 환자유인행위에 해당한다고 하면, 이는 의료인의 직업수행의 자유 및 표현의 자유는 물론이고 의료소비자의 '알 권리'를 지나치게 제약하고, 나아가 새로운 의료인이 의료시장에 진입하는 것을 제한함으로써 의료인 사이의 경쟁을 통한 건전한 발전을 저해할 우려가 적지 아니하므로, 의료광고에 대한 관계에서는 위 법규정에서 금지하는 환자유인행위를 제한적으로 해석할 필요가 있기 때문이다.

---

104) 서울북부지법 2014. 10. 24. 선고 2014고정1548 판결
105) 서울행정법원 2019. 1. 24. 선고 2018구합70653 판결

한편 의료법은 원래 구 국민의료법 당시부터 의료광고를 원칙적으로 금지하는 태도를 취하고 있었으나(2007. 1. 3. 법률 제8203호로 개정되기 전 의료법 제46조 참조) 헌법재판소가 2005. 10. 27. 선고 2003헌가3 결정에서 특정 의료기관이나 특정 의료인의 기능·진료방법에 관한 광고금지조항이 헌법상 비례의 원칙을 위배하여 표현의 자유와 직업수행의 자유를 침해한다는 이유로 위헌결정을 하였다. 이에 따라 2007. 1. 3. 법률 제8203호로 개정된 의료법은 의료광고를 원칙적으로 허용하되 일정한 유형의 의료광고를 예외적으로 금지함으로써 의료광고는 일반적으로 허용되기에 이르렀고, 이는 구 의료법 그리고 오늘날에 이르기까지 다름이 없다.[106)]

의료법 제27조 제3항은 의료인 또는 의료기관 개설자가 아닌 사람의 환자 유인행위 등을 금지함은 물론 의료인 또는 의료기관 개설자의 환자 유인행위나 그 사주행위까지도 금지하는 취지이다.[107)]

그러나 환자 유인행위에 관한 위 조항의 입법취지와 관련 법익, 의료광고 조항의 내용 및 연혁·취지 등을 고려하면, 의료기관·의료인이 스스로 자신에게 환자를 유치하는 행위는 그것이 의료법 제27조 제3항에서 명문으로 금지하는 개별적 행위 유형에 준하는 것으로 평가될 수 있거나 또는 의료시장의 질서를 현저하게 해치는 것인 등의 특별한 사정이 없는 한, 의료법 제27조 제3항의 환자의 '유인'에 해당하지 아니하고, 그러한 행위가 의료인의 직원 또는 의료인의 부탁을 받은 제3자를 통하여 행하여졌다고 하더라도 이를 환자의 '소개, 알선' 또는 그 '사주'에 해당하지 아니한다.[108)]

헌법재판소도 "의료기관·의료인이 스스로 자신에게 환자를 유치하는 행위는 그것이 의료법 제27조 제3항에서 명문으로 금지하는 개별적 행위 유형에 준하는 것으로 평가될 수 있거나 또는 의료시장의 질서를 현저하게 해치는 것인 등의 특별한 사정이 없는 한, 의료법 제27조 제3항의 환자의 '유인'에 해당하지 아니한다."라고 결정하고 있다.[109)]

구체적인 이유는 아래와 같다.

---

106) 대법원 2012. 9. 13. 선고 2010도1763 판결
107) 대법원 1996. 2. 9. 선고 95도1765 판결
108) 대법원 2004. 10. 27. 선고 2004도5724 판결; 대법원 2012. 9. 13. 선고 2010도1763 판결
109) 헌재 2019. 5. 30. 2017헌마1217

...

(2) 청구인의 행위가 의료법 제27조 제3항이 명문으로 금지하는 개별적 행위 유형
   에 준하는 것으로 평가될 수 있는지 여부

의료법 제27조 제3항이 명문으로 금지하고 있는 행위는 '국민건강보험법이나 의료
급여법에 따른 본인부담금을 면제 또는 할인하는 행위, 금품 등을 제공하는 행위,
불특정 다수인에게 교통편의를 제공하는 행위'이다. 이 사건의 경우, 위와 같은 내
용의 입간판 포스터를 게시한 행위가 본인부담금 면제 또는 할인 행위 또는 금품
등 제공의 행위 유형에 준하는 것으로 평가될 수 있는지가 문제된다.

먼저, 기록에 의하면 이 사건 상품권은 청구인 병원에서 비급여 진료에 해당하는
체형검사, 도수치료 등을 1회 받을 수 있도록 하는 것을 내용으로 하는데, 비급여
진료비를 할인 또는 면제하는 행위는 '국민건강보험법 또는 의료급여법의 규정에
의한 본인부담금을 할인하는 행위'에 해당하지 않는다(헌재 2010. 10. 28. 2009헌마
55; 대법원 2008. 2. 28. 선고 2007도10542 판결; 대법원 2012. 10. 25. 선고 2010도
6527 판결 등 참조). 국민건강보험법 및 의료급여법에 의한 급여대상이 아닌 진료
비로서 의료인이 스스로 그 금액을 자유롭게 정하고 환자 본인이 이를 전액 부담하
도록 되어 있는 진료비까지 위 규정상 '본인부담금'에 해당한다고 해석하는 것은
형벌 법규를 지나치게 확장 해석하는 것으로서 죄형법정주의의 원칙에 어긋나 허
용될 수 없기 때문이다(대법원 2008. 2. 28. 선고 2007도10542 판결 참조). 따라서
이러한 비급여 진료를 받을 수 있도록 하는 권리를 제공하겠다는 내용의 광고는 국
민건강보험법이나 의료급여법에 따른 본인부담금을 면제 또는 할인하는 행위에 준
하는 행위로 볼 수 없다.

또한 의료법 제27조 제3항에서 금지하고 있는 '금품 제공'은 환자로 하여금 특정
의료기관 또는 의료인과 치료위임계약을 체결하도록 유도할 만한 경제적 이익이
있는 것으로서 이를 허용할 경우 의료시장의 질서를 해할 우려가 있는 것으로 한정
하여야 하는데(헌재 2016. 7. 28. 2016헌마176 참조), 앞서 살핀 바와 같이 청구인이
환자들에게 이 사건 상품권을 제공하는 것의 실질은 청구인 병원에서 비급여 진료
비를 할인 내지 면제하여 주는 것에 불과하고, 위 상품권을 환가하거나 유통시키는
등 이를 본래의 목적 외에 다른 용도로 활용하는 것이 용이한 것으로 보이지 아니
하며, 이 사건 상품권이 청구인 병원에서 사용되는 것 외에 달리 독립된 경제적 가
치가 있는지에 관한 수사도 이루어진 바가 없다. 이에 더하여 비급여 진료비를 할
인 또는 면제하는 행위가 환자 유인행위에 해당하지 않는다는 취지의 앞서 살핀 결
정례 및 판례례에 비추어 보면, 비급여 진료비를 할인 또는 면제하는 것을 내용으
로 하는 이 사건 상품권을 제공하겠다는 취지의 입간판 포스터를 게시한 행위는 의

료법 제27조 제3항이 금지하는 금품 등 제공 행위에 준하는 행위라고도 단정하기 어렵다.

(3) 청구인의 행위가 의료시장의 질서를 현저하게 해치는 것인지 여부
이 사건 입간판 포스터의 내용은 지인을 소개한 기존 환자에게 이 사건 상품권을 제공하겠다는 것이고, 기록에 의하면 청구인 병원은 5층 빌딩의 1, 2, 4층을 임차하여 사용하고 있고 이 사건 입간판 포스터는 사실상 병원을 방문한 환자들만이 볼 수 있는 위 건물 1층 엘리베이터 앞에 게시되었다. 또한 위 포스터가 게시된 기간은 약 1달 반(2017. 2. 초순경부터 2017. 3. 16.까지)에 불과하고, 이 사건 상품권은 청구인 병원에서만 사용할 수 있으며, 비급여 진료 혜택을 1회 받는 것 외에 다른 용도로는 사용할 수 없다. 더군다나 청구인 병원은 체형 교정을 전문으로 하는 곳으로, 일반적으로 체형 검사 후 문제가 있다는 진단을 받으면 추후 계속적인 치료를 받아야 한다. 이와 같은 사정에 비추어 보면, 이와 같은 청구인의 행위가 의료시장 질서를 현저하게 해칠 정도에 이르는 것이라고 단정하기도 어렵다. …

마. 구체적인 사례

① [이벤트 광고 이메일 발송] 안과의사인 피고인 갑이 피고인 을 주식회사의 대표이사 피고인 병과 공모하여, 특정 인터넷카페 회원들에게 안과수술비 지원 등의 이벤트 광고 내용을 이메일로 발송하였다고 하여 구 의료법 위반으로 기소된 사안에서, 대법원은 "위 광고 내용이 금품 등을 제공하는 행위나 본인부담금을 면제 또는 할인하는 행위를 하겠다는 것으로 볼 수 없어 구 의료법 제27조 제3항 본문에서 명문으로 금지하는 개별적 행위유형에 준하는 것으로 평가될 수 있거나 또는 의료시장의 질서를 현저하게 해치는 것으로 볼 수 없어 구 의료법 제27조 제3항의 환자의 '유인'에 해당하지 않는다고 보아야 할 것이다. 이는 의료광고행위가 피고인 을의 부탁을 받은 피고인 병 주식회사 등을 통하여 이루어졌더라도 다를 바 없다."라고 판시했다.[110)]

② [무료 호텔숙박서비스 제공/비급여 감면] 홈페이지에 모발이식수술을 받고자 하는 지방 환자에게 호텔숙박서비스를 제공한다는 취지로 한 환자유인행위,[111)] 2019. 4. 27.부터 같은 해 5. 13.까지 위 D 의원을 개원하여 인터넷 E

---

110) 대법원 2012. 10. 25. 선고 2010도6527 판결
111) 서울서부지법 2014. 5. 14. 선고 2013고정1579 판결

카페, F를 통해 "D 천안 오픈 레이저 이벤트(이벤트 기간: 2019. 5. 7.~2019. 5. 11)
비급여 IPL 정가 20,000원에서 5,000원, 레이저토닝 정가 20,000원에서 5,000원,
주름보톡스 25,000원에서 9,000원으로 할인한다."는 광고를 한 경우112) 등에서
도 비급여 부분의 감면은 가능하다는 취지에서 무죄가 선고되었다.

③ [성형시술 쿠폰 발행과 의료용역 위수탁판매] 서울 B에 있는 C를 운영
하는 의사가 2012. 5.경 통신판매업자인 D이 운영하는 'E'라는 인터넷 웹사이트
를 이용하여 위 병원에서 제공하는 시술상품 쿠폰을 구매하도록 환자들을 유인
알선을 해주면, 그 대가로 환자가 지급한 진료비의 15%를 수수료로 지급하기로
D와 약정하고, D은 이에 따라 2012. 6. 1.경부터 2016. 6.경까지 사이에 위 'E'
사이트에 C의 각종 시술을 받으려는 환자들을 대상으로 1:1 상담을 진행하면서
환자들에게 위 병원에서 제공하는 시술상품 쿠폰을 구매하고 위 병원에서 시술
받게 하여 C에 환자들을 유인알선하고, 피고인은 그 대가로 발행된 시술 쿠폰
을 이용하여 시술을 받은 환자 7,338명이 지급한 진료비 667,359,000원 중 15%
인 100,103,850원을 수수료로 D에게 지급하여 영리를 목적으로 환자를 병원에
소개알선유인하는 행위를 사주하는 행위를 한 혐의로 기소되었다. 1심은 "① D
는 이 사건 위수탁 판매계약에 따라 피고인이 제공하는 의료용역 상품을 이 사
건 웹사이트 회원에게 직접 판매하고, 피고인은 위 상품을 구입하여 피고인의
병원을 방문한 환자에게 해당 상품에 해당하는 의료시술을 하였는바, 이 사건
위수탁 판매계약은 의료상품 용역 상품의 판매위탁계약에 해당하며 이를 단순
히 광고대행계약이라고 볼 수 없는 점, ② 피고인은 이 사건 웹사이트에서 피고
인이 제공하는 의료용역 상품을 판매하는 과정에 개입하지 않고(피고인과의 상
담은 상품 구매 후 발급되는 코드번호로 예약하고 내원하여야 비로소 가능하였다), 오
히려 의료인이 아닌 D가 직접 고객의 상품 문의에 대한 답변을 하고 대금결제
및 취소, 환불, 향후 불만사항의 처리 등의 업무까지 수행하여 소비자인 환자의
치료위임계약의 체결 여부 내지 의료기관의 선택에 영향을 미치는 행위인 점,
③ D는 이 사건 웹사이트 홈페이지에서도 '병원에 직접 방문하여 현장 결제할
경우에는 할인혜택이 불가능하다.'는 문구를 게시하였는바, 이는 소비자로 하여
금 이 사건 웹사이트를 통하여 의료인과 상담 없이 의료용역 상품을 구매하도

---

112) 대전지법 천안지원 2020. 1. 16. 선고 2019고정555 판결

록 유도함으로써 D에게 판매액에 따른 수익을 보장해 주는 것으로서 단순히 D
로 하여금 피고인의 의료용역 상품을 광고해 주는 대가를 취득하게 하는 것에
그치지 않는다고 할 것인 점 등을 종합하면 D가 의료인인 피고인이 제공하는
의료용역을 받을 권리를 직접 판매하면서 상품 관련 상담을 하고 이 사건 웹사
이트를 통해 구매하지 않은 환자에 대하여는 할인된 가격을 제공하지 못하게
하여 그 대가로 판매대금의 15%에 해당하는 수수료를 취득한 행위는 환자와
피고인 사이에 치료위임계약이 체결되도록 중개 또는 편의를 제공하거나 기망
또는 유혹을 수단으로 유도한 행위로서 의료법이 금지하는 영리 목적의 환자
소개 알선 유인행위에 해당된다.”라고 판시해 수수료 액수가 많은 점과 초범인
점을 고려해 벌금 1,000만 원을 선고했다.[113] 이에 대해 피고인은 유죄부분에
대해 사실오인과 법리오해로, 검사는 양형부당으로 항소했다. 항소심은 ① 환자
를 특정 의료기관에 소개 알선 유인하는 것은 반드시 환자와 의료기관을 일대
일로 짝지어 이루어질 것을 요하지 않고 E와 제휴한 의료기관은 약 200곳으로
제휴하지 않은 의료기관과 구별되는 특징성이 있어 환자가 의료기관 선택에 다
소간의 선택권을 행사했다고 달리 볼 것은 아니며, ② 피고인이 E를 통해 발생
한 건별 매출의 일정 비율을 수수료 명목으로 지급한 것은 단순히 광고 또는
홍보 그 자체에 대한 대가가 아니라 환자를 유치한 성과에 대한 대가로 봄이
타당하고, ③ 병원 위수탁 판매계약서에서는 E가 판매하는 금액과 같은(혹은 그
보다 낮은) 금액으로 진료비를 책정하는 것을 금지하였을 뿐만 아니라 피고인에
게 시술 관련 프로그램으로 역제안하는 방법으로 의료행위에 관여하거나 그 고
객의 상품 문의에 대한 답변 및 불만사항 처리 등의 업무까지 수행하였는바, 이
러한 점을 보더라도 E가 단순히 광고대행업자로서의 역할만을 수행할 수 없었
으며, ④ D는 의료법위반으로 유죄판결을 받고 확정되었으며,[114] ⑤ 이 사건에
서 피고인이 D에게 결제 건당 수수료 15%의 금액을 수수료로 지급한 것은 영
리를 목적으로 환자를 의료기관에 소개 알선 유인할 것을 결의하도록 하기에
충분한 행위로서 의료법에서 금지하고 있는 ‘사주행위’에 해당되고, 이는 D가
이미 같은 방식으로 E를 운영해 오면서 피고인과 계약을 체결함에 있어 주도적
인 위치에 있었다고 하더라도 달리 볼 것은 아니다는 취지로 피고인의 항소 및

113) 의정부지법 2018. 9. 12. 선고 2017고단2479 판결(벌금 1,000만 원)
114) 대법원 2019. 4. 2. 선고 2018도19171 판결

검사의 항소를 모두 기각했다.[115]

바. 보건복지부 유권해석

보건복지부는 2017. 8. 9. 보도자료에서 불법 환자 유인 의료광고의 유형으로 ① 비급여 진료항목에 관한 과도한 할인(50% 이상), ② 각종 검사나 시술 등 무료로 추가 제공하는 "끼워팔기", ③ 친구나 가족과 함께 의료기관을 방문 시 각종 혜택을 부여하는 "제3자 유인", ④ 선착순 혜택을 부여하는 "조건 할인", ⑤ 시술과 수술 시 지원 금액(최대 ○○○만원 등)을 제시하는 "금품"광고 등을 예로 들고 있다(2017. 8. 9. 보건복지부 보도자료). 다만 위 보도자료 내용은 유권해석에 불과하여 위 보도자료 내용 위반이 반드시 의료법위반으로 단정하기 어렵다고 판단되지만 보건복지부 유권해석을 존중할 필요가 있다.

사. 경제적 사정 등에 관한 지방자치단체장의 사전승인 기준(보건복지부 2003. 6)[116]

보건복지부는 의료법 제27조 제3항 제1호와 관련하여 지방자치단체의 장이 승인할 수 있는 경제적 사정 등 특별한 사정에 대한 세부기준을 정하여 그 범위 내에서 승인 조치함으로써 국민들의 의료기관 이용에 대한 불편을 최소화하고, 지도 감독 기관의 업무처리 혼선을 사전 예방하는 한편 의료기관간 공정한 의료행위 확립을 통한 의료질서의 정착 등을 도모하기 위해 사전승인 기준을 정했다.

> 적용대상: 보건기관(보건소-보건지소-보건의료원 등)을 포함한 전 의료기관
>
> 행위별 승인 기준
> <본인부담금 면제·할인>
> - 국민건강보험법에 의한 건강보험료 납부자 전체 중 납부금액이 하위 20% 범위 내에 속하는 세대의 65세 이상 논인 또는 장애 1~3등급으로 장애인
> - 국가가 예산을 확보하여 지원하거나 관할 지방자치단체 조례의 규정에 의해 본

---

115) 의정부지법 2019. 8. 22. 선고 2018노2634 판결
116) 서울시 홈페이지 서울정보소통광장, 의료법 관련 질의 회신(https://opengov.seoul.go.kr/sanction/2043603)

인부담금을 면제 또는 할인받는 자

<교통편의 제공>

- 동일 지역 안에 경쟁관계에 있는 의료기관이 없고 의료기관 운영에 대중교통편 (버스, 열차)이 1일 8회(편도) 이하인 지역으로서 해당 지역과 의료기관 사이를 운행하는 경우
- 동일 지역 안에 경쟁관계에 있는 의료기관이 없고 의료기관과 제일 가까운 정류장 사이에 대중교통편이 없는 지역으로서 제일 가까운 정류장과 의료기관 사이를 운행하는 경우
- 타인의 도움 없이는 의료기관을 이용할 수 없는 신체·정신상의 '중대한 질병을 앓고 이는 자로서 관할시장·군수·구청장이 인정하는 경우

행위별 승인 절차 및 기간 등

- 당해 의료인 또는 의료기관 등이 환자의 본인부담금 면제·할인행위 및 교통편을 제공하는 때 또는 이에 대한 변경을 하고자 하는 때에는 사전에 시장·군수·구청장에게 요구
- ○ 행위별 승인 대상·사유 및 기간 등을 구체적으로 명시한 문서(증빙서류 포함)로써 관할 시장·군수·구청장에게 요구
- 관할 시장·군수·구청장은 행위별 요구사항을 면밀히 검토하여 승인 여부 결정 및 통보
- ○ 관할 국민건강보험공단 지사로부터 승인대상자의 건강보험료 납부내역을 반드시 확인하고 면제·할인행위의 기간은 진료 건별로 승인(영속적이 아님)
- ○ 국가 또는 지방자치단체의 환자에 대한 본인부담금 면제·할인 예산 확보 여부 및 지원현황을 반드시 확인
- ○ 의료기관의 교통편의 제공은 해당 지역 대중교통수단을 반드시 확인
- ─기타 승인에 필요한 제반사항을 종합적으로 입법취지에 맞게 시행

4. 전문병원 표시

의료법 제3조의5	제3조의5(전문병원 지정) ① 보건복지부장관은 병원급 의료기관 중에서 특정 진료과목이나 특정 질환 등에 대하여 난이도가 높은 의료행위를 하는 병원을 전문병원으로 지정할 수 있다. <개정 2010. 1. 18> ② 제1항에 따른 전문병원은 다음 각 호의 요건을 갖추어야 한다.

의료법 제3조의5	<개정 2010. 1. 18> 1. 특정 질환별·진료과목별 환자의 구성비율 등이 보건복지부령으로 정하는 기준에 해당할 것 2. 보건복지부령으로 정하는 수 이상의 진료과목을 갖추고 각 진료과목마다 전속하는 전문의를 둘 것 ③ 보건복지부장관은 제1항에 따라 전문병원으로 지정하는 경우 제2항 각 호의 사항 및 진료의 난이도 등에 대하여 평가를 실시하여야 한다. <개정 2010. 1. 18> ④ 보건복지부장관은 제1항에 따라 전문병원으로 지정받은 의료기관에 대하여 3년마다 제3항에 따른 평가를 실시하여 전문병원으로 재지정할 수 있다. <개정 2010. 1. 18, 2015. 1. 28> ⑤ 보건복지부장관은 제1항 또는 제4항에 따라 지정받거나 재지정받은 전문병원이 다음 각 호의 어느 하나에 해당하는 경우에는 그 지정 또는 재지정을 취소할 수 있다. 다만, 제1호에 해당하는 경우에는 그 지정 또는 재지정을 취소하여야 한다. <신설 2015. 1. 28> 1. 거짓이나 그 밖의 부정한 방법으로 지정 또는 재지정을 받은 경우 2. 지정 또는 재지정의 취소를 원하는 경우 3. 제4항에 따른 평가 결과 제2항 각 호의 요건을 갖추지 못한 것으로 확인된 경우 ⑥ 보건복지부장관은 제3항 및 제4항에 따른 평가업무를 관계 전문기관 또는 단체에 위탁할 수 있다. <개정 2010. 1. 18, 2015. 1. 28> ⑦ 전문병원 지정·재지정의 기준·절차 및 평가업무의 위탁 절차 등에 관하여 필요한 사항은 보건복지부령으로 정한다. <개정 2010. 1. 18, 2015. 1. 28> [본조신설 2009. 1. 30]

(1) 의의 및 취지

보건의료체계의 효율성을 제고하고 병원의 전문화와 특성화를 통화 중소병원의 경쟁력 확보 등을 위해 2003년부터 전문병원 제도가 논의되다가 시범사업을 거쳐 2009. 1경 의료법(2010. 1. 31. 시행 법률 제9386호)에 특정 진료과목·질환 등에 대하여 난이도가 높은 의료행위를 하는 전문병원을 지정할 수 있는 근거를 마련되었다.

전문병원의 지정과 재지정의 기준과 절차 및 평가 업무의 위탁 절차 등에

관한 사항은 '전문병원의 지정 및 평가 등에 관한 규칙' 및 '전문병원의 지정 등
에 관한 고시'에서 구체적으로 규정하고 있다. 동 규칙 [별표 1]에서 전문병원
의 지정 기준에 관하여 [별표 2], 한방병원의 전문병원 기준에 관하여 [별표 2]
에서 확인할 수 있다.

(2) 위반 시 벌칙 및 행정처분

위 의료법 제3조의5 위반 자체에 대한 처벌규정은 없으나, 보건복지부 장
관으로부터 전문병원 지정 없어 전문병원으로 광고하면 의료법 제56조 제2항에
서 금지하는 거짓 광고로 1년 이하의 징역이나 1천만 원 이하의 벌금에 처할
수 있다(제89조 제1호).

실무상 전문병원 광고 위반 시 시정명령만 하는 경우, 고발을 하는 경우,
고발된 경우 기소유예나 약식명령을 받은 경우 등 다양하다. 다른 병원은 시정
명령만 하는데 우리 병원만 고발한다고 불만을 토로하는 경우가 많다. 그러나
불법 앞에 평등을 주장할 수 없다.

허위광고로 인하여 업무정지 2개월이 부과될 수 있다. 보건복지부 장관 또
는 시장·군수·구청장은 의료인등이 제56조 제2항·제3항을 위반한 경우 위반
행위의 중지, 위반행위의 공표, 정정광고를 명할 수 있다(제63조 제2항).

(3) 보건복지부 등에서 발간한 '유형별 의료광고 사례 및 체크리스트'의 내용

보건복지부 '의료광고 가이드라인'에 따르면 의료법 제3조의 5에 따라 보
건복지부로부터 전문병원이 아님에도 '전문병원' 명칭을 사용하는 행위는 의료
법 제56조 제2항 제3호 '거짓된 내용을 표시하는 광고'로 보고 있다.

전문병원 명칭과 관련하여 위반유형으로 ① 지정된 전문병원이 아님에도
전문병원 지정분야 진료과목과 전문병원 명칭을 사용한 경우(예: 관절 전문병원
○○ 병원), ② 지정된 전문병원 아님에도 미지정 진료과목명과 전문병원 명칭
을 사용한 경우(예: '임플란트 전문병원', SNS에서 해시태그를 통한 '동안 성형, 전문병
원' 등 문구 사용)를 예시하고 있다. 보건복지부에서 전문병원으로 지정받은 바
없음에도 전문병원으로 광고하는 경우 의료법 제56조 제2항(거짓 광고) 위반에
해당될 수 있다.

또한 전문병원 광고 관련 가이드라인에서는 의료기관 명칭(고유명칭+종별
명칭)과 함께 '전문' 용어를 사용한 광고(관절 전문 ○○병원 vs 보건복지부 지정 관
절전문병원 ○○병원)는 소비자에게 복지부 지정 전문병원으로 오인하게 만드는

것으로 사용을 금지하고 있으며, 의료기관의 명칭과 같이 쓰지 않는 경우에는 '전문', '특화', '첨단' 등의 유사용어 사용은 객관적으로 근거가 없거나 그 입증이 어려우며 소비자에게 오인, 혼동하게 할 우려가 있어 사용 자제를 권유하고 있다.117)

(4) 관련 판례 - 전문병원 명칭 사용 시 기소되는 유형과 판결 결과

전문병원 명칭 사용과 관련하여 기소되거나 처벌되는 유형은 아래와 같다.

기소유형(적용법조)이나 판결결과에 따라 행정처분이 다르므로 적용법조를 정확히 확인할 필요가 있다.

① [거짓광고로 기소] 보건복지부로부터 전문병원으로 지정받지 않았음에도 전문병원이나 특정 질환에 대하여 전문이라고 표시하여 광고한 경우 의료법 제56조 제2항에서 규정하는 거짓 광고로 기소되는 경우가 일반적이다.

'D 노인 전문병원'으로 광고한 경우,118) 홈페이지에 '암재활전문병원'이라는 문구를 사용한 경우,119) 의원 홍보 블로그에 '원형탈모전문병원 E 의원', '피부재생 전문병원 E', '필러전문병원 E'라고 게시한 경우,120) 인터넷 블로그에 '통증전문병원'이라고 게시한 경우,121) '시력교정전문병원'이라고 표시한 경우,122) 보건복지부로부터 전문병원 지정 없이 의원이면서도 '전문병원'으로 광고한 경우,123) 전문병원 지정이 없었음에도 한의원 블로그에 '내과·부인과/자궁·난소 전문병원'이라고 광고한 경우124) 등이 그 예이다.

② [거짓광고와 전문병원 명칭 사용으로 기소] 거짓광고와 전문병원 명칭 사용으로 기소되었으나 거짓 광고로 처벌되지 않고 전문병원 명칭 사용으로만 처벌된 판례도 존재한다. 청주탈모전문병원 게시와 관련하여 청주지방법원 2017. 11. 9. 선고 2017고정300 판결에서는 전문병원의 명칭사용에 대하여 유죄를, 거짓 광고에 대하여 무죄를 선고한 바 있다. 항소심인 청주지법 2018. 4.

---

117) http://www.mohw.go.kr/react/al/sal0301vw.jsp?PAR_MENU_ID=04&MENU_ID=0403&page=1&CONT_SEQ=355295
118) 수원지법 평택지원 2018. 5. 17. 선고 2017고단2455 판결
119) 창원지법 밀양지원 2018. 5. 17. 선고 2017고정227 판결
120) 부산지법 2018. 1. 24. 선고 2017고정2007 판결
121) 청주지법 2017. 11. 9. 선고 2017고정300 판결
122) 서울중앙지법 2017. 9. 21. 선고 2017노1909 판결
123) 서울중앙지법 2017. 9. 21. 선고 2017노1706 판결
124) 인천지법 2017. 4. 20. 선고 2016고정3606 판결

26. 선고 2017노1495 판결에서도 검사의 항소를 기각한 바 있다.

③ [전문병원 명칭 사용으로 기소] 전문병원 명칭사용만으로 기소된 경우도 있다. 시흥시 B에서 C병원을 운영하였던 의사로서 위 병원을 개원하면서 척추/관절 전문병원으로 지정받은 사실이 없음에도 불구하고 2017. 9. 초순경 위 병원의 인터넷 홈페이지에서 '척추/관절 전문병원'이라는 명칭을 사용한 혐의로 기소된 사안에서, 법원은 의료법 제42조 제1항의 불법 명칭 사용의 점을 인정해 벌금 100만 원을 선고했다.[125]

④ [치료효과 보장으로 기소] 거짓광고나 전문병원 명칭사용으로 기소되지 않고 치료효과를 보장하는 광고로 기소되어 무죄가 선고된 사례가 있다. E병원의 병원장이 위 병원 인터넷 홈페이지 보도자료란에 '수원 관절 척추 전문 E병원, 확장이전 개원'이라는 제목의 인터넷 신문기사를 게시함으로써 마치 위 병원이 보건복지부장관이 엄격한 요건을 충족하는 병원에 대하여 지정하는 의료법 제3조의5 소정의 '전문병원'인 것처럼 소비자를 현혹하는 광고를 한 주위적 공소사실로, 의료기관은 의료법 제3조 제2항에 따른 의료기관의 종류에 따른 명칭 외의 명칭을 사용하지 못함에도 2014. 9.경 위 E병원 인터넷 홈페이지 보도자료란에 '수원 관절 척추 전문 E병원, 확정이전 개원'이라는 제목의 인터넷 신문기사를 게시하는 방법으로 마치 위 병원이 의료법 제3조의5 제1항에 따라 관절이나 척추 등의 특정 진료과목이나 특정 질환 등에 대하여 난이도가 높은 의료행위를 하는 병원으로 엄격한 요건을 충족하여 보건복지부장관으로부터 지정된 '전문병원'인 것처럼 명칭을 사용하였다는 예비적 공소사실로 기소되었다. 법원은 피고인이 '수원 관절 척추 전문 E병원'이라는 제목의 기사를 병원 인터넷 홈페이지 게시판에 게시하는 방법으로 의료법 제3조의5 소정의 '전문병원'이 아닌 이 사건 병원을 '전문병원'인 것처럼 오인하게 만드는 광고를 한 혐의로 기소된 사건에서, 1심 법원은 주위적 공소사실과 관련하여 '전문병원' 자체가 특정 진료과목이나 특정 질환 등에 대하여 난이도가 높은 의료행위를 하는 병원을 지정한 것이지 특정 질환의 치료에 반드시 효과가 있는 병원이 아니므로 위 광고가 소비자를 현혹할 광고로 볼 수 없고, '거짓이나 과장된 내용의 의료광고'나 '기사형 광고'를 한 것이 아닌가 하는 의심이 들기도 하나 위 내용으

---

125) 수원지법 안산지원 2018. 7. 4. 선고 2018고정397 판결

로 기소하지 않았으며, 예비적 공소사실과 관련하여 '전문'과 '병원' 사이에 'E'라
는 명칭을 표시하였고 이 사건 병원이 의료법 제3조 제2항에 따른 의료기관의
종류 중 '병원'에 해당하는 이상 이를 두고 의료법 제42조 제1항에 의하여 금지
되는 의료기관의 종류에 따르는 병원 명칭 외의 명칭을 사용한 경우에 해당된다
고 볼 수 없다고 하여 주위적 공소사실과 예비적 공소사실 모두에 대하여 무죄
를 선고한 바 있다.[126] 이에 대해 검사가 항소했으나 항소심은 피고인이 전문병
원인 것처럼 소비자를 현혹하였다는 광고를 하였거나 보건복지부장관으로부터
지정된 전문병원인 것처럼 명칭을 사용했다는 공소사실에 대하여 모두 무죄를
선고한 원심판결이 정당하다고 해 검사의 항소를 모두 기각되었다.[127]

5. 의료기관 명칭표시와 관계

제42조 (의료 기관의 명칭)	① 의료기관은 제3조 제2항에 따른 의료기관의 종류에 따르는 명칭 외의 명칭을 사용하지 못한다. 다만, 다음 각 호의 어느 하나에 해당하는 경우에는 그러하지 아니하다. <개정 2008. 2. 29, 2009. 1. 30, 2010. 1. 18, 2020. 3. 4> 1. 종합병원 또는 정신병원이 그 명칭을 병원으로 표시하는 경우 2. 제3조의4 제1항에 따라 상급종합병원으로 지정받거나 제3조의5 제1항에 따라 전문병원으로 지정받은 의료기관이 지정받은 기간 동안 그 명칭을 사용하는 경우 3. 제33조 제8항 단서에 따라 개설한 의원급 의료기관이 면허 종별에 따른 종별명칭을 함께 사용하는 경우 4. 국가나 지방자치단체에서 개설하는 의료기관이 보건복지부장관이나 시·도지사와 협의하여 정한 명칭을 사용하는 경우 5. 다른 법령으로 따로 정한 명칭을 사용하는 경우 ② 의료기관의 명칭 표시에 관한 사항은 보건복지부령으로 정한다. <개정 2008. 2. 29, 2010. 1. 18> ③ 의료기관이 아니면 의료기관의 명칭이나 이와 비슷한 명칭을 사용하지 못한다.

---

126) 수원지법 2016. 5. 19. 선고 2015고정3148 판결
127) 수원지법 2016. 11. 4. 선고 2016노3333 판결

가. 의의 및 입법취지

의료기관은 제3조 제2항에 따른 의료기관의 종류에 따른 명칭 외의 명칭을 사용할 수 없으나 종합병원이나 정신병원의 경우 그 명칭, 상급종합병원이나 전문병원으로 지정받은 경우 지정받은 기간 동안 그 명칭 등을 사용할 수 있다(의료법 제42조 제1항). 의료기관의 명칭표시에 관한 사항은 보건복지부령으로 정할 수 있고(제42조 제2항), 의료법 시행규칙 제40조에서 의료기관의 명칭표시에 관하여 구체적으로 정하고 있다.

나. 위반시 형사처벌 및 행정처분

의료법 제42조 제1항 위반 시 500만 원 이하의 벌금에 처할 수 있으며(의료법 제90조), 제42조 제3항을 위반하여 의료기관의 명칭이나 이와 비슷한 명칭을 사용한 경우 100만 원 이하의 과태료가 부과될 수 있으며(제92조 제3항 4호 참고), 의료기관의 명칭을 표시에 관한 규정을 위반한 경우 시정명령 대상이 될 수 있다(의료법 제63조, 의료관계 행정처분 규칙 별표 행정처분기준(제4조 관련 2. 나.14)항).

다. 판례 소개

병원이 아님에도 병원 명칭을 사용하면 허위 광고에 해당된다. 치과 의원이 블로그에 치과병원인 것처럼 광고한 경우,[128] 종합병원이 아님에도 블로그(H)와 이천시 J 내 벽면 광고란에 위 병원이 "우리동네 치과 종합병원"이라는 내용의 광고한 경우,[129] "시력교정전문병원"으로 광고한 것을 의료법상 허위광고에 해당한다고 판단한 원심에 대한 피고인의 상고를 기각[130]한 바 있다.

다만 전문병원인 것처럼 소비자를 현혹하였다는 광고를 하였거나 보건복지부장관으로부터 지정된 전문병원인 것처럼 명칭을 사용했다는 공소사실로 기소된 사건에서, 법원은 '전문'과 '병원' 사이에 'E'라는 명칭을 표시하였고 이 사건 병원이 의료법 제3조 제2항에 따른 의료기관의 종류 중 '병원'에 해당하는

---

128) 수원지법 2018. 7. 6. 선고 2018노1353 판결
129) 수원지법 2016. 5. 13. 선고 2015노5820 판결(원심판결 파기, 벌금 90만 원 선고유예)
130) 대법원 2017. 12. 22. 선고 2017도16338 판결

이상 이를 두고 의료법 제42조 제1항에 의하여 금지되는 의료기관의 종류에 따르는 병원 명칭 외의 명칭을 사용한 경우에 해당된다고 볼 수 없다고 하여 무죄를 선고한 바 있다.[131]

이에 대해 검사가 항소했으나 항소심은 모두 무죄를 선고한 원심판결이 정당하다고 해 검사의 항소를 모두 기각되었다.[132]

라. 의료기관 명칭에 관한 보건복지부 유권해석[133]

① 의료기관명칭표시판에 고유명칭과 종류명칭을 표시해야 하며, 인터넷 홈페이지 주소를 표시할 수 없다[의료정책팀－409(2007. 1. 31)].

② 의료기관명칭을 표시함에 있어 명칭표시판과 진료과목표시판을 색이나 재질이 다르게 이어서 표시하는 경우나 따로 제작한 의료기관명칭표시판과 진료과목표시판을 잇거나 거의 밀착시키다시피 표시판을 부착한 경우에는 의료법 시행규칙 제40조 제4호의 의료기관명칭과 진료과목을 함께 표시한 것으로 보아야 할 것이며, 이 경우 의료법 시행규칙 제42조에서 규정하는 바와 같이 진료과목을 표시하는 글자의 크기를 의료기관명칭을 표시하는 글자 크기의 2분의 1 이내로 하여야 할 것으로 사료된다[의료정택팀－4499(2006. 11. 9)].

③ 의원 명칭을 사용함에 있어 '성모그룹 의원'이나 '그룹의원 성모 크리닉'이라는 표시는 할 수 없다[의제 0154－13014(1987. 5. 20)](위 질의회신집 389쪽 이하).

④ 의료법에서 '분원'이라는 용어는 종별 의료기관에 포함되어 있지 않으므로 그 명칭을 사용할 수 없다[의제 0524－37847호(1989. 8. 25)].

⑤ 재단법인에서 설치 운영하는 있는 의료기관의 명칭에 있어 '법인 부설 ○○병(의)원 또는 법인 부속 ××병(의)원은'이라는 명칭은 사용할 수 없으며, 의료기관이 명칭을 표시할 때에는 종별명칭과 혼동할 우려가 있거나 특정 진료과목 또는 질병명과 유사한 명칭은 사용해서는 안 된다[의정65507－1242호(1994. 10. 19)].

⑥ 의료기관의 명칭을 표시함에 있어 A＋라는 명칭 사용과 관련하여, 'A＋'라는 의미는 최고라는 뜻을 포함하고 있어 의료법에 의한 과대광고에 해

---

131) 수원지법 2016. 5. 19. 선고 2015고정3148 판결
132) 수원지법 2016. 11. 4. 선고 2016노3333 판결
133) 보건복지부 2008. 12. 의료법령 민원질의·회신사례집

당할 수 있어 사용할 수 없다[의정 65007-1462호(1994. 12. 5)].

⑦ 여성병원과 같이 '여성' 또는 '남성'은 사용 가능하다[의정6557-22(2003. 1. 8)].

⑧ 시행규칙에서 고유명칭을 사용하도록 하는 것은 어떤 종류에 따르는 특정한 이름을 말하는 것으로 사람의 이름도 고유명칭에 해당되고, 고유명칭을 사용하도록 한 취지는 유사명칭의 사용을 방지하여 의료기관과 환자와의 신뢰성을 확보하기 위한 것이므로, 의료기관 명칭을 본인 이름으로 사용할 경우 가명 또는 예명을 사용할 수 없다[의정 65501-1524호(1994. 12. 22)].

⑨ 소아 내과, 소아 의원 등의 명칭은 사용할 수 없으며, 병원 밖 간판에 의학박사임을 표시하는 행위도 환자유인행위가 될 수 있어 적절치 못한 것으로 판단된다[의정65507-601호(1995. 5. 20)].

⑩ 마취의 전문의가 의료기관 개설 시 ○○○ 신경통증 크리닉 명칭을 사용할 수 없다[의정 65507-818호(1995. 7. 11)].

⑪ 외국의 지역명칭이나 국가명칭은 의료기관의 고유명칭으로 사용이 가능하다[의정65507-1062(1999. 10. 8)].

⑫ 전문의 자격 소지자가 ○○과 의원을 개설 후 운영 중 일반의 면허소지자를 2인 영입하여 의료법 시행령 규정에 의한 3인 공동명의로 개설자 변경 신고 시 공동개설자 중 전문의 자격인정을 받은 자가 쓰면 이의 전문과목을 표기하는 것은 가능하므로 기존 ○○과 의원의 명칭이 사용이 가능하다[의정 65507-508(2003. 6. 30)].

⑬ 의료기관의 진료과목표시와 관련하여 1인의 의사가 표시할 수 있는 진료과목의 수를 제한하는 명문 규정은 없으며, 의료법 시행규칙에 따라 당해 의료기관이 확보하고 있는 시설이나 장비 및 의료관계인에 해당하는 과목에 한하여 표시할 수 있다[의정 01245-14893호(1991. 10. 25)].

6. 초상권 침해로 인한 손해배상 및 형사책임[134] – 환자의 사진이나 동영상을 무단 게시한 성형외과, 손해배상책임은?

가. 성형외과 등에서 시술 전후 환자의 사진이나 동영상 등을 의료광고에 활용하는 경우 진료비 감면 혜택을 부여하거나 별도의 초상권 사용계약을 체결한다. 그렇지 않고 환자의 동의 없이 또는 동의의 범위를 벗어나 환자의 시술 전후의 사진이나 동영상을 홈페이지나 유튜브에 게시하는 경우나 미성년자와 초상권 사용계약을 체결하는 경우도 있다. 후자는 초상권 침해이다. 인터넷에 게시된 디지털 이미지를 성형외과 홈페이지에 임의로 사용한 경우에도 마찬가지이다. 이하에서는 성형외과에서 초상권 침해를 인정한 판례를 소개한다.

나. 먼저 초상권 사용에 관한 계약을 체결하였다고 하더라도 사용 범위를 벗어나 사진 등을 사용한 경우 초상권 침해나 명예훼손으로 손해를 배상해야 한다. 또한, 성형외과에서 환자의 동의 없이 또는 동의의 범위를 벗어나 환자의 사진 등을 사용하는 경우 초상권, 사생활의 비밀과 자유, 명예훼손으로 인한 손해배상책임을 부담한다.

다. 초상권 침해의 경우 위자료 액수는 환자의 나이, 게시 기간, 사진의 식별 가능성, 침해 정도, 게시 경위 등을 참작해 결정된다. 법원은 ① 고등학생으로 쌍꺼풀 수술 후 치료 목적으로 촬영한 수술 전후 사진을 환자 본인이 작성한 것처럼 거짓 수기를 게재하고 수술 전후 사진을 블로그 등 인터넷에 게시한 경우 1,000만 원,[135] ② 병원과 아무런 관계가 없는 연예인의 사인을 추가하고 게시물과 게시글을 올려 연예인 추천 병원으로 기재한 경우 2,500만 원,[136] ③ 성형외과에서 코 수술 등을 받은 환자의 사진을 무단으로 사용한 경우 1,000만 원,[137] ④ 성형외과의 광고로 사용할 수 없는 디지털 이미지를 광고사진으로 사용하여 마치 해당 성형외과에서 성형수술을 받은 것으로 게시한 경우 500만 원,[138] ⑤ 20대 초반의 젊은 여성의 성형수술 장면(얼굴 아닌 수술 부위)이 촬영

---

134) 박행남, "환자의 사진이나 동영상을 무단 게시한 성형외과, 손해배상책임은?", 보건뉴스, 병의원 법무컨설팅, 2021. 2. 28.
135) 수원지법 2014. 9. 26. 선고 2014가단509534 판결
136) 서울중앙지법 2014. 6. 27. 선고 2013가합503743 판결
137) 서울중앙지법 2019. 8. 29. 선고 2016가단5289329 판결
138) 서울중앙지법 2019. 4. 17. 선고 2018가합502622 판결

된 동영상이 허락 없이 게시된 경우 300만 원[139])의 위자료를 각 인정했다. 다만 연예인이나 유명인의 경우에는 연예 활동 등에 치명적인 영향을 미칠 수 있어 위자료 액수는 상향될 수 있다.

라. 성형외과 등 의료기관에서 환자의 사진 등을 사용할 경우 초상권 사용에 관한 계약을 체결하거나, 미성년자 환자의 경우 법정대리인의 동의를 받고 사용해야 한다. 성형외과에서 광고대행업체에 광고를 맡긴 경우에도 초상권 침해에 대한 책임이 면제되지 않으므로 관리 감독을 철저히 할 필요가 있다.

특히 시술하지 않은 사진이나 거짓 후기를 올리거나 로그인 절차 없이 치료경험담을 게시한 경우 의료법상 의료광고 위반으로 형사처벌과 행정처분(업무정지 또는 과징금)을 받을 수 있으므로 주의해야 한다. 얼굴 등 사회통념상 신체적 특징을 인식할 수 있는 신체적 특징에 관하여는 함부로 촬영 또는 그림묘사되거나 공표되지 아니하며 영리적으로 이용당하지 않을 초상권은 보호되어야 한다.

7. 병원 상표권/서비스표 침해

가. 서설-상표, 서비스표, 위반 시 내용

병원 사이의 경쟁 과열과 병원에서 네트워크 병원의 확장으로 병원의 브랜드 전략이 중요하다. 2009년 국내 유명 치과 프랜차이즈인 '예치과' 네트워크 서비스표의 독점적 권리 주장을 받아들여 진료과목이 다르더라도 '예'를 사용하면 안 된다는 취지의 판결이 선고된 이후로 병원의 상표권 관리가 중요해지고 있다.

상표권(무형의 서비스업에 사용하는 표지인 서비스표권 포함) 출원 및 등록을 통해 상표법에 근거해 해당 상표권에 대한 독점적인 권리 확보와 침해 시 방해 배제나 손해배상을 청구할 수 있다. 병원은 의료시술 등에 대하여 지정서비스업을 '병원업' 등으로 하여 서비스표권 등록을 받을 수 있다. 상표법에 의해 등록되지 않은 경우라도 일정한 요건이 있는 경우 부정경쟁방지 및 영업비밀보호에 관한 법률에 따른 보호를 받을 수 있다.

---

139) 서울중앙지법 2018. 4. 27. 선고 2018가단5036963 판결

의료기관에서 상표권자의 허락 없이 또는 허락의 범위를 벗어나 상표를 사용하면 형사처벌과 손해배상 청구를 당할 수 있다. 등록서비스표를 등록한 경우 권한 없이 이를 함부로 사용할 수 없다. 상표권 또는 전용상표권을 침해행위를 한 자는 7년 이하의 징역 또는 1억 원 이하의 벌금형으로 처벌받을 수 있다 (상표법 제230조).

나. 네트워크 병원의 의료기관 상표권 사용[140]

1) 이 사건의 쟁점

통증클리닉을 운영하는 피고가 병원의 간판, 안내표지판, 비품, 인쇄물 및 광고선전물 그리고 피고가 운영하는 인터넷 사이트에서 사용한 '지인' 등 서비스표가 원고의 등록서비스표를 침해했는지 여부이다.

2) 사건 경과

원고는 2008. 3. 6. 의료기기 판매업, 광고대행 및 광고업 등을 영위할 목적으로 설립된 법인으로 '지인마취통증의원' '지인' 등의 표장을 등록서비스표로 등록하여 서비스표권을 보유하고 있으면서 2008. 3.경 M, N, O에게 원고의 '지인(zeropain)'이라는 서비표 사용을 허락하여 병원 개원 및 운영에 관한 법무관리, 노무관리, 세무관리, 홍보 기타 관련업무 등 의료외적인 업무에 대한 경영지원서비스를 제공하고, 이에 대하여 이들로부터 대가를 받는 내용의 의료종합컨설팅계약을 체결하였고, 그 무렵부터 M은 'P'의원 Q점, N은 'P 의원 R점', O는 'P의원 S점'이라는 상호로, 그 이후에도 T, U, V, W와 위와 같은 계약을 체결하여 각 통증클리닉 병원을 운영하고 있으며, 통증 클리닉 업계에서는 다른 통증클리닉 병원과 구별되는 'P의원 네트워크'를 형성하고 있다.

한편 피고는 2010. 10.경 원고와 의료종합컨설팅계약(이 사건 계약)을 체결하고 그 무렵부터 피고가 'P의원 AB점'이라는 상호로 통증클리닉을 운영하며 원고 소유의 각 표장을 병원 간판, 안내표지판, 비품, 인쇄물 및 광고선전물, 피고가 운영하는 인터넷 사이트(C)에 표시하여 사용하였고, 병원 개원 컨설팅 및 입회비로 1,100만 원, 2010. 11.분부터 2015. 6.분까지 월 110만 원을 각 지급하였고, 원고가 2015. 7.경 계약금액을 165만 원을 증액해 청구하자 2015. 6.

---

140) 서울중앙지법 2019. 7. 19. 선고 2018가합2504 판결[상표권사용금지 등 청구의 소]

부터 2015. 7.까지 월 165만 원을 지급했으나 2015. 8.부터 계약금액을 지급하지 않았다.

이에 원고가 2015. 12. 17. 피고에게 8~10월분 계약금액 미지급을 이유로 이 사건 계약을 해지하고, 미지급분을 지급할 것을 요청하는 내용증명을 발송해 미지급분 495만 원을 수령했다.

3) 당사자 주장 요지

가) 원고

피고가 이 사건 계약이 2015. 12. 17. 해지되었음에도 피고가 통증클리닉 병원을 운영하면서 원고의 이 사건 각 등록서비스표와 동일한 이 사건 각 표장을 사용해 이 사건 각 등록서비스표의 지정서비스업 중 하나인 통증클리닉에 사용함으로써 이 사건 등록서비스표권을 침해해 이 사건 등록서비스표권 침해행위 금지 및 침해행위로 조성된 물건의 폐기 등을 구하고 이에 대한 손해배상액으로 2,255원(=2016. 1. 1.부터 2019. 5. 31.까지 41개월 동안 월 사용료 55만 원으로 산정한 금액) 및 2019. 6. 1.부터 위 물건의 폐기시까지 월 55만 원의 비율로 계산한 돈의 지급할 의무가 있으며, 2015. 11.분 계약금액 165만 원을 지급할 의무가 있다고 주장했다.

나) 피고의 주장

의료기관을 개설할 수 없는 원고가 이 사건 각 등록서비스표권을 행사해 병원 운영에 관여하는 것은 의료법 제33조 제2항이나 제33조 제8항 등에 위반되고, 이 사건 각 등록서비스표는 상표법 제54조 제1호, 제2조 제1항 제1호의 표장의 정의에 맞지 아니하는 경우에 해당되어 무효이므로 서비스표권 침해에 의한 청구는 이유 없으며, 계약금액 청구도 무효이거나 과다하다고 주장했다.

4) 판결

가) 서비스표권 침해에 기한 청구에 관하여

① 서비스표권 침해행위가 인정되기 위해서는 피고가 이 사건 각 등록서비스표권 표장과 동일 유사한 표장을 그 지정서비스업과 동일 유사한 서비스업에 관하여 사용하여야 한다. 그런데 이 사건 각 등록서비스업의 지정서비스업과 피고의 사용서비스업이 '통증클리닉업'으로 동일 유사하다는 사실에 대하여는 양 당사자 간의 다툼이 없는바, 아래에서는 이 사건 각 등록서비스표와 이 사건 각 표장의 동일 유사 여부를 살펴본다.

② 이 사건 각 등록서비스표와 이 사건 각 표장의 동일·유사 여부

둘 이상의 문자 또는 도형의 조합으로 이루어진 결합상표는 그 구성 부분 전체의 외관, 호칭, 관념을 기준으로 상표의 유사 여부를 판단하는 것이 원칙이나, 상표 중에서 일반 수요자에게 그 상표에 관한 인상을 심어주거나 기억·연상을 하게 함으로써 그 부분만으로 독립하여 상품의 출처표시기능을 수행하는 부분, 즉 요부가 있는 경우 적절한 전체관찰의 결론을 유도하기 위해서는 요부를 가지고 상표의 유사 여부를 대비·판단하는 것이 필요하다(대법원 2017. 2. 9. 선고 2015후1690 판결 [등록무효(상)]).

상표의 구성 중 식별력이 없거나 미약한 부분은 그 부분만으로 요부가 된다고 할 수는 없다(출처: 대법원 2006. 5. 25. 선고 2004후912 판결 [등록무효(상)]). … (중략)

제1 내지 제3 등록서비스표의 표장은 그 자체로 출처의 표시 기능을 수행하는 요부로 볼 수 있고, 이 사건 각 등록서비스표의 요부인 도형과 문자는 이 사건 제4, 5표장을 대비해 보면 그 외관·호칭이 완전히 다르다.

③ 피고 주장에 대하여

• 의료법 제33조 제2항과 제8항 위반 주장과 관련하여 원고 또는 원고의 대표자인 M가 피고 병원의 운영에 사실상 관여하였다거나 수익을 분배받았다고 단정할 수 없고, 피고 병원을 실질적으로 개설하였다고 인정하기 부족하다.

• 의료법 제33조 제10항 위반 주장과 관련하여 M은 개인으로 의료기관을 개설 운영하는 의료법인이나 비영리법인이 아니므로, 위 주장도 이유 없다.

• 의료법 제56조 제1항 위반 주장과 관련하여 원고가 이 사건 계약 또는 피고의 요청에 따라 피고를 대신하여 피고 명의로 피고 병원 또는 피고가 하는 의료행위를 광고한 것이므로 원고가 한 의료광고의 행위 주체는 의료인인 피고로 볼 수 있어 위 규정 위반이 아니다.

• AE 협회 의료윤리지침 제29조 제3항 위반 주장과 관련하여 피고의 주장처럼 원고의 대표자이자 의사인 M이 원고를 통하여 이 사건 등록서비스표권을 행사하는 것을 공개하지 않는 것이 AE협회 의사윤리지침 제29조 제3항 위반이라고 하더라도 내부적인 지침에 불과하여 이를 위반하였다

고 하여 이 사건 각 등록서비스표권의 권리행사 자체가 부당하거나 이러한 권리행사를 할 수 없다고 볼 수 없고, 위 의사윤리지침 제29조 제3항에서 공개의 대상은 '의약품, 의료기기 등 진료에 사용되는 금품'을 자신의 진료에 사용하거나 광고하는 경우 이를 통해 이익을 얻고 있음을 공개해야 한다는 것이므로 이 사건 각 등록서비스표는 의약품 등이 아니어서 위 지침에 의하더라도 공개할 의무가 없다.

• 의료법 제42조 제3항 위반 주장과 관련하여 원고는 '주식회사 A'라는 명칭을 사용하고 있을 뿐 이 사건 각 등록서비스표 또는 'P 의원'을 자신의 명칭으로 사용하고 있지 않다.

• 이 사건 등록서비스표의 객관적인 사용의사가 없다는 주장과 관련하여 원고는 비록 의료기관을 개설할 수 없어 이 사건 각 등록서비스표의 지정서비스업 중 하나인 '통증클리닉업'을 영위하는 데 법령상 제한이 있지만, 원고가 영업으로 하는 통증클리닉 병원의 설립 및 운영에 대한 지원사업은 통증클리닉업과 밀접한 관계가 있고, 실제 의사들에게 이 사건 각 등록서비스표의 사용권을 설정해 주고 경영지원서비스를 제공하는 등 통증클리닉 병원의 설립 및 운영에 대한 지원사업을 영위하고 있어 원고가 이 사건 등록서비스표를 사용할 합리적인 필요성이 인정된다고 볼 수 있으므로, 원고에게 이 사건 등록서비스표에 대한 객관적인 사용의사가 인정된다고 봄이 타당하다.

피고가 이 사건 제1 내지 3표장을 사용한 행위는 이 사건 각 등록서비스표권에 대한 침해행위에 해당되므로 피고는 이 사건 제1 내지 3표장을 사용하여서는 아니되고, 이 사건 제1 내지 3표장이 표시된 피고 병원의 간판, 안내표지판, 비품, 인쇄물, 광고선전물을 폐기할 의무가 있으며, 피고가 운영하는 인터넷 사이트에서 이 사건 제1 내지 3표장을 삭제할 의무가 있고 원고에게 이 사건 각 등록서비스표권 침해에 따른 손해를 배상할 의무가 있다.

반면 피고가 이 사건 제4, 5표장을 사용한 행위는 이 사건 각 등록서비스표권에 대한 침해행위에 해당되지 않아 이를 전제로 한 원고의 이 부분 주장은 나아가 살펴볼 필요 없이 이유 없다.

상표법 제110조 제4항에 따라 상표권자가 손해배상을 청구하는 경우 그 등록상표의 사용에 대하여 통상 받을 수 있는 금액을 상표권자가 받을 수 있는 손해액으로 보고 있고, 원고가 'P의원 네트워크' 병원들을 운영하는 다른 의사들로부터 일률적으로 이 사건 등록서비스표 사용대가로 월 55만 원을 지급받고 있는 사실을 고려해 피고는 제1 내지 3표장을 사용하여 이 사건 각 등록서비스표를 침해하는 행위로 인하여 원고가 입은 손해 55만 원으로 산정해 2016. 1. 1.부터 2019. 5. 31.까지 손해배상으로 2,255만 원 및 지연손해금을 지급할 의무가 있고, 2019. 6. 1.부터 피고가 이 사건 제1 내지 3표장이 표시된 간판, 안내표지판, 비품, 인쇄물, 광고선전물을 폐기하고, 피고가 운영하는 인터넷 사이트에서 이 사건 제1 내지 3표장을 삭제할 때까지 월 55만 원의 비율로 계산된 돈을 지급할 의무가 있다.

나) 계약금액 청구에 관하여

피고는 이 사건 계약이 의료법 제33조 제2항과 제8항을 위반하여 무효이며, 원고가 이 사건 계약에 따른 의무를 제대로 이행하지 않았으며, 원고가 정당한 절차 없이 계약금액을 증액했다고 주장했다.

그러나 원고 또는 원고의 대표자인 M이 피고 병원의 운영에 사실상 관여하거나 수익을 분배받았다고 단정할 수 없고, 피고 병원을 실질적으로 개설하였다고 인정하기 부족해 의료법 제33조 제2항과 제8항 위반이라는 피고의 주장은 이유 없다.

원고가 'P 의원 네트워크'에 속한 병원들 홍보를 위해 상당한 노력을 한 점, 피고도 개원 초기 네트워크의 인지도를 이용해 이익을 얻었을 것으로 보이는 점, 피고도 원고가 인터넷을 통해 피고 병원을 홍보한 사실을 인정한 점 등을 고려하면 원고가 이 사건 계약에 따른 의무를 제대로 이행하지 않았다고 인정하기 부족하다.

피고가 증액된 계약금액을 원고에게 지급하면서 별다른 이의를 제기하지 않았고 그 밖에 피고는 원고가 정당한 절차를 거치지 아니한 점을 주장 입증하지 못하고 있어 일반적으로 계약금액을 증액했다는 피고의 주장은 이유 없다.

5) 판결의 의미

비의료인도 네트워크 병원 운영과 관련하여 등록서비스표권에 관하여 권리를 주장할 수 있고, 비의료인이 의료기관과 의료종합컨설팅계약을 체결하고 광고를 하더라도 의료법위반이 아니라는 점을 확인한 판결이다.

다. 한의원 등록서비스표권 침해 사건

지정서비스업이 한의원업 또는 한방병원업 등인 선등록서비스표 "자생", "자생한의원", "자생한방병원" 등의 서비스표권자 갑이 '한방의료업, 성형외과업' 등을 지정서비스업으로 하는 등록서비스표 "자생초"의 서비스표권자 을을 상대로 등록서비스표가 구 상표법(2016. 2. 29. 법률 제14033호로 전부 개정되기 전의 것) 제7조 제1항 제11호 및 제12호의 등록무효 사유에 해당한다며 등록무효심판을 청구한 사안에서, 법원은 "선등록서비스표 등과 등록서비스표는 모두 요부가 '자생'이므로, '자생'이 분리 관찰이 되는지를 따질 필요 없이 위 서비스표들을 '자생'을 기준으로 대비하면 호칭과 관념이 동일하여 유사한 서비스표에 해당함에도 이와 달리 본 원심판결에 서비스표의 유사에 관한 법리를 오해하여 심리를 다하지 않은 잘못이 있다."고 판시했다.[141]

라. 치과 의원의 등록상표서비스권 침해 사건

피고가 2008. 5. 7.경부터 현재까지 김포시 L에서 'M 치과의원'이라는 상호로 치과병원을 운영하며 간판에 이 사건 피고 표장을 표시한 것이 원고의 이 사건 등록서비스표가 이 사건 피고 표장과 유사하고, 원고의 지정서비스업이 피고의 사용서비스업과 동일 내지 유사하여 원고의 이 사건 등록상표서비스권을 침해한 사안에서, 법원은 "피고가 자신이 운영하는 'M치과 의원'의 간판에 이 사건 피고 표장을 표시한 행위는 특별한 사정이 없는 한 이 사건 등록상표서비스권에 대한 침해행위에 해당함을 인정하여 피고는 원고가 구하는 침해기간인 2011. 11. 26.부터 2014. 11. 25.까지 이 사건 등록서비스표와 동일·유사한 이 사건 피고 표장을 피고가 운영하는 치과의 간판 등에 표시함으로써 이 사건 등록서비스표권을 침해하였고, 그 침해행위에 대하여 과실이 있는 것으로 추정되므로 피고는 특별한 사정이 없는 한 구 상표법 제66조의2에 따라 위 서비스표권 침해행위로 인하여 원고가 입은 손해를 배상할 책임이 있다."라는 취지로 판시했다.[142]

---

141) 대법원 2017. 2. 9. 선고 2015후1690 판결[등록무효(상)]
142) 특허법원 2018. 10. 5. 선고 2017나1445 판결

마. 대학교 부속병원이 아닌 협력병원도 '대학교' 명칭과 로고 사용할 수 있는지

A 병원을 운영하는 B 의료재단이 인터넷 홈페이지에 'D 대학교'라는 명칭과 대학교 로고를 사용해 소비자를 현혹할 우려가 있는 광고를 했다는 이유로 업무정지 1개월에 갈음한 과징금 16,125,000원을 부과받자 보건소장을 상대로 낸 과징금부과처분 취소소송에서, 서울행정법원은 "부속이라는 문자를 사용하지 않은 채 A 대학교를 병기한 것만으로 소비자로 하여금 부속병원으로 오인하게 했다고 단정하기 어렵고 대학교 명칭과 로고를 함께 사용해 광고한 것이 치료효과를 보장하는 등 소비자를 현혹할 우려가 있는 내용의 광고에 해당한다고 보기 어렵다는 이유로 이 사건 처분사유가 존재하지 않는다."고 판시했다.

피고가 C 대학교 병원이 화상치료로 명성이 높기 때문에 원고가 B 병원을 C 대학교 명칭과 로고를 함께 표시하여 광고한 것은 B 병원이 화상치료에 관하여 전문성을 갖춘 것처럼 소비자를 현혹할 우려가 있다고 주장했으나, 법원은 "화상치료 전문병원으로 널리 알려진 것은 C 대학교 H 병원이므로, 위 광고만으로 일반 소비자가 B 병원을 화상치료 전문병원으로 오인할 우려가 있다고 보기 어렵다."라고 판시했다.[143]

대학교 지정협력 치과가 아님에도 대학교 지정 협력치과로 광고하면 거짓광고로서 처벌될 수 있다.

로컬 치과 의원에서 연세대학교 치과병원 지정협력 치과 및 보건복지부 인정 치과보철과 전문의가 아님에도 블로그에 '연세대학교 치과병원 지정협력 치과, 보건복지부 인증 치과보철과 전문의'로 광고한 의사에게 기소유예처분을 이유로 업무정지 1개월에 갈음한 9,750,000원의 과징금을 부과받자 ○○보건소장을 상대로 그 취소를 구하는 행정소송을 제기한 사건에서, 법원은 연세대학교 치과대학원은 관행상 졸업동문에 한하여 '지정협력치과' 문구의 사용을 묵시적으로 허락하고 있다는 원고의 주장을 배척해 원고 패고 판결을 내렸다.[144]

---

143) 서울행정법원 2016. 12. 22. 선고 2016구합70604 판결
144) 서울행정법원 2017. 10. 25. 선고 2017구합66251 판결[과징금부과처분취소]

바. 유명 대학 로고 등 사용

의료광고 시 출신대학교 명칭과 로고 사용 시 로고 등의 특허권 및 소유권을 가진 대학의 동의를 받아야 한다. 서울대는 서울대 정장이나 상징물을 사용하는 개원 병·의원에게 전년도 매출액에 따라 사용료를 부과하고, 연세대도 동문이 '연세'를 사용하는 것은 허용하지만 연세대 대학병원 명칭인 '세브란스'를 사용하는 것은 제한하고 있다.[145]

서울대학교병원 설치법 제5조에서는 "이 법에 따른 대학병원이 아니면 서울대학교 병원 또는 이와 유사한 명칭을 사용할 수 없다."라고 규정하고, 위반시 500만 원 이하의 과태료를 부과하고 있다(제21조 제1항). 국립대학병원 설치법에서도 유사한 규정을 두고 있다(제7조 유사명칭의 금지, 제25조 과태료).

8. 유튜브 의료광고(뒷광고)

가. 최근 유명 유튜버들의 뒷광고가 논란이다. 윤리적 비난 이외에 의료광고와 관련하여 표시·광고의 공정화에 관한 법률(표시광고법)과 의료법 등 법적 처벌이 가능한지 살펴본다.[146]

나. 유명 유튜버의 뒷광고가 표시광고법에 위반되는지를 살펴보면 유튜브가 뒷광고를 하더라도 표시광고법위반이 아닐 가능성이 크다. 즉, 표시광고법 제3조에서는 사업주의 거짓이나 과장하는 등 부당한 표시나 광고행위를 금지하고 있으나, 유튜버가 경제적 이해관계를 표시하지 않는 경우 처벌하는 규정이 없고, 표시광고법상 사업자등에 해당되는지 의문이기 때문이다.

다. 의료법상 비의료인인 유튜버가 의료광고를 할 수 없으므로, 의료기관 개설자, 의료기관의 장 또는 의료인에 한정하는 의료법 제56조 제1항에 위반할 소지가 있다. 그러나 유튜브에 올린 내용이 '의료광고'가 아닌 경우에 의료법이 적용될 수 없다는 한계가 있다. 즉, 유튜버가 광고주로부터 아무런 대가를 지급받지 않거나 의료기관과 무관하게 자신이 치료받은 내용을 브이로그 형식으로

---

145) 2011. 7. 4. 주간동아(https://weekly.donga.com/List/3/all/11/92391/1)
146) 박행남, "유명 유튜브 의료광고, 표시광고법과 의료법위반인가?", 보건뉴스, 병의원 법무 컨설팅, 2020. 8. 21.

올리거나 치료경험담을 올리더라도 이는 '의료광고'가 아니어서 의료법위반으로 처벌하기 힘들다.

또한, 의료법 제56조 제2항 및 시행령 제23에서는 소비자를 현혹할 우려가 있는 치료경험담이나 추천 광고 등 14개 유형의 광고를 금지하고 있으나, 위 규정은 의료인만을 처벌하는 신분범이어서 비의료인이 처벌되지 않는다. 즉, 비의료인인 유명 유튜버가 광고주인 의료기관에서 광고(협찬)를 받아 치료경험담을 올리거나 추천한 경우, 유튜브가 협찬 여부를 표시한 것과 상관 없이 광고주인 의료인 등만이 치료경험담을 금지하는 의료법위반으로 처벌받을 수 있다.

한편 의료법 시행령 제24조 제1항 4호에서 의료광고 시 전년도 말 기준 직전 3개월 일일 평균 이용자 수가 10만 이상인 인터넷 매체 및 SNS(유튜브, 페이스북 포함)의 경우 사전심의가 필요함을 규정하고 있으나 비의료인 유튜버는 협찬 표시 유무와 상관없이 원칙적으로 의료광고를 할 수 없다.

라. 표시광고법이나 의료법이 적용되기 위해서는 표시광고법상 표시·광고나 의료법상 의료광고에 해당되어야 하고 그에 대한 판단이 중요하다. 그러나 의료법이 '광고'의 개념에 관하여 따로 정의하고 있지는 아니하나 일반적으로 의료행위나 의료서비스의 성질과 효용 내지 우수성 등에 관한 정보를 널리 사람들에게 알림으로써 환자의 방문과 진료 등 의료소비를 촉진하려는 행위를 뜻한다고 할 것이며,[147] 의료광고에는 의료행위는 물론 의료인의 경력 등 의료와 관련된 모든 내용의 광고가 포함된다.[148]

마. 보건복지부에서도 뒷광고 논란으로(전년도말 기준 직전 3개월 간 일일 평균이용자수가 10만 명 이상인 자가 운영하는 인터넷 매체) 사전심의 기준을 검토 중이며, 공정거래위원회에서 추천·보증 등에 관한 표시·광고 심사지침을 개정해 2020년 9월 1일부터 시행하고 있다.

개정안에 따르면 유명인이 특정 상품을 사용해 본 경험적 사실에 근거해 해당 상품을 추천, 보증 등을 하는 내용이 표시·광고에 포함되는 경우 당해 유명인이 당해 상품을 실제로 사용해 보았어야 하고 추천·보증 내용이 실제 발생한 경험적 사실에 부합하는 것이어야 하며, 광고주의 추천·보증인 사이에 경제적 이해관계가 존재하는 경우 경제적 이해관계(협찬 광고, 무료상품 등 경제적

---

147) 대법원 2010. 2. 25. 선고 2009도4176 판결
148) 대법원 2016. 6. 23. 선고 2016도556 판결

대가)를 소비자가 쉽게 찾아 인식할 수 있도록 추천 내용과 근접하게 명확하게 공개할 것을 규정하고 있어 주의를 요한다. 어떤 경우이든 의료소비자의 합리적인 선택이 필요하다.

구체적인 내용은 제6장 추천·보증 등에 관한 표시·광고 심사지침을 참고하기 바란다.

9. 광고대행사를 통한 의료광고, 바이럴마케팅(viral marketing)

가. 최근 성형외과, 피부과 등 개원가를 중심으로 의료광고가 급증하고 있다. 광고 형태도 단순히 홈페이지 광고에서 바이럴마케팅, 페이스북 및 인스타그램 마케팅, 유튜브 마케팅, 바이럴마케팅 등 다양화되고 있다. 반면 의료광고 단속도 강화되고 있다.[149]

심지어 경쟁업체의 고발이나 환자 측의 민원 제기, 보건복지부의 키워드 검색 등으로 병·의원에서 의료광고의 위법성을 제대로 인식하지 못한 상태에서 적발되기도 한다. 병·의원은 홈페이지, SNS 등을 통해 직접 의료광고를 하는 경우도 있지만 최근 광고매체를 의료광고 대행사에 의뢰하는 경향이다. 특히 바이럴마케팅과 같이 적극적으로 의료광고를 하는 경우 병·의원은 의료법 위반로 인한 형사처벌과 행정처분을 받을 수 있어 주의를 요한다.

의료법상 환자의 치료경험담을 올리는 광고를 금지된다. 치료경험담을 올리는 주체가 환자, 의료임을 불문한다. 치료경험담을 게재하면서 '대가성 게시물'임을 표시한 경우라도 금지되며, 실제로 치료를 받지 않은 광고대행사 직원이 치료경험담을 게재한 경우 허위나 과장광고로서 형사처벌과 행정처분을 받을 수 있고, 이 경우 의사도 공범으로 처벌될 수 있다.

나. 2019년 2월 25일 성동경찰서에서 맘카페 광고와 관련하여 메신저로 사들인 800여 개의 포털 계정으로 아이디를 구입해 전국 180여 개 맘카페에서 자문자답 글 2만 6,000여 개를 올린 불법 바이럴마케팅 업체 등 임직원과 이들에게 허위광고를 의뢰한 의사와 병원 직원 등 총 17명을 각각 정보통신망법 및 의료법위반으로 입건한 바 있다.[150]

---

149) 박행남, "광고대행사를 통한 의료광고, 바이럴 마케팅(viral marketing)이 위료법위반인가?", 보건뉴스, 병의원 법무 컨설팅, 2019. 3. 21.

바이럴마케팅 광고대행사에게 징역형을, 이를 의뢰한 의사에게 벌금형을 선고한 바 있다. 실제로 성형외과 원장 6명은 인터넷 성형카페 운영자이자 광고대행사 대표들에게 자신들의 병원에서 수술을 받아 큰 효과를 보았다는 내용의 치료경험담을 위 카페에 올리는 방법으로 광고하기로 하고, 광고대행료 27,900,000원에서 227,300,000원을 지급하고, 위 광고대행사는 위 성형카페에 위 원장에서 수술을 받았다는 사람의 수술 전후 사진이 포함된 환자의 치료경험담 등 수술 후기 등을 게재한 후, 그에 대하여 호응, 동조하는 취지의 댓글을 다수 올리고 조회수를 의도적으로 증대시켜 성형외과 수술을 원하는 카페회원들의 관심을 끌어 모으고 댓글 또는 쪽지를 통해 수술병원이 어디인지 알려주는 방법으로 광고를 하는 등 원장과 공모하여 환자의 치료경험담을 게재하는 방법으로 소비자 현혹하는 행위로 기소된 사안에서, 부산지방법원은 위 광고대행사 대표는 A에게 징역 10월 집행유예 2년 사회봉사 120시간, 광고대행사 대표 I에게 징역 6월 집행유예 2년, 사회봉사 40시간, 원장들에게 300만 원 또는 500만 원 벌금을 선고한 바 있다.[151]

위 판결에서는 광고업체가 치료경험담처럼 소개 광고, 성형 관련 정보의 경우 카페나 블로그 등의 온라인 커뮤니티를 통해 얻은 정보에 대한 의존도가 친구나 지인 등의 통한 입소문 다음으로 높은 오늘날의 현실을 고려해 본다면 왜곡된 정보로부터 소비자를 보호하고 공정한 성형의료 서비스의 경쟁을 촉진하기 위해서라도 소위 '바이럴마케팅'을 위법한 내용과 같은 방식으로 엄격한 책임을 물을 필요가 있다는 점을 지적했다.

다. 서울행정법원은, "비록 의사가 광고사를 통해 블로그 체험단을 모집하여 대가인 리뷰지원금을 지급한 것을 이유로 의료법 제27조 제3항 위반(영리목적의 환자유치)으로 벌금 100만 원의 약식명령을 받았더라도, 위 내용만으로 의료시장의 질서를 현저히 해하는 것으로 볼 수 없어 영리 목적의 환자 유치라고 볼 수 없다고 보아 2개월의 의사면허 정지처분은 부당하다."고 판시했다.[152]

라. 실무상 광고대행사에서 의료법위반을 제대로 검수하지 못하는 경우도 많으므로 의료 광고시 광고 내용이 의료법을 위반하지 않도록 꼼꼼히 챙겨야

150) 2019. 2. 25.자 한국일보(https://m.hankookilbo.com/News/Read/201902251295752781?did=NA&dtype=&dtypecode=&prnewsid=&backAd=1)
151) 부산지법 2016. 6. 9. 선고 2016고단1330 판결[의료법위반]
152) 서울행정법원 2019. 1. 24. 선고 2018구합70653 판결

한다. 의료광고 위반 시 형사처벌 이외에도 영업정지 등 행정처분을 받을 수 있으므로 특히 주의를 요한다.

　수시로 의료광고 위반 여부에 대하여 모니터링을 하고 해당 모니터링 내용을 문서로 남겨 두는 것도 도움이 된다. 무엇보다도 광고대행사와 광고대행 계약을 체결하는 경우 광고대행사가 의료법 등 의료광고 규정 준수 및 위반 시 그에 대한 민사 및 형사책임을 부담해야 한다는 점을 명시해야 한다.

　적어도 광고대행계약서에 위 규정이 있고 수시로 모니터링한 내용이 있다면 의료광고 규정 위반으로 수사를 받더라도 의사는 무혐의나 기소유예 등 선처를 받을 여지가 많다. 기소유예를 받으면 영업정지 2개월(또는 과징금)의 처분이 1/2 정도 감경될 수 있다.

10. SNS 의료광고 - 페이스북 페이지 리뷰에 치료경험담 게시

　가. 최근 SNS, 유튜브, 홈페이지 등 다양한 매체를 통해 의료광고 경쟁도 치열하다. 하지만 의료법에서는 환자에 관한 치료경험담의 의료광고를 금지하고 위반 시 형사처벌과 행정처분까지 부과하고 있으나 판단 기준이 애매하다.[153]

　나. 판례상 회원가입 절차나 로그인 절차 없이 불특정 다수인이 접근할 수 있는 홈페이지 게시판, SNS 등에 치료 후기나 경험담을 게시하는 것은 의료법위반이다. 홈페이지에 누구나 열람이 가능한 '상담 및 예약'란을 개설하여 치료경험담을 올리는 것은 의료법위반이다.[154] 반면 병원 인터넷 홈페이지에서 수술 후기를 읽기 위해 회원으로 가입한 후에 로그인을 거친 경우 의료법위반은 아니다.[155]

　다. 또한 소비자를 현혹할 우려가 없는 경우, 즉 페이스북 페이지 리뷰에 환자의 치료경험담을 게시하는 것은 의료법위반이 아니다.

　서울중앙지법 2017노1909 항소심 판결에서는 "페이스북 페이지 리뷰란은 별도의 회원가입 절차 없이 누구나 리뷰를 작성할 수 있고, 리뷰란을 폐쇄하지

---

153) 박행남, "바이럴마케팅이 의료법 위반인가?", 보건뉴스, 병의원 법무 컨설팅, 2019. 3. 21.
154) 대구지법 2013. 12. 18. 선고 2013고정2742 판결(벌금 30만 원)
155) 부산지법 2012. 10. 25. 선고 2011고정4536 판결(무죄)

않는 이상 제3자가 작성하여 게시한 리뷰를 병원이 임의로 삭제할 수 없으며, 그 밖에 병원이 불리한 경험담을 삭제하고 우수경험담이나 유리한 경험담만을 게시하도록 독려한 내용이 없는 이상 위 게시만으로 '소비자를 현혹할 우려'가 있는 치료경험담을 광고했다고 보기 힘들다."라고 판단하여 유죄를 선고한 1심과 달리 무죄를 선고했다.

라. 위 항소심 판결 및 헌법재판소의 결정(2011마652 결정)을 근거로 치료경험담 게시가 의료법위반인지 판단함에 있어 누가 후기나 감사글을 작성하는지, 글을 작성하거나 읽기 위해 별도의 회원가입 절차가 필요한지, 병원에서 후기 작성을 권유하였는지 등 치료경험담 작성 경위, 우수 치료경험담만을 게시하는 등으로 인위적 조작이 있었는지 등으로 소비자를 현혹할 우려가 있는 치료경험담을 광고하였는지에 대하여 구체적인 검토가 필요하다.

별도의 회원가입 절차가 필요 없이 누구나 작성이 가능한 경우라도 제3자가 작성한 경험담을 병원에서 임의로 삭제할 수 없고 우수경험담을 작성하도록 독려한 사실이 없다면 소비자를 현혹할 우려가 없는 치료경험담 작성으로 의료법위반이 아니라고 볼 여지도 있다.

최근 인터넷 홈페이지 후기 게시판에 환자의 사진과 동영상, 자필 후기와 설문서 등 치료경험담을 게시하고, 병원에 불리한 내용도 기재되어 있는 경우, 병원 측에서 ① 자신들에게 유리한 치료경험담을 받기 위하여 치료경험담 작성에 응한 환자들에게 혜택을 주거나, ② 치료경험담 중 자신들에게 불리한 경험담은 배제하고 유리한 경험담만을 선별하여 게시한 사실 등이 증명되지 않아 무죄가 선고된 바 있다.156)

의료법이 금지하는 치료경험담은 소비자를 현혹할 우려가 있는 치료경험담이며, 소비자를 현혹시킬 우려가 없는 치료경험담은 허용된다. 치료경험담 의료광고로 의료기관이나 환자 모두 피해가 없었으면 한다.

---

156) 대전지법 천안지원 2018. 10. 2. 선고 2018고정447 판결

11. 무자격자(비의료인)의 의료광고 처벌 사례

가. 개설

의료법 제56조 제1항에서 의료기관 개설자, 의료기관의 장, 의료인 아닌 자의 의료광고는 처벌된다. 외주관리업체 직원, 문신시술업자 등의 의료광고가 대표적이다. 무자격자의 의료광고를 처벌한 판례를 소개한다.

나. 의료기관 관련자들의 불법 의료광고

① B병원 외주시설관리업체 (주)C 시설관리팀장이 2019. 4.부터 2019. 7.까지 자신이 운영하는 D 개인 블로그(E)에 추나요법, 허리디스크 수술법 등 총 48건의 B병원 관련 자료를 게시하여 광고한 혐의로 벌금 500만 원을 선고받았다.[157]

② 피고인은 2018. 3. 7.경부터 6. 28.경까지 사이에 위 주식회사 D 사무실에서, 위 회사 직원 H 등 직원들로부터 하여금 인터넷 모바일 어플 'M', 인터넷 N 사이트 등에 접속하여 별지 범죄일람표 기재와 같이 위 G 의원에 대한 성형수술 및 시술 후기에 관한 글, 수술 전후 사진을 게시하게 하여 의료인 등이 아니면서 의료에 관한 광고를 한 혐의와 사기죄로 벌금 1,500만 원을 선고받았다.[158]

다. 문신시술업자의 의료광고

① 의사가 아님에도 경북 포항시 북구 B, 3층에서 'C'라는 상호로 문신시술소를 운영하면서 2015. 4. 2.경부터 2020. 2. 6.경까지 '페이스북'에 'C(포항점)', 'C(경주점)'라는 명칭으로 직접 시술한 문신 사진과 연락처 등을 게재하여 문신시술에 관한 광고를 하고 288명의 손님에게 문신시술행위를 하여 그 대가로 282,272,000원을 수령해 보건범죄단속에 관한 특별조치법 제5조 제1호(부정의료업자)와 의료법 제89조 제1항, 제56조 제1항(비의료인의 의료광고의 점)으로 징역 2년 및 벌금 500만 원을 선고받았다.[159]

---

157) 광주지법 목포지원 2020. 10. 30. 선고 2020고정113 판결
158) 서울중앙지법 2019. 11. 14. 선고 2019고단4956 판결
159) 대구지법 포항지원 2020. 9. 23. 선고 2020고단855 판결

② 의료인이 아님에도 2016. 12.경부터 2018. 12.경까지 피고인들의 I 계정 등을 이용해 문신 시술을 마친 손님의 사진 또는 문신을 시술하고 있는 사진 등과 함께 위 'J'의 주소와 연락처를 게재하는 방법 등으로 의료에 관한 광고를 하여 피고인들은 공모하여 의료인이 아님에도 의료에 관한 광고를 하고, 문신 시술을 시행하고, 체류자격이 없는 외국인을 고용해 보건범죄단속에 관한 특별 조치법 제5조 제1호, 의료법 제27조 제1항(부정의료업자), 의료법 제89조 제1항, 제56조 제1항(의료광고의 점), 출입국관리법 제94조 제9호, 제18조 제3항(체류자 격을 가지지 아니한 사람을 고용한 점)위반으로 징역 1년 6월 및 벌금 500만 원을 선고받았다.160)

③ 피고인은 2018. 5. 5.경부터 같은 달 27.경까지 불상지에서, 소셜네트워 크서비스인 H에 피고인의 아이디인 'I'으로 접속하여 눈썹 문신의 종류, 눈썹 문신 시술 전·후 사진 및 피고인의 연락처와 함께 이벤트 내용 등을 게시하여 문신시술에 관한 광고를 하고 눈썹 문신 시술을 하고 75,000원을 받는 등 영리 목적으로 의료행위를 업으로 하여 보건범죄단속에 관한 특별조치법과 의료법 위반으로 기소되어 징역 1년 및 벌금 100만 원을 선고받았다.161)

④ 피고인은 B가 운영하는 수원시 권선구 C 건물 2층 소재 'D' 업소에 자신의 지인들을 소개해 주고 문신시술을 받게 한 뒤, B로부터 일정 금액의 소개비를 받을 목적으로, 2017. 1. 18.부터 같은 해 2. 5.까지 5회에 걸쳐 위 업소 상호, 내부 사진, 자신의 동료 조직원인 E가 직접 문신시술을 받는 장면을 촬영한 사진과 함께 "D 라인 이벤트중입니다, 문의하는데 돈 드는 거 아닙니다. 타투 문의 연락주세요."라는 문구를 작성하여 자신의 페이스북에 올려 불특정 다수 인들이 볼 수 있도록 의료에 관한 광고를 하고, 내원한 손님 A에게 10만 원을 받고 장미꽃 문신을 시술한 혐의로 의료법(의료광고, 무면허의료행위)로 기소되어 벌금 500만 원을 선고받았다.162)

⑤ 의료인이 아님에도, 2016. 12. 15.경부터 2017. 8. 3.경까지 부산 남구 B에 'C'라는 상호의 문신업소를 운영하면서, D에게 바늘에 색소물감을 묻혀 피부에 투입하는 방법으로 문신시술을 하여 주고 12만 원을 받는 등 문신시술의

160) 인천지법 2019. 4. 11. 선고 2019고단677 판결
161) 수원지법 안양지원 2019. 1. 9. 선고 2018고단1408 판결
162) 수원지법 2018. 6. 22. 선고 2017고정2901 판결

대가로 합계 약 3,000만 원을 받아, 영리를 목적으로 의료업을 하고, 2017. 5. 7. 경부터 2017. 12. 1.경까지 '페이스북'과 '인스타그램'에 'E', 'F'라는 명칭으로 피고인이 직접 시술한 문신사진과 연락처 등을 게재하여 문신시술에 관한 광고한 혐의로 의료법(의료광고)과 보건범죄단속에 관한 법률위반으로 기소되어 징역 2년 및 벌금 500만 원을 선고받았다.[163]

라. 척추교정 등 무면허의료행위자의 광고

① 척추교정원을 운영하는 자가 2018. 3. 15.경부터 2019. 7. 9.경까지 피고인 운영의 위 'C' 출입구 앞에 '목·허리 디스크 척추교정, 카이로프락틱, 측만증, 협착증, 오십견, 골반, 팔·다리 통증, 손·발가락 통증, 편두통, 무릎통증, 오다리, 담걸림'이라는 문구가 기재된 광고판을 게시하고, 그 문구가 포함된 '디스크 전문 교정' 전단지(A4 인쇄물)를 위 척추교정원에 방문한 손님에게 배부하는 방법으로 의료광고를 하고, 241회에 걸쳐 의료행위를 하고 환자들로부터 치료비 명목으로 합계 59,727,512원을 받아 의료법과 보건범죄단속에 관한 특별조치법위반으로 기소되어 징역 1년 및 벌금 150만 원을 선고받았다.[164]

② 부산 ××구 B, 2층에서 'C'라는 상호로 쑥뜸 서비스를 하는 비의료인이 2019. 7. 초순경 위 장소 주변에 위치한 육교 밑에 '항암치료 중단 20개월, C를 시작한 췌장암 4기 환우 D님은 (70세, 부산 영도구 E) 병원에서 말한 시한부를 넘기고 하루하루 감사하며 건강하게 생활하고 있습니다. C매장 F. G역 1번 출구 건너편 100m'라고 기재된 현수막 1매와 '자꾸 재발하는 무릎, 허리, 어깨 만성통증, 15년 묵은 무릎 허리 통증 잡은 H님의 후기를 보시려면 쑥뜸으로 확실히 잡아드립니다. 항암후유증, 만성통증관리, C매장 F'이라고 기재한 현수막 1매 등을 게시하는 방법으로 의료광고를 한 혐의로 벌금 500만 원을 선고받았다.[165]

③ 의료인이 아님에도 불구하고, 2018. 12. 10.경 C 홈페이지(E)에 '시술전·후의 엑스레이 사진, 치료하는 모습, 체형교정, 근골격재활 치료에 관한 설명'을 게시하고, C 건물 외벽에 '목, 허리, 디스크, 퇴행성 관절염, 오십견, 두통을 호소

---

163) 부산지법 동부지원 2018. 3. 29. 선고 2017고단2593 판결
164) 서울중앙지법 2020. 1. 16. 선고 2019고단7252 판결
165) 부산지법 2020. 3. 26. 선고 2020고정346 판결

하시는 분께! 골반을 바로잡고 혈맥을 풀어야 이러한 증상으로부터 해방될 수 있습니다', '목, 허리디스크, 퇴행성관절염 원인 모를 병의 원인은 바로 골반!' 이라는 내용의 현수막을 게시하는 방법으로 의료광고를 하고, 영리목적으로 무면허의료행위를 한 혐의로 징역 1년 및 벌금 100만 원을 선고받았다.[166]

12. 불법의료광고와 과징금 산정 기준

가. 의료광고 규정 위반 시 행정처분 기준

의료법 및 의료기사 등에 관한 법률의 위반에 관한 행정처분 기준을 의료관계 행정처분 규칙에서 정하고 있다. 의료광고와 관련된 행정처분 기준을 살펴보면 아래와 같다.

의료관계 행정처분 규칙 [별표] 행정처분기준 2.가.21)항에서 '법 제56조 제2항 제9호를 위반하여 의료광고의 내용 및 방법 등에 대하여 사전에 보건복지부장관의 심의를 받지 아니하거나 심의받은 내용과 다른 내용의 광고를 한 경우' 1차 위반시 경고, 2차 위반시 업무정지 15일, 3차 위반 업무정지 1개월의 행정처분을 내리도록 정하고 있고, 2.가.22)항에서 '법 제56조 제3항(제56조 제2항 제7호를 포함한다)을 위반하여 거짓된 내용의 광고를 한 경우' 업무정지 2개월을, 제56조 제4항을 위반하여 과장광고를 한 경우 업무정지 1개월에 처한다.

의료법 제27조 제3항을 위반하여 영리를 목적으로 환자를 의료기관이나 의료인에게 소개·알선, 그 밖의 유인하거나 이를 사주하는 행위를 한 경우 자격정지 2개월에 처한다.

다만 해당 사건에 관하여 검사로부터 기소유예 처분을 받은 경우 해당 처분기준의 1/2을 감경하되 최대 3개월까지만 감경이 가능하며, 해당 사건에 관하여 법원으로부터 선고유예판결을 받은 경우 1/3의 범위 내에서 감경하되 최대 2개월까지만 감경이 가능하다(1. 공통기준 라항).

행정처분을 하기 위한 절차가 끝나기 전에 반복하여 같은 사항을 위반한 경우에는 그 위반 횟수를 기준으로 그중 더 중한 처분기준에 나머지 처분기준의 2분의 1을 더하여 처분한다(1. 바항).

---

166) 서울중앙지법 2019. 6. 20. 선고 2019고단1654 판결

나. 과징금 부과

1) 근거 규정

보건복지부장관이나 시장·군수·구청장은 의료기관이 제64조 제1항 각 호의 어느 하나에 해당할 때에는 대통령령으로 정하는 바에 따라 의료업 정지 처분을 갈음하여 10억 원 이하의 과징금을 부과할 수 있으며, 이 경우 과징금은 3회까지만 부과할 수 있다. 다만, 동일한 위반행위에 대하여 「표시·광고의 공정화에 관한 법률」 제9조에 따른 과징금 부과처분이 이루어진 경우에는 과징금 (의료업 정지 처분을 포함한다)을 감경하여 부과하거나 부과하지 아니할 수 있으며(의료법 제67조 제1항), 제1항에 따른 과징금을 부과하는 위반 행위의 종류와 정도 등에 따른 과징금의 액수와 그 밖에 필요한 사항은 대통령령으로 정하며 (제2항), 보건복지부장관이나 시장·군수·구청장은 제1항에 따른 과징금을 기한 안에 내지 아니한 때에는 지방세 체납처분의 예에 따라 징수한다(제3항).

2) 과징금 부과 기준

의료법 제67조에 따른 과징금의 금액은 위반행위의 종류와 위반 정도 등을 고려하여 보건복지부령으로 정하는 의료업 정지처분 기준에 따라 별표 1의2의 과징금 산정 기준을 적용하여 산정한다(의료법 시행령 제43조).

보건복지부장관, 시·도지사 또는 시장·군수·구청장은 법 제67조에 따라 과징금을 부과하려면 그 위반행위의 종류와 과징금의 금액을 서면으로 명시하여 이를 낼 것을 통지하여야 하고(의료법 제44조 제1항), 과징금의 징수 절차는 보건복지부령으로 정한다(제44조 제2항). 이에 따라 의료법 시행령 [별표 1의 2]에서 과징금 산정 기준을 구체적으로 규정하고 있다.

■ 의료법 시행령 [별표 1의2] 〈개정 2020. 2. 25〉

과징금 산정 기준(제43조 관련)

1. 일반기준

　가. 의료업 정지 1개월은 30일을 기준으로 한다.

　나. 위반행위 종별에 따른 과징금의 금액은 의료업 정지기간에 라목에 따라 산정한 1일당 과징금 금액을 곱한 금액으로 한다.

　다. 나목의 의료업 정지기간은 법 제68조에 따라 산정된 기간(가중 또는 감경을 한 경우에는 그에 따라 가중 또는 감경된 기간을 말한다)을 말한다.

라. 1일당 과징금의 금액은 위반행위를 한 의료기관의 연간 총수입액을 기준으로 제2호의 표에 따라 산정한다.

마. 과징금 부과의 기준이 되는 총수입액은 의료기관 개설자에 따라 다음과 같이 구분하여 산정한 금액을 기준으로 한다. 다만, 신규 개설, 휴업 또는 재개업 등으로 1년간의 총수입액을 산출할 수 없거나 1년간의 총수입액을 기준으로 하는 것이 불합리하다고 인정되는 경우에는 분기별, 월별 또는 일별 수입금액 을 기준으로 산출 또는 조정한다.

1) 의료인인 경우에는 「소득세법」 제24조에 따른 처분일이 속하는 연도의 전 년도의 의료업에서 생기는 총수입금액

2) 의료법인, 「민법」이나 다른 법률에 따라 설립된 비영리법인인 경우에는 「법인세법 시행령」 제11조 제1호에 따른 처분일이 속하는 연도의 전년도 의 의료업에서 생기는 총수입금액

3) 법 제35조에 따른 부속 의료기관인 경우에는 처분일이 속하는 연도의 전년 도의 의료기관 개설자의 의료업에서 생기는 총수입금액

바. 나목에도 불구하고 과징금 산정금액이 10억 원을 넘는 경우에는 10억 원으로 한다.

2. 과징금 부과 기준

등급	연간 총수입액 (단위 : 100만 원)			1일당 과징금 금액 (단위: 원)
1	50 이하			18,000
2	50 초과	~	100 이하	55,000
3	100 초과	~	200 이하	164,000
4	200 초과	~	300 이하	273,000
5	300 초과	~	400 이하	383,000
6	400 초과	~	500 이하	493,000
7	500 초과	~	600 이하	892,000
8	600 초과	~	700 이하	1,054,000
9	700 초과	~	800 이하	1,216,000
10	800 초과	~	900 이하	1,378,000
11	900 초과	~	1,000 이하	1,540,000
12	1,000 초과	~	2,000 이하	2,042,000
13	2,000 초과	~	3,000 이하	3,404,000

14	3,000 초과	~	4,000 이하	4,765,000
15	4,000 초과	~	5,000 이하	6,127,000
16	5,000 초과	~	6,000 이하	6,151,000
17	6,000 초과	~	7,000 이하	7,141,000
18	7,000 초과	~	8,000 이하	8,239,000
19	8,000 초과	~	9,000 이하	9,338,000
20	9,000 초과	~	10,000 이하	9,887,000
21	10,000 초과	~	20,000 이하	10,027,000
22	20,000 초과	~	30,000 이하	19,068,000
23	30,000 초과			23,836,000

3) 주의사항

주의해야 할 것은 의료기관 과징금 부과 기준이 2020. 2. 25. 과징금 상한액을 5,000만 원에서 10억 원으로 상향 조절하고, 수입 규모에 따라 과징금을 조정했는데 연총수입액이 1억 원이 넘는 대부분 의료기관의 과징금 수준이 대폭 상향되었다는 점이다. 이전에는 1일 과징금이 최대 537,500원이었는데, 2020. 2. 25. 이후 1일 과징금은 23,836,000원이다. 예를 들어 연간 총수입액이 100억을 초과하는 의료기관에서 거짓 광고를 하면 업무정지 2개월이며, 업무정지에 갈음하여 과징금으로 부과될 경우 1일 10,027,000원, 60일 601,620,000원 상당의 과징금부과처분이 내려진다. 이 경우 기소유예 처분을 받으면 업무정지 1개월로, 선고유예 판결을 받으면 업무정지 40일로 줄어들 수 있지만 의료기관에 상당한 부담이다.

13. 의료광고 규정 위반 시 양형

가. 개설

의료법상 의료광고의 경우 별도의 양형기준이 설정되어 있지 않다. 의료광고의 경우 금고형이나 실형이 선고되는 경우는 드물다. 주로 벌금형이 선고된다. 다만 환자유인과 관련하여 금품 수사가 되거나, 무자격자가 문신시술 등을 광고하여 보건범죄단속에 관한 특별조치법이나 업무상과실치사상죄로 함께 기소되는 경우 금고형과 벌금형이 병과될 수 있다.

나. 형사처벌과 행정처분 관계

의료광고로 인한 의료법위반으로 벌금형이 선고될 경우 벌금의 다과에 따라 행정처분이 달라지지 않는다. 수사단계에서 무혐의 처분을 받으면 좋겠지만 차선책으로 기소유예나 선고유예를 받으면 행정처분이 각각 1/2, 1/3씩 감경될 수 있다. 실무에서 의료광고로 인한 형사처벌의 경우 행정처분의 정도를 감안하여 기소유예나 선고유예 판결이 내려지는 경우가 종종 있다.

다. 기소유예

1) 의의

기소유예는 피의사실은 인정하나, 여러 가지 사정(피의사실 인정, 초범, 피해자 합의, 사안 경미, 사건 경위, 형사조정 여부 등)을 참작해 기소 자체를 유예해 주는 검사의 처분이다. 기소유예를 하면 기소가 제기된 것이 아니므로 재판에 회부되지 않고 사건이 종결된다.

2) 기소유예의 의미

기소유예처분으로 실제 처벌되지 않는다고 해서 죄가 성립되지 않는다는 의미는 아니다. 기소유예 처분 자체는 죄가 성립됨을 전제로 한 것이므로, 위 기소유예 처분은 관련 민사사건이나 행정소송에게 불리하게 작용할 수 있다.

다만 행정처분에서는 기소유예 처분 시 행정처분의 1/2을 감경할 수 있다. 기소유예 처분은 검사의 재량에 의하여 인정되므로 참작사유 등 정상에 관한 유리한 자료를 많이 제출해야 한다. 참고로 검찰청에서 운영하는 형사조정절차에서 합의가 된 경우 경미한 사건의 경우 기소유예처분이 내려지는 경우가 높으므로, 검찰에서 형사조정제도를 적극적으로 활용할 필요성이 있다.

3) 기소유예 처분사례

실무적으로 전문병원 지정 없어 전문병원을 광고한 경우 기소유예 처분을 하는 경우가 많으므로, 검찰 단계에서 적극적으로 변론할 필요성이 있다.

① 한의사가 블로그에 '근본치료'라는 과장광고를 하여 의료법위반이 인정되었으나 피의자가 피의사실을 인정하고, 초범이고, 대한한의사협회 의료광고심의위원회에서 '근본치료'라는 문구의 사용을 금지하고 있다는 사실을 인지하

지 못한 점, 대한합의사협회로부터 위 문구의 사용이 문제된 적이 없다는 답변을 받았기 때문에 이를 신뢰하여 위 문구를 사용하여 광고하게 된 점 등 그 경위에 참작할 사유가 있는 점이 참작되어 기소유예 처분을 받았다.[167]

② 치과의사가 "치과의사는 '보톡스', '필러' 시술을 할 수 없고 청구인 운영의 위 치과의원에서는 그와 같은 시술을 한 사실이 없음에도, 2010. 4.경부터 2010. 9.경까지 위 치과의원 인터넷 홈페이지(http://www.○○.co.kr)에 '쁘띠성형'이라는 제목 아래 '보톡스', '필러' 시술을 시행하고 있고, 많은 환자들이 꾸준히 위 시술을 찾고 있는 것처럼 게재하였다."는 피의사실에 대하여 기소유예처분을 받았다.[168]

4) 불복절차 - 헌법소원

고소인이나 고발인의 무혐의 처분에 대하여 항고로 불복할 수 있으나(검찰청법 제10조), 피의자는 기소유예 처분에 대하여 직접 불복할 수 있는 방법은 없다. 다만 피의자는 기소유예처분이 공권력의 행사이고 다른 법률상 구제절차가 없어 평등권과 행복추구권 등 기본권 침해를 이유로 헌법재판소에 기소유예처분의 취소를 구하는 헌법소원을 제기할 수 있다. 실제로 기소유예처분의 취소를 구하는 헌법소원이 인용되는 경우가 많다. 다만 헌법소원은 일정한 기간 내(기소유예처분이 있음을 안 날로부터 90일 이내에, 그 사유가 있는 날로부터 1년 이내)에 청구해야 하며(헌법재판소법 제69조 제1항 본문), 헌법소원심판 청구의 경우 변호사를 대리인으로 선임해야 하며(같은 법 제25조 제3항), 대리인을 선임할 자력이 없으면 국선대리인 선임을 하여야 한다(같은 법 제70조 제1항).

헌법재판소에서 검사의 기소유예처분을 취소한 사례는 아래와 같다.

① 청구인은 성형외과 전문의로서 ○○성형외과를 경영하는 자인바, 2011. 3. 22.경 위 ○○성형외과의 인터넷 홈페이지에 ① "코 수술 후 머리 감기가 불편하십니까, 얼굴에 붕대 및 반창고를 붙이고 퇴원하시기가 부끄럽습니까. 이 모든 문제를 해결해드립니다. 타 병원에서 경험하지 못했던 환상적인 서비스를 경험할 수 있습니다."라고 광고(이하 '이 사건 제1광고'라 한다)하여 다른 의료기관·의료인의 기능 또는 진료방법과 비교하는 내용의 의료광고를 하고, ② 안면윤곽술에 관한 설명 중 "재발과 흉터의 염려는 이제 윤곽에서는 하지 않

---

167) 수원지방검찰청 안양지청 2017형제27896호
168) 서울동부지방검찰청 2012형제4841호

으셔도 됩니다. 무통 수면마취. 흉터 없는 앞트임"이라고 광고(이하 '이 사건 제2
광고'라 한다)하여 과장된 내용의 의료광고를 한 혐의로 의료법위반에 대하여
기소유예처분을 받자 헌법소원을 제기한 사건에서, 헌법재판소는 제1광고는
서비스에 관한 것으로 의료광고로 보기 어렵고, 제2광고는 수술법을 그대로 소
개하거나 마취법을 설명한 것에 불과하여 과장된 광고로 볼 수 없으므로 이 사
건 기소유예처분은 결정에 영향을 미친 중대한 사실오인이나 수사미진 등의 잘
못이 있고 이로 인하여 청구인의 평등권과 행복추구권을 침해하므로 기소유예
처분을 취소하는 결정을 내렸다.169)

　② 서울 서초구 서초1동에 소재한 ○○의원의 개설자가 청구인이 운영하
는 위 ○○의원 홈페이지(www.○○.co.kr)에 지방흡입술과 관련해 '가장 최신'
등의 치료효과를 보장하는 등 소비자를 현혹할 우려가 있는 광고를 게재한 혐
의로 기소유예 처분(서울중앙지방검찰청 2009년형제154788호)을 받자 헌법소원을
제기한 사안에서, 헌법재판소는 "청구인이 게재한 이 사건 광고 중 "가장 최신
의 제5세대 방식"이라는 문구는 청구인만의 특정된 기능이나 진료방법에 대한
것이 아니라 일반적인 지방흡입술 방식 중의 하나인 워터젯 방식(WAL)을 설명
하는 것이고, 그 효과를 보장하거나 장담하는 내용이라고 보기 어렵다. 의료법
시행령 제23조 제2호에서 정한 기준에 의하더라도 이 사건 광고는 치료 효과를
오인시켜 소비자를 현혹할 우려가 있는 내용의 광고라고 보기 어렵다."는 이유
로 기소유예처분을 취소했다.170)

　③ 성형외과병원 의사가 2006. 6. 23.경부터 2007. 3. 중순경까지 병원 홈페
이지에 '다크서클─치료 방법'을 광고하면서 '눈 결막을 절개하여 지방을 제거
하고, 그 수술은 10분에서 15분 정도로 매우 간단하며 흉터가 하나도 없는 장
점이 있다.'는 취지의 문안을 게재하여(이하 '이 사건 광고'라 한다) 의료법위반으
로 경찰에 고발되었다가, 이를 수사한 피청구인이 2008. 11. 26. 이 사건 광고는
소비자를 현혹할 우려가 있는 내용으로 의료법에 위반되나, 그 위법의 정도가
경미하고 고발 이후 이를 삭제하였다며 기소유예처분을 하자(서울중앙지방검찰
청 2008형제136378호, 이하 '이 사건 기소유예처분'이라 한다), 헌법소원을 제기한 사
안에서, 헌법재판소는 "이 사건 광고는 어디까지나 위와 같은 결막접근법의 특

---

169) 헌재 2013. 12. 26. 2011헌마651
170) 헌재 2011. 2. 24. 2010헌마180

징이나 장점을 그대로 설명한 것에 불과하고, 결막접근법으로 수술을 한 후 아래 눈꺼풀 바깥 피부에 반흔이나 흉터가 전혀 남지 않는다는 취지의 이 사건 광고는 실제로도 사실과 부합하는 것이거나 결막접근법을 통한 수술 방법과 일치하는 의료광고라 할 것이므로, 이 사건 광고를 두고 피청구인이 판단한 것처럼 치료효과가 보장된다는 내용으로 소비자를 현혹할 우려가 있는 광고라고 할 수 없을 것이다."라고 하여 기소유예처분을 취소했다.171)

　④ 의료인인 청구인이 지인을 소개하는 기존 환자에게 자신의 병원에서 비급여 진료 혜택을 1회 받을 수 있는 상품권을 제공하겠다는 포스터를 게시하여 의료법위반으로 기소유예처분을 받자 그러한 행위가 의료법 제27조 제3항에서 금지하는 환자 유인행위에 해당한다고 단정하기 어려우므로, 피청구인의 기소유예처분이 청구인의 평등권 및 행복추구권을 침해하였다고 헌법소원을 제기한 사안에서, 헌법재판소는 "의료법 제27조 제3항에서 금지하고 있는 '금품제공'은 환자로 하여금 특정 의료기관 또는 의료인과 치료위임계약을 체결하도록 유도할 만한 경제적 이익이 있는 것으로서 이를 허용할 경우 의료시장의 질서를 해할 우려가 있는 것으로 한정하여야 하고, 의료인인 청구인이 지인을 소개하는 기존 환자에게 자신의 병원에서 비급여 진료 혜택을 1회 받을 수 있는 상품권을 제공하겠다는 포스터를 게시한 사실은 인정되나, 그와 같은 사정만으로는 이를 의료법 제27조 제3항에서 금지하는 환자 유인행위에 해당한다고 단정하기 어려우므로, 피청구인의 기소유예처분은 청구인의 평등권과 행복추구권을 침해하였다."는 이유로 기소유예처분을 취소했다.172)

　⑤ ○○안과의 부원장이 원장 김○○과 공모하여 2011. 3. 23.경부터 2013. 1. 29.경까지 청구 외 나○○이 운영하는 라식소비자단체인 'ㅁㅁ'를 통하여 환자를 소개받아 라식수술을 하고 소개비 명목으로 합계 99,550,000원 상당을 지급하는 등 영리 목적으로 환자 소개·알선·유인하는 행위를 사주하였다는 혐의로 기소유예처분을 받게 되자 이 사건 기소유예처분이 청구인의 평등권과 행복추구권을 침해하였다고 주장하면서 그 취소를 구하는 헌법소원심판을 청구한 사안에서, 헌법재판소는 "나○○은 ㅁㅁ에 대한 광고를 통해 청구인 운영 병원을 포함한 ㅁㅁ 인증병원에 대하여도 간접적으로 의료광고를 한 것이고, 청

---

171) 헌재 2010. 2. 25. 2009헌마117
172) 헌재 2019. 5. 30. 2017헌마1217

구인 측에서 나○○에게 지급한 광고비는 광고계약에 따른 대금일 뿐 환자 소개 등의 대가라고 볼 수 없어 청구인이나 나○○이 의료법 제27조 제3항 본문에서 명문으로 금지하는 금품 제공 등을 하였다고 볼 만한 증거를 발견할 수 없다. 또한, □□에서 광고한 □□ 보증서나 □□ 인증병원이 유명무실하거나 라식 소비자들에게 아무런 도움이 되지 않았다고 볼 수 없고 나○○이 □□ 보증서나 인증병원 등을 내세우며 라식 소비자들의 권리를 증진하는 것처럼 포장하거나 허위 광고를 하여 소비자들을 기망하는 등 □□ 인증병원과 그렇지 않은 병원들 간의 비합리적인 경쟁을 유발하였거나 의료수준의 저하를 불러올 정도로의 경쟁을 야기하여 의료시장의 질서를 근본적으로 해하였다고 볼 수 없다."라는 이유로 기소유예처분을 취소했다.[173]

라. 선고유예

의료광고와 관련된 의료법 위반 사건에서 선고유예를 받으면 행정처분이 1/3 감경될 수 있다는 점에서 선고유예 판결은 중요하다. 경우에 따라 징역형만 규정된 보건범죄단속에 관한 특별조치법 위반 사건에서 집행유예를 받으면 면허가 취소되므로 선고유예 판결을 받는 것이 유익하고, 실무에서도 이러한 점을 고려해 선고유예 판결을 하는 경우도 있다

자격정지 이상의 형을 받은 전과가 있는 자가 아니면 1년 이하의 징역이나 금고, 자격정지 또는 벌금의 형을 선고할 경우에 제51조의 사항을 참작하여 개전의 정상이 현저한 때에는 그 선고를 유예할 수 있으며(형법 제59조 제1항), 형을 병과할 경우에도 형의 전부 또는 일부에 대하여 그 선고를 유예할 수 있다(제2항). 형의 선고유예를 받은 날로부터 2년을 경과한 때에는 면소된 것으로 간주한다(제60조).

선고유예 판결 시 공소사실을 인정하는지, 개전의 정이 있는지, 초범인지 및 전과가 있는지, 범행의 동기와 결과, 합의 여부, 가족관계 및 건강상태, 행정처분 등을 참작한다.

의료광고와 관련하여 선고유예를 한 판결과 판결 시 참작한 사유는 아래와 같다.

---

173) 헌재 2019. 9. 26. 2017헌마328

① 의료기관 C를 개설 운영하는 자가 'C'의 인터넷 홈페이지(D)를 운영하면서 별도의 회원가입이나 로그인 절차 없이 누구나 위 홈페이지의 게시글을 열람할 수 있도록 한 다음, 2017. 7. 5.경 '진료사례(포토)' 게시판에 '올세라믹 심미보철 전/후 사례'라는 제목 하에 내원 환자의 치료 전·후 사진 및 '입 벌리기를 망설이셨던 60대 후반 여성분의 사례, 올 세라믹 보철로 예쁜 미소를 찾아 드렸습니다.'라는 내용의 글을 게시하여, 마치 치아 상태가 좋지 않아 자신감이 없었던 장년층의 사람도 위 환자처럼 '올 세라믹 보철치료'를 받으면 자신감을 되찾을 수 있다는 듯이, '환자의 치료경험담'의 형식을 빌어, 소비자를 현혹할 우려가 있는 내용의 광고를 게시한 것을 비롯하여 그 무렵부터 2018. 9. 27.경까지 사이에 3회에 걸쳐 별지 범죄일람표 1 기재 중 연번 1 내지 3과 같이 '환자의 치료경험담' 형식의 광고를 게시해 치료효과를 보장하는 의료광고를 한 혐의로 기소된 사안에서, 법원은 피고인이 관련 규정을 정확히 숙지하지 못하여 범행을 저지른 것으로 보이는 점, 특히 법률 개정 이후의 처벌조항에 대해서는 해석에 대한 이견이 있을 수 있는 점, 병원 홈페이지에 게시한 것으로 광고가 일반에 널리 알려지지는 않은 것으로 보이는 점, 적발 이후 문제가 된 글과 영상을 전부 삭제한 점, 그 밖에 피고인의 연령, 성행, 환경, 이 사건 범행에 이르게 된 동기와 경위, 그 수단과 결과, 범행 후의 정황 등 이 사건 변론에 나타난 여러 양형조건들을 참작하여 벌금 100만 원 선고유예 판결을 내렸다.[174]

② 시내버스에 '노인전문병원'을 4개월 동안 게시해 거짓 과장광고로 기소된 사안에서, 법원은 피고인들이 당심에 이르러 이 사건 범행을 인정하면서 반성하고 있는 점, 피고인들이 아무런 범죄전력이 없는 초범인 점, 이 사건 범행 경위에 다소 참작할 만한 사정이 있는 점, 이 사건 광고의 내용과 성질, 그 정도와 방법(오른쪽 상단에 비교적 작은 글씨로 '노인전문병원'을 기재함), 게시기간(약 4개월)과 게시방법(시내버스내부) 등에 비추어 거짓·과장 광고의 정도가 중하다고 보이지는 않는 점, 피고인들이 보건소로부터 통보를 받고 즉시 이 사건 광고를 철거한 점 등의 유리한 정상에다가 그 밖에 이 사건 기록 및 변론에 나타난 형법 제51조 소정의 양형의 조건이 되는 사정들을 모두 종합해 보면, 원심의 형은 무거워서 부당하다고 판단해 벌금 50만 원 선고유예 판결을 내렸다.[175]

---

174) 수원지법 안산지원 2020. 10. 14. 선고 2020고정203 판결
175) 부산지법 2018. 10. 26. 선고 2018노1944 판결

③ 서울 광진구 B빌딩 3, 4층에 있는 'C 치과병원'을 운영하는 의사가 2016. 6.경 위 병원 인터넷 홈페이지에 신의료기술평가위원회의 평가를 받지 아니한 '피알에프(PRF: Platelet Rich Fibrin, 혈소판 풍부 피브린)를 이용한 임플란트의 뼈 결합력 향상'에 관한 광고를 하여 의료법위반으로 기소된 사건에서, 법원은 피고인에게 범죄경력은 없는 점, 이 사건 의료법위반 광고행위로 인하여 소비자에게 어떠한 피해가 발생한 것은 아닌 점, 임플란트시 행하는 PRF 시술이 불법이거나 금지된 시술이 아닌 점 등 참작해 벌금 50만 원 선고유예 판결을 내렸다.[176)

④ 고강도초음파집속술을 광고하면서 '모든 암환자에게 적용', '자궁적출 절대 하지 마세요.'라고 글을 게시하여 객관적으로 인정되지 아니하거나 근거가 없는 내용을 포함하는 광고를 하고, 사실은 고강도초음파집속술 시술로 인하여 유방암 등의 일부 상병에서 3도 피부화상이 보고되었음에도 '후유증이나 부작용 없음, 대한민국을 대표하는 하이푸 명의, 자궁적출밖에 방법이 없다는 경우에도 안전하게 치료 가능합니다.'라고 글을 게시하여 허위광고를 한 혐의로 기소된 사건에서, 법원은 피고인은 아무런 형사처벌 전력이 없는 초범인 점, 피고인의 의료법을 위반한 광고행위로 인하여 소비자의 피해가 구체적으로 발생하였다고 볼만한 자료는 없는 점, 피고인은 이 사건 범행이 적발된 이후 의료법을 위반한 광고행위에 대하여 적극적으로 시정하려고 노력한 것으로 보이는 점 등 참작해 벌금 100만 원 선고유예 판결을 내렸다.[177)

⑤ 요양병원 홈페이지에 '암재활전문병원'이라는 문구가 표시되어 의료법위반으로 기소된 사안에서, 법원은 피고인 A가 담당 공무원으로부터 위법사항의 지적을 받은 직후에 해당 문구를 삭제한 점, 이 판결이 확정되면 이 사건 병원은 범죄사실에 대해 업무정지 등의 행정처분을 받을 수도 있는 점, 피고인 A가 이전에 처벌받은 전력이 없는 점 및 피고인들의 환경, 범행의 동기, 수단과 결과, 범행 후의 정황 등 기록에 나타난 양형 조건이 되는 사정을 참작하여 벌금 50만 원 선고유예 판결을 내렸다.[178)

---

176) 서울동부지법 2018. 6. 15. 선고 2017고정1102 판결
177) 인천지법 2018. 5. 31. 선고 2018고정360 판결
178) 창원지법 밀양지원 2018. 5. 17. 선고 2017고정227 판결

마. 집행유예

금고 이상의 형을 선고한 판결이 확정된 때부터 그 집행을 종료하거나 면제된 후 3년까지의 기간에 범한 죄에 대하여 형을 선고하는 경우가 아닌 한 3년 이하의 징역이나 금고 또는 500만 원 이하의 벌금의 형을 선고할 경우에 제51조의 사항을 참작하여 그 정상에 참작할 만한 사유가 있는 때에는 1년 이상 5년 이하의 기간 형의 집행을 유예할 수 있으며(형법 제62조 제1항), 형을 병과할 경우에는 그 형의 일부에 대하여 집행을 유예할 수 있다(제2항)

집행유예는 집행유예 집행유예의 선고를 받은 자가 유예기간 중 고의로 범한 죄로 금고 이상의 실형을 선고받아 그 판결이 확정된 때에는 집행유예의 선고는 효력을 잃는다(제64조).

500만 원 이하의 벌금형에 대한 집행유예도 가능하지만 벌금형에 대한 집행유예만으로 행정처분이 감경되지 않는다. 이에 반해 선고유예 판결은 행정처분을 1/3을 감경받을 수 있다.

다만 의료법위반으로 집행유예 선고를 받으면 의료법 제8조 의료인 결격사유[179]에 해당되어 의사면허가 취소되는 점을 유의해야 한다. 의료광고 규정위반 자체만으로 집행유예가 선고되는 경우는 거의 없다.

의료법 제8조 제4호에서 규정한 '금고 이상의 형의 선고를 받고'의 의미는 실행 선고만을 의미하는 것은 아니다.

헌법재판소도 "집행유예란 형을 선고하면서 그 집행만을 유예하는 것이므

[179) 의료법 제8조(결격사유 등) 다음 각 호의 어느 하나에 해당하는 자는 의료인이 될 수 없다. <개정 2007. 10. 17, 2018. 3. 27, 2018. 8. 14, 2020. 4. 7>

1. 「정신건강증진 및 정신질환자 복지서비스 지원에 관한 법률」 제3조 제1호에 따른 정신질환자. 다만, 전문의가 의료인으로서 적합하다고 인정하는 사람은 그러하지 아니하다.
2. 마약·대마·향정신성의약품 중독자
3. 피성년후견인·피한정후견인
4. 이 법 또는 「형법」 제233조, 제234조, 제269조, 제270조, 제317조 제1항 및 제347조(허위로 진료비를 청구하여 환자나 진료비를 지급하는 기관이나 단체를 속인 경우만을 말한다), 「보건범죄단속에 관한 특별조치법」, 「지역보건법」, 「후천성면역결핍증 예방법」, 「응급의료에 관한 법률」, 「농어촌 등 보건의료를 위한 특별 조치법」, 「시체 해부 및 보존 등에 관한 법률」, 「혈액관리법」, 「마약류관리에 관한 법률」, 「약사법」, 「모자보건법」, 그 밖에 대통령령으로 정하는 의료 관련 법령을 위반하여 금고 이상의 형을 선고받고 그 형의 집행이 종료되지 아니하였거나 집행을 받지 아니하기로 확정되지 아니한 자

로, 형의 집행유예가 선고되는 경우에도 당연히 '형의 선고'는 있는 것이다. 우리 형법상의 형벌체계에 의할 때, 집행유예의 선고와 형의 선고는 서로 배타적인 택일관계에 있는 것이 아니라, 형의 선고가 먼저 있고 나서 그에 후속하여 집행유예의 선고가 있을 수도 있고 없을 수도 있는 관계이다. 따라서 '금고 이상의 형을 선고받고'라고 규정할 뿐 그에 이어서 아무런 제한도 부가하고 있지 않은 이상, 이는 형의 선고만 있으면 되고 그에 후속하여 집행유예의 선고가 있든 없는 가리지 않는 의미라는 것이 논리적으로 분명히 드러난다. 위 규정의 경우 형의 집행유예의 선고에 관한 별도의 규정이 존재하지 않기 때문에 '금고 이상의 형을 선고받고'라는 문언이 실형의 선고만을 의미하는 것으로 축소해석될 여지가 없다. 이러한 집행유예의 개념 등에 비추어 볼 때, 위 규정은 형의 집행유예를 선고받은 경우에도 적용됨이 명확하다."라고 밝히고 있다.180)

대법원도 "구 의료법 제8조 제4호에서 정한 '금고 이상의 형을 선고받고 그 형의 집행이 종료되지 아니하였거나 집행을 받지 아니하기로 확정되지 아니한 자'에는 '집행유예의 선고를 받고 그 선고의 실효 또는 취소됨이 없이 유예기간을 경과하여 형의 선고의 효력을 잃게 되기까지 사이의 자' 등이 포함된다고 봄이 타당하다."라는 취지로 판시하고 있다.181)

서울행정법원도, 무자격자와 공모하여 의료기관을 개설한 뒤 요양급여비용을 편취하는 범행을 저질러 특정경제범죄가중처벌등에 관한 법률위반(사기)죄로 징역형의 집행유예를 선고받고 피고 보건복지부장관으로부터 의사면허취소처분을 받은 후 처분취소를 구하는 행정소송을 제기한 사안에서, "원고가 제출한 증거만으로 이 사건 의원을 독자적으로 운영하였다거나 이 사건 의원의 실질이 일반적인 '사무장 병원'과 다르다고 보기 어렵고, 의료법위반으로 형의 집행유예를 선고받은 경우에도 의료법 제8조 제4호에서 정한 의료인 결격사유에 해당하여 의사면허취소처분이 정당하다."고 판시했다.182)

현재 의료광고에 관한 의료법위반에 대하여 별도의 양형기준이 마련되어 있지 않다. 다만 보건범죄 중 부정의료업자의 경우 양형기준이 마련되어 있어 의료법위반의 경우에도 일반 참작사유는 고려할 수 있다. 통상 부정의료업자의

180) 헌재 2020. 4. 23. 2019헌바118, 171, 176(병합)
181) 대법원 1998. 2. 13. 선고 97누18042 판결
182) 서울행정법원 2021. 4. 8. 선고 2020구합68332 판결[의사면허취소처분 취소청구의 소]

경우 집행유예 선고 시 주요 참작사유로는 현대의학상 치료가 불가능하거나 매우 어려운 상태에서 환자 측의 적극적인 요구에 의하여 이루어진 범행, 의료행위 자체가 객관적으로 위험성이 적거나 치료효과가 나타난 경우, 고용관계 또는 업무상지시를 받는 관계로 범행에 가담한 경우, 자수 또는 내부 비리 고발, 형사처벌 전력 없음이 그 예이다.

부정의료업자의 집행유예 결정 시 일반 참작사유는 피해자 측의 처벌불원(상담금액 공탁, 진지한 피해회복 노력), 공범으로서 소극 가담, 집행유예 이상의 전과가 없을 것, 사회적 유대관계 분명, 진지한 반성, 고령, 피고인의 건강상태가 매우 좋지 않음, 피고인의 구금이 부양가족에게 과도한 곤경을 수반하는 경우이다.183)

의료광고 규정 위반의 경우 대부분 벌금형이 선고되고 벌금형에 대해 집행유예가 선고되는 경우가 드물다. 집행유예가 선고되는 대부분 사건은 비의료인이 문신시술 등 무면허의료행위와 의료광고를 하여 보건범죄단속에 관한 특별조치법(부정의료업자) 및 의료법위반(무자격자의 의료광고의 점)위반으로 기소된 경우이다.

> **판례)** 인스타그램 계정에 '수원 D, 카톡 : E, 꼭!! 예약 후 방문부탁드립니다~!!, 타투상담은 오픈으로 주셔도 되세요.'라는 등의 광고글 및 문신시술한 사람들의 신체 부위 사진들을 게시하고 이를 관리하면서 피고인의 연락처를 기재하여 불특정 다수인이 이를 보고 연락해 올 수 있도록 하는 등 의료광고를 하고, 의료인이 아님에도 불구하고, 2019. 12. 18., 2019. 12. 27. 및 2020. 1. 22.경 등 총 3차례에 걸쳐 위 업소에 찾아 온 손님인 F(여, 20세)를 탈의하게 한 후 문신시술을 하고, 강제추행한 혐의로 기소된 사건에서, 법원은 징역 2년 및 벌금 200만 원, 징역형에 대해 집행유예 3년 등을 선고했다.184)

바. 병원장과 직원의 공범 관계

병원장과 직원이 의료법위반으로 함께 수사를 받는 경우 공범의 입증 여부에 따라 처분결과가 각각 달라질 수 있다. 직원이 독자적으로 의료광고 글을 올린 경우 원장이 관여한 바가 없다면 원장은 무혐의처분을, 직원은 벌금형이나

---

183) 대법원 양형위원회, 2012년 양형기준, 식품·보건, 241면
184) 수원지법 2020. 8. 20. 선고 2020고단3696 판결

기소유예처분을 받을 수 있다.

　형법 제30조의 공동정범은 2인 이상이 공동하여 죄를 범하는 것으로서, 공동정범이 성립하기 위하여는 주관적 요건인 공동가공의 의사와 객관적 요건인 공동의사에 의한 기능적 행위지배를 통한 범죄의 실행사실이 필요하고, 공동가공의 의사는 공동의 의사로 특정한 범죄행위를 하기 위하여 일체가 되어 서로 다른 사람의 행위를 이용하여 자기의 의사를 실행에 옮기는 것을 내용으로 하는 것이어야 한다.185)

사. 양형 참작 사유

　의료광고로 인한 의료법위반 사건에서 양형에 참작할 사유는 공소사실 인정 여부, 불법 의료광고의 게시 기간과 접속 건수, 그로 인한 피해 사례, 불법 의료광고 삭제 여부, 의료법 준수 교육 여부, 형사사건으로 인한 행정처분상 불이익, 광고 전 보건복지부 질의나 변호사 자문 여부, 의료광고심의위원회 심의 여부, 매체 종류, 고의 과실의 정도, 피고인의 나이, 성행, 환경, 전과, 불법의료광고가 게시된 경위와 동기, 범행 전후의 정황 등이고, 법원은 변론에 나타난 제반 양형사유를 종합하여 판단한다.

14. 불법의료광고와 형법상 사기죄 성립 여부

　1) 광고 자체가 원래 어느 정도의 과장내용이 포함된다. 하지만 의료법에서 과장광고 등을 금지하고 있어 과장광고를 할 수 없다. 의료법에서 금지하는 광고를 하여 환자에게 피해가 발생한 경우, 의료법이나 표시·광고의 공정화에 관한 법률위반에서 금지하는 과장광고나 거짓 광고로 처벌될 수 있고, 그 밖에 형법상 사기죄가 성립되는지 문제된다.

　2) 사기죄의 요건으로서의 기망은 널리 재산상의 거래관계에 있어서 서로 지켜야 할 신의와 성실의 의무를 저버리는 모든 적극적 및 소극적 행위로서 사람으로 하여금 착오를 일으키게 하는 것을 말하며 사기죄의 본질은 기망에 의한 재물이나 재산상 이익의 취득에 있고, 상대방에게 현실적으로 재산상 손해

---

185) 대법원 2001. 11. 9. 선고 2001도4792 판결

가 발생함을 그 요건으로 하지 아니하는바, 일반적으로 상품의 선전·광고에 있어 다소의 과장, 허위가 수반되는 것은 그것이 일반 상거래의 관행과 신의칙에 비추어 시인될 수 있는 한 기망성이 결여된다고 하겠으나 거래에 있어서 중요한 사항에 관하여 구체적 사실을 거래상의 신의성실의 의무에 비추어 비난받을 정도의 방법으로 허위로 고지한 경우에는 과장, 허위광고의 한계를 넘어 사기죄의 기망행위에 해당한다.[186]

사기죄의 요건으로서의 기망은 널리 재산상의 거래관계에 있어 서로 지켜야 할 신의와 성실의 의무를 저버리는 모든 적극적 또는 소극적 행위를 말하는 것이고, 이러한 소극적 행위로서의 부작위에 의한 기망은 법률상 고지의무 있는 자가 일정한 사실에 관하여 상대방이 착오에 빠져 있음을 알면서도 이를 고지하지 아니함을 말하는 것으로서, 일반거래의 경험칙상 상대방이 그 사실을 알았더라면 당해 법률행위를 하지 않았을 것이 명백한 경우에는 신의칙에 비추어 그 사실을 고지할 법률상 의무가 인정된다.[187]

3) 허위 의료광고나 환자유인으로 요양급여를 청구해 보험사기로 처벌되는 경우는 많으나, 거짓·과장광고 자체로 형법상 사기죄로 처벌되는 경우가 거의 없다. 의료행위의 경우 특수성이 있어 기망행위와 기망의 고의, 기망과 손해 사이의 인과관계 입증이 쉽지 않고, 기망행위를 판단함에 있어 의료광고 후 수술 및 진료상담 시 상담 내용을 고려해야 하고, 의료광고에 관한 의료법 규정과 사기죄의 형벌 목적이나 구성요건이 달라 의료법위반이라고 하여 사기죄가 바로 인정되는 것은 아니기 때문이다. 특히 형사사건에서 범죄사실에 대한 입증 책임이 검사에게 있는 점을 고려하면 의료법 등에서 금지하는 광고로 사기죄로 처벌되는 것은 쉽지 않을 것으로 판단된다. 즉, 의료법에서 금지하는 의료광고를 하였다는 사정만으로 사기죄가 성립될 수 있다고 단정할 수 없다. 광고의 내용, 허위 과장 광고의 정도, 광고로 인하여 수술을 결정하게 되었는지, 수술 내용, 손해의 정도 등을 개별적이고 종합적으로 판단해 기망의사나 기망행위, 기망행위와 손해 사이의 인과관계를 판단해야 한다.

4) 의료법이 금지하는 의료광고로 인한 사기죄 성립의 직접적인 판결은 아

186) 대법원 1992. 9. 14. 선고 91도2994 판결; 대법원 1993. 8. 13. 선고 92다52665 판결; 대법원 2002. 2. 5. 선고 2001도5789 판결 등
187) 대법원 1998. 4. 14. 선고 98도231 판결; 대법원 1998. 12. 8. 선고 98도3263 판결; 대법원 1999. 2. 12. 선고 98도3549 판결

니지만 대리수술의 경우 사기죄를 인정하고 있다.

서울중앙지방법원은 2021. 2. 4. 성형외과 의사가 아닌 치과나 이비인후과 전문의인 고용의사에게 33명의 환자를 대리 수술하도록 한 성형외과 원장에게 사기죄 및 마약류 관리에 관한 법률위반으로 징역 1년 및 벌금 300만 원을 선고한 원심에 대한 피고인의 항소를 기각했다.[188) 환자들은 성형외과 전문의로부터 수술을 받는 줄로 알았고 대리수술을 한다는 사실을 설명듣지 못한 점을 기망행위로 인정했기 때문이다.

정형외과 전문의 원장이 비의료인인 의료기판매업체 직원에게 견봉성형술을 시행('일명 대리수술')하게 하여 수술 후 응급상황에 적극적인 조치를 취하지 않아 심정지로 인한 뇌손상을 입힌 혐의로 의료법위반(무면허의료행위)와 업무상과실치상죄로 기소된 사안에서, 부산지방법원 2019. 1. 16. 선고 2018고단4150 판결에서는 각 유죄를 인정해 정형외과 원장에게 징역 1년, 의료기기 업체 직원에게 징역 10월을 각 선고했다. 이 사건에서도 법리상 사기죄 적용이 가능하나 사기죄로 기소되지 않았다.

성형외과 전문의가 성형외과 전문의가 아닌 의사에게 대리수술을 시킨 경우에도 사기죄가 성립되는 점에 비추어 보면 의사가 비의료인에게 대리수술을 시키는 경우에도 기망행위에 의한 사기죄가 성립될 수 있고, 비의료인이 수술을 문제없이 시행했다고 달리 볼 것은 아니다.

광주고등법원 1982. 3. 12. 선고 81노985 판결에서 "의사면허가 없는 자가 면허를 가진 의사라고 병원경영주를 기망하여 내과 과장으로 취업한 후 그 월급으로 합계 금 29,700,000원을 받았다면 동인이 위 병원에서 11개월간 근무하면서 수많은 환자를 진료하는 등의 기술과 노동을 제공하였다 하더라도 사기죄가 성립함은 명백하다."라고 판시하고 있다.

5) 다만 일반 의료행위의 경우 허위 또는 과장된 의료광고의 경우 기망행위와 기망의 고의 입증에 한계가 있다. 사기죄의 주관적 구성요건인 편취의 범의는 피고인이 자백하지 않는 이상 범행 전후의 피고인의 재력, 환경, 범행의 경위와 내용, 거래의 이행과정 등과 같은 객관적인 사정 등을 종합하여 판단할 수밖에 없으며, 미필적 고의에 의하여도 사기죄는 성립된다.

---

188) 2021. 2. 4. 의협신문(https://www.doctorsnews.co.kr/news/articleView.html?idxno=138134)

　　범죄구성요건의 주관적 요소로서 '미필적 고의'라 함은 범죄사실의 발생가
능성을 불확실한 것으로 표상하면서 이를 용인하고 있는 경우를 말하고, 그 행
위자가 범죄사실이 발생할 가능성을 용인하고 있었는지의 여부는 행위자의 진
술에 의존하지 아니하고, 외부에 나타난 행위의 형태와 행위의 상황 등 구체적
인 사정을 기초로 하여 일반인이라면 당해 범죄사실이 발생할 가능성을 어떻게
평가할 것인가를 고려하여 행위자의 입장에서 그 심리상태를 추인하여야 한
다.189)

　　6) 성형외과 후기를 조작해 환자를 유인한 경우 기망행위와 기망의 고의는
인정될 수 있으나 기망행위와 손해 사이에 인과관계를 인정하기는 쉽지 않다.
즉, 의료광고로 인한 사기죄의 성립 여부를 판단함에 있어 사기죄에 있어 기망
의 대상이 무엇인지, 수술 결정에 중요한 요인이 무엇인지, 광고 내용이 중요한
내용인지, 위 광고행위와 의료행위 사이에 인과관계가 있는지 등을 구체적인
사안에 따라 개별적으로 판단해야 한다.

　　7) 의료기관에서 감면이 가능한 비급여 진료비를 대폭 할인해 주는 것처럼
광고했으나 실제로는 할인해 주는 금액이 없는 경우 사기죄가 성립될 여지는
있다. 의료기기, 한약이나 건강식품의 판매에서 효능이 전혀 없거나 FDA 승인
이 없음에도 효능이 있다고 하거나 승인을 받았다고 속여 판매한 경우 사기죄
가 성립될 가능성이 있다.

　　8) 허위 과장광고로 내원한 환자에게 의사가 설명의무를 위반하고, 그러한
설명의무위반과 악결과 사이에 인과관계가 있다면 업무상과실치사상죄로 처벌
될 수 있다. 대법원도 "의사가 설명의무를 위반한 채 의료행위를 하였다가 환자
에게 상해 또는 사망의 결과가 발생한 경우 의사에게 업무상 과실로 인한 형사
책임을 지우기 위해서는 의사의 설명의무 위반과 환자의 상해 또는 사망 사이
에 상당인과관계가 존재하여야 한다."라고 판시하여 있다.190)

　　9) 기망행위를 인정한 판례를 소개한다.

　　① [성체줄기세포 시술] 지방조직에서 성체줄기세포가 분리되어 신장에 시
술되었다고 하더라도 그 성체줄기세포가 분화하여 신장세포를 되살릴 수 있다
고는 보이지 않음에도 의사인 피고인이 식도암 수술 후 줄기세포시술 상담을

---

189) 대법원 2013. 3. 28. 선고 2013도56 판결 등
190) 대법원 2011. 4. 14. 선고 2010도10104 판결 등

받으러 온 환자에게 만연히 신장 및 심장기능이 회복될 것이라고 장담하여 줄기세포시술 비용으로 6,800만 원을 교부받아 사기죄로 기소된 사안에서, 법원은 피고인이 위 시술에 사용하는 세포치료제는 제조자, 제조 장소, 사용되는 시약의 종류, 선별과 배양시간 및 과정, 오염가능성 등 제조환경에 관한 검증이 전혀 되지 아니하고 그 효능에 관한 임상시험조차 거치지 아니하였으며 자신이 만든 세포치료제의 효능에 관하여 연구조차 진행되지 아니하여 피고인이 많은 세포치료제가 혈관 기능 개선뿐만 아니라 신장과 심장 기능에 효능이 있는지 알 수 없는 불확실한 상황에서 피해자로부터 시술비를 받더라도 피해자의 신장과 심장 기능을 개선할 능력이나 의사가 없었음에도 피해자를 기망하여 이에 속은 피해자로부터 6,800만 원을 교부받은 범죄사실을 모두 유죄로 인정했다.191) 피고인들이 항소한 항소심에서도 유죄를 인정하고 다만 피해자와 합의한 점 등을 참작해 징역 5개월로 감형했다.192)

② [녹동달오리골드 약] 오리, 하명, 누에, 동충하초, 녹용 등 여러 가지 재료를 혼합하여 제조·가공한 '녹동달오리골드'라는 제품이 당뇨병, 관절염, 신경통 등의 성인병 치료에 특별한 효능이 있는 좋은 약이라는 허위의 강의식 선전·광고행위를 하여 고가에 판매한 경우 사기죄의 기망행위를 구성한다.193)

③ [부작위에 의한 기망] 대법원은 특정 시술을 받으면 아들을 낳을 수 있을 것이라는 착오에 빠져있는 피해자들에게 그 시술의 효과와 원리에 관하여 사실대로 고지하지 아니한 채 아들을 낳을 수 있는 시술인 것처럼 가장하여 일련의 시술과 처방을 행한 의사에 대하여 사기죄의 성립을 인정했다.194)

15. 의료광고로 인한 손해배상청구와 금지청구

가. 의료광고로 인한 손해배상청구

불법 의료광고로 인하여 손해를 입은 자는 불법행위 또는 진료계약불이행으로 인한 손해배상을 청구할 여지는 있으나 손해배상청구의 요건을 입증하기

---

191) 부산지법 동부지원 2018. 11. 14. 선고 2018고단1283 판결
192) 부산지법 2019. 7. 25. 선고 2018노4314 판결
193) 대법원 2004. 1. 15. 선고 2001도1429 판결[특정경제범죄가중처벌등에 관한 법률위반(사기)·보건범죄단속에 관한 특별조치법위반(부정의약품제조등)]
194) 대법원 2000. 1. 28. 선고 99도2884 판결

쉽지 않다. 아래 판례도 입증이 없음을 이유로 손해배상청구를 기각하고 있다.

원고는 주위적으로 2019. 1. 19. 및 같은 해 2. 4. 피고가 운영하는 B 병원에서 FIMS 시술(비수술 통증 완화 시술)을 받았는데 오히려 통증이 극심해져 다른 병원에서 다시 치료를 받았고, 2019. 4.경 피고와 FIMS 치료비 환불을 받기로 구두 합의하고 4. 3. 피고의 직원으로부터 합의 금액 10,600,000원으로 기재한 약정서 파일을 받았는바, 이는 계약의 청약에 해당하고 원고가 승낙하여 피고가 원고에게 치료비 10,600,000원을 환불해 준다는 약정이 성립되어 피고는 위 금액을 지급할 의무가 있으며, 예비적으로 피고가 FIMS 시술에 관하여 의료법 제56조 제2항 제2, 4, 7, 8, 10, 11호를 위반하여 의료광고를 하였고, 원고는 의료광고를 믿고 FIMS 시술을 받았는데 오히려 극심한 통증이 발생하였으므로 피고는 위와 같은 위법한 의료광고행위로 인하여 원고에게 발생한 손해를 배상책임이 있다고 주장했다.

법원은, 주위적 주장과 관련하여 "위 금액은 피고 직원이 임의 계산한 것에 불과하고 피고 측 내부 승인을 기다리고 있는 상태였으며, 약정서에 원고의 서명날인만 있고 피고의 서명날인이 없어 이 사건 약정의 청약으로 볼 수 없으므로 "원고의 약정금 청구는 이유 없고, 예비적 청구와 관련하여" 피고가 의료법 제56조 제2항 제2, 4, 7, 8, 10, 11호를 위반하여 FIMS 시술에 관한 의료광고를 했다거나 그로 인하여 원고가 손해를 입었음을 인정하기에 부족하고 달리 이를 인정할 증거가 없으므로" 원고의 예비적 주장도 이유 없다고 판단했다.[195]

나. 전문병원의 장으로 구성된 비법인사단이 C 주식회사에 불법의료광고에 대하여 금지청구를 한 사건

원고는 정관에서 의료법에 따라 보건복지부로부터 전문병원으로 지정받은 의료기관의 장 또는 경영책임자 등을 정회원으로 정하고 있는 비법인사단이고, 피고는 정보통신서비스 제공자로서 인터넷 사이트(C)에서 지식, 인물, 학술정보 등 검색, 참고 서비스 제공, 블로그, 카페 등 커뮤니티 서비스 등의 종합적인 서비스를 제공하는 자로서 피고의 인터넷 사이트에서 '안과 전문', '지방흡입전문',

---

195) 서울중앙지법 2020. 9. 18. 선고 2019나75039 판결

'귀전문병원' 등과 같이 전문병원과 특정 진료과목 또는 질환, 신체 부위, 시술
명 등을 조합하여 검색하면 별지 3 목록에 표시된 바와 같이 보건복지부 장관
으로부터 전문병원으로 지정받지 아니한 의료기관('비전문병원')도 검색결과, 자
동완성 검색어와 연관 검색어에 나타나게 하였다.

이에 원고가 피고를 상대로 전문병원 지정 없이 전문병원의 명칭이나 특정
진료과목을 사용하는 등 거짓 광고를 금지하는 의료법 규정, 거짓·과장의 또는
기만적인 표시·광고를 금지하는 표시·광고의 공정화에 관한 법률(표시광고법),
정보통신망을 통하여 일반인에게 공개적으로 제공한 정보가 사생활 침해나 명
예훼손 등 타인의 권리가 침해한 경우 침해의 요청이 있는 경우 사업자는 지체
없이 삭제 등의 조치를 취해야 한다는 정보통신망 이용촉진 및 정보보호 등에
관한 법률 위반을 이유로 위법한 게시물 또는 광고 등을 검색결과 등에서 삭제
해 줄 것을 요청하는 것을 조건으로 하여 피고에 대하여 그 게시물 또는 광고
등의 삭제를 구함과 동시에 위반 시 1회당 그 위반행위를 지속하는 동안 1시간
경과할 때마다 10만 원씩을 원고에게 지급하라는 내용의 간접강제를 구하는 소
송을 제기했다.

그러나 법원은 비전문병원의 그러한 위법행위가 전문병원으로 지정받은
의료기관 개설자 또는 장 등의 인격권이나 그 밖의 권리를 침해하는지 여부는
별론으로 하고 그들을 회원으로 구성된 비법인사단인 원고에 대한 관계에서 직
접 인격권이나 그 밖의 권리를 침해한다고 보기 어렵고, 이 사건에서 비전문병
원의 의료법 또는 표시광고법에 위배되는 행위는 전문병원 자체에 대한 것이지
전문병원으로 구성된 비법인사단인 원고를 그 직접적인 대상으로 한 것은 아니
고 그 밖에 그것이 원고 법인 자체의 사회적 명성, 신용을 훼손한다고 볼 만한
자료가 없으므로, 원고는 피고와 사이에 아무런 법률관계가 없어 피고에 대하여
아무런 권리 주장을 할 수 없고, 원고가 주장하는 별지 1 목록 기재 전문병원은
2021년 이후에도 다시 지정되어 유지될지 예상하기 어렵고 원고의 소는 비전문
병원 관련 의료법 등에 위배되는 게시물 또는 광고 등을 특정하여 삭제를 구하
는 것이 아니라, 장차 원고의 삭제 요청에 따라 위법한 게시물 또는 광고 등이
특정될 것을 조건으로 하는 것으로서 위법한 게시물 또는 광고 등에 관한 삭제
요청이 확정되지 아니한 상황에서 그 청구권의 성립 여부와 범위를 확실히 예측
할 수 없다고 보아 원고의 소는 장래이행의 소로서 요건을 갖추지 못하여 부적

법하고, 원고의 청구가 이유 있음을 전제로 한 그 작위채무의 이행을 확보하기 위한 간접강제 신청 역시 부적법하여 원고의 소를 모두 각하했다.[196]

16. 의료광고 위반 시 광고대행업자와 의료기관 사이의 법률관계, 직원 사이 구상관계

가. 개설

2020년 2월 25일 의료법 시행령 개정으로 과징금이 급증해 의료기관에서 직원이나 광고대행업자의 불법 의료광고로 영업정지를 받거나 영업정지에 갈음하여 수억 원의 과징금을 부과받는 경우 광고를 잘못한 직원에게 구상권을 행사할 수 있는지 문제된다.

나. 의료기관과 광고업자 사이의 법률관계

의료기관과 광고대행업자 사이의 계약 내용에 따라 정해진다. 홈페이지 관리계약서 및 의료광고대행계약서에 의료법 준수 조항을 두고 위반 시 손해를 배상하도록 규정을 둔 경우 약정에 근거해 손해배상청구가 가능하고, 위 규정이 없더라도 의료기관에서는 불법 의료광고를 한 의료광고대행업자나 홈페이지 관리업체에게 민법상 채무불이행에 의한 손해배상청구는 가능하다.

다만 손해의 범위가 문제된다. 광고대행업체에서 과장광고로 의료기관에서 영업정지 1개월과 벌금형을 선고받았을 경우 통상 영업정지 1개월에 갈음한 과징금과 형사사건으로 조사받은 변호사 선임비 등이 포함될 수 있다. 그 경우에도 의료기관에서 광고 내용을 최종적으로 확인하지 못한 책임이 있으므로 의료기관 측의 과실이 상계될 수 있다.

홈페이지 관리계약이나 광고대행계약 체결 시 불법으로 광고 발생 시 과징금 금액 및 지출되는 변호사 비용을 예상해 위약벌로서 손해배상액을 미리 정해 두는 방법이 추후 당사자 간 분쟁해결에 도움이 된다.

---

196) 서울고법 2020. 3. 27. 선고 2019나2039766 판결

다. 의료기관과 직원 사이의 법률관계

의료기관의 직원이 광고를 하는 과정에서 실수로 의료법에서 금지하는 광고를 하는 경우에도 의료기관에서는 근로자에게 구상권을 행사하지 않겠다는 내용을 근로계약서에 기재하는 등 특별한 사정이 없는 한 광고를 담당한 직원에게 구상권을 행사할 수 있다. 다만 이 경우 근로자의 특수성 등을 고려해 구상권이 50% 내외로 제한될 수 있다.

일반적으로 사용자가 피용자의 업무수행과 관련하여 행하여진 불법행위로 인하여 직접 손해를 입었거나 그 피해자인 제3자에게 사용자로서의 손해배상책임을 부담한 결과로 손해를 입게 된 경우에 있어서, 사용자는 그 사업의 성격과 규모, 시설의 현황, 피용자의 업무내용과 근로조건 및 근무태도, 가해행위의 발생 원인과 성격, 가해행위의 예방이나 손실의 분산에 관한 사용자의 배려의 정도, 기타 제반 사정에 비추어 손해의 공평한 분담이라는 견지에서 신의칙상 상당하다고 인정되는 한도 내에서만 피용자에 대하여 손해배상을 청구하거나 그 구상권을 행사할 수 있다고 할 것이나,[197] 사용자의 감독이 소홀한 틈을 이용하여 고의로 불법행위를 저지른 피용자가 바로 그 사용자의 부주의를 이유로 자신의 책임의 감액을 주장하는 것은 신의칙상 허용될 수 없다.[198]

라. 기사형 광고 시 언론매체의 책임

기사형 광고의 경우 원칙적으로 편집권의 주체는 신문사 등이므로, 언론매체가 기본적으로 손해배상책임을 부담할 수 있다. 그 경우에도 책임이 제한될 수 있다. 다만 기사형 광고에 있어 의료기관과 언론사 사이에 다른 특별한 약정이 있다면 그 약정에 따른다.

광고란 널리 불특정 다수의 일반인에게 알릴 목적으로 이루어지는 일체의 수단을 말한다. 그런데 실질은 광고이지만 기사의 형식을 빌린 이른바 '기사형 광고'도 광고의 일종이다. 이러한 기사형 광고는 구성이나 내용, 편집 방법 등에 따라서는 일반 독자로 하여금 '광고'가 아닌 '보도기사'로 쉽게 오인하게 할

197) 대법원 1996. 4. 9. 선고 95다52611 판결 등
198) 대법원 1995. 11. 14. 선고 95다30352 판결; 대법원 2001. 7. 10. 선고 2000다37333 판결 등

수 있다. 즉, 일반 독자는 광고를 보도기사로 알고 신문사나 인터넷신문사 등
(이하 '신문사 등'이라 한다)이 정보 수집 능력을 토대로 보도기사 작성에 필요한
직무상 주의의무를 다하여 내용을 작성한 것으로 신뢰하고 이를 사실로 받아들
일 가능성이 크다.

신문 등의 진흥에 관한 법률 제6조 제3항에서 "신문·인터넷신문의 편집인
및 인터넷뉴스서비스의 기사배열책임자는 독자가 기사와 광고를 혼동하지 아
니하도록 명확하게 구분하여 편집하여야 한다."라고 규정하고 있는 것도 위와
같은 오인이나 혼동을 방지하여 독자의 권익을 보호하기 위한 취지이다.

따라서 신문사 등이 광고주로부터 특정 상품 등을 홍보하는 내용을 전달받
아 기사형 광고를 게재하는 경우에는, 독자가 광고임을 전제로 정보의 가치를
판단하여 합리적 선택과 결정을 할 수 있도록 그것이 광고임을 명확히 표시하
여야 하고, 보도기사로 오인할 수 있는 표시나 표현을 사용하여서는 아니 된다.

신문사 등이 광고주로부터 전달받은 허위 또는 과장 광고에 해당하는 내용
을 보도기사로 게재하거나 광고주로부터 전달받은 내용을 바탕으로 허위 내용
을 작성하여 보도기사로 게재함으로써 이를 광고가 아닌 보도기사로 신뢰한 독
자가 광고주와 상거래를 하는 등으로 피해를 입었다면, 기사형 광고 게재행위
와 독자의 손해 발생 사이에 상당인과관계가 인정되는 범위 내에서는 신문사
등도 방조에 의한 공동불법행위책임을 부담할 수 있다.199)

---

199) 대법원 2018. 1. 25. 선고 2015다210231 판결[손해배상(기)]

불법 의료광고로 인한 의료기관의
피해 사례와 의료광고 시
주의해야 할 점

불법 의료광고로 인한 의료기관의 피해 사례와 의료광고 시 주의해야 할 점

1. 의료광고로 인한 피해 사례와 소송 사례

아래와 같이 의료기관 직원이나 의료광고대행업체의 실수로 의료법위반의 광고를 하는 경우 형사처벌을 받고, 업무정지나 업무정지에 갈음한 수억 원의 과징금을 부과받으면 억울할 수밖에 없다.

의료기관의 장은 불법 의료광고로 인하여 처벌되거나 직원 등의 불법행위에 의한 양벌규정에 의해 처벌될 수 있다. 어느 경우나 억울할 수밖에 없으므로, 의료광고 전이나 의료광고 과정, 의료광고 후 모니터링을 강화해 의료법 위반 여부를 확인해야 한다.

가. 형사처벌과 과징금 등 행정처분

의료기관에서는 불법의료광고로 형사처벌 이외에 업무정지나 업무정지에 갈음한 과징금을 부과받을 수 있다. 형사처벌과 행정처분은 이중처벌이 아니다.

개인 의원을 운영 중인 의사가 성형외과 전문의가 아님에도 이 사건 의원의 내부에 'D 성형외과'라는 표시를 부착하고, 대표원장의 이력에 당시 실존하지 않은 '국군수도병원 성형외과 전문의 과정'이라는 이력사항을 기재하고 홈페이지에 'D 성형외과' 명칭을 사용하여 마치 성형외과 전문의 과정을 수료한 것처럼 거짓광고를 하였다는 이유로 벌금 100만 원[1]을 선고받고, 관할 시장으로부터 업무정지에 갈음한 과징금 22,500,000원을 부과받자 행정소송을 제기했으나 기각되었다.[2]

결국 의사는 불법의료광고로 벌금 100만 원과 과징금 22,500,000원을 납부하게 되었으며, 그 과정에서 상당한 소송비용을 지출한 것으로 판단된다. 현재는 매출액에 따라 과징금이 수억 원 부과될 수 있으므로, 주의를 요한다.

나. 의료기관 직원의 의료광고에 관한 의료법 숙지 및 준수 필요

의료기관의 장은 양벌규정에 의하여 처벌될 수 있으므로, 평소 의료기관의 직원이나 홈페이지 등 관리업체에게 의료법 준수 교육이나 의료법 모니터링을 강화하고 그 근거를 남겨두어야 한다.

피고인 B는 병원을 운영하는 의사이고, 피고인 A는 2019. 5.경부터 같은 해 8.경까지 위 병원의 직원으로 등록된 자인바, 피고인 A는 피고인 B로부터 광고마케팅 의뢰를 받아 부산 해운대구 E에 있는 자신의 주거지 내 컴퓨터에 접속하여 F 블로그에 2019. 5. 28. "G"라는 제목으로, 2019. 6. 20. "H"라는 제목으로, 2019. 6. 28. "I"라는 제목으로, 2019. 8. 26. "J"라는 제목으로 피고인 B으로부터 제공받은 환자 시술 사진 등을 이용하여 피고인 A가 직접 시술을 받은 환자였던 것처럼 위 D 의원의 위치, 가격, 시술 전후 사진 및 상태 등을 게재하는 의료광고를 하였고, 피고인 B는 병원 광고마케팅 의뢰를 한 피고인 A가 위반행위를 하지 않도록 상당한 주의와 감독을 게을리 하지 않아야 함에도 이를 소홀히 하여 피고인 A가 위 1항 기재와 같은 방법으로 의료광고를 하게 한 혐의로 기소되어 각 벌금 200만 원이 선고되었다.[3]

다. 의료광고대행업체나 홈페이지 관리업체의 의료광고에 관한 의료법 숙지 및 준수 필요

아래와 같은 사항은 의료광고대행업체나 홈페이지 관리업체에서 의료광고

---

1) 수원지법 안산지원 2019고약1524호
2) 수원지법 2020. 1. 9. 선고 2019구합66102 판결
3) 부산지법 2020. 6. 10. 선고 2020고단1426 판결

에 관한 의료법 규정을 숙지하거나 의료법위반 여부를 한 번이라도 체크만 했다면 의료기관 측의 형사처벌이나 행정처분을 피할 수 있었던 사건이다.

1) 광고대행업체의 잘못된 답변을 신뢰한 경우

원고는 B에서 'C 병원(이하 '이 사건 병원'이라 한다)'이라는 상호의 의료기관을 개설하여 운영하는 사람으로 2014. 6. 9. 피고로부터 "이 사건 병원의 정형외과 의사 3명이 A 병원 출신은 맞으나 A 병원 근무 당시 정형외과 의사는 총 6명임에도 불구하고, 2013. 12.경부터 2014. 1. 7.경까지 시내버스 21대에 '前 A 병원 정형외과팀 모두 그대로!'라는 거짓된 내용의 의료광고(이하 '이 사건 광고'라 한다)를 하였다."는 이유로 영업정지 2개월에 갈음한 과징금 17,250,000원을 부과받고(이하 '이 사건 처분'이라 한다), 이 사건 처분에 불복하여 대구광역시 행정심판위원회에 행정심판을 청구하였으나, 위 위원회는 2014. 8. 29. 원고의 청구를 기각하자 행정소송을 제기했다.

법원은 원고로서는 자신이 운영하는 병원에 관한 광고에 허위 내용이 게재되지 않았는지 여부를 확인하여 필요한 조치를 취할 주의의무가 있다고 보아야 하고, 단지 원고가 광고대행업체의 잘못된 답변을 신뢰하였다는 사정만으로 원고의 주의의무가 경감된다고 보기 어렵고, 이 사건 병원의 정형외과 의사 3명이 A 병원에 근무할 당시 정형외과 의사가 모두 6명이었던 사실을 원고도 인정하고 있는바, A 병원의 정형외과팀이 모두 그대로 이 사건 병원으로 옮겼다는 취지의 이 사건 광고는 사실과 다른 거짓 광고에 해당하고, 단순히 내용을 과장한 것에 불과하다고 볼 수는 없다고 판단해 원고의 청구를 기각했다.[4]

2) 홈페이지 관리업체에서 홈페이지 개편 작업 중 '암재활전문병원' 문구 기재

피고인 A은 F 요양병원의 행정차장으로 근무하는 사람이고, 피고인 의료법인 B은 위 F 요양병원을 운영하는 의료법인인바, 요양병원 홈페이지 관리업체가 요양병원의 홈페이지 개편 작업 과정에서 홈페이지에 '암재활 전문병원'이라는 문구가 표시되어 의료법상 거짓 광고로 기소되어 선고유예 판결이 선고받았다.[5] 그 결과 업무정지 2개월에 갈음한 과징금이 2/3로 감경되었다.

---

4) 대구지법 2015. 6. 16. 선고 2015구합20888 판결
5) 창원지법 밀양지원 2018. 5. 17. 선고 2017고정227 판결

라. 의료기관의 장의 관여 정도와 양벌규정

의료기관의 장의 관여가 입증되면 의료법위반의 정범이나 공범으로 처벌되고, 의료기관의 장이 관여하지 않았더라도 그 직원 등의 위반행위를 방지하기 위해 상당한 주의와 감독을 하지 않는 경우 의료법 제91조에 의해 양벌규정에 의해 처벌되고 그 경우 그 직원이 처벌받는 해당 조문에서 규정하는 벌금형이 선고될 수 있다.

물론 양벌규정 적용 시 법인의 대표자 등은 해당 조문의 벌금형이 부과되고, 법인 또는 개인이 그 위반행위를 방지하기 위하여 해당 업무에 관하여 상당한 주의와 감독을 게을리하지 아니한 경우에는 처벌되지 않는다.

2. 의료광고 및 환자유치 시 고려해야 할 사항

가. 의료광고 시 고려해야 할 사항

① 의료광고 시 광고규정 위반으로 감수할 불이익이 무엇인지 인식할 필요가 있다. 의료법이 금지하는 의료광고로 형사처벌과 행정처분 내용을 받을 수 있다. 2020. 2. 25. 과징금 상한액이 5천만 원에서 10억 원으로 급격하게 상승한 점을 주의해야 한다. 매출 100억 이상의 경우 과장광고의 경우에도 수억 원의 과징금이 부과될 수 있기 때문이다.

② 의료광고 시 광고내용, 광고매체선정, 광고대행업체에 의뢰할지 직접할지 고민이 필요하다. 직원이 직접 하거나 병원장이 하는 경우 직원에 대해 의료법 준수, 의료광고 모니터링 교육이 필요하고 그에 관한 근거자료를 남겨두어야 한다. 의료광고 심의 대상은 당연히 심사를 받아야 한다. 직원 개인 계정을 사용하는 경우와 병원의 공식계정으로 하는 경우에도 면밀히 살펴보아야 한다. 의료광고대행업자, 홈페이지 관리업자, 의료광고 담당 직원이 의료법에 대해 잘 모르는 경우가 많으므로, 주의해야 한다.

③ 홈페이지나 SNS 관리를 담당하는 업체에 의료광고를 대행하는 경우도 주의해야 한다. 단순히 광고로 인한 환자 유인만 관심을 가지는 것은 위험하다. 병원장이 광고대행업체의 환자유인이나 의료광고규정 위반으로 처벌될 가능성

도 있기 때문이다. 의료광고업체에 광고를 의뢰하는 경우 계약서에 의료법 준수, 위반 시 손해배상을 부담할 수 있다는 점도 명시해야 한다. 광고대행업체의 잘못으로 발생한 의료법위반에 대해 형사처벌과 행정처분은 모두 의료기관의 몫이다. 광고대행업체에 대한 철저한 관리와 감독이 있어야 의료기관에서 불법 의료광고로 인한 책임에서 벗어날 수 있다.

④ 광고 심의대상이 아닌 경우 의료법 전문변호사의 자문을 받는 것도 도움이 된다. 애매한 내용은 보건소나 보건복지부에 질의해 그 내용을 바탕으로 광고에 임해야 한다. 특히 환자 유인 형식과 관련해 중요하다. 의료광고 전 법률전문가 자문이나 보건복지부 질의 후 문제가 되는 경우 의료인은 의료법위반의 고의가 없어 무죄를 주장할 수 있기 때문이다.

⑤ 의료광고를 직접 하든 아니면 광고대행업자에게 맡길 때 광고 내용의 의료법 위반 내용을 항목별로 확인해 보아야 한다. 보건복지부나 대한의사협회 발행 의료광고 체크리스트를 확인하는 것도 좋은 방법이다. 광고 주체, 내용, 방법, 광고심의 대상 여부를 꼼꼼히 확인해야 한다. 그 경우에도 영리 목적의 환자유치인지도 살펴보아야 한다. 최종적으로 법률전문가와 상담하는 것이 좋다. 내용이 애매한 경우에는 보건소나 국민권익위원회에 문의하고 근거를 남길 필요가 있다. 그 과정에서 의료법 준수 모니터링 내용을 꼼꼼히 챙겨 두어야 한다.

⑥ 직원이나 광고대행업체에 의료법 준수에 관한 정기적인 교육과 의료법 준수·지도·감독할 필요가 있다. 그 경우 자료나 근거를 남기고 전담 직원을 두는 것이 필요하다.

⑦ 의료광고 이후에도 환자나 경쟁업체와 퇴사 직원이 의료법위반에 대하여 민원을 제기하거나 보건복지부나 보건소의 의료광고 모니터링 등으로 불법 의료광고가 적발되는 경우가 많다. 의료기관에서는 의료광고 시 불법 의료광고에 해당되는지를 모니터링하는 것은 물론이고 퇴사 직원이나 환자들과도 원만한 관계를 유지하는 것도 중요하다. 내부 고발로 의료법 위반 수사가 진행되는 경우도 종종 있다는 점을 알아야 한다.

⑧ 민원제기 후 보건소 실사 시 담당 공무원의 조사 내용을 정리하고 사실확인서 작성 시 신중해야 한다. 보건복지부에 민원제기 시 보건소에 이첩해 조사한다. 권익위원회에 민원을 제기한 경우 보건복지부를 거쳐 보건소에서 조사

가 이루어진다. 보건소 조사 시 신중하게 접근해야 한다.

⑨ 행정 관청이 현장조사 과정에서 조사 상대방으로부터 구체적인 위반 사실을 자인하는 내용의 확인서를 작성 받았다면, 그 확인서가 작성자의 의사에 반하여 강제로 작성되었거나 혹은 그 내용의 미비 등으로 인하여 구체적인 사실에 대한 증명자료로 삼기 어렵다는 등의 특별한 사정이 없는 한, 그 확인서의 증거 가치를 쉽게 부인할 수 없다.[6]

나. 환자 유치 시 고려해야 할 사항

의료법 제27조 제3항에서 금지하는 영리목적의 환자유인도 의료광고와 관련해 주의해야 한다.

① 본인부담금 감면은 가급적 하지 말아야 하고, 부득이 하는 경우 자치단체장의 사전 승인을 받아야 한다.

② 직원이나 그 가족에게 복지 차원에서 시행하는 본인부담금 감면도 가급적 자제하고, 부득이한 경우 복지규정을 명확히 하고 범위도 가급적 축소시켜야 한다.

③ 협력사 등의 협약 시 본인부담금을 감면하는 경우, 자치단체장의 사전 승인이 없는 한 위법하다.

④ 비급여 진료비 감면 대상을 선정함에 있어 소비자유인성과 합리성 기준을 충족시켜야 한다.

⑤ 환자 유치의 대가로 지급되는 금품 수수는 어떤 경우이든 허용되지 않는다. 환자 유치의 대가로 수당이나 금품을 직원에게 제공하든, 제3자에게 제공하든 마찬가지이다.

⑥ 병원 직원에게 환자유인건수별로 유치수당을 지급하는 경우에도 처벌되므로, 환자 유인 건수별로 연동하지 말고 연봉계약서 체결 시 추상적으로 참작해 반영하는 것이 바람직하다. 환자 유인 건수별이 아닌 일반적인 성과급 지급 기준을 두어 성과급을 지급하는 것도 하나의 방법이다.

⑦ 환자유인에 대한 대가로 돈이 아닌 상품권, 시술권, 할인권, 포인트, 검진권 등을 지급하는 경우에도 의료법위반이므로 주의를 요한다.

---

6) 대법원 2017. 7. 11. 선고 2015두2864 판결

⑧ 환자 픽업 서비스나 귀가서비스, 교통수단의 무료 제공의 경우도 의료법위반이므로, 부득이한 경우 지방자치단체장의 사전 승인을 받아야 한다. 환자가 단지 몸이 불편하다는 이유만으로 교통수단을 제공하는 것도 의료법위반이다.

⑨ 광고대행사에게 환자 유치 건수별로 수당을 수수료 명목으로 지급하는 경우도 의료법위반 소지가 많으므로 주의를 요한다.

⑩ 광고대행사 등에게 시술쿠폰 등 의료용역 자체의 판매를 의뢰하는 것도 불법이다.

⑪ 환자유인과 관련된 사건의 경우 영업 담당직원의 휴대폰, 직원들의 카톡이나 문자 내역, 직원이나 병원의 통장, 근로계약서, 임금대장, 수당지급내역 등을 압수해 조사할 수 있으므로 주의해야 한다. 진료기록부가 아닌 상담 내역이나 콜 내역, 예약내역 등도 압수할 수 있으므로, 압수영장 집행 시 압수 영장의 범위를 정확히 확인해야 한다.

⑫ 병원 직원으로 등록하지 않은 보험설계사 등에게 환자유치 등 영업을 의뢰하고 건별로 수당을 지급하는 경우에도 문제되므로, 주의해야 한다.

⑬ 병원 직원이 환자를 대신해 병원료를 대신 결제해 주고, 환자가 보험사에 보험금을 청구해 수령해 이를 변제하는 경우도 문제될 수 있다.

⑭ 본인부담금 감면이나 금품 수수의 경우 사후에 정산되거나, 외상으로 기재한 경우에도 의료법위반으로 처벌될 수 있으므로, 주의해야 한다.

3. 형사절차(수사 및 재판 과정)에서 고려해야 할 사항

가. 민원 제기 및 보건소 등의 현장 조사, 고발

의료사고 발생 시 환자가 불법 의료광고를 이유로 보건소에 민원을 제기하거나 의료기관 근무 직원이 불미스러운 일로 퇴사하면서 의료법위반 등으로 민원을 제기하는 경우를 종종 본다.

어떤 경우이든 민원이 제기되면 보건소에서는 현장조사를 한 다음 관할 경찰서에 의료법위반에 대하여 고발한다. 그러면 수사는 개시된다.

나. 경찰에서 피의자 내지 참고인 조사에 대한 대비

불법 의료광고로 인한 의료법위반 사건에서 보건소 직원에 대한 고발인 조사를 하는 경우는 드물고, 통상 의료기관의 장을 피의자로 불러 조사한다. 경찰에서 홈페이지 광고 등을 담당한 직원이 피의자로 고발되어 있지 않으면 홈페이지 관리 담당자를 불러 조사하지 않는 경우도 많다. 그 경우 의료기관의 입장에서는 홈페이지 및 SNS 관리를 담당하는 직원을 불러 조사할 것을 요청하거나, 조사를 하지 않는다면 직원의 사실확인서를 제출하거나 조사 시 대동해 경찰서를 방문해 조사를 요청해야 한다. 유리한 내용이 참조인 진술조서로 기재된 것이 사실확인서를 제출하는 것보다 억울함을 변소함에 있어 더 도움이 된다.

담당 의사 등 의료인이 의료법위반으로 고소나 고발을 당하면 담당의사 등은 참고인 또는 피의자 신분으로 수사기관인 검찰청(또는 경찰청)에서 소환장을 송달받은 후 수사기관에 출석하는 경우가 많다. 이때 변호인이 선임되면 변호인과 협의하고 그렇지 않은 경우 법률담당자의 조언을 받는 것이 유리하다. 많은 의사들이 법에 대해 잘 모르기 때문에 법률적으로 매우 불리한 진술임에도 불구하고 수사기관의 유도심문에 따라 진술하여 결정적으로 불리해지는 경우가 종종 있다.

그러므로 법률담당자는 수사기관에서 소환하면 담당 의사에게 예상신문 내용과 법률적 문제점을 알려주어 피의자 조사에 대비해야 하며 참고인 또는 증인 등으로 추가 소환이 예상되는 사람들도 면담을 통해서 진술 내용이 엇갈리지 않도록 유의해야 한다. 즉, 수사기관에 출석하기 이전에 의료광고의 경위 및 내용, 원장의 관여 정도를 시간대별로 확인하여 사건 경위와 쟁점을 정리한 후 수사기관에 출석하여 진술하는 것이 유리하다. 필요한 경우 출석 전에 의료광고를 올린 직원이나 광고대행업자의 사실확인서를 미리 받아둘 필요성이 있다.

경찰에서 전화 연락이 오면 개인 사정에 따라 출석 일자를 조정할 수 있다. 경찰서 출석 전에 고소장이나 고발장을 열람해 조사에 대비해야 한다. 2017. 7. 1.부터 경찰서에서 피고소인과 피고발인, 그 변호인은 고소장, 고발장을 열람 복사할 수 있으므로,[7] 조사 전에 이를 입수해 내용을 확인할 필요성이

---

[7] 경찰청 예규인 경찰서류 열람·복사에 관한 규칙 제3조 제2항 제1문

있다. 열람·등사는 정보공개청구의 방법으로 하고, 관할경찰서 종합민원실에 직접 방문하여 신청하거나 정보공개포털8)에 접속해 '청구/소통 청구신청'에 인 터넷으로 신청할 수 있으며, 공인인증서나 아이핀이 필요하다(위 규칙 제4조 제1 항). 다만 공개대상인 정보는 고소장과 고발장의 내용 중 혐의사실에 한정되고, 개인정보, 혐의사실 중 참고인에 관한 사실, 증거방법 및 첨부된 제출서류 등은 열람·복사의 대상에서 제외된다(제3조 제2항 제2문).

피의자조사를 받은 후에도 종합민원실이나 정보공개포털에 접속해 자신의 피의자신문조서나 진술조서의 열람을 신청해 이를 입수해 변론에 참조해야 한 다. 하지만 검찰에서는 위와 같은 별도의 예규가 없어 고발장 등을 열람해 주지 않는 경우가 많다.

다. 수사기관에 유리한 증거자료 제출 중요성 및 변호인 선임

가장 먼저 경찰서에 형사사건에서 관할이 있는지 확인해 경찰서에 사건에 대한 관할이 없다면 이관을 요청해야 한다. 통상 고소인 주소지에서 고소(고발) 하면, 피고소인 주소지 경찰서로 이관을 요청한다.

사법경찰관이나 검사가 자료제출을 요구할 경우 사전에 충분히 검토한 후 사본을 제출하고 사후 진술할 때 실수하지 않도록 주의해야 한다. 제출된 서류 는 반드시 복사를 하여 목록을 작성한 후 소송 수행 시 참고자료로 활용하도록 한다.

수사기관에서는 기본적으로 고소인 측에 불리한 내용에 관하여 증거를 수 집하는 경우가 많으므로 피고소인 측에서는 수사기관의 요청과 상관없이 자신 에게 유리한 자료, 의료광고와 관련하여 광고대행업체와 계약서, 직원이나 광 고대행업체 사장의 사실확인서, 인터넷 홈페이지 접속 횟수, 의료광고 시 참조 한 자료, 의료기기판매업자로부터 받은 자료, 경우에 따라 카톡 등 의료법 준수 를 당부한 내용, 다른 의료기관에서 광고한 유사 사례, 치료효과와 관련하여 의 학 논문 등 증거를 적극적으로 제출할 필요가 있다.

변호인을 선임해야 할 사건인 경우에는 빠른 시간 내에 변호인을 선임하여 도움을 받도록 해야 한다. 수사권 조정으로 의료광고 사건의 경우 경찰에서 수 사를 하고 검찰에서는 기록만 검토하는 경우가 대부분이므로, 보건소 실사 시

---

8) https://www.open.go.kr/com/sitemap/sitemap.do(정보공개청구)

부터 늦어도 경찰 수사 시부터 변호인의 도움을 받는 것이 유리하다.

　의사 등이 수사기관에서 피의자 또는 참고인으로 조사를 받기 이전에 변호사와 사실관계 및 법적 쟁점, 유리한 증거 확보 등에 관하여 상의한 후 수사기관에 출석하는 것이 유리하다.

　2021. 1. 1.부터 시행된 검경 수사권 조정에 따라 검사의 일반 사법경찰관리에 대한 수사지휘권이 폐지되고 수사감독권만 신설되어 경찰 수사에서 증거제출이나 대응이 중요하다. 현재 사법경찰관에게 1차 수사종결권이 있으므로 범죄수사 결과 혐의가 인정되지 않으면 검사에게 송치하지 않고 그 이유를 명시한 서면과 함께 관계서류와 증거물을 지체 없이 송부하는 불송치처분을 할 수 있고(형사소송법 제245조의5 제2호), 불송치처분에 대하여 고소인·고발인·피해자 또는 그 법정대리인 등의 이의신청이 있는 경우 사법경찰관은 지체 없이 검사에게 사건을 송치하고 관계서류와 증거물을 송부하여야 하며, 처리결과와 그 이유는 이의신청인에게 통지하도록 되어 있다(같은 법 제245조의7 제2항). 의료법위반 자체만으로 검사의 수사개시 범죄에 해당되지 않는다. 경찰에서 의견서 제출과 증거제출 등 적극적인 대응이 필요하다.

라. 경찰 조사과정에서 고려해야 할 사항

　광고담당 직원과 의료기관의 장은 수사기관 출석 전 변호사를 만나 법률상담을 받은 후에 출석하는 것이 유리하고, 조사 도중에도 송무 관련 직원이 동석하여 유도심문에 휘말리지 않도록 해야 하며 조서내용을 확인하고 잘못된 부분은 수정토록 하여 내용상 하자가 없는지 확인해야 한다. 피의자 조사나 참고인 조사를 받는 경우 미리 고소장이나 고발장을 입수해 보아야 한다.

　진술조서 작성 시 반드시 의료광고 내용을 확인하면서 진술해야 하며, 막연히 자신의 기억에 의존하여 진술하는 것은 매우 위험하다. 피의자신문조서 또는 참고인 진술조서 등은 추후 형사절차 및 민사절차에서 불리한 증거로 이용될 수 있고, 기억에 의존한 일부 내용이 사실과 다르게 확인된 경우 전체 진술 내용도 신빙성이 없기 때문에 조서 내용을 꼼꼼히 확인한 후 서명날인하여야 한다.

　경찰에서는 묻고자 하는 내용만 질문하고 유리한 내용은 질문을 하지 않는 경우가 많으므로, 유리한 진술이나 증거는 미리 준비해 가서 진술하거나 조서 말미에 첨부하는 것이 바람직하다.

조사 시 대답을 잘했더라도 진술 내용이 조서에 기재되어 있지 않으면 불리할 수 있으므로, 조서 열람 시 꼼꼼히 확인해야 한다. 수사권 조정으로 검찰에서 의료광고법 수사를 하지 않으므로 경찰에서 작성된 피의자신문조서는 매우 중요하다.

통상 의료광고 사건의 경우 보건소의 고발장이 접수되면 원장 정도만 조사하고 검찰에 송치하는 경우가 많으므로, 담당 직원이나 광고대행업자에 대한 수사가 이루어지지 않으면 대동해 출석하거나, 직원 및 대행업체의 사실확인서를 받아 제출하는 것이 유리하다.

경찰에서 피의자의 진술 내용에 일관성이 있고, 이에 부합하는 직원의 진술이나 광고대행업체 직원의 진술이 있고, 직원이나 홈페이지 등의 관리업체나 광고대행업체에게 의료법 준수를 당부한 내용 등이 있고, 그러한 내용이 조서에 상세하고 꼼꼼하게 기재되어 있다면 검사의 무혐의 처분이나 법원의 무죄판결을 받는 경우가 그만큼 증가한다.

경찰 수사 과정에서 조사과정의 편파, 부당, 가혹행위 등 불공정한 수사를 한다고 판단되면, ① 수사이의신청제도(국번 없이 182), ② 각 지방경찰청이나 경찰서 감사관실에 민원제기를 하거나, ③ 수사관교체나 수사관기피신청제도(국번 없이 182)를 활용하거나 피의자신문조서 열람 시 불만이 있는 내용을 '조사 과정 기재사항에 대한 이의제기나 의견진술 여부 및 그 내용' 항목이나, '기타 할 말이 있습니까'에 추가로 기재하는 것도 좋은 방법이다. 그중 수사이의신청을 하면 처리관서의 차상급관서인 지방경찰청에서 재수사를 한 후 그 결과를 이의신청인에게 통보해 주고, 이 경우 수사관을 교체해 주는 경우도 있다.

최근 경찰서에서 피의자신문조서 작성 전에 인권수사를 위해 진술녹음이나 녹화제도를 시행하고 있으므로, 조사 시 원하면 진술녹음이나 진술녹화를 할 수 있다. 국가인권위원회(국번 없이 1331)와 국민권익위원회(국번 없이 110)에도 민원을 제기할 수 있다.

실무상 피의자신문과정에서 담당수사관은 수사관 이름과 연락처, 피의자신문시와 체포시 피의자의 권리, 수사관기피신청제도와 수사이의신청제도, 국가권익위원회와 국민권익위원회의 연락처가 기재된 '피의자 권리 안내서'(제6장 참고)를 교부하고 자기변호노트도 제공해 인권수사를 진행하고 있다. 담당수사관은 피의자신문 전 진술거부권과 변호인선임권을 고지함과 동시에 장애인 등 특별히 보호를 요하는 자의 경우 신뢰관계자 동석을 허용하고 있다. 심야조사 (21시부터 6시)도 원칙적으로 금지하고 있다.

마. 검찰에서 검사 면담 제도 및 의견서 제출

경찰과 검찰의 수사권 조정으로 경찰에서 의료법위반으로 송치받은 사건을 검찰에서 피의자를 불러 수사하는 경우는 거의 없다. 경찰에서 사건을 검찰로 송치하면 법리적인 쟁점 중심으로 의견서를 작성해 제출하는 것이 도움이 된다.

사안에 따라 의료법위반 경위나 법리적인 측면을 검사에게 설명할 필요성이 있는 사건의 경우 검사 면담 신청을 하여 변론내용을 설명하는 것도 한 방법이다. 검사 면담 전에 변론요지 내용을 1~2장 정도로 요약해 전달하는 것도 좋다. 검사 면담 시간이 짧더라도 검사가 사건의 본질이나 내용을 정확히 파악하고 있는지 확인하고, 검사가 사건을 잘못 이해하고 있다면 사건의 정확한 파악에 도움이 되는 내용을 설명하거나 추가 의견서를 작성해 검찰에 제출할 수 있기 때문에 피의자의 입장에서는 도움이 된다. 검사가 송치된 사건을 검토한 후 구약식(벌금형)을 하거나 구공판을 청구한다.

검찰에 의견서를 제출할 때 가장 기본적인 내용(압수수색 절차의 위법성으로 증거능력이 있는지, 공소시효, 의료법위반의 고의 등)을 검토하는 것이 필요하다. 형사사건의 결과로 행정처분이 부과될 수 있으며, 기소유예 시 행정처분이 1/2 정도 감경될 수 있다는 점을 강조해야 한다.

검찰에서 원장에게 무혐의 처분을 하는 경우, 의료광고 담당 직원을 기소유예처분하고 원장에 대하여 무혐의 처분을 하는 경우, 원장을 약식기소 등 기소하는 경우가 있다. 의료광고에 원장이 관여하지 않거나 병원 직원이 원장에게 의료광고에 관하여 지시나 허락을 받지 않고 의료광고를 하는 경우 원장이 무혐의 처분을 받는 경우가 종종 있다. 저자도 객관적 자료를 바탕으로 이러한 점을 적극적으로 소명해 무혐의처분을 받은 바 있다.

만약 검찰에서 기소유예처분을 하면 검사의 기소유예처분의 취소를 구하는 헌법소원을 청구할 수 있다.

실제로 헌법재판소에서 검사의 기소유예처분을 취소한 사례도 상당수 있다.

검찰청 사건기록열람(등사) 신청은 직접 검찰청을 방문하거나, 인터넷, 우편, 민원우편으로 신청할 수 있다.

검찰보존사무규칙 제20조의2(수사서류 등의 열람 · 등사 신청) ① 다음 각 호의 어느 하나에 해당하는 자가 수사준칙 제69조 제1항 및 제5항(수사준칙 제16조 제6항에서 준용하는 경우를 포함한다)에 따라 진정사건 · 내사사건 · 시정사건 · 수사사건 및 수사 중인 사건에 관한 본인의 진술이 기재된 부분(녹음물 및 영상녹화물을 포함한다)과 본인이 제출한 서류의 전부 또는 일부에 대하여 열람 · 등사를 신청하는 경우에는 별지 제5호서식, 별지 제5호의2서식 또는 별지 제5호의3서식의 사건기록 열람 · 등사신청서에 따른다.
1. 피의자, 피진정인, 피내사자 또는 피혐의자
2. 고소인 · 고발인 또는 피해자, 진정인, 참고인 등 사건관계인
3. 제1호 및 제2호에 따른 자의 변호인
4. 제1호 및 제2호에 따른 자의 법정대리인 · 배우자 · 직계친족 또는 형제자매로서 제1호 및 제2호에 따른 자의 위임장 및 신분관계를 증명하는 문서를 제출한 사람
② 다음 각 호의 어느 하나에 해당하는 자가 수사준칙 제69조 제3항 또는 제5항(제16조 제6항에서 준용하는 경우를 포함한다)에 따라 고소장, 고발장, 이의신청서, 항고장 또는 재항고장에 대하여 열람 · 등사를 신청하는 경우에는 별지 제5호서식, 별지 제5호의2서식 또는 별지 제5호의3서식의 사건기록열람 · 등사신청서에 따른다.
1. 피의자
2. 피의자의 변호인
3. 피의자의 법정대리인 · 배우자 · 직계친족 또는 형제자매로서 피의자의 위임장 및 신분관계를 증명하는 문서를 제출한 사람
③ 다음 각 호의 어느 하나에 해당하는 자가 수사준칙 제69조 제4항에 따라 현행범인체포서, 긴급체포서, 체포영장 또는 구속영장에 대하여 열람 · 등사를 신청하는 경우에는 별지 제5호서식, 별지 제5호의2서식 또는 별지 제5호의3서식의 사건기록 열람 · 등사신청서에 따른다.
1. 체포 · 구속된 피의자
2. 체포 · 구속된 피의자의 변호인
3. 체포 · 구속된 피의자의 법정대리인 · 배우자 · 직계친족 또는 형제자매로서 체포 · 구속된 피의자의 위임장 및 신분관계를 증명하는 문서를 제출한 사람
제20조의3(불기소사건기록의 열람 · 등사 신청) 다음 각 호의 어느 하나에 해당하는 자는 수사준칙 제69조 제2항에 따라 별지 제5호서식, 별지 제5호의2서식 또는 별지 제5호의3서식의 사건기록열람 · 등사신청서에 따라 불기소사건기록 중 전부

> 또는 일부의 열람·등사를 신청할 수 있다.
> 1. 피의자이었던 자
> 2. 고소인·고발인 또는 피해자, 참고인 등 사건관계인
> 3. 제1호 및 제2호에 따른 자의 변호인
> 4. 제1호 및 제2호에 따른 자의 법정대리인·배우자·직계친족 또는 형제자매로서 제 1호 및 제2호에 따른 자의 위임장 및 신분관계를 증명하는 문서를 제출한 사람

　　인터넷으로 신청하는 경우 정부24[9])를 활용할 수 있다(형사소송법 제59조의 2, 제266조의3 제1항, 검찰보존사무규칙 제20조 내지 제22조, 제28조 사건기록 열람·등 사의 방법 및 수수료 등에 관한 규칙 제8조).

사. 재판절차에서 고려사항

　　검사가 기소하면 법원에 재판기록 열람·등사를 신청하고 검찰청에 가서 수사기록까지 복사해 검토한 후 변론 방향을 정해야 한다. 형사사건에서 제일 중요한 것은 공소사실의 인정 여부와 검찰이 제출한 증거 중 어떤 증거에 동의 할지를 신중히 판단해야 한다는 점이다.

　　공판절차에서 의료광고를 하게 된 경위 및 그 내용, 원장이 피의자가 의료 광고에 얼마나 관여했는지, 관리 감독을 철저히 했는지, 의료법위반의 고의가 있는지, 그로 얻은 손해나 이익이 있는지, 행정처분의 내용과 그로 인한 병원과 환자의 피해 등을 적극적으로 변론하는 것이 매우 중요하다.

　　통상 의료광고로 의료법위반으로 기소된 사건에서 홈페이지 관리업체의 직원, 의료광고를 담당한 직원 등을 증인으로 신청해 의료법위반의 고의가 없 다는 점을 입증한다. 변론 내용에 따라 의료법위반에 대하여 직원만 처벌되고 원장은 무혐의나 무죄를 선고받는 경우도 있다.

　　최후수단으로 의료광고 금지를 규정하는 의료법 규정의 위헌법률심사를 청구해 기각하면 헌법재판소에 헌법소원을 제기하기도 한다.

　　다만 단순히 의료법위반이 아니라, 의료법위반과 의료사고로 인한 업무상 과실치사죄와 같이 기소된 경우 진행 방향 결정이 매우 중요하다. 의료법 위반

---

　9) 정부24(https://www.gov.kr/mw/AA020InfoCappView.do?HighCtgCD＝A08006&CappBiz CD＝12800000024&tp_seq＝01)

으로 집행유예를 선고받으면 의료법 제8조 의료인 결격사유에 해당되어 의사면허가 취소될 수 있으므로, 주의해야 한다. 의료법위반에 대한 고의가 없어 무죄가 선고되는 경우가 종종 있으므로 고의가 없다는 점을 입증할 수 있는 간접증거(광고 담당 직원이나 광고대행업체의 진술, 의료기기 업체에서 관련 자료를 받은 경우 관련 자료 및 의료기기 업체의 진술 등)를 확보하는 것이 도움이 된다.

4. 보건소 조사, 행정처분과 행정소송에서 대응

가. 보건소 조사

최근 인터넷 민원 제도의 발달로 환자나 경쟁관계에 있는 의료기관에서 의료광고 위반을 이유로 보건소, 보건복지부, 국민권익위원회 등에 민원을 제기하는 경우가 많다. 경우에 따라 의사, 한의사 등의 협회 차원이나 전문과목 학회 차원에서도 키워드 검색 등을 통해 불법 의료광고 민원을 제기하기도 한다. 그 경우 의료기관 소재 관할 보건소에서 현장조사를 하게 된다. 보건소 현장 조사 시 해당 내용을 조사하고 원장이나 책임자로부터 의료법위반을 확인하는 내용의 사실확인서를 받는다. 보건소는 이를 근거로 관할 경찰서에 고발한다.

보건소 현장조사 시 사실관계를 정확히 확인하지 않은 상태에서 사실확인서를 작성해 준 경우 형사처벌과 행정처분에 있어 가장 유력한 증거가 될 수 있으므로 주의를 요한다. 예를 들어 A 병원 홈페이지에 치료경험담을 게시한 것을 이유로 현장조사를 받은 경우, A 병원 원장은 사실확인서에 "A 병원 홈페이지에 치료경험담이 게시되어 의료법 제56조 제2항 위반임을 확인한다."라는 내용으로 사실확인서를 작성해 주지 말아야 한다. 부득이 사실확인서를 작성하는 경우에는 "A 병원 홈페이지에 치료경험담이 게시되어 있다는 사실을 확인한다."라고 적어주어야 한다. 전자의 경우 의료법위반을 인정하는 사실확인서임에 반해, 후자는 홈페이지에 치료경험담이 게시된 사실은 있으나 위 게시 경위에 따라 의료법위반이 아니라고 항변이 가능한 사실확인서이다.

의료광고위반으로 업무정지처분을 받거나 형사재판이 진행될 때 위 사실확인서는 불리한 증거가 되므로, 문구를 작성함에 신중해야 한다. 객관적인 사실만 적는 것이 바람직하고 의료법위반 여부를 확인하는 내용을 작성해 줄 필요성이 없다.

보건소의 현장 조사과정에서 조사 지침을 지키는지도 확인해 볼 필요성이 있다. 참고로 행정조사기본법 제4조에서는 행정조사의 기본원칙을 규정하고 있다.

행정조사기본법 제4조(행정조사의 기본원칙) ① 행정조사는 조사목적을 달성하는데 필요한 최소한의 범위 안에서 실시하여야 하며, 다른 목적 등을 위하여 조사권을 남용하여서는 아니 된다.

② 행정기관은 조사목적에 적합하도록 조사대상자를 선정하여 행정조사를 실시하여야 한다.

③ 행정기관은 유사하거나 동일한 사안에 대하여는 공동조사 등을 실시함으로써 행정조사가 중복되지 아니하도록 하여야 한다.

④ 행정조사는 법령등의 위반에 대한 처벌보다는 법령등을 준수하도록 유도하는데 중점을 두어야 한다.

⑤ 다른 법률에 따르지 아니하고는 행정조사의 대상자 또는 행정조사의 내용을 공표하거나 직무상 알게 된 비밀을 누설하여서는 아니된다.

⑥ 행정기관은 행정조사를 통하여 알게 된 정보를 다른 법률에 따라 내부에서 이용하거나 다른 기관에 제공하는 경우를 제외하고는 원래의 조사목적 이외의 용도로 이용하거나 타인에게 제공하여서는 아니 된다.

행정조사기본법 제5조에 의하면 행정기관은 법령 등에서 행정조사를 규정하고 있는 경우에 한하여 행정조사를 실시할 수 있으나(본문), 한편 '조사대상자의 자발적인 협조를 얻어 실시하는 행정조사'의 경우에는 그러한 제한이 없이 실시가 허용된다(단서). 행정조사기본법 제5조는 행정기관이 정책을 결정하거나 직무를 수행하는 데에 필요한 정보나 자료를 수집하기 위하여 행정조사를 실시할 수 있는 근거에 관하여 정한 것으로서, 이러한 규정의 취지와 아울러 문언에 비추어 보면, 단서에서 정한 '조사대상자의 자발적인 협조를 얻어 실시하는 행정조사'는 개별 법령 등에서 행정조사를 규정하고 있는 경우에도 실시할 수 있다.10)

나. 보건소의 고발 및 사전처분

보건소는 현지조사와 현지조사 시 받은 사실확인서를 바탕으로 경찰서에

---

10) 대법원 2016. 10. 27. 선고 2016두41811 판결[시정명령처분취소등]

고발한다. 실무적으로 보건소에서는 의료법위반이 애매한 내용도 고발하는 경우가 많다. 경우에 따라 경찰서에 고발을 하면서 업무정지 등 사전행정처분을 하는 경우도 있다.

사전 행정처분의 경우 의견를 제출할 기회가 부여되므로, 업무정지의 경우 과징금으로 대체해 달라는 점과 관련 형사사건 종결 후 본 처분을 해 달라는 내용의 사전행정처분에 대한 의견서를 제출하는 것이 유리하다.

행정절차법 제21조 제1항, 제3항, 제4항, 제22조에 의하면, 행정청이 당사자에게 의무를 부과하거나 권익을 제한하는 처분을 하는 경우에는 미리 '처분의 제목', '처분하려는 원인이 되는 사실과 처분의 내용 및 법적 근거', '이에 대하여 의견을 제출할 수 있다는 뜻과 의견을 제출하지 아니하는 경우의 처리방법', '의견제출기관의 명칭과 주소', '의견제출기한' 등의 사항을 당사자 등에게 통지하여야 하고, 의견제출기한은 의견제출에 필요한 상당한 기간을 고려하여 정하여야 하며, 다른 법령 등에서 필수적으로 청문을 하거나 공청회를 개최하도록 규정하고 있지 아니한 경우에도 당사자 등에게 의견제출의 기회를 주어야 하며, 다만 '해당 처분의 성질상 의견청취가 현저히 곤란하거나 명백히 불필요하다고 인정될 만한 상당한 이유가 있는 경우' 등에 한하여 처분의 사전통지나 의견청취를 하지 아니할 수 있다.

따라서 행정청이 침해적 행정처분을 하면서 당사자에게 사전통지를 하거나 의견제출의 기회를 주지 아니하였다면, 사전통지나 의견제출의 예외적인 경우에 해당하지 아니하는 한, 처분은 위법하여 취소를 면할 수 없다. 그리고 여기에서 '의견청취가 현저히 곤란하거나 명백히 불필요하다고 인정될 만한 상당한 이유가 있는 경우'에 해당하는지는 해당 행정처분의 성질에 비추어 판단하여야 하며, 처분상대방이 이미 행정청에 위반사실을 시인하였다거나 처분의 사전통지 이전에 의견을 진술할 기회가 있었다는 사정을 고려하여 판단할 것은 아니다.11)

보건소에서 현지 조사 과정에서부더 의료법 전문변호사와 상담해 진행 방향을 논의하는 것이 사건 해결에 도움이 된다.

고발 후 경찰 및 검찰에서 대응 과정은 위에서 언급한 바와 같다.

---

11) 대법원 2016. 10. 27. 선고 2016두41811 판결[시정명령처분취소등]

다. 행정처분 통지 및 행정소송 절차에서의 대응

1) 행정처분의 통지 시 신속한 대응

행정처분 시 처분의 효력발생일이 기재되어 있고, 통상 2~3개월의 여유가 있다. 하지만 의료업 종사자들이 행정처분 통지서를 받은 후 대응방향을 논의하지 않은 채 행청처분 효력발생일 2~3일 전에 집행정지를 해 달라고 하기도 한다. 그 경우에도 신속하게 집행정지신청 및 소장을 당일 작성해 접수한 후 법원에 연락해 집행정지 심문기일이 열리기 전에까지 잠정처분이라도 해 달라고 요청해야 한다.

서울행정법원의 경우 유사 사건에서는 집행정지 사건의 기록을 신속히 검토해 잠정적으로 집행정지 처분을 하면서 심문기일을 신속해 지정해 준다. 허위 광고로 업무정지 2개월 행정처분을 받았는데 사건 위임 시 3일 후 업무정지 처분의 효력이 발생한다면 소송대리인 입장이나 당사자 입장에서 난감하다.

의료기관에서도 행정처분 통지서가 오면 불복할지를 검토하고, 불복 시 행정심판으로 할지 행정소송을 바로 제기할지 고민하고, 충분한 여유를 두고 사건을 의뢰해야 한다.

2) 행정소송의 필요성

의료법위반으로 인한 형사사건이 확정될 경우 행정소송에서는 형사 판결을 존중하므로 행정소송을 제기하더라도 영업정지처분이나 과징금 처분이 번복되기는 힘든 것이 사실이다.

그러나 2021. 4. 1.경부터 병·의원의 업무정지나 과징금 처분은 의료질 평가에 영향을 미치며, 의료광고의 경우 영업정지 1개월(과장광고) 또는 2개월(거짓광고), 매출액에 따라 영업정지에 갈음하여 과징금이 수억 원이 부과될 수 있으므로, 이를 다툴 필요성이 있다. 특히 업무정지의 효력을 일정 시간 정지시킬 필요가 있는 경우 행정소송을 제기할 필요성이 있다.

3) 집행정지신청 및 행정소송 제기

행정처분에 대하여 불복할지를 고민하고, 행정심판이 유리할지, 바로 행정소송을 제기할지를 고민해야 한다.

주의할 것은 행정법규 위반에 대해 가해지는 제재조치는 위반자의 고의 또는 과실을 요하지 않는다는 점이다.

행정법규 위반에 대하여 가하는 제재조치는 행정목적의 달성을 위하여 행정법규 위반이라는 객관적 사실에 착안하여 가하는 제재이므로, 위반자가 그 의무를 알지 못하는 것이 무리가 아니었다고 할 수 있어 그것을 정당시할 수 있는 사정이 있을 때 또는 의무의 이행을 당사자에게 기대하는 것이 무리라고 하는 사정이 있을 때 등 의무 해태를 탓할 수 없는 정당한 사유가 있는 경우 등의 특별한 사정이 없는 한 위반자에게 고의나 과실이 없다고 하더라도 부과될 수 있다.12)

행정소송을 제기하기로 결정했다면 행정소송 제기와 함께 집행정지신청을 할 수 있다. 통상적으로 업무정지처분의 취소를 구하는 행정소송을 제기하면서 집행정지신청을 하는 경우 1심 판결 선고시까지 집행정지가 인용되나 업무정지처분에 갈음한 과징금처분에 대해서는 회복할 수 없는 손해가 발생하기 어렵다는 이유로 집행정지가 인정되지 않는다.

행정소송 및 집행정지 신청 시 관할 법원을 반드시 확인하고, 피고가 보건복지부장관인지 아니면 지방자치단체장인지, 보건소장인지를 명확히 하고, 제소기간 등 행정소송법에 따른 규정을 준수해야 한다.

처분청이 의사면허자격정지처분 등 보건복지부 장관인 경우 대법원 소재지인 서울행정법인이나 피고 보건복지부 주소지인 대전지방법원에 행정소송을 선택적으로 제기할 수 있다. 집행정지신청은 통상 심문기일을 지정해 심문을 하므로 1개월 이상의 시간적 여유를 두고 신청하는 것이 바람직하다.

업무정지처분에 대한 집행정지신청이 인정되더라도 원고가 1심에서 행정소송에서 패소하면 집행정지의 효력이 상실하므로 업무정지처분이 효력을 발생한다는 점을 유념해야 한다. 1심 판결에서 패소한 후 항소하면서 집행정지신청을 하는 경우 인용되지 않는 경우가 많다. 그런 점을 고려해 1심에서 집행정지신청 시 1심 판결 선고 후 2주까지 집행정지의 효력이 미치도록 집행정지 신청 시 주의해야 한다.

4) 증거신청

주로 관련 형사사건에 판결문이나 증거에 관하여 형사기록문서송부촉탁신청을 하거나, 광고대행사 및 병원 측 광고 담당 직원을 증인으로 신청해 입증할

---

12) 대법원 1980. 5. 13. 선고 79누251 판결; 대법원 2009. 6. 11. 선고 2009두4272 판결

수밖에 없다. 대부분 형사사건에서 증인신문이나 조서가 작성된 경우이므로 행정소송에서 증인신청을 하더라도 채택되지 않을 수 있다. 다만 보건소에서 작성한 사실확인서의 신빙성 등을 다투기 위해 그 당시 사실확인서를 작성해 간 보건소 직원을 증인으로 신청하면 채택되는 경우가 종종 있다. 어떤 경우이든 증인신문의 필요성을 충분하고 합리적으로 설명한 경우 증인채택 가능성이 높다.

재판 결과 승소하게 되면 사건 위임 시 약정한 승소사례금을 지급하고 패소 시에는 변호사 및 담당 의사와 협의하여 항소를 할 수 있도록 준비한다. 행정소송에서 항소기간은 판결 송달일로부터 14일, 형사는 판결 선고일로부터 7일이므로 상소기간을 반드시 확인하여 상소 기회를 잃지 않도록 유의해야 한다.

행정소송에서 피고 측은 대부분 행정처분의 부과에서 의료기관 측의 고의 또는 과실을 요하지 않고, 관련 형사사건의 판결이 유력한 증거가 되어 처분사유가 존재하고, 그 밖에 재량권의 일탈 남용이 없다고 항변한다.

5) 의료광고와 관련된 행정소송 최근 판례

① [FDA 승인 광고] 원고가 한의원을 운영하면서 'B 한의원'이 처방하는 인목탕에 대해 미국 FDA(U.S. Food and Drug Administration, 이하 'FDA'라 한다)에 등록된 실험소에서 검증을 받았음에도 FDA에서 직접 안정성 인증을 획득한 것처럼 거짓으로 홈페이지 및 기타 매체에 허위사실을 광고하였다는 내용으로 업무정지 2개월의 사전처분을 받고, 관련 형사건에서 기소유예 처분을 받은 후, 피고 보건복지부로부터 처분기준의 1/2을 감경해 업무정지 1개월에 갈음한 과징금 부과처분을 받자 이의 취소를 구한 사건에서 원고의 청구가 기각되었다.[13]

② [시술쿠폰 발행과 수수료 지급] 개인 의원 원장이 2014. 10.경부터 2015. 2. 28.까지 E에게 84,781,000원 상당의 의료시술 쿠폰을 발행하고 판매금액의 10~15%의 수수료를 지급하는 방법으로 영리목적으로 환자를 알선, 유인하는 행위를 사주하여 의료법을 위반하였다는 피의사실에 대해 11,860,650원 수수료 지급사실이 인정되어 의정부지방검찰청에서 기소유예처분 받은 후 보건복지부 장관으로부터 1개월의 면허자격 정지처분을 받자 행정소송을 제기하

---

13) 서울행정법원 2017. 12. 15. 선고 2017구합66435 판결

였으나 처분사유가 존재하고 재량권의 남용이 없다는 이유로 기각되었다.14)

③ [한의사 근본치료 광고] 한의사가 자신의 블로그에 "×× 한의원에서는 근본치료를 하고 있고, 원인을 잡아주는 근본치료가 환자에게 가장 중요한 치료방법입니다."라고 과장광고를 하여 수원지방검찰청 안양지청 검사로부터 '근본치료' 부분이 과장광고라는 이유로 기소유예 처분을 받은 후 ×× 보건소장으로부터 업무정지 15일에 갈음한 과징금 4,312,500원을 부과하는 처분을 받자 행정소송을 제기했으나, 법원은 "광고내용을 접한 의료소비자로서는 원고의 한의원에서 하는 치료방법은 다른 한의원에서 하는 치료방법과 달리 '근본치료이고, 나아가 그 근본치료가 원인을 잡아주는 치료방법으로서, 환자에게 가장 필요한 치료방법'이라는 의미로 받아들여질 수 있다."고 보아 원고의 청구를 기각하였다.15) 이 사건에서 한의사는 동일하게 광고내용을 한 한의원 홍보 블로그에 사용된 다른 한의사는 관할보건소로부터 시정하라는 행정지도만 받고 검찰에 고발되지 않은 사례가 많음에도 유독 자신만 고발조치를 하고 시정지도가 아닌 이 사건 처분을 하는 것은 평등의 원칙에 반하고, 법령이라고 보기 어려운 대한한의사협회 의료광고심의위원회의 내부적 기준에 위반된다는 이유로 이 사건 처분을 한 것은 법치행정의 원리에도 반한다고 주장했으나 법원은 이 사건 처분이 적법하고 그 위법성을 지적하는 원고의 주장은 이유 없다고 판시했다.

④ [근무하지 않은 배우자 치과의사 약력 기재] 'C 치과 의원'을 운영하는 원장이 처 D가 F 치과의원에 근무해 C 의원에 근무하지 않고 대한치과의사협회에서 홈페이지 광고에 대한 약력을 규제하고 있지 않음에도 2011. 11.경부터 2015. 8. 15.경까지 홈페이지 '의료진 소개'에 원장 A(원고), 원장 D 합계 2명을 소개하고 2명의 소개 부분에는 각 "C에서는 대한치과의사협회의 규정에 따라 약력을 게재하지 않습니다. 자세한 약력을 알고 싶으신 분께는 이메일로 답변을 보내드리겠습니다."라고 기재해 사실과 다른 의료광고를 한다는 이유로 부산지방검찰청에서 기소유예처분을 받고, ○○ 보건소장으로부터 업무정지 1개월에 갈음한 과징금 9,750,000원을 부과받자 행정소송을 제기하였으나 기각되었다. 이 사건에서 치과 의사인 원고는 홈페이지 제작업체에 C 치과 의원과 F

---

14) 서울행정법원 2019. 10. 8. 선고 2018구합83246 판결[의사면허자격정지처분취소]
15) 수원지법 2018. 9. 21. 선고 2018구단7062 판결[과징금부과처분취소 판결]

치과 의원의 홈페이지 제작을 의뢰하고 같은 홈페이지에 두 개의 병원과 의료진이 소개되었으며, 위 제작업체에 D의 사진 등 F 치과 의원과 관련된 내용을 비공개로 해 줄 것을 요청해 홈페이지가 수정된 것으로 알고 있어 의료법위반의 고의가 없었다고 주장했다. 그러나 법원은 게시 기간이 약 3년 8개월인 점, 관련 형사사건에서 의료법위반의 범행을 시인한 점 등에 근거해 허위 사실 게재를 몰랐다고 보기 어렵고, 허위 판단에 있어 어긋남이 있게 된 주관적인 동기나 경위를 개념 요소로 하지 않으며, 홈페이지 제작업체에 수정요청을 한 후 이를 신뢰하고 확인하지 않았다는 사정이 인정된다고 하더라도 다른 사정 없이 위 사정만으로는 원고의 의무해태를 탓할 수 없는 정당한 사유 등 특별한 사정이 있다고 볼 수 없다고 보아 원고의 주장을 배척했다.[16]

⑤ [협력병원을 부속병원인 것처럼 광고] 병원을 운영하는 의료법인은 C 대학교 협력병원임에도 병원 인터넷 홈페이지에 'C 대학교 B 병원'이라는 명칭과 C 대학교 로고를 사용하여 'C 대학교 부속병원'인 것처럼 광고하여 ○○ 보건소장으로부터 의료법 제56조 제2항 제2호에서 금지하는 '소비자를 현혹할 우려가 있는 내용의 광고'에 해당된다는 이유로 업무정지 1개월에 갈음하는 과징금 16,125,000원을 부과하는 처분을 받자 제기한 소송에서 과징금 부과처분을 취소한다는 판결이 선고되었다. 법원은 "보통의 주의력을 가진 의료서비스 소비자로서는 이러한 광고보다는 의료시설이나 인력의 수준, 지리적 접근성, 특정 분야에 대한 전문성 등에 주안점을 두고 B 병원에 대한 방문 여부를 결정할 것으로 보이고, 위 광고의 표현방식의 자체에 의하더라도 B 병원을 특정 질환과 관련하여 치료에 반드시 효과가 있는 병원으로 소개하는 것은 아니므로, 위 광고가 의료법 제42조에서 정하고 있는 의료기관의 명칭 표시에 관한 사항을 위반한 것인지 여부는 별론으로 하더라도 이를 들어 '치료효과를 보장하는 등 소비자를 현혹할 우려가 있는 내용의 광고'에 해당된다고 보기 어렵다."라 하면서 이 사건 처분사유가 존재하지 않은 이 사건 처분은 위법하여 취소한다고 판시했다.[17] 이 사건에서 원고와 대표이사는 B 병원을 C 대학교 부속병원인 것처럼 광고하였다는 이유로 고발당했는데 서울동부지방검찰청 검사로부터 의료법

---

16) 부산지법 2016. 10. 6. 선고 2016구합1999 판결[과징금부과처분취소]
17) 서울행정법원 2016. 12. 22. 선고 2016구합70604 판결[영업정지 1개월(과징금 갈음)처분취소]

위반에 대하여 혐의 없음 처분을 받았다.

5. 의료광고 관련 주요 판례 10선 소개

> 판례 1 – 인터넷 성형쇼핑몰 형태의 통신판매 사이트에서 시술 쿠폰 상품을 판매한
> 경우, 의료법이 금지하는 환자유인에 해당되는지('인터넷 사이트 시술 쿠폰
> 판매')

가. 사건의 쟁점

인터넷 성형쇼핑몰 형태의 통신판매 사이트를 운영하는 피고인들이 '2013. 9.경부터 2016. 7. 21.까지 병원 시술상품을 판매하는 배너광고를 게시하면서 배너의 구매 개수와 시술후기를 허위로 게시하였다.'는 표시·광고의 공정화에 관한 법률(이하 '표시광고법'이라 한다) 위반죄의 범죄사실로 벌금 각 100만 원의 약식명령을 받아 확정되었는데, '영리를 목적으로 2013. 12.경부터 2016. 7.경까지 병원 시술상품을 판매하는 배너광고를 게시하는 방법으로 총 43개 병원에 환자 50,173명을 소개·유인·알선하고, 그 대가로 환자들이 지급한 진료비 중 15~20%를 수수료로 의사들로부터 지급받은 경우, 의료법상 금지되는 환자유인 행위에 해당되는지 및 의료광고와 구별 기준이 무엇인지 및 표시·광고의 공정화에 관한 법률위반과 관계 여부

나. 범죄사실

> 가. 피고인 A, C
> 피고인 A는 2013. 2.경부터 소셜커머스를 표방하는 인터넷 성형쇼핑몰 형태의 B라는 통신판매 사이트를 개설운영하다가 2014. 7. 9.경부터 서울 강남구 E에 온라인 서비스업 등을 목적으로는 하는 주식회사 B를 설립하고 공동대표이사로서 위 사이트를 운영한 사람, 피고인 C는 2013. 9.경부터 피고인 A과 위 B 사이트를 공동 운영하였고 2014. 7. 9.경부터 위 주식회사 B의 공동대표이사로서 위 사이트를 운영한 사람이다.
> 피고인들은 위 B라는 사이트를 개설한 다음 성형외과, 피부과 의원들과 사이에 위 의원에서 시행하는 각종 시술을 받으려는 환자들에게 위 의원에서 제공하는 시술상

품 쿠폰을 구매하도록 환자들을 소개·유인·알선한 다음 그 대가로 환자가 지급한 지료비의 15~20%를 수수료로 받기로 약정하였다.

피고인들은 이에 따라 2014. 2.경부터 2016. 7.경까지 위 B 사이트에 의사 D와 실제로는 환자 알선 대가로 진료비의 20%를 받기로 약정하였음에도 단순 광고 계약을 체결한 것처럼 위장하고, 정상 시술 가격보다 현저히 낮은 할인 가격으로 시술하는 의료 상품을 판매하는 것처럼 위 B 사이트에 가입한 환자들로 하여금 위 상품을 구매할 수 있게 이를 중개하는 등의 방법으로 위 D 운영의 F 의원에 환자들을 소개·유인·알선한 다음, 그 대가로 그와 같이 발행된 시술쿠폰을 이용하여 시술을 받은 환자 5,291명이 지급한 진료비 561,899,000원 중 20%인 112,379,800원을 수수료로 위 D로부터 지급받았다.

피고인들은 이를 비롯하여 2013. 12.경부터 2016. 7.경까지 사이에 별지 범죄일람표1 기재와 같이 위와 같은 방법으로 총 43개 병원에 환자 50,173명을 유인·알선하고, 그 대가로 위 환자들이 지급한 진료비 3,401,799,000원 중 15~20%인 608,058,850원을 수수료로 의사들로부터 지급받았다.

이로써 피고인들은 공모하여 영리를 목적으로 환자를 의원에 소개·알선·유인하는 행위를 하였다.

나. 피고인 D

피고인은 서울 강남구 G빌딩 2층에서 F 의원을 운영하는 의사이다. 피고인은 2014. 2.경 A, C가 운영하는 소셜커머스를 표방하는 인터넷 성형 쇼핑몰 형태의 통신판매 사이트 B를 이용하여 위 의원에서 제공하는 시술상품 쿠폰을 구매할 있도록 환자들을 소개·유인·알선을 해주면, 그 대가로 환자가 지급한 진료비의 20%를 지급하기로 A, C와 약정하였다.

A, C는 이에 따라 2014. 2.경부터 2016. 7.경까지 A, C가 운영하는 위 B 사이트에 피고인과 실제로는 환자 알선의 대가로 진료비의 20%를 받기로 약정하였음에도 단순 광고 계약을 체결한 것처럼 위장하고, 정상 시술 가격보다 현저히 낮은 할인 가격으로 시술하는 의료 상품을 판매하는 것처럼 위 B 사이트에 가입한 환자들로 하여금 위 상품을 구매할 수 있게 이를 중개하는 등의 방법으로 피고인 운영의 F 의원에 환자들을 소개·유인·알선해주고, 피고인은 그 대가로 별지 범죄일람표2 기재와 같이 그와 같이 발행된 시술쿠폰을 이용하여 시술을 받은 환자 5,291명이 지급한 진료비 561,899,000원 중 20%인 112,379,800원을 수수료로 위 A, C에게 지급하였다.

이로써 피고인은 영리를 목적으로 환자를 의원에 소개·알선·유인하는 행위를 사주하는 행위를 하였다.

다. 피고인 주식회사 B

피고인은 2014. 7. 9.경부터 2016. 7.경까지 피고인의 대표인 A, C가 피고인의 업무에 관하여 제1항과 같이 영리를 목적으로 환자를 의원에 소개·알선·유인하는 행위를 하였다.

다. 소송의 경과

1) 1심 법원의 판단

원심은, 위와 같이 피고인 A, C가 B 사이트에 의료상품에 관한 배너광고를 게시하고 소비자로 하여금 해당 의료상품을 구매하도록 알선, 유인하는 행위는 그 성질상 불특정 다수인을 상대로 한 의료광고에 해당하고, 의료광고행위라고 하더라도 의료법 제27조 제3항 본문에서 명문으로 금지하는 개별적 행위유형에 준하는 것으로 평가될 수 있거나 또는 의료시장의 질서를 현저하게 해치는 것인 등의 특별한 사정이 있으면 위 법규정에서 금지하는 환자의 '소개·알선' 또는 '유인'에 해당할 수 있으나, B 사이트에서 취급하는 의료상품이 전부 미용을 목적으로 한 성형시술인 이 사건에 있어서, 검사가 제출한 증거만으로는 이와 같은 특별한 사정이 있음을 인정하기에 부족하다고 보아 이 사건 공소사실을 전부 무죄로 판단하였다.[18]

구체적인 판결이유는 아래와 같다.

주문
피고인들은 각 무죄

이유
1. 공소사실의 요지
가. 피고인 A, C
피고인 A는 2013. 2.경부터 소셜커머스를 표방하는 인터넷 성형쇼핑몰 형태의 B라는 통신판매 사이트를 개설·운영하다가 2014. 7. 9.경부터 서울 강남구 E에 온라인 서비스업 등을 목적으로는 하는 주식회사 B를 설립하고 공동대표이사로서 위 사이트를 운영한 사람, 피고인 C는 2013. 9.경부터 피고인 A과 위 B 사이트를 공동 운영하였고 2014. 7. 9.경부터 위 주식회사 B의 공동대표이사로서 위 사이트를 운영

---

18) 의정부지법 2018. 1. 30. 선고 2017고단2485 판결

한 사람이다.

누구든지 국민건강보험법이나 의료급여법에 따른 본인부담금을 면제하거나 할인하는 행위, 금품 등을 제공하거나 불특정 다수인에게 교통편의를 제공하는 행위 등 영리를 목적으로 환자를 의료기관이나 의료인에게 소개·알선·유인하는 행위를 하여서는 아니 된다.

그럼에도 불구하고 피고인들은 위 B라는 사이트를 개설한 다음 성형외과, 피부과 의원들과 사이에 위 의원에서 시행하는 각종 시술을 받으려는 환자들에게 위 의원에서 제공하는 시술상품 쿠폰을 구매하도록 환자들을 소개·유인·알선한 다음 그 대가로 환자가 지급한 지료비의 15~20%를 수수료로 받기로 약정하였다.

피고인들은 이에 따라 2014. 2.경부터 2016. 7.경까지 위 B 사이트에 의사 D과 실제로는 환자 알선 대가로 진료비의 20%를 받기로 약정하였음에도 단순 광고 계약을 체결한 것처럼 위장하고, 정상 시술 가격보다 현저히 낮은 할인 가격으로 시술하는 의료 상품을 판매하는 것처럼 위 B 사이트에 가입한 환자들로 하여금 위 상품을 구매할 수 있게 이를 중개하는 등의 방법으로 위 D 운영의 F 의원에 환자들을 소개·유인·알선한 다음, 그 대가로 그와 같이 발행된 시술쿠폰을 이용하여 시술을 받은 환자 5,291명이 지급한 진료비 561,899,000원 중 20%인 112,379,800원을 수수료로 위 D으로부터 지급받았다.

피고인들은 이를 비롯하여 2013. 12.경부터 2016. 7.경까지 사이에 별지 범죄일람표1 기재와 같이 위와 같은 방법으로 총 43개 병원에 환자 50,173명을 유인·알선하고, 그 대가로 위 환자들이 지급한 진료비 3,401,799,000원 중 15~20%인 608,058,850원을 수수료로 의사들로부터 지급받았다.

이로써 피고인들은 공모하여 영리를 목적으로 환자를 의원에 소개·알선·유인하는 행위를 하였다.

나. 피고인 D

피고인은 서울 강남구 G빌딩 2층에서 F 의원을 운영하는 의사이다.

누구든지 국민건강보험법이나 의료급여법에 따른 본인부담금을 면제하거나 할인하는 행위, 금품 등을 제공하거나 불특정 다수인에게 교통편의를 제공하는 행위 등 영리를 목적으로 환자를 의료기관이나 의료인에게 소개·알선·유인하는 행위를 사주하는 행위를 하여서는 아니 된다.

그럼에도 불구하고 피고인은 2014. 2.경 A, C가 운영하는 소셜커머스를 표방하는 인터넷 성형 쇼핑몰 형태의 통신판매 사이트 B를 이용하여 위 의원에서 제공하는 시술상품 쿠폰을 구매할 있도록 환자들을 소개·유인·알선을 해주면, 그 대가로 환자가 지급한 진료비의 20%를 지급하기로 A, C와 약정하였다.

A, C는 이에 따라 2014. 2.경부터 2016. 7.경까지 A, C가 운영하는 위 B 사이트에 피고인과 실제로는 환자 알선의 대가로 진료비의 20%를 받기로 약정하였음에도 단순 광고 계약을 체결한 것처럼 위장하고, 정상 시술 가격보다 현저히 낮은 할인 가격으로 시술하는 의료 상품을 판매하는 것처럼 위 B 사이트에 가입한 환자들로 하여금 위 상품을 구매할 수 있게 이를 중개하는 등의 방법으로 피고인 운영의 F 의원에 환자들을 소개·유인·알선해주고, 피고인은 그 대가로 별지 범죄일람표2 기재와 같이 그와 같이 발행된 시술쿠폰을 이용하여 시술을 받은 환자 5,291명이 지급한 진료비 561,899,000원 중 20%인 112,379,800원을 수수료로 위 A, C에게 지급하였다.

이로써 피고인은 영리를 목적으로 환자를 의원에 소개·알선·유인하는 행위를 사주하는 행위를 하였다.

다. 피고인 주식회사 B

피고인은 2014. 7. 9.경부터 2016. 7.경까지 피고인의 대표인 A, C가 피고인의 업무에 관하여 제1항과 같이 영리를 목적으로 환자를 의원에 소개·알선·유인하는 행위를 하였다.

2. 판단

가. 증거들에 의하면, 다음의 사실을 인정할 수 있다.

① 피고인 A, C는 피고인 주식회사 B을 통하여 운영하는 B 사이트에는 여러 의료기관들의 배너광고가 성형항목별로 분류, 게시되어 있고, 소비자가 그중 관심 있는 배너광고를 클릭하면 링크된 해당 의료기관의 웹페이지로 이동한다. 이동 중에 웹페이지에는 "해당 의원의 홈페이지로 이동 중입니다", "'B'는 각 병·의원 비급여항목 상품에 직접 관여하지 않으며, 결제시스템(신용카드, 계좌이체, 무통장입금)과 관련된 취소 및 환불의 의무와 책임은 각 병·의원에 있습니다. 해당 병·의원의 비급여항목 결제 전상세정보와 필독유의사항을 반드시 확인하시기 바랍니다."라는 안내문구가 게재된다.

② 소비자는 해당 의료기관의 웹페이지로 이동한 후 그곳에서 의료상품의 판매에 관한 구체적이고 상세한 정보를 얻고 구매와 결제까지 마친다. 소비자가 해당 상품을 구매할지 여부를 결정하는 과정에서 이루어지는 계약 조건의 협의나 상담 등은 전적으로 해당 상품을 판매하는 의료기관 측이 담당한다.

③ 소비자가 어떤 의료 상품을 구매하기로 하고 결제하면 그 대금은 해당 의료상품을 제공하는 의료기관의 예금계좌로 직접 입금되고, 환불 역시 해당 병원의 계좌에서 구매한 소비자의 계좌로 직접 이루어진다.

위 인정 사실을 종합해 보면, 피고인 A, C가 B 사이트에 의료상품에 관한 배너광고를 게시하고 소비자로 하여금 해당 의료상품을 구매하도록 알선, 유인하는 행위는 그 성질상 불특정 다수인을 상대로 한 의료광고에 해당한다.

나. 한편, 의료광고행위라고 하더라도 의료법 제27조 제3항 본문에서 명문으로 금지하는 개별적 행위유형에 준하는 것으로 평가될 수 있거나 또는 의료시장의 질서를 현저하게 해치는 것인 등의 특별한 사정이 있으면, 위 법규정에서 금지하는 환자의 '소개·알선' 또는 '유인'에 해당한다.

그러나 B 사이트에서 취급하는 의료상품이 전부 미용을 목적으로 한 성형시술인이 사건에 있어서, 검사가 제출한 증거만으로는 이와 같은 특별한 사정이 있음을 인정하기에 부족하다.

다. 따라서 피고인 A, C의 공소사실 기재 행위는 의료법 제27조 제3항의 환자의 '소개·알선·유인'이라고 볼 수 없고, 피고인 주식회사 B와 광고계약을 체결하고 의료상품을 판매한 피고인 D의 공소사실 기재 행위는 위 법규정의 '사주'에 해당하지 아니한다.

3. 결론
이 사건 공소사실은 범죄의 증명이 없는 때에 해당하므로, 형사소송법 제325조 후단에 따라 무죄를 선고한다.

2) 항소심 판단

항소심은 (1) 피고인 1, 피고인 3이 '○○○'이라는 인터넷 웹사이트를 통하여 원심 판시 범죄사실 기재와 같이 환자들에게 △△ 의원 등에서 시행하는 시술상품 쿠폰을 구매하게 하는 방식으로 △△의원 등에 환자들을 소개·알선·유인하고 그에 대한 대가로 시술쿠폰을 이용하여 시술받은 환자가 지급한 진료비 중 15~20%를 수수료로 ○○의원 등으로부터 받아 영리를 목적으로 환자를 병원에 소개·알선·유인하는 행위를 하였고, (2) ○○ 의원의 운영자인 피고인 4가 원심 판시 범죄사실 기재와 같이 피고인 1, 피고인 3이 위와 같이 영리를 목적으로 환자를 의원에 소개·알선·유인하는 행위를 사주하였다고 인정하여, 이 사건 공소사실을 유죄로 판단하였다.

주문
원심판결을 파기한다.

피고인 A를 징역 1년에, 피고인 주식회사 B를 벌금 2,000만 원에, 피고인 C를 징역 6개월에, 피고인 D를 벌금 700만 원에 각 처한다.

피고인 D가 위 벌금을 납입하지 아니하는 경우 10만 원을 1일로 환산한 기간 피고인 D를 노역장에 유치한다.

피고인 주식회사 B, 피고인 D에 대하여 위 각 벌금에 상당한 금액의 가납을 명한다.

이유

1. 항소이유의 요지(사실오인)

피고인 A, C가 주식회사 B를 운영하면서 의료기관 또는 의료인과 체결한 광고대행계약에 따라 B 웹사이트에 당해 의료기관에서 시행하는 성형시술 상품을 홍보하는 배너를 제작·게시하고 위 웹사이트에 가입한 소비자가 위 배너를 클릭하여 위 상품을 구매한 후 실제로 시술을 받으면 당해 의료기관으로부터 상품 판매대금 중 일정비율을 교부받는 행위는, 불특정 다수인에게 의료용역에 관한 정보를 알리는 의료광고에 그치는 것이 아니라 영리를 목적으로 환자를 의료기관이나 의료인에게 소개·알선·유인하는 행위에 해당하고, 이러한 행위로 인한 의료기관간의 과도한 할인율 경쟁, 질 낮은 의료서비스의 양산 등 의료시장에 미치는 부정적 영향을 고려하면 위와 같은 행위는 의료시장 질서를 현저히 해하는 행위에 해당한다고 보아야 한다. 그럼에도 위 행위를 단지 의료광고에 해당한다고 보고, 의료시장 질서를 현저하게 해치는 것으로 볼 만한 증거도 없다는 이유로 이 사건 공소사실에 대하여 무죄를 선고한 원심판결에는 사실을 오인하여 판결에 영향을 미친 위법이 있다.

2. 판단

가. 이 사건 공소사실

(1) 피고인 A, C

피고인 A는 2013. 2.경부터 소셜커머스를 표방하는 인터넷 성형쇼핑몰 형태의 B(E.co.kr)라는 통신판매 사이트를 개설·운영하다가 2014. 7. 9.경부터 서울 강남구에 온라인 서비스업 등을 목적으로는 하는 주식회사 B를 설립하고 공동대표이사로서 위 사이트를 운영한 사람, 피고인 C는 2013. 9.경부터 피고인 A와 위 B 사이트를 공동운영하였고 2014. 7. 9.경부터 위 주식회사 B를 공동대표이사로서 위 사이트를 운영한 사람이다.

누구든지 국민건강보험법이나 의료급여법에 따른 본인부담금을 면제하거나 할인하는 행위, 금품 등을 제공하거나 불특정 다수인에게 교통편의를 제공하는 행위 등 영리를 목적으로 환자를 의료기관이나 의료인에게 소개·알선·유인하는 행위를 하여서는 아니 된다.

그럼에도 불구하고 피고인들은 위 B라는 사이트를 개설한 다음 성형외과, 피부과 의원들과 사이에 위 의원에서 시행하는 각종 시술을 받으려는 환자들에게 위 의원에서 제공하는 시술상품 쿠폰을 구매하도록 환자들을 소개·유인·알선한 다음 그 대가로 환자가 지급한 진료비의 15~20%를 수수료로 받기로 약정하였다.

피고인들은 이에 따라 2014. 2.경부터 2016. 7.경까지 위 B 사이트에 의사 D와 실제로는 환자 알선 대가로 진료비의 20%를 받기로 약정하였음에도 단순 광고 계약을 체결한 것처럼 위장하고, 정상 시술 가격보다 현저히 낮은 할인 가격으로 시술하는 의료 상품을 판매하는 것처럼 위 B 사이트에 가입한 환자들로 하여금 위 상품을 구매할 수 있게 이를 중개하는 등의 방법으로 위 D 운영의 F 의원에 환자들을 소개·유인·알선한 다음, 그 대가로 그와 같이 발행된 시술쿠폰을 이용하여 시술을 받은 환자 5,291명이 지급한 진료비 561,899,000원 중 20%인 112,379,800원을 수수료로 위 D로부터 지급받았다.

피고인들은 이를 비롯하여 2013. 12.경부터 2016. 7.경까지 사이에 별지 범죄일람표 1 기재와 같이 위와 같은 방법으로 총 43개 병원에 환자 50,173명을 유인·알선하고, 그 대가로 위 환자들이 지급한 진료비 3,401,799,000원 중 15~20%인 608,058,850원을 수수료로 의사들로부터 지급받았다.

이로써 피고인들은 공모하여 영리를 목적으로 환자를 의원에 소개·알선·유인하는 행위를 하였다.

(2) 피고인 D

피고인은 서울 강남구 신사동에서 F 의원을 운영하는 의사이다.

누구든지 국민건강보험법이나 의료급여법에 따른 본인부담금을 면제하거나 할인하는 행위, 금품 등을 제공하거나 불특정 다수인에게 교통편의를 제공하는 행위 등 영리를 목적으로 환자를 의료기관이나 의료인에게 소개·알선·유인하는 행위를 사주하는 행위를 하여서는 아니 된다.

그럼에도 불구하고 피고인은 2014. 2.경 A, C가 운영하는 소셜커머스를 표방하는 인터넷 성형 쇼핑몰 형태의 통신판매 사이트 B(E.co.kr)를 이용하여 위 의원에서 제공하는 시술상품 쿠폰을 구매할 있도록 환자들을 소개·유인·알선을 해주면, 그 대가로 환자가 지급한 진료비의 20%를 지급하기로 A, C와 약정하였다.

A, C는 이에 따라 2014. 2.경부터 2016. 7.경까지 A, C가 운영하는 위 B 사이트에 피고인과 실제로는 환자 알선의 대가로 진료비의 20%를 받기로 약정하였음에도 단순 광고 계약을 체결한 것처럼 위장하고, 정상 시술 가격보다 현저히 낮은 할인 가격으로 시술하는 의료 상품을 판매하는 것처럼 위 B 사이트에 가입한 환자들로 하여금 위 상품을 구매할 수 있게 이를 중개하는 등의 방법으로 피고인 운영의 F 의원에 환

자들을 소개·유인·알선해주고, 피고인은 그 대가로 별지 범죄일람표2 기재와 같이 그와 같이 발행된 시술쿠폰을 이용하여 시술을 받은 환자 5,291명이 지급한 진료비 561,899,000원 중 20%인 112,379,800원을 수수료로 위 A, C에게 지급하였다.

이로써 피고인은 영리를 목적으로 환자를 의원에 소개·알선·유인하는 행위를 사주하는 행위를 하였다.

(3) 피고인 주식회사 B

피고인은 2014. 7. 9.경부터 2016. 7.경까지 피고인의 대표인 A, C가 피고인의 업무에 관하여 제1항과 같이 영리를 목적으로 환자를 의원에 소개·알선·유인하는 행위를 하였다.

나. 원심의 판단

(1) 원심은 그 채택 증거를 종합하여 다음의 사실을 인정하였다.

① 피고인 A, C가 피고인 주식회사 B를 통하여 운영하는 B(E.co.kr) 사이트에는 여러 의료기관들의 배너광고가 성형항목별로 분류, 게시되어 있고, 소비자가 그중 관심 있는 배너광고를 클릭하면 링크된 해당 의료기관의 웹페이지로 이동한다. 이동 중에 웹페이지에는 "해당 의원의 홈페이지로 이동 중입니다", "'B'는 각 병·의원 비급여항목상품에 직접 관여하지 않으며, 결제시스템(신용카드, 계좌이체, 무통장입금)과 관련된 취소 및 환불의 의무와 책임은 각 병·의원에 있습니다. 해당 병·의원의 비급여항목 결제 전 상세정보와 필독유의사항을 반드시 확인하시기 바랍니다."라는 안내문구가 게재된다.

② 소비자는 해당 의료기관의 웹페이지로 이동한 후 그곳에서 의료상품의 판매에 관한 구체적이고 상세한 정보를 얻고 구매와 결제까지 마친다. 소비자가 해당 상품을 구매할지 여부를 결정하는 과정에서 이루어지는 계약 조건의 협의나 상담 등은 전적으로 해당 상품을 판매하는 의료기관 측이 담당한다.

③ 소비자가 어떤 의료 상품을 구매하기로 하고 결제하면 그 대금은 해당 의료상품을 제공하는 의료기관의 예금계좌로 직접 입금되고, 환불 역시 해당 병원의 계좌에서 구매한 소비자의 계좌로 직접 이루어진다.

(2) 원심은, 위와 같이 피고인 A, C가 B 사이트에 의료상품에 관한 배너광고를 게시하고 소비자로 하여금 해당 의료상품을 구매하도록 알선, 유인하는 행위는 그 성질상 불특정 다수인을 상대로 한 의료광고에 해당하고, 의료광고행위라고 하더라도 의료법 제27조 제3항 본문에서 명문으로 금지하는 개별적 행위유형에 준하는 것으로 평가될 수 있거나 또는 의료시장의 질서를 현저하게 해치는 것인 등의 특별한 사정이 있으면 위 법규정에서 금지하는 환자의 '소개·알선' 또는 '유인'에 해당

할 수 있으나, B 사이트에서 취급하는 의료상품이 전부 미용을 목적으로 한 성형시술인 이 사건에 있어서, 검사가 제출한 증거만으로는 이와 같은 특별한 사정이 있음을 인정하기에 부족하다고 보아 이 사건 공소사실을 전부 무죄로 판단하였다.

다. 당심의 판단

(1) 관련 법리

(가) 의료법 제27조 제3항의 '소개·알선'이라고 함은 환자와 특정 의료기관 또는 의료인 사이에서 치료위임계약의 성립을 중개하거나 편의를 도모하는 행위를 말하고, '유인'이라 함은 기망 또는 유혹을 수단으로 환자로 하여금 특정 의료기관 또는 의료인과 치료위임계약을 체결하도록 유도하는 행위를 말하며, '이를 사주하는 행위'라고 함은 타인으로 하여금 영리를 목적으로 환자를 특정 의료기관 또는 의료인에게 소개·알선·유인할 것을 결의하도록 유혹하는 행위를 말한다(대법원 2004. 10. 27. 선고 2004도5724 판결 등 참조).

(나) 의료광고란 의료법인·의료기관 또는 의료인이 업무 및 기능, 경력, 시설, 진료방법 등 의료기술과 의료행위 등에 관한 정보를 신문·인터넷신문, 정기간행물, 방송, 전기통신 등의 매체나 수단을 이용하여 널리 알리는 행위를 의미하고(대법원 2016. 6. 23. 선고 2014도16577 판결 등 참조), 의료광고행위는 그것이 구 의료법 제27조 제3항 본문에서 명문으로 금지하는 개별적 행위유형에 준하는 것으로 평가될 수 있거나 또는 의료시장의 질서를 현저하게 해치는 것인 등의 특별한 사정이 없는 한 구 의료법 제27조 제3항에서 정하는 환자의 '유인'에 해당하지 아니하고, 그러한 광고행위가 의료인의 직원 또는 의료인의 부탁을 받은 제3자를 통하여 행하여졌다고 하더라도 이를 환자의 '소개·알선' 또는 그 '사주'에 해당하지 아니한다고 봄이 상당하다(대법원 2012. 10. 25. 선고 2010도6527 판결 등 참조).

(2) 구체적 판단

위 법리에 비추어 살피건대, 원심과 당심이 적법하게 채택하여 조사한 증거들에 의하여 인정되는 다음과 같은 사정들을 종합하여 보면, 피고인 A, C가 B 웹사이트(이하 이항에서 주식회사 B 또는 B 웹사이트를 칭할 때 'B'라고만 한다)를 통해 환자들로 하여금 의료기관 또는 의료인이 제공하는 의료용역을 받을 권리를 구매할 수 있도록편의를 제공하고 그 대가로 의료기관 또는 의료인으로부터 상품판매대금의 15~20%를 수수료 명목으로 취득하는 행위는, 단순한 의료광고행위에 그치는 것이 아니라 환자와 의료기관 또는 의료인 사이에 치료위임계약이 체결되도록 중개 또는 편의를 도모한 행위에 해당한다고 할 것이고, 나아가 상품 구매건수를 조작하거나 구매후기를 허위로 작성하여 게시하는 등의 방법으로 환자로 하여금 의료용역 상품을 매수하게 하는 행위는 기망·유혹을 수단으로 하여 치료위임계약을 체결하도록 유도하는 행위에 해당한다고 할 것이므로, 이러한 행위는 의료법이 금지하는 영리 목적의 환자 소개·알선·유인행위에 해당한다. 또한 피고인 D가 B와 소개·알선·유인행위에 대한 대가로 판매대금의 20%에 해당하는 수수료를 지급하는 내용의 계약을 체결하고 이를 이행한 행위는, B로 하여금 장차 수수료를 취득하기 위하여 환자를 소개·알선·유인할 것을 결의하도록 하기에 충분한 것으로, 의료법 제27조 제3항이 금지하고 있는 사주행위에 해당한다. 그럼에도 그 판시와 같은 이유로 피고인들에 대하여 무죄를 선고한 원심판결에는 사실을 오인하여 판결에 영향을 미친 위법이 있다.

① 피고인 A, C는 B와 광고대행계약을 체결한 제휴 병의원이 시술하는 의료용역상품의 내용 및 가격 등에 대한 배너를 제작·게시하고, 위 사이트의 회원으로 가입한 일반 소비자들로 하여금 일반 인터넷 쇼핑몰에서 상품을 구매하는 것과 동일한 방법으로 위 사이트에 게시된 여러 개의 배너 중 하나를 클릭하여 특정 상품을 선택하고 대금을 온라인으로 결제함으로써 특정 의료용역 상품을 구매할 수 있도록 하였다. 위와 같이 대금결제를 한 B 회원이 해당 의료기관을 방문하여 의료용역을 제공받으면 위 광고대행계약에 따라 해당 의료기관이 B에게 해당 의료용역 상품의 판매대금 중 15~20%를 광고비 명목으로 지급하였다.

② 주식회사 B와 제휴 병의원이 작성한 'B 광고대행 계약서'에 따르면 제휴 병의원이 'B 사이트에 계약된 품목과 동일한 가격으로 병원 자체적으로 이벤트를 진행하는 행위', 'B 이용자들에게 B 사이트를 이용하지 않고 현장 결제가 가능하도록 고객에게 이를 유도 및 허용하는 행위' 등을 광고서비스 영구중단 위반 행위로 규정하고 있고, 위 계약서에 첨부된 '협약사항'에는 광고비는 판매금액 대비 일정비율로 산정하여 지급하도록 규정하고 있다.

③ 위와 같은 B의 운영방식, 즉 소비자들이 B를 통하여 의료기관 또는 의료인과치료위임계약을 체결하는 일련의 과정, B와 제휴 병의원 사이에 체결된 계약의 내용, B가 제휴 병의원들로부터 지급받는 광고비의 산정방식 및 광고비의 지급시기 등에 비추어 보면, B와 제휴 병의원, 소비자들 사이의 거래구조는 일반적인 '소셜커머스' 사이트나, '오픈마켓' 사이트에서 취하고 있는 거래구조와 동일한 것으로 보이고, B가 제휴 병의원들로부터 지급받은 '광고비'는 B를 통해 판매된 상품의 건별 매출에 연동하여 정해지는 것으로서 광고에 대한 대가로 지급된 것이 아니라 환자를 유치한 성과에 대한 대가로 지급되는 '수수료'로 판단되는바, 결국 피고인 A, C는 B 웹사이트를 통해 의료용역 상품을 판매하는 통신판매업 내지 통신판매중개업을 영위하였다고 봄이 상당하다.

④ 나아가 위와 같은 의료용역 상품의 판매대행 내지 판매중개 행위는, 온라인상에

서 그 행위가 이루어진다는 점을 제외하면, 소비자와 의료기관 또는 의료인 사이에 치료위임계약이 체결되도록 중개하거나 편의를 제공하고 그에 대한 대가를 받는 다는 점에서, 오프라인에서 이루어지는 종전의 전형적인 '영리 목적 환자 소개ㆍ알선 행위'와 본질적으로 아무런 차이가 없다. 즉, 앞서 본 의료법 제27조 제3항의 '소개ㆍ알선'의 의미에 정확히 들어맞는다. 치료위임계약의 체결이라는 목적을 달성하기 위하여 '의료광고'의 개념요소에 들어맞는 행위가 일부 수반된다고 하더라도, 이는 오프라인에서 이루어지는 종전의 '영리 목적 환자 소개ㆍ알선 행위'에서도 마찬가지라 할 것이고, 단지행위의 일 단면만을 주목하여 행위 전체의 본질적ㆍ핵심적인 부분에 관한 법적 평가를 달리할 수는 없다.

⑤ 또한 B는 시술상품을 광고할 때 '정상가'를 실제로 해당 병원에서 시술이 이루어지는 가격보다 훨씬 부풀려 기재하여 할인폭을 과장하거나, 시술상품의 판매 수를 거짓으로 부풀리거나, 거짓으로 후기를 작성하여 게재하는 등 기망 또는 유혹을 수단으로 치료위임계약의 체결을 유도하였으므로, 위와 같은 행위는 의료법에서 금지하는 '유인'에도 해당한다고 할 것이다.

⑥ 피고인들은, B의 경쟁ㆍ유사업체인 'G'의 경우 해당 웹사이트 내에서 상품 구매에 대한 대금결제가 이루어지고, G 측에서 그 대금을 수령한 후 약정 수수료를 제외한 나머지 금액을 제휴 병의원에 지급하는 구조임에 반하여, B의 경우 배너를 클릭하면 제휴 병의원의 홈페이지로 이동한 다음 그 홈페이지에서 대금결제가 이루어지고, 제휴병의원이 그 대금을 수령한 후 B에 약정 수수료를 지급하는 구조여서, B에서는 단지의료용역 상품에 대한 광고ㆍ홍보 행위만이 이루어질 뿐이고, 치료위임계약 체결에 관한 상담, 취소 및 환불 등의 업무는 전적으로 각 제휴 병의원의 홈페이지에서 독자적으로 이루어지므로 B에서 치료위임계약의 체결에 대한 중개 내지 편의를 도모하는 행위는 전혀 이루어지지 않는다는 취지로 주장하나, ㉠ B에서 상품 배너를 클릭할 경우 연결되는 제휴 병의원 홈페이지는 기존부터 존재하던 해당 병의원 고유의 홈페이지가 아니라, 계약체결시 B 측의 요구에 따라 각 제휴 병의원별로 도메인을 구입하여 이를 B 측에 전달하면 B 측에서 상품에 대한 상세정보 표시 및 결제 서비스 제공을 위해 별도로 제작ㆍ관리하는 것으로서, B을 통한 의료용역 상품 구입ㆍ결제 전용으로 만들어진 웹 페이지인 것으로 보이는 점, ㉡ B은 각 제휴 병의원으로 하여금 "B 무통장입금용 계좌"를 별도로 개설하도록 요구하였고, 해당 계좌에 돈이 입금될 경우 B 대표번호로 문자메시지가 전송되는 서비스를 신청하도록 요구하였는바, 결국 제휴 병의원의 판매대금 수령까지 B의 관리하에 있었던 것으로 보이는 점, ㉢ B의 직원인 H가 작성한 진술서에는 담당업무가 '고객응대/문의처리(시스템안내, 결제, 취소 환불처리), 적립금 관리(카카오톡, 후기적립금, 앱 적립금), 회원관리, 전화응대(B 고객센터 call 담당), 병원 연락'으로

기재되어 있는바 위와 같은 업무가 단순한 광고대행에 부수한 업무라고 볼 수는 없는 점, ㉣ 각 제휴 병의원은 B로부터 개별적으로 부여받은 관리자 계정으로 B 관리자 페이지에 접속하여 각 일자별 결제 고객 및 상품 현황을 살펴볼 수 있고, 실제 고객이 방문하여 의료용역을 제공받은 후에는 해당 관리자 페이지의 주문목록에 표시된 '미사용' 버튼을 클릭하여 '사용'으로 전환하여야 하는데, 이는 B에게 의료용역 제공이 완료되었음을 고지함으로써 B의 상품 판매액에 따른 수익을 보장하기 위한 장치로 보이는 점 등을 종합하여 보면, B가 단지 제휴 병의원의 시술 상품을 광고하는 데에 그쳤다고 볼 수는 없고 의료기관과 환자 사이에 이루어지는 개별 치료위임계약의 체결 및 이행과정 전반에 깊이 관여하였다고 봄이 타당하다. 결국 의료법이 금지하는 영리 목적의 환자 소개·알선·유인행위에 해당하는지를 판단함에 있어서 'G'와 B 사이에 어떤 본질적인 차이점이 있다고 할 수 없다.

㉤ 또한 피고인들은, B에서 이루어지는 상품 판매행위가 의료기관들 사이의 건전한 가격경쟁을 유발하고 소비자들에게 정확한 의료정보를 제공하는 등 긍정적 효과가 있어 의료시장의 질서를 현저하게 해치는 것은 아니라고 주장한다. 그러나 B는 의료용역 상품의 가격경쟁력에서 우위를 점하기 위하여 의료서비스의 질이나 의료인 또는 의료기관의 전문성 내지 임상경험과 관계없이 낮은 가격에 상품을 제공하는 것에만 초점을 맞춰 영업을 하였고, 의료기관에 비해 우월적인 지위에 있음을 이용하여 의료용역상품의 판매대금을 주도적으로 결정하기도 하였는바, 이러한 영업 형태는 의료기관들 사이의 불필요한 가격경쟁으로 이어져 의료서비스의 질 저하를 초래하고, 의료인 또는 의료기관의 종속화를 초래하여 의료인에게만 의료행위 및 의료기관 개설 등의 독점적권한을 부여한 의료법의 취지를 형해화할 우려가 있다. 나아가 환자가 의사와의 상담을 거치거나 의료행위에 관한 설명을 듣지 않고도 제한된 정보만으로 일반 상품을 구매하듯이 의료용역을 쉽게 구입할 수 있도록 함으로써, 환자의 건강상태나 구체적 증상에 기초하지 아니한 무분별한 의료행위가 성행할 수 있고, 환자의 알권리나 의료행위에 관한 실질적인 선택권이 침해될 우려도 있다. 전파성이 강하고 그 이용에 시간적·장소적 제약이 없는 인터넷의 속성에 비추어 보면, 의료시장 질서에 미치는 위와 같은 부정적 영향은 오프라인에서 음성적으로 이루어지던 종전의 '영리 목적 환자 소개·알선·유인 행위'에 비하여 더 크다고 할 것이다. 위와 같은 사정들에 비추어 보면 B의 의료용역 상품 판매행위는 의료시장 질서를 현저하게 해치는 행위로서 의료법에서 금지하는 소개·알선·유인 행위에 해당한다고 봄이 타당하고, B에서 취급하는 상품이 주로 침습성이 약한 미용목적의 성형시술이라고 하여 달리 볼 것은 아니다.

3. 결론

그렇다면, 검사의 항소는 이유 있으므로 형사소송법 제364조 제6항에 따라 원심판결을 파기하고 변론을 거쳐 다시 다음과 같이 판결한다.

… (중략)

양형의 이유

1. 피고인 A, C, 주식회사 B

피고인들은 약 2년 7개월간 B 웹사이트를 운영하면서 6억 원이 넘는 수익을 수수료 명목으로 취득하였다. 피고인들과 계약을 체결한 병의원의 수가 50개 정도에 이르고 회원수도 5만 명을 넘는 것으로 보이는바, 피고인들의 범행이 의료시장에 미친 부정적 영향이 결코 적지 않다.

다만, 피고인 C의 경우, 피고인 A가 이미 B 웹사이트를 구축한 후 그 운영에 관여한 것으로 보이는 점, 피고인 A의 투자제의에 따라 일정 금액을 투자하고 공동대표이사직을 맡았으나 월급을 받으면서 근무한 것으로 보이는 점, 피고인 A가 영업, 운영, 자금 관리 등 모든 업무를 총괄한 것으로 보이는 점 등에 비추어 보면, 가담의 정도가 비교적 가볍다.

피고인 A, C는 이종의 벌금형 전과 외에 별다른 형사처벌 전력이 없다.

그 밖에 피고인 A, C의 각 연령, 성행, 환경, 가족관계, 범행의 동기, 범행의 수단과 결과, 범행 후의 정황 등 이 사건 변론에 나타난 모든 양형 요소를 고려하여 주문과 같이 형을 정한다.

2. 피고인 D

피고인은 경제적 이익만을 좇아 의료용역을 상품화하여 인터넷에서 판매하는 피고인 A, C에게 환자의 소개·알선·유인을 사주하였는바, 국민보건 향상 및 국민의 건강한 생활 확보에 이바지하여야 하는 의료인의 사명과 사회적 역할, 위와 같은 행위가 의료시장 질서에 미치는 부정적 영향 등을 고려하면, 그 죄책이 결코 가볍지 않다. 약 2년 5개월 동안 환자 5,291명이 지급한 진료비 561,899,000원 중 111,379,800원을 수수료로 지급하여 범행기간이 짧지 않고 거래횟수와 거래액수도 적지 않다.

다만, 이 사건 범행은 피고인 A, C 측이 주도한 것인 점, 피고인은 아무런 범죄전력이 없는 초범인 점, 그 밖에 피고인의 연령, 성행, 환경, 가족관계, 범행의 동기, 범행의 수단과 결과, 범행 후의 정황 등 이 사건 변론에 나타난 모든 양형 요소를 고려하여 주문과 같이 형을 정한다.

라. 대법원 판결19) 요지(피고인의 상고기각)

대법원은 피고인들의 상고를 아래와 같은 이유로 기각했다.

이유
상고이유를 판단한다.

1. 상고이유 제1점에 관하여
공소사실이나 범죄사실의 동일성 여부는 사실의 동일성이 갖는 법률적 기능을 염두에 두고 피고인의 행위와 그 사회적인 사실관계를 기본으로 하되 그 규범적 요소도 고려하여 판단하여야 한다(대법원 1998. 8. 21. 선고 97도2487 판결; 대법원 2011. 6. 30. 선고 2011도 1651 판결 등 참조).
기록에 의하면, 피고인 1, 피고인 3은 2017. 5. 10. 의정부지방법원 고양지원에서 표시·광고의 공정화에 관한 법률(이하 '표시광고법'이라 한다) 위반죄로 벌금 각 100만 원의 약식명령을 받아 확정되었는데, 그 범죄사실은 '위 피고인들이 2013. 9.경부터 2016. 7. 21.까지 병원 시술상품을 판매하는 배너광고를 게시하면서 배너의 구매개수와 시술후기를 허위로 게시하였다.'는 것이다. 한편, 위 피고인들에 대한 이 사건 공소사실의 요지는 '위 피고인들이 영리를 목적으로 2013. 12.경부터 2016. 7.경까지 병원 시술상품을 판매하는 배너광고를 게시하는 방법으로 총 43개 병원에 환자 50,173명을 소개·유인·알선하고, 그 대가로 환자들이 지급한 진료비 3,401,799,000원 중 15~20%인 608,058,850원을 수수료로 의사들로부터 지급받았다.'는 것이다.
이 사건 공소사실에 따른 의료법 위반죄는 병원 시술상품 광고를 이용하였다는 점에서 위와 같이 유죄로 확정된 위 표시광고법 위반의 범죄사실과 일부 중복될 뿐이고, 거짓·과장의 표시·광고, 기만적인 표시·광고를 행위태양으로 하고, 부당한 표시·광고를 방지하고 소비자에게 바르고 유용한 정보를 제공토록 함으로써 공정한 거래질서를 확립하고 소비자를 보호하려는 입법목적을 갖고 있는 위 표시광고법 위반죄와 달리 영리를 목적으로 환자를 소개·알선·유인하는 것을 행위태양으로 하고, 영리 목적의 환자유인행위를 금지함으로써 의료기관 주위에서 환자유치를 둘러싸고 금품 수수 등의 비리가 발생하는 것을 방지하고 나아가 의료기관 사이의 불합리한 과당경쟁을 방지하려는 입법목적을 갖고 있는 등 행위의 태양이나 피해법익 등에 있어 전혀 다르고, 죄질에도 현저한 차이가 있어 위 표시광고법 위반죄의 범죄사실과 동일성이 있다고 보기 어렵고, 1죄 내지 상상적 경합관계에 있다고 볼 수도 없다.

---

19) 대법원 2019. 4. 25. 선고 2018도20928 판결

따라서 피고인 1, 피고인 3이 위 표시광고법 위반죄의 약식명령이 확정되었다고 하여 그 기판력이 이 사건 공소사실에까지 미치는 것은 아니므로, 원심이 위 피고인들에 대한 이 사건 공소사실을 유죄로 판단한 데에 일사부재리의 원칙을 위반한 위법이 없다.

2. 상고이유 제2점, 제3점, 제5점에 관하여

누구든지 영리를 목적으로 환자를 의료기관이나 의료인에게 소개·알선·유인하는 행위 및 이를 사주하는 행위를 하여서는 아니 된다(의료법 제27조 제3항 본문). 여기서 '소개·알선'은 환자와 특정의료기관 또는 의료인 사이에서 치료위임계약의 성립을 중개하거나 편의를 도모하는 행위를 말하고, '유인'은 기망 또는 유혹을 수단으로 환자로 하여금 특정 의료기관 또는 의료인과 치료위임계약을 체결하도록 유도하는 행위를 말한다(대법원 1998. 5. 29. 선고 97도1126 판결; 대법원 2004. 10. 27. 선고 2004도5724 판결 등 참조).

원심은 판시와 같은 이유를 들어, (1) 피고인 1, 피고인 3이 'ㅇㅇㅇ'이라는 인터넷 웹사이트를 통하여 원심 판시 범죄사실 기재와 같이 환자들에게 △△△△ 의원 등에서 시행하는 시술상품 쿠폰을 구매하게 하는 방식으로 △△△△ 의원 등에 환자들을 소개·알선·유인하고 그에 대한 대가로 시술쿠폰을 이용하여 시술받은 환자가 지급한 진료비 중 15~20%를 수수료로 △△△△ 의원 등으로부터 받아 영리를 목적으로 환자를 병원에 소개·알선·유인하는 행위를 하였고, (2) △△△△ 의원의 운영자인 피고인 4가 원심 판시 범죄사실 기재와 같이 피고인 1, 피고인 3이 위와 같이 영리를 목적으로 환자를 의원에 소개·알선·유인하는 행위를 사주하였다고 인정하여, 이 사건 공소사실을 유죄로 판단하였다.

원심판결 이유를 위 법리와 적법하게 채택한 증거들에 비추어 살펴보면, 피고인 1, 피고인 3이 환자와 의료인 사이의 진료계약 체결의 중개행위를 하고 그 대가로 수수료를 지급받는 등 단순히 의료행위, 의료기관 및 의료인 등에 대한 정보를 소비자에게 나타내거나 알리는 의료법 제56조에서 정한 의료광고의 범위를 넘어 의료법 제27조 제3항 본문의 영리를 목적으로 환자를 의료기관 또는 의료인에게 소개·알선하는 행위를 하였다고 본 원심의 위와 같은 판단에 죄형법정주의 원칙을 위반하거나 환자의 소개·알선·유인행위와 의료광고의 구별에 관한 법리를 오해한 위법이 없다.

3. 상고이유 제4점에 관하여

이 부분 상고이유의 주장은 피고인들의 행위가 의료법 제27조 제3항 본문에서 금지하고 있는 영리를 목적으로 환자를 의료기관 또는 의료인에게 소개·알선·유인하는 행위에 해당한다는 판단에 이른 원심의 사실인정을 다투는 취지로서 사실심 법원의 자유판단에 속하는 원심의 증거 선택과 증명력에 관한 판단을 탓하는 것에 불과하다. 원심판결 이유를 기록에 비추어 살펴보아도, 원심의 판단에 논리와 경험의 법칙을 위반하여 자유심증주의의 한계를 벗어나거나 필요한 심리를 다하지 아니한 위법이 없다.

4. 결론
그러므로 상고를 모두 기각하기로 하여, 관여 대법관의 일치된 의견으로 주문과 같이 판결한다.

마. 대상판결의 의의

의료법상 금지되는 환자유인행위에 해당되는지 및 의료광고와 구별 기준이 무엇인지 및 표시·광고의 공정화에 관한 법률위반과 관계를 밝힌 판결이다.

의료광고는 원칙적으로 허용되지만 쿠폰 발행 형식으로 환자를 유인하고 중개업체에게 수수료를 지급하는 것은 의료광고의 허용 범위를 벗어난 것으로 의료법 제27조 제3항에서 규정하는 영리를 목적으로 환자를 병원에 소개·알선·유인하는 행위로 판단하고 있다.

3년 이하의 징역에 처하는 환자유인행위금지(의료법 제27조 제3항, 제88조)의 불법성이 무엇이고, 보호법익이 무엇인지 불분명하여 불법의 정도에 상응하는 법정형이라고 보기 어렵다는 견해가 있다.[20]

> **판례 2 – 성형외과 전문의가 아님에도 성형외과 전문의 표현을 사용해 거짓 광고로 기소된 경우, 의료법위반의 고의 판단 기준('거짓 광고 고의')**

가. 사건의 쟁점

성형외과 전문의가 아님에도 성형외과 전문의로 광고한 경우, 거짓광고로

---

[20] 하태훈, "의료법학 20주년 회고와 전망(의료형법 분야)", 의료법학(제20권 제3호), 2019, 65면.

인한 의료법위반의 고의 판단 기준이 무엇인지 여부

나. 공소사실

의료인은 거짓이나 과장된 내용의 의료광고를 하지 못한다. 피고인은 서울 송파구 D 상가 5층 13호에서 'E'라는 상호로 성형외과·피부과 의원을 운영하는 의사로서 성형외과 전문의 자격을 취득한 바 없음에도 2017. 5. 24.경 자신이 운영하는 인터넷 홈페이지에 "성형외과 출신의 검증된 전문의가 1:1 맞춤 진료로 만족스러운 시술 결과를 약속드립니다."라는 문구를 기재하여 거짓 의료광고를 하였다.

다. 1심 판결의 요지

1심은 "① 피고인은 E의 홍보를 주식회사 F에 일임하였던 점, ② 주식회사 F는 홈페이지 제작 및 병원 내 안내 간판 제작, 실제 홍보물 제작까지 담당했는바 피고인이 전문의로 표시된 것은 인터넷 홈페이지 중 한 곳에 불과한 점, ③ 이 사건 범행의 고의 유무는 인터넷 홈페이지가 개설된 2017. 5. 24.을 기준으로 하여야 할 것인바 비록 피고인이 주식회사 F의 제작물을 마지막에 확인하는 과정을 거치기는 하나 많은 문건이 피고인에게 전해진 것으로 보이고 그 과정에서 피고인이 전문의로 표시된 부분까지 확인하였고 이를 용인하였다고 보기 어려운 점, ④ 또한 전문의라고 기재된 인터넷 홈페이지 부분은 피고인이 운영하는 병원의 특징을 설명하는 표 부분이었는바 피고인에게 허위 광고의 고의가 있었다면 눈에 잘 드러나지 않은 표 부분에 전문의라고 기재할 것이 아니라 약력이나 메인 화면에 전문의라고 표시하였을 것으로 보이는 점 등을 종합하여 보면 피고인에게 의료법 위반의 고의가 있었다고 보기 어렵고 달리 이를 인정할 증거가 없다."라고 하여 무죄를 선고했다.[21]

라. 검사의 항소이유 및 항소심 판결의 요지

가) 검사의 항소이유 요지(사실오인)

피고인은 그가 광고제작을 의뢰한 업체로부터 '전문의'라는 자격이 허위로

---

21) 서울동부지법 2018. 7. 3. 선고 2017고정1657 판결

기재된 내용의 광고를 제안받고 이를 검토한 후 승인하여 그가 운영하는 병원 홈페이지에 게시하였다. 이처럼 피고인이 거짓 광고를 승인하고 게시한 기간이 1년이 넘는다. 또한 피고인은 그가 운영하는 병원 홈페이지에 '성형외과 출신의 검증된 전문의'라는 문구가 기재되어 있다는 사실을 알면서도 '성형외과 전공의 경력을 피력'하려는 생각으로 이를 내버려 두었다. 따라서 피고인에게는 거짓 의료광고를 하려는 범의가 있었다.

나) 항소심 판결의 요지

원심법원이 적법하게 채택하여 조사한 증거들을 면밀히 검토해 보면, 원심이 위와 같은 증거판단을 토대로 이 사건 공소사실을 무죄라고 판단한 조처는 정당한 것으로 수긍할 수 있다. 피고인은 수사기관에서 '성형외과 출신의 검증된 전문의라고 기재한 것은 성형외과 전공의 경력을 피력하려는 것이다.'라는 취지로 진술하기도 하였으나, 이는 피고인이 수사를 받으면서 비로소 그가 주식회사 F에 의뢰하여 제작한 광고에 '전문의'라는 표시가 기재되어 있음을 알게 되어 당초 광고 제작을 의뢰한 의도가 무엇인지 밝힘으로써 범의가 없음을 해명하려는 취지로 보인다.

이러한 사정들을 모두 종합하여 보면 검사가 주장하는 대로 피고인이 운영하는 홈페이지 중 일부 화면에 '전문의'라는 표시가 기재되어 있던 기간이 1년이 넘는다는 사정만으로는 피고인이 위 홈페이지 개설 당시 또는 공소장 기재일시인 2017. 5.경 거짓 의료광고를 할 고의가 있었다고 인정하기에 부족하므로 원심판결에 검사가 지적한 바와 같이 사실을 오인함으로써 판결에 영향을 미친 위법이 있다고 보이지 아니한다. 결국 검사의 위 주장은 이유 없다.[22)]

마. 대상판결의 의의

위와 같이 피고인이 의료광고 과정 및 광고 시안을 확인하는 과정에서 거짓 기재의 고의가 없다는 점을 밝혀 무죄를 선고받은 사안이다. 의료법위반의 경우 의료법위반의 고의를 검사가 입증해야 하지만, 피고인 측에서 의료법위반의 고의가 없다는 점을 간접적인 사실(광고업체에 일임, 광고 시안을 확인하기 힘든 점, 허위 광고를 할 실익이 적은 점, 특히 허위광고로 인한 과징금 액수가 대폭 올라 허

---

22) 서울동부지법 2018. 12. 6. 선고 2018노934 판결(검사 항소 기각)

위광고의 실익은 낮음) 등을 입증해 고의가 없다는 점을 부각시킬 필요가 있다.

판례 3 - 라식·라섹 수술 비용 지원 이메일 발송이 의료법이 금지하는 환자유인에 해
       당 여부('이벤트 이메일 발송')

가. 이 사건의 쟁점

라식·라섹 수술비용 지원 이메일 발송이 의료법이 금지하는 환자유인에
해당되는지 및 의료광고로서 허용되는 행위인지 여부

나. 공소사실

피고인 1은 서울 강남구 역삼동 (지번 생략)에 있는 피고인 3 주식회사의 대표이사
로 인터넷 사이트인 (인터넷 사이트 이름 생략)을 운영하는 사람이고, 피고인 2는
○○○○안과의원 원장이고, 피고인 3 주식회사는 UCC동영상 게시 및 광고대행 등
을 목적으로 하는 법인이다.

피고인들은 2008. 3. 7. 서울 강남구 역삼동 (건물명 생략) 3층에 있는 ○○○○안
과에서 인터넷 사이트에 라식·라섹 수술에 대한 이벤트 광고를 하여 환자들을 유
인하기 위해 광고 금액 250만 원으로 하는 광고 계약을 체결하였다.

그 계약 내용은 피고인 3 주식회사가 운영하는 인터넷 사이트인 (인터넷 사이트 이
름 생략) 홈페이지 좌측 중간 행사·이벤트창(인터넷 주소 생략)에 2008. 3. 11.부터
2008. 3. 24.까지 '(인터넷 사이트 이름 생략)과 함께하는 라식/라섹 90만 원 체험단
모집'이라는 제목으로 "응모만 해도 강남 유명 안과에서 라식/라섹 수술이 양안 90
만 원 OK, 응모하신 분들 중 단 1명에게는 무조건 라식/라섹 체험의 기회를 드립니
다."라는 내용의 이벤트 광고를 게재하고, 위 기간 동안 2회에 걸쳐(인터넷 사이트
이름 생략)의 30만 명의 회원들에게 위와 동일한 내용의 이벤트 광고를 이메일로
각 발송하기로 하고, 위 광고에 응모한 라식·라섹 수술 등을 하고자 원하는 응모신
청자들을 ○○○○안과에 소개·알선·유인하는 행위를 하기로 한 내용이다.

1) 피고인 1, 2
피고인 1은 위 기간 동안 계약대로 위 행사·이벤트창에 이벤트 광고를 게시하고(인
터넷 사이트 이름 생략)의 30만 명의 회원들에게 위 이벤트 광고를 이메일로 각 2회

발송하여 위 광고를 본 회원 중 300여 명이 위 이벤트 광고에 응모하도록 하였다. 이로 인해 응모 신청자 중 공소외 1(대법원판결의 공소외인) 등 20명이 위 이벤트 광고 내용대로 라식·라섹수술비 90만 원에 라식·라섹수술 등을 받도록 하였다. 누구든지 영리를 목적으로 환자를 의료기관이나 의료인에게 소개·알선·유인하는 행위 및 이를 사주하는 행위를 하여서는 아니됨에도 불구하고, 피고인들은 공모하여 영리를 목적으로 위와 같이 환자를 의료기관이나 의료인에게 소개·알선·유인하는 행위 및 이를 사주하는 행위를 하였다.

2) 피고인 3 주식회사
피고인의 대표이사인 위 피고인 1이 위와 같이 영리를 목적으로 환자를 의료기관이나 의료인에게 소개·알선·유인하는 행위를 하였다.

다. 사건의 경과

1) 1심 판결의 요지

1심 판결은 위 공소사실을 유죄로 인정해 피고인 1에게 벌금 2,000,000원을, 피고인 2에게 벌금 3,000,000원을, 피고인 3 주식회사에게 벌금 2,000,000원을 각 선고했다.[23]

2) 피고인들의 항소 요지 및 항소심 판결의 요지

가) 피고인들의 항소이유의 요지

피고인 1, 피고인 3 주식회사는 피고인 2와의 이벤트 광고계약에 따라 그가 제공하는 내용으로 광고를 하였을 뿐이고, 영리를 목적으로 환자를 피고인 2에게 소개·알선·유인하지 아니하였음에도, 원심은 사실을 오인하고 법리를 오해하여 위 피고인들에게 유죄를 인정하였다.

피고인 2의 행위는 법이 허용하고 있는 의료인의 광고로서 구 의료법(2008. 10. 14. 법률 제9135호로 개정되기 전의 것, 이하 같다) 제27조 제3항이 예시하고 있는 금지행위에 해당하지 아니할 뿐만 아니라 영리 목적의 환자 유인 및 그 사주에도 해당하지 아니한다 할 것임에도, 원심은 사실을 오인하고 법리를 오해하여 위 피고인에게 유죄를 인정하였다.

---

23) 서울중앙지법 2009. 7. 22. 선고 2009고단1757 판결

나) 항소심 판단의 요지[24]

> ### 가. 피고인 2의 주장에 대한 판단
>
> (1) 살피건대, 구 의료법 제27조 제3항 상의 '소개·알선'이라고 함은 환자와 특정 의료기관 또는 의료인 사이에서 치료위임계약의 성립을 중개하거나 편의를 도모하는 행위를 말하고, '유인'이라 함은 기망 또는 유혹을 수단으로 환자로 하여금 특정 의료기관 또는 의료인과 치료위임계약을 체결하도록 유도하는 행위를 말하며, '이를 사주하는 행위'라고 함은 타인으로 하여금 영리를 목적으로 환자를 특정 의료기관 또는 의료인에게 소개·알선·유인할 것을 결의하도록 유혹하는 행위를 말하고, 위 조항은 의료인 또는 의료기관 개설자가 아닌 자의 환자 유인행위 등을 금지함은 물론 의료인 또는 의료기관 개설자의 환자 유인행위나 그 사주행위까지도 금지하는 취지이기는 하나, 의료기관·의료인이 스스로 자신에게 환자를 유치하는 행위가 이에 해당하기 위해서는 그 과정에서 환자 또는 행위자에게 금품이 제공되거나 의료시장의 질서를 근본적으로 해하는 등에 이르러야 한다 할 것이다.
>
> (2) (인터넷 사이트 이름 생략) 홈페이지 광고에 대한 판단
> 살피건대, 피고인 2가 피고인 3 주식회사와 사이에 이벤트 광고 계약을 체결하여 (인터넷 사이트 이름 생략) 홈페이지의 행사·이벤트창에 이벤트에 당첨이 되면 강남 유명 안과에서 90만 원에 시력교정술을 받을 수 있다는 내용의 광고를 한 사실이 인정되나, 이 사건 기록에 의해 인정되는 다음과 같은 사정, 즉 ① 이 사건 시력교정술은 국민건강보험법 내지 의료보험법이 정한 급여 대상이 아니어서 환자 본인이 진료비 전액을 부담하여야 하는바, 피고인이 90만 원에 시력교정술을 실시하여 주겠다고 한 것이 본인부담금 할인 내지 면제에 해당한다고 할 수 없는 점, ② 의료법이 의료법인 내지 의료인의 광고를 원칙적으로 허용하고 있고, 구 의료법 제27조 제3항의 입법취지가 비합리적인 과당경쟁을 방지하여 적정한 의료수준을 확보하기 위한 데에 있는바, 단순히 광고계약에 따른 대금 지불을 위 조항이 예시하고 있는 금품제공에 해당한다고 할 수는 없는 점, ③ 이 사건 광고에는 피고인 2가 운영하는 이 사건 병원의 이름이나 병원의 약도 등이 직접 게재되어 있지 아니하고, 그 문언상 90만 원에 시력교정술을 받을 수 있는 기회를 준다고만 되어 있을 뿐이어서 위 금액이 통상의 가격보다 할인된 금원인지 및 부당할 정도로 염가에 해당하는지를 문언 자체로 확인할 수 없는 상태인 점, ④ 피고인 2는 이 사건 병원을 운영하면서 해당 보건소에 이 사건 시력교정술에 대한 진료비를 90만 원으로 신고하여 그 정도의 진료비를 받아왔는바, 위 이벤트 광고의 내용에 어떠한 허위나 기망이 있다고 보기 어렵고, 피고인이 제출한 자료들에 의하면, 이 사건 시술에 사용되

---

24) 서울중앙지법 2010. 1. 20. 선고 2009노2495 판결[의료법위반]

는 기기의 가격, 유지보수비 등을 고려해 보더라도 위 90만 원이 적절한 의료기기의 확보 및 유지보수 등의 비용과 의료인의 적정한 보수를 제공하지 못할 정도의 비합리적인 가격으로서 불필요한 가격경쟁을 불러와 시력교정술에 관한 의료수준의 저하를 불러올 정도에 해당한다고 보기는 어려운 점, ⑤ 위와 같은 내용의 이벤트 광고를 특정 사이트에 게재하기만 한 경우에는 이에 관심이 있는 사람들이 인터넷 검색 등을 통하여 여러 가지 정보를 확인하고 스스로의 판단하에 접근하게 될 수밖에 없는바, 그 유인성이 과당경쟁을 발생시킬 정도로 크다고 할 수 없는 점 등을 종합하여 보면, 피고인 2의 위 행위가 의료시장의 질서를 근본적으로 해한다고는 볼 수 없고, 달리 이를 인정할 증거도 없으므로, 피고인 2의 위 부분 주장은 이유 있다고 할 것이다.

다만, 위와 같이 특정 사이트에 환자를 유인하는 광고를 한 경우와 달리 불특정·다수인에게 직접 수령되는 전자메일을 발송하여 위와 같은 광고를 한 경우에는, ① 그 방법이 진료를 원하는 사람들이 스스로 정보를 검색하여 접근하도록 하는 소극적인 유인이 아니라 일방적으로 잠재적 환자들에게 정보를 제공하여 적극적으로 환자를 유인하는 것이며, 전자메일은 특정 개인들에 대한 서신과 동일한 수단으로서 그 직접성이나 대면성이 매우 크다고 할 것이고, 그러한 유인수단은 전자메일 수신자들이 진료 및 수술 선택에 대한 의사결정에 있어 훨씬 강한 영향을 줄 수 있으므로 그 유인력이 전자의 경우보다 훨씬 강하다고 할 것이고, ② 이 사건의 경우 비록 전자메일의 내용으로서 피고인 2가 제시한 90만 원이라는 가격이 부당하게 염가라고 볼 수는 없다고 하더라도, 그 내용이 결국 환자들이 찾는 가장 중요한 정보인 진료비와 시술의 안정성을 암시하는 '강남 유명 안과'라는 문구를 포함하고 있고, 응모자를 모집하는 이벤트 광고이기는 하지만 사실상 응모자 전원에게 동일 가격의 수술을 보장하려는 의도를 가지고 다만 위 전자메일을 발송만을 수신대상자의 정보를 보유하고 있는 피고인 3 주식회사가 담당하도록 하였으며, 피고인 3 주식회사도 응모자들 중 아무런 자격이나 조건에 대한 심사절차 없이 피고인 2가 운영하는 안과를 소개해 주었는바, 위와 같은 전자메일의 내용, 중개매체의 역할과 소개의 직접성 등을 종합하면, 위와 같은 방식의 유인수단을 그대로 방치할 경우 같은 업종에 종사하는 의료인들로서도 동일한 방법으로 환자 유치를 할 것이라는 점을 충분히 예상할 수 있으며, 또한 그에 따른 가격, 수술방식, 효과 등 환자들이 쉽게 판단할 수 없는 내용을 내세워 환자유치 경쟁 역시 심해질 수밖에 없다고 할 것이고, ③ 의료소비자들의 알권리를 보장하여야 하고, 의료서비스 역시 가격경쟁을 통하여 진료비 안정을 추구하여야 함은 당연하다고 할 것이지만, 이는 위에서 살핀 것과 같이 적절한 유인의 방법에 의하여 어느 정도 그 목적을 달성할 수 있고, 오히려 과도한 방식과 내용, 매체이용방법 등을 이용한 과당경쟁을 방치할 경우 단순한 저가 마케팅에 의하여 적절한 의료수준을 보장하지 못하게 되어 잘못된 치료에 따른 불필요한 국민총의료비의 증가만 불러온다고 할 것인바, 피고인 2가 피고인 3 주식회사를 통하여 약 30만 명에게 전자메일을 발송하여 위 이벤트 광고를 한 것은 의료시장의 질서를 근본적으로 해할 위험과 우려가 있다고 할 것이므로 구 의료법 제27조 제3항이 정하는 유인에 해당한다고 할 것이어서, 피고인 2의 위 주장은 이유 없다.

나. 피고인 1, 피고인 3 주식회사의 주장에 대한 판단

살피건대, 이 사건 기록에 의하면, 피고인 3 주식회사와 그 대표이사인 피고인 1은 피고인 2와 사이의 이벤트 광고 계약에 따라, 피고인 2가 제공한 문구를 그대로 광고로 제작하여 (인터넷 사이트 이름 생략) 홈페이지의 행사·이벤트창에 광고를 게재하고 (인터넷 사이트 이름 생략) 회원 약 30만 명에게 위 광고를 담고 있는 전자메일을 발송한 사실이 인정되는데, ① 앞서 살핀 바와 같이 위 (인터넷 사이트 이름 생략) 홈페이지에 이벤트 광고를 한 경우에는 피고인 2가 영리 목적으로 환자를 유인한 것이라 할 수 없는바, 피고인 1, 피고인 3 주식회사의 행위는 피고인 2와의 계약관계에 따라 광고를 대행한 것에 불과하여 구 의료법 제27조 제3항의 영리 목적의 환자 알선·소개 및 유인에 해당한다고 보기 어렵다고 할 것이므로 위 피고인들의 이 부분에 대한 주장은 이유 있다고 할 것이고, ② 한편, (인터넷 사이트 이름 생략) 회원 약 30만 명에게 이 사건 이벤트 광고의 내용이 기재된 전자메일을 발송한 경우는, 이와 같은 유인 방법이 구 의료법 제27조 제3항의 유인에 해당하고, 위 피고인들 역시 광고의 내용을 알면서도 위와 같이 전자메일을 회원들에게 발송한 것인 이상, 위 피고인들이 위 전자메일을 회원들에게 발송함으로써 환자들에게 이 사건 병원을 소개·알선해주었다고 할 것이므로, 위 피고인들의 이 부분에 대한 주장은 이유 없다고 할 것이다.

라. 대법원 판결[25]

1) 피고인들의 상고이유에 대하여

가) 형벌법규는 문언에 따라 엄격하게 해석·적용하여야 하고 일반적으로 피고인에게 불리한 방향으로 확장해석하거나 유추해석하여서는 안 되는 것이나, 형벌법규의 해석에 있어서도 가능한 문언의 의미 내에서 당해 규정의 입법 취지와 목적 등을 고려한 법률체계적 연관성에 따라 그 문언의 논리적 의미를 분명히 밝히는 체계적·논리적 해석방법은 그 규정의 본질적 내용에 접근한 해석을 위한 것으로서 죄형법정주의의 원칙에 부합한다(대법원 2011. 10. 13. 선고 2011도6287 판결 등 참조).

구 의료법(2009. 1. 30. 법률 제9386호로 개정되기 전의 것. 이하 같다) 제27조 제3
항 본문은 "누구든지 국민건강보험법이나 의료급여법에 따른 본인부담금을 면제하
거나 할인하는 행위, 금품 등을 제공하거나 불특정 다수인에게 교통편의를 제공하
는 행위 등 영리를 목적으로 환자를 의료기관이나 의료인에게 소개 · 알선 · 유인하
는 행위 및 이를 사주하는 행위를 하여서는 아니된다."고 정하고 있다.

한편 의료광고는 그 성질상 기본적으로 환자를 유인하는 성격을 지닌다. 그런데 이
를 구 의료법 제27조 제3항에서 금지하는 환자유인행위에 해당한다고 하면, 이는
의료인의 직업수행의 자유 및 표현의 자유는 물론이고 의료소비자의 '알 권리'를
지나치게 제약하고, 나아가 새로운 의료인이 의료시장에 진입하는 것을 제한함으
로써 의료인 사이의 경쟁을 통한 건전한 발전을 저해할 우려가 적지 아니하므로,
의료광고에 대한 관계에서는 위 법규정에서 금지하는 환자유인행위를 제한적으로
해석할 필요가 있다.

의료광고가 원칙적으로 금지되던 시기인 1981. 12. 31. 법률 제3504호로 처음 도입
된 후에 그 기본적 내용에 있어서 큰 변화가 없는 앞서 본 구 의료법 제27조 제3항
은 그 입법취지가 병고에 지쳐 있는 환자의 어려운 처지를 악용하여 영리를 추구할
목적으로 환자 유치를 둘러싸고 금품수수 등의 비리가 발생하는 것을 막고, 또한
의료인 사이의 불필요한 과당경쟁에 의한 각종의 폐해를 방지하고자 하는 데 있다
고 할 것이다. 그러나 환자의 유치를 위하여 광고를 하는 것은 무엇보다도 환자도
광고된 의료서비스를 이용할 것인지 여부 등을 생각할 기회를 가진다는 점에서도
일반적으로 위 법조항의 입법취지에 반한다고 할 수 없는 것이다.

그리고 의료법은 원래 구 국민의료법 당시부터 의료광고를 원칙적으로 금지하는
태도를 취하고 있었다(2007. 1. 3. 법률 제8203호로 개정되기 전 의료법 제46조 참
조). 이에 대하여 헌법재판소는 2005. 10. 27. 선고 2003헌가3 결정에서 특정 의료
기관이나 특정 의료인의 기능 · 진료방법에 관한 광고금지조항이 헌법상 비례의 원
칙을 위배하여 표현의 자유와 직업수행의 자유를 침해한다는 이유로 위헌결정을
하였다. 이에 따라 2007. 1. 3. 법률 제8203호로 개정된 의료법은 의료광고를 원칙
적으로 허용하되 일정한 유형의 의료광고를 예외적으로 금지함으로써 의료광고는
일반적으로 허용되기에 이르렀고, 이는 구 의료법 그리고 오늘날에 이르기까지 다
름이 없다.

그리하여 구 의료법 제56조 제2항은 치료효과를 보장하는 등 소비자를 현혹할 우
려가 있는 내용의 광고를 비롯하여 그 규정에서 열거된 것 외에 의료광고의 내용이
국민건강에 중대한 위해를 발생하게 하거나 발생하게 할 우려가 있는 것으로서 대
통령령으로 정하는 내용의 광고를 금지한다. 또한 같은 조 제4항은 광고방법과 관
련하여서도, 방송법에 의한 방송 등 열거된 것 외에 국민의 보건과 건전한 의료경

쟁의 질서를 유지하기 위하여 제한할 필요가 있는 경우로서 대통령령으로 정하는 방법에 의한 광고를 금지하는 등 일반규정을 두어 규제한다. 뿐만 아니라 제57조 제1항은 신문·정기간행물 등의 매체를 이용하여 의료광고를 하는 경우에는 미리 광고의 내용과 방법 등에 관하여 보건복지부 장관의 심의를 받도록 하고 있다. 이와 같이 의료광고에 대하여는 그로 인하여 발생할 우려가 있는 폐해를 방지하기 위하여 그 자체로 일정한 한계가 설정되어 있다고 할 것이므로, 의료광고행위에 대하여는 가능한 한 그와 관련한 처벌 기타 제재에 맡기는 것이 바람직하다고 할 것이다. 아울러 세계 각국에서도 의료광고를 일정 범위 내에서 금지하고 있는 입법례가 대부분이지만 점차 허용하는 범위가 넓어지는 추세이며, 금지되지 아니하는 광고에 대하여 별도로 유인행위 등의 명목으로 처벌하는 입법례는 찾아보기 어렵다.

위와 같은 환자유인행위에 관한 조항의 입법취지와 관련 법익, 의료광고 조항의 내용 및 연혁·취지 등을 고려하면, 의료광고행위는 그것이 구 의료법 제27조 제3항 본문에서 명문으로 금지하는 개별적 행위유형에 준하는 것으로 평가될 수 있거나 또는 의료시장의 질서를 현저하게 해치는 것인 등의 특별한 사정이 없는 한 구 의료법 제27조 제3항에서 정하는 환자의 '유인'에 해당하지 아니하고, 그러한 광고행위가 의료인의 직원 또는 의료인의 부탁을 받은 제3자를 통하여 행하여졌다고 하더라도 이를 환자의 '소개·알선' 또는 그 '사주'에 해당하지 아니한다고 봄이 상당하다.

나) 이 부분 공소사실의 요지는, ○○○○안과의원 원장인 피고인 2와 피고인 3 주식회사의 대표이사인 피고인 1이 공모하여 2008. 3.경 피고인 3 주식회사가 운영하는 인터넷 사이트인 (인터넷 사이트 이름 생략)의 30만 명의 회원들에게 '(인터넷 사이트 이름 생략)과 함께하는 라식/라섹 90만 원 체험단 모집'이라는 제목으로 "응모만 해도 강남 유명 안과에서 라식/라섹 수술이 양안 90만 원 OK, 응모하신 분 중 단 1명에게는 무조건 라식/라섹 체험의 기회를 드립니다."라는 내용의 이벤트광고를 이메일로 2회 발송하여 그 응모신청자 중 공소외인 등 20명이 위 이벤트 광고 내용대로 90만 원에 라식·라섹수술 등을 받도록 하였다는 것이다.

다) 앞에서 본 법리에 비추어 원심판결 이유 및 기록을 살펴보면, 피고인 2가 피고인 3 주식회사를 통하여 이메일을 발송한 행위는 불특정 다수인을 상대로 한 의료광고에 해당하므로 특별한 사정이 없는 한 구 의료법 제27조 제3항의 환자의 '유인'이라고 볼 수 없고, 위와 같은 광고 등 행위가 피고인 2의 부탁을 받은 피고인 3 주식회사 등을 통하여 이루어졌더라도 환자의 '소개·알선' 또는 그 '사주'에 해당하지 아니한다고 보아야 한다.

라) 그럼에도 원심은 판시와 같은 사정만으로 피고인 2가 이메일을 발송하여 광고한 행위는 구 의료법 제27조 제3항이 정하는 환자유인행위에 해당하고, 피고인 1,

피고인 3 주식회사는 환자들에게 병원을 소개·알선해 주었다고 단정하였으니, 원심판결에는 구 의료법상 금지되는 환자 유인행위 등에 관한 법리를 오해하여 형벌법규의 해석을 그르침으로써 판결 결과에 영향을 미친 위법이 있다.

2) 검사의 상고이유에 대하여
위 법리에 비추어 원심판결 이유를 살펴보면, 피고인들이 피고인 3 주식회사가 운영하는 인터넷 사이트인 (인터넷 사이트 이름 생략) 홈페이지에 판시와 같은 의료광고를 게시한 행위가 구 의료법상 금지되는 유인행위가 되지 아니한다는 취지로 판단한 원심판결은 정당하고, 여기에 상고이유의 주장과 같이 구 의료법상 금지되는 유인행위에 대한 법리를 오해한 위법이 있다고 할 수 없다.

3) 파기의 범위
이상에서 본 바와 같이 이 사건 공소사실 중 이메일을 발송한 행위를 유죄로 인정한 원심의 판단은 위법하여 파기되어야 할 것인데, 원심판결의 무죄 부분은 파기되는 유죄 부분과 포괄일죄의 관계에 있으므로 함께 파기될 수밖에 없다.

4) 결론
그러므로 원심판결을 파기하고 사건을 다시 심리·판단하게 하기 위하여 원심법원에 환송하기로 하여 관여 대법관의 일치된 의견으로 주문과 같이 판결한다.

마. 대상판결의 의의

이메일 발송 등의 의료광고 행위와 환자유인 행위를 명확히 구별해 주는 판결이다. 의료광고 행위는 원칙적으로 환자유인행위에 해당되지 않음을 확인해 준 판결이다.

---

25) 대법원 2012. 9. 13. 선고 2010도1763 판결[의료법위반][공2012하, 1696]

판례 4 - 성형외과 원장과 광고대행업체가 성형카페 등에서 바이럴마케팅을 통해 치료경험담을 올린 경우[26] ('바이럴마케팅')

가. 사건의 쟁점

성형외과 원장과 광고대행업체가 성형카페 등에서 바이럴마케팅을 통해 치료경험담을 올린 행위가 의료법에서 금지하는 의료광고에 해당되는지 여부

나. 공소사실

피고인 A는 광고대행 등을 목적으로 설립된 주식회사 M의 대표자로서 인터넷 성형카페인 'N'에서 성형정보에 관한 게시판을 실질적으로 운영하는 사람이고, 피고인 B는 위 회사에게 부장으로 근무하는 사람이고, 피고인 I는 광고대행 등을 목적으로 설립된 주식회사 O의 대표자이자 인터넷 성형카페인 'P'의 운영자이다.

피고인 C는 부산 부산진구 Q에 있는 R 성형외과 원장이고, 피고인 D는 부산 부산진구 Q에 있는 S 성형외과 원장이고, 피고인 E는 부산 부산진구 T에 있는 U 성형외과 원장이고, 피고인 F는 부산 부산진구 T에 있는 V 성형외과 원장이고, 피고인 G는 부산 부산진구 T에 있는 W 성형외과 원장이고, 피고인 H는 부산 부산진구 X에 있는 Y 성형외과 원장이다.

성형외과 의사인 위 피고인들은 피고인 A에게 자신들이 운영하는 성형외과의 광고를 의뢰하고, 피고인 A는 피고인 B, 피고인 I와 함께 'N'이나 'P' 성형카페를 이용하여 피고인 C 등이 운영하는 성형외과에서 수술을 받아 큰 효과를 보았다는 내용의 치료경험담을 위 카페에 올리는 방법으로 소비자를 현혹할 우려가 있는 내용의 광고를 하기로 순차 공모하였다.

가) 피고인 A, B, I, C의 공동범행

피고인 C는 위와 같은 공모에 따라 2013. 4.경부터 2015. 7.경까지 사이에 피고인 A에게 광고를 의뢰하면서 대가로 합계 106,400,000원을 지급하고, 피고인 A, 피고인 B, 피고인 I는 'N'과 'P' 성형카페에 피고인 Z가 운영하는 위 'R' 성형외과에서 성형수술을 받았다는 사람의 수술 전후 사진이 포함된 환자의 치료경험담 등 수술 후기를 게재한 후 그에 대하여 호응, 동조하는 취지의 댓글을 다수 올리고 조회 수를 의도적으로 증대시켜 성형수술을 원하는 카페 회원들의 관심을 끌어모으고 댓글 또

---

26) 부산지법 2016. 6. 9. 선고 2016고단1330 판결

는 쪽지를 통해 수술 병원이 어디인지를 알려주는 방법으로 위 피고인들은 공모하여 환자의 치료경험담을 게재하는 방법으로 소비자를 현혹할 우려가 있는 내용의 광고를 하였다.

나) 피고인 A, B, I, D의 공동범행

피고인 D는 위와 같은 공모에 따라 2014. 10.경부터 2015. 8.경까지 사이에 피고인 A에게 광고를 의뢰하면서 대가로 합계 48,880,000원을 지급하고, 피고인 A, 피고인 B, 피고인 I는 'N'과 'P' 성형카페에 피고인 D가 운영하는 'S' 성형외과에서 수술을 받았다는 사람의 수술 전후 사진이 포함된 환자의 치료경험담 등 수술 후기를 게재한 후 그에 대하여 호응, 동조하는 취지의 댓글을 다수 올리고 조회 수를 의도적으로 증대시켜 성형수술을 원하는 카페 회원들의 관심을 끌어 모으고 댓글 또는 쪽지를 통해 수술 병원이 어디인지를 알려주는 방법으로 위 피고인들은 공모하여 환자의 치료경험담을 게재하는 방법으로 소비자를 현혹할 우려가 있는 내용의 광고를 하였다.

다) 피고인 A, B, I, E의 공동범행

피고인 E는 위와 같은 공모에 따라 2014. 1.경부터 2015. 9.경까지 사이에 피고인 A에게 광고를 의뢰하면서 대가로 합계 227,300,000원을 지급하고, 피고인 A, 피고인 B, 피고인 I는 'N'과 'P' 성형카페에 피고인 E가 운영하는 'U' 성형외과에서 수술을 받았다는 사람의 수술 전후 사진이 포함된 환자의 치료경험담 등 수술 후기를 게재한 후 그에 대하여 호응, 동조하는 취지의 댓글을 다수 올리고 조회 수를 의도적으로 증대시켜 성형수술을 원하는 카페 회원들의 관심을 끌어모으고 댓글 또는 쪽지를 통해 수술 병원이 어디인지를 알려주는 방법으로 위 피고인들은 공모하여 환자의 치료경험담을 게재하는 방법으로 소비자를 현혹할 우려가 있는 내용의 광고를 하였다.

라) 피고인 A, B, I, F의 공동범행

피고인 F는 위와 같은 공모에 따라 2013. 11.경부터 2015. 6.경까지 사이에 피고인 A에게 광고를 의뢰하면서 대가로 합계 27,900,000원을 지급하고, 피고인 A, 피고인 B, 피고인 I는 'N'과 'P' 성형카페에 피고인 F가 운영하는 'V' 성형외과에서 수술을 받았다는 사람의 수술 전후 사진이 포함된 환자의 치료경험담 등 수술 후기를 게재한 후 그에 대하여 호응, 동조하는 취지의 댓글을 다수 올리고 조회 수를 의도적으로 증대시켜 성형수술을 원하는 카페 회원들의 관심을 끌어모으고 댓글 또는 쪽지를 통해 수술 병원이 어디인지를 알려주는 방법으로 위 피고인들은 공모하여 환자의 치료경험담을 게재하는 방법으로 소비자를 현혹할 우려가 있는 내용의 광고를 하였다.

마) 피고인 A, B, I, G의 **공동범행**

피고인 G는 위와 같은 공모에 따라 2014. 7.경부터 2015. 9.경까지 사이에 피고인 A 에게 광고를 의뢰하면서 대가로 합계 104,930,000원을 지급하고, 피고인 A, 피고인 B, 피고인 I는 'N'과 'P' 성형카페에 피고인 G가 운영하는 'W' 성형외과에서 수술을 받았다는 사람의 수술 전후 사진이 포함된 환자의 치료경험담 등 수술 후기를 게재 한 후 그에 대하여 호응, 동조하는 취지의 댓글을 다수 올리고 조회 수를 의도적으 로 증대시켜 성형수술을 원하는 카페 회원들의 관심을 끌어모으고 댓글 또는 쪽지 를 통해 수술병원이 어디인지를 알려주는 방법으로 위 피고인들은 공모하여 환자 의 치료경험담을 게재하는 방법으로 소비자를 현혹할 우려가 있는 내용의 광고를 하였다.

6. 피고인 A, B, I, H의 **공동범행**

피고인 H는 위와 같은 공모에 따라 2014. 3.경부터 2015. 9.경까지 사이에 피고인 A 에게 광고를 의뢰하면서 대가로 합계 94,473,000원을 지급하고, 피고인 A, 피고인 B, 피고인 I는 'N'과 'P' 성형카페에 피고인 AA가 운영하는 'Y' 성형외과에서 수술 을 받았다는 사람의 수술 전후 사진이 포함된 환자의 치료경험담 등 수술 후기를 게재한 후 그에 대하여 호응, 동조하는 취지의 댓글을 다수 올리고 조회 수를 의도 적으로 증대시켜 성형수술을 원하는 카페 회원들의 관심을 끌어모으고 댓글 또는 쪽지를 통해 수술병원이 어디인지를 알려주는 방법으로 위 피고인들은 공모하여 환자의 치료경험담을 게재하는 방법으로 소비자를 현혹할 우려가 있는 내용의 광 고를 하였다.

다. 법원의 판단

법원은 위 공소사실을 모두 유죄로 인정해 피고인 A에게 징역 10월, 집행 유예 2년, 사회봉사 120시간을, 피고인 I에게 징역 6월, 집행유예 2년, 사회봉사 40시간을, 피고인 B, C, D, E, F, G, H에게 각 벌금 500만 원에, 피고인 B, D, F에게 각 벌금 300만 원을 선고했다.

다만 ① 이 사건 각 범행은 광고대행업을 하는 피고인들과 성형외과 의사 인 피고인들이 공모하여, 마치 환자가 직접 작성한 치료경험담인 것처럼 작성 한 광고성 글들을 성형외과 관련 게시판에 게재한 후 댓글과 조회 수를 조직적 으로 늘여 관심을 보이는 소비자들에게 해당 병원을 소개하는 등의 방법으로 의료법에서 금지하는 '소비자 현혹 우려가 있는 광고'를 한 점, ② 성형 관련 정보의 경우, 카페나 블로그 등의 온라인 커뮤니티를 통해 얻는 정보에 대한 의존도가 친구나 지인 등을 통한 입소문 다음으로 높은 오늘날의 현실을 고려해본다면, 왜곡된 정보로부터 소비자를 보호하고 공정한 성형의료 서비스의 경쟁을 촉진하기 위해서라도 이 사건 각 범행과 같이 소위 바이럴마케팅(viral market-ing)'을 위법한 내용과 방식으로 행하는 경우에는 엄중한 책임을 물을 필요가 있는 점, ③ 위와 같은 사정들에 위 피고인들의 나이, 성행, 지능과 환경, 범행의 동기, 수단과 결과, 범행 후의 정황 등 기록에 나타난 양형의 조건이 되는 여러 사정을 종합하여 양형을 결정했다.[27)]

라. 대상판결의 의의

미용성형 분야에서 바이럴마케팅을 활용한 위법한 내용과 방식으로 왜곡된 정보를 제공한 피고인에게 이례적으로 징역형을 선고한 판례이다.

판례 5 - 치료경험담 의료법 판단기준 및 불법 의료광고 입증[28)]('치료경험담')

가. 소비자를 현혹할 우려 있는 치료경험담 판단기준

1) 이 사건의 쟁점

성형외과 원장이 홈페이지 메인 화면 수술 후기란에 쌍꺼풀 수술과 여드름 흉터 시술 등의 수술 후기를 게재한 것이 의료법에서 금지하는 치료경험담을 광고에 해당되는지 여부

2) 공소사실

피고인은 부산 중구 D 건물 신관 9층에서 'E 성형외과'를 운영하는 의사이다. 피고인은 2011. 3. 10.경 위 E 성형외과에서 위 병원 홈페이지(F)의 메인 화면의 수술 후기란에, 2010. 8. 22.경부터 2011. 3. 10.경까지 환자 G가 작성자 'H'로 하여 작성한 앞트임, 뒤트임 및 매몰법으로 쌍꺼풀 수술을 받았다는 내용

---

27) 부산지법 2016. 6. 9. 선고 2016고단1330 판결
28) 부산지법 2013. 4. 5. 선고 2012노3588 판결; 원심 부산지법 2012. 10. 25. 선고 2011고정 4536 판결

의 수술 후기를 게재하고, 2010. 9. 19.경부터 2011. 3. 10.경까지 환자 I가 작성
자 'J'로 하여 작성한 여드름 흉터 시술을 받았다는 내용의 수술후기를 게재하
는 등 환자들의 치료경험담을 광고하였다.

3) 1심 판결의 요지

의료법은 제56조 제2항 제2호에서 금지되는 의료광고의 하나로 '치료효과
를 보장하는 등 소비자를 현혹할 우려가 있는 내용의 광고'를 규정하고 있고,
위 조항 각 호의 금지되는 의료광고의 구체적인 기준 등을 위임한 제56조 제5
항에 따라 의료법 시행령 제23조 제1항은 제56조 제2항 각호의 금지행위를 보
다 구체화하여 규정하며, 그중 하나로 제2호에서 '특정 의료기관·의료인의 기
능 또는 진료방법이 질병 치료에 반드시 효과가 있다고 표현하거나 환자의 치
료경험담이나 6개월 이하의 임상경력을 광고하는 것'을 들고 있다. 공소사실은
피고인이 병원 인터넷 홈페이지 수술 후기란에 환자들의 수술 후기를 게시한
것이 환자의 치료경험담을 광고한 것으로서 의료법 제56조 제2항에서 금지하는
의료광고에 해당한다는 것인바, 기록에 의하여 알 수 있는 다음의 사정, 즉 병원
인터넷 홈페이지에서 수술 후기를 읽기 위해서는 회원으로 가입한 후에 로그인
을 거치도록 되어 있어 위 수술 후기란이 공개대상을 한정하여 제한적인 형태로
운영된 점, 공소사실 기재 수술 후기는 그 내용이 환자들의 수술 후 경과와 만
족도 등에 관한 것으로 주관적인 관점을 토대로 한 경험의 공유 내지 정보 제공
차원의 글로 보이고, 일반인이라면 환자에 따라서나 그 외의 사정에 따라 수술
의 효과가 다를 수 있음을 충분히 인지하고 있는 점, 이 법정에 증인으로 출석
한 K는 수술 경과가 만족스러워서 자발적으로 수술후기를 올렸고, 병원 측으로
부터 부탁을 받거나 대가나 이익을 제공 약속받은 바 없다고 진술하였으며, 수
술후기를 게시한 다른 환자들도 그러한 취지의 사실확인서를 이 법원에 제출한
점, 그 외 수술후기를 게시한 환자들이 피고인에 의하여 어떠한 비자발적 동기
로서 수술후기를 게시하였다는 다른 사정을 찾아볼 수 없는 점 등을 종합하면,
이 사건 수술 후기가 치료효과를 보장하는 등 소비자를 현혹할 우려가 있는 치
료경험담이라고 볼 수 없어 무죄를 선고했다.[29] 이에 대해 검사가 항소했다.

---

29) 부산지법 2012. 10. 25. 선고 2011고정4536 판결

4) 항소심 판결의 요지

위 수술 후기를 전체적으로 살펴보면 그 내용이 환자들의 수술 후 경과와 만족도 등에 관한 것으로서 주관적인 관점을 토대로 한 경험의 공유 또는 정보 제공의 차원의 글로 보이는 점, 비록 피고인이 운영하는 성형외과를 긍정적으로 평가하는 내용이 포함되어 있기는 하나 이를 접하는 보통의 주의력을 가진 의료서비스 소비자로 하여금 오해를 불러일으킬 만한 내용이 포함되어 있지 아니한 것으로 보이고, 따라서 보통의 주의력을 가진 의료서비스 소비자라면 경우에 따라 위 각 수술 후기와는 다른 수술의 효과가 있다고 충분히 알 수 있는 점 등에 비추어 보면 이 사건 공소사실 기재 수술 후기들이 보통의 주의력을 가진 의료서비스 소비자로 하여금 오해를 불러일으키게 할 수 있는 광고로서 치료경험담에 해당된다고 보기 어려워 무죄를 선고한 원심은 정당하고 이를 탓하는 검사의 항소는 이유 없다.[30]

나. 경험을 추상적으로 밝히고 경험을 선별하지 않는 경우[31]

1) 공소사실

피고인은 2017. 12.경부터 2018. 2. 7.경까지 병원에서 인터넷 홈페이지의 감동 치료 후기 게시판에 위 병원에서 치료받은 환자인 F, G 등의 사진과 동영상, 자필 후기와 설문서 등 환자의 치료경험담을 게시하여 치료효과를 보장하는 등 소비자를 현혹할 우려가 있는 내용의 광고를 하였다는 혐의로 기소되었다.

2) 법원의 판단

법원은 피고인이 치료경험담을 게시한 사실을 인정하면서도 ① 피고인이 게시한 치료경험담의 주된 내용은 대체로 환자들의 주관적인 경험이나 느낌을 추상적으로 밝힌 것으로(예컨대 '○○(신체 부위)이 아파서 치료를 받았는데 호전되었다', '직원들이 친절하고 시설이 좋았다'라는 등), 전문적인 의학용어를 사용하거나 구체적인 치료효과를 설명 보장하는 내용은 포함되어 있지 않아 보통의 주의력을 가진 의료서비스 소비자들이 위 경험담을 보고 치료효과를 오인할 가능성은 낮아 보이며, ② 피고인이 게시한 치료경험담 중에는 '식사 반납하는 곳이 입원

---

30) 부산지법 2013. 4. 5. 선고 2012노3588 판결
31) 대전지법 천안지원 2018. 10. 2. 선고 2018고정447 판결[의료법위반]

한 병실과 너무 멀었다', '건물 내 엘리베이터 이용이 조금 불편했다', '거동이 불편할 때 엘리베이터 기다리는 시간이 좀 길었다.'는 등 피고인 측에 불리한 내용도 기재되어 있었으며, ③ 피고인 측에서 자신에게 유리한 치료경험담을 받기 위해 치료경험담 작성에 응한 환자들에게 혜택을 주거나 제출된 치료경험담 중 자신에게 불리한 경험담을 배제하고 유리한 경험담만을 선별하여 게시한 사실 등이 증명되지 않았음을 이유로 검사가 제출한 증거만으로 피고인이 게시한 치료경험담이 '소비자를 현혹할 우려가 있는' 치료경험담에 해당한다고 보기 부족하다고 하여 무죄를 선고했다.

다. '치료' 경험담이 아니어서 무죄를 선고한 판결

치료후기 17건을 올려 의료법위반으로 기소된 사건에서 광주지법 2016. 8. 26. 선고 2015고단1669, 4797(병합)에서는 117건의 의료광고는 모두 눈, 코, 입, 가슴, 피부, 몸매를 시각적으로 아름답게 보이도록 하기 위한 미용 성형수술이나 그 시술에 관한 것이고, 피고인 A로부터 수술이나 시술을 받은 사람들은 질병이나 상처로 인한 비정상적인 건강상태에 있지 않았으며, 피고인이 그들에게 한 수술이나 시술은 건강상태와 무관하고 달리 피고인이 G 성형외과 홈페이지에 게시한 위 의료광고가 '치료경험담'에 해당된다고 인정할 만한 증거가 없어 공소사실은 범죄의 증명이 없는 때에 해당되어 무죄를 선고했다.

> **판례 6 – 최첨단 등 과장광고 사례(1심 무죄, 항소심 선고유예)**

가. 이 사건의 쟁점

의료광고 문구 중 '최첨단', '완벽기술', '완벽함', "노터치 최초 국내기술! 웨이브 프론트 국내 최초 공식 인증 수술병원!" 등의 문구가 거짓 광고에 해당되는지 여부 및 레이저시술장비의 광고 문구를 그대로 따른 경우 과장광고를 할 고의가 인정되는지 여부

나. 공소사실

피고인은 서울 강남구 E 빌딩 5층에서 "F 병원"을 운영하는 안과의사이다. 의료인은 거짓이나 과장된 내용의 의료광고를 하여서는 아니 된다. 그럼에도 피고인은 2010. 12.경 'G'의 인터넷 블로그에 "최첨단 6차원 아마리스 레이저 시술", "노터치 최초 국내기술! 웨이브 프론트 국내 최초 공식 인증 수술병원!" 이라는 내용을 게재하였고, 일자불상경부터 2011. 9. 7.까지 'F 병원'의 인터넷 홈페이지상에 "최신수술장비: 아마리스 750(완벽기술 레이저), 각막굴절수술에 있어서 "완벽함"에 대한 새로운 정의를 실현시킨 차세대의 엑시머 레이저입니다."라는 문구를 기재하여 과장된 내용의 의료광고를 하고(과장광고 부분), 2010. 2.경 위 블로그에 '라식/라섹 첨단종합 무료검사 이벤트'를 실시하여 30명에게 무료로 안과 검진을 실시해 주겠다고 광고하였고 2010, 2. 21경 'I'라는 인터넷 블로그에 '안과검진/라섹검진/라섹검진 무료'라는 광고를 하여 "원래 이 검진이 13만 원이나 J에 치셔서 홈페이지에 들어가셔서 F 병원의 '무료검진이벤트'를 들어가시면 이런 창이 뜨는데요 요기다가 상담글만 적어주시면, 안과 검진, 라식 검진, 라섹 검진이 모두 무료!"라는 글을 게재하는 방법으로 환자를 F 병원으로 유인하였다(환자유인 부분).

다. 1심 판결

1심 법원은 거짓광고 부분 중 '최첨단', '완벽기술', '완벽함' 등의 문구에 대하여 유죄를 인정하고 거짓광고 부분 중 "노터치 최초 국내기술! 웨이브 프론트 국내 최초 공식 인증 수술병원!"과 환자유인 부분 및 에 무죄를 선고해 벌금 100만 원 선고유예 판결을 내렸다.[32)]

피고인 및 변호인은 레이저시술장비의 광고 문구를 그대로 따랐을 뿐이고 과장된 광고가 아니어서 적어도 피고인에게 과장광고를 할 고의가 없었다고 주장했으나, 법원은 광고 문구 중 '최첨단', '완벽기술', '완벽함' 등의 문구는 이를 객관적으로 조사하거나 그에 관한 결정기준을 마련하기 곤란하여 그 자체로 진실에 반하거나 실제보다 과장된 것으로 보일 뿐만 아니라 피고인 스스로 명확

---

32) 서울중앙지법 2013. 5. 9. 선고 2012고정2650 판결[의료법위반]

한 근거를 제시한 바 없으므로 위 광고는 일반인으로 하여금 오인·혼동하게 할 염려가 있는 광고로서 과장된 내용의 광고에 해당되고(대법원 2009. 2. 26. 선고 2006도9311 판결) 피고인의 위 주장만으로 위 광고가 과장된 광고가 아니라거나 피고인에게 고의가 없었다고 보기 어렵다고 판시했다.

과장광고 부분 중 "노터치 최초 국내기술! 웨이브 프론트 국내 최초 공식인증 수술병원!"부분과 관련하여 법원은 피고인이 "2002.1. VISX STAR S3/Wave Scan" 장비를 설치하고 국내에서 웨이브 프론트(커스텀뷰) 수술을 처음으로 시행하였다는 관련자의 서면 진술 및 "VISX사는 K 피고인 운영 병원인 K 안과병원을 웨이브 프론트 커스텀 절제술의 한국 조사원으로 임명하였다는 내용의 서면 등을 근거로 검사가 제출한 증거만으로 공소사실 기재 광고 문구가 과장된 광고라고 인정하기 부족하다."고 하여 이에 대하여 무죄를 선고했다.

또한, 환자유인 부분과 관련하여 법원은 "이 법원의 국민건강보험공단에 대한 사실조회결과를 바탕으로 '국민건강보험 요양급여의 기준에 관한 규칙 제9조 제1항, [별표 2] 비급여 대상'에 의하면 건강보험법 제47조에 의하여 공단이 가입자 등에게 실시하는 건강검진이 아닌 본인의 희망에 의한 건강검진은 급여대상이 아니므로, 위 광고행위를 국민건강보험법이나 의료급여법에 따른 본인부담금을 면제 또는 할인하는 행위를 하겠다는 것으로 볼 수 없고, 이를 금품 등을 제공하는 행위로 평가할 수 없으므로(대법원 2012. 10. 25. 선고 2010도6527 판결), 위 의료광고행위는 의료법 제27조 제3항 본문에서 금지하는 개별적 행위유형에 준하는 것으로 평가되거나 또는 의료시장의 질서를 현저하게 해치는 것으로 볼 수 없어 의료법 제27조 제3항에 정한 환자의 '유인'에 해당하지 않는다."라는 취지로 판시하여 이 부분 공소사실에 대하여 무죄를 선고했다. 죄질이 그리 중하지 아니하고 범행 경위에 참작할 사정이 있는 점을 고려해 벌금 100만 원의 선고유예 판결을 내렸다. 이에 대하여 검사는 무죄 부분에 대한 사실오인 또는 법리오해를 이유로, 유죄 부분에 대한 양형부당을 이유로, 피고인은 유죄 부분에 대하여 각 항소했다.

라. 항소심 판결

1) 환자유인으로 인한 의료법위반 무죄 부분에 대한 검사의 법리오해 주장에 대하여

검사는 이 부분 피고인의 행위는 의료시장의 질서를 근본적으로 해할 위험이 있어 의료법이 정한 '유인'에 해당함에도 이를 무죄로 판단한 원심은 법리를 오해하여 판결에 영향을 미친 위법이 있다고 주장했다. 항소심은 환자유인의 공소사실에 대하여 무죄를 선고한 원심의 사실인정과 판단은 정당하여 이 부분 검사의 항소를 기각했다.

2) 과장광고로 인한 의료법위반의 무죄 부분에 대한 검사의 사실오인 또는 법리오해 주장에 대하여

가) "웨이브 프론트 국내 최초 공식 인증 수술병원!"이라는 부분

항소심은 원심이 적법하게 채택 조사한 증거에 의하여 인정되는 다음과 같은 사정들, 즉 ① 이 사건 웨이브 프론트 시술은 일반적인 시술에 해당하는 반면, 위 시술용 레이저 기계는 당시 5개 정도가 있었고, 피고인이 인증을 받았다고 주장하는 VISX사는 위와 같은 레이저 기계를 생산하거나 공급하는 회사 중 하나에 불과한 것으로 보이는 점, ② 위와 같은 광고가 게재될 당시까지 국내에는 위 시술법과 관련하여 공식 인증을 해 주는 단체가 존재하지 않았던 점, ③ 피고인이 VISX사가 공급한 기계로 웨이브 프론트 시술을 최초로 하였다고 하더라도 VISX사는 의료기계회사에 불과할 뿐 공식적인 인증기관도 아니고 웨이브 프론트 시술법을 공식인정하는 기관이 있는 것도 아닌 점 등을 종합하여 보면, 위 "웨이브 프론트 국내 최초 공식 인증 수술병원!"이라는 문구는 이를 객관적으로 조사하거나 그에 관한 결정기준을 마련하기 곤란하여 그 자체로 진실에 반하거나 실제보다 과장된 것으로 보일 뿐만 아니라 피고인 스스로 정확한 근거를 제시한 바 없으므로 위 광고는 일반인으로 하여금 오인 혼동하게 할 염려가 있는 광고로서 과장된 내용의 광고(대법원 2009. 2. 26. 선고 2006도9311 판결)에 해당된다. 그럼에도 이 부분 공소사실을 무죄로 판단한 원심판결에는 사실을 오인하거나 법리를 오해하여 판결에 영향을 미친 위법이 있으므로, 검사의 이 부분 주장은 이유 있다.

나) "노터치 최초 국내 시술!"이라는 내용을 게재한 부분

원심이 적절하게 판시한 바와 같이 H의 진술에 의하더라도 피고인이 노터치 기술을 국내에서 최초로 시술한 사람 중 한 명이라는 것이므로, 원심이 이 부분 공소사실을 무죄로 판단한 조치로 수긍이 가고, 거기에 검사가 지적한 바와 같이 사실오인이나 법리오해의 위법이 없으므로, 검사의 이 부분 주장은 이유 없다.

3) 피고인의 유죄 부분에 대한 사실오인 또는 법리오해 주장에 대하여

원심이 "피고인 및 변호인의 주장에 대한 판단"이라는 제목으로 적절히 판시한 바와 같이 '최첨단', '완벽기술', '완벽함' 등의 문구는 이를 객관적으로 조사하거나 그에 관한 결정기준을 마련하기 곤란하여 그 자체로 진실에 반하거나 실제보다 과장된 것으로 보일 뿐만 아니라 피고인 스스로 명확한 근거를 제시한 바 없으므로 위 광고는 일반인으로 하여금 오인·혼동하게 할 염려가 있는 광고로서 과장된 내용의 광고에 해당하고, 피고인이 시술에 사용하는 장비의 광고 문구를 그대로 인용하였다고 하여 이를 달리 볼 것은 아니고, 원심이 적법하게 채택·조사한 증거들에 의하여 인정되는 위 광고의 게재 경위와 방법, 형식 등에 비추어 볼 때 이 사건 범행에 대한 피고인의 고의 또한 이를 인정하기에 충분하므로, 이 부분 피고인의 주장을 받아들일 수 없다.

4) 소결

결국, 항소심은 원심판결 중 유죄 부분과 무죄 부분 중 "웨이브 프론트 국태 최초 공식 인증 수술병원!" 게재 과장 의료광고로 인한 의료법위반 부분을 각 파기하고, 원심판결 무죄 부분 중 환자유인으로 인한 의료법위반 부분과 "노터치 최초 국내 시술!" 게재 과장 의료광고로 인한 의료법위반 부분에 대한 검사의 항소를 기각했다. 다만 죄질이 그리 중하지 아니한 점, 피고인이 사용하던 레이저 장비의 성능 등을 포함하여 이 사건 광고를 하는 과정에서 장비의 광고 문구를 인용하여 이 사건 범행을 저지르게 된 것으로서 그 동기와 경위 등을 참작해 벌금 100만 원 선고유예 판결을 내렸다.[33]

---

33) 서울중앙지법 2013. 8. 13. 선고 2013노1692 판결[의료법위반]

마. 대상판결의 의의

'최첨단', '완벽기술', '완벽함', '국내 최초', '공식 인증' 등의 문구를 객관적으로 조사하거나 그에 관한 결정기준을 마련하기 곤란하여 그 자체로 진실에 반하거나 실제보다 과장된 것이므로 그에 관한 명확한 근거를 제시하지 못하는 한 과장광고라는 판결이다.

또한, 의료기관에서 병원에서 사용하는 의료기구나 장비의 광고 문구를 그대로 인용하였더라도 의사 등의 고의가 부정되지 않는다는 점이다. 의료기관에서 의료기 제조 또는 판매업체에서 제공하는 광고 문구를 그대로 사용하는 경우가 관행이 있어 주의를 요한다. 의료기기 제조 또는 판매자들이 제공하는 광고 문구에 대한 최종적인 책임은 의료기관에서 부담함을 명시한 판결이다.

환자유인에 대한 의료법 제27조 제3항의 규정 및 법리를 확인한 판결이다.

> **판례 7** – 의료광고 회사를 통한 블로그 체험단 모집하여 포인트 지급하여 후기를 작성한 것이 의료법 제27조 제3항 본문에서 금지하는 환자유인에 해당되는지['블로그 체험단에 포인트 지급']

가. 이 사건의 쟁점

광고회사를 통해 체험단을 모집해 광고한 경우, 광고회사에 광고비를 지급하거나 체험단에게 포인트를 지급한 것이 의료법 제27조 제1항 본문에서 금지하는 환자유인인지 문제된다.

나. 관련 형사사건의 결과

원고는 안산시 단원구 B 건물 5층에서 'C 산부인과 의원'이라는 상호로 의료기관(이하 '이 사건 병원'이라 한다)을 개설 운영하는 의사이다. 원고는 2016. 9. 28. 수원지방법원 안산지원으로부터 '원고가 2015 .6.경부터 2016. 1.경까지 3차에 걸쳐 주식회사 D(이하 'D'라 한다)에서 운영 중인 'E'를 통해 체험단을 모집하여 C 산부인과 프로그램 체험 후 홍보글을 올린 체험자에게 리뷰 지원금을 제공함으로써 영리를 목적으로 환자를 유인하는 행위를 하였다.'는 범죄사실로 벌금 1,000,000원의 약식명령[34]을 받았고, 그 무렵 위 약식명령이 그대로 확정되었다.

다. 이 사건 행정소송 제기

피고 보건복지부 장관은 원고가 위 범죄사실과 같이 영리 목적으로 환자를 의료기관이나 의료인에게 소개·알선, 그 밖에 유인하거나 이를 사주하는 행위를 하였다는 이유로 의료법 제66조 제1항 제10호 및 제27조 제3항을 근거로 2개월(2018. 7. 31.~2018. 9. 30)의 의사면허 자격정지 처분을 하였다.

이에 원고가 의료법 제27조 제3항에서 금지하는 것은 환자를 특정 의료기관에 데려오는 것과 결부되어 금품 등이 수수되는 것을 말하는 것인지, 의료기관이 의료광고 과정에서 환자의 유치 여부와 결부됨 없이 단순히 광고비를 지급하는 경우를 의미하는 것이 아니므로, 원고가 광고회사인 D와 광고계약을 체결하고 블로그 광고 대가로 광고비를 지급하였을 뿐 환자를 유치하는 과정에서 금품 등을 제공한 바 없고, 블로그 광고내용도 이 사건 병원의 체험 후기라는 점에서 의료시장 질서를 현저하게 해친다고 볼 수 없으므로, 이 사건 처분사유가 존재하지 않는다고 주장하면서 행정소송을 제기했다.

라. 법원의 판단

법원은 의료기관이 제3자에게 광고를 의뢰하는 경우에는 광고비를 지급하는 것이 일반적인 점을 고려할 때 환자의 소개 알선 등과 결부되지 않고 단순히 광고행위에 대한 대가로 지급한 것에 불과한 경우 의료법 제27조 제3항 본문에서 금지하는 경우라고 쉽게 단정할 수 없고, 원고가 광고회사인 D를 통하여 체험단을 모집해 체험자로 하여금 이 사건 병원에서 제공하는 무료 프로그램을 체험하고 체험 홍보글을 자신의 블로그에 게시하도록 하는 것은 불특정 다수인을 상대로 한 이 사건 병원을 홍보하는 의료광고에 해당되고, 체험 후기를 블로그에 게시한 자에게 'E'홈페이지에서 사용할 수 있는 30,000에서 100,000포인트를 F를 통하여 지급하였고, 위 포인트는 일정 금액 적립하면 현

---

34) 수원지법 안산지원 2016고약12918호

금으로 출금이 가능하므로 금품이 제공된 것으로 볼 수 있으나 체험단에 참여해 후기 작성하고 포인트를 지급받을 수 있는 것은 일회성에 그치고, 포인트 지급 이외에 블로그 게시판을 보고 방문한 환자에게 진료비를 할인하는 등 후기 게시자로 하여금 환자가 이 사건 병원과 치료위임계약을 체결하도록 유도하였다거나, 또는 블로그 게시글을 보고 방문한 환자가 있는 경우 해당 후기를 작성한 체험자에게 환자 유치에 대한 대가를 별도로 지급하거나 지급하기로 약정하였다고 볼 만한 사정이 없으며, 체험단이 블로그를 작성하에 있어 특정 정보를 포함해야 한다거나 이 사건 병원에게 유리하게 작성하도록 원고나 D가 개입하였다고 볼 만한 사정이 없고, 오히려 D에 대한 사실조회결과에 따르면 '체험자는 솔직한 후기를 작성하고 후기 내용에는 누구도 개입할 수 없다.'라는 것이므로, 체험단의 블로그 게시 내용은 의료법 제27조 제3항 본문에서 명문으로 금지하는 개별적 행위유형에 준하는 것으로 평가할 수 있다거나 또는 의료시장의 질서를 현저히 해하는 것으로 볼 수 없고, 또한 원고가 체험단에게 포인트를 제공한 것을 두고 일반적인 광고 대가를 지급한 것을 넘어 일반인을 기준으로 볼 때 금품을 제공하여 체험단으로 하여금 영리를 목적으로 환자를 이 사건 병원으로 유인한 것을 결의하도록 유혹한 것으로 보기 어렵고, 이 사건 행위로 벌금 100만 원의 약식명령을 확정받았으나 행정처분과 형벌은 각기 그 권력적 기초, 대상, 목적을 달리한다는 이유로, 피고가 2018. 6. 20. 원고에게 한 의사면허 자격정지 2개월 처분을 취소했다.[35]

마. 대상판결의 의의

원고는 광고 회사인 D와 광고계약을 체결하고 블로그 광고 대가로 광고비를 지급하였을 뿐 환자를 유치하는 과정에서 금품 등을 제공한 바 없고, 체험단에게 포인트를 제공한 것을 두고 일반적인 광고 대가를 지급한 것을 넘어 일반인을 기준으로 볼 때 금품을 제공하여 체험단으로 하여금 영리를 목적으로 환자를 이 사건 병원으로 유인한 것을 결의하도록 유혹한 것으로 보기 어렵고, 이 사건 행위로 형사처벌을 확정받았더라도 행정처분과 대상과 목적 등이 다르다는 점을 판시한 점에서 의미가 있다.

---

35) 서울행정법원 2019. 1. 24. 선고 2018구합70653 판결

판례 8 - 허위 광고에 관한 과징금부과처분의 취소를 명한 판결

가. 이 사건의 쟁점

'대학병원에서 할 수 없는'이라는 문구를 사용하여 광고하고, '해외논문 참조 병원의 수술통계와 이 사건 의원의 수술통계를 비교'하여 광고한 것이 의료법에서 금지하는 의료광고에 해당되는지 및 의료법이 금지하는 의료광고에 대한 판단기준이 무엇인지 여부

나. 형사사건 결과

원고는 2016. 1. 29. 서울동부지방법원으로부터 허위 광고 등을 이유로 벌금 300만 원의 약식명령을 선고받아 불복하지 않아 위 판결은 그대로 확정되었다.

다. 과징금부과처분 및 이 사건 소송의 제기

피고 성동보건소장은 2016. 11. 15. 위 약식명령의 범죄사실과 같은 이유로 구 의료법 제56조 제2항 제2호, 제3호, 제7호, 제3항, 제64조 제1항, 제67조에 근거하여 원고에게 과징금 3600만 원 부과처분(이하 '이 사건 처분')을 하였다. 원고는 이 사건 처분의 취소를 구하는 소송을 제기했다.

---

① (거짓 과장광고 부분) 원고는 2015. 8.경부터 2015. 9.경까지 이 사건 의원 홈페이지(D, 이하 '이 사건 홈페이지')에 '라섹뿐 아닌 라식, 안내(眼內)삽입술, 노안, 백내장 등의 다양한 수술에 관한 수술기술력을 보유하고 있는 수술전문병원입니다.'라고 기재하였고, 네이버 블로그(E)에 'C 안과는 시력교정 전문병원입니다', '라식/무통 라섹/안내삽입술/백내장 등 시력교정 수술전문병원입니다', '14년 동안 강남수술전문병원으로 입소문 난 병원'이라고 기재하여 전문병원 명칭을 사용하였다.
② (객관적 근거 없는 광고 부분) 2015. 8.경부터 2015. 9.경까지 이 사건 홈페이지에 '국내 최초 안구건조 특화진료 클리닉 개설', '국내 최초 안구건조증 특화진료안과', '대학병원에서도 할 수 없는 마이봄샘 진단과 치료관리'라는 글을 게시하였고, 이 사건 의원 트위터에 '정확한 검사를 통해 고객에게 가장 알맞은 최적의 수술방법을 선택하여 안전한 수술을 하며 경이적인 수술통계 97.4%에 볼 수 있듯이 의료협회가 인정한 가장 정확하고 안전한 병원/이라는 글을 게시하였다.

③ (비교광고 부분) 2015. 8.경부터 2015. 9.경까지 이 사건 홈페이지에 '대학병원에서도 할 수 없는 마이봄샘 진단과 치료관리를 하실 수 있게 되었습니다', '이 사건 의원은 최근 3년 6개월 이상의 경과관찰을 한 환자를 대상으로 수술통계를 실시하였고, 수술결과를 비교하기 위해 아래와 같은 해외논문을 참조하였습니다.'라며 아래 표를 제시하였다.

④ (로그인 절차 없이 치료후기 게시 부분) 2015. 8.경부터 2015. 9.경까지 이 사건 의원에서 관리하는 네이버 블로그에 「지인 소개로 이 사건 의원에 왔었는데 정말 친절하고 좋았습니다. 눈이 나빠서 수술할 계획도 있었는데 병원에 와서 '여기서 해야겠다.'라고 결심하게 되더라고요. 수술받기 전에는 아프다는 소리를 들어서 초조했는데 수술받고 나서 신세계를 경험하는 것 같았습니다. 수술하고 가장 좋은 점은 굉장히 잘 보인다는 것이고요. 불편한 것이 없어져서 좋았습니다. 너무 친절하시고 좋아요. 수술하고 나서 진통이 없어서 좋았습니다. 아플까봐 걱정하셔서 수술을 못하게 계신 분들한테 말씀드리고 싶어요. 걱정하지 마세요.」라는 내용의 수술 체험기를 게시하였다.

라. 법원의 판단[36)]

1) 처분사유의 존부

- 구 의료법 제56조 제2항 제2호 위반 여부

원고는 '시력교정 전문병원', '수술 전문병원' 또는 '시력교정 수술 전문병원'이라는 광고 문구를 사용했으나 위와 같은 문구는 이 사건 의원에서 근무하는 의료인이 전문적인 기술로 시력교정 수술을 시행한다는 의미일 뿐이고, 일반인도 위와 같은 문구만으로 이 사건 의원을 구 의료법 제3조의5에 따른 전문병원으로 오인 혼동할 우려가 있다고 보기 어렵고, 원고가 '원인을 찾기 어려운 안구건조증에 대한 정확한 진단과 검사를 통해 내 눈의 안구건조 상태를 특수장비를 이용하여 정확히 분석, 체계적인 치료법을 안구건조 전문의에게 받을 수 있다.'라고 광고한 것은 원고가 실제 안과 전문의이고 원고가 특수장비를 이용하여 안구건조증 치료를 도울 수 있는 전문적인 지식과 기술이 있음을 홍보한 것에 그칠 뿐 '안구건조 전문의'라는 분야가 없음에도 일반인으로 하여금 그러한 분야가 있도록 오인하도록 한 것은 아니라고 주장했다.

---

36) 서울행정법원 2018. 2. 22. 선고 2016구합82713 판결[과징금부과처분취소 청구의 소]

법원은 "원고가 이 사건 의원에서 '전문병원'으로 지정되지 않았음에도 이 사건 의원을 '시력교정 전문병원', '수술 전문병원' 또는 '시력교정 수술 전문병원'이라고 광고한 것은 구 의료법 제56조 제3항의 '거짓광고'에 해당되고, '안구 전문의'가 없음에도 자신을 안구건조 전문의라고 광고한 것은 구 의료법 제56조 제3항의 '과대광고'에 해당한다."라고 판시했다.

- 구 의료법 제56조 제2항 제7호 위반 여부

원고는 원고가 '국내 최초 안구 건조 특화진료 클리닉을 개설'하였다거나 '정확한 검사를 통해 고객에게 가장 알맞은 최적이 수술방법을 선택하여 안전한 수술을 한다.'는 내용의 광고를 하였으나 이는 이 사건 의원이 실제로 제공하고 있는 의료서비스를 설명한 것이고 고객에게 최적의 의료서비스를 제공하기 위해 노력하고 있다는 추상적 의지의 표현에 지나지 않으며, 원고는 2006년부터 2008년까지 500명의 환자에게 시력교정 수술을 시행하였고 그들의 시력 변화추이를 실제로 관찰하였는데 그 결과 시력이 1.0 이상으로 회복한 환자가 487명, 이를 비율로 환산하면 97.4%에 해당하며, 대한안과의사회가 이 사건 의원을 '라식/라섹 수술병원'으로 인증하였으므로 위와 같은 문구가 객관적으로 인정되지 않거나 근거 없는 내용이라고 볼 수 없다고 주장했다.

법원은 원고가 2006. 7.경부터 2006. 12.경까지 131명에게 시력교정 수술을 시행하고 수술 후 몇 달에 걸쳐 환자의 시력을 확인하고 진료기록부에 기재하였고, 진료기록부에 따르면 원고는 환자마다 시력변화추이를 살펴본 기간이 다르고, 일부 환자는 1개월 정도 시력 변화를 확인하는데 그친 경우도 있었으나 대체로 6개월 이내 기간 환자들의 시력변화추이를 관찰하고 환자들의 시력은 대체로 1.0 이상인 사실과 원고가 2014. 4.경 대한안과의협회로부터 "2014. 4. 1.부터 2015. 3. 31.까지 대한안과의사회 라식/라섹 위원회가 제시하는 기준을 충족하는 안과임을 인증합니다."라는 내용의 라식/라섹 수술병원 인증서를 받은 사실은 인정했다.

그러나 법원은 아래와 같은 이유로 원고가 '국내 최초 안구건조 특화진료 클리닉(또는 안과)', '대학병원에서도 할 수 없는 마이봄샘 진단서 치료관리', '경이적인 수술통계 97.4%에 볼 수 있듯이 의료협회가 인정한 가장 정확하고 안전한 병원'이라고 광고를 한 것은 구 의료법 제56조 제2항 제7호의 '객관적으로 인정되지 아니하거나 없는 내용을 포함하는 광고를 한 것'에 해당된다고 판시했다.

① 이 사건 의원이 국내 최초로 안구건조 부분을 특화하여 진료하는 안과이고, 대학병원에서 마이봄샘 진단을 하지 않는다고 볼 만한 근거자료가 없다.

② 원고가 제출한 자료에 따르면 원고는 2006. 7.부터 2006. 12.경까지 6개월에 걸쳐 수술한 환자만을 상대로 시력변화추이를 살펴본 데다가 시력변화추이를 살펴본 기간이 환자마다 다르고, 시력 변화를 관찰한 기간은 대체로 6개월 이내에 불과하다. 따라서 이러한 자료가 '이 사건 의원이 시력교정 수술을 하여 97.4% 환자가 1.0 이상의 시력을 회복하였으므로, 그에 따라 이 사건 의원은 가장 정확하고 안전한 병원'이라는 취지로 기재한 의료광고에 객관적인 근거라고 보기 어렵다.

③ 원고가 의료협회가 아닌 대한안과의사회로부터 '라식/라섹 수술'에 한하여 '라식/라섹 수술병원 인증'을 받았고, 위 인증 또한 '가장 정확하고 안전한 병원'이라는 의미가 아니라 '라식/라섹 수술 위원회가 제시하는 기준을 충족한다.'라는 의미에 불과하다. 게다가 위 인증 기간은 2015. 3. 31.이어서 의료광고를 시행하던 당시에 '라식/라섹 수술병원'이라고 인증되었다고 보기 어렵다. 원고가 제출한 자료만으로 '의료협회가 인정한 가장 정확하고 안전한 병원'이라는 의료광고에 객관적인 근거가 있다고 보기 어렵다.

- 구 의료법 제56조 제2항 제3호 위반 여부(비교광고)

아래 사정을 앞서 위 법리에 비추어 보면 이 사건 약식명령 중 해당 부분 원고의 행위 사실을 인정할 수 있으나, 원고가 '대학병원에서 할 수 없는'이라는 문구를 사용하여 광고하고, '해외논문 참조 병원의 수술통계와 이 사건 의원의 수술통계를 비교'하여 광고한 것이 구 의료법 제56조 제2항 제3호에 위반되었다고 평가할 수 없다.

① 원고는 영문 제목의 4편의 해외논문을 제시하고, "논문 참조 병원 수술결과"와 "C 안과 수술결과"로 구분하여 양자의 수술 후 시력, 재수술 빈도, 수술 후 감염, 수술 후 안구건조증 등을 비교하는 표를 이 사건 홈페이지에 게시하였을 뿐이다. 원고가 인용한 해외논문의 참조 병원은 구체적으로 드러나지 않았을 뿐만 아니라 그 표현의 내용만으로 특정 의료기관을 짐작하기 어렵다.

② '대학병원'은 다양한 진료과목을 갖추고 진료과목마다 교수 자격을 갖춘 우수한 전문의가 전속하여 있으므로 일반적으로 우수한 의료기관을 떠올리게 하는 표현이다. 따라서 원고가 마이봄샘 진단과 치료관리에 관하여 비교하였다는 '대학병원'이라는 표현이 특정 의료기관 집단으로 '의과대학에 부속된 병원'을 지정한 것으로 보기 어려운 측면이 있다. 나아가 '대학병원'이라는 표현의 위와 같은 의미를 고려하면 원고가 '대학병원에서 볼 수 없는 마이봄샘 진단과 치료관리를 할 수 있다.'라고 표현한 것은 위와 같은 의미의 대학병원 이상으로 전문적인 진단과 치료를 할 수 있다는 뜻을 나타낸 것으로 보인다.

따라서 원고의 이 부분 주장은 이유 있다.

2) 재량권의 일탈 남용 여부

재량행위에 대한 법원의 사법심사는 당해 행위가 사실오인, 비례 평등의 원칙 위배, 당해 행위의 목적 위반이나 부정한 동기 등에 근거하여 이루어짐으로써 재량권의 일탈 남용이 있는지 여부만을 심사하게 되는 것이나, 법원의 심사결과 행정청의 재량행위가 사실오인 등에 근거한 것이라고 인정되는 경우에는 이는 재량권의 일탈 남용한 것으로 위법하여 그 취소를 면치 못한다(대법원 2001. 7. 27. 선고 99두8589 판결).

피고가 구 의료법 제67조 제1항에 따라 명할 수 있는 과징금 처분은 처분 여부 및 정도에 관하여 재량이 인정되는 재량행위이다. 이 사건 처분은 위와 같은 처분사유가 인정되지 않는 부분을 포함함으로써 재량 판단의 기초사실 중 일부를 오인하여 이루어진 것으로 위법하다. 따라서 원고의 나머지 주장을 나아가 살필 것 없이 그 전부를 취소하고 피고로 하여금 다시 적정한 재량 판단을 하도록 함이 타당하다.

마. 대상판결의 의의

'대학병원에서 할 수 없는'이라는 문구를 사용하여 광고하고, '해외논문 참조 병원의 수술통계와 이 사건 의원의 수술통계를 비교'하여 광고한 것이 구 의료법 제56조 제2항 제3호에 위반되었다고 평가할 수 없다고 보아 피고의 처분을 취소한 판결이다.

> 판례 9 - 네이버 카페에 건강검진 무료 광고, 환자유인으로 의사면허 자격정지처분
> 　　　　취소소송 제기(원고 승소)

가. 이 사건의 쟁점

의사인 원고가 인터넷 카페에 무료검진 글을 올린 행위가 의료광고로서 의료법 제27조 제3항의 영리목적의 환자유인에 해당되는지 여부

나. 소 제기 경위

원고는 경남 ○○시에서 C 의원을 개설 운영하는 의사로 2015. 1. 20. 네이버 카페 'D'에 '하지정맥류 무료검진 안내'라는 제목으로 아래와 같은 글을 게시하여 2015. 5. 13. 피고 보건복지부 장관으로부터 의료법 제27조 제3항 위반으로 자격정지 2개월의 행정처분에 대한 사전통지와 2015. 5. 29.까지 이에 대한 의견을 제출할 것을 통지받았다. 원고가 2015. 5. 26. "사법처리 결과가 나올 때까지 행정처분을 보류해 달라"는 내용의 의견을 제출했다.

원고는 2015. 11. 3. 창원지방법원 밀양지원 2015고약1186호로 의료법위반 혐의로 벌금 100만 원의 약식명령을 받고, 위 약식명령은 2015. 11. 17. 확정되었다.

피고는 2015. 12. 23. 원고에 대하여 의료법 제27조 제3항, 제66조 제1항 제10호를 근거로 원고가 '하지정맥류에 대해 무료검진을 실시합니다.'라는 내용의 글을 게시하여 영리를 목적으로 환자를 유인하는 행위를 하였음을 이유로 2개월간(2016. 4. 1.~2016. 5. 31)의 자격정지 처분(이 사건 처분)을 하자, 원고가 이 사건 처분의 취소를 구하는 행정소송을 제기했다.

다. 1심 판단 요지

원고는 원고가 인터넷 카페에 글을 올린 행위는 단순한 의료광고여서 이를 환자유인행위에 해당된다고 보기 어려운 이상 이 사건 처분사유는 부존재하고, 가사 처분사유가 존재한다고 하더라도 단 1회의 광고 게재가 있었을 뿐이고 원고에게 다른 의료법위반의 전력이 없음에도 2개월의 자격정지 처분에 나아간 것은 재량 일탈·남용에 해당되므로 위법하다고 주장했다.

1심 법원은 "하지정맥류에 대한 검진과 초음파 검사는 모두 비급여 항목으로 급여대상 진료에 해당되지 아니하여 의료인 스스로 자유롭게 정할 수 있는 금액일 뿐이어서 이를 국민건강보험법이나 의료보험법에 따른 본인부담금을 면제 또는 할인하는 행위에 해당한다고 볼 수 없으며, 관련 형사사건에서 약식명령이 확정되었더라도 형벌과 행정처분은 각기 그 권력적 기초, 대상, 목적을 달리하므로 동일한 행위에 관하여 독립적으로 행정처분이나 형벌을 과하거나 이를 병과할 수 있는 것이며, 원고가 인터넷 카페에 단 1회에 걸쳐 이 사건 무료검진 안내를 게재한 것을 두고 통상적인 의료광고를 넘어서 의료법 제27조 제3항 본문에서 명문으로 금지하는 개별적 행위 유형에 준하는 것이라거나 의료시장 질서를 현저하게 해치는 경우에 해당하는 유인행위라고 볼 수 없어 이 사건 무료검진 안내는 의료법 제27조 제3항의 환자유인에 해당되지 않는다고 보아 이 사건 처분사유는 부존재하므로 이 사건 처분의 재량의 일탈, 남용 여부에 관한 원고의 주장에 대하여 더 살펴볼 필요도 없이 이 사건 처분은 위법하여 취소되어야 한다."라고 판시했다.[37)

판시 이유 중 의료광고의 위법성 판단에 참고가 될 만한 이유를 소개하면 아래와 같다.

> 4) 의료법 제27조 제3항에서 구체적인 예로 들고 있는 불특정 다수인에 대한 교통편의 제공이나 금품 등의 제공은 급여대상 의료행위에 대하여 실제로 적극적인 재산적 이익제공이 있는 경우를 유인행위로 금지하기 위한 것일 뿐, 이 사건에서와 같이 비급여항목에 대한 할인, 면제를 그 규율의 대상으로 하는 것은 아니다.
> 5) 의료광고행위는 원칙적으로 의료법 제27조 제3항의 환자유인행위에 해당되지 않고, 다만 예외적으로 위 법 조항에서 금지하는 개별적 행위유형에 준하거나 의료시장의 질서를 현저히 해치는 특별한 사정이 있는 경우에만 유인행위에 해당될 것인데, 그러한 특별한 사정의 존재는 처분청인 피고에게 입증책임이 있다. 피고는 원고가 이 사건 무료검진 안내 글을 게시한 행위에 관하여 벌금 100만 원의 약식명령이 확정되었고 원고도 약식명령의 구성요건을 인정하는 내용의 확인서를 작성하였다는 것을 처분사유에 대한 주된 근거로 내세우고 있는데, 원고가 작성한 확인서는 'D' 게시판에 이 사건 무료검진 안내 글을 게시한 사실이 있다는 객관적 사실 자체를 인정하는 내용일 뿐, 이 사건 처분사유인 '환자유인행위'가 있었음을 인정

---

37) 대전지법 2016. 12. 15. 선고 2016구합100972 판결

하는 내용은 아닐 뿐만 아니라('환자유인행위'는 구체적 사실관계에 대한 평가에 해당하는 것이어서 자백 등 사실인정의 대상이 아니고 설사 처분대상자가 이를 인정하였다고 하더라도 이에 법원이 구속되는 것은 아니다), 일정한 법규위반 사실이 행정처분의 전제사실이 되는 한편, 이와 달리 형사법규의 위반사실이 되는 경우에 행정처분과 형벌은 각기 그 권력적 기초, 대상, 목적을 달리하고 있으므로 동일한 행위에 관하여 독립적으로 행정처분이나 형벌을 과하거나 이를 병과할 수 있는 것이므로('환자유인행위'에 해당하는지는 각각 판단되는 것이다), 피고의 위 주장은 이유 없다.

6) 긴급하게 의료행위를 받아야만 하는 환자들을 대상으로 하여 금품 제공, 불법의료행위 권유 등 전형적인 유인행위를 하는 광고는 규제할 필요성이 크다고 할 것이지만, 이 사건에서와 같이 의료와 관련이 없는 'D'라는 인터넷 사이트 내 카페에 의료정보를 제공하는 것은 통상적인 의료광고에 속한다고 할 것인데, 더욱이 'D' 카페는 주로 밀양 지역의 젊은 엄마들이 가입한 곳으로서 가입된 회원들은 하지정맥류 질환과 특별한 관련이 없는 일반적인 사람들인 점, 위 카페의 설립목적 자체도 하지정맥류 질환 및 기타 의료행위와 관련이 없는 점, 적시된 무료검진의 대상도 D 카페의 회원 및 그 가족으로 한정되며 무료검진의 시가도 2015년 새해를 맞아 한시적으로 하려고 하였던 것으로 보이는 점, 실제로 위 무료검진 안내를 보고 원고의 병원에 검진을 받기 위하여 방문한 환자도 없거나 극히 드물었던 점 등을 종합하면 원고가 위 인터넷 카페에 단 1회에 걸쳐 이 사건 무료검진 안내를 게재한 것을 두고 통상적인 의료광고를 넘어서 의료법 제27조 제3항 본문에서 명문으로 금지하는 개별적 행위유형에 준하는 것이라거나 의료시장의 질서를 현저하게 해치는 경우에 해당하는 유인행위라고 하기 어렵다.

라. 항소심 판단 요지[38]

1심 판결에 대해 피고가 대법원 2015. 7. 23. 선고 2015두912 판결을 거시하면서 '원고의 무료검진 행위 자체가 곧 의료법 제27조 제3항 소정의 금품 등의 제공에 준하는 경우'에 해당한다는 취지로 주장했다.

항소심은 ① 위 대법원판결은 해당 사안의 무료 스케일링 정책이 의료법 제27조 제3항 소정의 '금품 등의 제공에 준하는 경우'라고 본 것이라기보다는 여러 사정에 비추어 '정기적인 무료 스케일링 치아 관리'를 홍보한 해당 광고행위가 공정한 시장경제질서를 왜곡하거나 과잉진료 등의 폐해를 야기할 우려가

---

38) 대전고법 2017. 5. 25. 선고 2017누10027 판결

커 의료시장의 질서를 현저하게 해친다고 판단한 것이어서, 위 대법원판결을 피고 주장의 논거로서 이 사건에 직접적으로 원용하기에는 부적절한 점, ② 무료검진 광고행위 그 자체만으로 금품의 제공에 준할 정도의 유인행위로 보게 될 경우 의료인 스스로 국민건강보험법 등에 의한 급여대상이 아닌 진료에 대한 진료비(비급여 진료비용) 등을 자유롭게 정할 수 있도록 한 영업의 자유가 침해될 수 있어 부당하고, 이를 구체적인 사안에 따라 달리 보아야 하는 점, ③ 비급여 진료비용의 무료검진 광고의 경우 의료법 제56조 제2항에서 금지하는 있는 의료광고에도 해당하지 않는 점, ④ 제재적 행정처분의 요건이 되는 의료법 제27조 제3항의 위반행위를 해석할 때 명확성의 원칙에 어긋나지 않도록 그 포섭범위를 지나치게 광범위하게 해석하여서는 아니 되고, 위 법률 조항이 금지하고 있는 개별행위에 대하여 국민들이 충분히 예측 가능하도록 엄격하게 해석하여야 하는 점 등에 비추어 피고의 주장은 받아들이지 아니하였다. 결국, 피고 보건복지부 장관의 항소를 기각했다.

마. 대상판결의 의의

관련 형사사건에서 환자유인행위로 벌금형이 확정되었지만, 형사처벌과 행정처분의 다른 점을 고려해 형사처벌 결과를 그대로 따르지 않고 독자적으로 판단한 점에서 의미가 있다.

또한, 원고가 작성해 준 사실확인서의 의미를 한정적으로 인정하고 의료법 제27조 제3항을 엄격하게 해석했다는 점에서 의미가 있다.

판례 10 – 헌법재판소가 언급하는 의료법이 금지하는 치료경험담 판단기준[39]

가. 이 사건의 쟁점

인터넷 홈페이지에 치료경험담을 올린 경우 모든 경우가 의료법이 금지하는 치료경험담에 해당되는지 여부, 의료법에서 금지하는 치료경험담 판단기준

---

39) 헌재 2013. 11. 28. 2011헌마652 전원재판부[기소유예처분취소]

이 무엇인지 및 검사의 기소유예처분이 적법한지 여부

나. 사건 경위

인터넷 홈페이지에 소비자를 현혹할 치료경험담을 게시했다는 이유로 부산지방검찰청으로부터 기소유예처분을 받게 되자 기소유예처분의 취소를 구하는 헌법소원을 제기했다.

다. 헌법재판소의 결정 요지

위 헌법재판소 결정에서 주목해야 할 점은 치료경험담 자체만으로 처벌 대상이 아니라 '소비자를 현혹할 우려'가 있는 치료경험담을 금지한다는 것이며, 그러한 판단을 함에 있어 ① 직접 청구인과 치료경험담을 작성한 환자들을 상대로 청구인의 인터넷 홈페이지의 수술후체험수기/감사글란에 치료경험담을 작성하거나 그 글을 읽기 위해서 별도의 회원가입 절차가 필요한지, ② 청구인이 치료경험담 작성을 권유하였는지 등 치료경험담 작성 경위, ③ 우수 치료경험담만을 게시하는 등으로 청구인의 인위적인 조작이 있었는지 등에 대하여 조사하는 등으로 소비자를 현혹할 우려가 있는 치료경험담을 광고했는지 더 살펴야 한다는 점을 명확히 한 것이다.

즉, 치료경험담이 의료법위반이 되기 위해서는 첫째, 별도의 회원 가입절차가 있는지, 둘째, 의료기관에서 치료경험담 작성을 권유한 사실이 있는지, 셋째, 우수 치료경험담만을 선별하는 등 인위적인 조작이 있는지를 검토해야 한다는 것이다.

또한, 홈페이지에서 미세지방주입술에 관한 '부작용 걱정이 없음, 붓기와 멍이 거의 없음, 흉터 걱정이 없음'이라고 설명했더라도 흉터나 부작용, 멍 등이 전혀 없다는 취지는 아닌 것으로 보이고, 의학전문 자료에 나타난 미세지방주입술의 특징이나 장점을 그대로 설명한 경우 거짓이나 과장 광고로 보기 어렵다고 판단한 것이다.

기소유예처분취소(헌재 2013. 11. 28. 2011헌마652, 공보 제206호, 1762 [전원재판부]

【판시사항】
가. 의료법 시행령(2010. 3. 15. 대통령령 제22075호로 개정된 것) 제23조 제2항(이하 '이 사건 법률조항'이라 한다)에 따른 보건복지부장관의 금지되는 의료광고의 세부적인 기준 고시가 없는 경우에도 인터넷 홈페이지 의료광고자를 처벌할 수 있는지 여부(적극)
나. 청구인에 대하여 의료법위반의 피의사실을 인정한 기소유예처분이 청구인의 평등권 및 행복추구권을 침해하였다고 본 사례

【결정 요지】
가. 의료인 자신이 운영하는 인터넷 홈페이지에 의료광고를 하는 경우에 금지되는 의료광고의 세부적인 기준을 보건복지부장관으로 하여금 고시할 수 있도록 규정하고 있는 이 사건 법률조항은 의료법 규정의 위임에 따라 비로소 구성요건적 금지행위를 창설하는 새로운 금지규정이라기보다는, 단지 이미 구성요건적 금지행위를 정하고 있는 의료법의 규정을 보완하는 보충적인 규정에 불과하므로, 보건복지부장관의 금지되는 의료광고의 세부적인 기준 고시가 없다고 하더라도 의료법위반죄로 처벌할 수 있다.
나. 의료인이 우수경험담을 선정하거나 특정 환자나 유리한 경험담만을 게재시키거나 게재를 허용하는 방법으로 치료경험담을 자신이 운영하는 인터넷 홈페이지에 게시한 경우 소비자를 현혹할 우려가 있는 치료경험담을 광고한 것으로 볼 수 있고, 진실이 아니거나 실제보다 지나치게 부풀려진 내용을 담고 있어 의료지식이 부족한 일반인으로 하여금 오인·혼동하게 할 염려가 있는 의료광고를 거짓이나 과장된 내용의 의료광고라 할 수 있는데, 이 사건에서 청구인이 우수경험담을 선정하는 등의 방법으로 환자들로 하여금 치료경험담을 작성하도록 독려하였거나 청구인에게 불리한 내용의 치료경험담은 삭제하고 유리한 치료경험담만을 게시하였는지가 확인되지 않는 점에서 청구인이 소비자를 현혹할 우려가 있는 치료경험담을 광고하였다고 보기에 부족하고, 미세지방주입술에 관한 '부작용 걱정이 없음, 붓기와 멍이 거의 없음, 흉터 걱정이 없음'이라는 설명은 흉터나 부작용, 멍 등이 전혀 없다는 취지는 아닌 것으로 보이고, 의학전문 자료에 나타난 미세지방주입술의 특징이나 장점을 그대로 설명한 것에 불과하여 실제로도 사실과 부합하는 취지의 의료광고라 할 것인데도 의료법위반의 피의사실이 인정됨을 전제로 한 이 사건 기소유예처분에는 수사미진 및 법리오해의 잘못이 있다.

【참조 조문】
헌법 제10조, 제11조
의료법(2009. 1. 30. 법률 제9386호로 개정된 것) 제56조 제2항 제2호, 제3항
의료법 시행령(2010. 3. 15. 대통령령 제22075호로 개정된 것) 제23조 제1항 제2호,
제2항

【참조판례】
대법원 2010. 5. 27. 선고 2006도9083 판결

【당사자】
청 구 인 박○호대리인
피청구인 부산지방검찰청 검사

【주　문】
부산지방검찰청 2011년 형제51796호 의료법위반 피의사건에서 피청구인이 2011. 8.
25. 청구인에 대하여 한 기소유예처분은 청구인의 평등권 및 행복추구권을 침해한
것이므로 이를 취소한다.

【이　유】
1. 사건의 개요
가. 청구인은 2011. 8. 25. 부산지방검찰청 2011년 형제51796호로 피청구인으로부터
의료법위반죄로 기소유예처분을 받았는바(이하 '이 사건 기소유예처분'이라 한다),
그 피의사실의 요지는 다음과 같다.
"청구인은 부산 부산진구 ○○동에서 '○○성형외과'를 운영하는 의사로, 2011. 3.
경 위 ○○성형외과의 인터넷 홈페이지 수술후체험수기/감사글란에 환자의 지방이
식수술 체험사례를 게시하여 치료효과를 보장하는 등 소비자를 현혹할 우려가 있
는 내용의 광고를 하고, 위 인터넷 홈페이지에 미세지방주입술에 관해 설명하면서
'부작용 걱정이 없음, 붓기와 멍이 거의 없음, 흉터 걱정이 없음'이라고 기재하여
과장된 내용의 광고를 하였다."
나. 피청구인은 피의사실은 인정되나, 의료광고의 금지기준을 위반한 정도가 그리
크지 아니한 점 등 범행의 경위에 참작할 사유가 있다는 이유로 기소유예처분을 하
였다.
다. 이에 청구인은 2011. 10. 26. 위 기소유예처분이 청구인의 평등권 및 행복추구
권을 침해한다는 이유로 그 취소를 구하는 이 사건 헌법소원심판을 청구하였다.

2. 청구인의 주장요지

가. 의료법 시행령 제23조 제2항은 의료인 자신이 운영하는 인터넷 홈페이지에 의료광고를 하는 경우에 금지되는 의료광고의 세부적인 기준을 보건복지부장관으로 하여금 고시할 수 있도록 규정하고 있음에도 보건복지부장관의 세부적인 기준 고시가 없고, 인터넷 홈페이지 의료광고는 의료법 제57조 제1항의 심의대상이 되는 의료광고에도 해당되지 않으므로, 청구인의 이 사건 인터넷 홈페이지 게시내용은 의료법령상 금지되는 의료광고에 해당하지 아니하여 의료법의 처벌대상이 아니다.

나. 가사, 청구인의 이 사건 인터넷 홈페이지 게시내용에 대해 의료법령이 적용될 수 있다고 하더라도 청구인의 인터넷 홈페이지의 수술후체험수기/감사글란은 의사와 환자 사이의 소통수단으로 이용되었던 것으로 환자의 치료경험담을 게시한 것이 아니고, 그곳에 글을 작성하거나 읽기 위해서는 회원으로 가입한 이후에야 가능하므로 불특정 다수인을 상대로 한 광고행위에도 해당하지 않으며, 미세지방주입술에 관한 기재내용은 객관적 사실에 근거하여 시술의 특징이나 장점을 그대로 설명한 것이므로 과장광고에 해당하지 아니한다.

3. 판 단

가. 먼저, 이 사건 의료광고에 대한 처벌이 가능한지에 대하여 본다.

의료법령상 금지되는 의료광고와 관련된 규정을 살펴보기로 한다.

의료법(2009. 1. 30. 법률 제9386호로 개정된 것, 이하 '의료법'이라 한다) 제56조 제2항은 의료인이 의료광고를 하는 경우 금지되는 의료광고의 태양을 1호에서 11호까지 규정하고 있고(특히 제2호는 '치료효과를 보장하는 등 소비자를 현혹할 우려가 있는 내용의 광고'를 규정하고 있다), 제3항은 거짓이나 과장광고를 금지하고 있으며, 제5항은 위 제2항 각 호의 금지되는 의료광고의 구체적인 기준 등 의료광고에 관하여 필요한 사항을 대통령령으로 정하도록 규정하고 있다. 이에 따라 의료법 시행령(2010. 3. 15. 대통령령 제22075호로 개정된 것, 이하 '의료법 시행령'이라 한다) 제23조 제1항은 의료법 제56조 제2항 각 호의 금지행위를 보다 구체화하여 1호에서 9호까지 규정하고 있으며(특히 제2호는 '환자의 치료경험담'을 규정하고 있다), 의료법 시행령 제23조 제2항은 "보건복지부장관은 의료법인·의료기관 또는 의료인 자신이 운영하는 인터넷 홈페이지에 의료광고를 하는 경우에 제1항에 따라 금지되는 의료광고의 세부적인 기준을 정하여 고시할 수 있다."라고 규정하고 있다.

이 사건과 관련된 의료법 제56조 제2항 제2호, 제3항 및 의료법 시행령 제23조 제1항 제2호를 살펴보면, 의료광고 방법에 대한 제한 없이 의료인이 의료광고를 하는 경우 금지되는 의료광고에 대하여 규정하고 있으므로 의료인이 인터넷 홈페이지를 통해 의료광고를 하는 경우에도 위 규정들이 적용된다. 한편, 의료법 시행령 제23

조 제2항은 의료법 규정의 위임에 따라 비로소 구성요건적 금지행위를 창설하는 새로운 금지규정이라기보다는, 단지 이미 구성요건적 금지행위를 정하고 있는 의료법의 규정을 보완하는 보충적인 규정에 불과하고, 의료인의 인터넷 홈페이지 의료광고의 경우에 금지되는 의료광고의 세부적인 기준 고시를 보건복지부장관의 재량사항으로 규정하고 있을 뿐이다.

결국 이 사건과 같이 의료인인 청구인이 인터넷 홈페이지를 통해 의료광고를 하는 경우에 보건복지부장관의 금지되는 의료광고의 세부적인 기준 고시가 없다고 하더라도 의료법 제56조 제2항 제2호, 제3항 및 의료법 시행령 제23조 제1항 제2호가 적용되고, 위 조항들 위반만으로 형사처벌이 가능하다. 따라서 청구인의 이와 관련된 주장은 이유 없다.

나. 다음으로, 이 사건 의료광고가 금지되고 있는 환자의 치료경험담 광고인지에 대하여 본다.

(1) 청구인은 인터넷 홈페이지의 수술후체험수기/감사글란은 의사와 환자 사이의 소통수단으로 이용되었던 것이어서 환자의 치료경험담을 게시한 것이 아니라고 주장하나, 관련 글이 게시된 인터넷 홈페이지 해당란의 제목이 '체험수기'로 되어 있는 점, 게시된 글의 내용이 청구인으로부터 시술을 받은 환자의 만족도에 관한 것인 점 등에서 환자의 치료경험담으로 보는 것이 상당하다.

(2) 앞서 본 바와 같이, 의료법 제56조 제2항 제2호, 제5항은 '의료인은 치료효과를 보장하는 등 소비자를 현혹할 우려가 있는 내용의 의료광고를 하지 못한다. 금지되는 의료광고의 구체적인 기준 등 의료광고에 관하여 필요한 사항은 대통령령으로 정한다.'고 규정하고 있고, 이에 따라 제정된 의료법 시행령 제23조 제1항 제2호는 금지되는 의료광고의 하나로 '환자의 치료경험담'을 들고 있는바, 위 규정들을 종합하면 의료법 시행령 제23조 제1항 제2호의 금지되는 의료광고로 규정된 '환자의 치료경험담'은 '소비자를 현혹할 우려'가 있는 환자의 치료경험담을 의미하고 소비자를 현혹할 우려가 없는 환자의 치료경험담은 포함되지 아니한다. 그리고 '환자의 치료경험담' 자체가 소비자를 현혹하는 속성을 내포하고 있다고 보기는 어렵고, 의료인이 우수경험담을 선정하거나 특정 환자나 유리한 경험담만을 게재시키거나 게재를 허용하는 방법으로 치료경험담을 게시한 경우 '소비자를 현혹할 우려'가 있는 치료경험담을 광고한 것으로 볼 수 있다.

이 사건 기록에 의하면, 청구인의 인터넷 홈페이지의 수술후체험수기/감사글란에 환자의 치료경험담이 게시된 것은 인정되나, 청구인의 인터넷 홈페이지에 별도의 회원가입 절차 없이 누구나 치료경험담을 작성하거나 볼 수 있는지 여부가 불분명하고, 청구인이 우수경험담을 선정하는 등의 방법으로 환자들로 하여금 치료경험담을 작성하도록 독려하였거나 청구인에게 불리한 내용의 치료경험담은 삭제하고 유리한 치료경험담만을 게시하였는지도 확인되지 않는 점에서 청구인의 인터넷 홈페이지의 수술후체험수기/감사글란에 게시된 이 사건 치료경험담만으로는 청구인이 '소비자를 현혹할 우려'가 있는 치료경험담을 광고하였다고 보기에 부족하다.

피청구인으로서는 청구인에 대한 혐의사실을 인정할지를 판단함에 있어, 직접 청구인과 치료경험담을 작성한 환자들을 상대로 청구인의 인터넷 홈페이지의 수술후체험수기/감사글란에 치료경험담을 작성하거나 그 글을 읽기 위해서 별도의 회원가입 절차가 필요한지, 청구인이 치료경험담 작성을 권유하였는지 등 치료경험담 작성 경위, 우수 치료경험담만을 게시하는 등으로 청구인의 인위적인 조작이 있었는지 등에 대하여 조사하는 등으로 소비자를 현혹할 우려가 있는 치료경험담을 광고하였는지에 대하여 좀 더 밝혀 보았어야 했다.

다. 마지막으로, 이 사건 의료광고가 과장광고인지에 대하여 본다.

(1) 의료법 제56조 제3항은 "의료법인·의료기관 또는 의료인은 거짓이나 과장된 내용의 의료광고를 하지 못한다."고 규정하고 있는바, 여기서 '거짓이나 과장된 내용의 의료광고'라 함은 진실이 아니거나 실제보다 지나치게 부풀려진 내용을 담고 있어 의료지식이 부족한 일반인으로 하여금 오인·혼동하게 할 염려가 있는 의료광고를 의미한다. 의료광고가 객관적인 사실에 기인한 것으로서 소비자에게 해당 의료인의 의료기술이나 진료방법을 과장 없이 알려주는 것이라면, 이는 소비자의 합리적 선택에 도움을 주고, 의료인들 사이에 공정한 경쟁을 촉진시켜 공익을 증진시킬 수 있으므로 허용되어야 할 것이지만, 의료행위가 사람의 생명·신체에 직접적이고 중대한 영향을 미치는 것임에 비추어 객관적 사실이 아니거나 근거가 없는, 또는 현대의학상 안전성 및 유효성이 과학적으로 검증되지 않은 내용을 기재하여 의료서비스 소비자에게 막연하거나 헛된 의학적 기대를 갖게 하는 광고는 허위 또는 과장광고로서 금지되어야 한다(대법원 2010. 5. 27. 선고 2006도9083 판결 참조).

(2) 이 사건 기록에 있는 미세지방주입술에 관한 대한성형외과학회지나 대한피부과학회지 등 자료에 의하면 주사기를 이용한 지방주입술은 흉터가 전혀 문제되지 않고, 합병증도 거의 무시해도 좋은 수준이며, 부작용 없이 반영구적인 효과를 지속시킬 수 있다고 소개되어 있는바, 위 의학전문 자료들을 종합해 볼 때, 미세지방주입술에 대한 청구인의 병원 인터넷 홈페이지 내용은 흉터나 부작용, 멍 등이 전혀 없다는 취지는 아닌 것으로 보이고, 의학전문 자료에 나타난 미세지방주입술의 특징이나 장점을 그대로 설명한 것에 불과하여 실제로도 사실과 부합하는 취지의 의료광고라 할 것이고, 진실이 아니거나 실제보다 지나치게 부풀려진 내용을 담고 있어 의료지식이 부족한 일반인으로 하여금 오인·혼동하게 할 염려가 있는 의료광고라고 할 수 없을 것이다.

라. 소결

결국 이 사건 기소유예처분에는 위와 같이 그 결정에 영향을 미친 중대한 수사미진 내지 법리오해의 잘못이 있다고 할 수 있어 자의적인 검찰권의 행사라 아니할 수 없고, 그로 말미암아 청구인의 평등권 및 행복추구권이 침해되었다고 할 것이다.

4. 결 론

그렇다면 청구인의 이 사건 심판청구는 이유 있으므로 이 사건 기소유예처분을 취소하기로 하여 관여 재판관 전원의 일치된 의견으로 주문과 같이 결정한다.
재판관 박한철(재판장) 이정미 김이수 이진성 김창종 안창호 강일원(해외출장으로 서명날인 불능) 서기석 조용호

라. 대상 헌법재판소 결정의 의의

위 결정에서는 치료후기를 올린 경우 어떤 경우가 소비자를 현혹할 우려가 있는 광고로서 의료법에서 금지하는 광고해 해당하는지에 관한 판단기준을 제시하고 있다. 소비자를 현혹할 우려가 없는 치료경험담의 광고를 허용해 의료법이 금지하는 치료경험담의 범위를 한정적으로 보고 있다.

또한 '부작용 걱정 없음', '흉터 걱정 없음'이라고 게시했더라도 의학자료에 나타난 시술방법이나 특징을 그대로 설명한 경우 거짓이나 과장광고로 볼 수 없다는 점을 확인하고 있다.

의료광고 유용한 사이트 및
도움이 되는 양식

의료광고 유용한 사이트 및
도움이 되는 양식

1. 의료광고 관련 유용한 사이트

① 보건복지부 보도자료_유형별 의료광고 사례 및 체크리스트 http://www.mo
   hw.go.kr/react/al/sal0301vw.jsp?PAR_MENU_ID=04&MENU_ID=0403&page
   =1&CONT_SEQ=355295

② 보건복지부 민원질의·회신 사례집 http://www.mohw.go.kr/react/jb/sjb030
   301vw.jsp?PAR_MENU_ID=03&MENU_ID=032903&CONT_SEQ=336495&p
   age=1

③ 대한의사협회(의료광고심의위원회)https://www.admedical.org/intro.do

④ 대한한의사협회(의료광고심의위원회)https://ad.akom.org/ad/index.html

⑤ 대한치과의사협회(의료광고심의위원회) https://dentalad.or.kr/main/

⑥ 정보공개청구(고소장, 피의자신문조서 청구) https://www.open.go.kr/com/site
   map/sitemap.do

⑦ 대법원 종합법률정보 https://glaw.scourt.go.kr/wsjo/intesrch/sjo022.do

⑧ 헌법재판소 판례 https://search.ccourt.go.kr/ths/pr/ths_pr0101_L1.do

⑨ 법제처 국가법령정보센터 https://www.law.go.kr/

2. 서식 및 양식

① 행정사전처분 의견서(보건복지부)
② 경찰 정보공개신청서 양식(경찰)
③ 열람등사신청서(검찰)
④ 형사재판 열람등사신청서[피고인용/피해자용](법원)

3. 피의자 권리 안내서[1]

피의자 권리 안내서

☐ 귀하의 담당수사관은   경찰서   팀 경위   수사관입니다.
  (전화: 팩스:)

○ 사건진행과정 및 결과에 대해 구두, 전화, 우편, SMS 등으로 통지해 드리고 있습니다.
○ 직접 방문상담이 힘든 경우 사이버경찰청(www.police.go.kr) '내사건문의' 코너를 통해서도 사건진행상황을 문의할 수 있습니다.

※ 경찰은 사건청탁을 근절하기 위하여 '청탁신문고'를 운영하고 있습니다. 아는 경찰관을 통해 사건에 대하여 청탁하거나 사건진행상황을 알아보는 것도 '청탁신문고'로 신고되어 해당경찰관이 불이익을 받을 수 있습니다.

☐ **권리보호를 위한 각종 제도**

<피의자신문時>
○ 진술을 거부할 수 있고 변호인을 참여하게 할 수 있으며, 장애인 등 특별히 보호를 요하는 자의 경우 신뢰관계자 동석이 가능합니다.
○ 심야조사(21시~6시)는 원칙적으로 금지되어 있으며, 부득이한 경우 동의를 받아 진행하고 있습니다.

---

1) 관할경찰서에서 사용하는 피의자 권리 안내서(경찰서마다 양식은 차이가 있으나 내용은 대동소이함)

○ 자기변호노트를 사용하여 조사 주요내용 등을 메모할 수 있습니다. 자기 변호노트는 경찰관서 내에 비치되어 있고, 각 경찰관서 및 대한변호사협 회와 지방변호사회 홈페이지에서 내려받기 할 수 있습니다.

<체포時>

○ 피의자에게 범죄사실의 요지, 체포·구속의 이유와 변호인 선임권·진술 거부권을 고지한 후 변명할 기회를 부여하고 있습니다. 변호인·가족에 게는 체포사실을 통지해드립니다.

○ 체포·구속된 상태에서 변호인 선임을 의뢰하면 담당경찰관이 변호인 또 는 가족에게 통지해드립니다.

<수사관기피신청제도> 국번 없이 182

편파수사, 가혹행위 인해 담당수사관에게 공정한 수사를 기대하기 어렵 다고 생각하는 경우, 해당 경찰서 청문감사관실에 서면으로 수사관 기피를 신청할 수 있습니다.

<수사이의신청제도> 국번없이 182

수사에 이의 및 불만이 있는 경우, 시·도경찰청 민원실 방문·우편접수, 사이버경찰청 '수사이의신청' 코너를 이용하여 신청이 가능합니다.

<국가인권위원회> 국번없이 1331, www.humanrights.go.kr

<국가권익위원회> 국번없이 110, www.epeople.go.kr

4. 추천 · 보증 등에 관한 표시 · 광고 심사지침

[시행 2020. 9. 1] [공정거래위원회예규 제350호, 2020. 6. 22., 일부개정]공정거
래위원회(소비자안전정보과), 044-200-4428

추천 · 보증 등에 관한 표시 · 광고 심사지침

[시행 2020. 9. 1]
[공정거래위원회예규 제350호, 2020. 6. 22., 일부개정]
공정거래위원회(소비자안전정보과), 044-200-4428

Ⅰ. 목적
이 심사지침은 「표시 · 광고의 공정화에 관한 법률」(이하 "법"이라 한다) 제3조(부
당한 표시 · 광고행위의 금지) 및 동법 시행령 제3조(부당한 표시 · 광고의 내용)의
규정에 의한 부당한 표시 · 광고를 심사함에 있어서 추천 · 보증 등과 관련된 부당한
표시 · 광고에 관한 구체적 심사기준을 제시하는데 그 목적이 있다.

Ⅱ. 적용범위
이 심사지침은 사업자(사업자단체를 포함한다. 이하 같다)가 법 제2조 제1호 각 목
의 어느 하나에 해당하는 사항과 관련하여 추천 · 보증 등과 관련된 내용을 포함하
여 행하는 표시 · 광고(추천 · 보증인이 광고주와의 경제적 이해관계에 따라 직접 소
비자에게 추천 · 보증 등의 형태로 하는 표시 · 광고를 포함한다)에 적용한다.

Ⅲ. 용어의 정의
이 심사지침에서 사용하는 용어의 정의는 다음과 같다.
1. "추천 · 보증 등"이란 광고주의 의견이 아닌 제3자의 독자적인 의견으로 인식될
   수 있는 다음 각 목의 내용이 음성, 문자, 도형(서명, 도장 등), 사진, 영상 등으
   로 표현되어 있는 것을 말한다.
   가. 본인의 사용 경험 또는 체험 등에 근거하여 당해 상품을 효능, 효과, 성능 등
      의 면에서 좋은 상품으로 인정 · 평가하거나 당해 상품(용역을 포함한다. 이
      하 같다)의 구매 · 사용 등을 권장하는 내용
   나. 전문가, 단체 등이 당해 상품을 효능, 효과, 성능 등의 면에서 좋은 상품이라
      고 알리거나 일반 소비자에게 당해 상품의 구매 · 사용 등을 권장하는 내용
2. "유명인"이란 연예인, 문화예술인, 운동선수, 의사, 교수, 종교인, 블로거 등과

같이 특정 분야의 업적 등으로 인해 TV, 인터넷, 사회관계망서비스(SNS) 등의
매체를 통해 일반 소비자들에게 널리 알려지거나 소비자에게 영향력을 행사할
수 있는 자를 말한다.

Ⅳ. 일반원칙

1. 추천·보증 형식의 표시·광고에 대한 부당성 판단은 다음 각 원칙에 입각하여
   심사한다.

   가. 추천·보증 등의 내용이 '경험적 사실'에 근거한 경우에는 당해 추천·보증인
   이 실제로 경험한 사실에 부합하여야 하고, 추천·보증 등의 내용이 '전문적
   판단'에 근거한 경우에는 해당 분야의 전문적 지식을 보유한 추천·보증인의
   합리적 판단에 부합하여야 한다.

   나. 추천·보증 등의 원래 내용이 광고주의 가공이나 재구성 등으로 왜곡되어서
   는 아니 된다.

   다. 추천·보증인이 자신이 제시한 추천·보증 등의 내용을 사후에 변경하거나
   철회한 경우, 당초 추천·보증 등의 내용은 더 이상 사용할 수 없다. 또한, 추
   천·보증 등을 받은 제품이나 환경에 추천·보증 등을 변경할 사항이 있을 경
   우, 광고주가 추천·보증인에게 이러한 내용을 알리고 추천·보증 등을 재확
   보한 경우가 아니면 기존의 추천·보증 등을 계속 사용할 수 없다.

   라. 표시·광고내용이 추천·보증인이 추천·보증 등을 한 상품을 계속해서 사용
   하고 있는 것처럼 나타낸 경우에, 추천·보증인은 추천·보증 등이 이루어진
   시점에 당해 상품을 사용하고 있어야 한다.

   마. 추천·보증인의 경험내용이나 판단내용이 일반 소비자들에게 보편적으로 발
   생하는 현상이 아니거나 학계·산업계 등 관련 전문분야에서 일반적으로 받
   아들여지고 있는 견해가 아닌 경우에는, 표시·광고의 전체적인 전달내용이
   당해 경험내용이나 판단내용이 보편적으로 발생하거나 학계·산업계 등에서
   일반적으로 받아들여지고 있는 견해인 것처럼 표현되어서는 아니 된다.

   바. 광고주는 추천·보증인이 추천·보증 등을 하는 내용에 대한 입증책임을 진
   다. 추천·보증 등의 내용이 소비자 등에게 추천·보증인의 개인적 경험을 넘
   어 일반 소비자들에게도 가능한 사실로 받아들여지는 경우에는 이에 대해서
   도 입증책임이 있다.

2. 광고주와 추천·보증인 사이의 경제적 이해관계를 공개하지 않았을 경우 부당한
   표시·광고에 해당될 수 있다. 이 경우 추천·보증인이 상품을 실제 사용하고 추
   천·보증 등을 하는 것처럼 글을 작성하였는지 여부, 추천·보증의 내용, 보통의
   소비자가 받아들이는 인상, 경제적 이해관계를 공개하지 않는 행위가 소비자의

구매선택에 미치는 영향의 정도 등을 종합적으로 고려하여 부당성을 판단한다.
3. 이 심사지침은 상품에 관한 표시·광고에 있어서 추천·보증 등과 관련하여 부당한 표시·광고행위가 될 수 있는 대표적인 사항을 중심으로 작성한 것이므로 이 심사지침에서 명시적으로 열거되지 않은 사항이라고 해서 모두 부당한 표시·광고행위에 해당되지 않는 것은 아니며, 또한 특정행위가 이 심사지침에서 제시된 법 위반에 해당될 수 있는 행위(예시)에 해당되더라도 소비자를 오인시킬 우려가 없거나 공정한 거래질서를 저해할 우려가 없는 경우에는 부당한 표시·광고행위에 해당되지 않을 수 있다.

V. 세부심사지침
이하의 세부심사지침은 추천·보증 등에 관한 표시·광고의 부당성 여부를 판단함에 있어 고려되어야 할 사항을 추천·보증 주체에 따라 소비자, 유명인, 전문가 및 단체·기관의 추천·보증으로 유형화하여 예시적으로 제시한 것이다. 따라서 개별 추천·보증 등에 관한 표시·광고의 부당성 여부에 관한 심사는 이하의 세부심사지침을 참작하여 법 제3조 및 동법 시행령 제3조에 따라 판단하여야 한다.

1. 소비자의 추천·보증 등
소비자가 특정 상품을 사용해 본 경험적 사실에 근거하여 해당 상품을 추천·보증 등을 하는 내용이 표시·광고에 포함된 경우에는 동 소비자가 당해 상품을 실제로 사용해 보았어야 하고 표시·광고상에 표현된 추천·보증 등의 내용이 실제 발생한 경험적 사실에 부합하는 것이어야 한다.

<추천·보증인의 존재 여부와 관련된 부당한 표시·광고의 예시>
- 주름살이 펴지는 얼굴미용기구를 광고하면서 동 상품을 사용한 경험이 있는 소비자의 감사편지를 게재하여 광고하였으나, 소비자가 실존 인물이 아닌 경우
- 홈쇼핑TV를 통해 다이어트식품을 광고하면서 특정 소비자의 성공사례를 표시하였으나 해당 소비자가 실존 인물이 아닌 경우
<추천·보증인의 상품사용 여부와 관련된 부당한 표시·광고의 예시>
- 인터넷 블로그, 카페, 사회관계망서비스(SNS) 또는 포털사이트의 문답식 서비스 등에 특정 화장품을 추천하면서 당해 상품을 실제로 구입해 사용해본 사실이 없음에도 이용후기 또는 사진을 올려 마치 실제 사용한 것처럼 게재하는 경우
- 추천·보증인이 특정 상품을 계속해서 사용하고 있는 것처럼 광고하였으나 추천·보증 등이 이루어진 시점에 추천·보증인이 동 상품을 사용하고 있지 않은 경우

<추천·보증 등 내용의 사실여부와 관련된 부당한 표시·광고의 예시>
- 다이어트식품에 관한 광고를 하면서 다이어트 성공사례를 소비자의 체험담 형식으로 소개하였으나 그 내용이 사실보다 과장된 경우
- 전자학습보조장치에 관한 광고를 하면서 어떤 고등학생이 구체적인 석차를 언급하지 않고 단지 석차가 올랐다는 사실만을 담아 감사편지를 보냈음에도 불구하고 광고주가 광고효과를 높이기 위해 구체적인 등수를 언급하면서 월등하게 석차가 향상된 것처럼 표현하는 내용을 첨가해 감사편지를 게재한 경우
- 건강보조식품에 대한 광고를 하면서 실제 건강증진효과가 있고 부작용이 없다는 전문가의 추천·보증내용을 광고한 후 주요성분변경 또는 새로운 부작용의 발견 등 사정변경을 이유로 전문가가 당초 추천·보증내용을 변경하거나 철회하였음에도 불구하고 계속해서 당초 추천·보증내용을 광고하는 경우
- 다이어트 식품을 광고하면서 동 식품을 사용한 특정 소비자의 성공사례를 체험담 형식으로 소개하면서 일반 소비자들도 동 식품을 복용하면 광고상의 소비자와 동일한 효과를 기대할 수 있는 것처럼 광고하였으나 사실은 동 식품이 특별한 체질과 일정조건을 갖춘 일부의 소비자들에게만 효능이 있는 경우

2. 유명인의 추천·보증 등

가. 유명인이 특정 상품을 사용해 본 경험적 사실에 근거해서 해당 상품을 추천·보증 등을 하는 내용이 표시·광고에 포함되는 경우에는 동 유명인이 당해 상품을 실제로 사용해 보았어야 하고 표시·광고상에 표현된 추천·보증 등의 내용이 실제 발생한 경험적 사실에 부합하는 것이어야 한다.

나. 유명인이 자신의 직업 등과 관련된 제품광고에 출연하여 전문가적 입장에서 제품평 등의 추천·보증 등을 하는 경우, 자신과 실제 관련된 분야의 제품이어야 한다.

다. 제품명 또는 업소명에 유명인의 이름이 사용될 경우 유명인이 동 제품을 추천·보증 등을 하는 것으로 볼 수 있다.

라. 유명인이 SNS 등을 통하여 특정 상품을 의도적으로 노출시키거나 특정 브랜드 또는 상품명을 언급하거나 해당 상품의 정보를 확인할 수 있는 사이트를 링크하는 것은 해당 상품을 추천·보증하는 것으로 볼 수 있다.

<유명인의 추천·보증 등 여부와 관련한 부당한 표시·광고의 예시>
- 다이어트식품 광고를 하면서 유명인이 동 제품을 복용하여 감량에 성공한 것처럼 광고를 하였으나, 광고주가 유명인의 이름을 무단으로 도용하였거나 제품복용에 대한 약정없이 광고모델 계약만을 한 경우

<유명인의 상품사용 여부와 관련된 부당한 표시·광고의 예시>
- 의료기기 광고에 출연한 유명인이 자신이 직접 사용한 경험이 없음에도 사용경험 등을 언급하면서 제품의 효과를 광고하는 경우

<추천·보증 등 내용의 사실 여부와 관련 부당한 표시·광고의 예시>
- 최근에 체중감량에 성공하여 화제가 된 유명인이 다이어트식품 광고에 출연하여 동 제품을 복용하여 몇 킬로그램의 감량에 성공하였다고 하였으나, 실제로는 제품복용 외에 지방제거, 식이요법, 운동 등을 통한 감량이 포함되었을 경우

<유명인의 전문분야와 관련된 부당한 표시·광고의 예시>
- 의사이자 방송인으로 유명한 인사가 소화제 광고에 출연하여 제품의 효능에 대해 전문적 견해를 언급하였으나, 실제는 내과의사가 아니라 치과의사였을 경우

<제품명에 유명인의 이름을 사용하는 부당한 추천·보증의 예시>
- 유명인으로부터 단순히 이름만을 빌려 "○○○의 슬림"이란 다이어트 제품을 판매하면서, 이러한 사실을 소비자들에게 충분히 알려주지 않아 해당 연예인이 동 제품과 직접 관련이 있는 것으로 소비자를 오인케 하는 경우

3. 전문가의 추천 · 보증 등

표시·광고내용의 전체 의미상 전문가로 인식될 수 있는 자의 판단이 추천·보증 등의 형식으로 표시·광고에 포함된 경우에는 당해 추천·보증인이 추천·보증 등을 한 내용에 대해 실제 전문지식을 보유하고 있어야 하고 표시·광고상 표현된 추천·보증 등의 내용이 해당 추천·보증인의 판단내용에 부합하는 것이어야 한다.

<추천·보증인의 전문지식 보유 여부와 관련된 부당한 표시·광고의 예시>
- 대학명과 여러 교수이름을 구체적으로 명시하면서 어떤 상품이 이들의 오랜 기간에 걸친 연구에 의해 개발되었다고 광고하였으나 소개된 교수들이 동 상품과는 관련이 없는 다른 분야의 교수들인 경우
- 광고에서 어떤 상품에 대한 전문가의 추천서를 소개하고 있으나, 당해 상품과 관련성이 없는 다른 분야 전문가의 추천서인 경우
- 어린이 아토피 제품 광고에 내과의사가 '아토피 전문가'로 등장하여 제품의 효과를 광고하였으나 전공분야, 논문, 경력 등의 측면에서 '아토피 전문가'로 볼 수 없는 경우

<추천·보증 등 내용의 사실여부와 관련된 부당한 표시·광고의 예시>
- 특정 상품을 광고하면서 해당 분야 전문가가 동 상품에 대해 실제로 시험, 조사, 검사 등을 행한 사실이 없음에도 불구하고 전문가 명의의 시험·조사·검사결과를 광고주 임의로 광고에 담아 표현하는 경우

- 전문가가 추천·보증 등을 한 내용을 광고주가 자의적으로 왜곡해서 인용함으로 써 표시·광고된 상품의 효능, 효과, 성능 등이 실제보다 우수한 것처럼 소비자 가 오인하거나 오인할 우려가 있는 경우

4. 단체·기관의 추천 · 보증 등

단체·기관명의의 권장·권유 등을 내용으로 하는 추천·보증 등이 표시·광고에 포함된 경우에는 당해 단체·기관이 해당 상품이나 용역의 품질·성능에 대한 평가를 할 수 있는 지위에 있고 추천·보증 등의 내용이 단체·기관의 공식의사를 반영하는 것으로 볼 수 있는 합당한 내부절차를 거친 것으로서 실제 단체·기관의 의사에 부합하는 것이어야 한다.

<단체·기관의 자격·능력과 관련된 부당한 표시·광고의 예시>
- 특정 건강식품을 광고하면서 ○○연구소가 동 건강식품을 추천하는 것처럼 표현하였으나, ○○연구소가 실제로 존재하지 않는다거나 또는 건강식품과는 무관한 분야의 연구소인 경우
- 해외에 소재한 연구소의 추천·보증서를 기재하였으나 실제로 해당 연구소는 수수료만 지급하면 품질·성능에 대한 평가 없이 추천·보증서를 바로 발급하는 곳인 경우
<단체·기관의 공식의사인지 여부와 관련된 부당한 표시·광고의 예시>
- 특정 상품을 광고하면서 관련 협회의 추천을 받은 것처럼 표현하였으나, 동 추천이 당해 협회의 내부의사결정에 따른 추천이 아니라 당해 협회에 소속된 개인이나 일부의 의견인 경우
<추천·보증 등 내용의 사실여부와 관련된 부당한 표시·광고의 예시>
- 특정 상품을 광고하면서 관련 단체·기관이 추천보증 등을 하지 않았음에도 불구하고 추천·보증 등이 있었던 것처럼 표현하거나, 관련 단체·기관의 추천내용을 광고주 임의로 왜곡해서 인용함으로써 표시·광고된 상품의 효능, 효과, 성능 등이 실제보다 우수한 것처럼 소비자가 오인하거나 오인할 우려가 있는 경우

5. 광고주와 추천·보증인과의 경제적 이해관계 공개
가. 광고주와 추천·보증인과의 사이에 추천·보증 등의 내용이나 신뢰도 등에 영향을 미칠 수 있는 경제적 이해관계가 존재하는 경우에는 광고주 또는 추천·보증인은 이러한 경제적 이해관계를 공개하여야 한다.
예를 들어 추천·보증인이 광고주로부터 현금이나 해당 상품, 상품권, 적립포인트, 할인 혜택 등 경제적 대가를 받거나 광고주로부터 직접 고용된 상태에서

추천·보증, 공동구매 주선 등을 하는 경우, 추천·보증 등을 하는 매 건마다 당해 추천·보증 등이 상업적 표시 또는 광고에 해당된다는 사실을 소비자들이 알 수 있도록 경제적 이해관계를 명확히 표시하여야 한다.

<경제적 이해관계가 해당 추천·보증 등의 신뢰도에 영향을 미치는 경우의 예시>
- 광고주로부터 상품권을 받고 SNS 상에서 해당 상품의 후기를 작성한 경우
- 광고주로부터 상품을 지급받고 상품 추천글을 작성하기로 한 후 인터넷 카페에 해당 상품 추천글을 작성한 경우
- 상품 구매 시 할인 혜택을 받고 후기를 작성하기로 한 후 상품 구매 홈페이지에 댓글로 사용후기를 작성한 경우
- 광고주 또는 광고대행사 소속 직원이 인터넷 블로그, 카페, 사회관계망서비스 (SNS) 또는 포털사이트의 문답식 서비스 등에 특정 상품을 추천·보증하는 글을 게재하는 경우
- 의사인 유명인이 건강기능식품 사업자와 공동개발한 특정 상품에 대하여 홈쇼핑TV의 해당 광고에 출연하여 추천하는 경우
  다만, 경제적 이해관계가 존재하더라도 추천·보증 등의 내용이나 신뢰도 등에 영향을 미치지 아니하는 예외적인 경우에는 이를 표시하지 않을 수 있다.
<경제적 이해관계가 해당 추천·보증 등의 신뢰도에 영향을 미치지 아니하는 경우의 예시>
- 광고주 홈페이지 신청자 전원에게 지급되는 화장품 샘플을 제공받아 사용한 후 자발적으로 사용후기를 게재한 경우
- 대규모 행사(마라톤 등)에 참가하여 참가인 전원에게 지급된 기념품을 받은 후 자발적으로 참가후기를 게재한 경우
- 업계전문가 A가 일반인 대상 신제품(향수) 공개행사의 주최측으로부터 참가 기념품(소형 샘플)을 지급받아 사용해본 후 자발적으로 그 후기를 게재한 경우

나. 경제적 이해관계를 표시할 때, 다음의 원칙을 충족하는 경우 적절한 공개 방법으로 본다.
  (1) 경제적 이해관계를 표시하는 문구(이하 '표시문구'라고 한다)는 소비자가 쉽게 찾을 수 있도록 추천·보증 등의 내용과 근접한 위치에 표시한다. 이때, 표시문구는 추천·보증 등과 연결되어 소비자가 이를 단일한 게시물로 인식할 수 있도록 표시한다.

<표시문구가 쉽게 찾을 수 없는 위치에 있는 경우의 예시>
- 표시문구를 본문의 중간에 본문과 구분 없이 작성하여 소비자가 쉽게 인식하기 어려운 경우
- 표시문구를 댓글로 작성한 경우
- '더보기'를 눌러야만 표시문구를 확인할 수 있는 경우

  (2) 소비자들이 쉽게 인식할 수 있는 형태로 표현한다. 문자 형태의 경우, 배경과 명확히 구분되며 소비자가 쉽게 인식할 수 있도록 적절한 문자 크기, 폰트, 색상 등을 선택하며, 음성 형태의 경우, 소비자가 소리 크기나 속도 등의 조절 없이도 명확하게 이해할 수 있도록 표현한다.

<쉽게 인식할 수 있는 형태의 표현에 해당하지 않는 경우의 예시>
- 문자 크기가 발견하기 어려울 정도로 작은 경우
- 문자 색상이 배경과 유사하여 문자를 알아보기 힘든 경우
- 너무 빠르게 말해서 소비자가 표시문구를 명확하게 이해하기 어려운 경우

  (3) 명확한 내용으로 표시한다. 금전적 지원, 할인, 협찬 등 경제적 이해관계의 내용을 소비자가 이해하기 쉽도록 명확하게 표시한다.

<명확한 내용에 해당하는 경우의 예시>
- '위 ○○ 상품을 추천(보증, 소개, 홍보 등)하면서 ◇◇사로부터 경제적 대가(현금, 상품권, 수수료, 포인트, 무료상품 등)를 받았음'
- '금전적 지원', '대가성 광고', '무료 상품', '상품 협찬', '상품 할인' 등
- '#광고', '#협찬' 등
<명확한 내용에 해당하지 않는 경우의 예시>
- '체험 후기', '일주일동안 사용해 보았음', '체험단', '이 글은 정보/홍보성 글임', '이 글은 홍보문구가 포함되어 있음', '선물', '○○ 회사 사장님 감사합니다.', '~에서 보내주셨어요.' 등
- '#[브랜드명]', '@[상품명]' 등과 같이 단순히 브랜드나 상품을 해시태그 형태로 언급하는 경우
- '[브랜드명]×[계정명]'과 같이 ×자를 통하여 협업관계를 나타내는 경우
- 기타 이해하기 어려운 줄임말

  (4) 추천·보증 등의 내용과 동일한 언어를 사용한다. 다만, 동일하지 않은 언어

를 일부 포함하더라도, 표시문구를 전체적으로 보아 동일한 언어라고 볼 수 있는 등 소비자가 쉽게 이해할 수 있는 경우에는 예외적으로 외국어를 사용할 수 있다.

<동일한 언어로 볼 수 없는 경우의 예시>
- 우리나라의 소비자를 대상으로 추천·보증 등을 하는 경우 'Advertisement', 'AD', 'PR', '컬래버레이션(Collaboration)', '파트너십(Partnership)', 'Sponsor', 'spon', 'sp', 'Collabo', '땡스 투(Thanks to) ~', '앰버서더(Ambassador)' 등
<표시문구를 전체적으로 보아 동일한 언어라고 볼 수 있는 경우의 예시>
- 우리나라의 소비자를 대상으로 추천·보증 등을 하는 경우 '디스카운트 받는 대가로 작성', '적립포인트 받는 대가로 작성' 등

다. 이하의 내용은 경제적 이해관계를 공개하는 구체적인 표시 방법을 매체별로 구분하여 제시한 것이며, 이에 따른 공개문구 표시는 적절한 것으로 본다. 다만, 제시된 내용이 아니더라도 나.의 일반원칙들을 모두 충족하면 적절한 공개 방법에 해당할 수 있다.

(1) 문자를 통해 추천 · 보증 등을 하는 경우
블로그 게시물, 인터넷 카페 게시물 등 추천·보증 등의 내용을 문자를 통하여 표시하는 경우 이에 해당한다.

(가) 공개 형식
표시문구는 각 게재물의 첫 부분 또는 끝 부분에 본문과 구분될 수 있도록 게재하며, 글자 크기를 본문보다 크게 하거나 글자색을 본문과 달리하는 등 소비자가 쉽게 인식할 수 있도록 게재한다. 댓글로 작성하거나 '더보기' 또는 링크를 누르는 등 추가적인 행위를 요하는 경우에는 적절한 표시방법에 해당하지 않을 수 있다.

(나) 예시
<경제적 이해관계를 적절하게 표시한 경우의 예시>
- 파워블로거가 자신의 블로그에 ○사의 살균세척기 추천글을 게재하면서 수수료를 받기로 한 경우, '소정의 수수료를 지급받음'
- 인플루언서가 ○○사로부터 일정금액을 받고 자신의 SNS에 ○○사 상품에 대한 실제 이용후기를 올린 경우, '소정의 원고료를 지급받았지만, 저의 솔직한 후기입니다'

- 포털사이트 이용자가 전체 공개된 인터넷 카페 또는 포털사이트의 질의응답 게시판에 ◇◇사와 관련된 상품 등의 추천·보증글 또는 답변글을 게재하고 ◇◇사로부터 수수료를 받기로 한 경우, '수수료를 받았음', '대가성 광고'

<경제적 이해관계를 적절하게 표시하지 않은 경우의 예시>
- 인플루언서가 ○○사로부터 대가를 받고 개인 블로그에 ○○사의 상품 홍보글을 게재하였으나, 대가를 받았다는 사실을 본문과 구분되지 않는 형태로 중간에 삽입하여, 소비자가 이를 인식하기 어려운 경우

(2) 사진을 통해 추천 · 보증 등을 하는 경우
(가) 공개 형식
① 표시문구를 사진 내에 게재한다.
② 사진과 본문이 연결되어 소비자가 쉽게 인식할 수 있는 경우에는, 표시문구를 사진 내에 게재하지 않을 수 있다. 다만 이 경우, 표시문구를 글의 첫 부분에 게재한다.
③ 해시태그의 형태로 입력할 경우, 원칙적으로 첫 번째 해시태그에 입력한다. 다만, 소비자들이 쉽게 인식할 수 있게 표현하는 경우에는 첫 번째 해시태그가 아닌 위치에 표시할 수 있다.
④ '더보기' 또는 링크를 누르는 등 추가적인 행위를 요하는 경우에는 적절하지 않을 수 있다.

(나) 예시
<경제적 이해관계를 적절하게 표시한 경우의 예시>
- 화장품을 제공받은 대가로 SNS에 후기를 남기는 경우, 업로드한 사진 속에 '협찬 받았음'이라는 문구를 배경과 명확히 구분이 되도록 삽입
- 인플루언서가 광고료를 지급받아 SNS에 다이어트 보조제 후기를 남기는 경우, 본문의 첫 줄에 '광고입니다'라고 작성

<경제적 이해관계를 적절하게 표시하지 않은 경우의 예시>
- 사진 내에 삽입한 표시문구가 배경에 의해 명확하게 드러나지 않는 경우
- 여러 해시태그 사이에 표시문구를 입력하여 소비자가 이를 인식하기 어려운 경우

(3) 동영상을 통해 추천 · 보증 등을 하는 경우
추천·보증 등에 동영상을 주로 활용하는 경우이며, 동영상과 별개로 문자를 입력할 수 있으나 문자는 보조적 수단에 불과한 경우에도 이에 해당한다.

(가) 공개 형식

① 게시물의 제목 또는 동영상 내에 표시문구를 포함한다.

② 게시물의 제목에 입력하는 경우, 표시문구가 생략되지 않도록 제목의 길이를 적절하게 조절한다.

③ 동영상 내에 표시문구를 포함하는 경우, 하나의 동영상 전체가 상품을 추천·보증 등을 하는 내용에 해당한다면 동영상의 시작부분과 끝부분에 표시문구를 삽입하며 영상 중에 반복적으로 이를 표시한다. 동영상의 내용 일부가 이에 해당한다면 해당 구간의 시작부분과 끝부분에 표시문구를 삽입하며 추천·보증 등을 하는 동안 영상 중에 반복적으로 이를 표시한다. 단, 유명인이 특정 상품이나 브랜드를 의도적으로 언급하거나 노출시키는 등의 방법을 통하여 추천·보증 등을 하는 경우, 동영상의 시작부분과 끝부분에 표시문구를 삽입할 수 있다.

(나) 예시

<경제적 이해관계를 적절하게 표시한 경우의 예시>

- 금전적 대가를 지급받아 상품을 추천하는 동영상을 업로드하면서, 게시물의 제목에 '[광고] ○○ 솔직 리뷰'라고 입력

- 금전적 대가를 지급받아 상품 사용 후기만을 위한 동영상을 업로드하면서, 영상 시작부분과 끝부분에 '소정의 광고료를 지급받았습니다.'를 언급하고, 자막 등을 통해 5분마다 반복적으로 표시

- 상품을 무료로 지급받고 동영상의 일부를 상품 후기로 활용하는 경우, 상품 후기의 시작부분과 끝부분에 '협찬받음'이라는 자막을 삽입하고 5분마다 반복적으로 표시

- 광고에 해당하는 부분이 재생되는 동안 '유료 광고' 등 광고임을 쉽게 알 수 있는 배너를 활용하여 동영상에 표시

- 유명인의 의도적인 상품·브랜드 노출을 통한 추천·보증 등이 포함된 동영상의 경우, 동영상의 시작부분과 끝부분에 '협찬 광고 포함' 문구를 삽입

<경제적 이해관계를 적절하게 표시하지 않은 경우의 예시>

- 동영상을 업로드하면서 제목에 '○○상품을 사용해보고 촬영한 후기(협찬받았어요)'라고 길게 입력하여, 모바일 화면에는 '○○상품을 사용해보고 촬영…'이라고만 표시되어 소비자가 광고임을 인식하기 어려운 경우

(4) 실시간 방송을 통해 추천 · 보증 등을 하는 경우

(가) 공개 형식

① 원칙적으로 제목 또는 동영상 내에 표시문구를 포함하며, 이때 구체적인 공개

형식은 (3) 동영상을 통해 추천·보증 등을 하는 경우와 같다.
② 다만, 실시간으로 송출함에 따라 제목 또는 자막 등의 형태로 표시문구를 삽입하는 것이 어려운 경우에는 음성 형태의 표시문구를 나타낼 수 있다. 이 경우 표시문구는 추천·보증 등의 시작부분과 끝부분에 표시하며, 방송의 일부만을 시청하는 소비자들도 쉽게 인식할 수 있도록 반복적으로 표시한다. 단, 유명인이 특정 상품이나 브랜드를 의도적으로 언급하거나 노출시키는 등의 방법을 통하여 추천·보증 등을 하는 경우, 동영상의 시작부분과 끝부분에 표시할 수 있다.

(나) 예시

<경제적 이해관계를 적절하게 표시한 경우의 예시>
－ 금전적 대가를 지급받고 실시간 방송을 통하여 화장품 리뷰를 하는 경우, 방송 중간부터 시청하는 소비자들도 경제적 이해관계가 있음을 알 수 있도록 5분마다 '광고료를 지급받았음' 등을 언급
－ 협찬을 받아 상품을 추천하는 실시간 방송을 송출하는 경우, 소비자가 쉽게 인식할 수 있도록 방송의 제목에 '협찬 광고 중'이라고 명시
<경제적 이해관계를 적절하게 표시하지 않은 경우의 예시>
－ 1인 방송에서 상품 리뷰를 약 30분 동안 진행하면서 경제적 이해관계가 있음을 단 한 차례만 언급하여 중간부터 시청하는 소비자들이 이를 인식할 수 없는 경우

Ⅵ. 재검토기한

공정거래위원회는「훈령·예규 등의 발령 및 관리에 관한 규정」에 따라 이 예규에 대하여 2021년 1월 1일을 기준으로 매 3년이 되는 시점(매 3년째의 12월 31일까지를 말한다)마다 그 타당성을 검토하여 개선 등의 조치를 하여야 한다.

☐ 부칙＜제155호, 2012. 8. 20＞
제1조(시행일)이 예규는 2012년 8월 21일부터 시행한다.
제2조(종전 예규의 폐지)종전의 추천·보증 등에 관한 표시·광고 심사지침은 이를 폐지한다.
▣ 부칙＜제192호, 2014. 6. 18＞
제1조(시행일)이 예규는 2014년 6월 18일부터 시행한다.
▣ 부칙＜제222호, 2015. 6. 5＞
제1조(시행일)이 예규는 2015년 6월 5일부터 시행한다.
▣ 부칙＜제235호, 2015. 10. 23＞
이 예규는 2015년 10월 23일부터 시행한다.

▣ 부칙<제271호, 2016. 12. 23>

이 예규는 2016년 12월 23일부터 시행한다.

▣ 부칙<제350호, 2020. 6. 22>

이 예규는 2020년 9월 1일부터 시행한다.

[행정] ■ 행정절차법 시행규칙 [별지 제11호 서식]

의 견 제 출 서

1. 처분예정 제목		면허(자격) 행정처분		
2.당사자	성 명		(직종) 면허번호	
	주민등록번호		현재 근무 의료기관명,주소	
	우편수령가능 주 소	(주거지나 의료기관 중에서 1곳)		
3. 2012.8.7.이후에 받은 훈장, 포장, 정부표창수상 (대통령, 국무총리, 장관상만 해당)				
4. 사법처리내용		법원 또는 검찰청 사건번호		
		사법처리결과 및 일자		
5. 처분일자 및 의견제출				
6. 연락 가능한 연락처		– 전화번호 : – 휴대폰(H.P.) :		
행정절차법 제27조 제1항(제31조 제3항) 규정에 따라 위와 같이 의견을 제출합니다.				
년 월 일 성 명 (서명 또는 인) 보건복지부장관 귀하				
비 고	1. 기재란이 부족한 경우에는 별지를 사용하실 수 있습니다. 2. 필요한 경우 증거자료 등을 첨부할 수 있습니다.			

의견제출서 (예시문)

1. 처분예정 제목		면허 행정처분		
2.당사자	성 명	○○○	(직종) 면허번호	의사 ○○○○호
	주민등록번호	현재 근무 의료기관명,주소		
	우편수령가능 주 소	(주거지나 의료기관 중에서 1곳)		
3. 2012.8.7.이후에 받은 훈장, 포장, 정부표창수상 (대통령, 국무총리, 장관상만 해당)		(의료관계행정처분규칙) 2012.8.7.이후에 훈장·포장·정부표창수상(대통령, 국무총리, 장관상만 해당)을 받고, 위반행위 발생일을 기준으로 수여일로부터 5년이 지나지 아니한 경우에만 기재. (약사법시행규칙) 2015.1.5.이후에 훈장·포장·정부표창수상(대통령, 국무총리, 장관상만 해당)을 받고, 위반행위 발생일을 기준으로 수여일로부터 5년이 지나지 아니한 경우에만 기재		
4. 사법처리내용	법원 또는 검찰청 사건번호	**지방법원, 2017고약***, (확정되지 않은 경우도 반드시 기재)		
	사법처리결 과 및 일자	징역 1년, 00년 00월 00일		
5. 처분일자 및 의견제출		예시 1) ○○○○○○○○○○○○○과 같은 사유로 인하여, 　○○년 ○○월 ○○일부터 취소처분을 받기를 희망하여 처 　분일자를 제출합니다. 예시 2) 형사사건이 확정되지 않은 경우, 현재 관련 사건이 진 　행 중이므로 관련 형사사건이 확정될 때까지 본처분을 보류 　해 주시고 업무정지에 갈음해 과징금으로 부과해 주시길 바 　랍니다.		
6. 연락 가능한 연락처		– 전화번호 : ○○○ – ○○○ –○○○○ – 휴대폰(H.P.) : ○○○ – ○○○ –○○○		
행정절차법 제27조 제1항(제31조 제3항) 규정에 따라 위와 같이 의견을 제출합니다.				
년　월　일 성 명　　　　(서명 또는 인) 보건복지부장관 귀하				

■ 검찰보존사무규칙 [별지 제5호 서식]

사건기록 [ ] 열람 신청서
[ ] 등사

※ [ ]에는 해당되는 곳에 ✓표를 합니다.   (앞쪽)

접수번호			접수일		처리기간 1일	

신청인	성명			주민등록번호		
	주소			전화번호		
	사건과의 관계	수 사 중	[ ] 피의자 등(피의자, 피고소인, 피진정인, 피내사자 또는 피혐의자이었던 자) [ ] 사건관계인(고소인, 고발인, 진정인, 피해자 또는 참고인) [ ] 피의자 등의 변호인, 법정대리인, 배우자, 직계친족 또는 형제자매 [ ] 사건관계인의 변호인, 법정대리인, 배우자, 직계친족 또는 형제자매			
		진정·내사·시정·수사				
		불 기 소				
		재 판 확 정	[ ] 피고인 [ ] 변호인 [ ] 증인 [ ] 피고인의 보조인 [ ] 피고인의 배우자, 직계친족 또는 형제자매 [ ] 이해관계가 있는 제3자 [ ] 이해관계가 없는 제3자			

사 건 기 록	사 건 번 호		기록 종별	수사 중, 불기소(혐의없음, 공소권없음, 기소유예, 기소중지, 참고인중지, 각하), 재판 중(법원제출 전), 공소제기 후 법원에 제출하지 아니한 수사기록, 재판확정
	피 고 인 등			
	죄 명		확 정 (처 분) 일 자	

신 청 사 유	사실확인, 교도소 제출, 민사소송 이용, 변호사 사무실 제출, 별건고소, 항고, 재심청구, 학술연구( ), 공익적 목적( ), 기타( )

신 청 부 분 ※	① ④ ② ⑤ ③ ⑥

부 수 부	대리 수령인	성 명
		주민등록번호
		연락처

위와 같이 사건기록 열람 을(를) 신청합니다.
　　　　　　　　　등사

　　　　　　　　　　　　　　　　　　　　　　　　년   월   일
　　　　　　　　신청인　　　　　　　　　　　　　　　(서명 또는 인)

　　○ ○ 지 방 검 찰 청 검 사 장 귀하

첨부서류	없 음			수수료 뒤쪽 참조	
검 사 결 정	허 가 ㉑	불 허 가 ㉑	일부허가 ㉑	일부허가 시 허가부분※	
				위 신청부분 중 제 항에 대하여 허가합니다.	

※ 별지사용 가능

　　　　　　　　　　　　　　　　　　　　210㎜ × 297㎜(백상지 80g/㎡)

(뒤쪽)

※ 학술연구 목적의 불기소사건기록 열람·등사는 검사가 소속 지방검찰청의 장의 허가를 받아 할 수 있습니다.

수수료 안내

1. 열람: 열람을 구하는 사건 1건당 500원
2. 등사: 등사를 구하는 부분이 속해 있는 사건 1건당 500원, 「사건기록 열람·등사의 방법 및 수수료 등에 관한 규칙」 제4조제2항에 따라 검찰설비를 이용한 경우 등사문서 1장당 50원
3. 특수매체기록[도면, 카드, 녹음(오디오자료)·녹화(비디오자료)테이프, 영화필름, 슬라이드, 마이크로필름, 사진·사진필름, 전자문서 등]: 「공공기관의 정보공개에 관한 법률 시행규칙」 별표에 따른 수수료 규정 준용

※ 기록의 등사가 열람과 동시에 또는 열람 후 즉시 이루어지는 경우에는 1건의 등사로 봅니다.

비 고 (업무처리 지연 또는 수령 지체 사유 등을 기재합니다)

※ 정당한 사유 없이 등사문서 등을 수령할 수 있는 날부터 1개월이 지날 때까지 그 수령을 지체하는 경우에는 그 등사문서 등을 폐기할 수 있습니다.

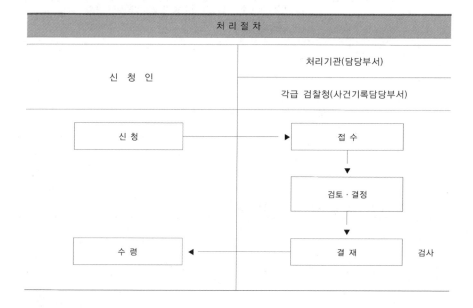

재판기록 열람·복사/출력·복제 신청서				허	부

신 청 인	성 명		전화 번호	
			담당사무원	
	자 격		소명자료	

신 청 구 분	□ 열람 □ 복사 □ 출력 □ 복제

사 용 용 도	

대 상 기 록	사 건 번 호	사 건 명	재판부

복사/출력· · 복제할 부분	(복사/출력 매수 매) (복제용량 메가바이트)

복사/출력 방법	□ 법원 복사기 □ 변호사단체 복사기 □ 신청인 복사설비 □ 필사

이와 같이 신청하고, 신청인은 열람·복사/출력·복제에 관련된 준수사항을 엄수하며, 열람·복사/출력·복제의 결과물을 통하여 알게 된 개인정보, 영업비밀 등을 개인정보 보호법 등 관계법령 상 정당한 용도 이외로 사용하는 경우 민사상, 형사상 모든 책임을 지겠습니다.

20   년   월   일

신청인   ○○○   (서명 또는 날인)

비 고 (재판장 지정사항 등)	

영 수 일 시	20 . . .	영 수 인	
신청 수수료	□ 500 원 □ 면 제	(수 입 인 지 첩 부 란)	
복사/출력· 복제 비용	원		

참고문헌

공정거래위원회 보도자료(2017. 9. 19), "9개 병의원의 부당한 광고행위에 대한 건", https://www.ftc.go.kr/www/selectReportUserView.do?key＝10&rpttype＝1&report_data_no＝7433

대한의사협회/대한치과의사협회/대한한의사협회 의료광고심의위원회(2019. 11. 19), "의료광고 심의기준"

대법원 양형위원회, "2012년 양형기준", 식품·보건, 241면

박행남(2021. 2. 28), "환자의 사진이나 동영상을 무단 게시한 성형외과, 손해배상책임은?", 보건뉴스, 병의원 법무컨설팅 등

보건복지가족부 보건의료정책실(2008. 12), "의료법령 민원 질의·회신사례집"

보건복지가족부 보건의료정책실(2018. 12), "위 회신사례집, 지침_의료광고 심의기준(178면 이하)('의료광고 심의기준')"

보건복지부(2003. 6), "경제적 사정 등에 관한 지방자치단체장의 사전승인 기준"

보건복지부(2020. 7. 6), 대한의사협회, 대한치과의사협회, 사단법인 대한한의사협회, "건강한 의료광고 우리가 함께 만들어요! – 유형별 의료광고 사례 및 체크리스트(의료광고 가이드라인 포함)"

식품의약품안전처(2015. 8), "의료기기법 위반 광고해설서"

식품의약품안전처 사이버조사단(2019. 12), "화장품·의료기기 허위·과대광고 질의 응답집 – 민원 안내서"

이상돈·김나경, 의료법 강의, 법문사, 2013 개정판, 110면

장석권, "의료광고 자율 사전 심의 제도를 규정한 개정 의료법 제57조 등에 대한 소고", 한국광고홍보학보 22(4), 2020, 221면

주간동아(2011. 7. 4.), "연세 의원이라고? 참내 알고 보니 타 대학이네", 44－45면

한국소비자원 보도자료(2019. 9. 23), https://www.kca.go.kr/home/sub.do?menukey＝4002&mode＝view&no＝1002847424

판례색인

저자소개

박행남

경남 남해 출생
사법시험(42회), 공인노무사(8회)
사법연수원 수료(32기)
부산대학교 법학과 박사과정 수료
현) 법무법인 부강 대표변호사
　 부산대학교 법학전문대학원 겸임교수
　 보건복지부 장기이식윤리위원회 위원
　 한국의료분쟁조정중재원 비상임감정위원
　 대한의사협회 의료배상공제조합 심사위원회 변호사위원
　 대한변호사협회 의료/보험 전문변호사
　 부산백병원/해운대백병원, 삼성창원병원 등 고문변호사
　 부산일보 닥터 Q 자문변호사
　 보건뉴스 '병·의원 법무컨설팅' 기고
　 부산업무상질병판정위원회 위원
　 부산지방노동위원회 공익위원

전) 대한의사협회 회원법률자문변호사
　 대한변호사협회/대한치과의사협회 법률지원변호사단
　 부산시의사회, 동아대 병원 등 고문변호사
　 부산가톨릭대학교 병원경영학과 겸임교수
　 부산대학교 의료경영 최고관리자(AMP) 과정 외래 강사
　 부산지방검찰청 형사조정위원
　 대한변호사협회 이사
　 부산지방변호사회 홍보위원회 위원장
　 법무법인 청해 구성원 변호사
특강) 대한정형외과학회, 대한외과학회, 부산시 및 경남시의사회 등 학술대회,
　　　 대학병원 인턴/레지던트 교육 특강 등
학회) 한국의료법학회, 보건의료산업학회 등
공저) 의료분쟁조정론(이용철 외 2, 2007, 보문각)

판례 중심 의료광고법

초판발행   2021년 7월 10일
중판발행   2022년 2월 28일

지은이   박행남
펴낸이   안종만·안상준

편 집   심성보
기획/마케팅   정성혁
표지디자인   벤스토리
제 작   우인도·고철민·조영환

펴낸곳   (주) 박영사
            서울특별시 금천구 가산디지털2로 53, 210호(가산동, 한라시그마밸리)
            등록 1959. 3. 11. 제300-1959-1호(倫)

전 화   02)733-6771
f a x   02)736-4818
e-mail   pys@pybook.co.kr
homepage   www.pybook.co.kr
ISBN   979-11-303-3943-6   93360

정 가   29,000원